# 회사에서 바로 통하는 실무 엑셀

**모든 버전 사용 가능**

**저자 영상 강의 제공**

**챗GPT & 코파일럿 활용법 수록**

한은숙 지음

현장 밀착형 입문서

**개정판**

개념은 **쉽게** 기능은 **빠르게** 실무활용은 **바로**

한빛미디어
Hanbit Media, Inc.

**지은이 한은숙** (exceltutor@naver.com)

숭실대 정보과학대학원을 졸업했으며 삼성, SK를 비롯한 유수 기업 및 농림수산식품연수원, 법무연수원 등의 공무원 교육기관에서 오피스 자동화 관련 교육을 했습니다. 그 외 다수의 기업과 공공기관에서 회사원, 공무원 등을 대상으로 오피스 자동화 관련 교육을 활발히 하고 있습니다. 저서로는 《엑셀 에센스 사전 100》(한빛미디어, 2021), 《회사에서 바로 통하는 실무 엑셀》(한빛미디어, 2019), 《회사에서 바로 통하는 엑셀 2016》(한빛미디어, 2017), 《회사에서 바로 통하는 엑셀 2013》(한빛미디어, 2014), 《직장인을 위한 실무 엑셀》(길벗, 2012), 《회사에서 바로 통하는 엑셀 2010》(한빛미디어, 2011), 《한은숙의 Must Have 엑셀 2007을 가져라》(성안당, 2009), 《IT CookBook 엑셀과 파워포인트 2007 실무와 활용》(한빛아카데미, 2009), 《웃으며 찾는 엑셀 기능+함수 활용 사전 406》(성안당, 2007), 《회사에서 바로 통하는 엑셀 2003》(한빛미디어, 2005) 등이 있습니다.

회사에서 바로 통하는
## 실무 엑셀(개정판) – 모든 버전 사용 가능

**초판 1쇄 발행** 2025년 6월 13일

**지은이** 한은숙 / **펴낸이** 전태호
**펴낸곳** 한빛미디어(주) / **주소** 서울특별시 서대문구 연희로2길 62 한빛미디어(주) IT출판1부
**전화** 02-325-5544 / **팩스** 02-336-7124
**등록** 1999년 6월 24일 제25100-2017-000058호 / **ISBN** 979-11-6921-383-7 13000

**총괄** 배윤미 / **책임편집** 장용희 / **교정** 박서연
**디자인** 박정우 / **전산편집** 오정화
**영업마케팅** 송경석, 김형진, 장경환, 조유미, 한종진, 이행은, 김선아, 고광일, 성화정, 김한솔 / **제작** 박성우, 김정우

이 책에 대한 의견이나 오탈자 및 잘못된 내용은 출판사 홈페이지나 아래 이메일로 알려주십시오.
파본은 구매처에서 교환하실 수 있습니다. 책값은 뒤표지에 표시되어 있습니다.
**홈페이지** www.hanbit.co.kr / **이메일** ask@hanbit.co.kr

Published by HANBIT Media, Inc. Printed in Korea
Copyright © 2025 한은숙 & HANBIT Media, Inc.
이 책의 저작권은 한은숙과 한빛미디어(주)에 있습니다.
저작권법에 의해 보호를 받는 저작물이므로 무단 복제 및 무단 전재를 금합니다.

지금 하지 않으면 할 수 없는 일이 있습니다.
책으로 펴내고 싶은 아이디어나 원고를 메일(writer@hanbit.co.kr)로 보내주세요.
한빛미디어(주)는 여러분의 소중한 경험과 지식을 기다리고 있습니다.

## 머리말

많은 회사들이 회사 지원자의 필수 역량으로 '엑셀 활용 능력'을 꼽습니다. 그만큼 엑셀은 더 나은 커리어를 위해 반드시 익혀야 할 기본적인 기술입니다.

### 필요할 때마다 바로바로 찾아보는 책

그렇다면 어떻게 빠르고 효율적으로 엑셀을 익힐 수 있을까요? 책으로 혼자 공부하는 것만으로 충분할까요? 강의를 진행하면서 이 질문을 참 많이 받는데, 그때마다 저는 가장 효과적인 답을 늘 고민합니다. 다른 분야도 마찬가지겠지만, 엑셀을 가장 빠르고 효과적으로 배우는 방법은 그때그때 옆에서 모르는 것을 알려주는 멘토가 있는 것입니다. 하지만 현실적으로 이런 환경을 갖추기 어렵고, 멘토가 있더라도 자꾸 물어보는 것이 부담스러워 혼자 해결하려고 하는 경우가 많습니다. 그래서 대부분의 사람들은 책을 통해서 혹은 요즘에는 ChatGPT와 같은 생성형 AI에게 물어보며 공부하는 방식을 택하게 됩니다. 이 책이 여러분의 책상 위에 항상 두고 필요할 때마다 쉽게 찾아볼 수 있는 든든한 가이드가 되었으면 합니다. 생성형 AI가 빠르게 발전하고 있는 요즘이지만, 체계적으로 정리된 정보를 필요로 할 때 정확하게 확인할 수 있는 책만의 강점은 여전히 유효하기 때문입니다.

### 누구든 쉽게 익힐 수 있는 체계적인 학습 구성

이 책은 엑셀을 처음 접하는 초보자부터, 이미 인터넷이나 유튜브에서 단편적으로 정보를 찾아 사용해본 분들까지, 기본 기능부터 실무 활용법까지 체계적으로 익힐 수 있도록 구성했습니다. 엑셀에 입문하는 분들은 먼저 CHAPTER 01의 내용을 마스터하면 기본적인 엑셀 문서 작성 능력을 갖추게 될 것입니다. 그 이후 중급 수준으로 성장하고 싶다면 CHAPTER 02에서 CHAPTER 04까지 다루는 핵심 기능인 함수, 차트, 데이터 분석과 관리 기능을 익히면서 데이터 전처리, 계산과 관리, 요약 및 분석 능력을 키워보기 바랍니다. CHAPTER 05의 매크로와 VBA는 고급 사용자로 가기 위한 첫걸음으로, 업무 자동화와 효율적인 문서 관리를 위한 가장 기초적인 내용을 다룹니다.

가장 좋은 학습 방법은 반복적으로 실습해보는 것입니다. 책의 내용을 따라 직접 실습하고 정리하는 과정을 통해 자신만의 업무 환경에서 다양하게 활용하는 경험을 쌓아보길 바랍니다.

끝으로 이 책을 집필하는 동안 변함없이 응원해준 가족과 언제나 좋은 책을 만들기 위해 힘써주신 한빛미디어 관계자분들, IT활용서 팀원분들과 편집자님께 깊은 감사의 마음을 전합니다.

**2025년 6월 한은숙**

# 이 책의 구성

## 기초, 상식, 실무 실습

엑셀을 다룰 때 반드시 알아야 할 핵심 기능을 [기초], [상식], [실무]로 나누어 소개합니다. 핵심 기능을 따라 하면서 엑셀의 기본을 충실히 익혀보세요.

## 실습 파일&완성 파일

따라 하기에 필요한 예제와 결과를 비교해볼 수 있는 완성 파일을 제공합니다.

## 바로 통하는 Note

엑셀을 다루는 데 필요한 유용한 정보, 알고 넘어가면 좋을 참고 사항을 상세히 소개합니다.

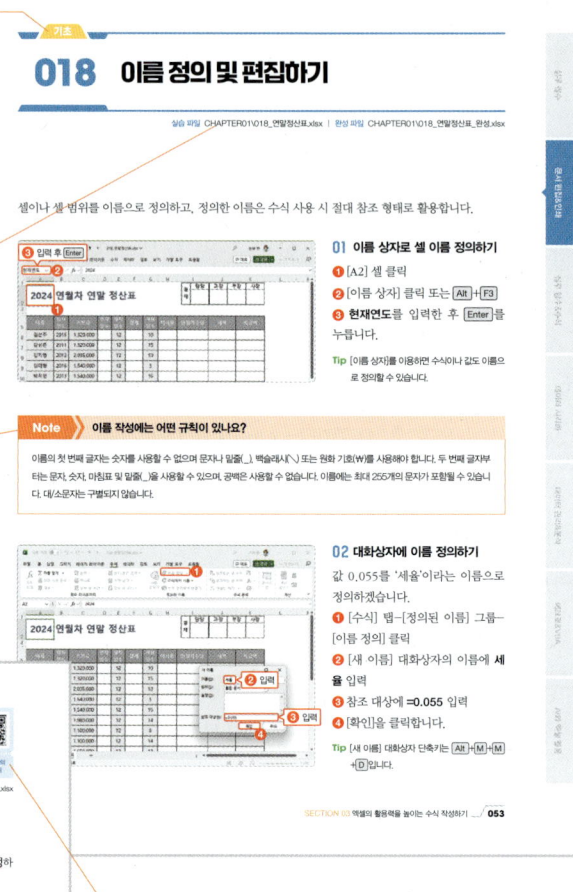

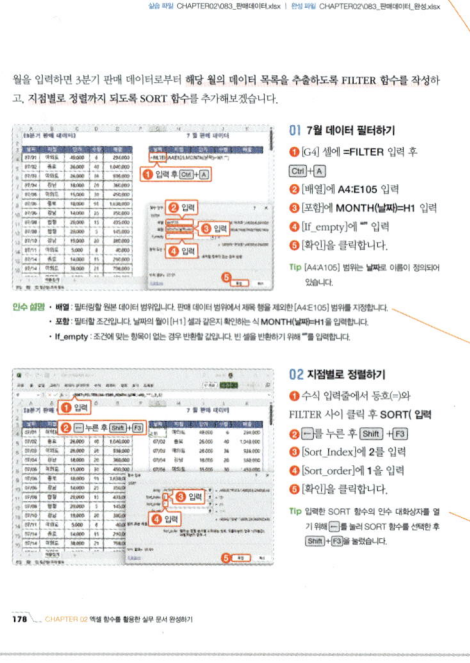

## 동영상 강의 확인하기

좀 더 친절한 설명이 필요한 실습도 있습니다. 저자가 직접 강의하는 동영상을 참고하여 천천히 학습해보세요.

## 인수 설명

함수 대화상자에서 입력해야 할 인수를 설명합니다.

## 바로 통하는 Tip

예제 실습 중 헷갈리기 쉬운 부분을 꼼꼼히 설명해줍니다.

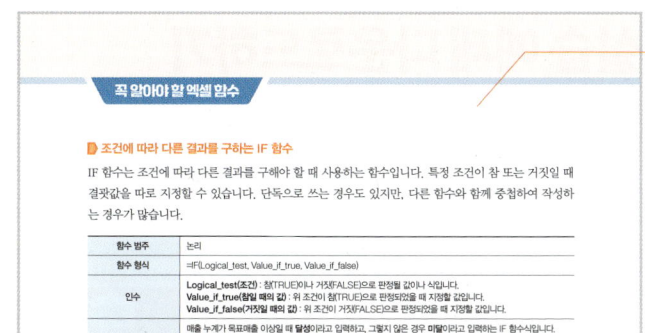

## 꼭 알아야 할 엑셀 함수

엑셀 함수만 한번에 모아 소개합니다. 실무 엑셀에서 가장 중요한 함수를 천천히 학습해보세요.

## 스페셜 페이지 with ChatGPT, Copilot

ChatGPT와 Copilot을 활용해 엑셀 작업을 효율적으로 수행하는 방법을 알아봅니다.

## 프롬프트 가이드

엑셀에서 원하는 결과를 얻기 위한 프롬프트 가이드를 알려줍니다. 다양한 활용법을 시도해보세요.

# 회사에서 바로 통하는 실습 예제 다운로드하기

이 책에 사용된 모든 실습 및 완성 예제 파일은 한빛+ 홈페이지(www.hanbit.co.kr)에서 다운로드할 수 있습니다. 예제 파일은 따라 하기를 진행할 때마다 사용되므로 컴퓨터에 복사해두고 활용합니다.

**1** 한빛+ 홈페이지(www.hanbit.co.kr)로 접속합니다. 화면 상단의 [자료실]을 클릭합니다.

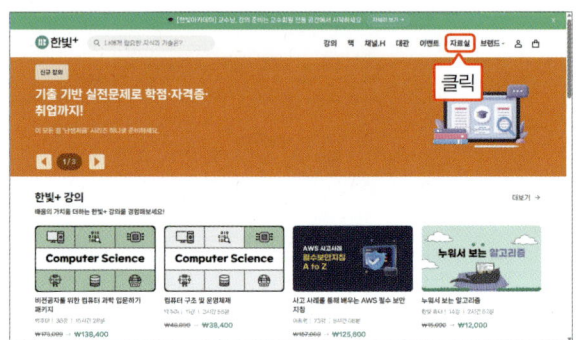

**2** 도서 제목(회사에서 바로 통하는 실무 엑셀)을 검색하고 [예제소스]를 클릭하여 예제 파일을 다운로드합니다.

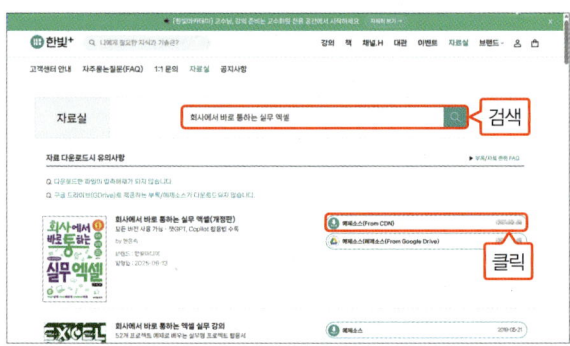

다운로드한 예제 파일은 일반적으로 [다운로드] 폴더에 저장되며, 사용하는 웹 브라우저 설정에 따라 다를 수 있습니다.

## 회사에서 바로 통하는 실무 엑셀, 동영상 강의로 학습하자

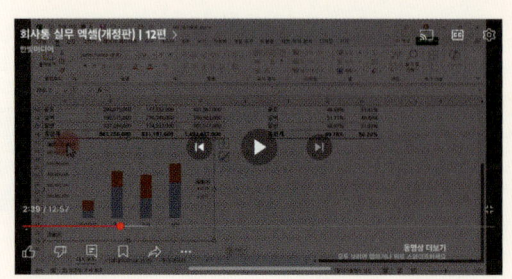

저자의 1:1 동영상 강의를 준비했습니다. 회사에서 바로 통하는 실무 엑셀 중 '핵심 실무 기능'만 뽑아 동영상 강의를 제공합니다.

기능 제목의 QR 코드를 스캔하여 동영상 강의를 확인해보세요!

# 목차

## CHAPTER 01 시작이 반! 엑셀로 기본 업무하기

### SECTION 01
### 빠른 작업을 위한 엑셀 환경 설정

| 기초 001 | 빠른 실행 도구 모음에 명령 추가하기 | 019 |
| 기초 002 | 리본 메뉴 단축키 사용하기 | 021 |
| 실무 003 | 리본 표시 옵션으로 워크시트 넓게 쓰기 | 022 |
| 기초 004 | 열기 및 저장 대화상자 바로 표시하기 | 024 |
| 상식 005 | 통합 문서 열기 및 저장 기본 위치 설정하기 | 025 |
| 실무 006 | 자동 고침 옵션에 상용구 등록하기 | 026 |

### SECTION 02
### 데이터 입력하고 기본 기능 습득하기

| 기초 007 | 셀 내용 자동 완성으로 데이터 입력하기 | 029 |
| 실무 008 | 같은 데이터 빠르게 입력/수정하기 | 030 |
| 상식 009 | 빈 셀에 한꺼번에 데이터 입력하기 | 032 |
| 실무 010 | 데이터 종류별로 선택한 후 강조하기 | 033 |
| 실무 011 | 채우기 핸들로 데이터 자동 채우기 | 036 |
| 상식 012 | 사용자 지정 목록 자동 채우기 | 039 |
| 실무 013 | 빠른 채우기로 데이터 가공하기 | 040 |

### SECTION 03
### 엑셀의 활용력을 높이는 수식 작성하기

| 기초 014 | 문자열 연산자로 셀 내용 연결하기 | 043 |
| 실무 015 | 숫자 연산하고 숫자 서식 지정하기 | 044 |

# 목차

| 기초 016 | 상대 참조, 절대 참조로 수식 작성하기 | 048 |
| 기초 017 | 혼합 참조로 수식 작성하기 | 050 |
| 기초 018 | 이름 정의 및 편집하기 | 053 |
| 상식 019 | 이름 참조로 수식 작성하기 | 056 |
| 기초 020 | 자동 합계 도구로 누계 및 소계 구하기 | 058 |
| 상식 021 | 3차원 참조로 여러 시트 범위의 합계 구하기 | 060 |
| 상식 022 | 배열 수식 작성하기 ▶ 동영상 강의 | 062 |

## SECTION 04
## 워크시트 편집으로 문서의 틀 잡기

| 기초 023 | 한 시트에 여러 표가 있을 때 행/열 편집하기 ▶ 동영상 강의 | 065 |
| 기초 024 | 행/열 크기 조절하기 ▶ 동영상 강의 | 067 |
| 기초 025 | 다중 열 삽입하기, 숨기기 | 069 |
| 기초 026 | 자르거나 복사한 데이터 삽입하기 | 071 |
| 기초 027 | 다중 범위 복사하고 붙여넣기 옵션 사용하기 | 073 |
| 실무 028 | 클립보드에서 선택하여 붙여넣기 | 075 |
| 실무 029 | 셀 범위를 그림으로 붙여넣기 | 077 |
| 기초 030 | 원본 데이터를 연결하여 붙여넣기 | 080 |
| 기초 031 | 선택하여 붙여넣기로 데이터 단위 변경하기 | 081 |
| 실무 032 | 셀 데이터 일부를 일괄 변경하기 | 084 |
| 실무 033 | 특정 서식을 찾아서 한 번에 변경하기 | 086 |
| 기초 034 | 다른 파일로 워크시트 복사하고 시트 숨기기 | 088 |
| 기초 035 | 여러 시트 한 번에 편집하기 ▶ 동영상 강의 | 091 |
| 기초 036 | 행 높이, 열 너비 그대로 복사하기 | 093 |

## SECTION 05
# 보기 좋은 엑셀 문서 서식 꾸미기

| | | |
|---|---|---|
| **상식 037** | 테마 글꼴과 테마 색 변경하기 | 096 |
| **기초 038** | 표 서식과 셀 스타일로 빠르게 서식 지정하기 | 098 |
| **기초 039** | 여러 셀 범위 한 번에 병합하기 | 101 |
| **기초 040** | 텍스트 세로 쓰기 및 줄 바꾸기 | 102 |
| **기초 041** | 텍스트 균등 분할 및 텍스트 크기 자동으로 맞추기 | 103 |
| **실무 042** | 채우기 색으로 특정 내역 강조하기 | 104 |
| **실무 043** | 셀 테두리를 그리는 다양한 방법 알아보기 | 106 |
| **기초 044** | 자주 사용하는 엑셀 데이터 표시 형식 익히기 | 108 |
| **상식 045** | 날짜/시간 요소를 선택적으로 표시하기 | 111 |
| **상식 046** | 데이터에 원하는 문자 일괄 표시하기 | 114 |
| **상식 047** | 서식 코드로 숫자 자릿수 지정하기 | 115 |
| **상식 048** | 숫자를 한글로 표시하기 | 117 |

## SECTION 06
# 창 관리로 가독성 높여 인쇄하기

| | | |
|---|---|---|
| **기초 049** | 화면에 원하는 범위 고정 및 분할하기 | 119 |
| **기초 050** | 두 개의 시트를 한 화면에 표시하기 | 121 |
| **상식 051** | 문서에 로고 및 워터마크 삽입하기 | 123 |
| **기초 052** | 문서에 페이지 번호 삽입하기 | 125 |
| **기초 053** | 페이지 너비에 맞춰 인쇄하기 | 126 |
| **기초 054** | 제목 행 반복 인쇄하기 | 127 |
| **기초 055** | 페이지 나누기 미리 보기에서 인쇄 영역 설정하기 | 128 |

# 목차

# CHAPTER 02  엑셀 함수를 활용한 실무 문서 완성하기

## SECTION 01
### 꼭 알아야 할 엑셀 함수

- **기초 056** 조건에 따라 다른 결과 입력하기 – IF … 133
- **실무 057** 여러 조건에 따라 다른 결과 입력하기 – IF, OR … 134
- **실무 058** 여러 범위의 순위 구하기 – RANK.EQ … 136
- **기초 059** 반올림, 올림, 내림하기 – ROUND, ROUNDUP, ROUNDDOWN … 138
- **실무 060** 선택 영역 이름 정의 및 조건별 평균 구하기 – AVERAGEIF … 140
- **실무 061** 조건별로 합계 구하기 – SUMIF … 141
- **실무 062** 빈 셀, 데이터 셀 개수 구하기 – COUNTBLANK, COUNTA … 143
- **실무 063** 조건별 셀 개수 구하기 – COUNTIF … 144
- **실무 064** 해당 제품이 목록에 있는지 확인하기 – IF, COUNTIF … 146

## SECTION 02
### 엑셀 실무 함수 알아보기

- **기초 065** 여러 조건에 대한 여러 결괏값 구하기 – 중첩 IF … 148
- **기초 066** 여러 조건에 대한 여러 결괏값 구하기 – IFS … 149
- **실무 067** 여러 항목에 대한 조건을 판단해야 할 때 – IF, AND, OR, XOR … 150
- **실무 068** 오류 표시 대신 원하는 값 지정하기 – IFERROR … 152
- **실무 069** 일부 문자에 대한 조건 결과 입력하기 – IFS, LEFT, IF, MID … 154
- **실무 070** 문자 추출 및 결합하기 – RIGHT, LEN, FIND, TEXTJOIN, TEXT … 156
- **기초 071** 엑셀의 날짜와 시간 개념 이해하기 … 157
- **기초 072** 날짜 기간 계산하기 – DATEDIF, EDATE … 159
- **기초 073** 날짜에서 요일 문자 추출하기 – WEEKDAY, TEXT … 160
- **기초 074** 요일에 따라 근무시간 계산하기 – IF, OR, HOUR … 161

| | | |
|---|---|---|
| 기초 075 | 행/열 정보로 일련 번호 매기기 – ROW, COLUMN | 163 |
| 실무 076 | 목록에서 데이터 찾아오기 – VLOOKUP, HLOOKUP ▶ 동영상 강의 | 165 |
| 실무 077 | 행과 열이 교차하는 셀 값 가져오기 – INDEX, MATCH | 168 |
| 실무 078 | 다중 조건에 대한 합계 구하기 – SUMIFS | 170 |
| 실무 079 | 지정된 범위 곱하고 더하기 – PRODUCT, SUMPRODUCT | 171 |
| 실무 080 | 값을 여러 셀에 나눠 입력하기 – MID, TEXT, COLUMN ▶ 동영상 강의 | 172 |
| 실무 081 | 공급가 구하기, 5행마다 테두리 그리기 – QUOTIENT, MOD | 174 |
| 실무 082 | 다중 조건에 대한 합계 구하기 – SUMPRODUCT | 176 |
| 실무 083 | 자동 필터 및 정렬하기 – FILTER, SORT ▶ 동영상 강의 | 178 |
| 기초 084 | 고유 목록 추출하기 – UNIQUE | 181 |
| | 꼭 알아야 할 엑셀 함수 | 182 |

# CHAPTER 03 데이터 시각화하기

## SECTION 01
## 조건부 서식으로 데이터 시각화하기

| | | |
|---|---|---|
| 기초 085 | 데이터 값에 대한 조건부 서식 지정하기 | 203 |
| 상식 086 | 중복 데이터 표시하기 | 205 |
| 실무 087 | 고유 항목 행에 서식 지정하기 | 206 |
| 기초 088 | 빈 셀 및 오류 셀 조건부 서식 지정하기 | 208 |
| 기초 089 | 상위/하위 규칙에 따라 서식 지정하기 | 211 |
| 기초 090 | 요일에 따라 조건부 서식 지정하기 – WEEKDAY | 213 |
| 기초 091 | 개발 도구 탭 추가 및 양식 컨트롤 삽입하기 | 215 |
| 실무 092 | 값 선택에 따라 상위/하위값 자동 표시하기 – LARGE, SMALL | 217 |
| 실무 093 | 동적 히트맵 차트 만들기 – INDIRECT | 219 |
| 실무 094 | 확인란으로 데이터 값 숨기고 표시하기 | 221 |

# 목차

| 기초 095 | 데이터 값을 아이콘으로 표시하기 ▶ 동영상 강의 | 223 |
| 기초 096 | 색조와 데이터 막대로 데이터 시각화하기 | 225 |
| 실무 097 | 확인란과 데이터 막대로 진행률 표시하기 | 227 |

## SECTION 02
## 차트로 데이터 시각화하기

| 상식 098 | 단축키로 묶은 세로 막대 차트 삽입하기 | 230 |
| 기초 099 | 추천 차트에서 누적 세로 막대 및 혼합 차트 삽입하기 | 231 |
| 기초 100 | 차트 복제 후 차트 데이터 항목 변경하기 | 235 |
| 기초 101 | 빠른 디자인 도구로 차트 디자인하기 | 237 |
| 기초 102 | 누적 가로 막대형 차트와 도넛형 차트 삽입하기 | 238 |
| 상식 103 | 콤보 차트 작성 및 빈 셀 표시 형식 지정하기 ▶ 동영상 강의 | 240 |
| 실무 104 | 차트에 다른 시트의 데이터 추가하기 | 242 |
| 실무 105 | 콤보 차트를 그림과 아이콘으로 채우기 | 244 |
| 실무 106 | 묶은 세로 막대와 꺾은선형 콤보 차트 요소 서식 지정하기 | 247 |
| 상식 107 | 스파크라인 작성 방법 알아보기 | 250 |
| 상식 108 | 스파크라인 디자인 지정하기 | 252 |

# CHAPTER 04 데이터 관리와 분석

## SECTION 01
## 외부 데이터 가져오기 및 변환하기

| 기초 109 | 텍스트 파일 가져오기 | 259 |
| 기초 110 | PDF 파일 가져오기 | 261 |

| 기초 111 | 사진에서 데이터 가져오기 | 263 |

## SECTION 02
## 데이터 가공 및 전처리하기

| 기초 112 | 데이터베이스 규칙에 맞게 데이터 범위 구성하기 | 266 |
| 기초 113 | 요약 행 삽입 및 데이터 필터링하기 | 269 |
| 실무 114 | 표 범위에서 수식 작성하기 | 271 |
| 기초 115 | 데이터 목록에서 중복된 항목 제거하기 | 273 |
| 기초 116 | 주소에서 시/구별로 텍스트 나누기 | 274 |
| 기초 117 | 텍스트 형태의 날짜 데이터 변환하기 | 276 |
| 상식 118 | 데이터 유효성 검사로 오타 찾기 | 278 |
| 실무 119 | 다른 시트의 목록으로 동적차트 만들기 | 280 |

## SECTION 03
## 파워 쿼리로 데이터 변환하기

| 실무 120 | 행 방향 열 분할 및 숫자와 문자 기준 열 분할하기 | 283 |
| 실무 121 | 크로스탭 집계표를 목록형 표로 변환하기 | 286 |
| 실무 122 | 날짜에서 연도-월 변환 및 요일 이름 열 추가하기 | 289 |
| 실무 123 | 파워 쿼리로 여러 표 통합하기 | 292 |
| 실무 124 | 공통 열 기준으로 쿼리 병합하기 | 295 |

## SECTION 04
## 데이터 정렬 및 필터링하기

| 기초 125 | 기본 정렬 순서에 따라 데이터 정렬하기 ▶ 동영상 강의 | 300 |
| 상식 126 | 사용자 지정 순서에 따라 데이터 정렬하기 | 302 |

# 목차

| | | |
|---|---|---|
| 기초 127 | 문자, 날짜 및 서식으로 데이터 필터링하기 | 304 |
| 기초 128 | 사용자 지정 자동 필터링하기 | 306 |
| 실무 129 | 슬라이서로 데이터 필터링하기 ▶ 동영상 강의 | 309 |
| 실무 130 | 데이터를 OR 조건으로 필터링하기 | 311 |
| 기초 131 | 중복 데이터 제외한 목록 다른 장소에 필터링하기 | 313 |
| 실무 132 | 조건에 따라 일부 필드만 다른 장소에 필터링하기 | 314 |
| 실무 133 | 함수식을 조건으로 주말 거래 내역 필터링하기 | 316 |

## SECTION 05
## 데이터 집계 및 분석하기

| | | |
|---|---|---|
| 기초 134 | 부분합으로 매출집계 요약하기 | 319 |
| 실무 135 | 여러 데이터 목록 통합 집계하기 | 321 |
| 실무 136 | 투자비용에 대한 미래가치 목표값 찾기 | 323 |
| 실무 137 | 방문고객 수 예측 시트 만들기 | 325 |
| 기초 138 | 피벗 테이블 삽입하고 필드 배치하기 | 328 |
| 기초 139 | 피벗 테이블 레이아웃 및 스타일 지정하기 | 330 |
| 기초 140 | 피벗 테이블 필드 정렬 및 필터링하기 | 332 |
| 기초 141 | 피벗 테이블 값 필드 추가하고 조건부 서식 지정하기 | 334 |
| 실무 142 | 피벗 테이블 보고서 필터링하기 | 337 |
| 실무 143 | 피벗 차트 삽입하기 ▶ 동영상 강의 | 339 |
| 실무 144 | 시간 표시 막대, 슬라이서 삽입하기 ▶ 동영상 강의 | 342 |

# CHAPTER 05 반복 작업 자동화하는 매크로 & VBA

## SECTION 01
### 작업을 자동으로 코딩해주는 매크로 기록

- **실무 145** 고급 필터 데이터 추출 매크로 기록하기 — 349
- **실무 146** 개인용 매크로 통합 문서에 빈 셀 선택 매크로 기록하기 — 351
- **실무 147** 매크로를 실행하는 네 가지 방법 ▶ 동영상 강의 — 353

## SECTION 02
### 매크로 편집하기

- **실무 148** 데이터 재배치 매크로 기록 후 Do While 반복문 추가하기 — 357
- **실무 149** 셀 병합 매크로 기록 후 For 반복문 추가하기 — 361
- **상식 150** 매크로 오류 디버그하기 — 364

## SPECIAL CHAPTER  AI와 함께하는 엑셀 실무(with ChatGPT, Copilot)

- ChatGPT 살펴보기 — 368
- Microsoft Copilot 살펴보기 — 368
- **AI 001** ChatGPT, Copilot에게 복잡한 함수식 작성 요청하기 ▶ 동영상 강의 — 371
- **AI 002** 엑셀 Copilot에게 함수식 작성 요청하기 — 373
- **AI 003** ChatGPT에게 엑셀 문서 서식 변경 요청하기 — 374
- **AI 004** 엑셀 Copilot에게 조건부 서식 요청하기 — 375
- **AI 005** ChatGPT에게 매크로 코드 요청하기 ▶ 동영상 강의 — 376
- **AI 006** ChatGPT에게 데이터 분석 요청하기 — 379
- **AI 007** 엑셀 Copilot에게 데이터 분석 요청하기 — 382

# CHAPTER 01

## 시작이 반!
## 엑셀로
## 기본 업무하기

회사에서 바로 통하는 실무 엑셀

엑셀을 주된 업무에서 사용하지 않더라도 엑셀로 작성된 문서를 접해야 할 일은 많습니다. 엑셀을 처음 시작한다면 엑셀에 조금 더 쉽게 다가갈 수 있도록, 엑셀을 어느 정도 사용해봤다면 무심코 지나쳤던 엑셀의 쓰임새를 제대로 알 수 있도록 엑셀의 화면 구성과 꼭 필요한 환경 설정을 살펴보겠습니다. 또 엑셀 문서 서식과 수식 작성 등의 기본 업무에 필요한 사항을 알아보겠습니다.

# SECTION 01

# 빠른 작업을 위한 엑셀 환경 설정

## 기초

# 001 빠른 실행 도구 모음에 명령 추가하기

실습 파일 없음 | 완성 파일 없음

엑셀 창의 왼쪽 상단은 클릭 한 번으로 엑셀 명령을 수행할 수 있는 빠른 실행 도구 영역입니다. 저장, 실행 취소 등 자주 사용하는 명령은 빠른 실행 도구 모음에 추가해두는 것이 편리합니다.

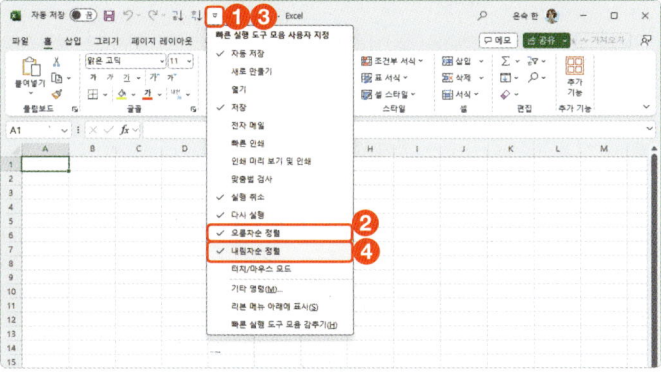

**01 빠른 실행 도구 모음 사용자 지정하기**

주요 아이콘은 빠른 실행 도구 모음 사용자 지정 메뉴에서 추가합니다.

❶ ❸ [빠른 실행 도구 모음 사용자 지정] 클릭

❷ [오름차순 정렬] 선택

❹ [내림차순 정렬]을 선택합니다.

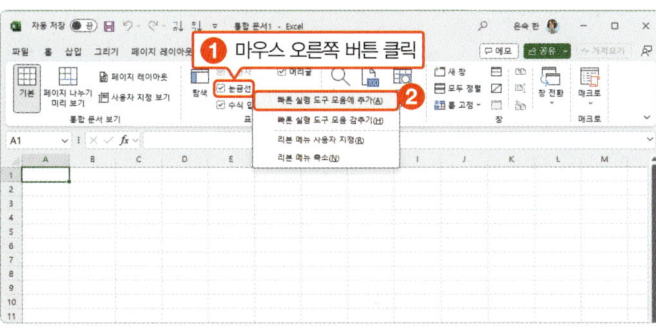

**02 리본 메뉴에서 직접 추가하기**

리본 메뉴에 있는 아이콘을 바로 추가하겠습니다.

❶ [보기] 탭-[표시] 그룹-[눈금선]에서 마우스 오른쪽 버튼 클릭

❷ [빠른 실행 도구 모음에 추가]를 선택합니다.

---

> **Note** 목록이 있는 명령 아이콘 중에 원하는 아이콘만 추가할 수 있나요?
>
> [홈] 탭-[글꼴] 그룹-[테두리]와 같이 목록이 포함되어 있는 아이콘 중에 원하는 아이콘만 빠른 실행 도구 모음에 추가할 수 있습니다. 목록에서 필요한 아이콘을 선택하고 해당 아이콘이 적용된 상태에서 아이콘에 마우스 포인터를 대고 마우스 오른쪽 버튼을 클릭합니다. [빠른 실행 도구 모음에 추가]를 클릭해 추가합니다. 하위 목록까지 모두 추가하려면 목록 버튼에 마우스 포인터를 대고 추가합니다.
>
>  목록 버튼에서 마우스 오른쪽 버튼을 클릭해 추가하면 목록 전체가 추가됨
>
> 원하는 아이콘이 적용된 상태에서 마우스 오른쪽 버튼을 클릭해 추가하면 해당 아이콘만 추가됨

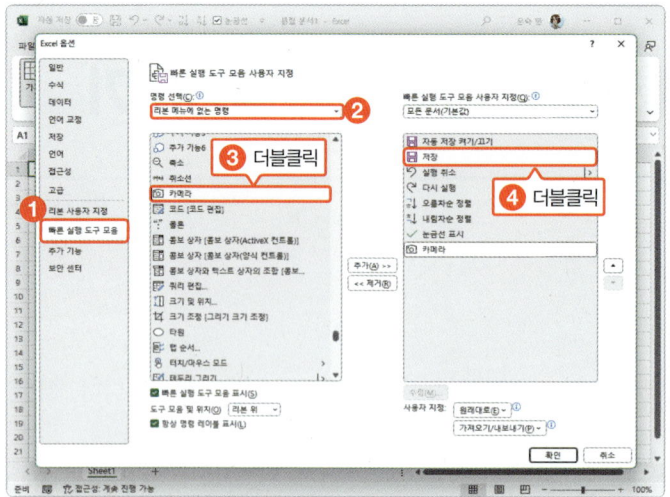

## 03 리본 메뉴에 없는 명령 추가 및 기존 명령 제거하기

리본 메뉴에서 추가할 수 없는 명령은 Alt + F + T 를 눌러 [Excel 옵션] 대화상자에서 추가합니다.

❶ [빠른 실행 도구 모음] 클릭
❷ [명령 선택]에서 [리본 메뉴에 없는 명령] 선택
❸ [카메라] 더블클릭해 추가
❹ 기존 명령인 [저장]은 더블클릭해 제거합니다.

**Tip** 명령 아이콘을 더블클릭하지 않고 [추가], [제거]를 클릭해도 됩니다. [저장] 명령은 Ctrl + S 를 눌러 실행하면 빠르고 간편하므로 빠른 실행 도구 모음에서 제거했습니다.

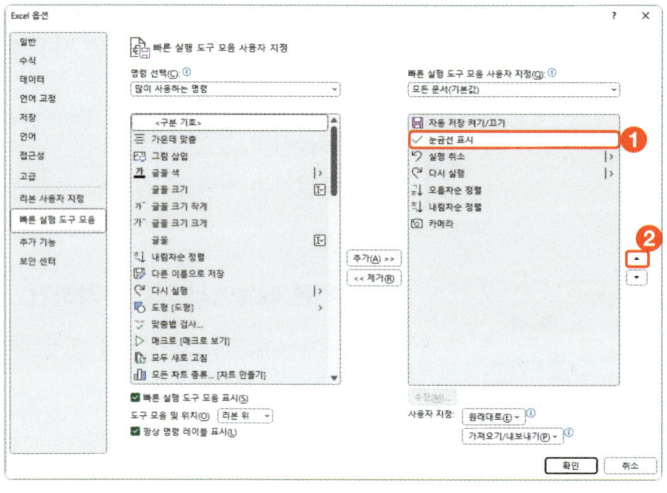

## 04 아이콘 순서 변경하기

[눈금선 표시] 명령을 위에서 두 번째에 위치하도록 변경하겠습니다.

❶ [눈금선 표시] 클릭
❷ [위로 이동]을 몇 차례 클릭하여 두 번째 위치로 옮깁니다.

---

**Note** 빠른 실행 도구 모음에서 바로 삭제할 수 있나요?

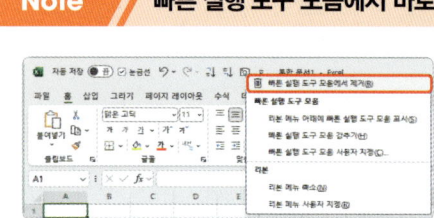

제거하고 싶은 아이콘에서 마우스 오른쪽 버튼을 클릭합니다. [빠른 실행 도구 모음에서 제거]를 선택합니다.

기초

# 002 리본 메뉴 단축키 사용하기

실습 파일 없음 | 완성 파일 없음

Alt 를 누르면 **빠른 실행 도구 모음 명령에는 숫자**, **리본 메뉴 탭에는 알파벳이 표시**됩니다. 단축키가 설정되어 있지 않은 명령은 Alt 와 숫자, 알파벳을 조합하여 단축키를 사용할 수 있습니다.

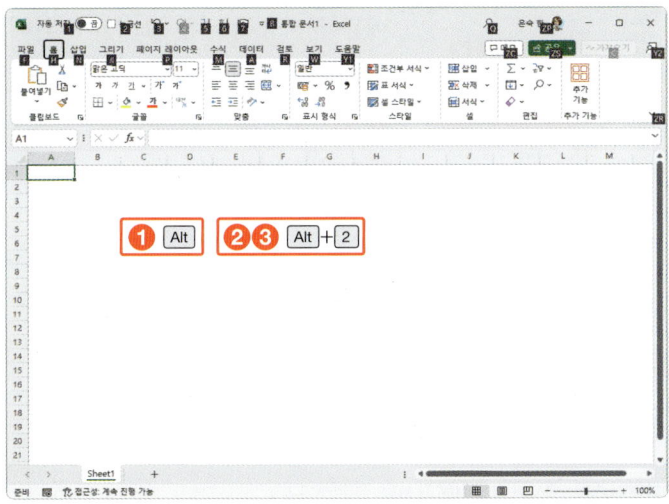

**01 단축키로 눈금선 해제 및 표시하기**

❶ Alt 눌러 단축키 확인
❷ Alt + 2 눌러 눈금선 해제
❸ 다시 Alt + 2 를 눌러 눈금선을 표시합니다.

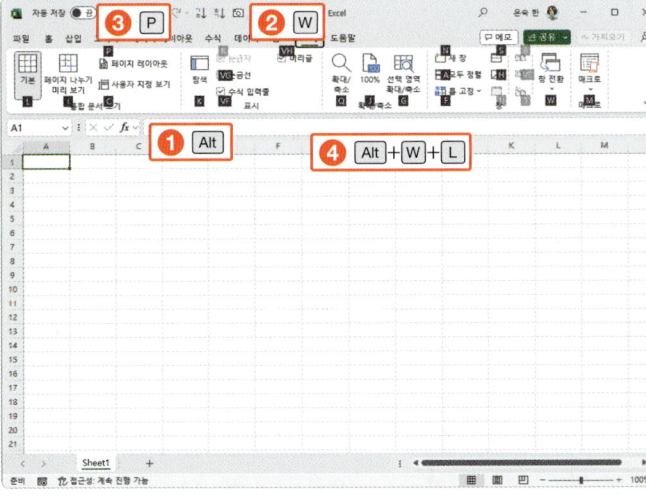

**02 단축키로 페이지 레이아웃 보기**

단축키로 페이지 레이아웃 보기를 선택하겠습니다.

❶ Alt 눌러 단축키 확인
❷ [보기] 탭의 할당 키 W 누르고
❸ [페이지 레이아웃] 탭의 할당 키 P 누른 후
❹ Alt + W + L 을 눌러 기본 보기로 전환합니다.

SECTION 01 빠른 작업을 위한 엑셀 환경 설정 **021**

실무

# 003 리본 표시 옵션으로 워크시트 넓게 쓰기

실습 파일 없음 | 완성 파일 없음

엑셀로 작업하는 문서는 내용이 방대한 경우가 많아, 워크시트를 최대한 넓게 표시하는 것이 좋습니다.

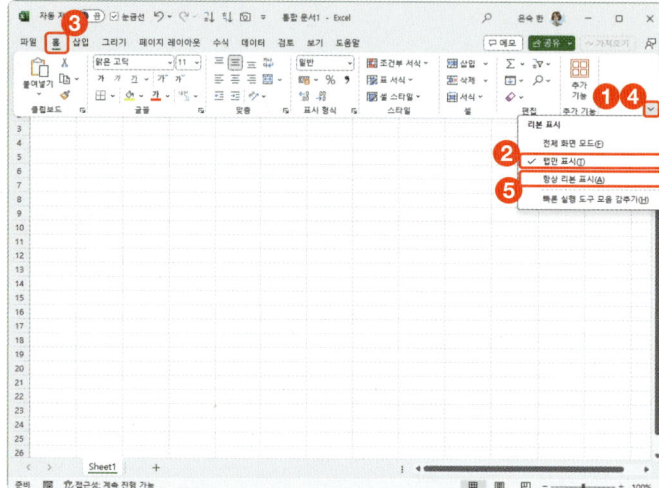

**01 리본 표시 옵션 선택하기**

메뉴를 사용해 리본 표시를 전환해 보겠습니다.

❶ ❹ [리본 표시] 클릭

❷ [탭만 표시] 선택

❸ [홈] 탭 클릭

❺ [항상 리본 표시]를 선택합니다.

**Tip**
- [리본 표시] 옵션 단축키인 Ctrl + F1 을 누르면 화면이 [탭만 표시]/[항상 리본 표시]로 전환됩니다.
- Ctrl + Shift + F1 을 누르면 [전체 화면 모드]/[항상 리본 표시]가 전환됩니다.
- [리본 표시] 옵션 메뉴나 단축키를 사용하지 않고도 현재 선택되어 있는 리본 탭(예를 들어 [홈] 탭)을 더블클릭해도 [탭만 표시]/[항상 리본 표시] 상태가 전환됩니다.

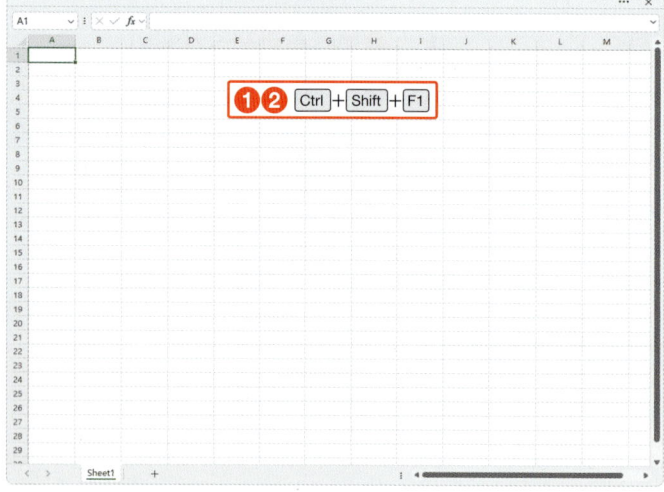

**02 전체 화면 모드 전환하기**

❶ Ctrl + Shift + F1 눌러 전체 화면 모드로 전환

❷ 다시 Ctrl + Shift + F1 을 눌러 항상 리본 표시 모드로 전환합니다.

**Tip** 전체 화면 모드에서 오른쪽 상단의 ··· 을 클릭하면 리본이 표시되어 명령을 선택할 수 있으며 다시 워크시트 부분을 클릭하면 리본이 표시되지 않습니다.

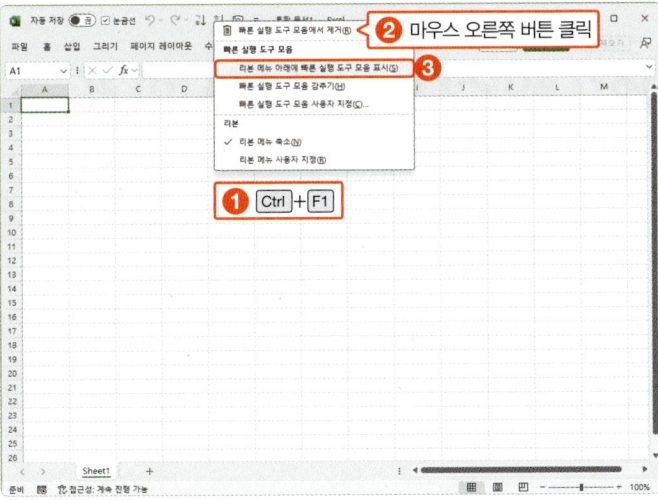

## 03 리본 메뉴 아래에 빠른 실행 도구 모음 표시하기

❶ Ctrl + F1 눌러 리본 메뉴 축소
❷ 빠른 실행 도구 모음에서 마우스 오른쪽 버튼 클릭
❸ [리본 메뉴 아래에 빠른 실행 도구 모음 표시]를 선택합니다.

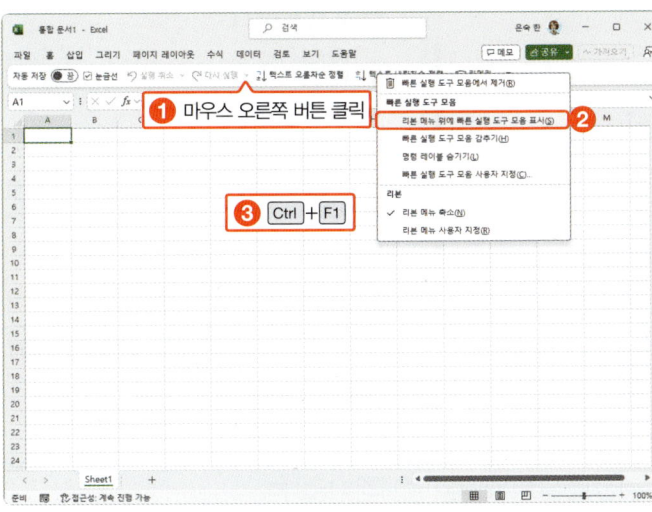

## 04 리본 메뉴 위에 빠른 실행 도구 모음 표시하기

❶ 빠른 실행 도구 모음에 마우스 오른쪽 버튼 클릭
❷ [리본 메뉴 위에 빠른 실행 도구 모음 표시] 선택
❸ Ctrl + F1 을 눌러 리본 메뉴를 다시 표시합니다.

**Tip** 전체 화면 모드에서는 엑셀 명령을 사용할 때마다 [항상 리본 표시] 모드로 전환하거나 오른쪽 상단의 ⋯ 을 클릭하고, 다시 워크시트 부분을 클릭해야 해서 번거롭습니다. 따라서 자주 사용하는 명령을 추가해놓은 빠른 실행 도구 모음을 리본 메뉴 아래에 표시하고 리본의 탭만 표시하는 것이 워크시트를 가장 넓게 쓰는 효율적인 화면 보기 상태입니다.

기초

# 004 열기 및 저장 대화상자 바로 표시하기

실습 파일 없음 | 완성 파일 없음

문서를 열거나 저장할 때, 로컬 PC의 파일 위치를 찾을 때 Backstage 화면이나 옵션 창보다는 파일 탐색 대화상자가 더 편합니다. 빠른 실행 도구 모음에 원하는 기능을 설정해보겠습니다.

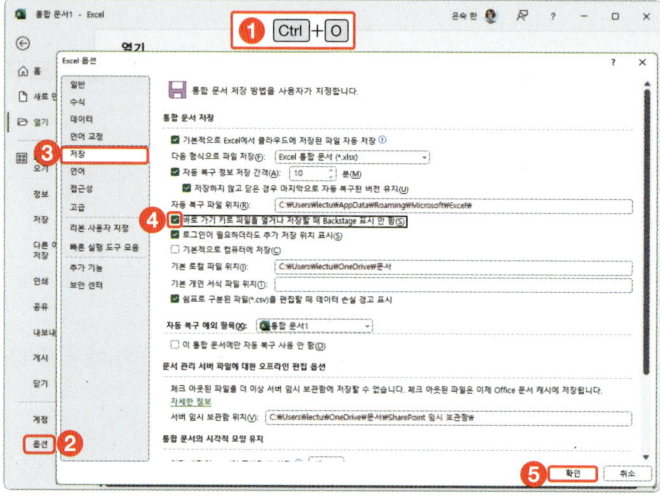

**01 열기/저장 Backstage 표시 옵션 선택하기**

❶ Ctrl + O 를 눌러 Backstage 화면 이동

❷ [옵션] 클릭

❸ [Excel 옵션] 대화상자에서 [저장] 탭 클릭

❹ [바로 가기 키로 파일을 열거나 저장할 때 Backstage 표시 안 함] 체크

❺ [확인]을 클릭합니다.

**Tip** Backstage 화면으로 가지 않고 바로 [Excel 옵션] 대화상자를 실행하려면 Alt + F + T 를 누릅니다.

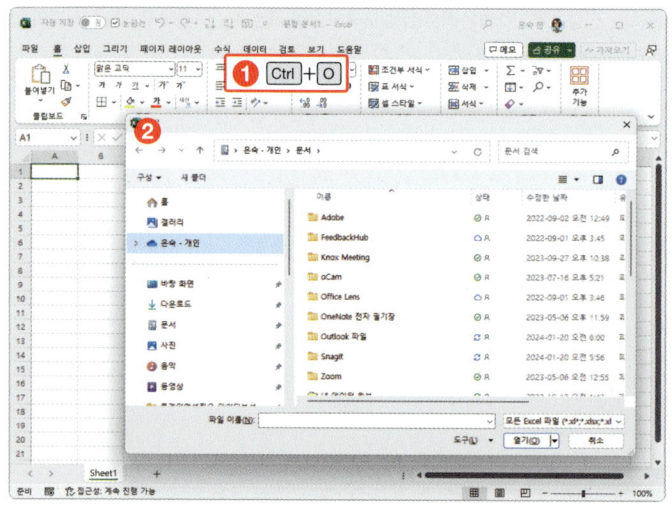

**02 열기 대화상자 표시하기**

❶ Ctrl + O

❷ [열기] 대화상자가 열린 것을 확인합니다.

**Tip** [바로 가기 키로 파일을 열거나 저장할 때 Backstage 표시 안 함]에 체크 여부와 관계없이 Ctrl + O 대신 Ctrl + F12 를 누르면 [열기] 대화상자, Ctrl + S 대신 F12 를 누르면 [다른 이름으로 저장] 대화상자가 열립니다.

상식

# 005 통합 문서 열기 및 저장 기본 위치 설정하기

실습 파일 없음 | 완성 파일 없음

파일을 열거나 저장할 때 기본적으로 설정된 위치는 문서 폴더입니다. **업무 폴더가 따로 있는 경우** 매번 위치를 변경하는 번거로움을 줄이기 위해서는 **기본 로컬 파일 위치를 변경해야 합니다.** 미리 저장할 위치에 폴더를 설정해두고 과정을 따라 합니다.

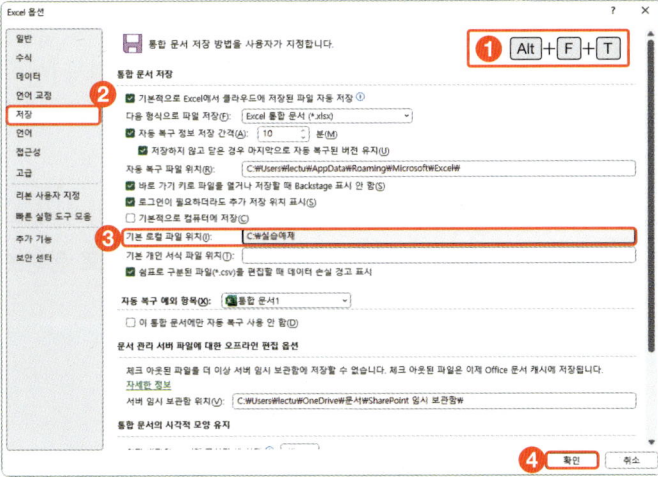

## 01 기본 로컬 파일 위치 설정하기

❶ Alt + F + T

❷ [Excel 옵션] 대화상자에서 [저장] 탭 클릭

❸ [기본 로컬 파일 위치]에 미리 만들어놓은 폴더 이름 입력

❹ [확인]을 클릭합니다.

Tip 여기서는 [실습예제] 폴더를 만들었으므로 **C:\실습예제**를 입력했습니다. [기본 로컬 파일 위치]에 입력할 위치는 여러분의 PC에 있는 업무 폴더로 지정하세요.

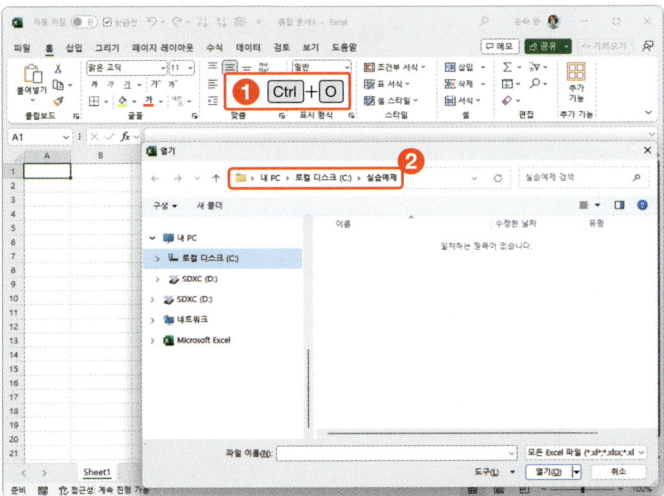

## 02 기본 로컬 파일 위치 확인하기

❶ Ctrl + O

❷ [열기] 대화상자의 위치에 [실습예제] 폴더가 지정되어 있는 것을 확인합니다.

Tip F12 또는 Ctrl + S 를 눌러보면 [다른 이름으로 저장] 대화상자가 열립니다. 기본 저장 위치가 변경되어 있습니다.

실무

# 006 자동 고침 옵션에 상용구 등록하기

실습 파일 없음 | 완성 파일 없음

제품명이나 거래처명 등 회사에서 **자주 사용하는 문구나 기호를 자동 고침 목록에 등록**해놓을 수 있습니다. 엑셀 문서 작성 시 간편하게 입력할 수 있어 업무 효율이 높아집니다.

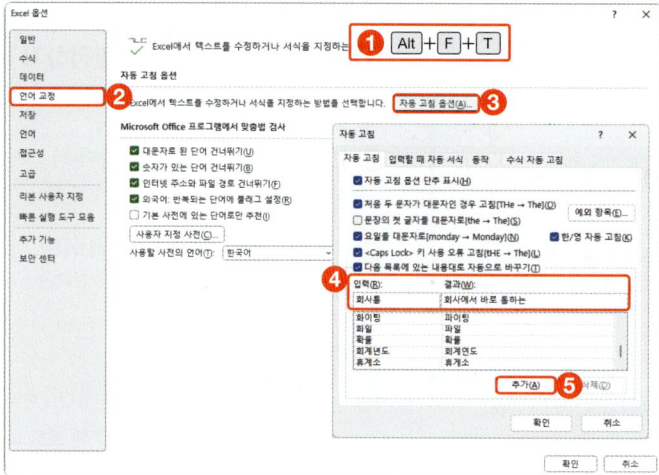

**01 상용구 등록하기**

❶ Alt + F + T

❷ [Excel 옵션] 대화상자에서 [언어 교정] 탭 클릭

❸ [자동 고침 옵션] 클릭

❹ [자동 고침] 대화상자 [입력]에 **회사통**, [결과]에 **회사에서 바로 통하는** 입력

❺ [추가]를 클릭합니다.

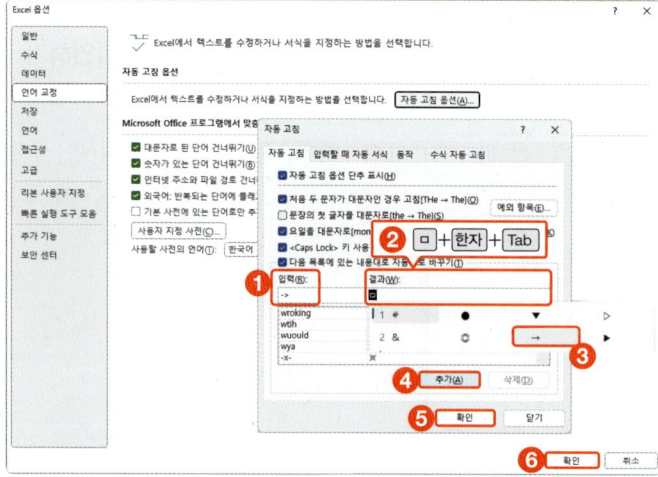

**02 기호 등록하기**

❶ 입력란에 **->** 입력

❷ 결과란에 ㅁ + 한자 + Tab

❸ 화살표 [→] 선택

❹ [추가] 클릭

❺ [확인] 클릭

❻ [Excel 옵션] 대화상자의 [확인]을 클릭합니다.

**Tip** Alt + T + A 를 누르면 [자동 고침] 대화상자를 바로 열 수 있습니다.

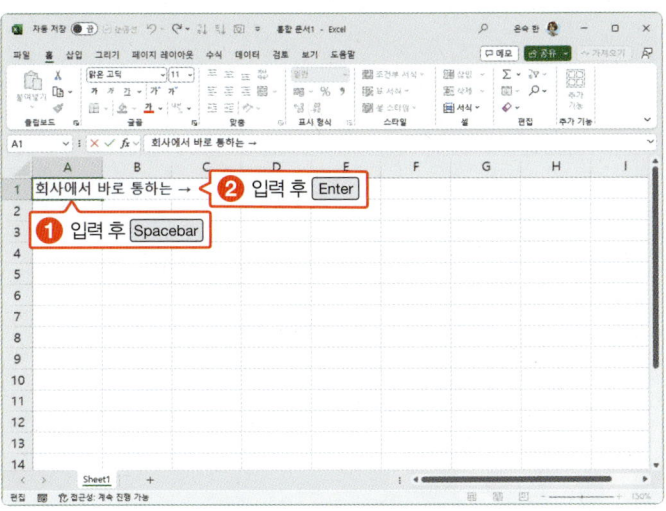

## 03 상용구 입력하기

① [A1] 셀에 **회사통** 입력 후 Spacebar

② →를 입력하고 Enter 를 누릅니다.

**Tip** [자동 고침] 대화상자의 입력란에 입력한 약자를 입력한 후 Spacebar 또는 Enter 를 누르면 결과란에 입력한 상용구나 기호가 표시됩니다.

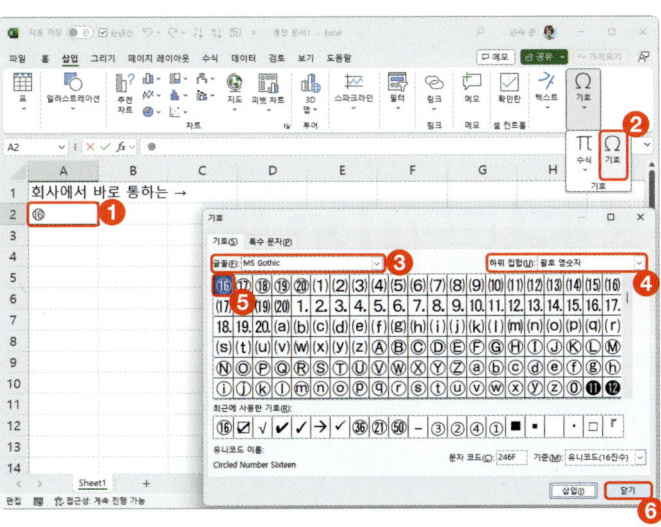

## 04 특수 문자 입력하기

① [A2] 셀 클릭
② [삽입] 탭-[기호] 그룹-[기호] 클릭
③ [기호] 대화상자의 [글꼴]에서 [MS Gothic] 선택
④ [하위 집합]에서 [괄호 영숫자] 선택
⑤ ⑯ 더블클릭
⑥ [닫기]를 클릭합니다.

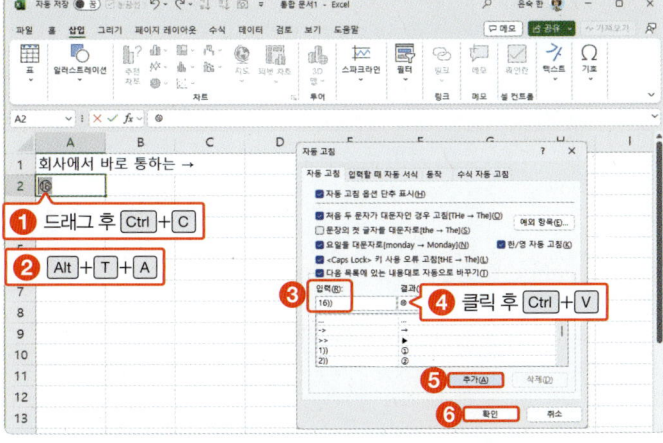

## 05 자동 고침 목록에 등록하기

① 입력된 기호 드래그 후 Ctrl + C
② Alt + T + A
③ [자동 고침] 대화상자의 [입력]에 16)) 입력
④ [결과] 클릭 후 Ctrl + V
⑤ [추가] 클릭
⑥ [확인]을 클릭합니다.

**Tip** [자동 고침] 대화상자에서는 [기호] 대화상자를 열 수 없으므로 한글 자음에 없는 특수 문자는 셀에 기호를 먼저 입력한 후, 복사/붙여넣기로 등록해야 합니다.

# SECTION 02

# 데이터 입력하고 기본 기능 습득하기

기초

# 007 셀 내용 자동 완성으로 데이터 입력하기

실습 파일 CHAPTER01\007_판매현황표.xlsx | 완성 파일 CHAPTER01\007_판매현황표_완성.xlsx

입력하는 문자와 같은 문자열이 이미 같은 열에 있을 때는 원래 있던 문자열이 자동으로 완성됩니다. 셀 내용 자동 완성 옵션이 설정되어 있는지 확인하고 자동 완성으로 문자를 입력해보겠습니다.

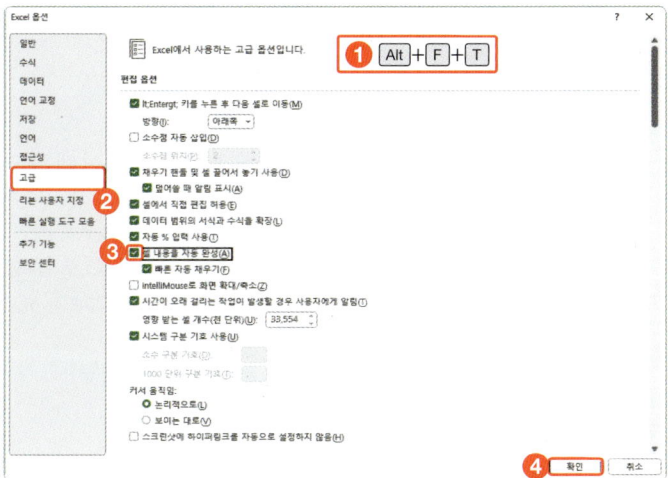

### 01 셀 내용 자동 완성 설정 확인하기

❶ Alt + F + T
❷ [Excel 옵션] 대화상자에서 [고급] 탭 클릭
❸ [셀 내용을 자동 완성] 체크 확인
❹ [확인]을 클릭합니다.

**Tip** [셀 내용을 자동 완성]의 체크를 해제하면 자동 완성 기능이 실행되지 않습니다.

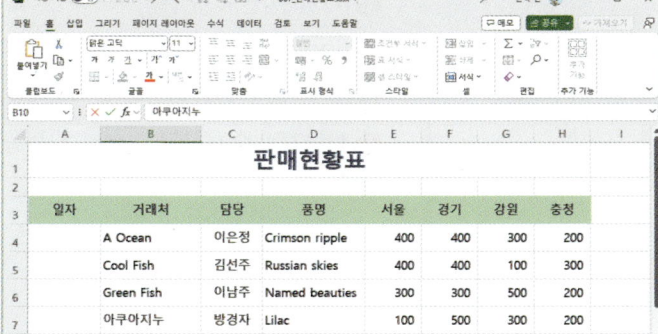

### 02 자동 완성으로 입력하기

❶ [B10] 셀에 **아쿠아** 입력
❷ 자동 완성된 '지누'를 삭제하기 위해 Delete 누르고 Tab
❸ [C10] 셀에 **김** 입력하면 '김선주'가 자동으로 완성
❹ 그대로 입력하기 위해 Tab 을 누릅니다.

**Tip** 자동 완성된 문자를 그대로 입력하려면 Enter 나 Tab 을 누르고, 그렇지 않으면 무시하고 나머지 다른 문자열을 입력하거나 Delete 를 누릅니다. [B7] 셀에 '아쿠아지누'가 입력되어 있으므로 [B10] 셀에는 **아**만 입력해도 '아쿠아지누'가 완성됩니다. [B10] 셀에 '아쿠아'가 입력된 후에는 같은 글자로 시작하는 문자열이 두 개 이상이므로 그 아래 셀에 **아**를 입력해도 '아쿠아'나 '아쿠아지누'가 완성되지 않습니다.

실무

# 008 같은 데이터 빠르게 입력/수정하기

**실습 파일** CHAPTER01\008_판매현황표.xlsx | **완성 파일** CHAPTER01\008_판매현황표_완성.xlsx

이미 데이터가 입력되어 있는 문서에서 같은 데이터를 빠르게 입력/수정하는 방법을 알아보겠습니다.

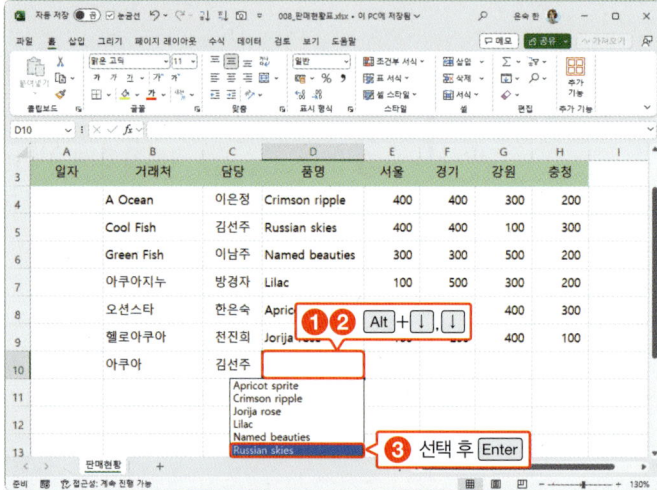

### 01 단축키로 목록에서 선택하기

❶ [D10] 셀에서 Alt + ↓ 눌러 기존 입력된 품명 목록 표시
❷ ↓를 누른 후
❸ [Russian skies]를 선택하고 Enter 를 누릅니다.

> **Tip** Alt + ↓ 는 현재 열의 고유 텍스트 목록을 표시하는 단축키입니다. 숫자 데이터는 표시되지 않습니다.

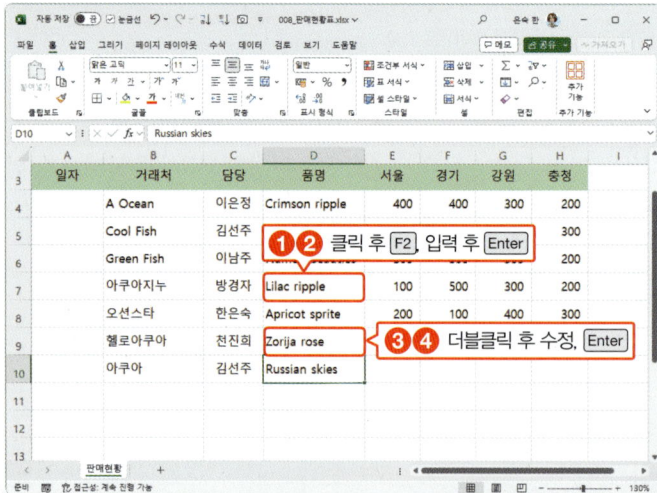

### 02 일부 셀 내용 수정하기

❶ [D7] 셀 클릭 후 F2
❷ ripple 입력 후 Enter
❸ [D9] 셀 더블클릭
❹ J를 Z로 수정하고 Enter 를 누릅니다.

**Tip** 셀을 선택하고 바로 새 데이터를 입력하면 기존 셀 내용이 지워집니다. 기존 셀 값에 내용을 추가할 때는 F2 를 누른 후 데이터를 입력합니다. 셀 내용 일부를 수정할 때는 셀을 선택한 후 수식 입력줄을 클릭하거나 셀을 더블클릭한 후 수정할 부분을 지우고 내용을 입력합니다.

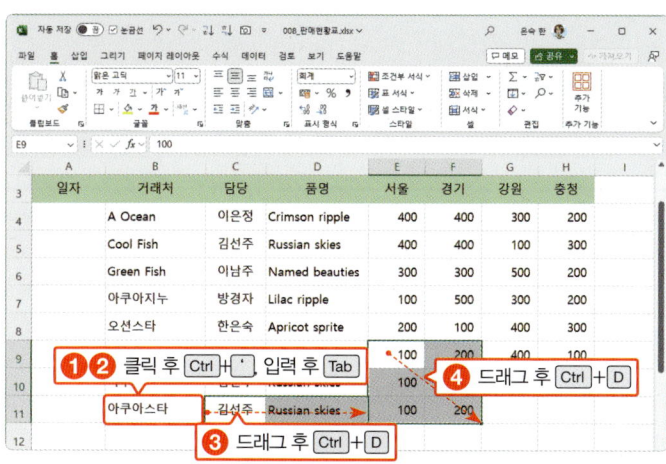

### 03 단축키로 위쪽 셀 내용 복사하기

❶ [B11] 셀 클릭 후 Ctrl + '
❷ 스타 입력 후 Tab
❸ [C11:D11] 범위 지정 후 Ctrl + D
❹ [E9:F11] 범위 지정 후 Ctrl + D
를 누릅니다.

**Tip**
- Ctrl + ' (아포스트로피)는 바로 위에 있는 셀 데이터를 복사하고 셀에 커서를 표시하여 데이터의 추가 입력을 기다립니다. 입력을 완료하려면 Tab 또는 Enter 를 누릅니다.
- Ctrl + D 는 입력 완료 상태로 복사합니다.

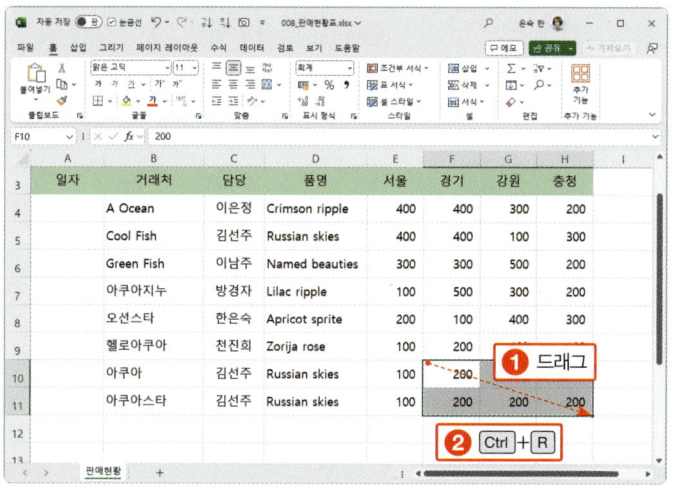

### 04 단축키로 왼쪽 셀 데이터 복사하기

❶ [F10:H11] 범위 지정
❷ Ctrl + R 을 누릅니다.

**Tip** Ctrl + R 은 바로 왼쪽 셀의 데이터를 복사합니다. 범위를 지정한 후 Ctrl + D 또는 Ctrl + R 을 누르면 지정된 범위 중 첫 셀의 데이터를 나머지 셀에 복사합니다.

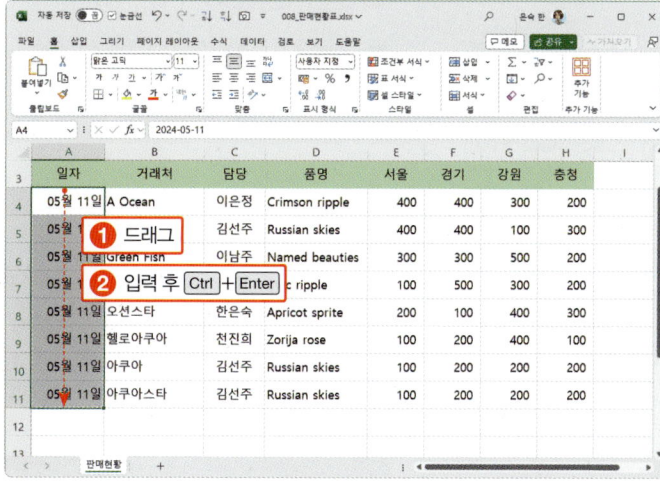

### 05 범위에 데이터 한꺼번에 입력하기

❶ [A4:A11] 범위 지정
❷ 5/11을 입력한 후 Ctrl + Enter 를 누릅니다.

**Tip** 날짜는 월과 일을 하이픈(-)이나 슬래시(/)로 구분하여 입력하면 00월 00일 형식으로 입력됩니다. 셀 범위를 먼저 선택 후 내용을 입력하고 Ctrl + Enter 를 누르면 선택한 셀에 한꺼번에 입력됩니다. 떨어져 있는 셀 범위를 선택했을 때도 마찬가지입니다.

상식

# 009 빈 셀에 한꺼번에 데이터 입력하기

실습 파일 CHAPTER01\009_성과보고서.xlsx | 완성 파일 CHAPTER01\009_성과보고서_완성.xlsx

엑셀 문서는 **데이터 분석을 위한** 데이터 처리 과정에서 데이터 목록에 있는 **빈 셀들을 0이나 특정 문자로 채워야 하는 경우**가 많이 있습니다. 빈 셀에 한꺼번에 데이터를 입력해보겠습니다.

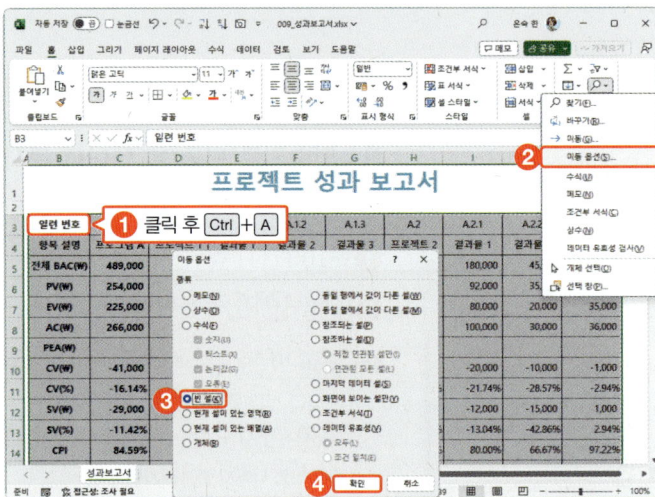

## 01 빈 셀만 선택하기

❶ [B3] 셀 클릭 후 Ctrl + A 눌러 표 전체 범위 지정
❷ [홈] 탭-[편집] 그룹-[찾기 및 선택]-[이동 옵션] 클릭
❸ [이동 옵션] 대화상자에서 [빈 셀] 선택
❹ [확인]을 클릭합니다.

Tip 표 전체 범위를 지정하지 않고 [빈 셀] 옵션을 선택하면 표 바깥의 빈 셀도 모두 선택됩니다.

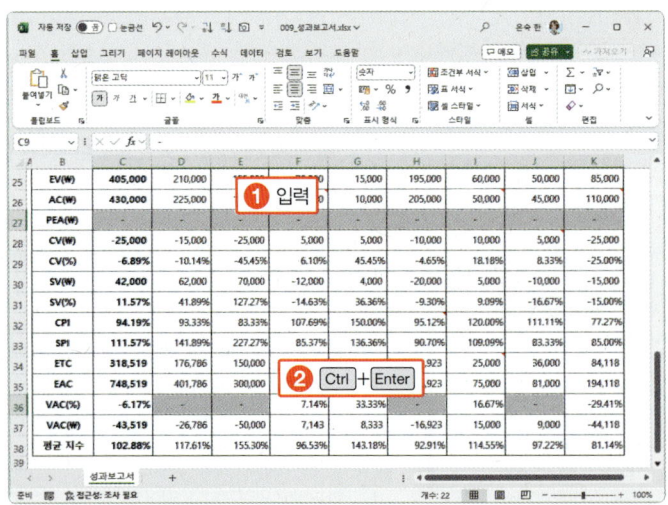

## 02 한 번에 하이픈(-) 입력하기

❶ 빈 셀만 선택된 상태에서 - 입력
❷ Ctrl + Enter 를 누릅니다.

Tip 이동 옵션 단축키 : F5 또는 Ctrl + G 를 누른 후 Alt + S 를 누릅니다.

실무

# 010 데이터 종류별로 선택한 후 강조하기

실습 파일 CHAPTER01\010_성과보고서.xlsx | 완성 파일 CHAPTER01\010_성과보고서_완성.xlsx

이동 옵션을 사용하면 **데이터의 종류에 따라** 셀을 선택한 후 **서식을 지정하여 원하는 데이터를 강조** 표시할 수 있습니다. 데이터 종류에 따라 각기 다른 서식을 지정해보겠습니다.

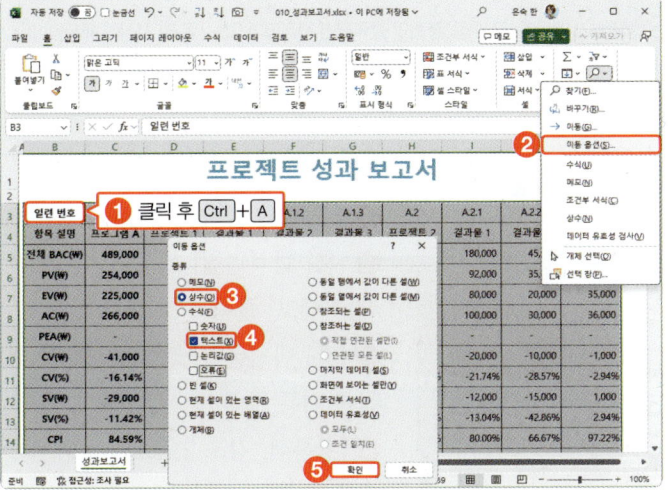

**01 문자만 선택하기**

❶ [B3] 셀 클릭 후 Ctrl + A 눌러 표 전체 범위 지정
❷ [홈] 탭-[편집] 그룹-[찾기 및 선택]-[이동 옵션] 클릭
❸ [이동 옵션] 대화상자에서 [상수] 선택
❹ [수식]에서 [텍스트]만 체크
❺ [확인]을 클릭합니다.

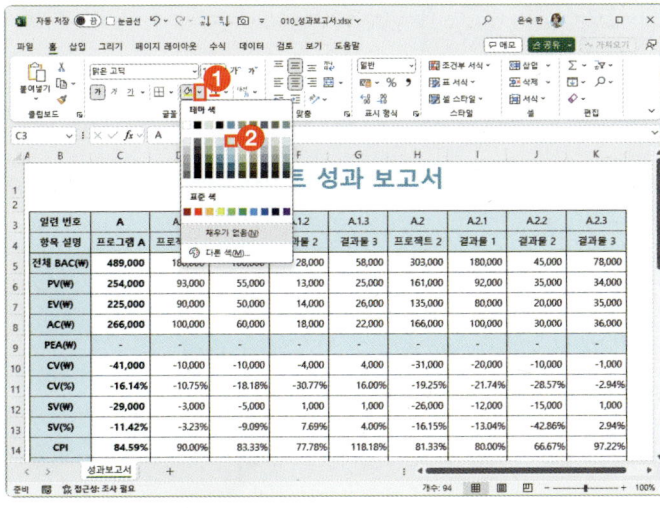

**02 채우기 색 지정하기**

❶ [홈] 탭-[글꼴] 그룹-[채우기 색] 목록 버튼 클릭
❷ [바다색, 강조 1, 80% 더 밝게]를 선택합니다.

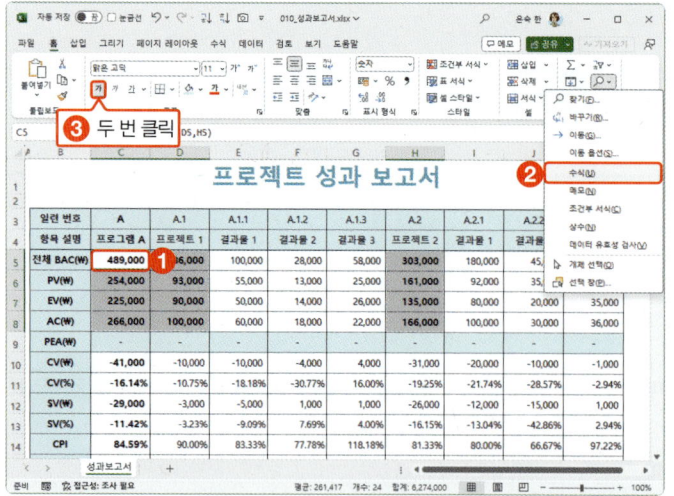

### 03 수식 셀만 선택 후 강조하기

❶ [C5] 셀 클릭

❷ [홈] 탭-[편집] 그룹-[찾기 및 선택]-[수식] 클릭

❸ [홈] 탭-[글꼴] 그룹-[굵게]를 두 번 클릭합니다.

**Tip** • 지정된 범위 중 이미 [굵게] 서식이 지정되어 있는 셀이 있기 때문에 [굵게]를 한 번만 클릭하면 지정되어 있는 [굵게] 서식이 해제됩니다.
• Ctrl + B 를 눌러도 [굵게] 서식이 지정됩니다.

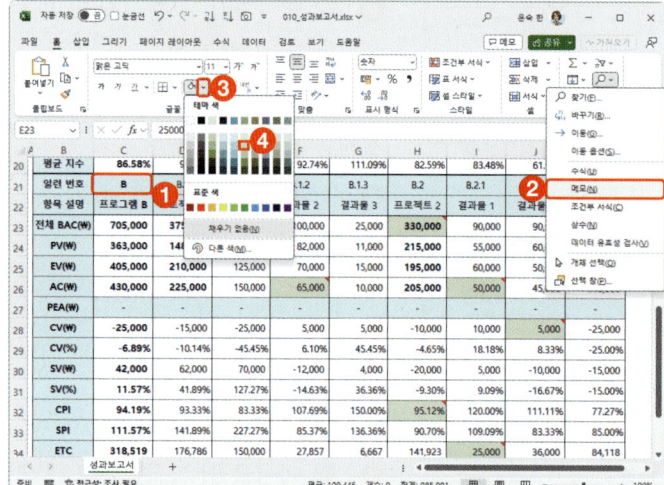

### 04 메모 셀만 선택한 후 강조하기

❶ [C21] 셀 클릭

❷ [홈] 탭-[편집] 그룹-[찾기 및 선택]-[메모] 클릭

❸ [홈] 탭-[글꼴] 그룹-[채우기 색] 목록 버튼 클릭

❹ [황록색, 강조 2, 60% 더 밝게]를 선택합니다.

**Tip** [C21] 셀을 선택한 것은 이전 작업에서 선택됐던 범위를 해제하기 위해 임의의 셀을 선택한 것입니다. 어느 셀을 선택해도 상관없습니다.

**Tip** [메모]는 셀에 대한 설명을 작성할 수 있는 도구입니다. 셀을 선택한 후 마우스 오른쪽 버튼을 클릭하고 [새 노트] 메뉴를 선택하면 삽입할 수 있습니다.

### Note > [이동 옵션] 대화상자에는 어떤 기능들이 있나요?

[이동 옵션] 대화상자의 각 옵션이 어떤 기능을 하는지 살펴보겠습니다.

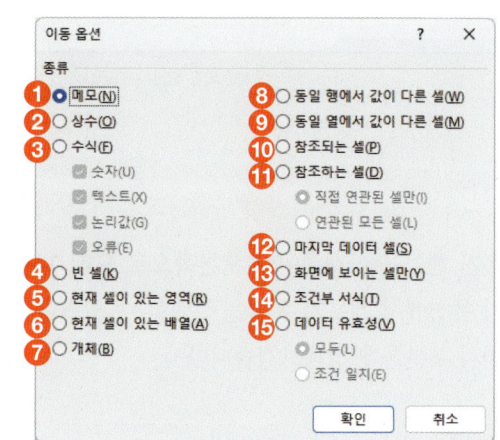

❶ **메모** : 메모가 있는 셀이 선택됩니다.

❷ **상수** : 상수(수식이 아닌 숫자, 문자)가 있는 셀이 선택됩니다.

❸ **수식** : 수식이 있는 셀이 선택됩니다. 수식의 하위 목록에 여러 옵션이 있습니다. 체크 표시하면 숫자 또는 텍스트만 선택할 수 있습니다.

❹ **빈 셀** : 빈 셀만 선택됩니다.

❺ **현재 셀이 있는 영역** : 현재 선택된 셀을 기준으로 연속된 전체 범위가 선택됩니다.

❻ **현재 셀이 있는 배열** : 현재 선택된 셀이 배열에 포함되어 있는 경우 전체 배열이 선택됩니다.

❼ **개체** : 차트 및 도형을 비롯한 그래픽 개체들이 선택됩니다.

❽ **동일 행에서 값이 다른 셀** : 선택한 행에서 현재 셀과 다른 모든 셀이 선택됩니다.

❾ **동일 열에서 값이 다른 셀** : 선택한 열에서 현재 셀과 다른 모든 셀이 선택됩니다. 현재 셀은 기본적으로 지정된 범위의 첫 번째 셀이며, Tab 또는 Enter 를 눌러 현재 셀의 위치를 변경할 수 있습니다.

❿ **참조되는 셀** : 현재 셀의 수식에서 참조하는 셀이 선택됩니다.

⓫ **참조하는 셀** : 현재 셀을 참조하는 수식이 있는 셀이 선택됩니다. 수식에서 직접 참조하는 셀만 선택하려면 [직접 연관된 셀만]을, 직접 또는 간접적으로 참조하는 모든 셀을 찾으려면 [연관된 모든 셀]을 선택합니다.

⓬ **마지막 데이터 셀** : 워크시트에서 데이터나 서식이 포함된 마지막 셀이 선택됩니다.

⓭ **화면에 보이는 셀만** : 숨겨진 행이나 열을 제외하고 선택됩니다.

⓮ **조건부 서식** : 조건부 서식이 적용된 셀만 선택됩니다.

⓯ **데이터 유효성** : 데이터 유효성 검사 규칙이 적용된 셀만 선택됩니다. 현재 선택한 셀과 동일한 데이터 유효성 검사가 적용된 셀을 찾으려면 [조건 일치]를 선택합니다.

실무

# 011 채우기 핸들로 데이터 자동 채우기

실습 파일 CHAPTER01\011_분기생산계획표.xlsx | 완성 파일 CHAPTER01\011_분기생산계획표_완성.xlsx

채우기 핸들을 아래쪽이나 오른쪽으로 드래그하면 셀 데이터와 서식이 자동으로 복사됩니다. 자동 채우기 옵션에서 채우기 유형을 선택할 수 있습니다. 채우기 핸들을 이용해 일부만 작성되어 있는 양식의 나머지 부분을 완성해보겠습니다.

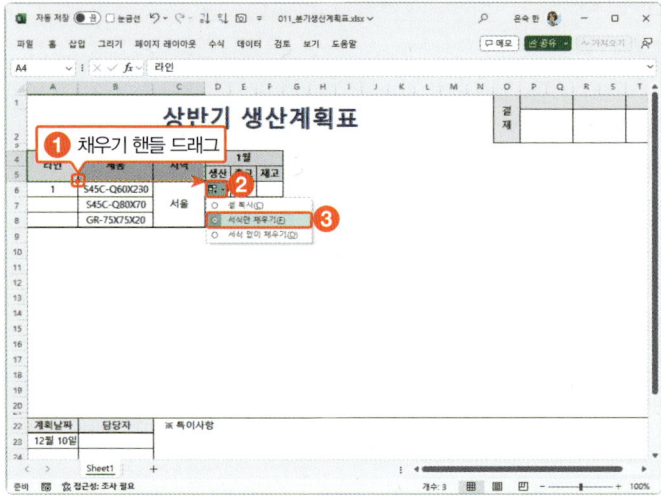

## 01 서식만 채우기

❶ [A4] 셀 클릭 후 채우기 핸들 [C5] 셀까지 드래그
❷ [자동 채우기 옵션] 클릭
❸ [서식만 채우기]를 선택합니다.

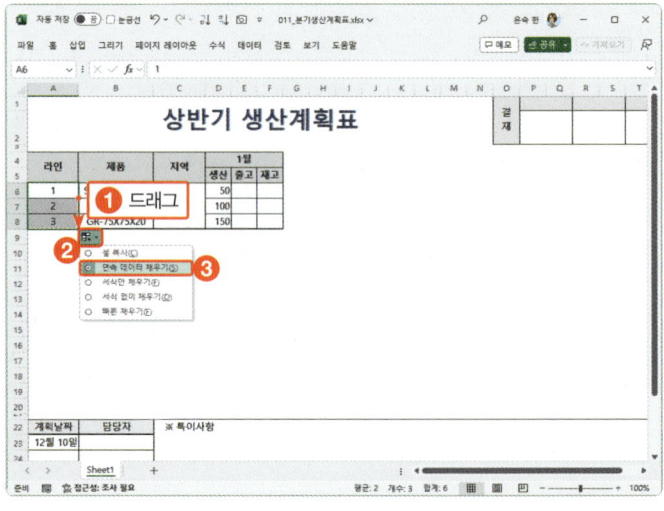

## 02 연속 데이터 채우기

❶ [A6] 셀 클릭 후 채우기 핸들 [A8] 셀까지 드래그
❷ [자동 채우기 옵션] 클릭
❸ [연속 데이터 채우기]를 선택합니다.

Tip [A6] 셀을 클릭하고 Ctrl 을 누른 채 채우기 핸들을 드래그해도 연속 데이터로 채워집니다.

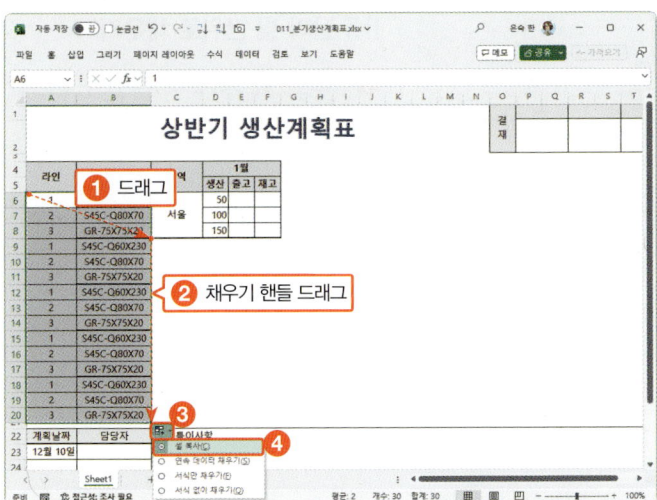

### 03 셀 복사하기

❶ [A6:B8] 범위 지정
❷ 채우기 핸들을 [B20] 셀까지 드래그
❸ [자동 채우기 옵션] 클릭
❹ [셀 복사]를 선택합니다.

**Tip** [셀 복사]를 선택하기 전에는 [A6:A8] 범위는 숫자가 1씩 증가하는 범위이므로 1씩 증가하면서 채워졌습니다. 또한 문자와 숫자가 혼합된 데이터는 숫자가 1씩 증가하면서 채워지는데, [B6:B8] 제품 코드는 문자 사이에 숫자가 많이 섞여 있어서 맨 끝의 숫자가 1씩 증가했습니다. [자동 채우기 옵션]에서 [셀 복사]를 선택해서 [A6:B8] 범위의 내용이 반복 복사된 것으로 변경되었습니다. 처음에 채우기 핸들을 그냥 드래그하지 않고 [A6:B8] 범위를 지정한 후 Ctrl 을 누른 채 채우기 핸들을 드래그해도 셀 내용을 복사할 수 있습니다.

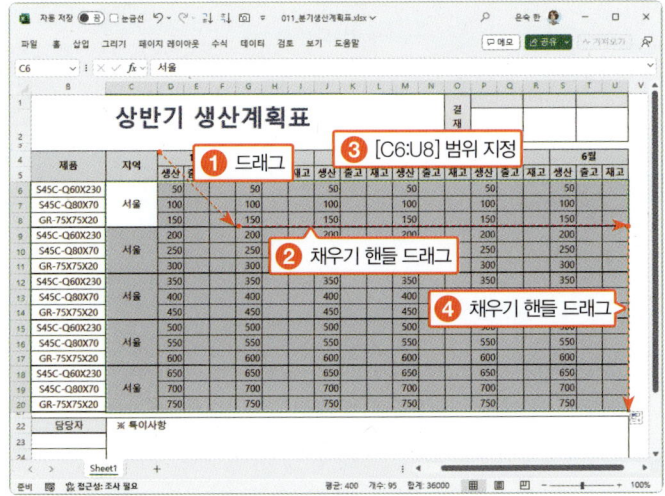

### 04 데이터 범위 반복 채우기

❶ [D4:F8] 범위 지정
❷ 채우기 핸들을 [U8] 셀까지 드래그
❸ [C6:U8] 범위 지정
❹ 채우기 핸들을 [U20] 셀까지 드래그합니다.

**Tip** 1월은 숫자와 문자의 혼합 데이터이므로 숫자가 1씩 증가하며 채워집니다. '생산', '출고', '재고'는 반복 복사됩니다. [생산] 셀 범위의 증가 값이 50이므로 50씩 증가하며 채워집니다.

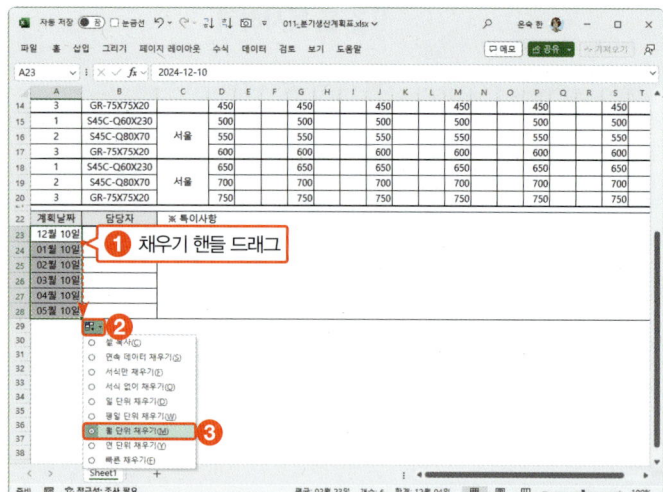

## 05 날짜 월 단위로 채우기

❶ [A23] 셀 클릭 후 채우기 핸들을 [A28] 셀까지 드래그

❷ [자동 채우기 옵션] 클릭

❸ [월 단위 채우기]를 선택합니다.

**Tip** 날짜 데이터는 증감하고 싶은 날짜 범위를 입력한 후 채우기 핸들을 드래그해도 됩니다. 예를 들어 두 셀에 12월 10일, 2월 10일을 입력한 후 두 셀을 범위로 지정하고 채우기 핸들을 드래그하면 2개월 간격으로 채워집니다.

상식

# 012 사용자 지정 목록 자동 채우기

**실습 파일** CHAPTER01\012_분기생산계획표.xlsx | **완성 파일** CHAPTER01\012_분기생산계획표_완성.xlsx

문자만 입력된 셀의 채우기 핸들을 드래그하면 문자가 복사됩니다. **순서가 있는 문자 목록인 경우 사용자 지정 목록에 등록해두면 해당 순서대로 채우거나 정렬**할 수 있습니다.

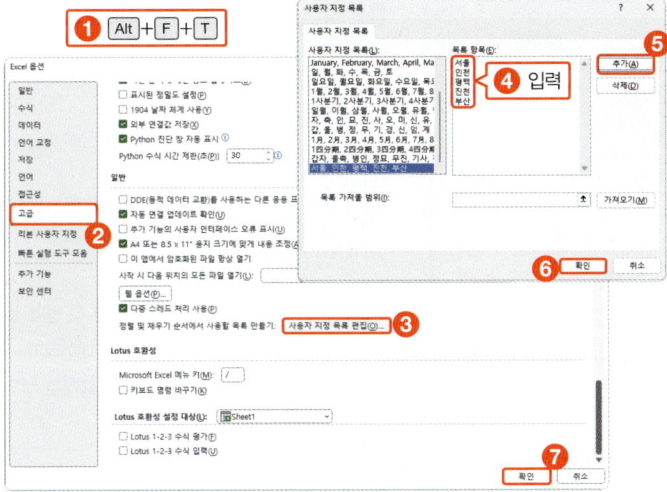

## 01 사용자 지정 목록 추가하기

❶ Alt + F + T

❷ [Excel 옵션] 대화상자에서 [고급] 탭 클릭

❸ [사용자 지정 목록 편집] 클릭

❹ 목록 항목에 다음과 같이 **서울, 인천, 평택, 진천, 부산** 입력

❺ [추가] 클릭

❻ [확인] 클릭

❼ [Excel 옵션] 대화상자의 [확인]을 클릭합니다.

## 02 사용자 지정 목록 채우기

❶ [C6] 셀 클릭

❷ 채우기 핸들을 [C20] 셀까지 드래그합니다.

실무

# 013 빠른 채우기로 데이터 가공하기

실습 파일 CHAPTER01\013_주소록분리.xlsx | 완성 파일 CHAPTER01\013_주소록분리_완성.xlsx

하나의 열에 있는 데이터를 분리하기 위해 함수를 사용하거나 텍스트 나누기 도구를 사용할 수 있습니다. **빠른 채우기 기능을 사용하면 아주 간편하고 빠르게 데이터를 분리**할 수 있습니다.

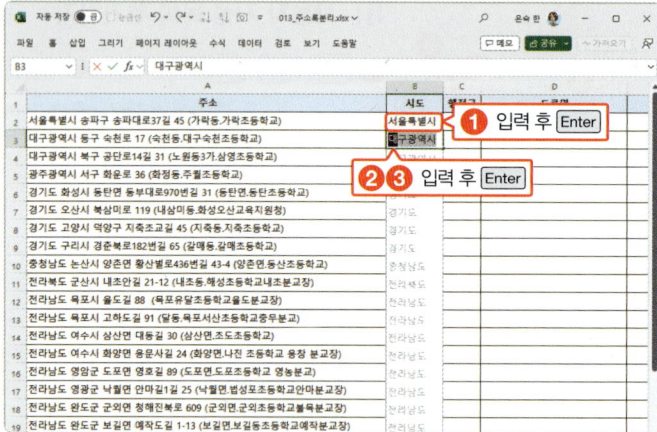

**01 주소에서 시도만 분리하기**

❶ [B2] 셀에 **서울특별시** 입력 후 Enter

❷ [B3] 셀에 **대** 입력

❸ 나머지 셀에 모든 시도 목록이 표시되면 Enter 를 누릅니다.

Tip 두 번째 셀에 첫 글자만 입력하면 첫 번째 셀에 입력한 것과 같은 패턴의 분할 데이터가 나머지 셀에 제시됩니다. 제시된 목록대로 채우려면 Enter 를 누릅니다.

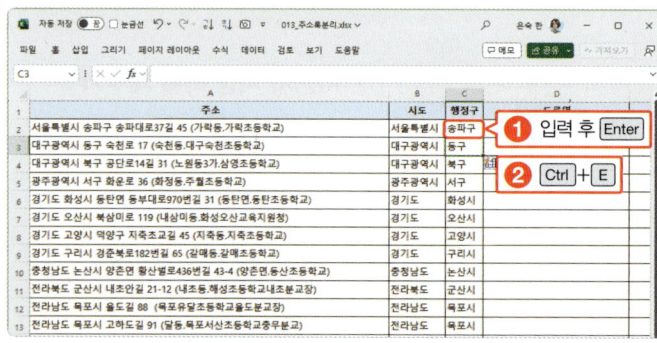

**02 단축키로 행정구 분리하기**

❶ [C2] 셀에 **송파구** 입력 후 Enter

❷ Ctrl + E 를 누릅니다.

Tip 두 번째 셀([C3])에서 바로 Ctrl + E 를 누르면 첫 셀에 입력한 것과 같은 패턴의 분할 데이터가 나머지 셀에 채워집니다

---

**Note**  빠른 채우기가 실행되지 않을 수도 있나요?

빠른 채우기 기능은 2013 버전부터 추가된 기능입니다. 2013 버전 이상에서도 모든 경우에 빠른 채우기가 실행되는 것은 아닙니다. 데이터에 일관성이 없는 경우나 셀 병합이 되어 있는 경우에는 실행되지 않습니다. 또한 [Excel 옵션] 대화상자에서 [고급]-[빠른 자동 채우기]가 체크 해제되어 있어도 실행되지 않습니다.

## 03 리본 메뉴로 도로명 분리하기

① [D2] 셀에 **송파대로37길 45** 입력 후 Enter

② [데이터] 탭-[데이터 도구] 그룹-[빠른 채우기]를 클릭합니다.

**Tip** [홈] 탭-[편집] 그룹-[채우기]-[빠른 채우기]를 클릭해도 됩니다.

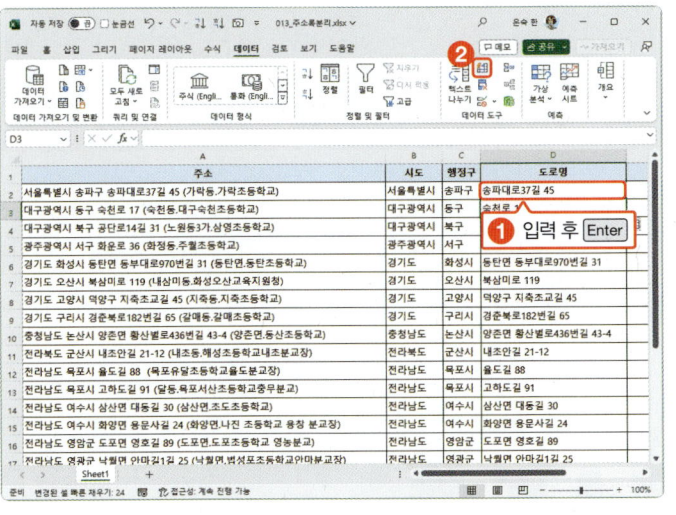

## 04 채우기 핸들로 학교명 분리하기

① [E2] 셀에 **가락초등학교** 입력 후 Enter

② 다시 [E2] 셀 클릭 후 채우기 핸들 더블클릭

③ [자동 채우기 옵션] 클릭

④ [빠른 채우기]를 선택합니다.

**Tip** 채우기 핸들을 더블클릭하면 '가락초등학교'가 복사됩니다. [자동 채우기 옵션]에서 [빠른 채우기]를 선택하면 각 초등학교명으로 채워집니다.

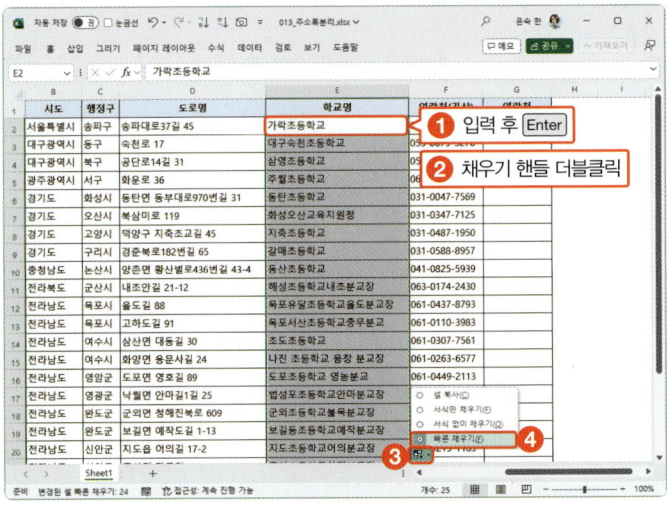

## 05 연락처 일부 숨기기

텍스트를 분리하는 것뿐만 아니라 일부만 변경할 수도 있습니다.

① [G2] 셀에 **02-\*\*\*\*-8020** 입력 후 Enter

② Ctrl + E

③ F열 머리글에서 마우스 오른쪽 버튼 클릭

④ [숨기기]를 선택합니다.

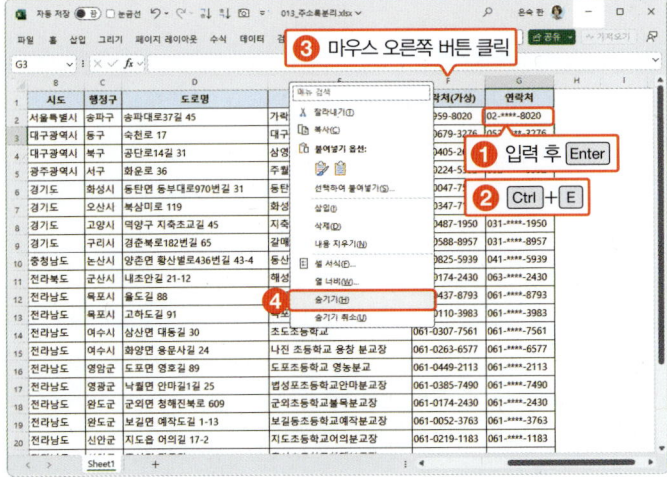

**Tip** 두 번째 셀에서 Ctrl + E 를 누르면 첫 셀에 입력한 것과 같은 패턴의 변경 데이터가 나머지 셀에 바로 채워집니다.

# SECTION 03

# 엑셀의 활용력을 높이는 수식 작성하기

## 기초

# 014 문자열 연산자로 셀 내용 연결하기

**실습 파일** CHAPTER01\014_생산계획실적표.xlsx | **완성 파일** CHAPTER01\014_생산계획실적표_완성.xlsx

문자열을 연결해주는 **문자 연산자 앰퍼샌드(&)를 사용해 다양하게 셀 내용을 연결**할 수 있습니다.

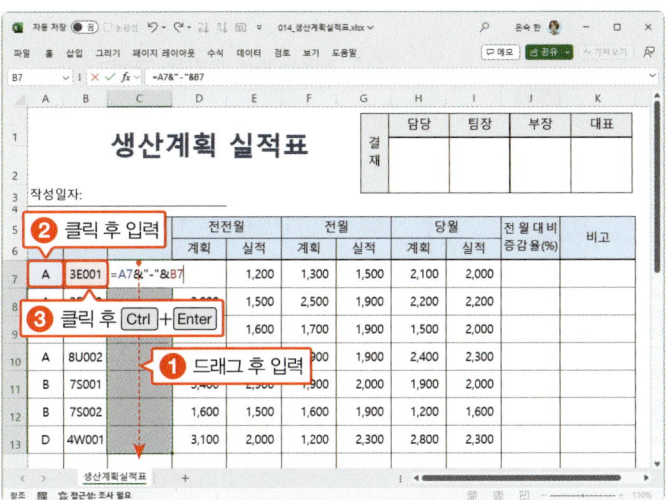

### 01 라인-코드 문자열 연결하기

❶ [C7:C13] 범위 지정하고 = 입력

❷ [A7] 셀 클릭 후 &"-"& 입력

❸ [B7] 셀 클릭 후 Ctrl + Enter 를 누릅니다.

**Tip** • 수식에서 피연산자로 문자를 직접 입력하는 경우에는 문자열의 앞뒤에 큰따옴표("")를 입력해야 합니다.
• 범위를 먼저 지정하고 첫 번째 셀에 수식을 입력한 후 Ctrl + Enter 를 누르면 한꺼번에 수식이 입력됩니다.

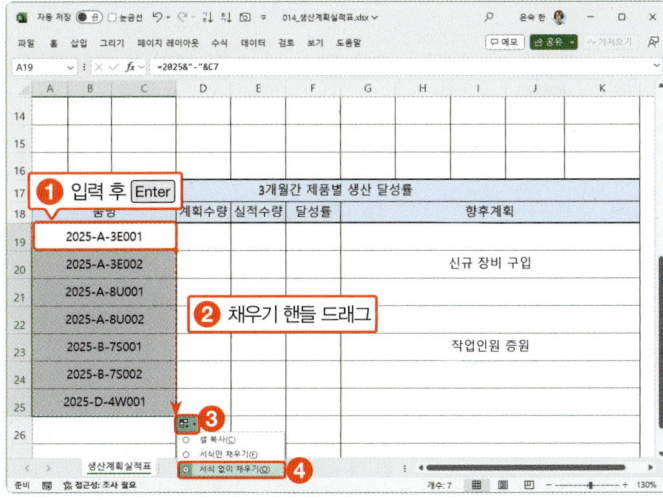

### 02 연도-품명 문자열 연결하기

❶ [A19] 셀에 =2025&"-"&C7 입력 후 Enter

❷ 다시 [A19] 셀 클릭 후 채우기 핸들 [A25] 셀까지 드래그

❸ [자동 채우기 옵션] 클릭

❹ [서식 없이 채우기]를 선택합니다.

**Tip** • [A19] 셀을 기준으로 옆의 셀들에 빈 셀 없이 데이터가 채워져 있다면 채우기 핸들을 더블클릭해서 채울 수도 있지만 지금은 데이터가 없으므로 채우기 핸들을 직접 드래그합니다.
• [A19] 셀의 위쪽 굵은 테두리 선까지 각 셀에 복사됩니다. 복사된 서식을 해제하기 위해 [서식 없이 채우기]를 선택합니다.

실무

# 015 숫자 연산하고 숫자 서식 지정하기

실습 파일 CHAPTER01\015_생산계획실적표.xlsx | 완성 파일 CHAPTER01\015_생산계획실적표_완성.xlsx

숫자가 입력된 셀의 주소와 사칙연산자를 사용하여 수식을 작성해보겠습니다. 그런 다음 결과에 대해 숫자 서식을 지정하겠습니다.

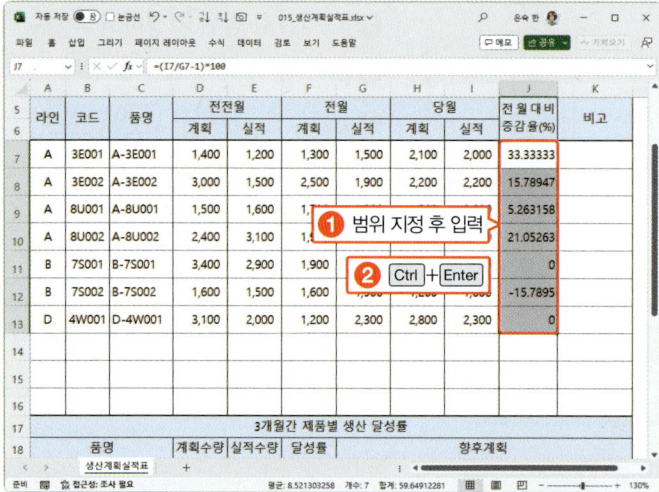

**01 전월 대비 증감율 구하기**

① [J7:J13] 범위 지정 후 **=(I7/G7-1)*100** 입력

② Ctrl + Enter 를 누릅니다.

Tip 등호(=)를 입력하고 수식을 작성할 때, 셀 주소 [I7], [G7]을 직접 입력해도 되지만 셀을 클릭하면 셀 주소가 수식에 자동으로 입력됩니다.

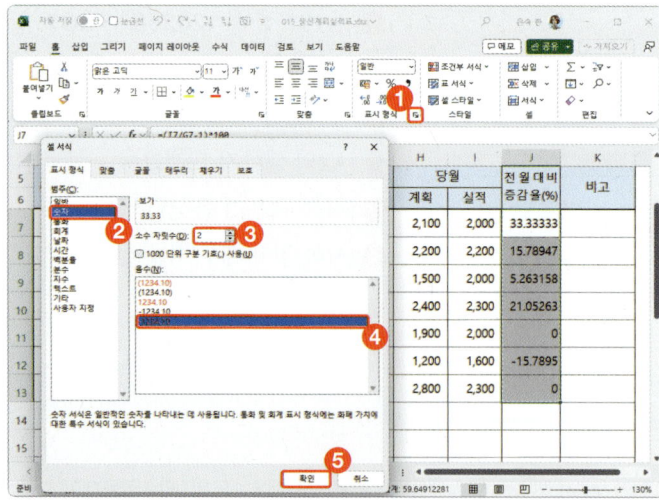

**02 음수 서식 및 자릿수 조정하기**

소수 둘째 자리까지 표시하고 음수는 빨간색으로 표시하겠습니다.

① [홈] 탭-[표시 형식] 그룹-[표시 형식] 클릭

② [셀 서식] 대화상자에서 [표시 형식] 탭의 [범주]-[숫자] 선택

③ [소수 자릿수]에 **2** 입력

④ [음수]에서 빨간색으로 표시된 [-1234.10] 선택

⑤ [확인]을 클릭합니다.

Tip Ctrl + 1 을 눌러도 [셀 서식] 대화상자가 나타납니다.

### Note | 표시 형식에서 백분율 스타일은 어떤 서식인가요?

[표시 형식]에서 [백분율 스타일]을 사용하여 셀의 결괏값 뒤에 % 기호를 붙여 표시할 수도 있습니다. 백분율 스타일 표시 형식은 값에 100을 곱한 후 % 기호를 붙이는 서식입니다. 다음의 예처럼 ❶ [J7] 셀을 클릭하고 수식에 **=I7/G7-1**을 입력한 후 ❷ [홈] 탭-[표시 형식] 그룹-[백분율 스타일]을 클릭합니다. ❸ [홈] 탭-[표시 형식] 그룹-[자릿수 늘림]을 두 번 클릭하면 ❹ 결괏값([J7] 셀)에 100이 곱해지고 % 기호가 붙습니다. 실제 수식에는 100을 곱하지 않았기 때문에, 셀의 실제 값은 0.3333이며, 서식으로서만 100이 곱해진 값에 % 기호가 붙어 표시되는 것입니다.

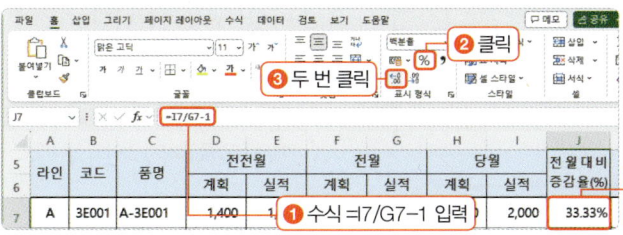

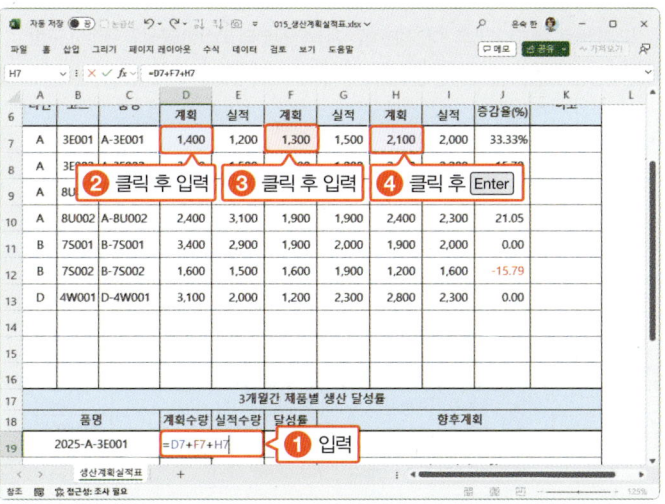

### 03 계획 수량 합계 구하기

앞의 팁을 참고하여 백분율 스타일을 적용하고 실습을 이어갑니다.

❶ [D19] 셀에 **=** 입력

❷ [D7] 셀 클릭 후 **+** 입력

❸ [F7] 셀 클릭 후 **+** 입력

❹ [H7] 셀을 클릭하고 Enter 를 누릅니다.

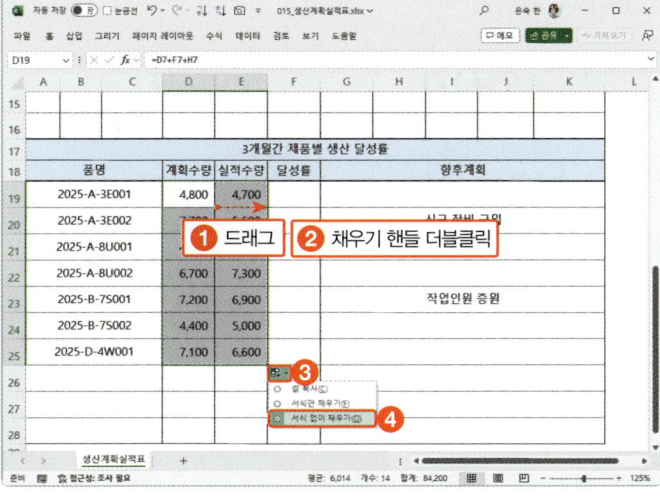

### 04 실적 수량 합계 구하기

❶ [D19] 셀 클릭 후 채우기 핸들 오른쪽으로 드래그

❷ 채우기 핸들 더블클릭

❸ [자동 채우기 옵션] 클릭

❹ [서식 없이 채우기]를 선택합니다.

**Tip** 셀 주소가 참조된 수식을 다른 셀로 이동하거나 복사하면 위치에 따라 셀 주소가 변경됩니다. 오른쪽으로 복사하면 열 이름이 바뀌고, 아래쪽으로 복사하면 행 번호가 바뀝니다.

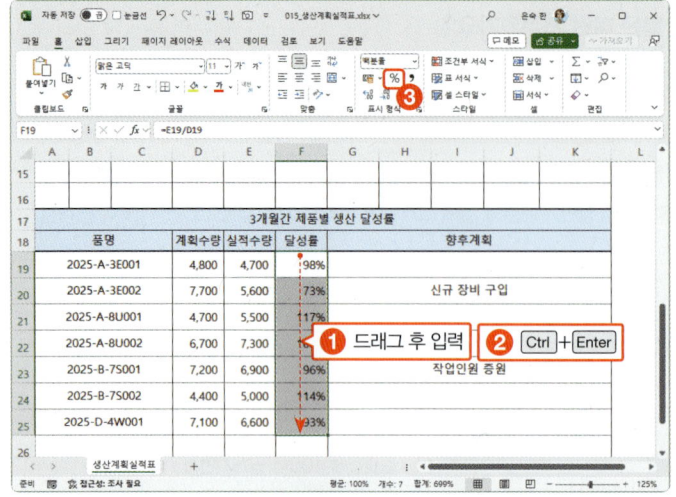

## 05 달성률 작성 및 백분율 스타일 지정하기

❶ [F19:F25] 범위 지정 후 =E19/D19 입력

❷ Ctrl + Enter

❸ [홈] 탭-[표시 형식] 그룹-[백분율 스타일]을 클릭합니다.

**Tip** [백분율 스타일]을 클릭하면 자동으로 값에 100을 곱한 후 % 기호가 붙습니다. 따로 수식에서 100을 곱하지 않아도 됩니다.

---

**Note** 엑셀에서 수식을 작성하기 위해 알아야 할 것은 무엇인가요?

엑셀의 셀은 계산기와 같아서 수식을 입력하면 계산 결과가 바로 셀에 나타납니다. 기본적인 사칙연산부터 복잡한 공식의 결과도 구할 수 있습니다. 엑셀에서 수식 작성 시 사용하는 연산자와 피연산자, 연산 순서 등을 알아보겠습니다.

### 수식 작성 방법

수식을 입력할 때는 셀에 먼저 등호(=)를 입력하거나 등호 없이 양수(+) 또는 음수(-) 부호가 포함된 피연산자를 입력하면서 작성합니다. 셀에는 수식의 결과가 표시되며 입력한 수식은 수식 입력줄에서 확인하고 수정할 수 있습니다.

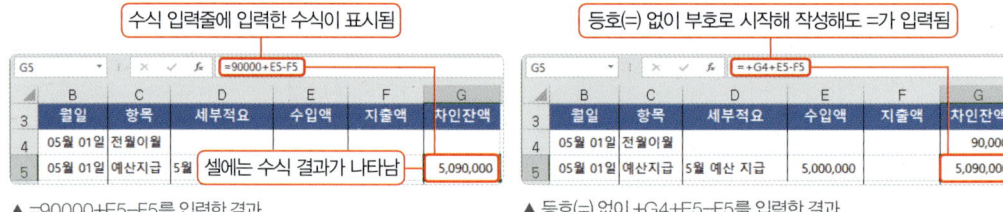

▲ =90000+E5-F5를 입력한 결과 　　　▲ 등호(=) 없이 +G4+E5-F5를 입력한 결과

### 수식의 구성

수식은 등호(=), 상수, 함수, 셀 참조 등의 피연산자와 연산자로 구성됩니다.

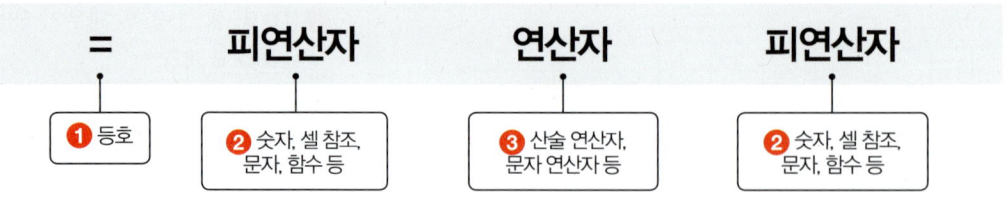

❶ **등호(=)** : 수식이 시작됨을 선언합니다.
❷ **피연산자** : 연산할 대상으로 숫자, 셀 참조, 문자, 함수 등을 사용합니다.
❸ **연산자** : 연산할 방식으로 산술 연산자, 참조 연산자, 비교 연산자, 문자 연산자를 사용합니다.

## 셀 참조로 수식 작성하기

수식 작성 시 등호, 연산자, 숫자, 괄호 등은 직접 입력해야 하지만 계산할 데이터가 입력된 셀은 셀 주소를 참조하는 것이 좋습니다. 셀 주소를 참조하여 수식을 작성해놓으면 해당 셀의 값이 변경되었을 때 수식이 재계산되어 결괏값도 자동으로 변경됩니다. 셀 주소는 직접 입력해도 되지만, 등호나 연산자를 입력하고 참조할 셀을 클릭하면 자동으로 입력됩니다.

수식 작성 순서를 보면 다음과 같이 등호(=)를 먼저 입력하고 계산할 셀 클릭, 연산 부호 입력, 다시 계산할 셀을 클릭한 후 Enter 를 눌러 입력을 마칩니다.

▲ 수식 작성 순서

▲ 셀 값이 수정되면 수식 결과도 재계산됨

## 연산자의 유형과 계산 순서

엑셀 수식에 사용되는 연산자 유형 및 여러 개의 연산자가 혼합 사용되는 경우의 계산 순서는 다음과 같습니다. 우선순위가 같은 연산자인 경우에는 왼쪽에서 오른쪽 순서로 계산되며, 괄호로 묶어놓은 수식은 연산자 우선순위에 상관없이 먼저 계산됩니다.

| 종류 | 의미 | 연산자 | 기능 | 순서 |
| --- | --- | --- | --- | --- |
| 산술 연산자 | 숫자 계산을 위한 연산자입니다. | %(백분율) | 백분율 | 1 |
| | | ^(캐럿) | 제곱 | 2 |
| | | *(별표) | 곱하기 | 3 |
| | | /(슬래시) | 나누기 | 4 |
| | | +(더하기) | 더하기 | 5 |
| | | -(빼기) | 빼기 | 6 |
| 문자 연산자 | 문자열 연결을 위한 연산자입니다. | &(앰퍼샌드) | 문자열 연결 | 7 |
| 비교 연산자 | 주로 논리 값을 확인하기 위한 조건식을 필요로 하는 함수식에서 사용합니다. | =(등호) | 같다 | 8 |
| | | >(보다 큼) | 보다 크다 | |
| | | <(보다 작음) | 보다 작다 | |
| | | >=(크거나 같음) | 크거나 같다 | |
| | | <=(작거나 같음) | 작거나 같다 | |
| | | <>(같지 않음) | 같지 않다 | |

기초

# 016 상대 참조, 절대 참조로 수식 작성하기

실습 파일 CHAPTER01\016_매출달성현황표.xlsx | 완성 파일 CHAPTER01\016_매출달성현황표_완성.xlsx

**상대 참조**는 수식을 복사하면 셀의 위치에 따라 **셀 주소가 변경됩니다**. **절대 참조**는 수식을 복사해도 **셀 주소가 변경되지 않습니다**. 상대 참조와 절대 참조를 사용하여 그 차이를 확인해보겠습니다.

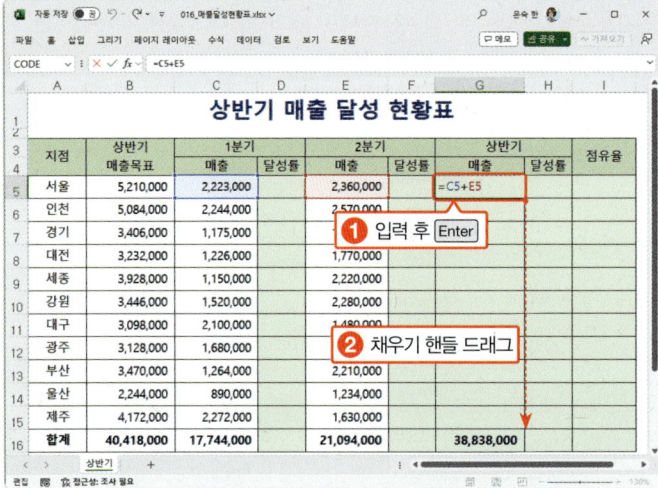

## 01 상반기 매출 작성하기

❶ [G5] 셀에 **=C5+E5** 입력 후 Enter
❷ [G5] 셀을 클릭 후 채우기 핸들을 [G15] 셀까지 드래그하여 수식을 복사합니다.

Tip 셀의 위치에 따라 셀 주소가 변경되는 상대 참조로 작성했습니다. 아래쪽으로 복사된 수식에서 행 번호가 모두 변경되어 각 지점의 상반기 매출이 구해집니다.

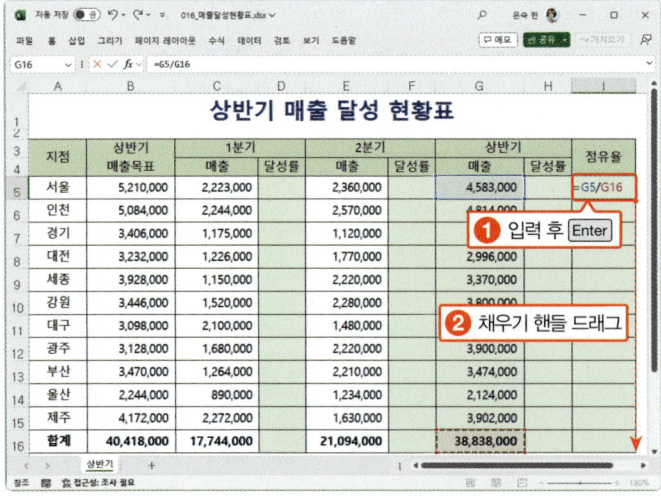

## 02 점유율 구하기

❶ [I5] 셀에 **=G5/G16** 입력 후 Enter
❷ [I5] 셀을 클릭 후 채우기 핸들을 [I16] 셀까지 드래그하여 수식을 복사합니다.

Tip 매출 점유율을 구하는 수식은 매출/합계입니다. 두 번째 셀부터는 #DIV/0! 오류가 표시되었습니다. 상대 참조인 [G16] 셀이 두 번째 셀부터 빈 셀(G17, G18,…, G27)로 변경되었기 때문입니다.

## 03 합계 셀을 절대 참조로 수정하기

❶ [I5] 셀에서 F2

❷ 수식 끝에 커서가 표시되면 F4 눌러 G16을 $G$16 형태로 변경 후 Enter

❸ 다시 [I5] 셀 클릭 후 채우기 핸들을 [I16] 셀까지 드래그합니다.

**Tip**
- 매출 [G5] 셀은 수식을 아래로 복사할 때마다 행 번호가 변경되어야 하지만 합계인 [G16] 셀은 변경되지 않아야 하므로 절대 참조로 작성해야 합니다.
- F4 는 셀 참조 변환 키입니다.

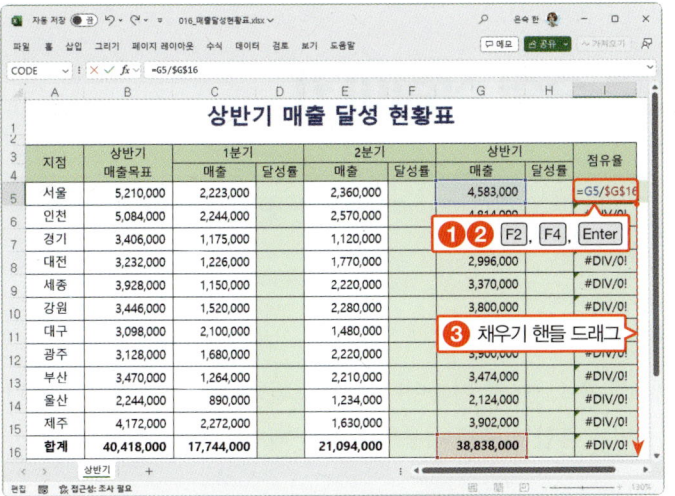

---

### Note  오류 표시 종류에는 어떤 것들이 있고 각 대처 방법은 무엇인가요?

수식에 오류가 있거나 인접 셀의 수식과 다른 수식인 경우에는 셀의 왼쪽 위에 녹색 오류 표시가 나타납니다. 해당 셀을 선택하면 왼쪽에 [스마트 태그]⚠ 가 표시됩니다. [스마트 태그]에 마우스 포인터를 대면 오류에 대한 설명이 표시되며, 클릭하면 오류 관련 메뉴를 선택할 수 있습니다. 오류 관련 메뉴에서 오류에 대한 도움말을 볼 수 있지만, 여덟 가지 오류 표시에 대한 주요 원인과 대처 방법은 다음과 같습니다.

| 오류 표시 | 원인 | 대처 방법 |
| --- | --- | --- |
| #DIV/0! | DIVIDE의 약자로 숫자를 0으로 나누었을 때 나타나는 오류입니다. | 나누는 숫자를 0이 아닌 다른 숫자로 바꿉니다. |
| #N/A | VLOOKUP, HLOOKUP, LOOKUP, MATCH 등의 함수에서 찾을 값이 없을 때, 배열 함수 등에서 열 또는 행 범위의 인수가 일치하지 않을 때 나타나는 오류입니다. | 찾는 값을 바꾸거나 참조 범위의 값을 바꿉니다. |
| #NAME? | 함수명을 잘못 입력하거나 잘못된 인수를 사용했을 때, 즉 엑셀이 인식할 수 없는 이름이나 함수명이 사용되었을 때 나타나는 오류입니다. | 사용된 함수나 이름에 오타가 있는지 인수가 제대로 사용되었는지 확인합니다. |
| #NULL! | 범위 연산자를 잘못 사용했거나 교차하지 않는 영역을 참조할 때 나타나는 오류입니다. | 참조 범위를 다시 지정합니다. |
| #NUM! | 함수의 인수나 수식이 잘못된 형식으로 입력되었을 때 나타나는 오류입니다. | 함수의 형식을 확인하고 알맞은 형식으로 수정합니다. |
| #REF! | 참조된 셀 주소가 잘못되었거나 참조했던 셀이 삭제되었을 때 나타나는 오류입니다. | 참조된 셀이 삭제되었거나 공백이 아닌지 확인합니다. |
| #VALUE! | 논리 값 또는 숫자가 필요한 수식에 텍스트를 입력했거나 배열 수식을 입력한 후 Ctrl + Shift + Enter 를 누르지 않은 경우 나타나는 오류입니다. | 인수의 데이터 형태나 함수의 종류 등을 확인하고 수정합니다. |
| ##### | 셀 값보다 열 너비가 좁거나 날짜/시간 서식 셀에 음수 값이 입력되었거나 엑셀에서 처리할 수 있는 숫자 범위를 넘었을 때 나타나는 표시입니다. | 열 너비를 늘려주거나 셀 서식을 확인하고 조정합니다. |

기초

# 017 혼합 참조로 수식 작성하기

**실습 파일** CHAPTER01\017_매출달성현황표.xlsx | **완성 파일** CHAPTER01\017_매출달성현황표_완성.xlsx

수식을 가로, 세로 방향으로 복사했을 때, 셀 주소 중 열 이름이나 행 번호만 변경되어야 하는 경우가 있습니다. **행만 고정되는 참조나 열만 고정되는 혼합 참조**를 사용한 수식을 확인해보겠습니다.

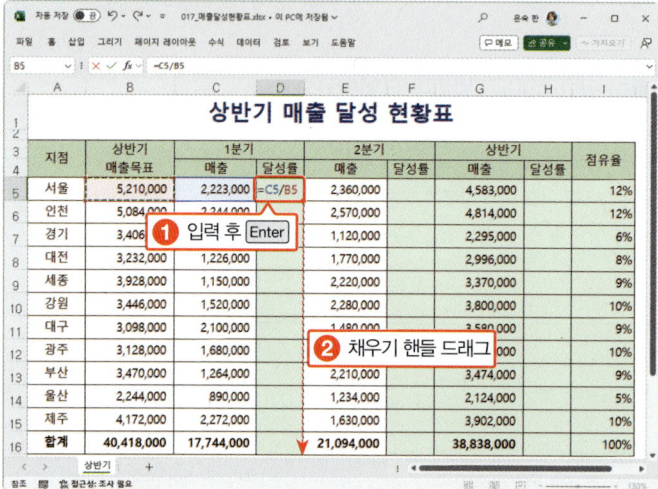

### 01 달성률 구하기

❶ [D5] 셀에 **=C5/B5** 입력 후 Enter

❷ [D5] 셀을 클릭 후 채우기 핸들을 [D16] 셀까지 드래그하여 수식을 복사합니다.

**Tip** 달성률을 구하는 수식은 매출/매출목표입니다.

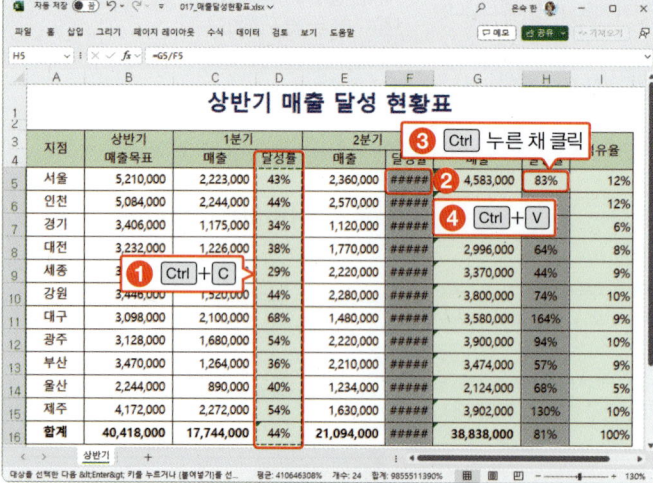

### 02 수식 복사하기

❶ [D5:D16] 범위 지정된 상태에서 Ctrl + C

❷ [F5] 셀 클릭

❸ Ctrl 누른 채 [H5] 셀 클릭

❹ Ctrl + V 를 눌러 붙여 넣습니다.

**Tip** 상대 참조 수식을 복사했기 때문에 [F5] 셀에서는 =E5/D5, [H5] 셀에서는 =G5/F5로 열 이름이 변경되어 붙여 넣기가 됩니다. 따라서 2분기와 상반기 달성률은 현재 잘못된 결괏값입니다.

## 03 혼합 참조로 수정하기

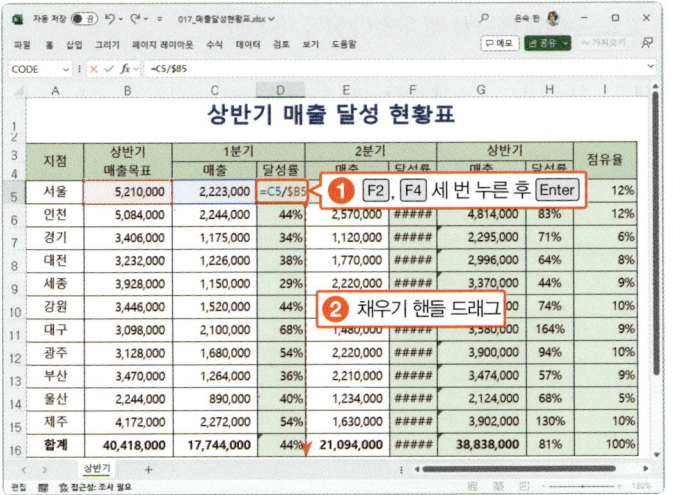

① [D5] 셀에서 F2 눌러 수식 끝에 커서가 표시되면 F4 세 번 눌러 B5가 $B5 형태로 변경되면 Enter

② [D5] 셀의 채우기 핸들을 [D16] 셀까지 드래그합니다.

**Tip** [B5] 셀은 수식을 아래쪽으로 복사할 때 행 번호는 변경되어야 하고 오른쪽으로 복사할 때 열 이름은 변경되면 안 되므로 열만 고정해 두는 혼합 참조 $B5 형태로 작성합니다.

## 04 수식 복사하기

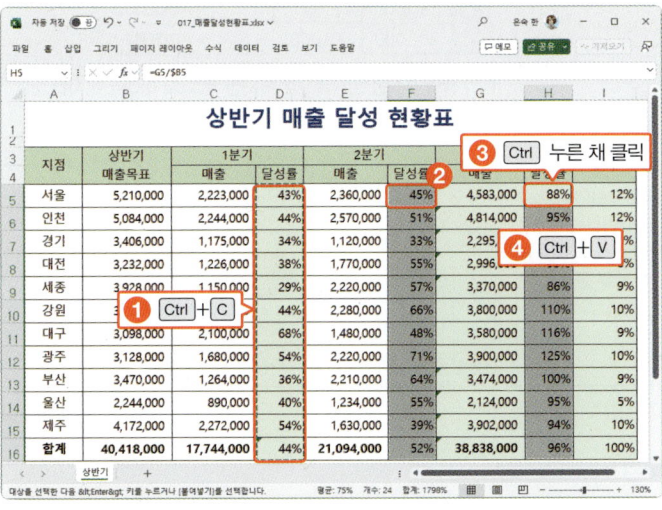

① [D5:D16] 범위 지정된 상태에서 Ctrl + C

② [F5] 셀 클릭

③ Ctrl 누른 채 [H5] 셀 클릭

④ Ctrl + V 를 눌러 붙여 넣습니다.

**Tip** 수식이 복사될 때 [$B5] 셀은 열 이름은 고정되고 행 번호만 변경되어 2분기 달성률과 상반기 달성률도 모두 올바른 결괏값이 구해집니다.

---

### Note 각 셀에 있는 수식을 모두 표시하는 방법은 무엇인가요?

기본적으로 셀에는 수식의 결과가 표시되고 수식은 수식 입력줄을 통해서 확인할 수 있습니다. 각 셀에 있는 수식을 전체적으로 확인하고 싶다면 다음과 같은 방법으로 확인해봅니다.

**방법 1** : [수식] 탭-[수식 분석] 그룹-[수식 표시]를 클릭합니다. 한 번 더 누르면 원래의 형태인 결괏값만 표시됩니다.

**방법 2** : 단축키 Ctrl + ~ 를 누릅니다. 한 번 더 Ctrl + ~ 를 누르면 원래의 형태인 결괏값만 표시됩니다.

## Note  셀 참조 유형에는 어떤 것이 있고, 수식을 복사할 때 무엇이 달라지나요?

수식에서 피연산자로 셀 주소를 사용하는 것을 셀 참조라고 합니다. 셀 참조의 유형에는 상대 참조, 절대 참조, 혼합 참조가 있습니다. 셀 참조 유형에 따라 수식을 복사했을 때 셀 주소의 열 이름, 행 번호가 바뀌기도 하고 고정되기도 합니다.

| 유형 | 형태 | 설명 | 사용 예 |
|---|---|---|---|
| 상대 참조 | A1 | 수식을 오른쪽으로 이동/복사하면 열 이름이, 아래쪽으로 이동/복사하면 행 번호가 변경됩니다. 주로 피연산 셀의 개수와 방향이 같을 때 사용합니다. | [C2] 셀의 수식을 아래로 복사합니다.<br><br>|  | A | B | C | D |<br>|---|---|---|---|---|<br>| 1 | 거래금액 | 적립율 | 적립금 | 적립금 수식 |<br>| 2 | 150,000 | 5% | 7,500 | =A2*B2 |<br>| 3 | 380,000 | 7% | 26,600 | =A3*B3 | |
| 절대 참조 | $A$1 | 행/열 모두에 $ 기호가 붙은 형태로 수식을 어느 방향으로 이동/복사해도 셀 주소가 변경되지 않습니다. 피연산 셀이 하나의 셀과 여러 셀들일 때 하나의 셀은 절대 참조로 사용합니다. | [B4] 셀의 수식을 아래로 복사합니다.<br><br>|  | A | B | C |<br>|---|---|---|---|<br>| 1 | 적립율 | 5% |  |<br>| 2 |  |  |  |<br>| 3 | 거래금액 | 적립금 | 적립금 수식 |<br>| 4 | 150,000 | 7,500 | =A4*$B$1 |<br>| 5 | 380,000 | 19,000 | =A5*$B$1 | |
| 혼합 참조 | $A1 또는 A$1 | 행/열 중 한 군데에만 $ 기호가 붙은 형태로 수식을 이동/복사하면 $ 기호가 붙지 않은 부분만 변경됩니다. 수식을 오른쪽과 아래쪽으로 모두 복사해야 하는 경우 사용합니다. | [B5] 셀의 수식을 오른쪽으로 복사한 후 다시 아래로 복사합니다.<br><br>|  | A | B | C | D | E |<br>|---|---|---|---|---|---|<br>| 1 | 적립율 | 전월 | 금월 |  |  |<br>| 2 |  | 5% | 7% |  |  |<br>| 3 |  |  |  |  |  |<br>| 4 | 거래금액 | 전월 적립금 | 금월 적립금 | 적립금 수식 |  |<br>| 5 | 150,000 | 7,500 | 10,500 | =B$2*$A5 | =C$2*$A5 |<br>| 6 | 380,000 | 19,000 | 26,600 | =B$2*$A6 | =C$2*$A6 | |

## Note  셀 참조 변환 키 F4

수식을 작성할 때 등호(=)를 입력한 후 피연산 셀을 클릭하면 기본적으로 셀 주소가 상대 참조 형태로 입력됩니다. 셀 주소가 입력되었을 때 F4 를 누르면 절대 참조 형태로 변환되며, F4 를 한 번 더 누를 때마다 다음과 같은 순서로 셀 참조 형태가 변경됩니다.

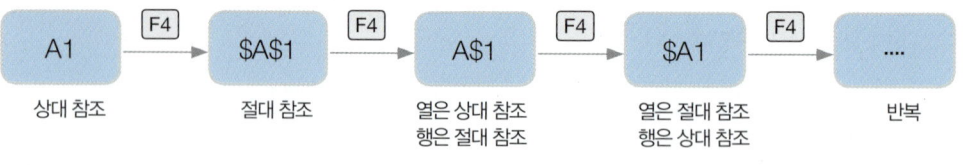

A1 (상대 참조) → F4 → $A$1 (절대 참조) → F4 → A$1 (열은 상대 참조, 행은 절대 참조) → F4 → $A1 (열은 절대 참조, 행은 상대 참조) → F4 → ····· (반복)

기초

# 018 이름 정의 및 편집하기

실습 파일 CHAPTER01\018_연말정산표.xlsx | 완성 파일 CHAPTER01\018_연말정산표_완성.xlsx

셀이나 셀 범위를 이름으로 정의하고, 정의한 이름은 수식 사용 시 절대 참조 형태로 활용합니다.

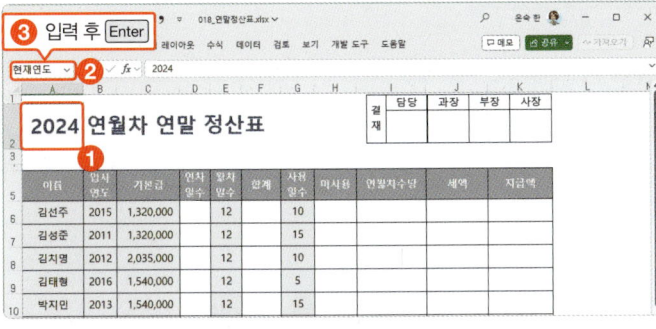

### 01 이름 상자로 셀 이름 정의하기

❶ [A2] 셀 클릭

❷ [이름 상자] 클릭 또는 Alt + F3

❸ **현재연도**를 입력한 후 Enter 를 누릅니다.

**Tip** [이름 상자]를 이용하면 수식이나 값도 이름으로 정의할 수 있습니다.

---

**Note** 이름 작성에는 어떤 규칙이 있나요?

이름의 첫 번째 글자는 숫자를 사용할 수 없으며 문자나 밑줄(_), 백슬래시(\) 또는 원화 기호(₩)를 사용해야 합니다. 두 번째 글자부터는 문자, 숫자, 마침표 및 밑줄(_)을 사용할 수 있으며, 공백은 사용할 수 없습니다. 이름에는 최대 255개의 문자가 포함될 수 있습니다. 대/소문자는 구별되지 않습니다.

---

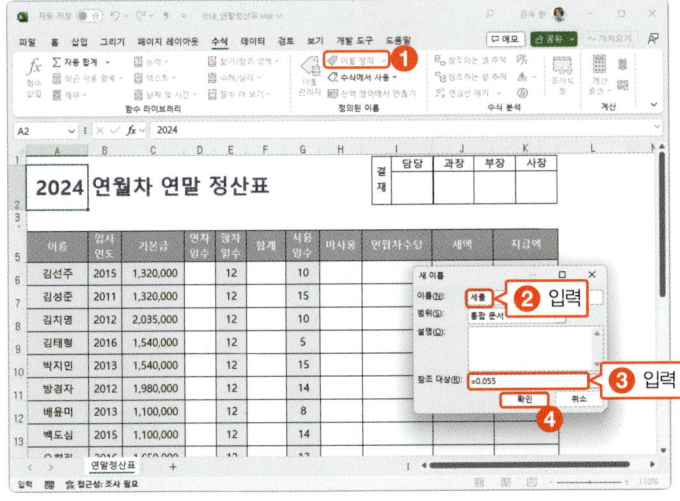

### 02 대화상자에 이름 정의하기

값 0.055를 '세율'이라는 이름으로 정의하겠습니다.

❶ [수식] 탭-[정의된 이름] 그룹-[이름 정의] 클릭

❷ [새 이름] 대화상자의 이름에 **세율** 입력

❸ 참조 대상에 **=0.055** 입력

❹ [확인]을 클릭합니다.

**Tip** [새 이름] 대화상자 단축키는 Alt + M + M + D 입니다.

SECTION 03 엑셀의 활용력을 높이는 수식 작성하기 **053**

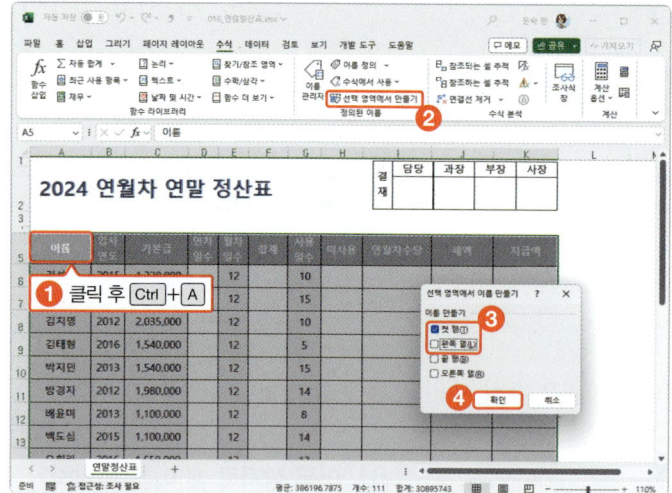

## 03 선택 영역 한꺼번에 이름 정의하기

❶ [A5] 셀 클릭 후 Ctrl + A 를 눌러 표 전체 범위 선택

❷ [수식] 탭-[정의된 이름] 그룹-[선택 영역에서 만들기] 클릭

❸ [선택 영역에서 이름 만들기] 대화상자에서 [왼쪽 열] 체크 해제, [첫 행] 체크

❹ [확인]을 클릭합니다.

**Tip** [선택 영역에서 이름 만들기] 단축키는 Ctrl + Shift + F3 입니다.

**Tip** 셀 범위 중 첫 행, 왼쪽 열, 끝 행, 오른쪽 열에 입력되어 있는 문자를 해당 행이나 열 범위의 이름으로 한꺼번에 정의할 수 있습니다. 첫 행을 선택했으므로 선택된 범위 중 첫 행의 각 셀 이름이 그 아래 셀 범위의 이름으로 정의됩니다. 즉, [A6:A25] 범위가 이름, [B6:B25] 범위가 입사연도, [C6:C25] 범위가 기본급,…, [K6:K25] 범위가 지급액이라는 이름으로 정의됩니다.

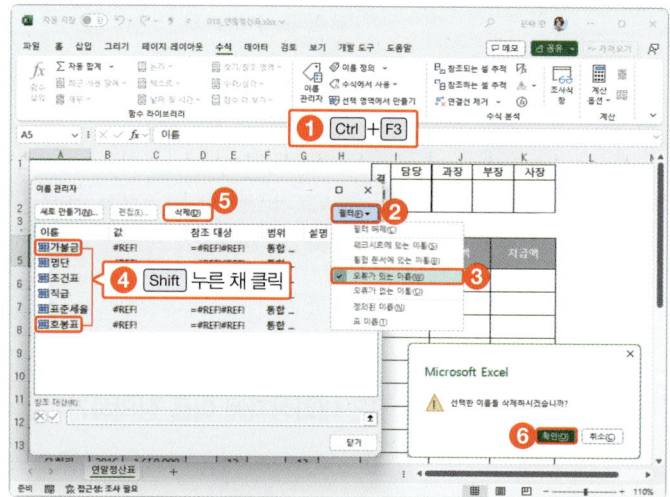

## 04 이름 삭제하기

오류가 있는 이름을 삭제하겠습니다.

❶ Ctrl + F3

❷ [이름 관리자] 대화상자에서 [필터] 클릭

❸ [오류가 있는 이름] 선택

❹ 첫 번째 이름 클릭 후 Shift 를 누른 채 마지막 이름 클릭

❺ [삭제] 클릭

❻ 경고 메시지 창이 열리면 [확인]을 클릭합니다.

**Tip** #REF! 오류가 표시된 이름은 처음에 이름을 정의했던 셀이 삭제되어 없어졌을 때 생기는 오류입니다.

## 05 이름 편집하기

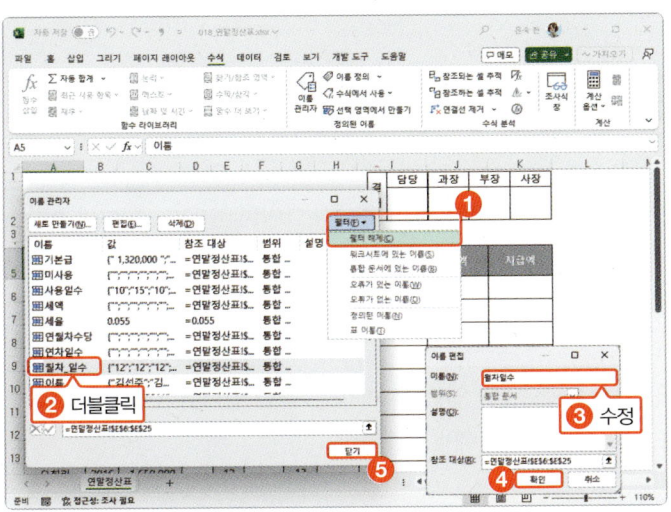

❶ [이름 관리자] 대화상자의 [필터] 클릭 후 [필터 해제] 선택

❷ [이름 관리자] 대화상자의 이름에서 [월차_일수] 더블클릭

❸ [이름 편집] 대화상자의 [이름]에 밑줄(_) 지우고 월차일수로 수정

❹ [확인] 클릭

❺ [닫기]를 클릭합니다.

**Tip** 이름에는 공백이 포함될 수 없습니다. [E5] 셀의 월차일수라는 이름에 공백이 포함되어 있어서 이름이 정의될 때 **월차_일수**로 정의되었습니다.

### Note  [이름 관리자] 대화상자의 [필터]에는 어떤 기능이 있나요?

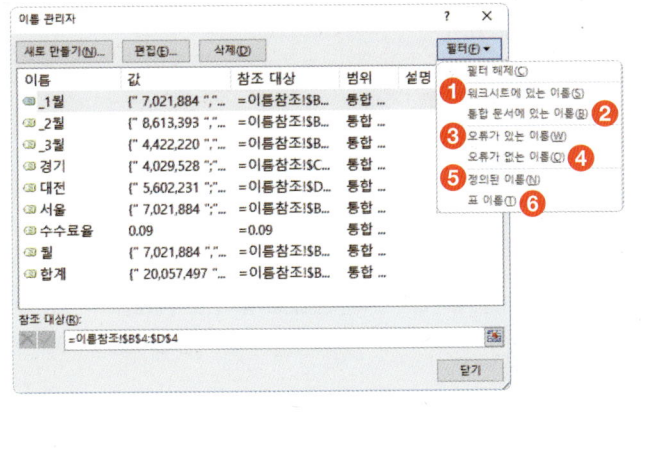

❶ **워크시트에 있는 이름** : [새 이름] 대화상자로 이름 정의 시 범위를 특정 워크시트로 지정한 이름입니다.

❷ **통합 문서에 있는 이름** : 범위를 통합 문서로 지정한 이름입니다.

❸ **오류가 있는 이름** : #REF, #VALUE, #NAME 등의 오류가 포함된 이름입니다.

❹ **오류가 없는 이름** : 오류가 포함되지 않은 이름입니다.

❺ **정의된 이름** : 사용자가 정의한 이름이나 인쇄 영역 이름 등 엑셀에서 자동으로 정의된 이름입니다.

❻ **표 이름** : 표로 정의된 범위의 이름입니다.

표에 대한 개념은 CHAPTER 04의 핵심 기능 110부터 자세히 나오니 참고하세요.

상식

# 019 이름 참조로 수식 작성하기

**실습 파일** CHAPTER01\019_연말정산표.xlsx | **완성 파일** CHAPTER01\019_연말정산표_완성.xlsx

셀 주소 대신 **정의한 이름을 참조**할 수 있습니다. 등호(=) 입력 후 이름을 직접 입력할 수도 있고, 이름 목록에서 선택할 수도 있습니다. 이름 참조로 수식을 작성해보겠습니다.

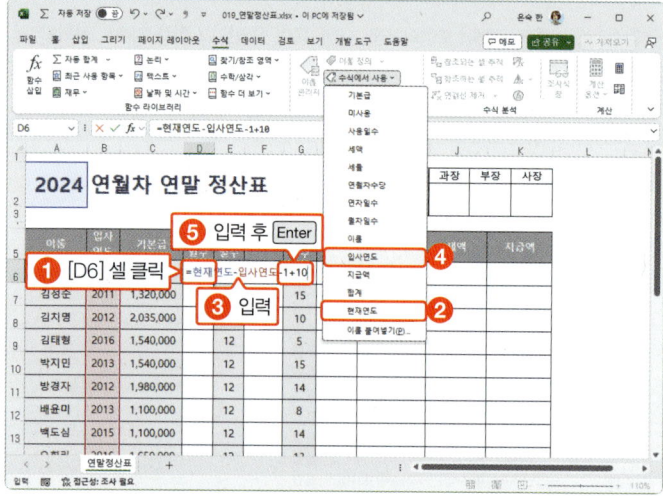

**Tip** [D6] 셀의 연차일수를 구하는 공식은 **현재연도-입사연도-1+10**입니다. 입사 후 1년이 지나야 추가 연차일수가 생기기 때문에 1을 빼고 기본 연차일수로 10을 더했습니다.

## 01 이름 목록에서 선택하기

❶ [D6] 셀 클릭

❷ [수식] 탭-[정의된 이름] 그룹-[수식에서 사용]-[현재연도] 클릭

❸ **-** 입력

❹ [입사연도] 클릭

❺ **-1+10**을 입력하고 Enter 를 누릅니다.

**Tip** 입사연도에는 [B6:B25] 범위가 정의되어 있습니다. 2021 버전 이후부터는 범위가 참조된 수식은 동적 배열로 반환되어 나머지 빈 셀에도 값이 구해지고 반환된 범위는 파란색 테두리로 표시됩니다.

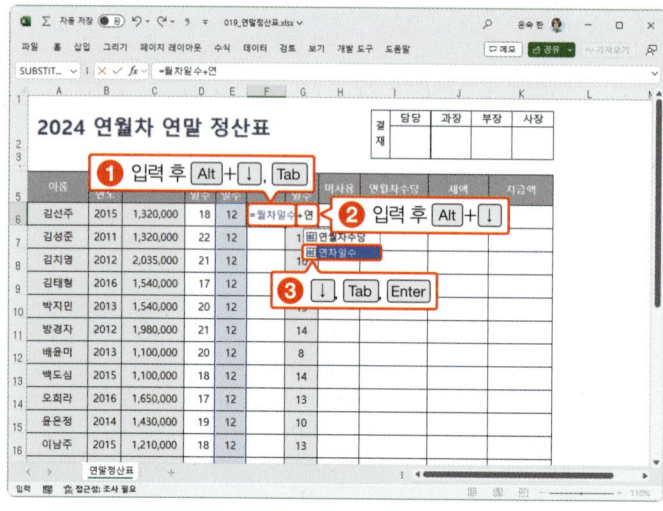

## 02 셀에서 이름 선택하기

❶ [F6] 셀에 **=월** 입력 후 Alt + ↓ , Tab

❷ **+연** 입력 후 Alt + ↓

❸ ↓ 을 누르고 Tab 을 누른 후 Enter 를 누릅니다.

**Tip** 수식을 작성하면서 사용할 이름을 정확히 알지 못할 때나 이름이 너무 길 때 이 방법을 사용하면 편리합니다. 사용할 이름을 정확히 알고 있다면 이름을 직접 다 입력하면 됩니다.

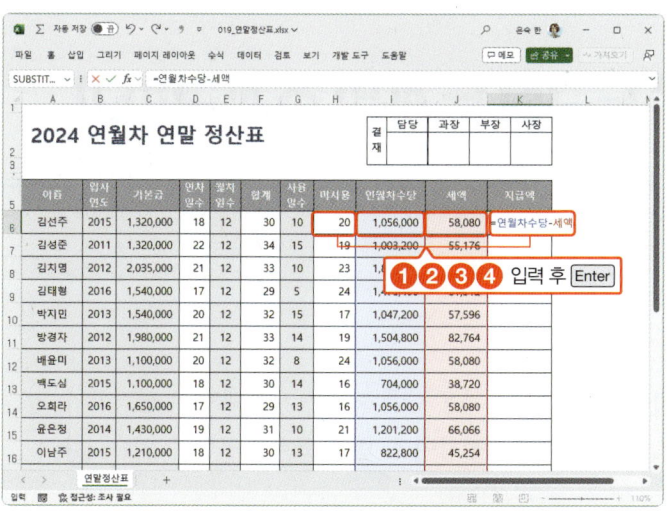

## 03 이름 직접 입력하기

나머지 셀은 이름을 직접 입력하면서 수식을 작성합니다.

❶ [H6] 셀에 **=합계-사용일수** 입력 후 Enter

❷ [I6] 셀에 **=기본급*미사용/25** 입력 후 Enter

❸ [J6] 셀에 **=연월차수당*세율** 입력 후 Enter

❹ [K6] 셀에 **=연월차수당-세액**을 입력한 후 Enter 를 누릅니다.

**Tip** [I6] 셀의 연월차수당을 구하는 공식은 **기본급*미사용/25(월 근무일수)**입니다.

---

**Note** 2019 버전 이하에서는 어떤 방법으로 수식을 한 번에 복사할 수 있나요?

2021 버전 이후 수식에서 범위를 참조한 경우 첫 번째 셀에 수식을 입력하면 동적 배열로 반환되어 한꺼번에 수식의 결과가 입력되지만, 2019 버전 이하에서는 각 수식 셀의 채우기 핸들을 더블클릭하여 수식을 복사하거나 다음과 같이 수식을 복사해주면 됩니다.

❶ [D6:D25] 범위 지정
❷ Ctrl 을 누른 채 [F6:F25] 범위 드래그
❸ Ctrl 을 누른 채 [H6:K25] 범위 드래그
❹ [홈] 탭-[편집] 그룹-[채우기]-[아래쪽]을 클릭합니다.

• 아래쪽 채우기 단축키는 Ctrl + D 입니다.

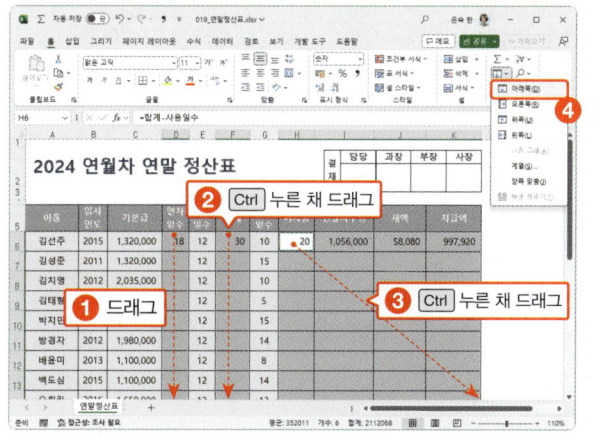

# 020 자동 합계 도구로 누계 및 소계 구하기

실습 파일 CHAPTER01\020_누계및소계.xlsx | 완성 파일 CHAPTER01\020_누계및소계_완성.xlsx

합계를 구하는 SUM 함수는 자주 사용하는 함수입니다. 자동 합계 도구를 사용해 바로 입력할 수 있습니다. 셀 참조를 변경하여 누계를 구하고, 범위를 미리 지정하여 한 번에 소계를 구할 수 있습니다.

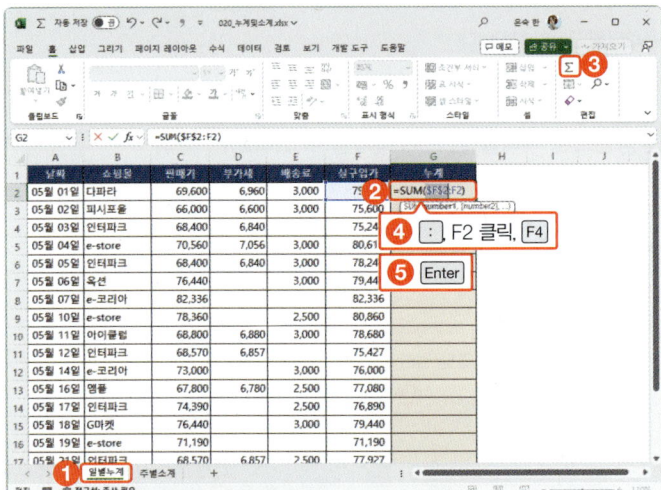

**01 누계 구하기**

① [일별누계] 시트에서

② [G2] 셀 클릭

③ [홈] 탭-[편집] 그룹-[자동 합계] 클릭

④ =SUM(F2)가 입력된 상태에서 : 을 누르고 =SUM(F2:F2)로 변경되면 앞쪽의 F2 클릭, F4 를 눌러 $F$2로 변경

⑤ Enter 를 누릅니다.

**Tip** [자동 합계]를 클릭했을 때 =SUM(C2:F2)가 입력되지 않고 =SUM(F2)로 입력되는 이유는 [F2] 셀에 [C2:E2] 범위 합계를 계산하는 SUM 함수식이 작성되어 있기 때문입니다. 자동 합계 도구는 인접 셀 범위에 SUM 함수식이 있는 경우에는 기존 SUM 함수식에서 사용한 범위는 선택하지 않습니다.

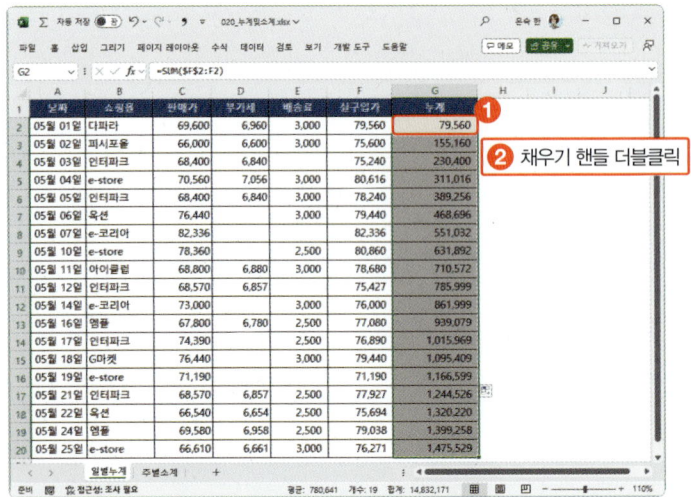

**02 채우기 핸들로 수식 복사하기**

① [G2] 셀 클릭

② 채우기 핸들을 더블클릭하여 아래쪽으로 수식을 복사합니다.

**Tip** 첫 셀의 합계 범위는 [$F$2:F2]로 [F2] 셀 하나지만, 두 번째 셀에서는 상대 참조 셀이 변경되어 [$F$2:F3]으로 두 셀의 합계를 구합니다. 이렇게 아래쪽으로 갈수록 상대 참조 셀이 변하며 계산 범위가 확장되므로 행마다 누계가 구해집니다.

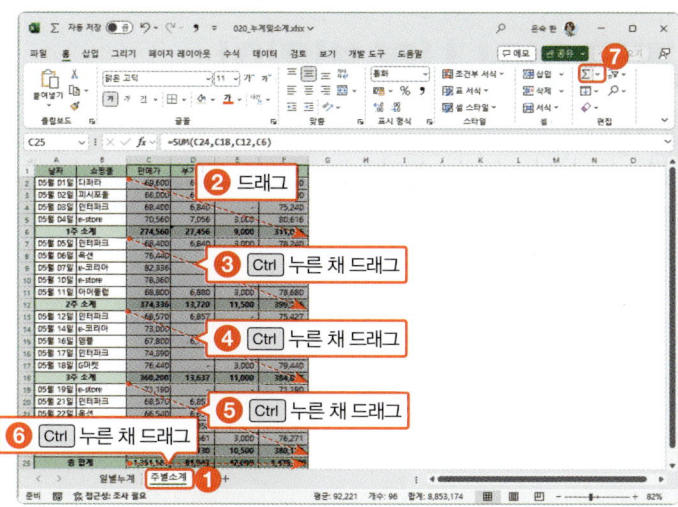

## 03 소계 한꺼번에 구하기

① [주별소계] 시트 선택
② [C2:F6] 범위 지정
③ Ctrl 누른 채 [C7:F12] 범위 드래그
④ Ctrl 누른 채 [C13:F18] 범위 드래그
⑤ Ctrl 누른 채 [C19:F24] 범위 드래그
⑥ Ctrl 누른 채 [C25:F25] 범위 드래그
⑦ [홈] 탭-[편집] 그룹-[자동 합계]를 클릭합니다.

Tip 빈 셀 앞의 숫자 셀 범위가 자동으로 합계 범위로 선택되어 소계가 구해지고, 마지막 합계 범위에는 각 소계 셀이 자동으로 합계 셀로 지정됩니다.

## 상식 021 3차원 참조로 여러 시트 범위의 합계 구하기

실습 파일 CHAPTER01\021_상반기판매실적.xlsx | 완성 파일 CHAPTER01\021_상반기판매실적_완성.xlsx

여러 시트 내에서 위치가 같은 셀을 계산 범위로 지정하는 참조 형태를 **3차원 참조**라고 합니다. 별도의 시트에 작성되어 있는 1월~6월 판매 실적 합계를 상반기 시트에 구해보겠습니다.

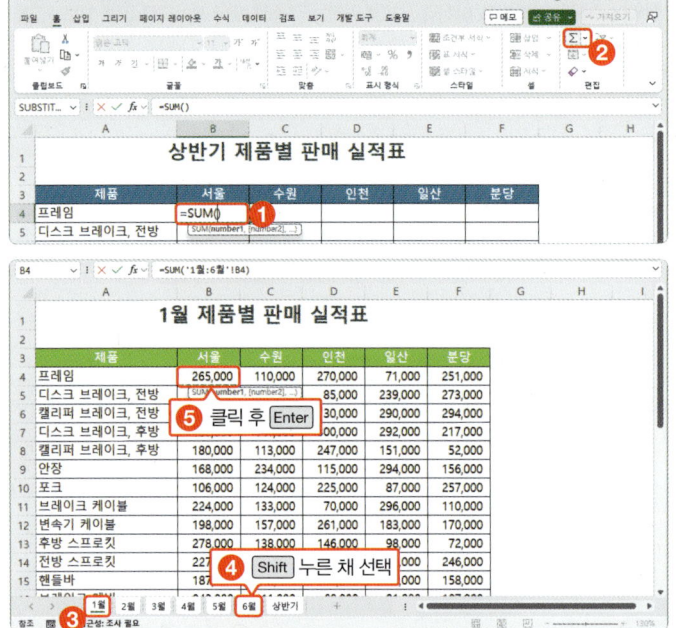

**01 3차원 참조 범위 선택하기**

❶ [상반기] 시트에서 [B4] 셀 클릭
❷ [홈] 탭-[편집] 그룹-[자동 합계] 클릭
❸ [1월] 시트 선택
❹ Shift 누른 채 [6월] 시트 선택
❺ [B4] 셀을 클릭하고 Enter 를 누릅니다.

**Tip** 입력을 완료하면 [상반기] 시트로 화면이 바뀝니다. [상반기] 시트의 [B4] 셀에 [1월]~[6월] 시트의 [B4] 셀들의 합계가 표시됩니다.

**Tip** 하단의 시트 탭에서 임의의 시트를 선택하고 Shift 를 누른 채 다른 시트를 선택하면 연속된 시트가 모두 선택됩니다. 떨어져 있는 시트를 추가로 선택이나 해제할 때는 Ctrl 을 누른 채 선택하면 됩니다.

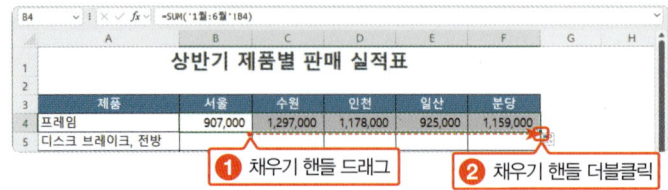

**02 수식 복사하기**

❶ [B4] 셀 클릭 후 채우기 핸들을 [F4] 셀까지 드래그
❷ 다시 채우기 핸들을 더블클릭하여 나머지 빈 셀에 수식을 복사합니다.

**Tip** 3차원 참조로 입력된 [1월]~[6월] 시트의 각 셀들의 합계가 구해집니다.

입력된 SUM 함수식을 보면 **'1월:6월'!B4**와 같이 시트명과 시트명 사이에 범위를 나타내는 참조 연산자 콜론(:)이 지정되었습니다.

상식

# 022 배열 수식 작성하기

동영상 강의
확인하기

실습 파일 CHAPTER01\022_배열수식.xlsx | 완성 파일 CHAPTER01\022_배열수식_완성.xlsx

같은 형태의 표에서 혼합 참조 수식 작성과 배열 수식 작성을 비교해보겠습니다.

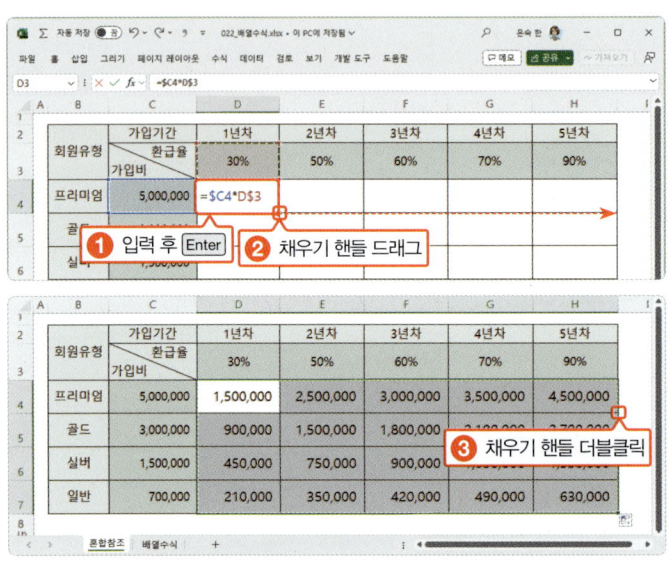

## 01 혼합 참조 수식 작성하기

❶ [혼합참조] 시트의 [D4] 셀에 =$C4*D$3 입력 후 Enter

❷ [D4] 셀 클릭 후 채우기 핸들을 [H4] 셀까지 드래그

❸ [H4] 셀의 채우기 핸들을 더블클릭합니다.

Tip 배열 수식이란 여러 값을 배열로 묶어 계산하는 수식을 말합니다. 배열 수식으로 작성하면 절대 참조, 혼합 참조의 변경 없이 단일 셀이나 셀 범위를 수식에 직접 사용하여 한꺼번에 결과를 구할 수 있습니다.

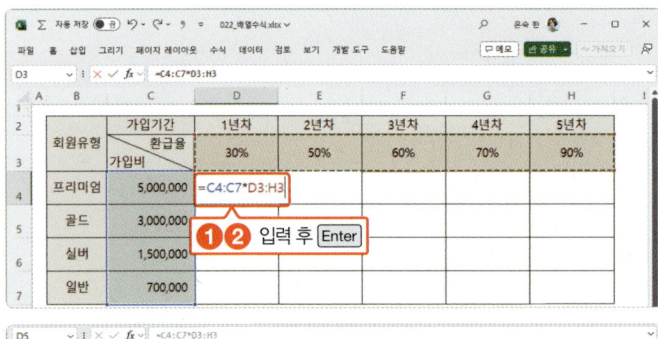

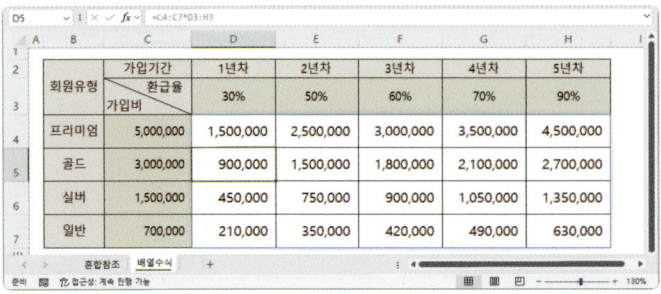

## 02 배열 수식으로 작성하기

❶ [배열수식] 시트의 [D4] 셀에 =C4:C7*D3:H3 입력

❷ Enter 를 누릅니다.

Tip 2021 이후 버전부터는 수식 참조로 배열 범위를 지정하면 자동으로 동적 배열을 반환하며 한꺼번에 입력됩니다. 2019 이하 버전이라면 04 과정을 먼저 하고 03을 진행합니다.

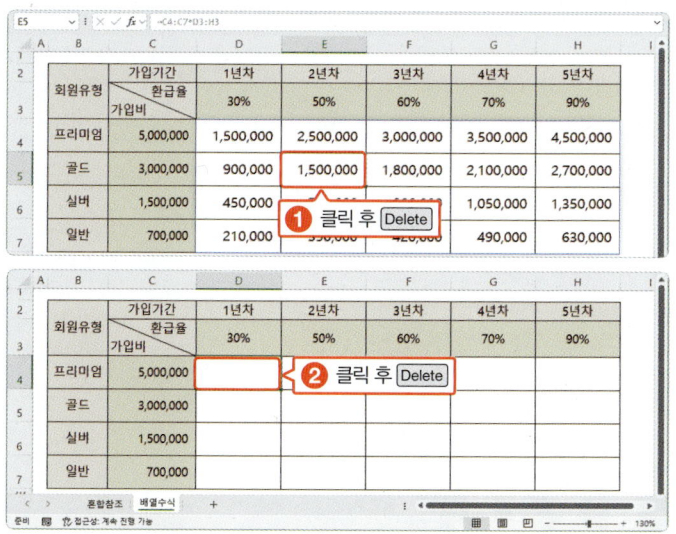

## 03 배열 수식 삭제하기

❶ [E5] 셀 클릭 후 Delete 누르면 아무 변화 없고

❷ [D4] 셀을 클릭하고 Delete 를 누르면 값이 모두 삭제됩니다.

**Tip** 한꺼번에 작성된 배열 수식은 다른 셀을 따로 수정하거나 삭제할 수 없습니다. 처음 수식을 입력한 셀을 삭제하거나 전체 셀 범위를 드래그한 후 삭제해야 합니다.

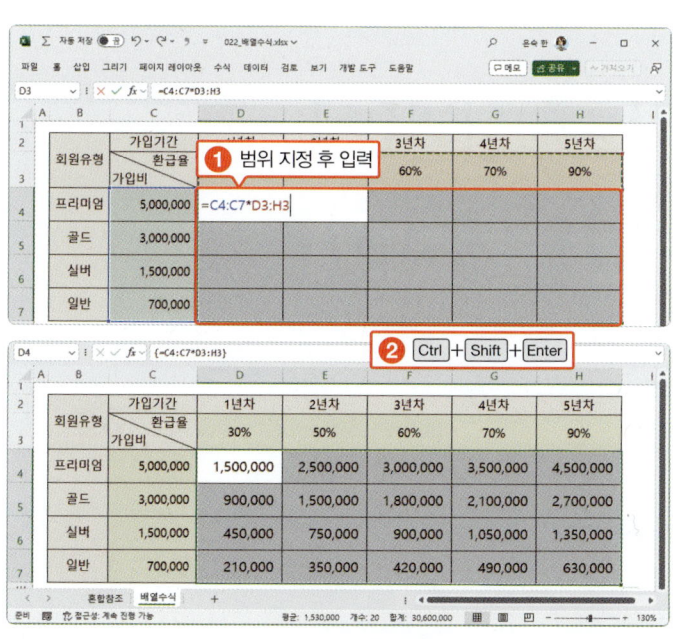

## 04 2019 이하 버전에서 배열 수식 작성하기

❶ [D4:H7] 범위 지정 후 =C4:C7*D3:H3 입력

❷ Ctrl + Shift + Enter 를 눌러 수식 입력을 완료합니다.

**Tip** 2019 이하 버전에서는 결과 범위를 미리 지정하고 배열 수식을 작성한 후에 반드시 Ctrl + Shift + Enter 를 눌러야 합니다. 수식 입력줄에 입력된 수식을 확인해보면 수식 앞뒤에 중괄호({})가 붙어 있습니다. 마찬가지로 셀 하나만 따로 수정이나 삭제할 수 없으며 결과 범위를 드래그한 후 모두 삭제해야 합니다.

# SECTION 04

# 워크시트 편집으로 문서의 틀 잡기

## 기초 023 한 시트에 여러 표가 있을 때 행/열 편집하기

동영상 강의 확인하기

**실습 파일** CHAPTER01\023_행열편집.xlsx | **완성 파일** CHAPTER01\023_행열편집_완성.xlsx

워크시트는 하나의 표와 같습니다. 시트에 여러 표가 작성되어 있을 때 행이나 열을 삽입/삭제하면 다른 표에도 영향을 미칩니다. 다른 표에 영향을 주지 않으면서 행/열을 편집하는 방법을 알아보겠습니다.

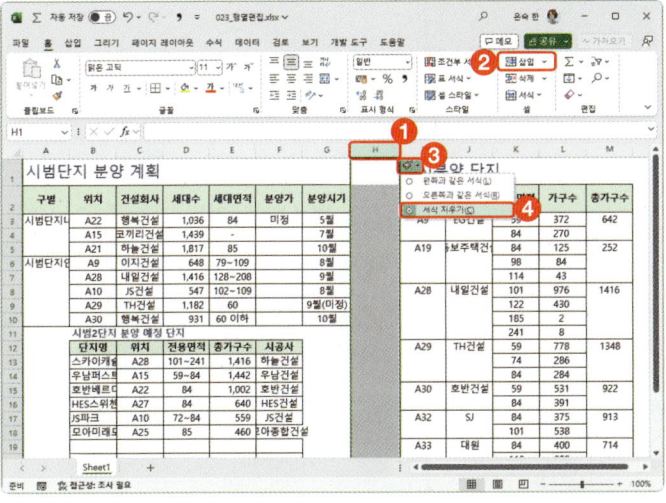

### 01 열 삽입하기

① H열 머리글 클릭
② [홈] 탭-[셀] 그룹-[삽입] 클릭
③ [삽입 옵션] 클릭
④ [서식 지우기]를 클릭합니다.

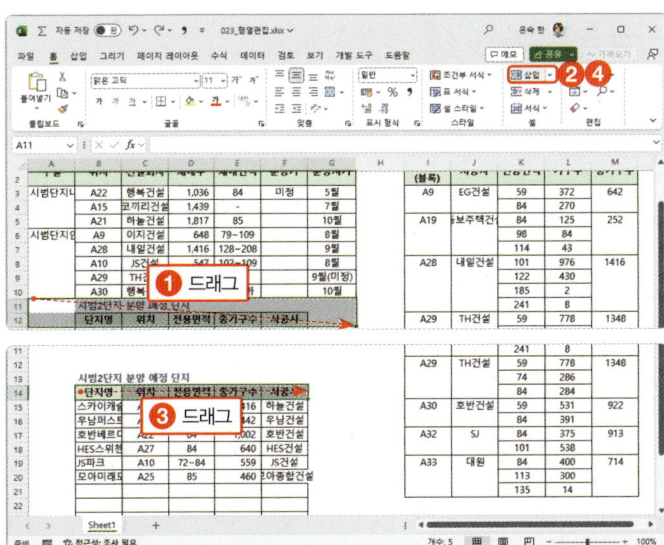

### 02 셀 삽입하기

① [A11:G12] 범위 지정
② [홈] 탭-[셀] 그룹-[삽입] 클릭
③ [B14:F14] 범위 지정
④ [홈] 탭-[셀] 그룹-[삽입]을 클릭합니다.

**Tip** 옆의 표에 영향을 주지 않고 셀을 삽입하려면 행 전체가 아닌 셀 범위를 지정한 후 삽입해야 합니다.

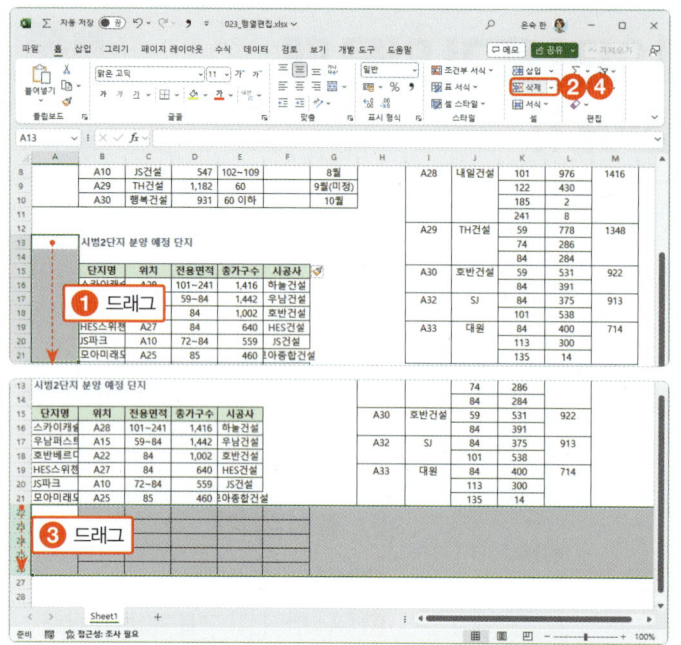

## 03 셀 삭제, 행 삭제하기

❶ [A13:A21] 범위 지정

❷ [홈] 탭-[셀] 그룹-[삭제] 클릭

❸ [22:26] 행 범위 지정

❹ [홈] 탭-[셀] 그룹-[삭제]를 클릭합니다.

**Tip** [A13:A21] 범위를 삭제하면 오른쪽 표의 셀이 왼쪽으로 당겨집니다.

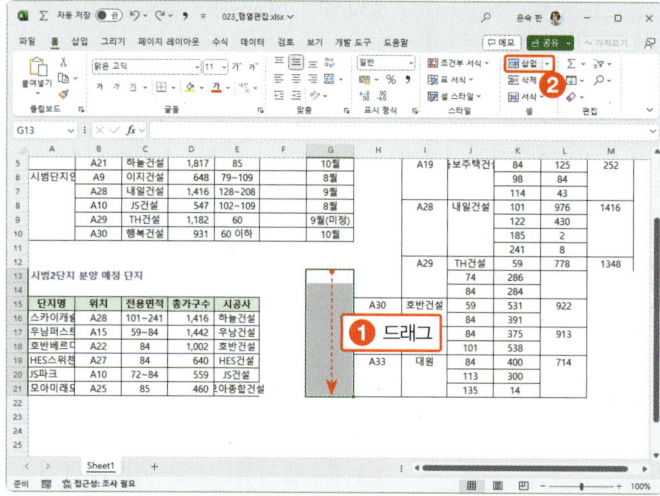

## 04 셀 삽입하기

❶ [G13:G21] 범위 지정

❷ [홈] 탭-[셀] 그룹-[삽입]을 클릭합니다.

**Tip** 왼쪽으로 당겨졌던 셀 범위가 오른쪽으로 다시 밀립니다.

## 기초

# 024 행/열 크기 조절하기

실습 파일 CHAPTER01\024_행열편집.xlsx | 완성 파일 CHAPTER01\024_행열편집_완성.xlsx

일반적으로 **열 너비는 글자 수**, **행 높이는 글꼴 크기를 기준으로** 조절합니다. 열 너비와 행 높이를 조절하는 다양한 방법을 알아보겠습니다.

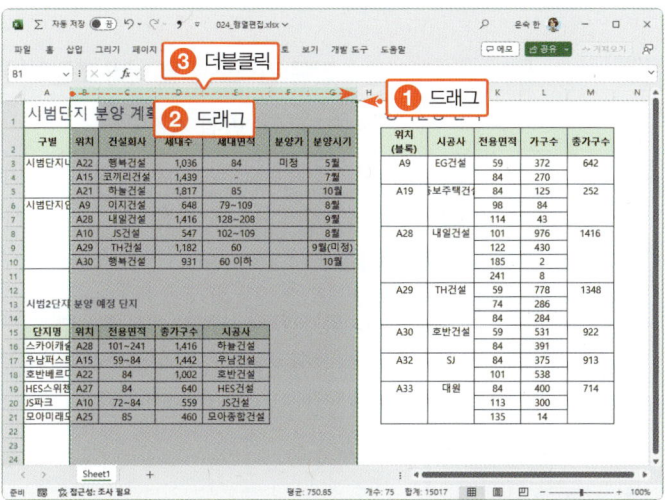

### 01 열 너비 자동 맞춤하기

❶ H열 머리글의 오른쪽 경계선 왼쪽으로 드래그
❷ [B:G] 열 범위 지정
❸ 지정된 범위 중 한 군데 열 머리글 경계선을 더블클릭하여 자동 맞춤합니다.

**Tip** 열 머리글 경계선을 드래그하면 열 너비를 직접 확인하면서 임의의 너비로 조절할 수 있으며, 경계선을 더블클릭하면 해당 열에서 가장 긴 데이터를 기준으로 너비가 자동으로 맞춰집니다.

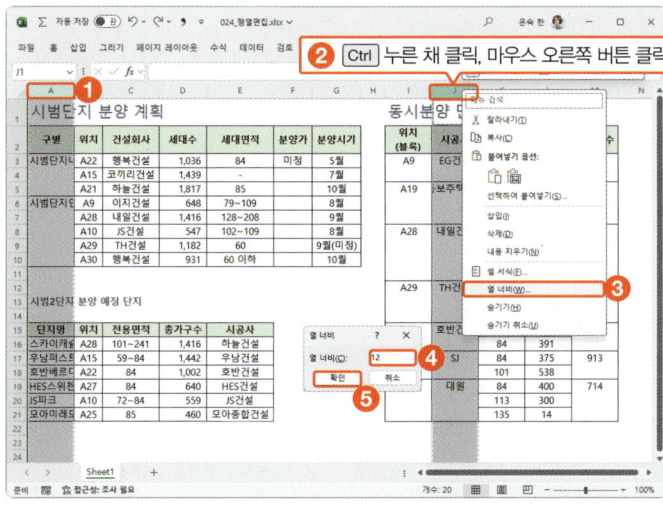

### 02 열 너비 직접 입력하기

❶ A열 머리글 클릭
❷ Ctrl 누른 채 J열 머리글 클릭 후 마우스 오른쪽 버튼 클릭
❸ [열 너비] 선택
❹ [열 너비] 대화상자에서 **12** 입력
❺ [확인]을 클릭합니다.

**Tip** 열 너비의 단위는 영문 기준 글자 수입니다. 즉 열 너비를 12로 지정하면 영문자 12글자 너비입니다. 한글은 한 글자가 2바이트이므로 여섯 글자 너비에 해당됩니다.

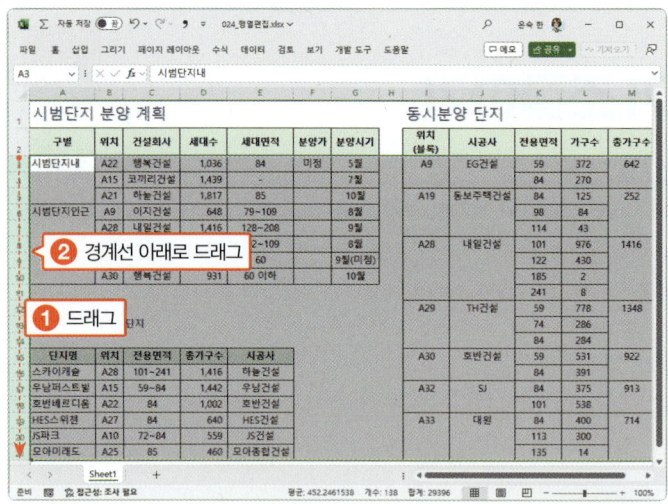

## 03 같은 간격으로 행 높이 조절하기

❶ [3:21] 행 범위 지정

❷ 선택된 행 범위 중 임의의 행 머리글 경계선을 아래로 드래그합니다.

**Tip** 행 머리글을 사용하여 여러 행을 선택한 후 높이를 조절하면 모두 같은 간격으로 맞춰집니다.

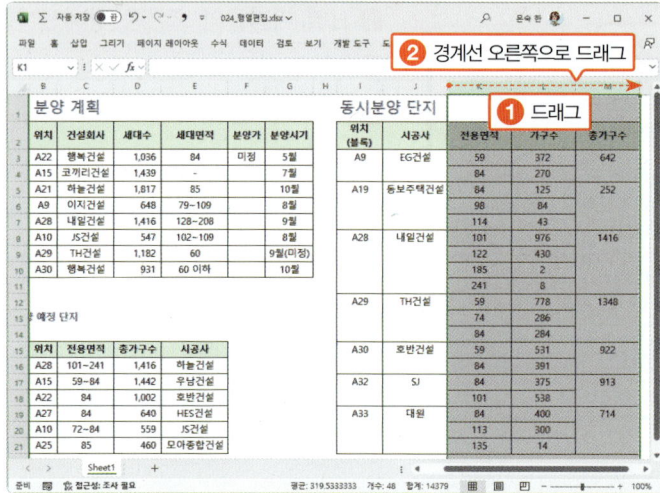

## 04 같은 간격으로 열 너비 조절하기

❶ [K:M] 열 범위 지정

❷ 선택된 열 범위 중 임의의 열 머리글 경계선을 오른쪽으로 드래그합니다.

**Tip** 열 머리글을 사용하여 여러 열을 선택한 후 너비를 조절하면 모두 같은 간격으로 맞춰집니다.

## 025 다중 열 삽입하기, 숨기기

실습 파일 CHAPTER01\025_행열편집.xlsx | 완성 파일 CHAPTER01\025_행열편집_완성.xlsx

열이나 행을 선택한 후 삽입 명령을 선택하면 선택한 열의 왼쪽, 행의 위쪽에 선택한 행/열의 개수만큼 삽입됩니다. 선택 방식에 따라 삽입되는 위치를 다르게 해보겠습니다.

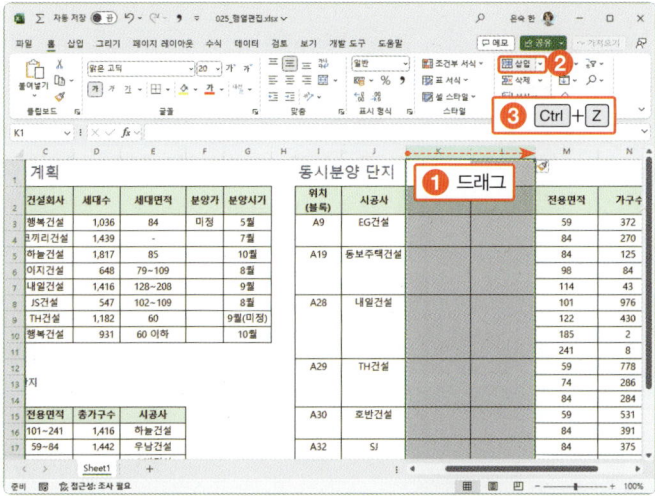

**01 연속된 두 개의 열 삽입하기**

❶ [K:L] 열 범위 지정
❷ [홈] 탭-[셀] 그룹-[삽입] 클릭
❸ Ctrl + Z 를 눌러 실행을 취소합니다.

Tip 연속된 두 열의 범위를 선택하면 연속된 두 열이 삽입됩니다.

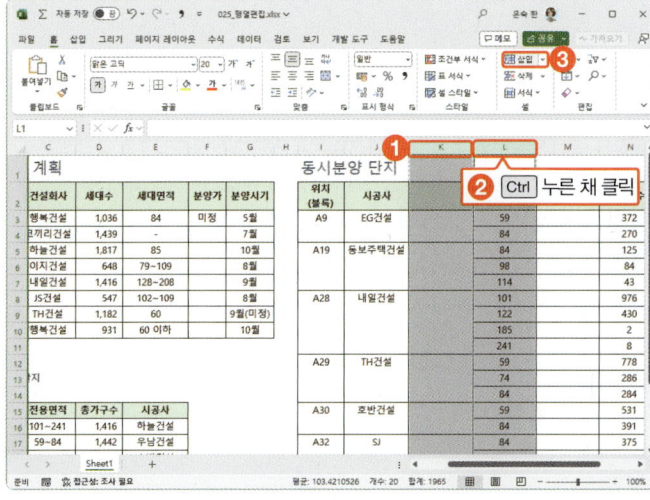

**02 두 열 사이에 한 개씩 삽입하기**

❶ K열 머리글 클릭
❷ Ctrl 누른 채 L열 머리글 클릭
❸ [홈] 탭-[셀] 그룹-[삽입]을 클릭합니다.

Tip 범위를 한 개씩 따로 선택했기 때문에 선택한 각 열의 왼쪽에 열이 하나씩 삽입됩니다.

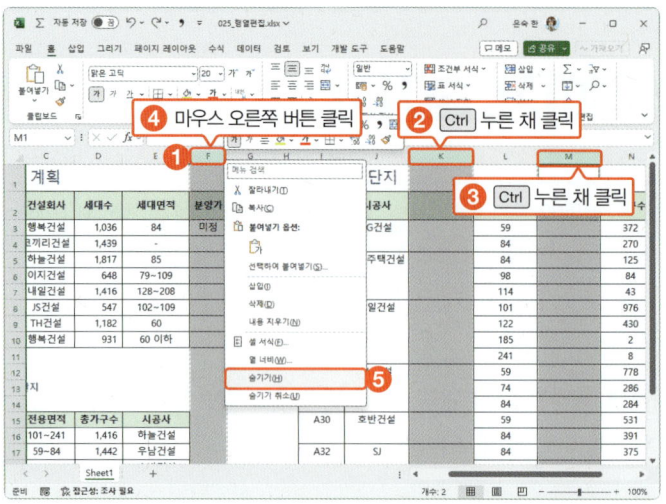

## 03 열 숨기기

❶ F열 머리글 클릭
❷ Ctrl 누른 채 K열 머리글 클릭
❸ Ctrl 누른 채 M열 머리글 클릭
❹ F열 머리글에서 마우스 오른쪽 버튼 클릭
❺ [숨기기]를 선택합니다.

**Tip** 당장 사용하지 않지만 나중에 사용할 열이라면 삭제하지 않고 숨기기를 해둘 수 있습니다.

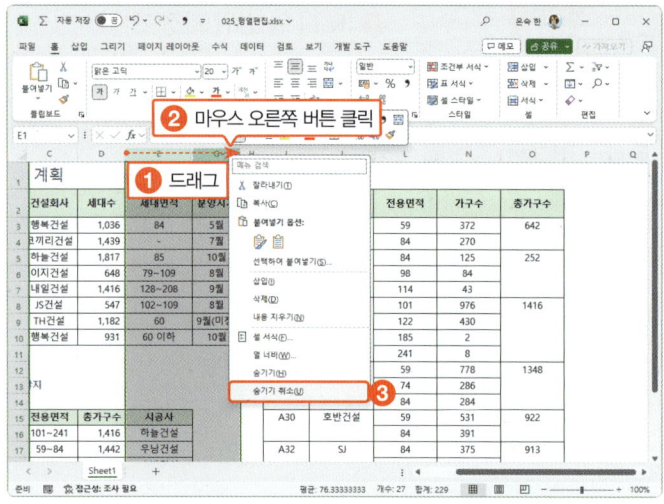

## 04 숨기기 취소

❶ [E:G] 열 범위 지정
❷ 선택한 열 머리글에서 마우스 오른쪽 버튼 클릭
❸ [숨기기 취소]를 선택합니다.

**Tip** 숨겨진 열이 있는 부분은 열 머리글 경계선이 이중선으로 표시됩니다. 이 경계선을 오른쪽으로 드래그해도 숨겨진 열이 표시됩니다.

---

> **Note** 시트의 형태를 변경 및 수정하지 못하도록 하는 기능이 있나요?

[검토] 탭-[보호] 그룹-[시트 보호]를 클릭하고 [시트 보호] 대화상자에서 암호를 설정한 후 [확인]을 클릭합니다. 시트 보호 상태에서는 숨기기 취소를 할 수 없으며 셀의 데이터를 변경하거나 셀/행/열 서식을 변경할 수 없습니다. 다시 시트 보호를 해제하려면 [검토] 탭-[보호] 그룹-[시트 보호 해제]를 클릭하면 됩니다.

기초

# 026 자르거나 복사한 데이터 삽입하기

실습 파일 CHAPTER01\026_집계표.xlsx | 완성 파일 CHAPTER01\026_집계표_완성.xlsx

데이터 범위를 잘라내거나 복사한 후에 다른 위치에 붙여 넣는 게 아닌 **삽입 명령을 선택**하는 경우가 있습니다. 이때는 데이터의 원래 위치가 이동하면서 데이터가 삽입됩니다.

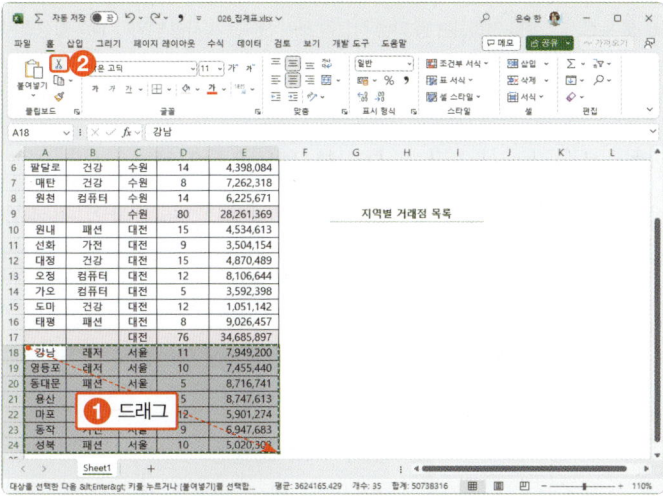

## 01 데이터 목록 잘라내기

❶ [A18:E24] 범위 지정

❷ [홈] 탭-[클립보드] 그룹-[잘라내기]를 클릭합니다.

**Tip** 잘라내기 단축키는 Ctrl + X 입니다.

**Tip** 잘라낼 범위에 녹색 점선 테두리가 나타납니다.

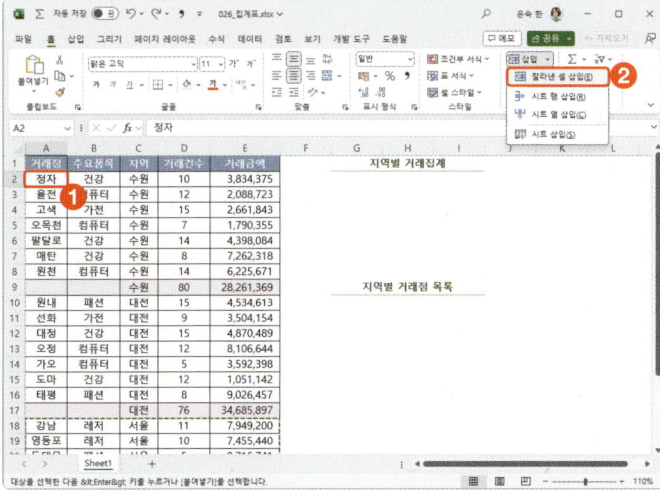

## 02 잘라낸 셀 삽입하기

❶ [A2] 셀 클릭

❷ [홈] 탭-[셀] 그룹-[삽입]-[잘라낸 셀 삽입]을 클릭합니다.

**Tip** 잘라낸 셀을 삽입하는 단축키는 Ctrl + Shift + = 입니다.

**Tip** 잘라낸 서울 지역 목록 범위가 삽입되고 원래 있던 범위는 아래로 이동됩니다.

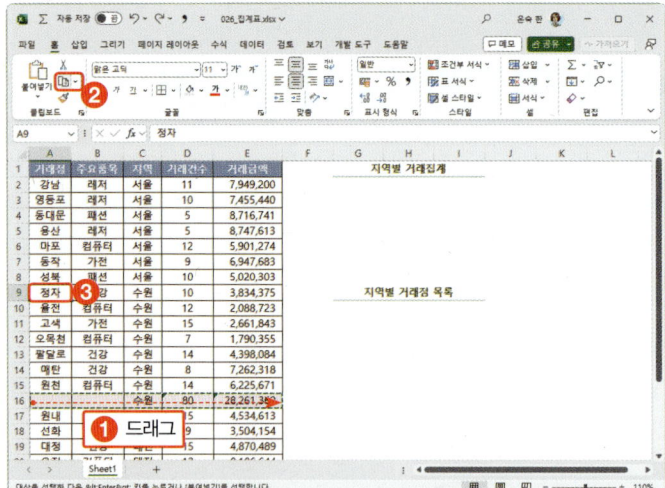

## 03 수식 범위 복사하기

① [A16:E16] 범위 지정

② [홈] 탭-[클립보드] 그룹-[복사] 클릭

③ [A9] 셀을 클릭합니다.

**Tip** 복사할 범위에 녹색 점선 테두리가 나타납니다. ESC 를 누르거나 셀을 편집하는 등 다른 작업을 하기 전에는 복사할 범위가 계속 활성화된 상태입니다.

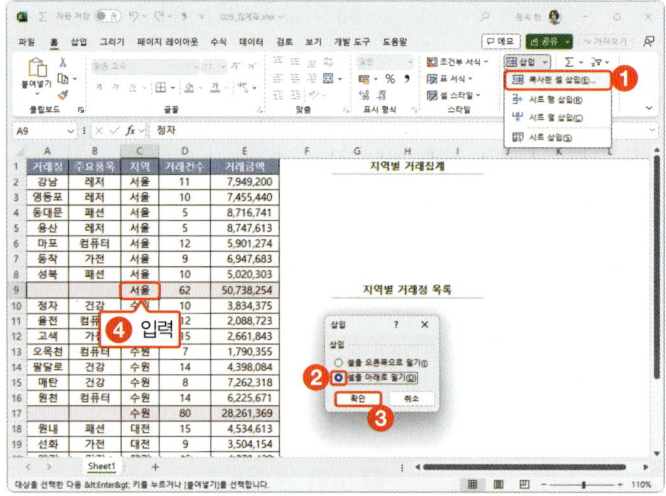

## 04 복사한 셀 삽입하기

① [홈] 탭-[셀] 그룹-[삽입]-[복사한 셀 삽입] 클릭 또는 Ctrl + Shift + =

② [삽입] 대화상자에서 [셀을 아래로 밀기] 선택

③ [확인] 클릭

④ [C9] 셀에 **서울**을 입력하여 수정합니다.

**Tip** [A9] 셀 위에 복사한 셀 범위가 삽입되고 나머지 범위 셀들이 아래로 밀립니다.

## 027 다중 범위 복사하고 붙여넣기 옵션 사용하기

실습 파일 CHAPTER01\027_집계표.xlsx | 완성 파일 CHAPTER01\027_집계표_완성.xlsx

여러 범위를 복사한 후 [붙여넣기 옵션]을 선택하여 데이터 목록을 만들어보겠습니다.

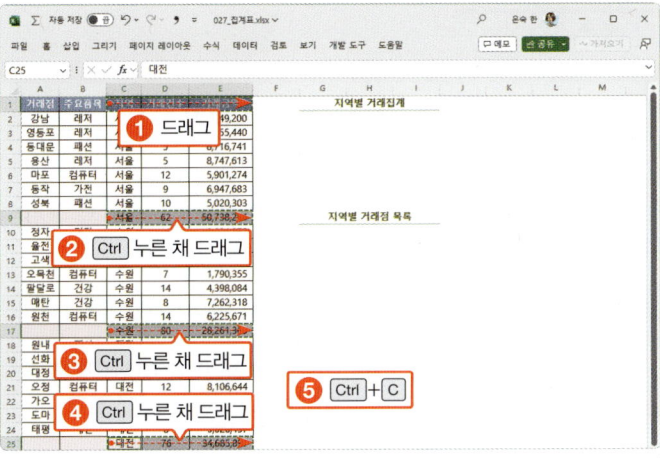

**01 여러 범위 복사하기**

❶ [C1:E1] 범위 지정
❷ Ctrl 누른 채 [C9:E9] 범위 드래그
❸ Ctrl 누른 채 [C17:E17] 범위 드래그
❹ Ctrl 누른 채 [C25:E25] 범위 드래그
❺ Ctrl + C 를 누릅니다.

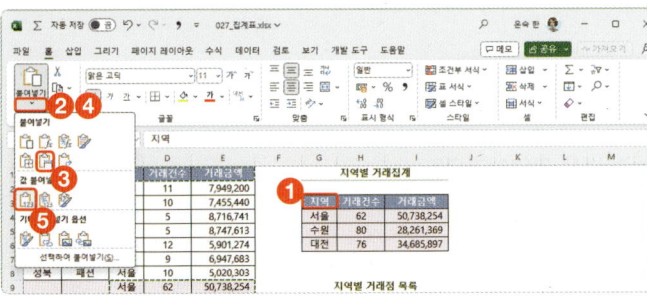

**02 열 너비 유지하면서 값 붙여넣기**

❶ [G3] 셀 클릭
❷❹ [홈] 탭-[클립보드] 그룹-[붙여넣기] 목록 버튼 클릭
❸ [원본 열 너비 유지] 클릭
❺ [값] 을 클릭합니다.

**Tip** [원본 열 너비 유지]를 선택한 후 수식 셀에 #REF! 오류가 표시됩니다. 복사한 셀의 합계 수식에서 참조된 셀 범위는 수식 셀 위쪽으로 일곱 개 범위인데, 붙여넣기를 한 셀 기준으로 위쪽에 같은 형태의 참조 범위가 없기 때문에 생긴 오류입니다. 붙여넣기를 한 셀에서는 합계를 구할 것이 아니라 값만 붙여 넣어야 하므로 다시 [붙여넣기 옵션]에서 [값]을 선택했습니다.

### Note 실시간 미리 보기는 어디에서 설정하나요?

잘라내기나 복사를 실행한 후 [붙여넣기] 옵션 각 항목에 마우스 포인터를 대면 붙여 넣을 셀 모양이 미리 표시됩니다. 실시간 미리 보기가 되지 않는다면 [파일] 탭-[옵션]을 클릭한 후 [Excel 옵션] 대화상자의 [일반]-[사용자 인터페이스 옵션] 중 [실시간 미리 보기 사용]의 체크를 확인합니다.

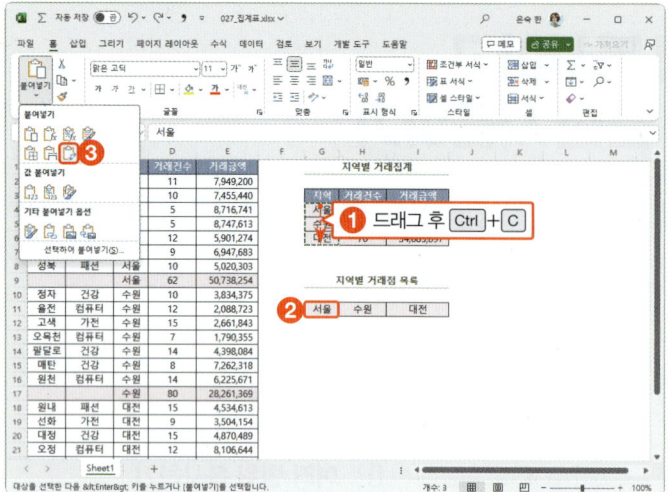

## 03 행/열 바꾸어 복사하기

❶ [G4:G6] 범위 지정 후 Ctrl + C
❷ [G11] 셀 클릭
❸ [홈] 탭-[클립보드] 그룹-[붙여넣기]-[행/열 바꿈] 을 클릭합니다.

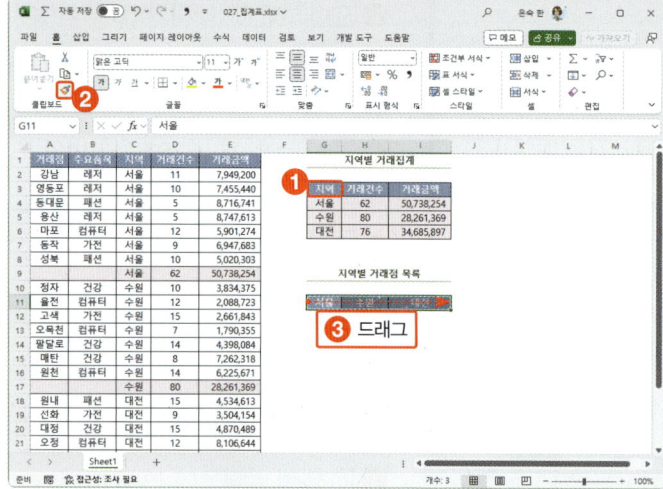

## 04 서식 복사하기

❶ [G3] 셀 클릭
❷ [홈] 탭-[클립보드] 그룹-[서식 복사] 클릭
❸ [G11:I11] 범위를 드래그합니다.

**Tip** 복사한 셀의 서식이 선택한 범위에 그대로 적용됩니다.

---

**Note** 서식 복사를 쉽고 빠르게 하는 방법은 무엇인가요?

서식만 복사하고자 하는 경우 데이터를 복사한 후 [붙여넣기] 목록에서 [서식] 을 선택해도 됩니다. 그러나 [서식 복사] 를 클릭한 후 서식을 적용할 부분을 마우스로 드래그하면 좀 더 쉽게 서식만 복사할 수 있습니다. 여러 위치에 계속해서 동일한 서식을 지정하려면 [서식 복사]를 더블클릭한 후 서식을 적용할 여러 부분을 차례로 드래그합니다. 서식 복사를 끝내려면 ESC 를 누릅니다.

## 028 클립보드에서 선택하여 붙여넣기

실습 파일 CHAPTER01\028_집계표.xlsx | 완성 파일 CHAPTER01\028_집계표_완성.xlsx

붙여넣기를 하면 직전에 복사한 내용이 붙여넣기가 됩니다. 더 이전에 복사한 내용을 붙여 넣고 싶을 때는 **클립보드**를 사용합니다. **복사한 내용을 모두 볼 수 있고 항목을 선택하여 붙여 넣을 수 있습니다.**

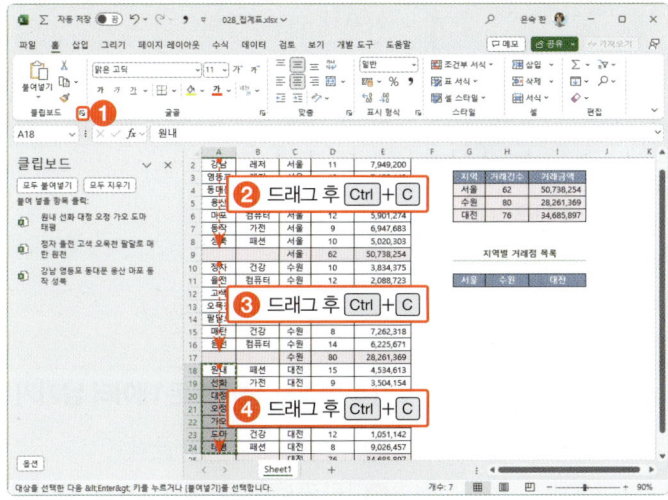

### 01 여러 항목 복사하기

❶ [홈] 탭-[클립보드] 그룹에서 [클립보드] 클릭

❷ [A2:A8] 범위 지정 후 Ctrl + C

❸ [A10:A16] 범위 지정 후 Ctrl + C

❹ [A18:A24] 범위 지정 후 Ctrl + C
를 누릅니다.

**Tip** 복사하는 항목이 차례로 [클립보드] 창에 표시됩니다. 최신 항목이 항상 맨 위에 추가됩니다.

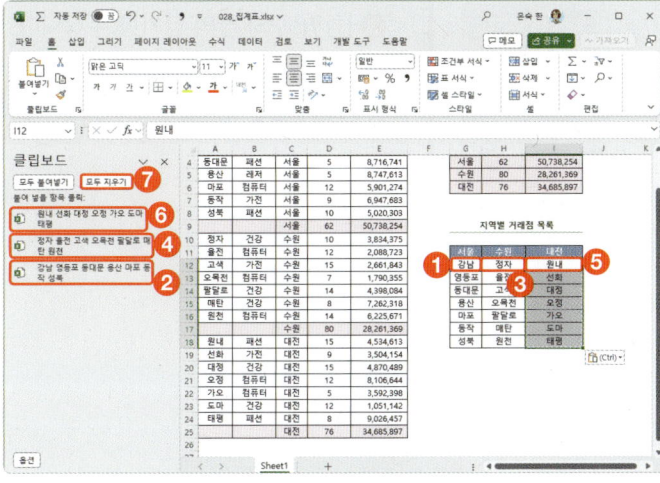

### 02 클립보드에서 선택하기

❶ [G12] 셀 클릭

❷ [클립보드] 창에서 세 번째 항목 클릭

❸ [H12] 셀 클릭

❹ [클립보드] 창에서 두 번째 항목 클릭

❺ [I12] 셀 클릭

❻ [클립보드] 창에서 첫 번째 항목 클릭

❼ [클립보드] 창에서 [모두 지우기]를 클릭합니다.

**Tip** 실습 내용 외에 복사한 다른 항목이 있는 경우 클립보드에 모두 표시됩니다. 붙여 넣을 항목의 순서가 그림과 다를 경우 실습 내용 각 지역에 맞는 거래점 목록을 선택합니다.

> **Note** 클립보드 작업 창의 특징은 무엇인가요?
>
> 여러 파일을 열어서 작업하는 경우 다른 파일에서 복사한 항목도 [클립보드] 창에 표시됩니다. 클립보드에는 최대 24개의 항목이 표시되며 25번째 항목을 복사하면 첫 번째 복사했던 항목이 삭제됩니다.
>
> [클립보드] 창에서 붙여 넣을 항목에 마우스 포인터를 대면 목록 버튼이 표시됩니다. 목록 버튼을 클릭하고 [삭제]를 선택하면 일부 항목만 클립보드에서 삭제할 수 있습니다.

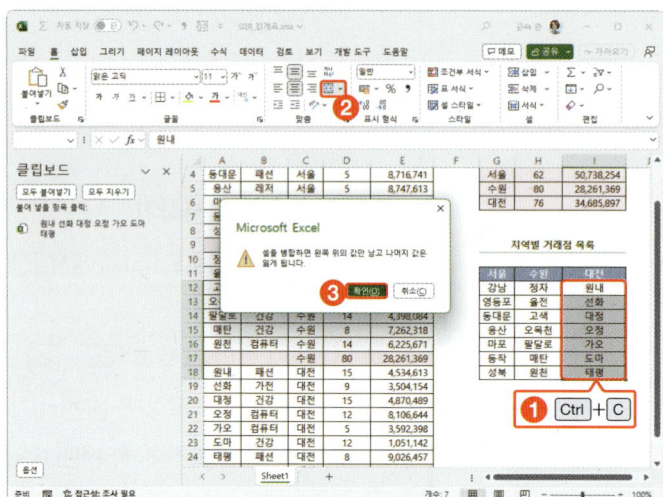

### 03 여러 데이터 셀 병합하기

❶ [I12:I18] 범위가 지정된 상태에서 Ctrl + C
❷ [홈] 탭–[맞춤] 그룹–[병합하고 가운데 맞춤] 클릭
❸ 메시지 창에서 [확인]을 클릭합니다.

Tip 셀 병합을 하면 첫 번째 셀 값만 남고 나머지는 없어집니다.

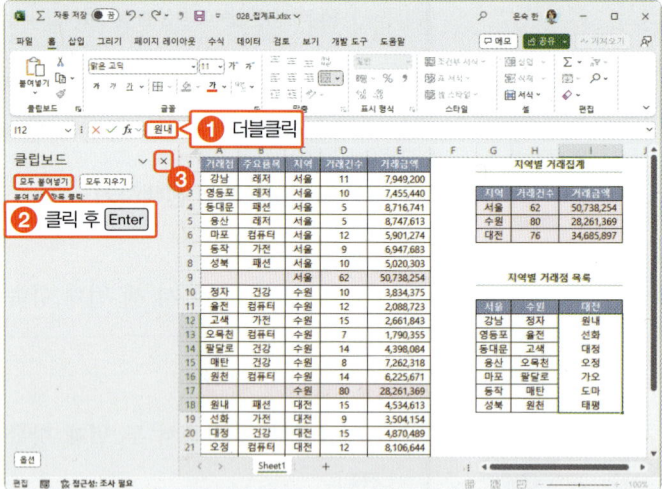

### 04 병합된 셀에 모든 데이터 남기기

❶ 수식 입력줄 더블클릭
❷ [클립보드] 창에서 [모두 붙여넣기] 클릭 후 Enter
❸ [클립보드] 창의 닫기를 누릅니다.

Tip 셀 편집 상태에서 클립보드에 남아 있는 데이터를 붙여 넣고 Enter 를 눌러 완료했습니다.

실무

# 029 셀 범위를 그림으로 붙여넣기

실습 파일 CHAPTER01\029_물품주문서.xlsx | 완성 파일 CHAPTER01\029_물품주문서_완성.xlsx

행/열 크기나 개수가 다른 두 개 이상의 표 양식을 하나의 페이지에 넣어야 할 때가 있습니다. 이때는 **그림으로 붙여넣기를 사용하여 셀 크기와 상관없는 그림 개체**로 붙이면 됩니다.

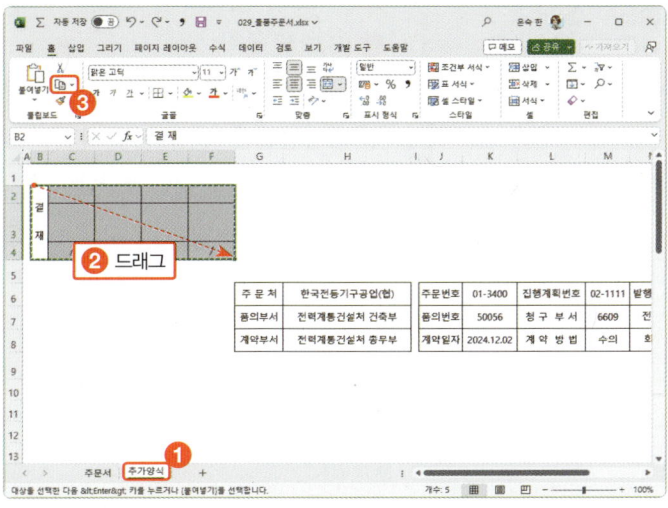

**01 결재 양식 복사하기**

❶ [추가양식] 시트에서
❷ [B2:F4] 범위 지정
❸ [홈] 탭-[클립보드] 그룹-[복사]
를 클릭합니다.

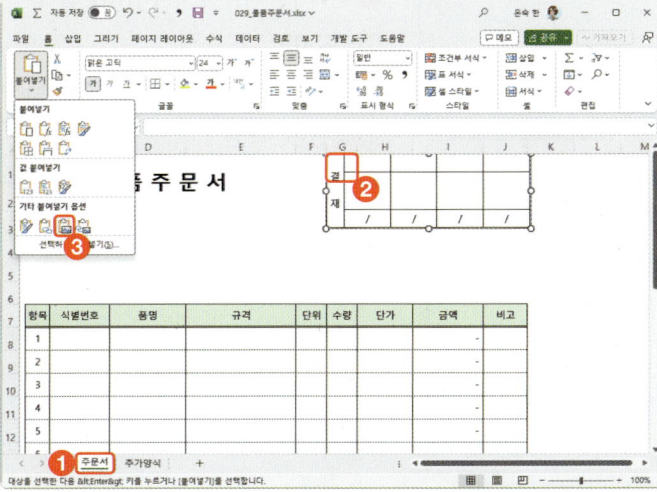

**02 그림으로 붙여넣기**

❶ [주문서] 시트 클릭
❷ [G1] 셀 클릭
❸ [홈] 탭-[클립보드] 그룹-[붙여넣기]-[그림] 을 클릭합니다.

**Tip** 삽입된 양식의 크기 조절점을 드래그해 위치와 크기를 조절합니다.

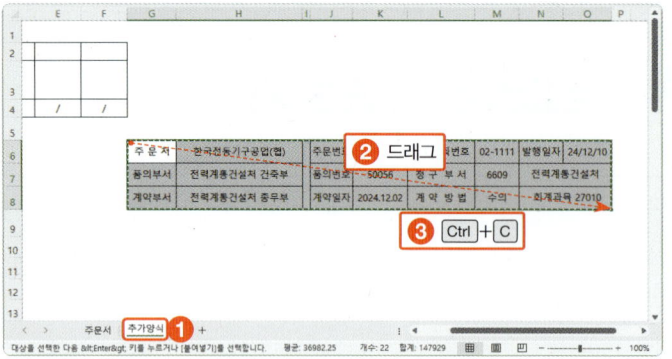

## 03 주문처 양식 복사하기

❶ [추가양식] 시트 클릭

❷ [G6:O8] 범위 지정

❸ Ctrl + C 를 누릅니다.

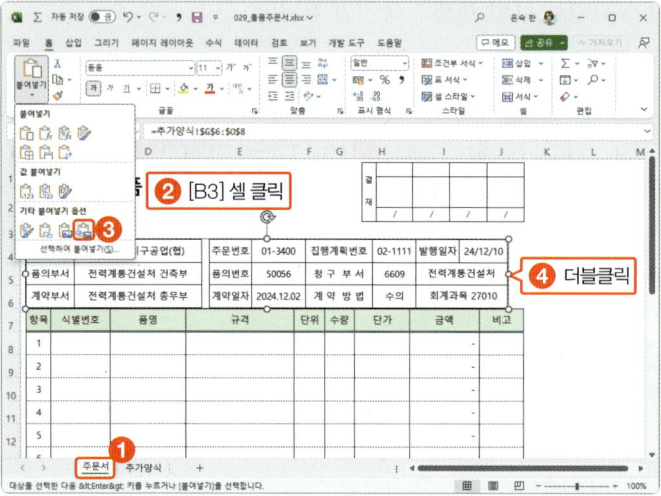

## 04 연결된 그림으로 붙여넣기

❶ [주문서] 시트 클릭

❷ [B3] 셀 클릭

❸ [홈] 탭-[클립보드] 그룹-[붙여넣기]-[연결된 그림] 클릭

❹ 삽입된 양식을 더블클릭합니다.

**Tip** 연결된 그림으로 붙여 넣은 개체를 더블클릭하면 원본이 있는 곳으로 화면이 이동합니다.

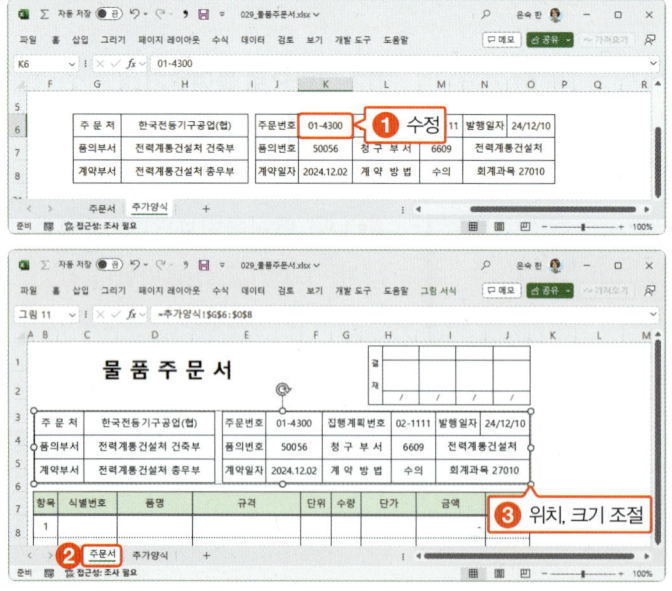

## 05 연결 확인하기

❶ [추가양식] 시트의 [K6] 셀 값을 01-4300으로 수정

❷ [주문서] 시트 클릭 후 데이터가 변경된 것 확인

❸ 양식 개체의 크기 조절점을 드래그해 위치와 크기를 보기 좋게 조절합니다.

**Tip** 양식 개체가 선택된 상태에서 수식 입력줄을 살펴보면 **=추가양식!$G$6:$O$8** 수식이 입력되어 연결된 것을 확인할 수 있습니다. 수식 입력줄에서 이 수식을 삭제하면 연결이 끊어집니다.

## Note  그림으로 복사

셀 범위를 그림으로 복사하는 또 다른 방법은 [홈] 탭-[클립보드] 그룹-[복사]의 목록 버튼에서 [그림으로 복사]를 선택하는 방법입니다. 이 방법은 주로 엑셀의 셀 범위를 한글과 같은 다른 프로그램에 그림으로 붙여 넣기 위해 사용합니다. 다른 프로그램에 붙여 넣을 때는 Ctrl + V 를 누르면 됩니다.

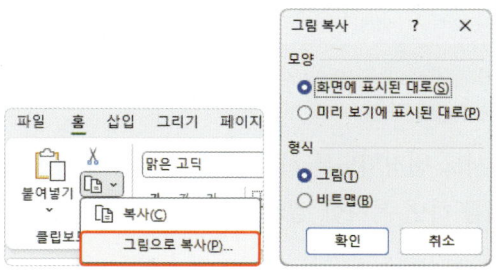

| 화면에 표시된 대로 | 인쇄되지 않는 항목(예: 자동 필터 목록)까지 화면에 표시된 대로 복사됨 |
|---|---|
| 미리 보기에 표시된 대로 | 인쇄되지 않는 항목은 복사되지 않음 |
| 그림 | 채우기 색이 지정되지 않은 셀이 투명하게 복사됨 |
| 비트맵 | 채우기 색이 지정되지 않은 셀이 흰색으로 복사됨 |

기초

# 030 원본 데이터를 연결하여 붙여넣기

**실습 파일** CHAPTER01\030_거래명세표.xlsx | **완성 파일** CHAPTER01\030_거래명세표_완성.xlsx

범위를 복사할 때 원본 데이터를 변경하면 대상 셀에서도 변경되도록 하기 위해 [붙여넣기 옵션]에서 연결하여 붙여넣기를 사용합니다. **연결하여 붙여넣기를 하면 복사한 셀의 참조된 수식이 붙여넣기가 됩니다.**

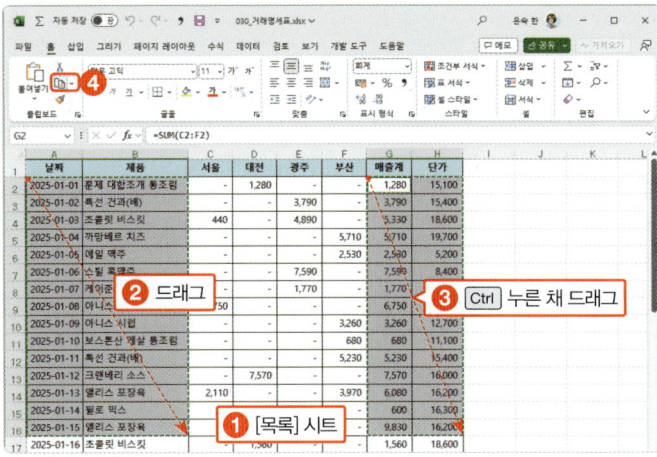

### 01 거래 목록 복사하기

① [목록] 시트에서
② [A2:B16] 범위 지정
③ Ctrl 누른 채 [G2:H16] 범위 드래그
④ [홈] 탭–[클립보드] 그룹–[복사]를 클릭합니다.

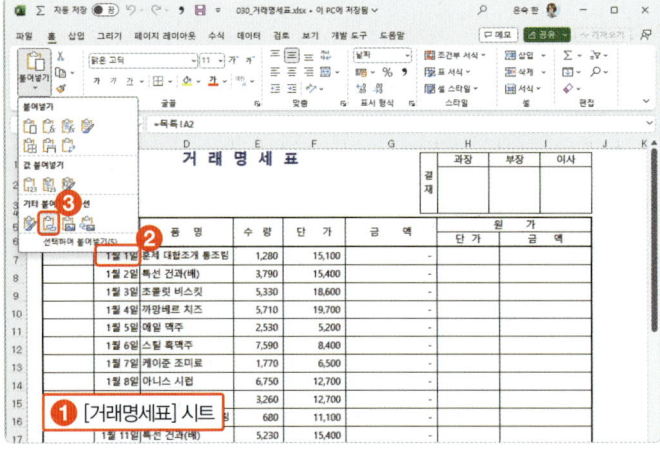

### 02 연결하여 붙여넣기

① [거래명세표] 시트 클릭
② [C7] 셀 클릭
③ [홈] 탭–[클립보드] 그룹–[붙여넣기]–[연결하여 붙여넣기]를 클릭합니다.

**Tip** 데이터가 붙여진 각 셀을 클릭하고 수식 입력줄을 보면 **=목록!A2**와 같이 수식이 입력되어 원본과 연결된 것을 확인할 수 있습니다. 일자 범위에는 날짜 서식이 O월 O일 형식으로 설정되어 있습니다. [연결하여 붙여넣기]를 하면 원본 서식이 적용되는 것이 아니라 붙여 넣을 위치의 셀의 서식이 적용됩니다. 금액 범위에는 **수량*단가** 수식이 미리 입력되어 있어 값이 구해집니다.

# 031 선택하여 붙여넣기로 데이터 단위 변경하기

**실습 파일** CHAPTER01\031_거래명세표.xlsx | **완성 파일** CHAPTER01\031_거래명세표_완성.xlsx

**선택하여 붙여넣기**의 연산 옵션을 사용하면 숫자 데이터 목록의 단위를 일괄적으로 **변경**할 수 있습니다. 숫자 데이터 목록에 대해 일괄적으로 같은 값을 사칙연산하는 붙여넣기 옵션을 알아보겠습니다.

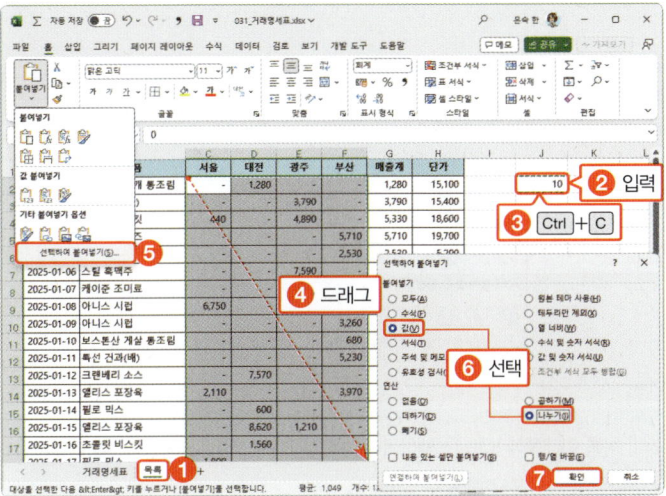

**01 수량 단위 변경하기**

① [목록] 시트에서
② [J2] 셀에 **10** 입력
③ [J2] 셀 클릭 후 Ctrl + C
④ [C2:F32] 범위 지정
⑤ [홈] 탭-[클립보드] 그룹-[붙여넣기]-[선택하여 붙여넣기] 클릭 또는 Ctrl + Alt + V
⑥ [선택하여 붙여넣기] 대화상자에서 [값], [나누기] 선택
⑦ [확인]을 클릭합니다.

**Tip** [C2:F32] 범위를 지정할 때 [C2:F2] 범위를 드래그한 후 Ctrl + Shift + ↓ 를 누르면 빠르게 범위를 지정할 수 있습니다.

**Tip** [J2] 셀에 10을 입력한 후 Enter 를 입력했을 때 테두리선이 생긴다면 [Excel 옵션]의 [고급] 탭을 확인해보세요. [데이터 범위의 서식과 수식을 확장] 옵션이 선택되어 있는 경우입니다.

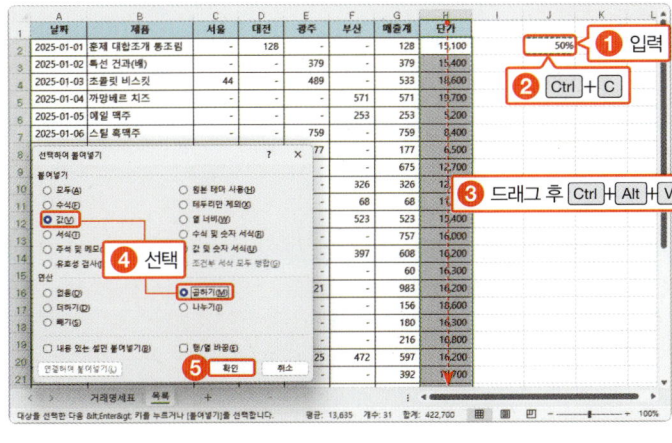

**02 단가에 50% 곱하기**

① [J2] 셀에 **50%** 입력
② [J2] 셀 클릭 후 Ctrl + C
③ [H2:H32] 범위 지정 후 Ctrl + Alt + V
④ [선택하여 붙여넣기] 대화상자에서 [값], [곱하기] 선택
⑤ [확인]을 클릭합니다.

**Tip** [J2] 셀을 복사할 때 셀의 테두리와 숫자 서식이 함께 복사됩니다. [선택하여 붙여넣기] 대화상자에서 [값]을 선택하지 않으면 대상 셀 범위에 테두리와 숫자 서식이 함께 변경됩니다.

**Tip** 지역별 수량 범위의 값들이 10으로 나누어진 값으로 변경되고, 단가는 50% 곱해진 값으로 변경됩니다. 또한 앞의 실습에서 연결하여 붙여넣기를 했던 [거래명세표] 시트를 클릭해보면 [목록] 시트에서 변경된 수량과 단가가 적용되어 있는 것을 확인할 수 있습니다.

> **Note** [선택하여 붙여넣기]에는 어떤 옵션이 있고 각 기능은 무엇인가요?

[붙여넣기 옵션]에는 총 22가지가 있습니다. 데이터를 복사한 후 [홈] 탭-[클립보드] 그룹-[붙여넣기]의 목록 버튼을 클릭하면 14가지~15가지 아이콘이 표시됩니다. 또는 데이터를 복사한 후 붙여 넣을 위치에서 마우스 오른쪽 버튼을 클릭했을 때 나타나는 단축 메뉴에는 자주 사용하는 여섯 가지 [붙여넣기 옵션] 아이콘만 표시됩니다. [선택하여 붙여넣기] 서브 메뉴를 선택해야 14가지~15가지 옵션 아이콘을 추가로 확인할 수 있습니다.

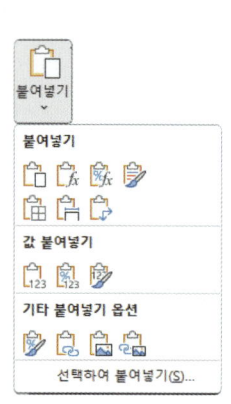 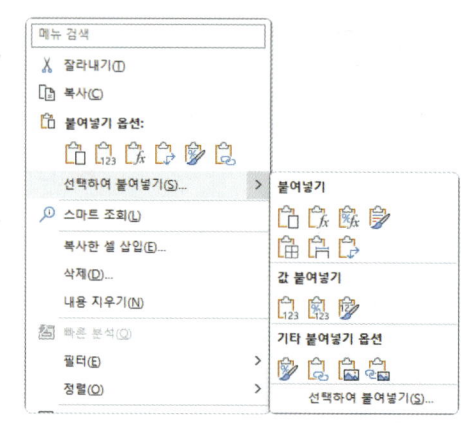

▲ [홈]-[클립보드]-[붙여넣기] 목록   ▲ [선택하여 붙여넣기] 단축 메뉴

메뉴의 옵션 외에 다른 옵션을 추가하려면 [붙여넣기] 목록 아래쪽에 있는 [선택하여 붙여넣기]를 선택합니다. 또는 단축키 Ctrl + Alt + V 를 누릅니다. [선택하여 붙여넣기] 대화상자에서 다른 옵션을 선택할 수 있습니다.

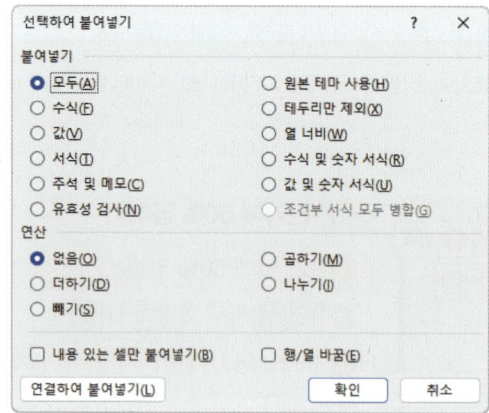

[선택하여 붙여넣기] 옵션을 선택했을 때의 결과는 다음 표와 같습니다. 아이콘이 없는 옵션은 [선택하여 붙여넣기] 대화상자에서만 선택할 수 있습니다.

| 옵션 및 아이콘 | 결과 | 옵션 및 아이콘 | 결과 |
| --- | --- | --- | --- |
| 모두 | 모든 셀 내용과 서식을 붙여 넣습니다. | 값 및 원본 서식 | 선택한 셀의 값과 원본 테마 사용 옵션을 붙여 넣습니다. |
| 수식 | 수식 입력줄에 입력한 대로 수식만 붙여 넣습니다. | 조건부 서식 모두 병합 | 모든 셀 내용과 서식을 붙여 넣으며, 원본 셀과 대상 셀에 서로 다른 조건부 서식이 지정되어 있을 경우에 조건부 서식을 병합합니다. |
| 값 | 셀에 표시된 대로 값만 붙여 넣습니다. | 그림 | 복사한 내용과 서식을 그림 형태로 붙여 넣습니다. |
| 서식 | 셀 서식만 붙여 넣습니다. | 연결된 그림 | 복사한 내용과 서식을 그림 형태로 붙여 넣으면서 원본 셀과 연결합니다. |
| 메모 | 셀에 첨부한 메모만 붙여 넣습니다. | 곱하기 | 복사한 값을 붙여 넣을 셀의 값에 곱합니다. |
| 유효성 검사 | 복사한 셀의 데이터 유효성 검사 규칙을 붙여 넣을 영역에 붙여 넣습니다. | 더하기 | 복사한 값을 붙여 넣을 셀의 값에 더합니다. |
| 원본 테마 사용 (원본 서식 유지) | 원본 데이터에 적용된 테마를 사용하여 모든 셀 내용과 서식을 붙여 넣습니다. | 나누기 | 붙여 넣을 셀의 값을 복사한 값으로 나눕니다. |
| 테두리만 제외 (테두리 없음) | 테두리만 제외하고 복사한 데이터에 적용된 문서 테마 서식의 모든 셀 내용을 붙여 넣습니다. | 빼기 | 붙여 넣을 셀의 값에서 복사한 값을 뺍니다. |
| 열 너비 (원본 열 너비 유지) | 한 개의 열 또는 열 범위의 너비를 다른 열 또는 열 범위에 붙여 넣습니다. | 내용 있는 셀만 붙여넣기 | 복사한 셀 범위에 빈 셀이 있는 경우, 빈 셀의 서식은 붙여 넣지 않습니다. |
| 수식 및 숫자 서식 | 선택한 셀의 수식과 숫자 서식 옵션만 붙여 넣습니다. | 행/열 바꿈 | 붙여 넣을 때 행/열 위치를 바꿉니다. |
| 값 및 숫자 서식 | 선택한 셀의 값과 숫자 서식 옵션만 붙여 넣습니다. | 연결하여 붙여넣기 | 복사한 셀의 주소를 붙여 넣는 대상 셀에 수식으로 연결합니다. 서식은 복사되지 않습니다. |

실무

# 032 셀 데이터 일부를 일괄 변경하기

실습 파일 CHAPTER01\032_제품목록.xlsx | 완성 파일 CHAPTER01\032_제품목록_완성.xlsx

**보안상의 이유로** 셀의 데이터 일부를 숨겨야 하거나 **데이터 분석을 위한 전처리를 위해** 데이터 일부를 삭제/변경해야 하는 경우가 있습니다. **이때 바꾸기 기능을 활용**합니다.

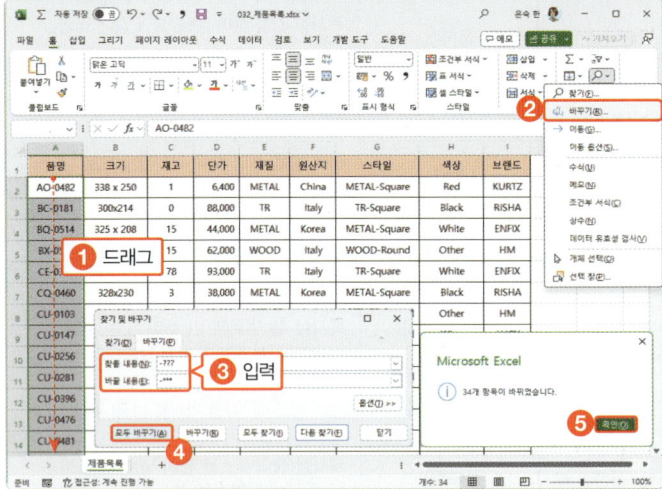

### 01 품명 일부 번호 변경하기

① [A2:A35] 범위 지정
② [홈] 탭-[편집] 그룹-[찾기 및 선택]-[바꾸기] 클릭 또는 Ctrl + H
③ [찾기 및 바꾸기] 대화상자에서 [찾을 내용]에 -??? 입력, [바꿀 내용]에 -*** 입력
④ [모두 바꾸기] 클릭
⑤ 메시지 창의 [확인]을 클릭합니다.

**Tip** 하이픈(-) 뒤에 세 개의 번호가 ***로 변경됩니다.

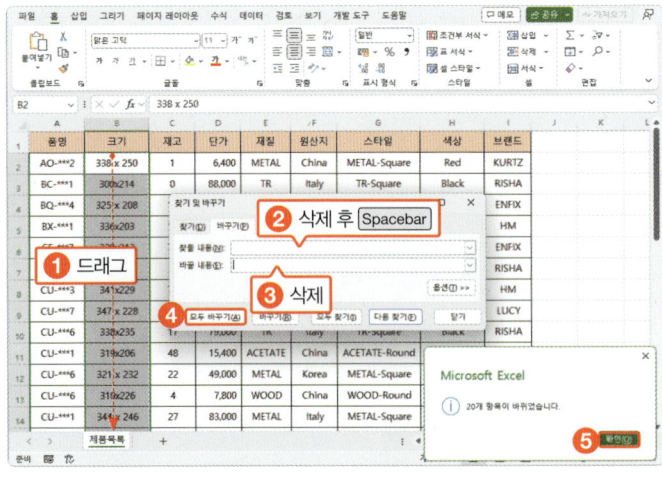

### 02 공백을 한 번에 지우기

① [B2:B35] 범위 지정
② [찾기 및 바꾸기] 대화상자에서 [찾을 내용]에 기존 값 삭제 후 Spacebar 눌러 공백 한 칸 입력
③ [바꿀 내용]에 기존 값 삭제
④ [모두 바꾸기] 클릭
⑤ 메시지 창의 [확인]을 클릭합니다.

**Tip**
- [찾기 및 바꾸기] 대화상자가 열려 있는 상태에서도 데이터 범위를 지정할 수 있습니다.
- 바꿀 내용에 아무것도 입력하지 않으면 찾을 내용에 입력한 문자를 찾아 모두 지워줍니다.
- 크기 범위에 어떤 셀은 공백이 있고 어떤 셀은 공백이 없습니다. 데이터 형태를 일괄적으로 만들기 위해 공백을 모두 지웠습니다.

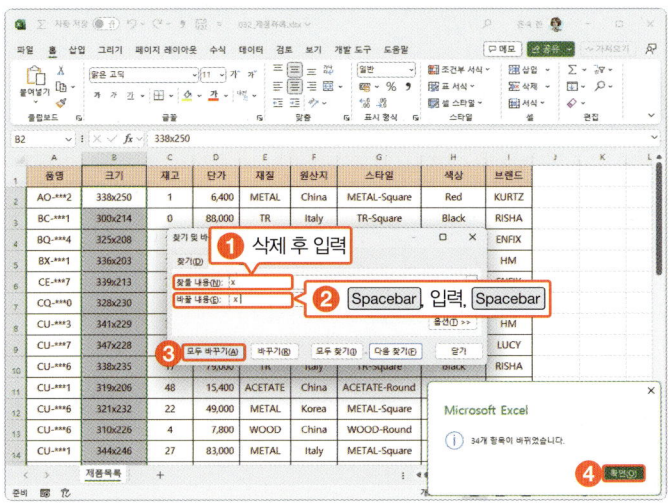

## 03 한 번에 공백 추가하기

❶ [찾기 및 바꾸기] 대화상자에서 [찾을 내용]에 기존 값 삭제 후 **x** 입력

❷ [바꿀 내용]에 Spacebar 누르고 **x** 입력, 다시 Spacebar

❸ [모두 바꾸기] 클릭

❹ 메시지 창의 [확인]을 클릭합니다.

**Tip** 문자 x 앞뒤에 일괄적으로 공백이 추가됩니다.

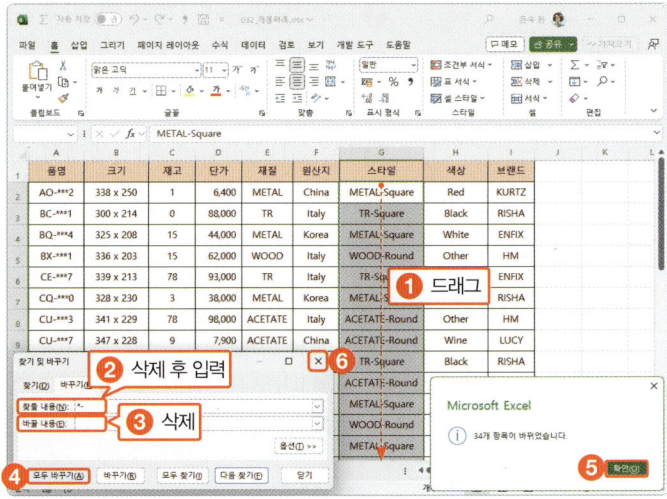

## 04 일부 문자 한 번에 삭제하기

❶ [G2:G35] 범위 지정

❷ [찾기 및 바꾸기] 대화상자에서 [찾을 내용]에 기존 값 삭제 후 ***-** 입력

❸ [바꿀 내용]에 기존 값 삭제

❹ [모두 바꾸기] 클릭

❺ 메시지 창의 [확인] 클릭

❻ [찾기 및 바꾸기] 대화상자의 [닫기]를 클릭합니다.

**Tip** *-는 하이픈(-) 기호 앞에 있는 모든 문자를 의미합니다. 하이픈 기호를 포함해 앞의 문자가 모두 삭제됩니다. 재질명은 [E] 열에 이미 있어서 데이터가 중복되므로 삭제했습니다.

---

### Note  찾을 내용으로 검색어를 입력할 때 규칙이 있나요?

찾을 내용으로 검색어를 입력할 때 사용하는 와일드카드 문자(대표 문자)인 별표(*)나 물음표(?)의 특징은 다음과 같습니다.

- 별표(*) : 모든 문자를 대표하는 문자입니다. 예를 들어 검색어로 **s*d**를 입력하면 sad 및 started를 찾을 수 있습니다.
- 물음표(?) : 한 글자를 대표하는 문자입니다. 예를 들어 검색어로 **s?t**를 입력하면 sat와 set를 찾을 수 있습니다.
- 대표 문자인 별표(*), 물음표(?) 문자 자체를 찾으려면 앞에 물결표(~)를 붙입니다. 예를 들어 ? 문자를 포함하는 데이터를 찾으려면 **~?**를 검색 조건으로 입력합니다.

실무

# 033 특정 서식을 찾아서 한 번에 변경하기

실습 파일 CHAPTER01\033_제품정보.xlsx | 완성 파일 CHAPTER01\033_제품정보_완성.xlsx

바꾸기 기능에는 **서식을 찾고 바꾸는 기능**도 포함되어 있습니다. 특정 서식을 찾아서 다른 서식으로 일괄적으로 변경해보겠습니다.

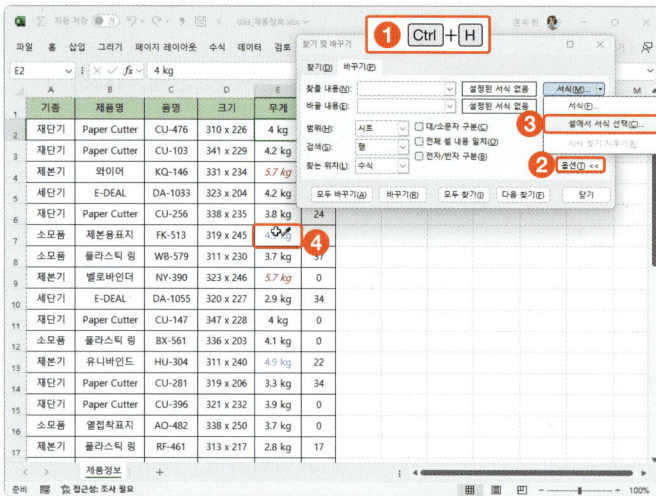

### 01 찾을 서식 선택하기

❶ Ctrl + H 눌러 [찾기 및 바꾸기] 대화상자의 [바꾸기] 탭이 열리면

❷ [옵션] 클릭

❸ [찾을 내용]의 [서식]-[셀에서 서식 선택] 선택

❹ 마우스 포인터가 서식 선택 모양으로 바뀌면 [E7] 셀을 클릭합니다.

Tip [E7] 셀에 지정된 서식이 찾을 내용의 미리 보기에 표시됩니다.

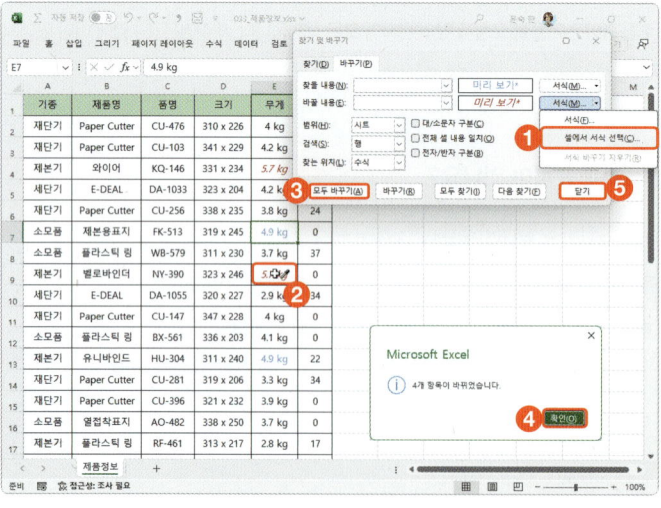

### 02 한꺼번에 서식 바꾸기

❶ [바꿀 내용]의 [서식]-[셀에서 서식 선택] 선택

❷ [E9] 셀 클릭

❸ [모두 바꾸기] 클릭

❹ 메시지 창의 [확인] 클릭

❺ [찾기 및 바꾸기] 대화상자에서 [닫기]를 클릭합니다.

Tip 파란색 글꼴이 설정된 셀들의 서식이 빨간색 글꼴과 기울임꼴 서식으로 모두 바뀝니다.

## Note [찾기 및 바꾸기] 대화상자에는 어떤 옵션과 기능들이 있나요?

[찾기 및 바꾸기] 대화상자에서 [옵션]을 클릭했을 때 표시되는 검색 옵션은 다음과 같습니다.

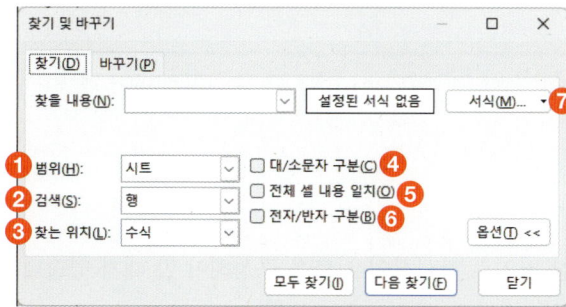

❶ **범위** : [시트]를 선택하면 현재 선택된 시트에서만 검색하며 [통합 문서]를 선택하면 모든 시트에서 검색합니다.
❷ **검색** : [행]을 선택하면 왼쪽에서 오른쪽 방향으로, [열]을 선택하면 위에서 아래 방향으로 검색합니다.
❸ **찾는 위치** : [수식]을 선택하면 수식 입력줄에 나타나는 수식을 기준으로 검색하며 [값]을 선택하면 셀에 표시된 값을 기준으로 검색합니다. [메모]를 선택하면 메모를 삽입한 셀이 있는 경우 메모 상자에서만 검색합니다.
❹ **대/소문자 구분** : 영문 검색어인 경우 대/소문자 구분 여부에 체크합니다.
❺ **전체 셀 내용 일치** : 셀에 찾는 검색어만 있는 경우를 찾습니다. 다른 문자와 섞여 있는 경우는 검색되지 않습니다.
❻ **전자/반자 구분** : 검색어가 전자(2byte 전각 문자) 또는 반자(1byte 반각 문자) 구분이 있는 경우 전자/반자 구분 여부에 체크합니다.
❼ **서식** : [서식]을 선택하면 [서식 찾기] 대화상자에서 찾을 서식을 선택할 수 있습니다. [셀에서 서식 선택]을 선택하면 마우스를 클릭하여 찾을 서식을 선택할 수 있습니다. [서식 찾기 지우기]를 선택하면 선택했던 찾을 서식을 지울 수 있습니다.

## 기초

## 034 다른 파일로 워크시트 복사하고 시트 숨기기

**실습 파일** CHAPTER01\034_상반기.xlsx, 034_하반기.xlsx | **완성 파일** CHAPTER01\034_연매출집계.xlsx

현재 작업하고 있는 파일의 일부 워크시트를 다른 파일로 복사하여 시트를 구성해야 할 때가 있습니다. **여러 시트를 선택하여 복사하고 일부 시트를 숨기는 방법**을 알아보겠습니다.

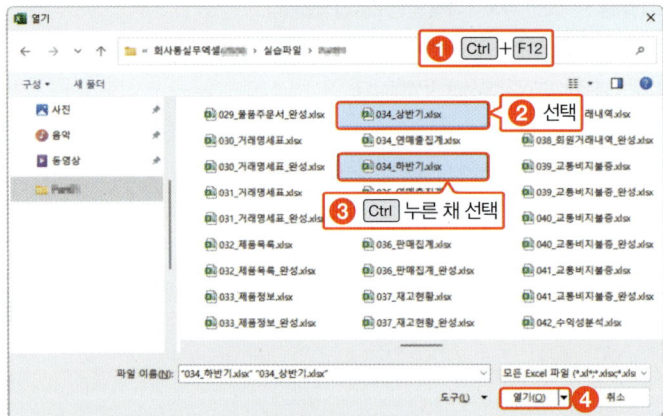

### 01 두 개의 파일 열기

① 엑셀 실행 후 Ctrl + F12 눌러 [열기] 대화상자 열고
② [실습파일] 폴더에서 **034_상반기.xlsx** 파일 선택
③ Ctrl 누른 채 **034_하반기.xlsx** 파일 선택
④ [열기]를 클릭합니다.

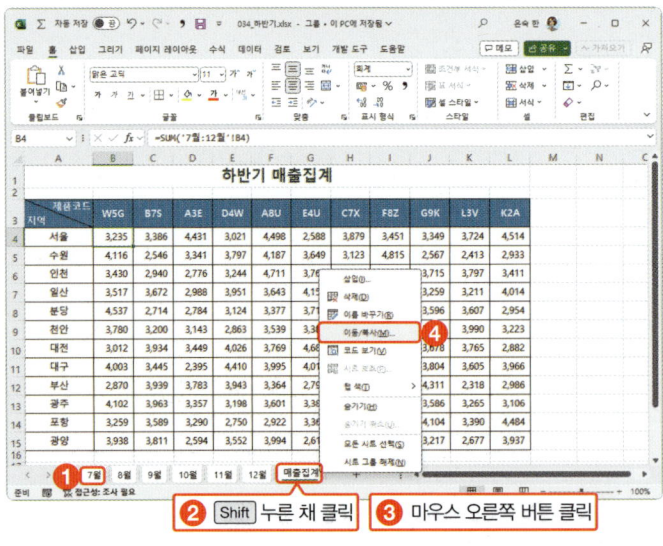

### 02 여러 시트 선택하기

① 하반기 파일의 [7월] 시트 클릭
② Shift 누른 채 [매출집계] 시트 클릭
③ 선택한 시트 탭에서 마우스 오른쪽 버튼 클릭
④ [이동/복사]를 선택합니다.

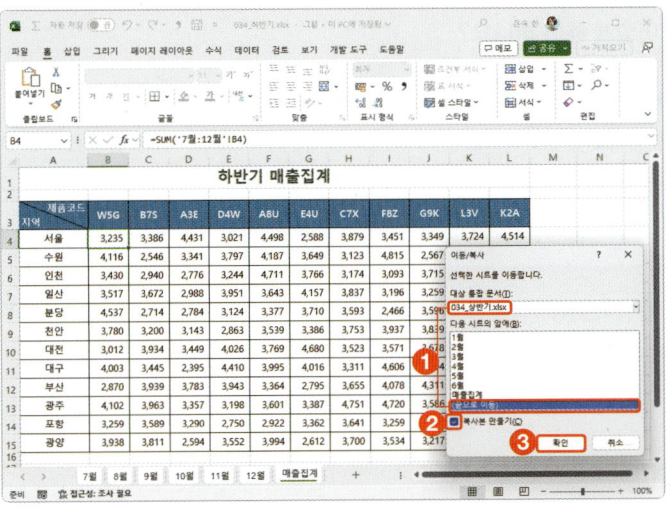

## 03 다른 파일로 시트 복사하기

❶ [이동/복사] 대화상자의 [대상 통합 문서]에서 [034_상반기.xlsx] 선택 후 시트 목록에서 [(끝으로 이동)] 선택

❷ [복사본 만들기] 체크

❸ [확인]을 클릭합니다.

**Tip** 복사 대상인 상반기 파일로 화면이 전환됩니다.

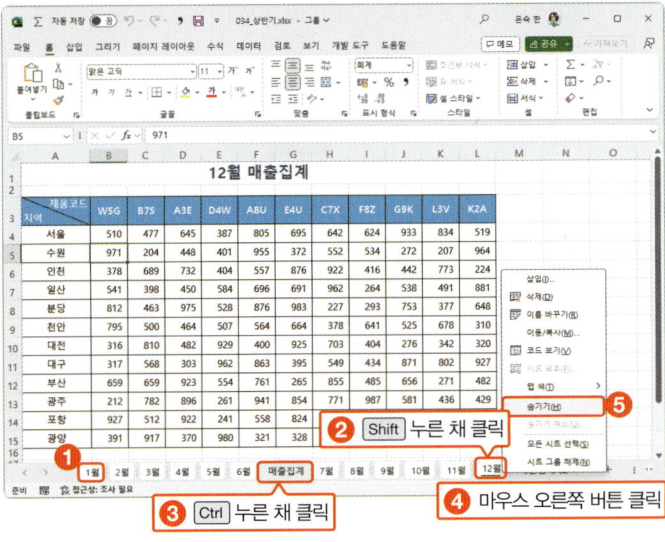

## 04 시트 숨기기

❶ [1월] 시트 클릭

❷ Shift 누른 채 [12월] 시트 클릭

❸ Ctrl 누른 채 [매출집계] 시트 클릭

❹ [12월] 시트 탭에서 마우스 오른쪽 버튼 클릭

❺ [숨기기]를 선택합니다.

**Tip** 연속된 시트를 선택할 때는 첫 번째 시트를 클릭하고 Shift 를 누른 채 마지막 시트를 클릭합니다. 떨어져 있는 시트를 추가로 선택하거나 선택을 해제할 때는 Ctrl 을 누른 채 클릭합니다.

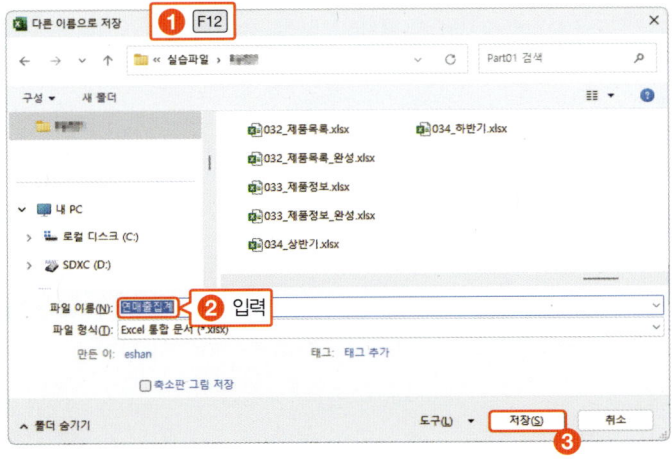

## 05 다른 이름으로 파일 저장하기

❶ F12 눌러 [다른 이름으로 저장] 대화상자가 열리면

❷ [파일 이름]에 **연매출집계** 입력

❸ [저장]을 클릭합니다.

### Note  시트 숨기기를 취소하려면 어떻게 해야 하나요?

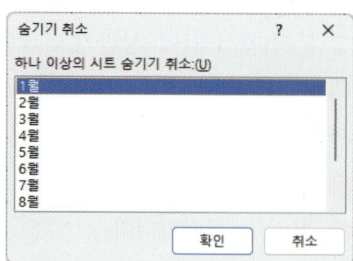

숨겨진 시트를 다시 표시하려면 시트 탭에서 마우스 오른쪽 버튼을 클릭하고 [숨기기 취소]를 선택합니다. [숨기기 취소] 대화상자에서 표시하려는 시트 이름을 선택하고 [확인]을 클릭합니다.

### Note  시트를 숨기지 않고 삭제하는 방법은 무엇인가요?

시트를 숨기지 않고 삭제하려면 시트 탭에서 마우스 오른쪽 버튼을 클릭한 후 [삭제]를 선택하거나 [홈] 탭-[셀] 그룹-[삭제]-[시트 삭제]를 선택합니다. 시트 관련 작업은 실행이 취소되지 않기 때문에 삭제한 시트는 복구할 수 없으므로 데이터가 있는 시트를 삭제할 때는 경고 메시지 창이 나타납니다.

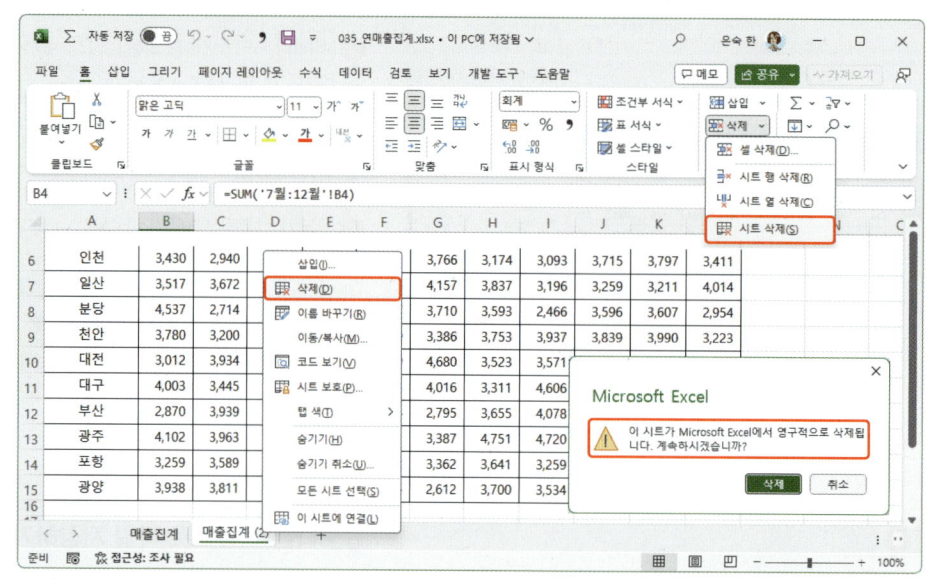

기초

# 035 여러 시트 한 번에 편집하기

동영상 강의
확인하기

**실습 파일** CHAPTER01\035_연매출집계.xlsx | **완성 파일** CHAPTER01\035_연매출집계_완성.xlsx

여러 시트에 작성된 표 양식이 모두 동일한 경우, 표에 채우기 색을 지정하거나 행/열 크기를 편집하면 선택한 각 시트에 **한 번에 적용**됩니다.

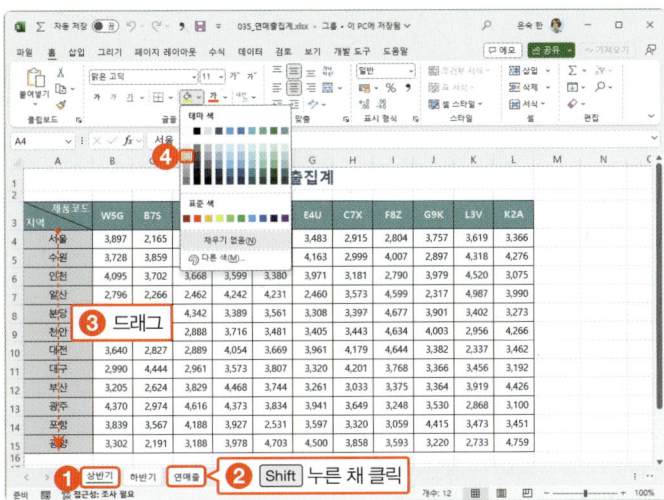

## 01 채우기 색 한 번에 변경하기

① [상반기] 시트 클릭
② Shift 누른 채 [연매출] 시트 클릭
③ [A4:A15] 범위 지정
④ [홈] 탭-[글꼴] 그룹-[채우기 색]-[흰색, 배경 1, 15% 더 어둡게]를 선택합니다.

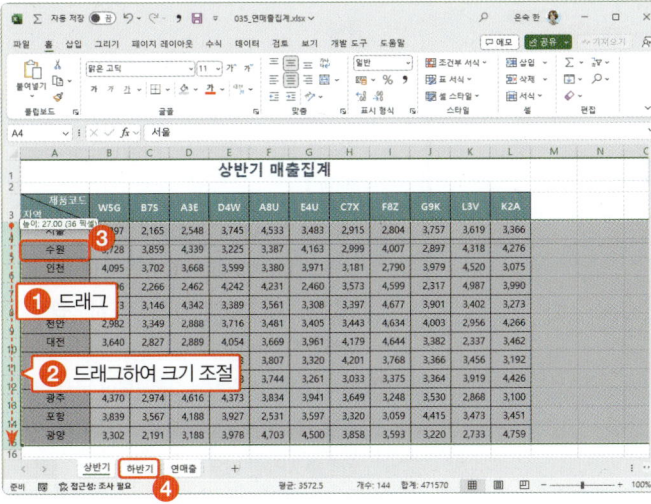

## 02 행 높이 한 번에 변경하기

① [4:15] 행 범위 지정
② 행 머리글 사이의 경계선을 드래그하여 높이 조절
③ [A5] 셀 클릭하여 범위 해제
④ [하반기] 시트를 선택하여 시트 그룹을 해제합니다.

**Tip** • 모든 시트의 동일한 범위에 채우기 색이 적용되고 행 높이가 조정됩니다.
• 여러 시트를 선택한 시트 그룹 상태에서 현재 화면에 보이는 시트가 아닌 다른 시트를 선택하면 시트 그룹이 해제됩니다.

## 03 탭 색 지정하고 시트 이동하기

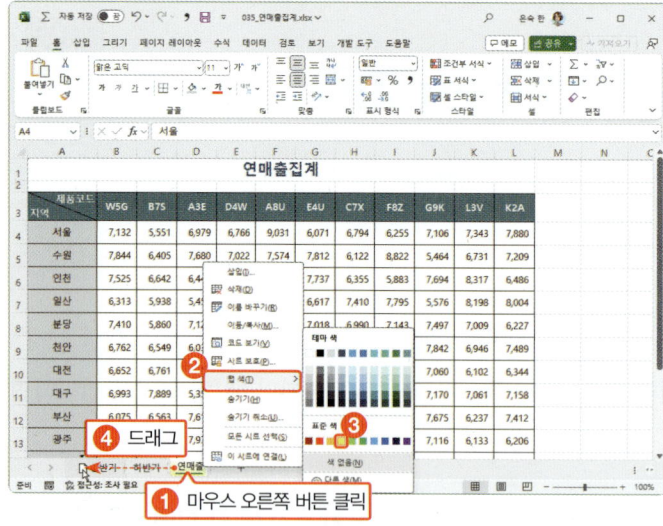

❶ [연매출] 시트에서 마우스 오른쪽 버튼 클릭

❷ [탭 색] 선택

❸ [노랑] 클릭

❹ [연매출] 시트 탭을 [상반기] 시트 탭 앞으로 드래그하여 위치를 옮깁니다.

**Tip** 시트 탭을 드래그할 때 Ctrl 을 누른 채 드래그하면 마우스 포인터에 붙은 문서 모양에 + 기호가 표시( )되며 원하는 곳에서 마우스 버튼을 놓으면 시트가 복사됩니다.

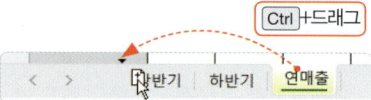

---

**Note** 작업을 마친 시트를 더 이상 수정할 수 없도록 보호하는 방법이 있나요?

시트 이동, 복사, 삽입, 삭제, 숨기기, 이름 바꾸기 등의 시트에 대한 작업은 엑셀의 실행 취소 목록에 포함되지 않습니다. 빠른 실행 도구 모음의 [실행 취소] 또는 단축키 Ctrl + Z 로 되돌릴 수 없습니다. 다른 사용자가 시트를 이동, 복사, 삽입, 삭제, 이름 바꾸기, 숨기기, 숨기기 취소 등을 할 수 없도록 하려면 통합 문서 구조를 보호해둬야 합니다. 통합 문서 구조를 보호하는 방법은 다음과 같습니다.

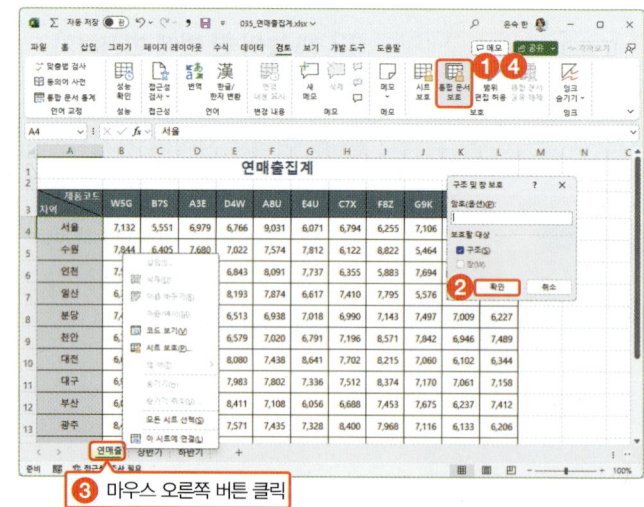

❶ [검토] 탭-[보호] 그룹-[통합 문서 보호]를 클릭

❷ [구조 및 창 보호] 대화상자의 [구조] 옵션에 체크되어 있는 상태로 [확인]을 클릭
암호는 옵션 사항이므로 지정하지 않아도 됩니다.

❸ 시트 탭에서 마우스 오른쪽 버튼을 클릭해 보면 [삽입], [삭제], [이름 바꾸기], [이동/복사], [숨기기], [숨기기 취소] 등의 시트 관련 메뉴가 모두 비활성화되어 있습니다.

❹ 다시 [검토] 탭-[보호] 그룹-[통합 문서 보호]를 클릭하면 통합 문서 보호가 해제
암호를 지정한 경우 암호를 확인하는 대화상자가 표시됩니다.

기초

# 036 행 높이, 열 너비 그대로 복사하기

실습 파일 CHAPTER01\036_판매집계.xlsx | 완성 파일 CHAPTER01\036_판매집계_완성.xlsx

데이터 범위를 편집하기 전에 다른 시트에 백업용으로 표 범위를 복사해놓을 때도 있고 양식만 복사하여 내용을 새롭게 입력할 때도 있습니다. 범위를 복사할 때 **행 높이와 열 너비까지 그대로 복사하려면** 행 머리글이나 열 머리글을 사용하여 범위를 지정하고 **복사/붙여넣기 옵션을 선택해야 합니다.** 차근차근 따라 해보겠습니다.

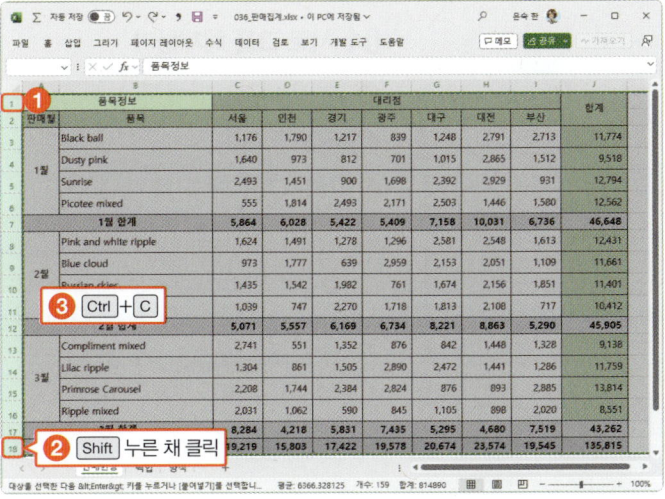

## 01 행 높이까지 복사하기

① 1행 머리글 클릭
② Shift 누른 채 18행 머리글 클릭
③ Ctrl + C 를 눌러 복사합니다.

Tip 행 높이까지 복사하려면 행 머리글을 이용해서 범위를 지정해야 합니다.

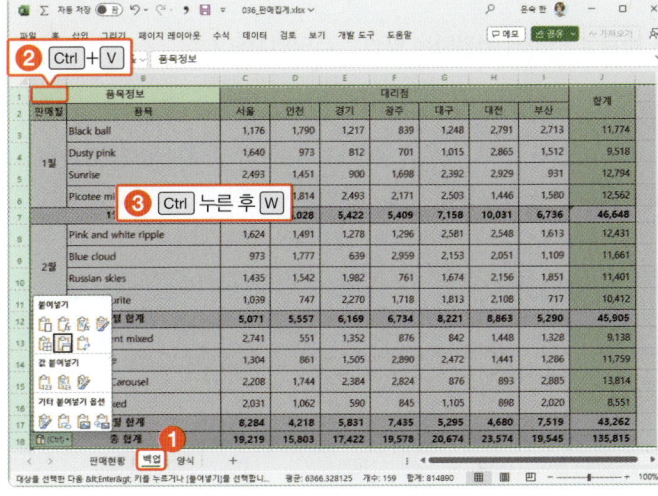

## 02 단축키로 원본 열 너비 유지하기

① [백업] 시트 클릭
② [A1] 셀에서 Ctrl + V
③ Ctrl 을 누른 후 W 를 누릅니다.

Tip 행 높이가 유지되며 붙여넣기가 되고, [붙여넣기 옵션] 단축키인 Ctrl 을 누른 후 W 를 누르면 원본 열 너비가 유지됩니다. Ctrl 과 W 를 동시에 누르지 않고 하나씩 따로 눌러야 합니다.

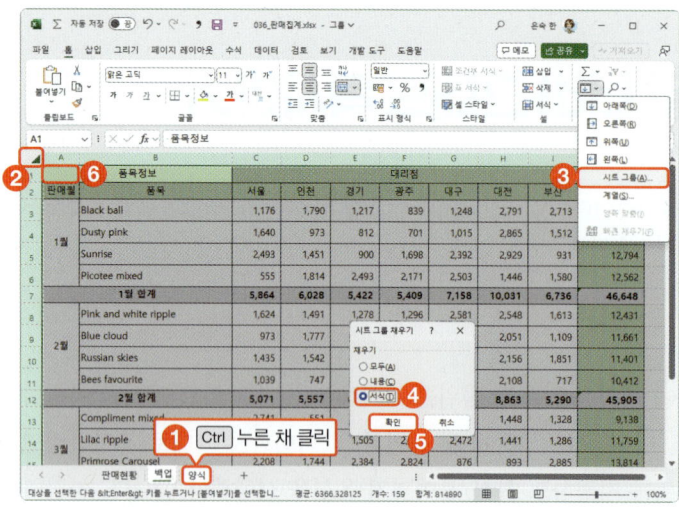

## 03 시트 그룹 채우기

1. Ctrl 누른 채 [양식] 시트 클릭
2. [전체 선택] ◢ 클릭
3. [홈] 탭-[편집] 그룹-[채우기]-[시트 그룹] 클릭
4. [시트 그룹 채우기] 대화상자에서 [서식] 선택
5. [확인] 클릭
6. [A1] 셀을 클릭해 범위를 해제합니다.

Tip [모두]는 셀 내용과 서식을 모두 채우고, [내용]은 셀 내용만 채우며, [서식]은 서식만 채웁니다.

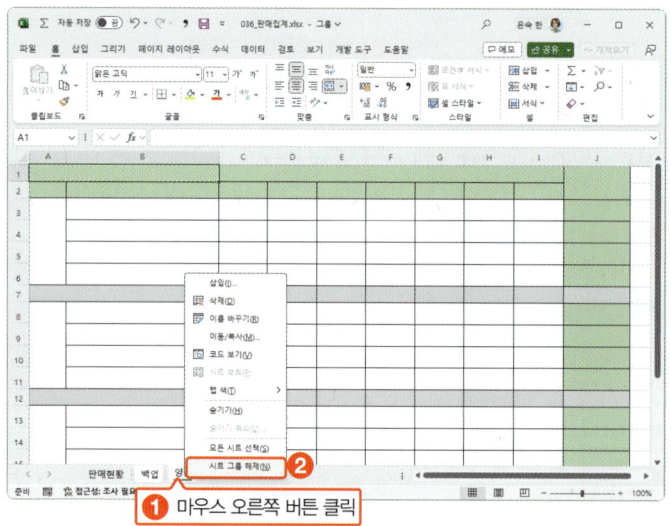

## 04 시트 그룹 해제하기

1. [양식] 시트 탭에서 마우스 오른쪽 버튼 클릭
2. [시트 그룹 해제]를 선택합니다.

Tip [백업] 시트의 서식만 [양식] 시트에 채워집니다. 선택되어 있지 않은 다른 시트를 클릭해도 시트 그룹이 해제됩니다. 즉, [판매현황] 시트를 클릭해도 시트 그룹이 해제됩니다.

---

### Note [붙여넣기 옵션]의 각 옵션을 빠르고 편하게 지정하는 방법은 무엇인가요?

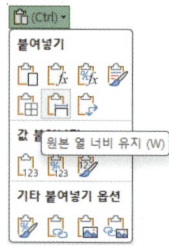

붙여넣기를 한 후에 Ctrl 을 누르면 [붙여넣기 옵션] 목록이 표시되는데, 각 옵션에 마우스 포인터를 대면 옵션마다 알파벳이 표시됩니다. 해당 알파벳을 누르면 옵션이 선택됩니다. 복사한 범위가 많아 [붙여넣기 옵션] 아이콘을 찾기가 힘들다면 단축키 Ctrl 과 지정된 알파벳 키를 사용하는 것이 편합니다. 예를 들어 Ctrl 을 누른 후 T 를 누르면 행/열 바꿈이 됩니다. 각 옵션에 대해 지정되어 있는 알파벳 키는 다음과 같습니다.

| 옵션(키) | 옵션(키) | 옵션(키) | 옵션(키) |
| --- | --- | --- | --- |
| 붙여넣기(P) | 수식(F) | 수식 및 숫자 서식(O) | 원본 서식 유지(K) |
| 테두리 없음(B) | 원본 열 너비 유지(W) | 행/열 바꿈(T) | |
| 값(V) | 값 및 숫자 서식(A) | 값 및 원본 서식(E) | |
| 서식(R) | 연결하여 붙여넣기(N) | 그림(U) | 연결된 그림(I) |

# SECTION 05

# 보기 좋은 엑셀 문서 서식 꾸미기

상식

# 037 테마 글꼴과 테마 색 변경하기

실습 파일 CHAPTER01\037_재고현황.xlsx | 완성 파일 CHAPTER01\037_재고현황_완성.xlsx

기존에 작성해놓은 문서를 불러와 현재 업무에 맞게 색상 조합과 글꼴 등을 변경해야 하는 경우가 있습니다. [페이지 레이아웃] 탭-[테마] 그룹에서 통합 문서 모든 시트의 서식을 쉽고 빠르게 변경해보겠습니다.

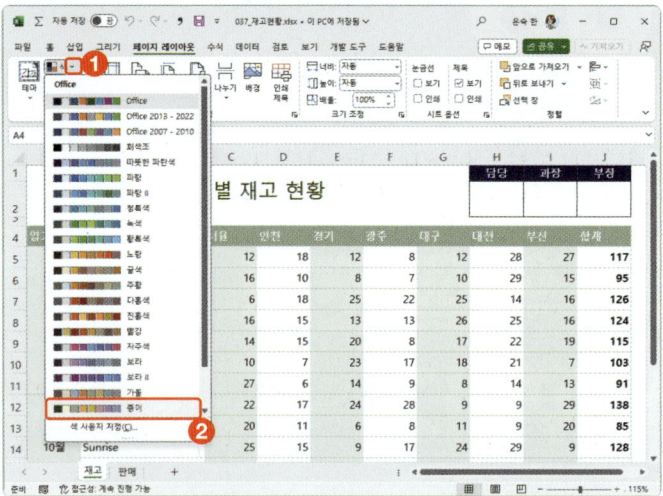

**01 테마 색 변경하기**

❶ [페이지 레이아웃] 탭-[테마] 그룹-[색] 목록 버튼 클릭

❷ [종이]를 선택합니다.

Tip [H1:J1] 범위의 채우기 색은 테마 색이 아닌 표준색이기 때문에 변경되지 않았습니다.

Tip 테마에서 색을 변경하면 [홈] 탭-[글꼴] 그룹의 [채우기 색], [글꼴 색] 등의 테마 색에 현재 선택한 테마의 색상 조합이 표시됩니다. 테마의 색상 조합을 변경하고 싶으면 [색 사용자 지정]을 클릭합니다.

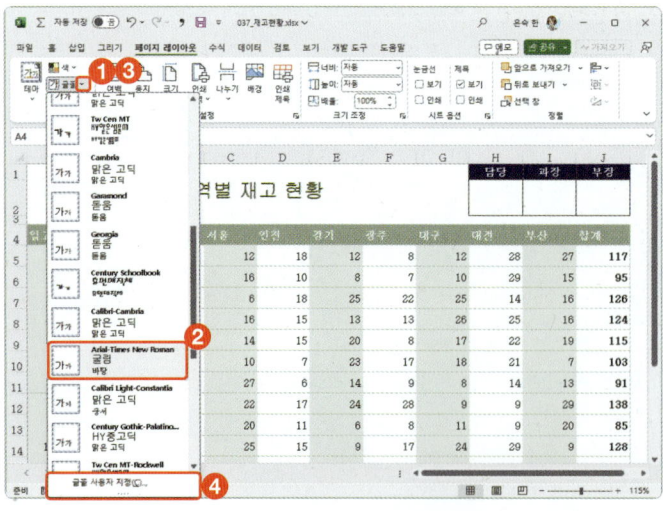

**02 테마 글꼴 변경하기**

❶❸ [페이지 레이아웃] 탭-[테마] 그룹-[글꼴] 목록 버튼 클릭

❷ [Arial-Times New Roman] 선택

❹ [글꼴 사용자 지정]을 선택합니다.

Tip 제목은 굴림, 본문은 바탕으로 글꼴이 변경됩니다. [B5], [B12] 셀은 테마 글꼴이 아니라 문서 작성 시 따로 지정한 글꼴이기 때문에 변경되지 않습니다. 문서 작성 시 특별히 글꼴을 변경하지 않았다면 대부분 테마의 본문 글꼴입니다. 테마 글꼴을 변경하면 [홈] 탭-[글꼴] 그룹의 [글꼴] 목록의 테마 글꼴에 제목, 본문 글꼴이 변경됩니다.

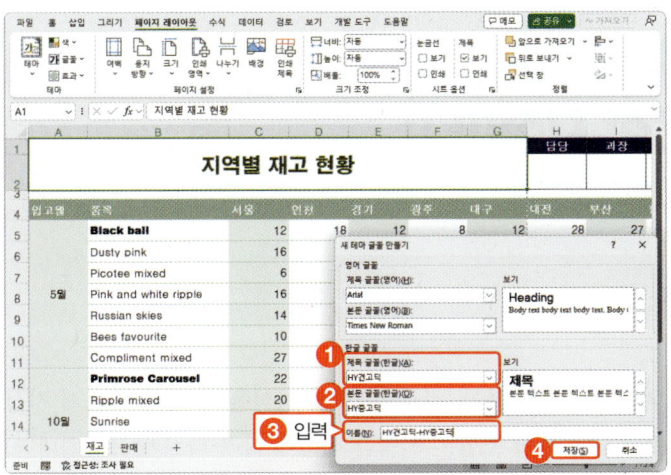

## 03 새 테마 글꼴 만들기

❶ [새 테마 글꼴 만들기] 대화상자의 [제목 글꼴(한글)]에서 [HY견고딕] 선택

❷ [본문 글꼴(한글)]에서 [HY중고딕] 선택

❸ 이름에 **HY견고딕-HY중고딕** 입력

❹ [저장]을 클릭합니다.

**Tip** 테마 글꼴 제목과 본문 글꼴들이 모두 HY견고딕, HY중고딕으로 변경됩니다. 영어 글꼴은 엑셀에서는 따로 적용되지 않습니다. 다른 시트에서도 색상과 글꼴들이 변경됩니다.

---

### Note  테마 글꼴은 어디서 변경하나요?

Alt + F + T 를 눌러 [Excel 옵션] 대화상자를 열고 [일반] 탭의 [새 통합 문서 만들기]의 [다음을 기본 글꼴로 사용] 옵션을 보면 기본적으로 [본문 글꼴]이 선택되어 있습니다. [본문 글꼴]은 글꼴 목록의 테마 글꼴 본문에 해당하는 글꼴입니다. 따라서 엑셀 문서 작성 시 특별히 글꼴을 변경하지 않았다면 엑셀 문서 대부분의 글꼴은 테마 글꼴의 본문 글꼴입니다.

만약 [Excel 옵션]에서 기본 글꼴을 다른 글꼴로 선택한 상태에서 작성한 문서라면 테마 글꼴을 변경해도 글꼴이 변경되지 않습니다.

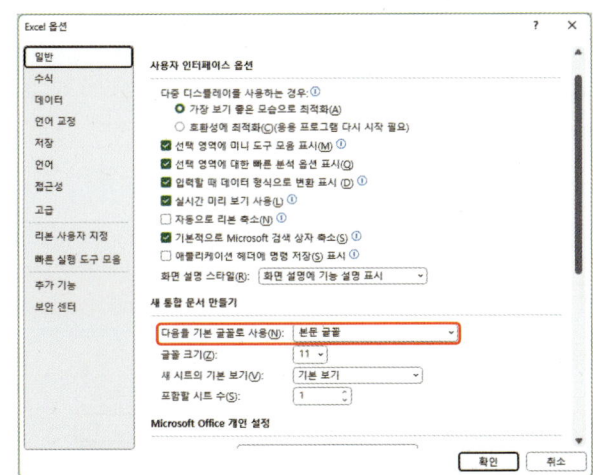

테마 글꼴에서 선택한 글꼴 조합에 따라 [홈] 탭-[글꼴] 그룹-[글꼴] 목록의 [테마 글꼴]의 제목, 본문 글꼴이 달라집니다.

또한 [페이지 레이아웃] 탭-[테마] 그룹에서 선택한 색 조합에 따라 [홈] 탭-[글꼴] 그룹-[글꼴 색], [채우기 색] 등의 [테마 색]이 달라지며 테마 글꼴, 테마 색에서 선택한 글꼴과 색상은 테마를 변경했을 때 한꺼번에 변경됩니다.

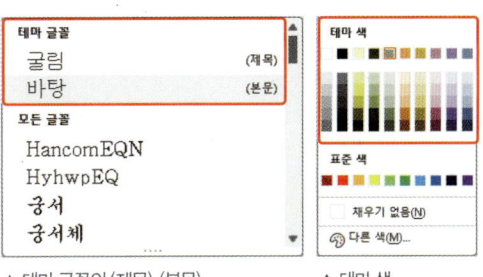

▲ 테마 글꼴의 (제목), (본문)    ▲ 테마 색

## 기초
## 038 표 서식과 셀 스타일로 빠르게 서식 지정하기

실습 파일 CHAPTER01\038_회원거래내역.xlsx | 완성 파일 CHAPTER01\038_회원거래내역_완성.xlsx

표 서식과 셀 스타일을 사용하면 테두리와 채우기 색, 글꼴, 글꼴 색 등의 서식을 한 번에 빠르게 지정할 수 있습니다. 표 서식과 셀 스타일에 표시되는 색상 조합은 선택한 테마에 따라 다르게 표시됩니다. 현재 실습 문서에는 Office 테마의 색상이 설정되어 있습니다.

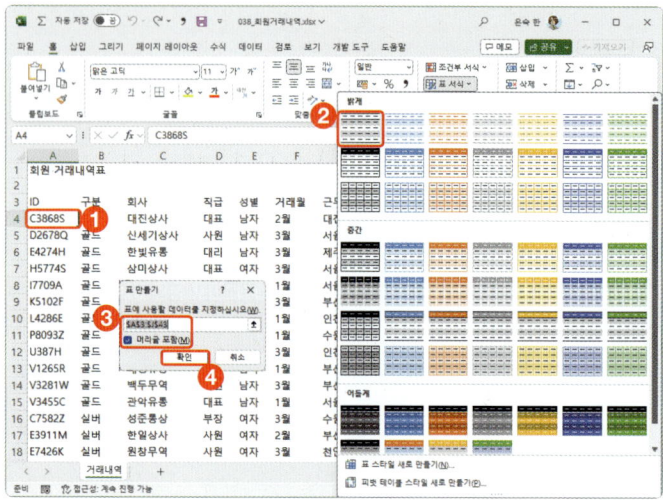

**01 표 서식 지정하기**

① 데이터 범위 중 임의의 셀 클릭
② [홈] 탭-[스타일] 그룹-[표 서식]-[흰색, 표 스타일 밝게 1] 선택
③ [표 만들기] 대화상자에서 **$A$3:$J$43** 확인 후 [머리글 포함] 체크 확인
④ [확인]을 클릭합니다.

> **Note** [머리글 포함] 옵션을 체크하지 않으면 어떻게 되나요?
>
> 표 서식 지정 시 [머리글 포함]에 체크하지 않으면 데이터 범위의 첫 행 위쪽으로 머리글 행이 추가로 생성됩니다.
>
> | | A | B | C | D | E | F | G | H | I | J |
> |---|---|---|---|---|---|---|---|---|---|---|
> | 3 | 열1 | 열2 | 열3 | 열4 | 열5 | 열6 | 열7 | 열8 | 열9 | 열10 |
> | 4 | ID | 구분 | 회사 | 직급 | 성별 | 거래월 | 근무지 | 거래금액 | 결제금액 | 미수금 |
> | 5 | C3868S | 골드 | 대진상사 | 대표 | 남자 | 2월 | 대전 | 9026500 | 6715900 | 2310600 |

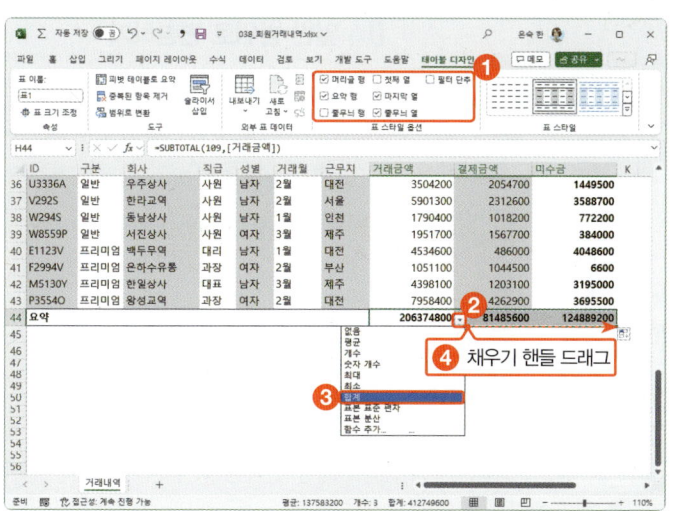

## 02 표 스타일 옵션 선택하기

❶ [테이블 디자인] 탭-[표 스타일 옵션] 그룹의 [요약 행], [마지막 열], [줄무늬 열]에 체크, [필터 단추], [줄무늬 행] 체크 해제

❷ [H44] 셀에서 목록 버튼 클릭

❸ [합계] 선택

❹ [H44] 셀의 채우기 핸들을 [J44] 셀까지 드래그합니다.

**Tip** 표 서식을 지정하면서 범위가 데이터 관리를 위한 엑셀 표로 등록되었습니다. 엑셀 표는 화면을 아래로 스크롤하면 열 머리글에 데이터 목록의 이름이 표시됩니다.

**Tip** 처음 선택한 표 서식 스타일을 바꾸고 싶으면 [테이블 디자인] 탭-[표 스타일] 그룹에서 원하는 스타일을 선택합니다.

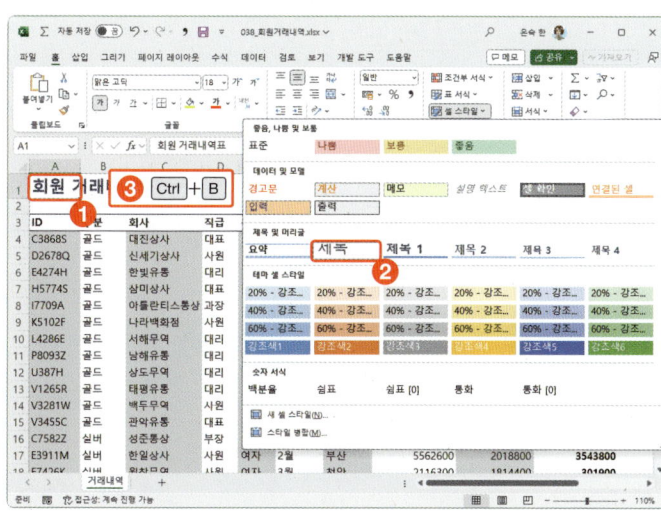

## 03 제목 셀 스타일 지정하기

❶ [A1] 셀 클릭

❷ [홈] 탭-[스타일] 그룹-[셀 스타일]-[제목] 선택

❸ Ctrl + B 를 누릅니다.

### Note [셀 스타일] 목록이 모니터 해상도에 따라서 달라지나요?

[홈] 탭-[스타일] 그룹-[셀 스타일] 은 모니터 해상도에 따라 다음과 같이 다르게 표시됩니다. 모니터 해상도가 1680×1050 이상인 경우에는 리본 메뉴에 일부 셀 스타일 목록이 바로 표시되며, [이전] 버튼을 클릭하면 스타일 목록 창 안에 이전 목록이 표시되고, [다음] 버튼을 클릭하면 다음 목록이 표시됩니다. 전체 목록을 표시하려면 [자세히] 버튼을 클릭합니다.

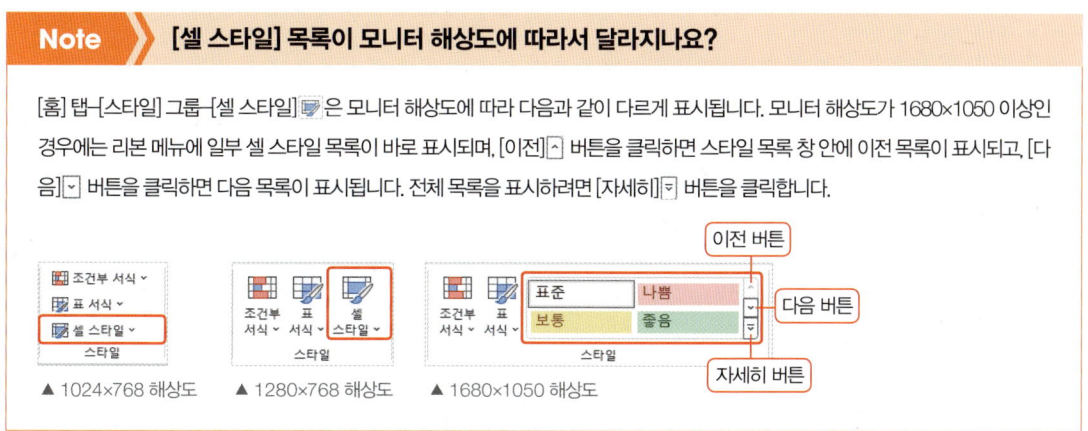

▲ 1024×768 해상도    ▲ 1280×768 해상도    ▲ 1680×1050 해상도

## 04 일반 범위로 변환하기

❶ [A4] 셀 클릭

❷ [테이블 디자인] 탭–[도구] 그룹
–[범위로 변환] 클릭

❸ 메시지 창의 [예]를 클릭합니다.

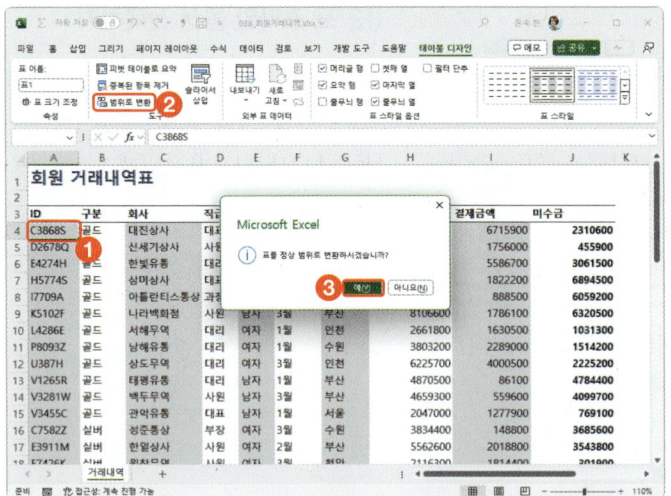

**Tip** [테이블 디자인] 탭은 엑셀 표로 등록된 범위의 셀을 선택해야 표시되기 때문에 [A4] 셀을 클릭했습니다. 엑셀 표로 등록된 상태에서는 셀 병합 같은 일부 편집 작업을 할 수 없으며 수식 입력 시 참조 방식도 다릅니다. 빠르고 간편하게 서식을 지정하기 위해 표 서식 지정만 하고 일반 범위로 변환했습니다. 일반 범위로 변환된 후에는 [테이블 디자인] 탭이 표시되지 않습니다.

## 039 여러 셀 범위 한 번에 병합하기

실습 파일 CHAPTER01\039_교통비지불증.xlsx | 완성 파일 CHAPTER01\039_교통비지불증_완성.xlsx

여러 셀 범위를 병합할 때는 Ctrl을 이용해 다중 범위를 지정한 후 한 번에 병합하면 빠릅니다. 병합할 범위가 행 단위일 때는 전체 병합 명령을 사용하여 한 번에 병합할 수 있습니다.

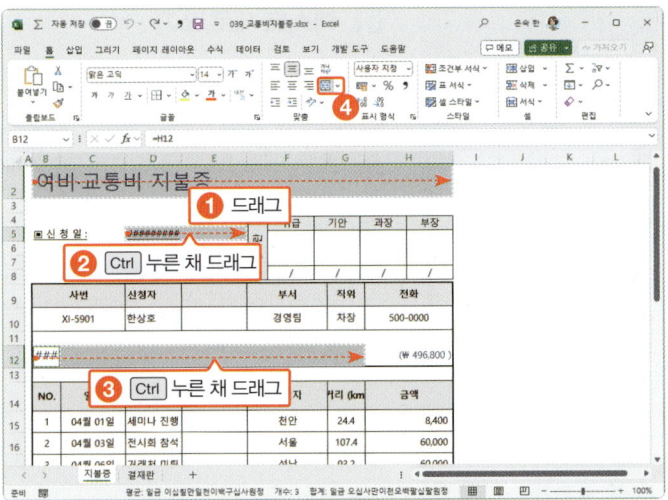

### 01 다중 셀 범위 병합하기

❶ [B2:H2] 범위 지정
❷ Ctrl 누른 채 [D5:E5] 범위 드래그
❸ Ctrl 누른 채 [B12:G12] 범위 드래그
❹ [홈] 탭–[맞춤] 그룹–[병합하고 가운데 맞춤]을 클릭합니다.

**Tip** 범위를 지정한 각 셀이 병합되면서 셀 내용은 가운데로 맞춰집니다.

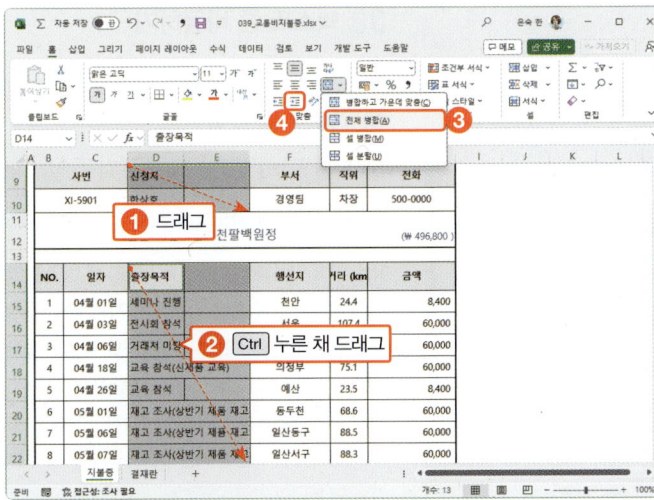

### 02 행 단위 전체 병합하기

❶ [D9:E10] 범위 지정
❷ Ctrl 누른 채 [D14:E30] 범위 드래그
❸ [홈] 탭–[맞춤] 그룹–[병합하고 가운데 맞춤]–[전체 병합] 클릭
❹ [홈] 탭–[맞춤] 그룹–[들여쓰기]를 클릭합니다.

**Tip** [전체 병합]은 지정된 범위의 셀이 행 단위로 병합되면서 문자는 왼쪽, 숫자는 오른쪽 맞춤으로 지정됩니다. [들여쓰기]를 클릭하여 문자가 왼쪽에서 한 칸 들어가도록 설정했습니다.

기초

# 040 텍스트 세로 쓰기 및 줄 바꾸기

실습 파일 CHAPTER01\040_교통비지불증.xlsx | 완성 파일 CHAPTER01\040_교통비지불증_완성.xlsx

열 너비보다 긴 텍스트를 입력해야 할 때가 있습니다. **텍스트 방향을 세로 방향으로 하거나 셀 안에서 줄 바꿈을 설정하는 방법**을 알아보겠습니다.

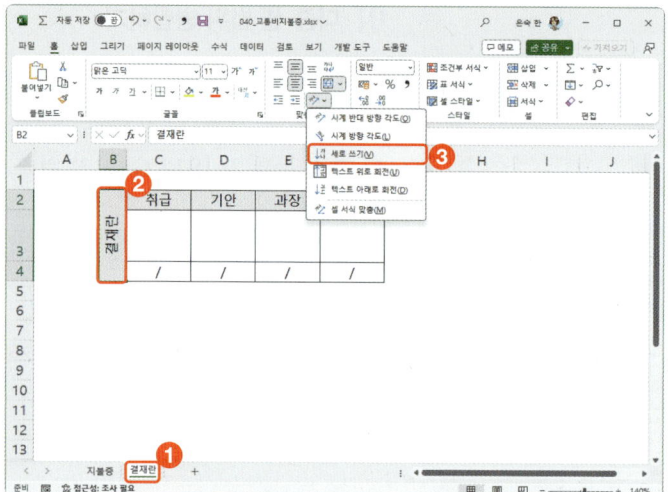

### 01 텍스트 세로 쓰기

❶ [결재란] 시트에서
❷ [B2] 셀 클릭
❸ [홈] 탭-[맞춤] 그룹-[방향]-[세로 쓰기]를 클릭합니다.

Tip 결재란 양식의 원본은 [결재란] 시트에 작성되어 있고 [지불증] 시트에는 결재란이 그림으로 연결되어 있습니다.

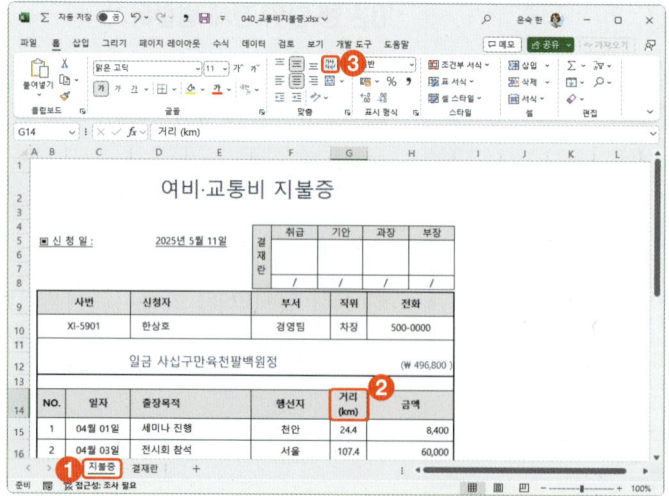

### 02 텍스트 줄 바꿈하기

❶ [지불증] 시트 클릭
❷ [G14] 셀 클릭
❸ [홈] 탭-[맞춤] 그룹-[자동 줄 바꿈]을 클릭합니다.

Tip 이미 입력해놓은 여러 텍스트의 셀 범위를 열 너비에 맞춰 줄 바꿈할 때는 [자동 줄 바꿈]을 선택하는 것이 편합니다. 자동 줄 바꿈은 숫자나 날짜가 입력된 셀에는 적용되지 않습니다. 셀에 텍스트를 입력하면서 원하는 텍스트 위치에서 줄 바꿈할 때는 Alt + Enter 를 누르면 됩니다.

## 기초 041 텍스트 균등 분할 및 텍스트 크기 자동으로 맞추기

**실습 파일** CHAPTER01\041_교통비지불증.xlsx | **완성 파일** CHAPTER01\041_교통비지불증_완성.xlsx

텍스트 길이가 다른 텍스트 목록은 글자 간격을 분할하여 전체적으로 균등하게 보이도록 맞추면 깔끔하고 보기에 좋습니다. 또한 열 너비보다 긴 텍스트는 [셀에 맞춤] 옵션을 설정하면 **글꼴 크기를 자동으로 줄여줍니다**.

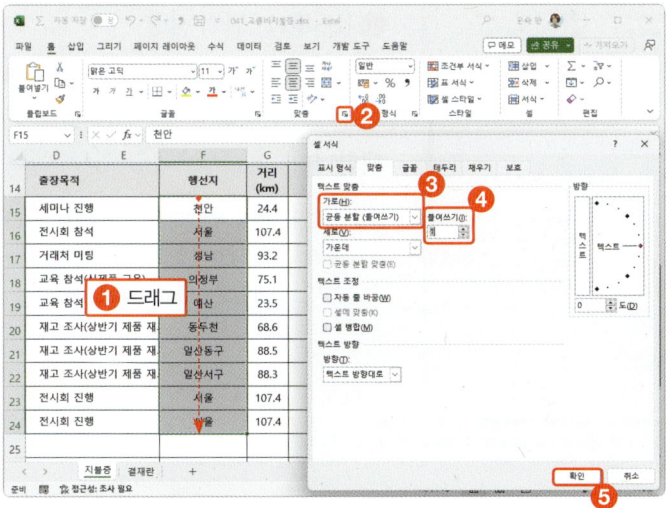

**01 텍스트 균등 분할하기**

❶ [F15:F24] 범위 지정
❷ [홈] 탭-[맞춤] 그룹의 [맞춤 설정] 클릭
❸ [셀 서식] 대화상자의 [가로]에서 [균등 분할 (들여쓰기)] 선택
❹ [들여쓰기] 값에 **1** 입력
❺ [확인]을 클릭합니다.

**Tip** [셀 서식] 대화상자를 불러오는 단축키는 Ctrl + 1 입니다.

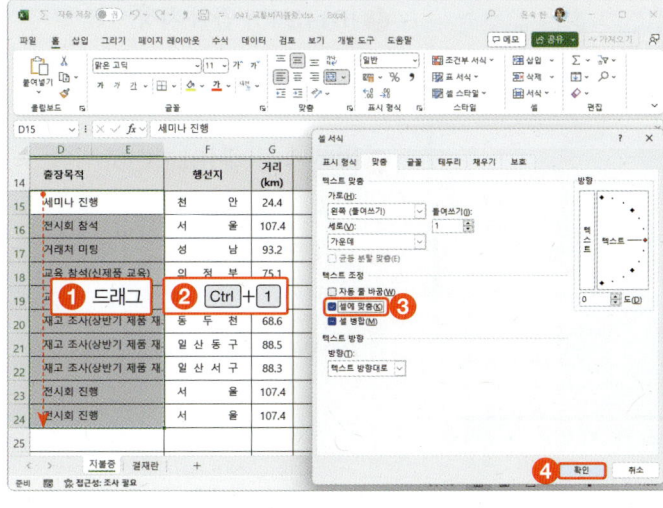

**02 열 너비에 맞춰 글꼴 크기 자동 축소하기**

❶ [D15:D24] 범위 지정
❷ Ctrl + 1
❸ [셀 서식] 대화상자의 [텍스트 조정]에서 [셀에 맞춤] 체크
❹ [확인]을 클릭합니다.

**Tip** 범위 중 열 너비보다 텍스트 길이가 긴 [D20:D22] 셀은 열 너비에 맞춰 자동으로 글꼴 크기가 작게 표시됩니다.

실무

# 042 채우기 색으로 특정 내역 강조하기

실습 파일 CHAPTER01\042_수익성분석.xlsx | 완성 파일 CHAPTER01\042_수익성분석_완성.xlsx

주요 내용이 수치 데이터인 엑셀 문서에서 **데이터 각 부분을 다른 색으로 채우면 원하는 부분을 강조**하고 **문서의 가시성**을 높일 수 있습니다.

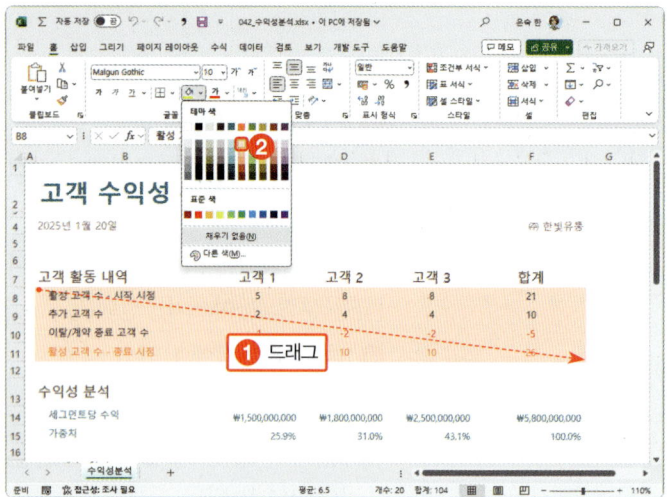

## 01 첫 번째 강조 항목 셀 색 채우기

❶ [B8:F11] 범위 지정

❷ [홈] 탭-[글꼴] 그룹-[채우기 색]-[주황, 강조 2, 80% 더 밝게]를 선택합니다.

Tip 채우기 색에 맞춰 강조하고 싶은 데이터의 글꼴 색도 지정하면 더 효과적입니다. 실습 파일에서는 미리 글꼴 색을 지정해두었습니다.

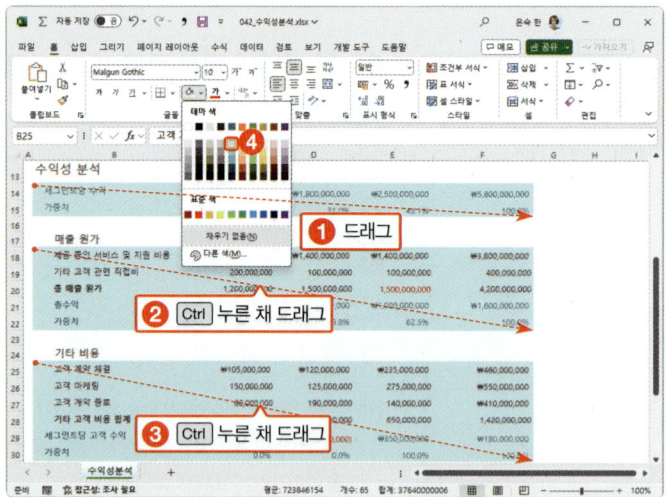

## 02 두 번째 강조 항목 셀 색 채우기

❶ [B14:F15] 범위 지정

❷ Ctrl 누른 채 [B18:F22] 범위 드래그

❸ Ctrl 누른 채 [B25:F30] 범위 드래그

❹ [홈] 탭-[글꼴] 그룹-[채우기 색]-[진한 청록, 강조 1, 80% 더 밝게]를 선택합니다.

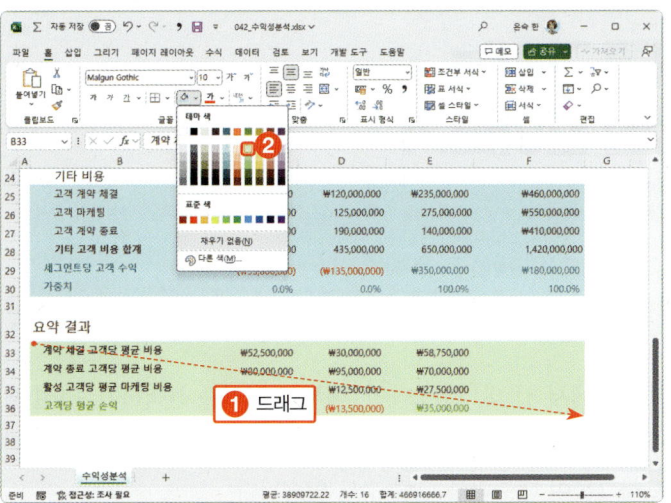

## 03 세 번째 강조 항목 셀 색 채우기

① [B33:F36] 범위 지정

② [홈] 탭-[글꼴] 그룹-[채우기 색]-[녹색, 강조 3, 80% 더 밝게]를 선택합니다.

**Tip** 테마 색에 있는 색상을 선택하면 나중에 다른 테마를 선택하여 한 번에 색상을 변경할 수 있습니다. 또한 각 범위의 색상을 선택할 때 색상은 달라도 같은 밝기로 선택해야 서식이 일관성 있게 보입니다.

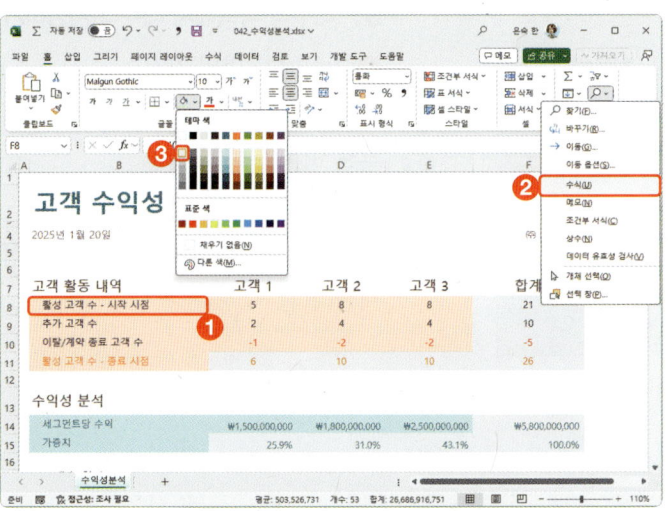

## 04 수식 셀만 셀 색 변경하기

① [B8] 셀 클릭하여 범위 해제

② [홈] 탭-[편집] 그룹-[찾기 및 선택]-[수식] 클릭

③ [홈] 탭-[글꼴] 그룹-[채우기 색]-[흰색, 배경 1, 5% 더 어둡게]를 선택합니다.

**Tip** 수식이 입력된 셀만 채우기 색이 지정됩니다.

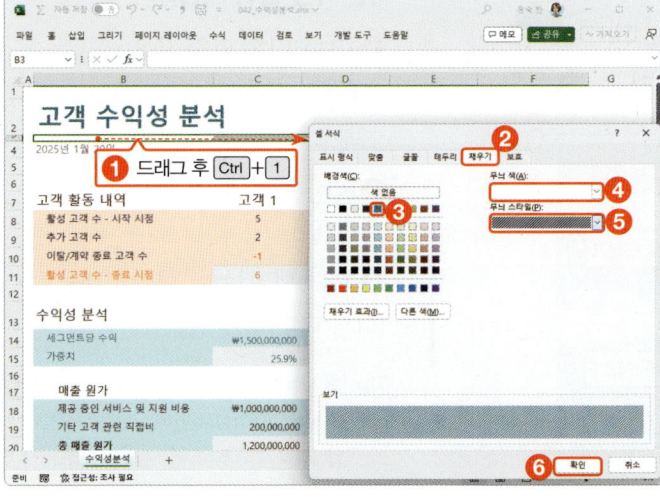

## 05 셀 무늬 채우기

① [B3:F3] 범위 지정 후 Ctrl + 1

② [셀 서식] 대화상자의 [채우기] 탭 클릭

③ [배경색]에서 [진한 청록, 강조 1] 선택

④ [무늬 색]에서 [흰색, 배경 1] 선택

⑤ [무늬 스타일]에서 [대각선 줄] 선택

⑥ [확인]을 클릭합니다.

**Tip** 3행 높이가 작아서 [B3:F3] 범위를 드래그하기 어렵다면, [이름 상자]에 **B3:F3**을 입력하고 Enter 를 누릅니다.

실무

# 043 셀 테두리를 그리는 다양한 방법 알아보기

실습 파일 CHAPTER01\043_수익성분석.xlsx | 완성 파일 CHAPTER01\043_수익성분석_완성.xlsx

셀 범위를 지정하고 리본 메뉴의 [테두리] 목록에서 선 색, 선 스타일, 테두리 위치를 선택하거나 [셀 서식] 대화상자에서 스타일, 색, 위치를 선택할 수 있습니다. 또는 리본 메뉴의 [테두리] 목록에서 테두리 그리기를 선택하고 직접 원하는 위치를 드래그하여 테두리를 그릴 수도 있습니다.

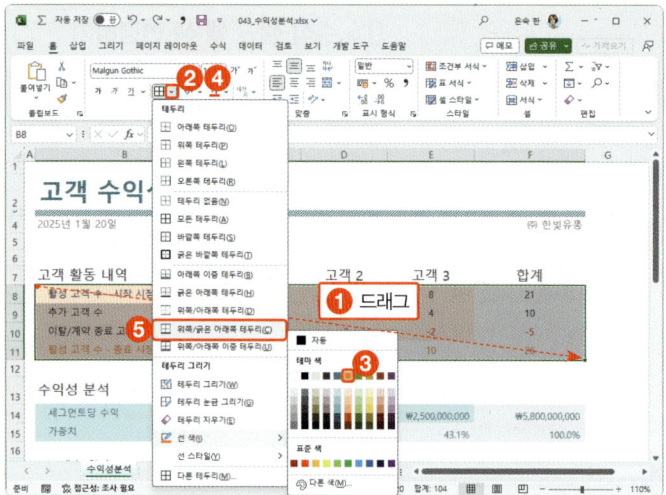

**01 테두리 목록에서 테두리 지정하기**

❶ [B8:F11] 범위 지정
❷ ❹ [홈] 탭-[글꼴] 그룹-[테두리] 목록 버튼 클릭
❸ [선 색]-[주황, 강조 2] 선택
❺ [위쪽/굵은 아래쪽 테두리]를 선택합니다.

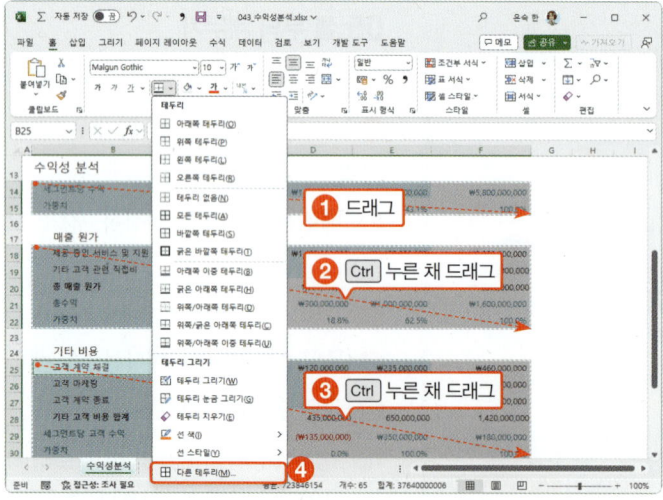

**02 다중 범위 지정하기**

❶ [B14:F15] 범위 지정
❷ Ctrl 누른 채 [B18:F22] 범위 드래그
❸ Ctrl 누른 채 [B25:F30] 범위 드래그
❹ [홈] 탭-[글꼴] 그룹-[테두리]-[다른 테두리]를 선택합니다.

Tip [셀 서식] 대화상자를 여는 단축키 Ctrl + 1 을 누르고 대화상자의 [테두리] 탭을 클릭해도 됩니다.

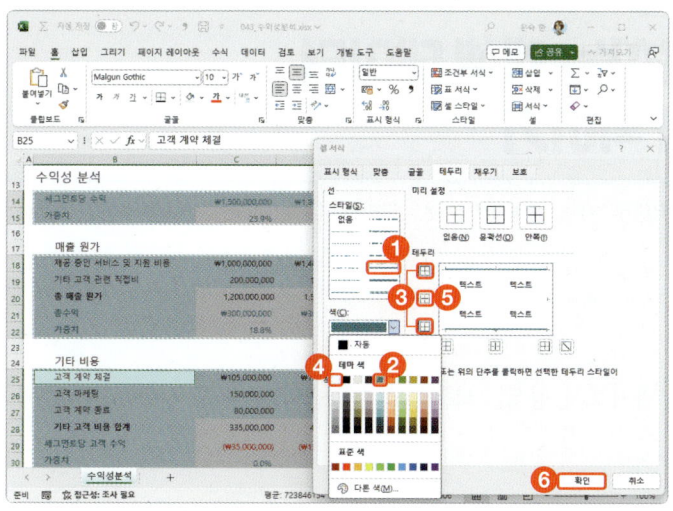

## 03 [셀 서식] 대화상자에서 테두리 지정하기

① [스타일]에서 [굵은 실선] 선택
② [색]에서 [진한 청록, 강조 1] 선택
③ [테두리] 위치는 [위쪽], [아래쪽] 선택
④ [색]에서 [흰색, 배경 1] 선택
⑤ [테두리] 위치는 [가로 안쪽] 선택
⑥ [확인]을 클릭합니다.

**Tip** [가로 안쪽]을 선택했을 때는 선 색이 흰색이므로 선택이 되었는지 미리 보기에서 보이지 않습니다.

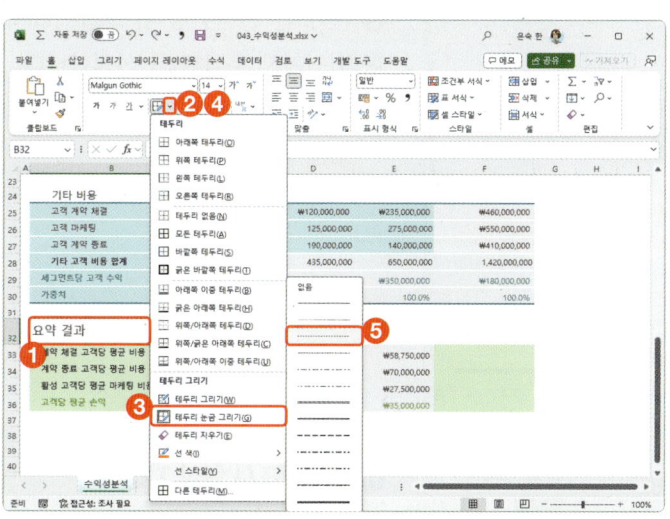

## 04 테두리 그리기 옵션 선택하기

① [B32] 셀 클릭하여 범위 해제
②④ [홈] 탭-[글꼴] 그룹-[테두리] 목록 버튼 클릭
③ [테두리 눈금 그리기] 선택
⑤ [선 스타일]-[점선]을 선택합니다.

**Tip** 선 색은 첫 단계에서 선택했던 주황색이 선택되어 있습니다. 다른 색을 선택하고 싶다면 선 색에서 다른 색을 선택합니다.

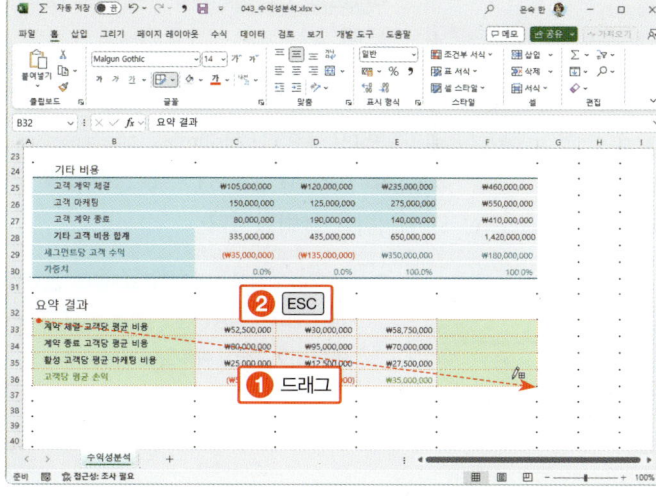

## 05 테두리 직접 그리기

① [B33:F36] 범위 지정
② ESC 를 눌러 테두리 그리기 상태를 해제합니다.

**Tip**
- [테두리 눈금 그리기]를 선택한 상태에서 드래그하면 범위의 모든 테두리 눈금이 그려집니다.
- [테두리] 목록에서 [테두리 그리기]를 선택했다면 범위의 바깥쪽 테두리만 그려집니다. [테두리 눈금 그리기]를 선택한 상태에서도 Ctrl 을 누른 채 드래그하면 바깥쪽 테두리만 그려집니다.

## 기초
## 044 자주 사용하는 엑셀 데이터 표시 형식 익히기

실습 파일 CHAPTER01\044_입출금내역서.xlsx | 완성 파일 CHAPTER01\044_입출금내역서_완성.xlsx

많이 사용하는 데이터 표시 형식은 [홈] 탭-[표시 형식] 그룹에 모여 있습니다. 자주 사용하는 데이터 표시 형식들을 지정해보겠습니다.

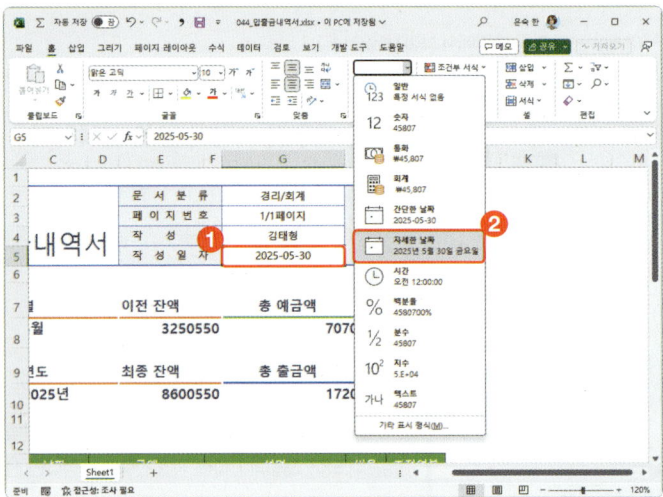

### 01 날짜에 요일 표시하기

❶ [G5] 셀 클릭

❷ [홈] 탭-[표시 형식] 그룹-[표시 형식]-[자세한 날짜]를 선택합니다.

Tip 연, 월, 일, 요일 형태로 날짜 표시 형식이 바뀝니다.

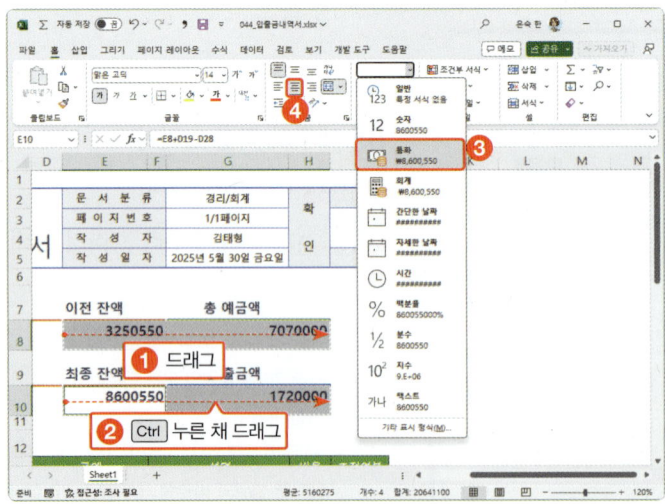

### 02 통화 표시 형식 지정하기

❶ [E8:H8] 범위 지정

❷ Ctrl 누른 채 [E10:H10] 범위 드래그

❸ [홈] 탭-[표시 형식] 그룹-[표시 형식]-[통화] 클릭

❹ [홈] 탭-[맞춤] 그룹-[가운데 맞춤]을 클릭합니다.

Tip 숫자 앞에 통화 기호(₩)가 표시되고 천 단위마다 쉼표가 적용됩니다. [통화] 표시 형식은 통화 기호가 숫자 바로 앞에 표시됩니다.

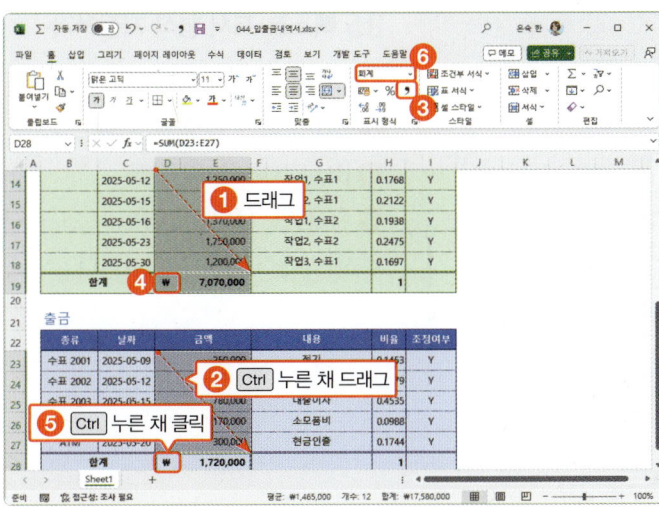

## 03 쉼표 스타일 및 회계 표시 형식 지정하기

① [D14:E18] 범위 지정
② Ctrl 누른 채 [D23:E27] 범위 드래그
③ [홈] 탭-[표시 형식] 그룹-[쉼표 스타일] 클릭
④ [D19] 셀 클릭
⑤ Ctrl 누른 채 [D28] 셀 클릭
⑥ [홈] 탭-[표시 형식] 그룹-[회계]를 클릭합니다.

**Tip** [회계]는 통화 기호가 셀의 왼쪽 끝에 표시되고 숫자는 오른쪽 끝에 표시됩니다. 쉼표 스타일도 회계 표시 형식에 속하며 회계 표시 형식은 가운데 맞춤이 지정되지 않습니다.

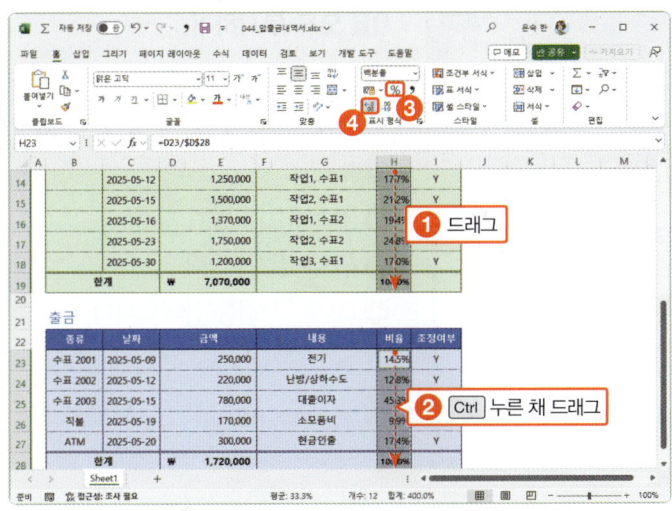

## 04 백분율, 자릿수 지정하기

① [H14:H19] 범위 지정
② Ctrl 누른 채 [H23:H28] 범위 드래그
③ [백분율 스타일] 클릭
④ [자릿수 늘림]을 클릭합니다.

**Tip** 값이 백분율로 표시되고 소수 첫째 자리까지 표시됩니다.

SECTION 05 보기 좋은 엑셀 문서 서식 꾸미기 **109**

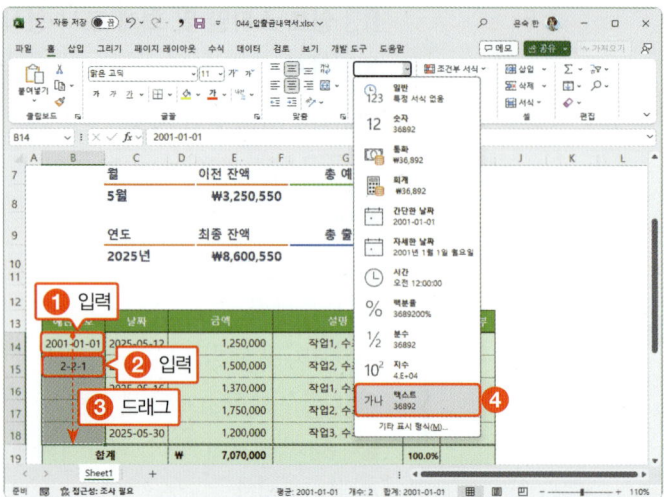

## 05 텍스트 표시 형식 지정하기

❶ [B14] 셀에 **1-1-1** 입력

❷ [B15] 셀에 **'2-2-1** 입력

❸ [B14:B18] 범위 지정

❹ [홈] 탭–[표시 형식] 그룹–[표시 형식]–[텍스트]를 클릭합니다.

**Tip** 입력한 형태가 연–월–일 날짜 형태이기 때문에 [B14] 셀에 날짜로 입력됩니다. 입력한 모양 그대로 텍스트로 입력하기 위해 [B15] 셀에는 아포스트로피(') 기호를 먼저 입력했습니다. 아포스트로피(') 기호 없이도 텍스트로 입력하려면 범위에 텍스트 표시 형식을 지정합니다.

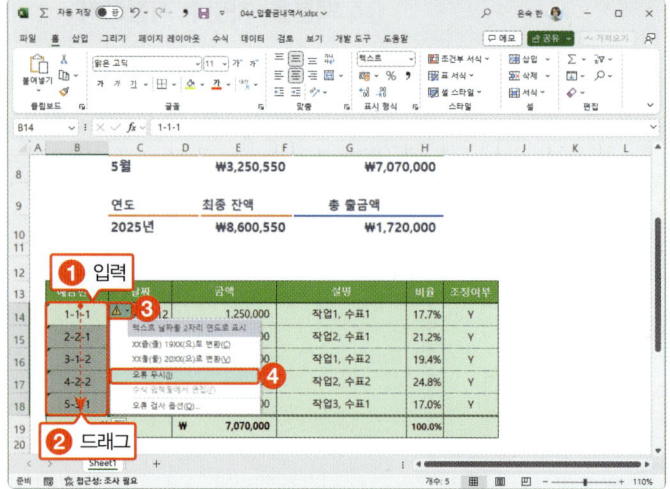

## 06 오류 무시하기

❶ [B14:B18] 범위의 각 셀에 **1-1-1, 2-2-1, 3-1-2, 4-2-2, 5-3-1** 입력

❷ [B14:B18] 범위 지정

❸ [오류 검사] 클릭

❹ [오류 무시]를 선택합니다.

**Tip** 텍스트 표시 형식을 지정한 범위에는 아포스트로피(') 기호 없이 입력해도 텍스트로 입력됩니다. 그러나 날짜 형식의 문자열이므로 셀에 오류 표시와 [오류 검사] 아이콘이 표시됩니다. 오류를 무시하도록 선택하면 오류 표시는 없어집니다.

상식

# 045 날짜/시간 요소를 선택적으로 표시하기

**실습 파일** CHAPTER01\045_거래명세표.xlsx | **완성 파일** CHAPTER01\045_거래명세표_완성.xlsx

날짜는 연, 월, 일을 하이픈(-) 기호나 슬래시(/) 기호를 사용하여 구분하고, 시간은 시, 분, 초를 콜론(:) 기호를 사용해 구분합니다. **구분 기호를 다르게 표시하고 싶거나 날짜/시간 요소를 선택적으로 표시하고 싶다면** [셀 서식] 대화상자에 **날짜/시간 서식 코드를 직접 조합하여 입력**합니다.

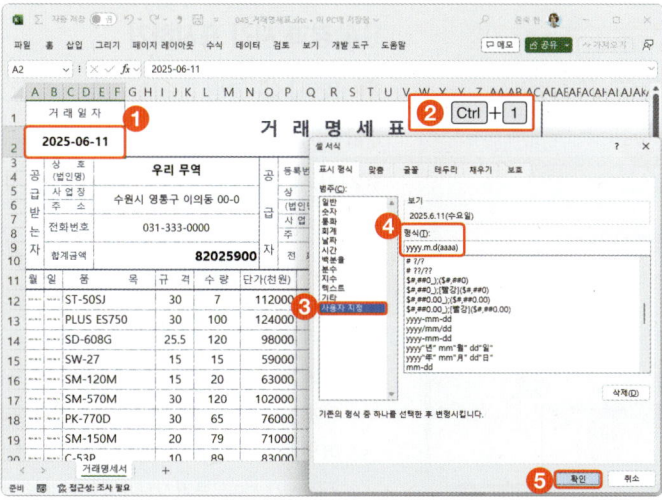

## 01 날짜 구분 기호 변경하고 요일 표시하기

❶ [A2] 셀 클릭

❷ Ctrl + 1

❸ [표시 형식] 탭의 [범주]-[사용자 지정] 선택

❹ [형식]을 **yyyy.m.d(aaaa)**로 수정

❺ [확인]을 클릭합니다.

**Tip** 날짜가 2025.6.11(수요일)로 표시됩니다.

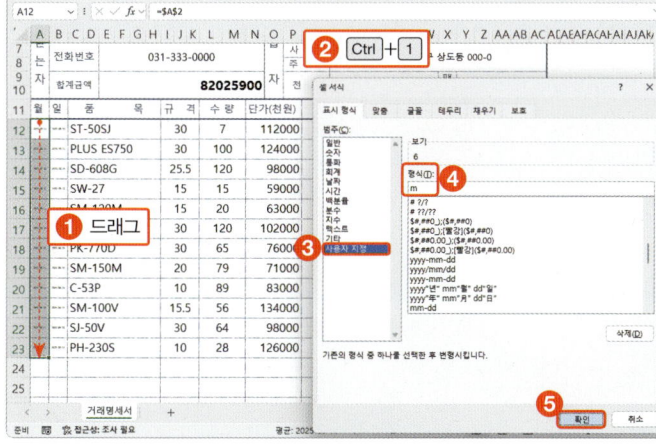

## 02 날짜의 월만 표시하기

❶ [A12:A23] 범위 지정

❷ Ctrl + 1

❸ [표시 형식] 탭의 [범주]-[사용자 지정] 선택

❹ [형식]을 **m**으로 수정

❺ [확인]을 클릭합니다.

**Tip** 거래 일자의 월만 표시됩니다.

**Tip** [A12:B23] 범위에는 [A2] 셀의 날짜가 수식으로 연결되어 있으며 기본 날짜 서식인 **yyyy-mm-dd** 형식과 [셀에 맞춤] 서식이 지정되어 있습니다.

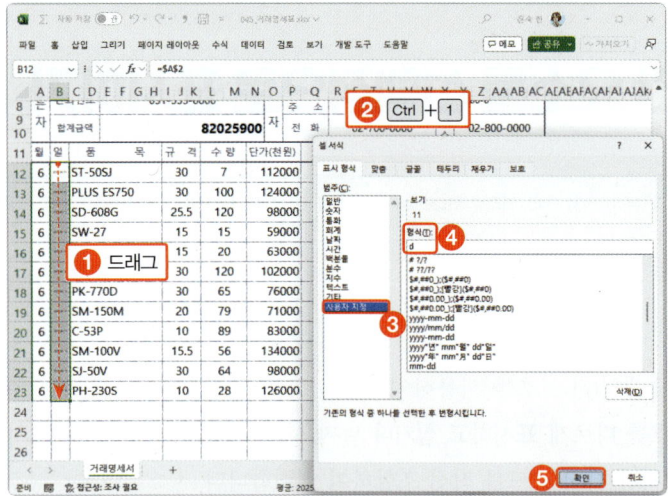

## 03 날짜의 일만 표시하기

❶ [B12:B23] 범위 지정

❷ Ctrl + 1

❸ [표시 형식] 탭의 [범주]-[사용자 지정] 선택

❹ [형식]을 d로 수정

❺ [확인]을 클릭합니다.

**Tip** 거래 일자의 일만 표시됩니다.

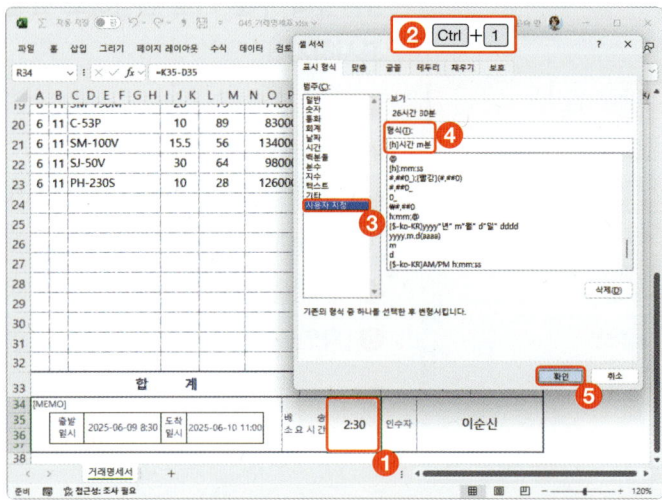

## 04 경과 시간 표시하기

❶ [R34] 셀 클릭

❷ Ctrl + 1

❸ [표시 형식] 탭의 [범주]-[사용자 지정] 선택

❹ [형식]에 **[h]시간 m분** 입력

❺ [확인]을 클릭합니다.

**Tip** 26시간 30분으로 표시됩니다. 배송 소요 시간에는 **도착일시-출발일시**의 수식이 작성되어 있습니다. 결과가 24시간이 넘는 값이지만 기본 시간 서식으로 표시되어 있었습니다.

> **Note** 날짜/시간 요소를 표시하는 서식 코드에는 어떤 것들이 있나요?
>
> 날짜와 시간 요소를 표시하는 서식 코드에 따른 표시 형식은 다음과 같습니다. 각 코드 사이에 구분 기호는 하이픈(-), 콜론(:) 외에도 사용자가 마음대로 지정할 수 있습니다.
>
> | 서식 코드 | | 2025-04-03에 대한 표시 형식 예 | 서식 코드 | | 09:05:03에 대한 표시 형식 예 |
> |---|---|---|---|---|---|
> | 연도 | yy | 25 | 시 | h | 9 |
> | | yyyy | 2025 | | hh | 09 |
> | 월 | m | 4 | | [h] | 24를 넘는 경과 시간을 표시 |
> | | mm | 04 | 분 | m | 5 |
> | | mmm | Apr | | mm | 05 |
> | | mmmm | April | | [m] | 60을 넘는 경과 분 표시 |
> | | mmmmm | A (영문 월 이름 첫 대문자만 표시) | 초 | s | 3 |
> | 일 | d | 3 | | ss | 03 |
> | | dd | 03 | | [s] | 60을 넘는 경과 초 표시 |
> | 요일 | ddd | Thu | 오전/오후 | AM/PM | AM |
> | | dddd | Thursday | | am/pm | am |
> | | aaa | 목 | | A/P | A |
> | | aaaa | 목요일 | | a/p | a |
>
> m은 월을 표시할 때도 사용되는 코드이므로 m 또는 mm 코드가 h 또는 hh 코드 바로 다음이나 ss 코드 바로 앞에 나타나야만 분으로 표시됩니다.

상식

# 046 데이터에 원하는 문자 일괄 표시하기

실습 파일 CHAPTER01\046_거래명세표.xlsx | 완성 파일 CHAPTER01\046_거래명세표_완성.xlsx

셀에 데이터를 직접 추가로 입력하지 않고도 [셀 서식] 대화상자를 통해 한 번에 문자를 표시할 수 있습니다. **서식 코드를 조합하여 일괄적으로 원하는 문자를 추가로 표시하는 방법**을 알아보겠습니다.

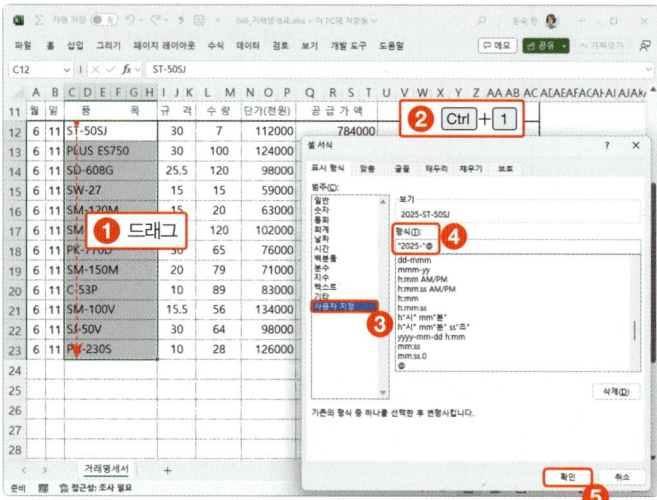

**01 문자 앞에 다른 문자 표시하기**

① [C12:C23] 범위 지정
② Ctrl + 1
③ [표시 형식] 탭의 [범주]-[사용자 지정] 선택
④ [형식]을 **"2025-"@**로 수정
⑤ [확인]을 클릭합니다.

Tip 서식 코드 @는 문자 서식 코드입니다. 품목명 앞에 일괄적으로 2025-가 표시됩니다.

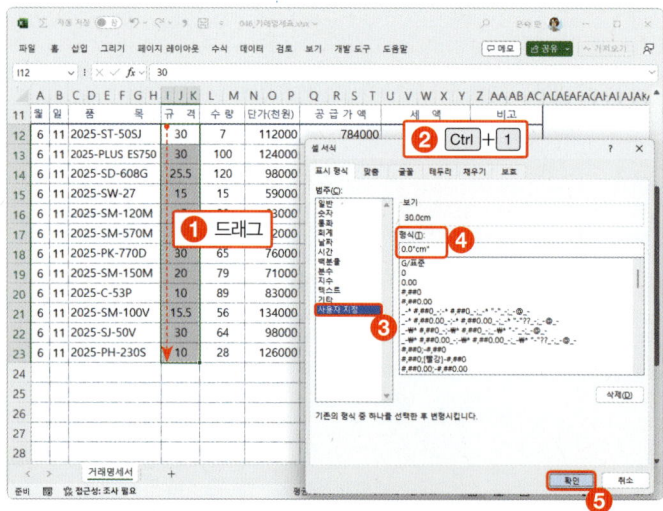

**02 숫자 뒤에 문자 표시하기**

① [I12:I23] 범위 지정
② Ctrl + 1
③ [표시 형식] 탭의 [범주]-[사용자 지정] 선택
④ [형식]을 **0.0"cm"**로 수정
⑤ [확인]을 클릭합니다.

Tip 서식 코드 0은 숫자 표시 코드입니다. 0으로 자릿수를 지정하면 값이 없는 자리에는 0을 표시합니다. 0.0으로 지정했으므로 소수 첫째 자리까지 표시하며 소수 첫째 자리에 값이 없으면 0을 표시합니다. 뒤에 cm 문자를 표시했으므로 숫자 뒤에 cm가 일괄적으로 표시됩니다.

상식

# 047 서식 코드로 숫자 자릿수 지정하기

실습 파일 CHAPTER01\047_거래명세표.xlsx | 완성 파일 CHAPTER01\047_거래명세표_완성.xlsx

숫자를 표시할 때는 서식 코드 0, #, ?, 콤마(,) 등을 사용해 자릿수를 지정할 수 있습니다. 경우에 따라 자릿수를 공백이나 0으로 채우기도 하고 천 단위를 생략하여 표시할 수도 있습니다.

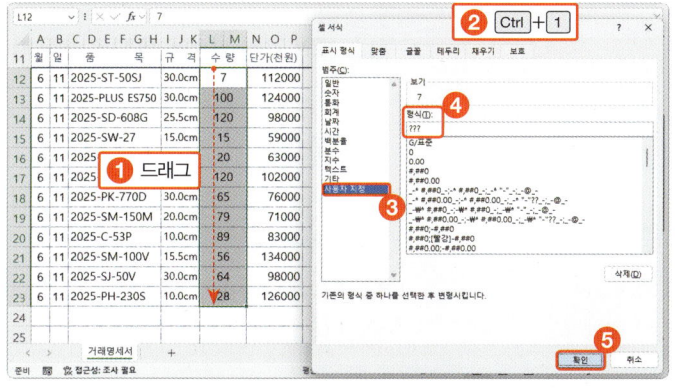

**01 숫자 자릿수 공백으로 맞추기**

① [L12:L23] 범위 지정
② Ctrl + 1
③ [표시 형식] 탭의 [범주]-[사용자 지정] 선택
④ [형식]을 ???로 수정
⑤ [확인]을 클릭합니다.

Tip 서식 코드 물음표(?)는 숫자 서식 코드이며 ?로 자릿수를 지정하면 값이 없는 자리는 공백을 표시합니다. 범위에 입력된 숫자 중 가장 긴 숫자가 세 자리이므로 서식 코드 ???를 지정하면 자릿수가 세 자리가 안 되는 숫자는 앞이 공백으로 채워지기 때문에 셀에서 가운데 맞춤된 상태에서는 숫자가 오른쪽 맞춤된 것으로 보입니다.

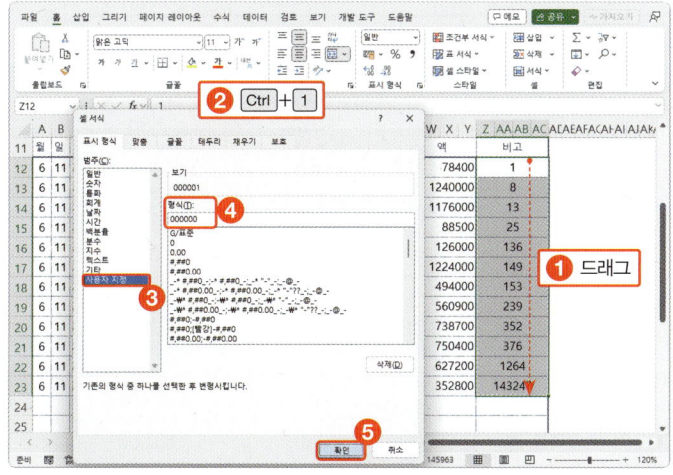

**02 숫자 앞자리 0으로 맞추기**

① [Z12:Z23] 범위 지정
② Ctrl + 1
③ [표시 형식] 탭의 [범주]-[사용자 지정] 선택
④ [형식]을 000000으로 수정
⑤ [확인]을 클릭합니다.

Tip 비고 범위는 서식 코드를 000000으로 지정해서 숫자를 여섯 자리로 맞추고 자릿수가 여섯 자리가 안 되는 숫자는 앞이 0으로 채워집니다.

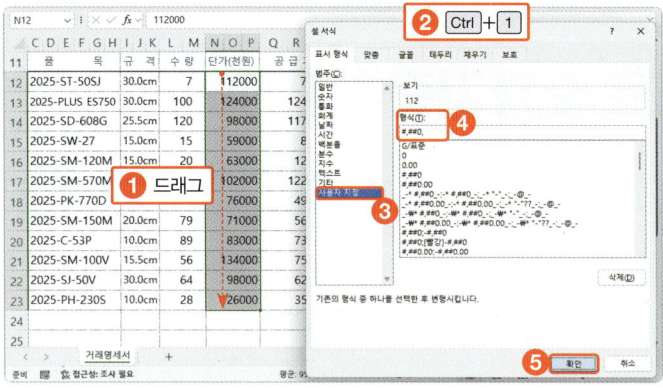

## 03 천 원 단위 생략하여 표시하기

1 [N12:N23] 범위 지정

2 Ctrl + 1

3 [표시 형식] 탭의 [범주]-[사용자 지정] 선택

4 [형식]을 #,##0,로 수정

5 [확인]을 클릭합니다.

**Tip** 천 원 단위가 생략되어 표시됩니다. 서식 코드 #은 값이 없는 자리에 0을 표시하지 않습니다. 서식 코드 쉼표(,)는 천 단위 구분 기호를 표시하며 서식 코드의 끝에 넣으면 천으로 수를 나누어 천 단위를 생략해서 표시합니다.

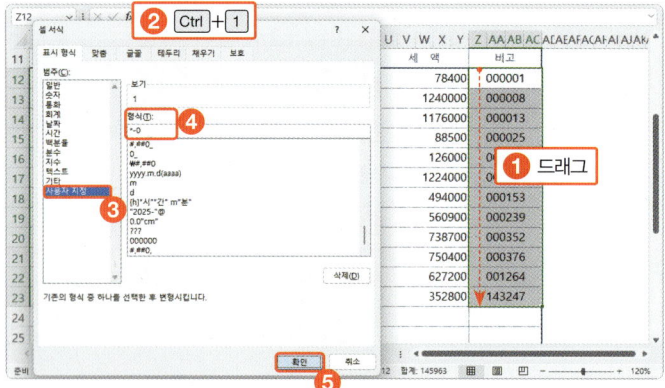

## 04 셀의 공백 부분을 문자로 채우기

1 [Z12:Z23] 범위 지정

2 Ctrl + 1

3 [표시 형식] 탭의 [범주]-[사용자 지정] 선택

4 [형식]을 *-0으로 수정

5 [확인]을 클릭합니다.

**Tip** 별표(*) 코드 뒤에 하이픈(-) 기호를 숫자 앞자리의 공백에 모두 채웁니다.

---

**Note** 각 숫자 서식 코드의 기능은 무엇인가요?

| 서식 코드 | 기능 | 사용 예 | | |
|---|---|---|---|---|
| | | 입력 | 서식 코드 | 표시 |
| 0(영) | 유효하지 않은 0자리 표시 | 7.5 | 0.00 | 7.50 |
| | | 1 | 000 | 001 |
| # | 유효하지 않은 0자리 표시 안 함 | 7.5 | #.## | 7.5 |
| | | 0.631 | 0.# | 0.6 |
| ? | 유효하지 않은 0자리에 공백 추가<br>주로 소수점이 포함된 숫자를 소수점 기준으로 가운데 정렬할 때 사용 | 4.333<br>102.51<br>2.8 | ???.??? | 4.333<br>102.51<br>2.8 |
| ,(쉼표) | 숫자에 천 단위 구분 기호 표시<br>서식 코드 끝에 넣으면 천으로 수를 나누어 천 단위를 생략해서 표시 | 16000000 | #,##0 | 16,000,000 |
| | | | #,##0, | 16,000 |
| | | | #,##0,, | 16 |
| *(별표) | 별표 뒤에 입력한 문자를 공백 부분에 채우기 | 9 | *-0 | ————9 |

## 상식
# 048 숫자를 한글로 표시하기

실습 파일 CHAPTER01\048_거래명세표.xlsx | 완성 파일 CHAPTER01\048_거래명세표_완성.xls

견적서, 세금계산서, 거래명세표와 같은 양식에서 **단위가 큰 합계 금액은** 읽기 편하게 **한글로 표시하기도 합니다.** 서식 코드를 사용자 지정하여 숫자를 한글로 표시할 수 있습니다.

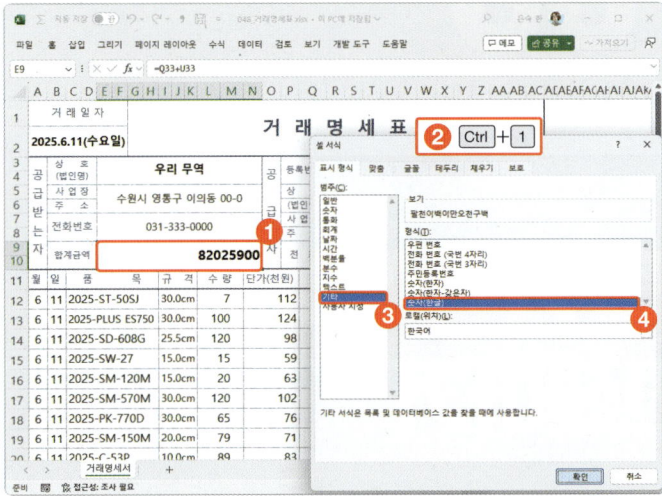

**01 숫자를 한글로 표시하기**

❶ [E9] 셀 클릭
❷ Ctrl + 1
❸ [표시 형식] 탭의 [범주]-[기타] 선택
❹ [형식]에서 [숫자(한글)]을 클릭합니다.

Tip [로컬(위치)]가 [한국어]로 되어 있는지 확인합니다.

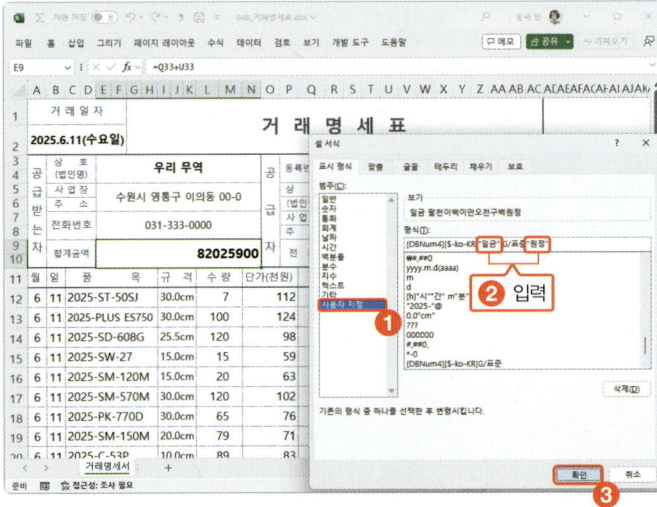

**02 숫자의 한글 표시 서식 수정하기**

❶ [표시 형식] 탭의 [범주]-[사용자 지정] 선택
❷ [형식]의 서식 코드에서 G/표준 앞에 **"일금"**, 끝에는 **"원정"** 입력
❸ [확인]을 클릭합니다.

Tip [형식] 입력란에 입력된 서식 코드 중 [DBNum4]는 숫자를 한글 형태로 표시하라는 코드이며 [$-ko-KR]은 기타 범주에서 선택한 로컬(위치) 코드(한국어 [$-ko-KR], 일본어 [$-ja-JP], 중국어(중국) [$-zh-CN]), G/표준은 숫자에 대한 일반 서식 코드입니다. G/표준 대신 0을 입력하면 값으로 표시하지 않고 넘버링하듯 표시합니다.

# SECTION 06

# 창 관리로 가독성 높여 인쇄하기

## 기초

# 049 화면에 원하는 범위 고정 및 분할하기

실습 파일 CHAPTER01\049_틀고정및창정렬.xlsx | 완성 파일 없음

목록이 긴 문서에서 **제목 행이나 열을 고정시키고 화면을 스크롤하면 데이터를 탐색하기에 편합니다.** 또한 화면을 분할하여 상하좌우 창을 개별적으로 스크롤하면서 데이터를 탐색할 수 있습니다.

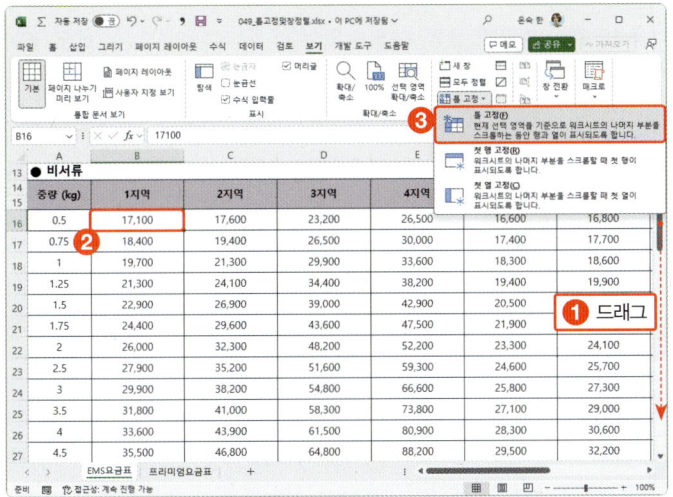

### 01 원하는 위치에서 틀 고정하기

① 13행이 화면의 첫 번째 줄이 되도록 수직 이동 바 아래로 스크롤
② [B16] 셀 클릭
③ [보기] 탭-[창] 그룹-[틀 고정]-[틀 고정]을 클릭합니다.

**Tip** 선택된 [B16] 셀의 위쪽과 왼쪽이 화면에 고정됩니다.

**Tip** [틀 고정]은 선택된 셀의 위쪽과 왼쪽이 모두 고정되지만 [첫 행 고정]이나 [첫 열 고정]은 선택된 셀과 관계없이 표시된 화면의 첫 번째 행만 고정되고, 표시된 화면의 첫 번째 열만 고정됩니다. 즉, 그림의 화면에서 [첫 행 고정]을 선택하면 13행만 고정되며, [첫 열 고정]을 선택하면 A열만 고정됩니다.

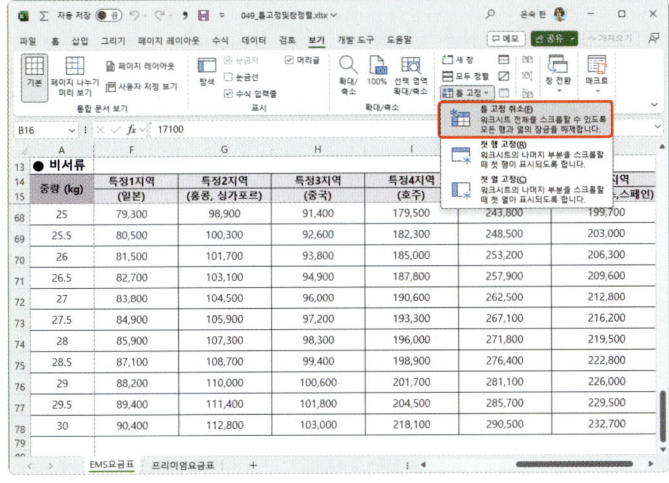

### 02 틀 고정 확인 및 취소하기

수직 이동 바를 위로 끝까지 스크롤해도 13행 위쪽의 화면이 표시되지 않습니다. 수직 이동 바를 아래로 스크롤하면 13~15행이 고정된 상태로 화면이 이동합니다. 수평 이동 바를 오른쪽으로 스크롤하면 A열이 고정된 상태로 화면이 이동합니다.
[보기] 탭-[창] 그룹-[틀 고정]-[틀 고정 취소]를 클릭합니다.

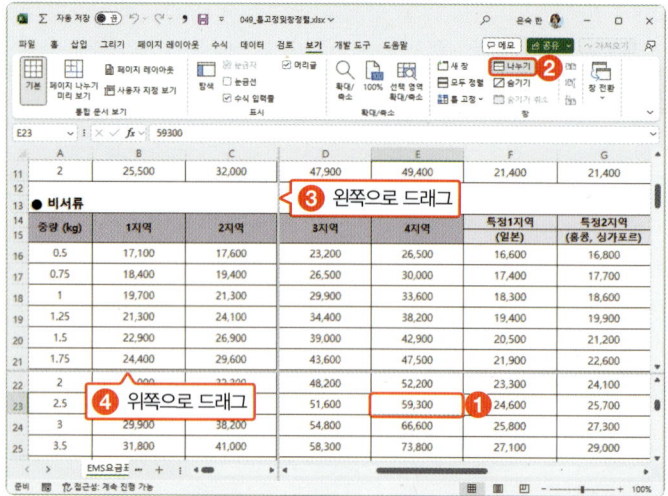

## 03 창 나누기

❶ [E23] 셀 클릭
❷ [보기] 탭-[창] 그룹-[나누기] 클릭
❸ 세로 분할선을 왼쪽으로 드래그하여 C열과 D열 사이로 옮기고
❹ 가로 분할선을 위쪽으로 드래그하여 21행과 22행 사이로 옮깁니다.

**Tip** 분할된 창의 화면을 각각 따로 드래그하여 긴 데이터 목록의 앞부분과 끝부분을 동시에 볼 수 있습니다. 틀 고정과 마찬가지로 선택한 셀을 기준으로 왼쪽과 위쪽이 분할됩니다. 틀 고정과 창 나누기는 동시에 적용되지 않습니다.

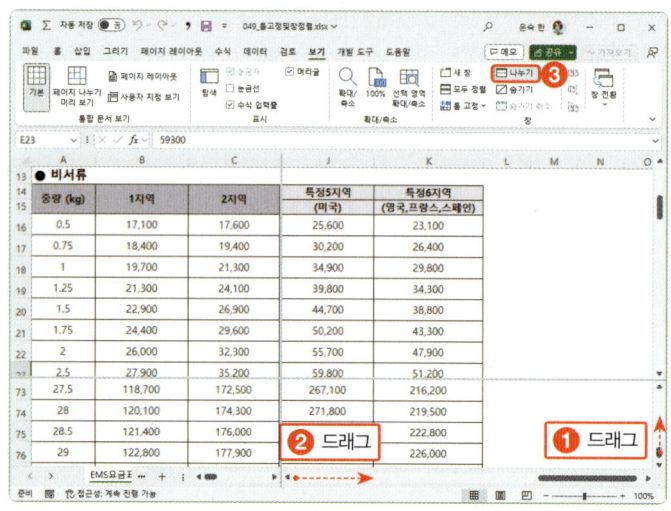

## 04 개별 창 스크롤 확인 및 나누기 해제하기

❶ 아래 창에는 73행부터 표시되도록 아래 창의 수직 이동 바를 스크롤
❷ 오른쪽 창에는 J열부터 표시되도록 오른쪽 창의 수평 이동 바를 스크롤
❸ [보기] 탭-[창] 그룹-[나누기]를 클릭하여 창 나누기를 해제합니다.

**Tip** 작업 창의 분할 선을 더블클릭해도 창 나누기가 해제됩니다.

기초

# 050 두 개의 시트를 한 화면에 표시하기

실습 파일 CHAPTER01\050_틀고정및창정렬.xlsx | 완성 파일 없음

같은 파일의 여러 시트를 동시에 보면서 데이터를 탐색해야 할 때가 있습니다. 이런 경우 **새 창을 열고 창을 세로나 가로로 정렬**하면 됩니다.

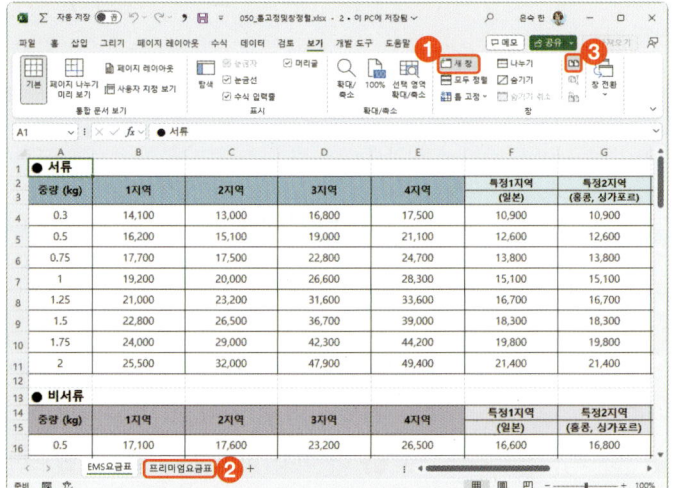

**01 새 창 열고 나란히 보기**

❶ [보기] 탭-[창] 그룹-[새 창] 클릭
❷ 새 창에서 [프리미엄요금표] 시트 클릭
❸ [보기] 탭-[창] 그룹-[나란히 보기]를 클릭합니다.

**Tip** 엑셀 창이 두 개만 열려 있으면 바로 두 개의 창이 나란히 표시됩니다. 엑셀 창이 세 개 이상 열려 있을 때는 나란히 비교할 문서를 선택하도록 대화상자가 표시됩니다.

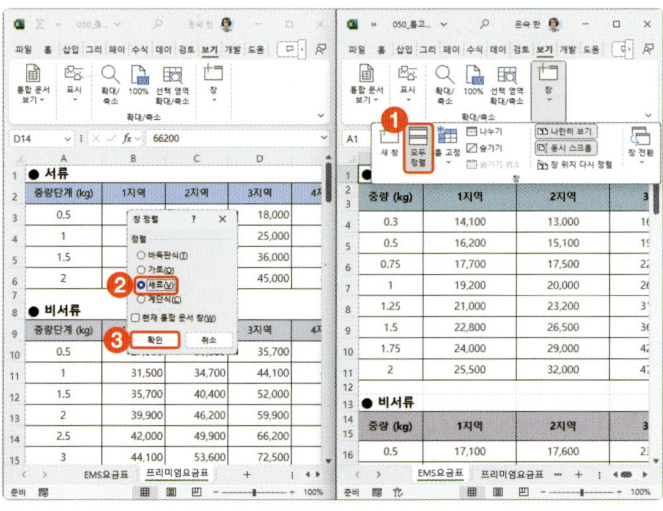

**02 창 정렬 방향 선택하기**

❶ [보기] 탭-[창] 그룹-[모두 정렬] 클릭
❷ [창 정렬] 대화상자에서 [세로] 선택
❸ [확인]을 클릭합니다.

**Tip** [나란히 보기]를 선택했을 때 처음 창 정렬 방향은 사용자 PC 환경에 따라 가로 방향으로 정렬되기도 하고 세로 방향으로 정렬되기도 합니다. 처음 표시된 방향에 따라 가로, 세로 방향을 바꿔봅니다. 바둑판식은 세 개 이상의 창을 열어놓았을 때 선택하면 좋습니다.

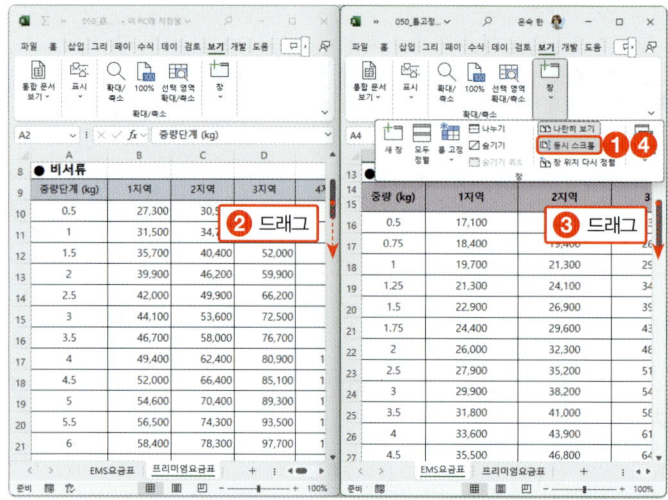

## 03 동시 스크롤 설정하기

❶ [보기] 탭-[창] 그룹-[동시 스크롤] 클릭하여 선택 해제
❷ 왼쪽 창의 수직 이동 바 스크롤하여 8행부터 표시
❸ 오른쪽 창의 수직 이동 바 스크롤하여 13행부터 표시
❹ 다시 [보기] 탭-[창] 그룹-[동시 스크롤]을 클릭합니다.

**Tip** [동시 스크롤]은 두 개의 창 중 한 군데서만 선택하면 됩니다.

**Tip** [나란히 보기]를 선택하면 자동으로 [동시 스크롤]이 함께 설정됩니다. 동시에 스크롤하고 싶은 화면이 있다면 [동시 스크롤]을 일단 해제한 후에 화면을 맞추고 다시 [동시 스크롤]을 설정합니다. 한쪽 창의 수직 이동 바를 스크롤하면 다른 쪽 창의 화면도 같이 이동됩니다.

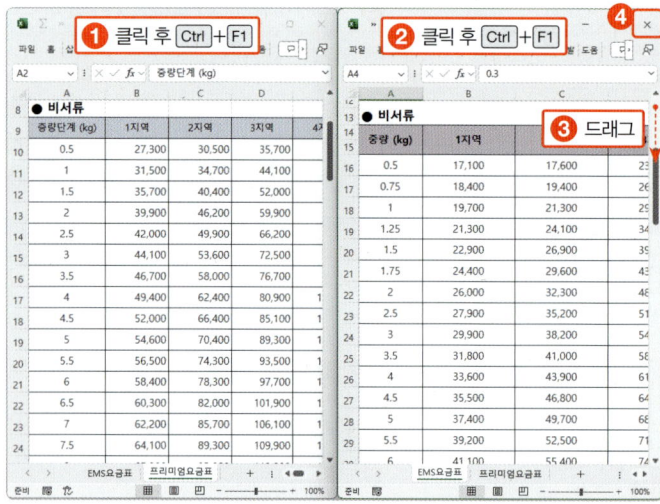

## 04 리본 메뉴 최소화 및 창 닫기

❶ 왼쪽 창 클릭 후 Ctrl+F1
❷ 오른쪽 창 클릭 후 Ctrl+F1
❸ 두 개의 창 중에서 한쪽 창의 수직 이동 바를 스크롤
❹ 더 이상 비교할 데이터가 없으면 오른쪽 창을 닫습니다.

**Tip** 워크시트를 더 넓게 보기 위해 각 창의 리본 메뉴를 최소화하고 두 개의 창의 데이터를 비교해본 후 두 번째 창은 닫았습니다.

상식

# 051 문서에 로고 및 워터마크 삽입하기

**실습 파일** CHAPTER01\051_근무평가서.xlsx | **완성 파일** CHAPTER01\051_근무평가서_완성.xlsx

페이지의 상단 부분에 **회사 로고를 삽입하거나 문서에 워터마크를 삽입**할 수 있습니다. 문서 보기를 [페이지 레이아웃] 상태로 선택한 후에 머리글 영역에 그림을 삽입합니다.

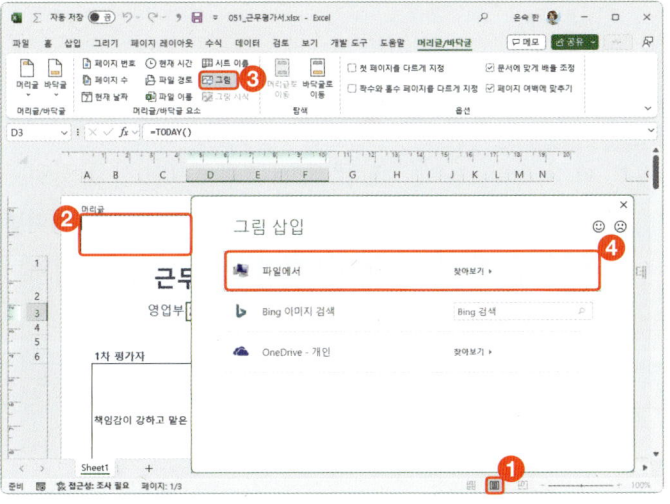

**01 머리글 영역 선택하기**

❶ 상태 표시줄의 [페이지 레이아웃] 클릭

❷ 머리글 왼쪽 영역 클릭

❸ [머리글/바닥글] 탭-[머리글/바닥글 요소] 그룹-[그림] 클릭

❹ [그림 삽입] 대화상자가 열리면 [파일에서]를 클릭합니다.

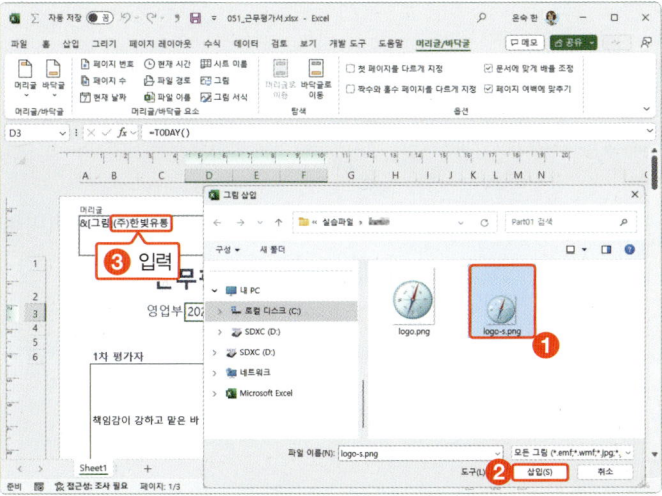

**02 그림 삽입 및 회사명 입력하기**

❶ [그림 삽입] 대화상자에서 [실습파일] 폴더의 **logo-s.png** 파일 선택

❷ [삽입] 클릭

❸ 머리글 영역에 삽입된 &[그림] 옆에 **㈜한빛유통**을 입력합니다.

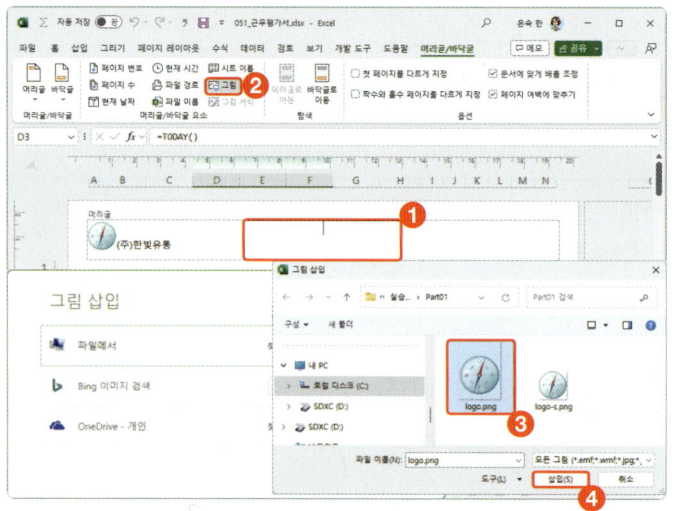

## 03 배경 그림 삽입하기

❶ 머리글 가운데 영역 클릭
❷ [머리글/바닥글] 탭–[머리글/바닥글 요소] 그룹–[그림] 클릭
❸ [그림 삽입] 대화상자 [실습파일] 폴더의 **logo.png** 파일 선택
❹ [삽입]을 클릭합니다.

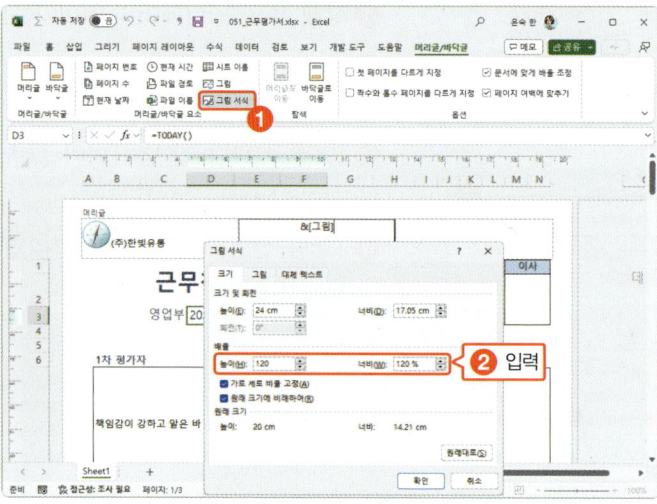

## 04 그림 크기 확대하기

❶ [머리글/바닥글] 탭–[머리글/바닥글 요소] 그룹–[그림 서식] 클릭
❷ [그림 서식] 대화상자가 열리면 [크기] 탭의 [배율]에서 [높이], [너비]에 **120%**를 입력합니다.

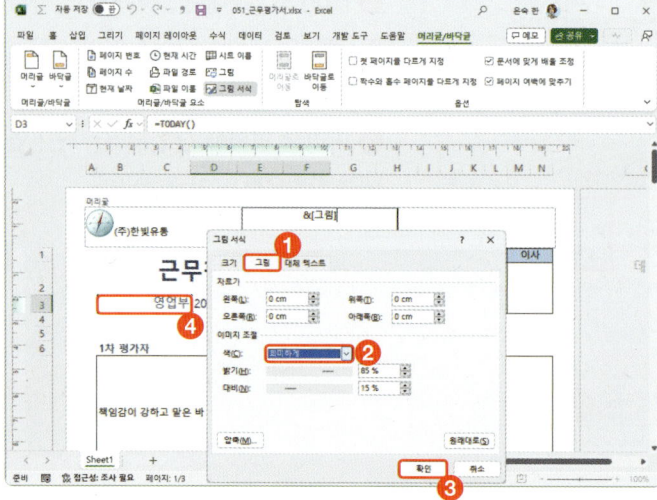

## 05 그림 색 희미하게 하기

❶ [그림 서식] 대화상자의 [그림] 탭 클릭
❷ [이미지 조절]의 [색]에서 [희미하게] 선택
❸ [확인] 클릭
❹ [B3] 셀을 클릭하여 머리글 편집을 마칩니다.

## 052 문서에 페이지 번호 삽입하기

**실습 파일** CHAPTER01\052_근무평가서.xlsx | **완성 파일** CHAPTER01\052_근무평가서_완성.xlsx

페이지마다 **페이지 번호(쪽수)**를 머리글이나 바닥글 영역에 삽입할 수 있습니다. 페이지 번호와 전체 페이지 수를 바닥글에 삽입해보겠습니다.

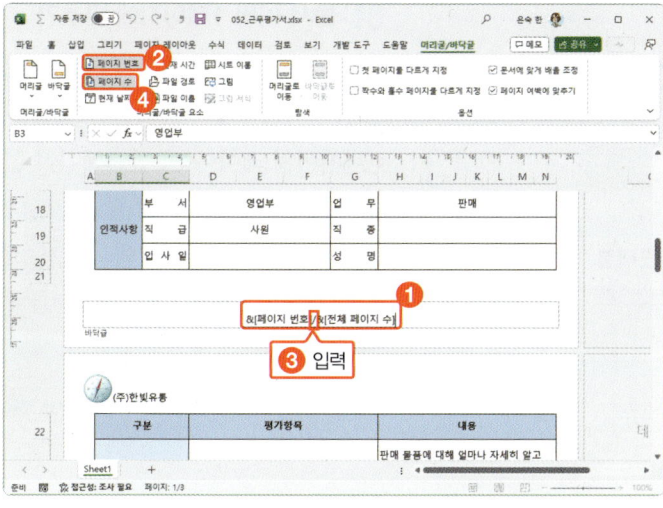

**01 페이지 번호와 페이지 수 삽입하기**

① 첫 페이지의 바닥글 가운데 영역 클릭
② [머리글/바닥글] 탭-[머리글/바닥글 요소] 그룹-[페이지 번호] 클릭
③ / 입력
④ [머리글/바닥글] 탭-[머리글/바닥글 요소] 그룹-[페이지 수]를 클릭합니다.

**Tip** 두 번째나 세 번째 페이지의 바닥글 영역에 입력해도 상관없습니다.

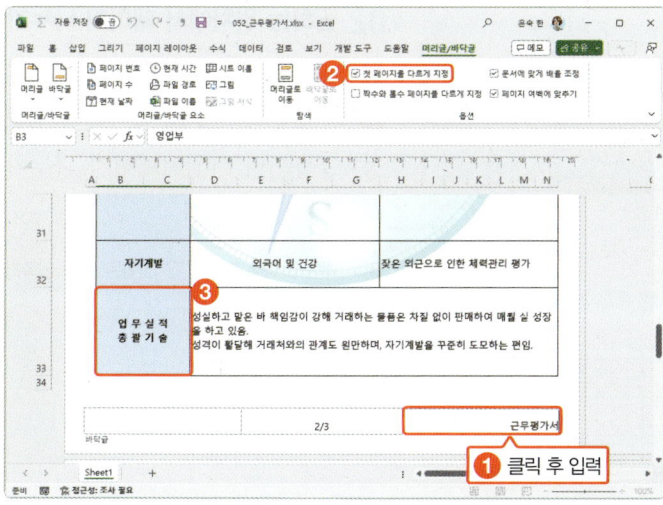

**02 첫 페이지를 다르게 지정하기**

① 두 번째 페이지의 바닥글 오른쪽 영역 클릭 후 **근무평가서** 입력
② [머리글/바닥글] 탭-[옵션] 그룹-[첫 페이지를 다르게 지정] 체크
③ [B33] 셀을 클릭하여 바닥글 편집을 해제합니다.

**Tip** 첫 번째 페이지에는 머리글과 바닥글에 설정한 로고, 배경 그림, 페이지 번호, 제목 등이 표시되지 않고 두 번째 페이지부터 표시됩니다.

기초

# 053 페이지 너비에 맞춰 인쇄하기

실습 파일 CHAPTER01\053_근태보고서.xlsx | 완성 파일 CHAPTER01\053_근태보고서_완성.xlsx

문서가 한 페이지에 보기 좋게 인쇄되는지 미리 확인하려면 페이지 레이아웃이나 인쇄 미리 보기 화면을 보면 됩니다. 용지 여백과 문서 너비, 높이를 맞추면 자동으로 인쇄 배율이 축소됩니다.

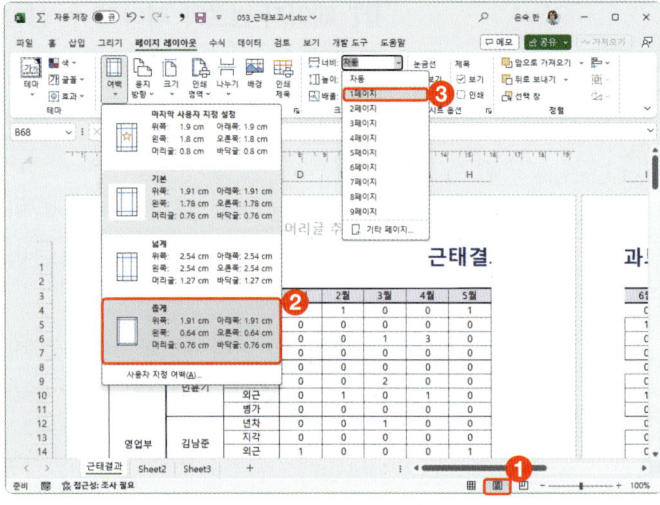

**01 문서 너비 1페이지에 맞추기**

❶ 상태 표시줄의 [페이지 레이아웃] 클릭
❷ [페이지 레이아웃] 탭-[페이지 설정] 그룹-[여백]-[좁게] 클릭
❸ [페이지 레이아웃] 탭-[크기 조정] 그룹-[너비]-[1페이지]를 클릭합니다.

**Tip** 문서 너비가 1페이지로 맞춰지면서 인쇄 배율이 축소됩니다.

**Tip** 여백과 인쇄 배율은 [파일] 탭-[인쇄]를 클릭 또는 Ctrl + P 를 눌러 확인합니다.

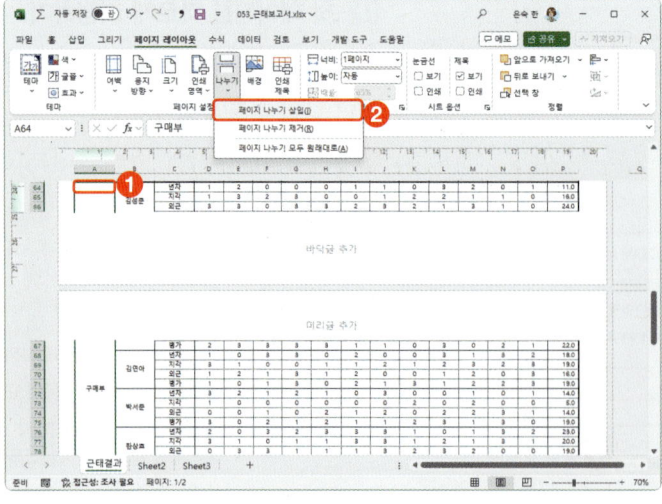

**02 원하는 위치에서 페이지 나누기**

❶ [A64] 셀 클릭
❷ [페이지 레이아웃] 탭-[페이지 설정] 그룹-[나누기]-[페이지 나누기 삽입]을 선택합니다.

**Tip** [페이지 나누기 삽입]은 선택된 셀의 왼쪽과 위쪽으로 페이지가 나눠집니다.

기초

# 054 제목 행 반복 인쇄하기

**실습 파일** CHAPTER01\054_근태보고서.xlsx | **완성 파일** CHAPTER01\054_근태보고서_완성.xlsx

엑셀 문서는 긴 데이터 목록이 하나로 이어져 있는 문서가 대부분입니다. 인쇄하면 두 번째 페이지부터는 제목 행이 인쇄되지 않습니다. **페이지마다 제목 행이 인쇄되도록 설정해보겠습니다.**

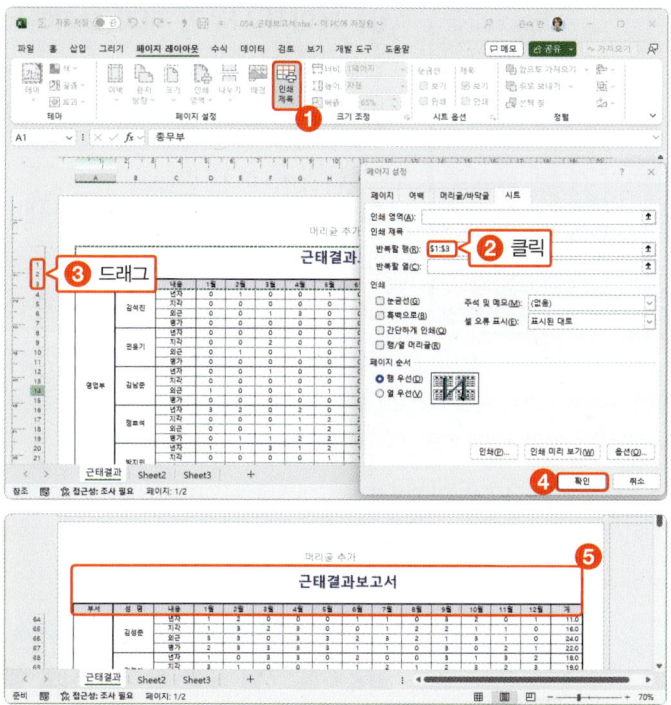

### 인쇄 제목 행 설정하기

❶ [페이지 레이아웃] 탭-[페이지 설정] 그룹-[인쇄 제목] 클릭
❷ [페이지 설정] 대화상자에서 [반복할 행] 입력란 클릭
❸ [1:3] 행 머리글 드래그
❹ [확인] 클릭
❺ 두 번째 페이지에도 1~3행이 표시되는 것을 확인할 수 있습니다.

**Tip** 3행만 반복 인쇄하려면 3행 머리글을 클릭합니다.

SECTION 06 창 관리로 가독성 높여 인쇄하기 **127**

기초

# 055 페이지 나누기 미리 보기에서 인쇄 영역 설정하기

실습 파일 CHAPTER01\055_인쇄영역.xlsx | 완성 파일 CHAPTER01\055_인쇄영역_완성.xlsx

페이지 나누기 미리 보기 상태에서 **페이지 구분선을 직접 드래그하여 인쇄할 영역들을 사용자 지정**하면 자동으로 인쇄 배율이 지정됩니다.

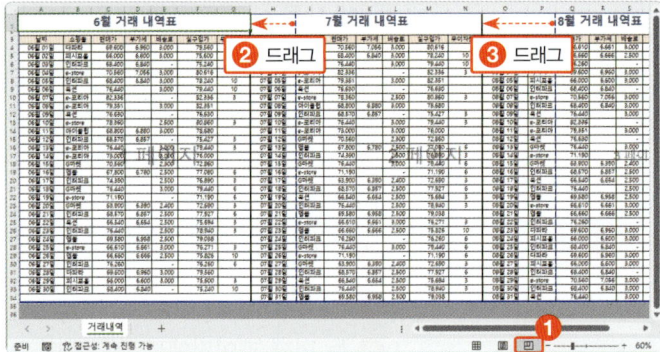

**01 페이지 나누기 미리 보기에서 인쇄 페이지 설정하기**

① 상태 표시줄의 [페이지 나누기 미리 보기] 클릭

② H열과 I열 사이의 파란색 점선을 G열과 H열 사이로 드래그

③ 두 번째 파란색 점선을 N열과 O열 사이로 드래그합니다.

**Tip** [페이지 나누기 미리 보기]에서는 인쇄할 영역만 하얗게 표시되고 나머지 부분은 회색으로 표시됩니다. 페이지 구분선은 파란색 점선으로 표시되는데, 이 점선을 드래그하여 페이지 나눌 위치를 조정하면 그에 따라 인쇄 배율이 자동으로 조정됩니다.

**Tip** 파란색 페이지 구분선들이 다른 위치에 표시된다면 용지 방향이나 용지 크기가 다르게 설정되어 있을 수 있습니다. [페이지 레이아웃] 탭-[페이지 설정] 그룹의 [용지 방향]을 [세로], [크기]를 [A4]로 선택하세요.

**Tip** 파란색 점선은 자동으로 나누어진 페이지 구분선이며, 파란색 실선은 사용자가 지정한 페이지 구분선입니다.

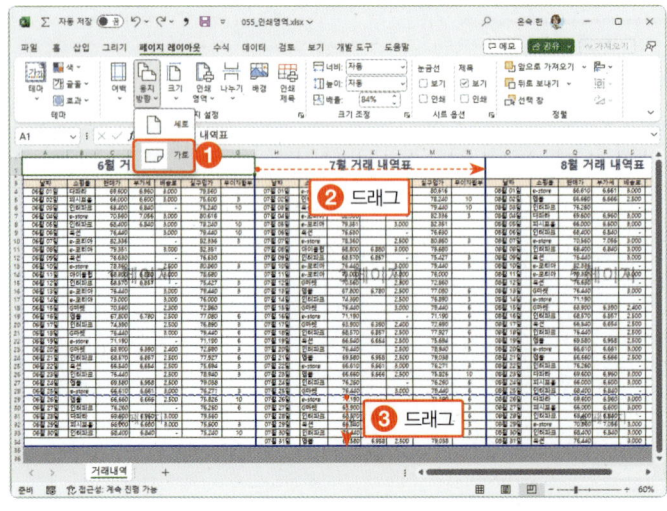

**02 6월, 7월 표를 한 페이지로 설정하기**

① [페이지 레이아웃] 탭-[페이지 설정] 그룹-[용지 방향]-[가로] 클릭

② G열과 H열 사이의 파란색 실선을 N열과 O열 사이로 드래그

③ 아래쪽의 파란색 점선을 34행과 35행 사이로 드래그합니다.

**Tip** [페이지 레이아웃] 탭-[크기 조정] 그룹-[배율]이 자동으로 축소됩니다.

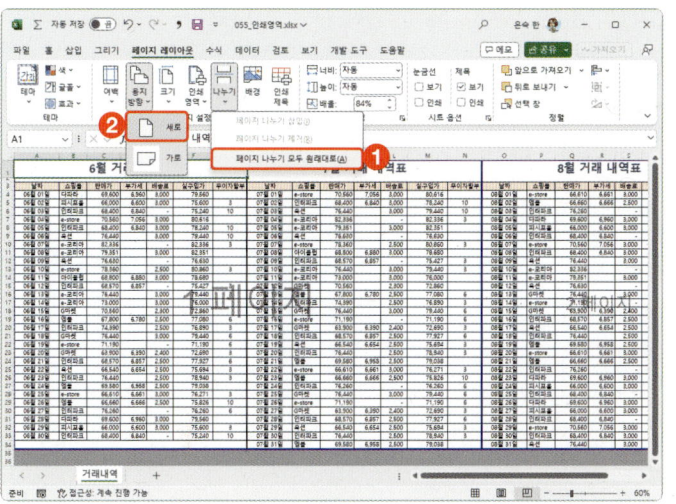

## 03 페이지 나누기 모두 원래대로

① [페이지 레이아웃] 탭–[페이지 설정] 그룹–[나누기]–[페이지 나누기 모두 원래대로] 클릭

② [페이지 레이아웃] 탭–[페이지 설정] 그룹–[용지 방향]–[세로]를 클릭합니다.

**Tip** [페이지 나누기 모두 원래대로]를 선택하면 인쇄 배율도 100%로 다시 변경됩니다.

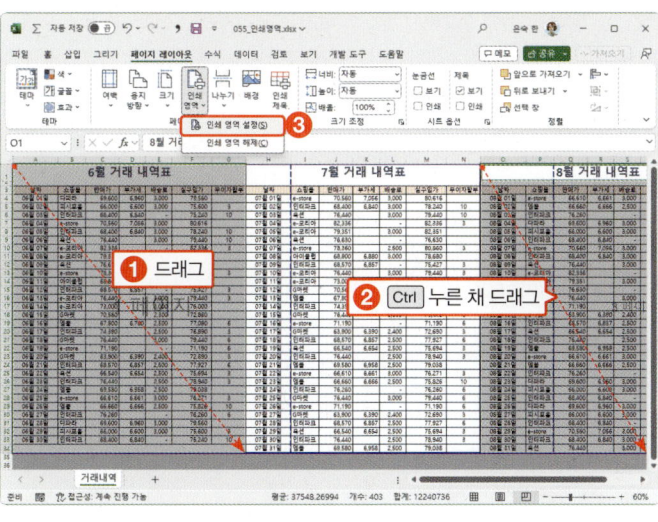

## 04 인쇄 영역 설정하기

① [A1:G34] 범위 지정

② Ctrl 누른 채 [O1:U34] 범위 드래그

③ [페이지 레이아웃] 탭–[페이지 설정] 그룹–[인쇄 영역]–[인쇄 영역 설정]을 클릭합니다.

**Tip** 셀을 클릭하여 범위를 해제하면 인쇄 영역을 설정한 부분만 하얗게 표시되고 다른 부분은 회색으로 표시됩니다.

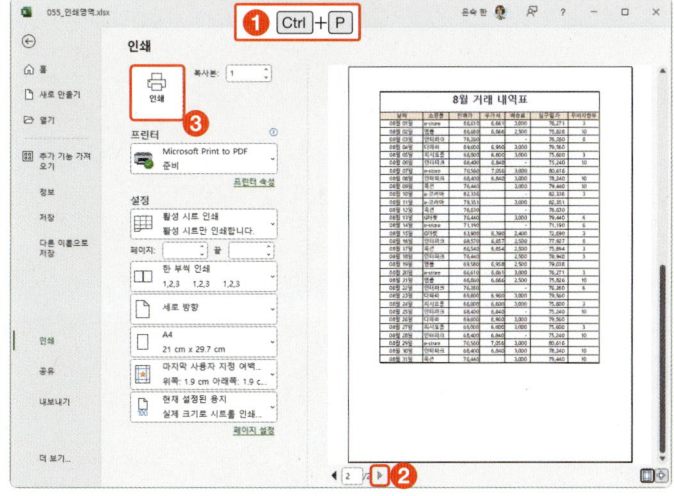

## 05 인쇄 미리 보기

① Ctrl + P 눌러 인쇄 미리 보기 실행

② 페이지 보기의 오른쪽 화살표 클릭 후 설정된 인쇄 범위 확인

③ [인쇄]를 클릭하면 인쇄됩니다.

**Tip** ESC 를 누르면 편집 화면으로 돌아갑니다.

# CHAPTER 02

## 엑셀 함수를 활용한 실무 문서 완성하기

회사에서 바로 통하는 실무 엑셀

엑셀에서 함수를 이용하면 복잡한 계산이나 반복 작업을 쉽게 해결할 수 있습니다. 회사의 업무에 따라 사용할 수 있는 함수의 종류는 매우 다양하며 사용 범위도 넓습니다. 함수의 개념을 간단히 살펴보고, 실무에서 가장 많이 사용하는 함수들을 알아보겠습니다.

**SECTION 01**

# 꼭 알아야 할 엑셀 함수

## 기초

# 056 조건에 따라 다른 결과 입력하기
## – IF

실습 파일 CHAPTER02\056_판매현황표.xlsx | 완성 파일 CHAPTER02\056_판매현황표_완성.xlsx

IF는 조건이 참일 때 TRUE, 거짓일 때 FALSE 논리 값을 반환하는 함수입니다. 실습 파일에서 IF 함수를 사용하여 온라인, 매장의 두 가지 판매유형에 따라 매출 값이 분리 입력되도록 해보겠습니다.

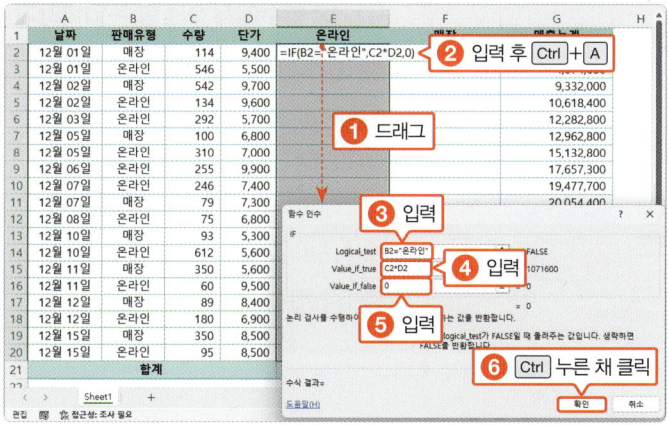

**01 온라인 매출 입력하기**

❶ [E2:E20] 범위 지정

❷ =IF 입력 후 Ctrl + A

❸ [Logical_test]에 **B2="온라인"** 입력

❹ [Value_if_true]에 **C2*D2** 입력

❺ [Value_if_false]에 **0** 입력

❻ Ctrl 을 누른 채 [확인]을 클릭합니다.

**Tip**
- 판매유형 중에서 온라인 셀에만 매출 값이 입력됩니다.
- 지정 범위에 한꺼번에 입력하기 위해 Ctrl 을 누른 채 [확인]을 클릭했습니다. Ctrl + Enter 를 눌러도 됩니다.

**인수 설명**
- Logical_test : 판매유형(B2)이 "온라인"인지 판단합니다.
- Value_if_true : 조건이 참이면 C2*D2(수량*단가) 결괏값을 입력합니다.
- Value_if_false : 조건이 거짓이면 0을 입력합니다.

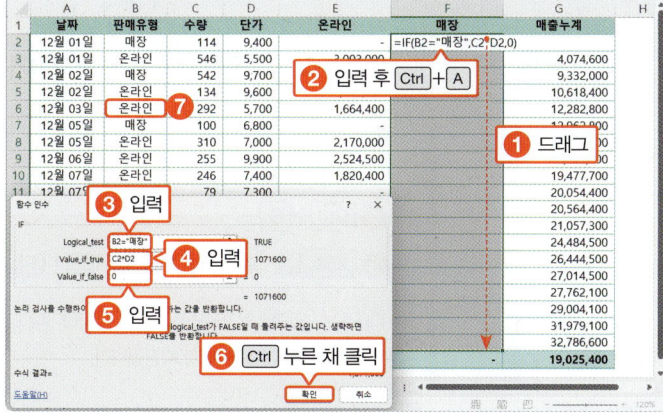

**02 매장 매출 입력하기**

❶ [F2:F20] 범위 지정

❷ =IF 입력 후 Ctrl + A

❸ [Logical_test]에 **B2="매장"** 입력

❹ [Value_if_true]에 **C2*D2** 입력

❺ [Value_if_false]에 **0** 입력

❻ Ctrl 누른 채 [확인] 클릭

❼ [B6] 셀을 **매장**으로 수정합니다.

**Tip** 판매유형 중에서 매장 셀에만 매출 값이 입력됩니다. 판매유형을 바꾸면 온라인과 매장의 값이 반대로 입력됩니다.

**인수 설명**
- Logical_test : 판매유형(B2)이 "매장"인지 판단합니다.
- Value_if_true : 조건이 참이면 C2*D2(수량*단가) 결괏값을 입력합니다.
- Value_if_false : 조건이 거짓이면 0을 입력합니다.

**실무**

# 057 여러 조건에 따라 다른 결과 입력하기
## – IF, OR

실습 파일 CHAPTER02\057_판매현황표.xlsx | 완성 파일 CHAPTER02\057_판매현황표_완성.xlsx

OR는 여러 조건 중 하나만 맞으면 TRUE 논리 값을 반환하는 함수입니다. IF 함수 안에 OR 함수를 중첩하여 작성하겠습니다.

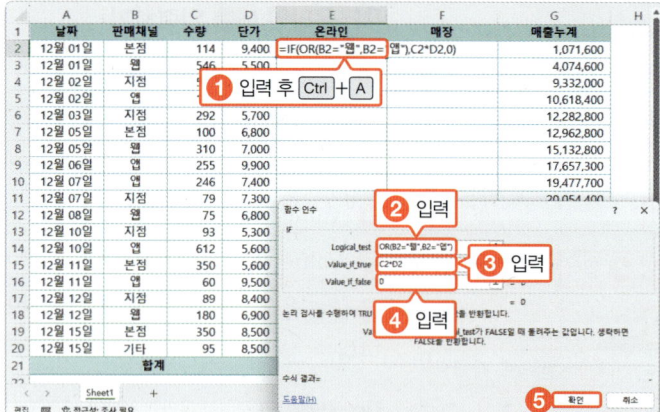

**01 IF 함수에서 OR 함수 입력하기**

❶ [E2] 셀에 =IF 입력 후 Ctrl + A
❷ [Logical_test]에
OR(B2="웹",B2="앱") 입력
❸ [Value_if_true]에 C2*D2 입력
❹ [Value_if_false]에 0 입력
❺ [확인]을 클릭합니다.

**Tip** OR 함수에 입력할 조건식이 많은 경우 수식 입력줄에서 OR를 클릭하면 함수 인수 대화상자가 OR 함수 인수 대화상자로 전환되어 조건식을 하나씩 입력하기에 편합니다. 다시 IF 함수 인수 대화상자로 전환하려면 수식 입력줄에서 IF를 클릭합니다.

**인수 설명**
- Logical_test : 판매채널(B2)이 "웹"이거나 "앱"인지 판단합니다.
- Value_if_true : 조건이 참이면 C2*D2(수량*단가) 결괏값을 입력합니다.
- Value_if_false : 조건이 거짓이면 0을 입력합니다.

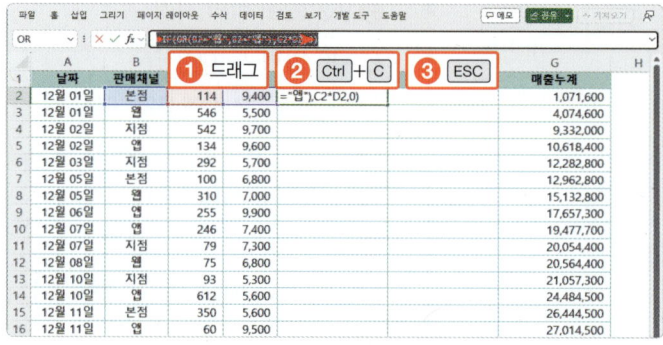

**02 수식 입력줄에서 함수식 복사하기**

❶ 수식 입력줄에서 함수식 드래그하여 범위 지정
❷ Ctrl + C
❸ ESC 를 눌러 범위를 해제합니다.

**Tip** 수식 입력줄의 함수식을 세 번 클릭하거나 드래그하면 수식 범위가 지정됩니다.

**Tip** 작업 성격에 따라 함수 안에 함수를 중첩하여 사용할 수 있습니다. B라는 함수가 A라는 함수의 인수로 사용되면 함수 B는 2수준 함수가 됩니다. 함수 중첩은 64수준까지 지정 가능합니다. IF 함수의 인수로 중첩하여 사용된 OR 함수는 2수준 함수입니다. 만약 OR 함수 안에 또 다른 함수를 사용했다면 그 함수는 3수준 함수가 됩니다.

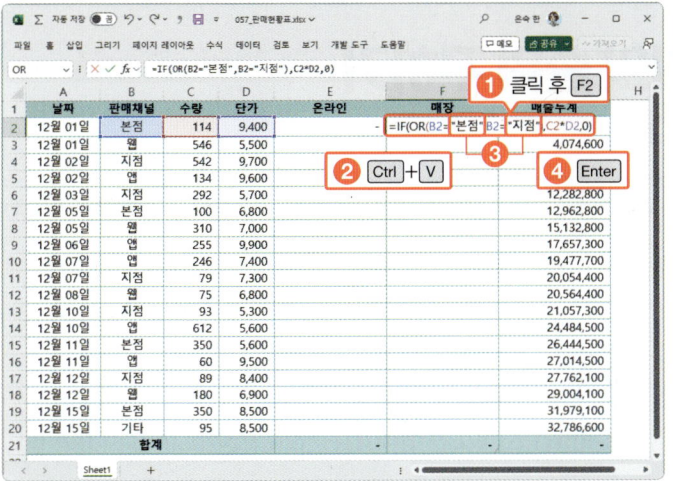

## 03 함수식 수정하기

❶ [F2] 셀 클릭 후 F2
❷ Ctrl + V
❸ 함수식에서 "웹"을 **"본점"**, "앱"을 **"지점"**으로 수정
❹ Enter 를 누릅니다.

**Tip** 셀을 복사/붙여넣기하거나 셀의 채우기 핸들을 드래그하여 복사하면 수식에 사용된 셀 참조가 변경됩니다. 수식 입력줄에서 수식 문자열 자체를 복사하고 조건 값만 변경했습니다.

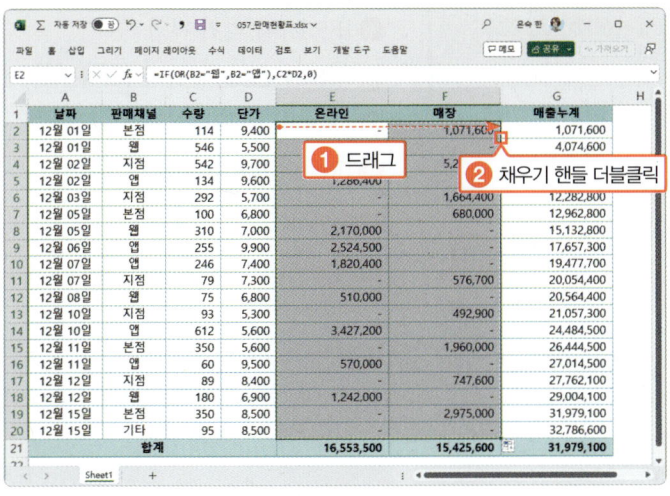

## 04 나머지 셀 채우기

❶ [E2:F2] 범위 지정
❷ 채우기 핸들을 더블클릭합니다.

**Tip** 나머지 연속된 범위에 함수식이 채워집니다.

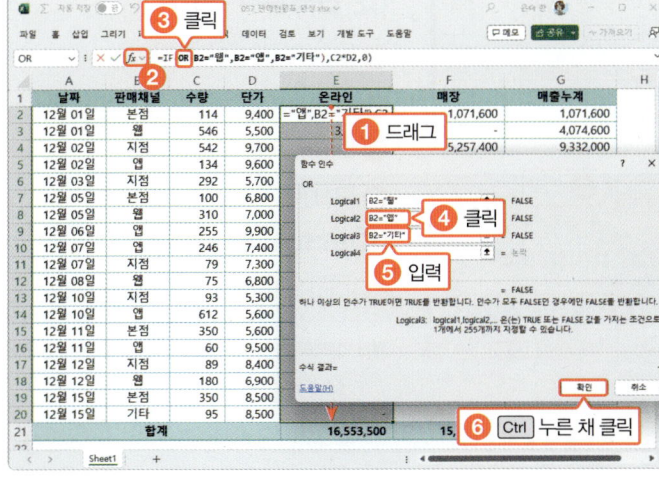

## 05 함수 인수 대화상자에서 수정하기

❶ [E2:E20] 범위 지정
❷ 수식 입력줄의 [함수 삽입] $f_x$ 클릭
❸ 수식 입력줄 함수식의 OR 클릭
❹ [Logical2]의 입력란 클릭
❺ [Logical3]에 B2=**"기타"** 입력
❻ Ctrl 을 누른 채 [확인]을 클릭합니다.

**Tip** OR 함수 인수 대화상자에서 기존 입력된 마지막 Logical2 입력란을 클릭해야 다음 Logical3 입력란이 표시됩니다. 판매채널 중 [B20] 셀에 기타 항목이 있습니다. "기타" 항목도 온라인 매출로 넣기 위해 조건을 추가했습니다.

실무

# 058 여러 범위의 순위 구하기
## – RANK.EQ

실습 파일 CHAPTER02\058_영업실적.xlsx | 완성 파일 CHAPTER02\058_영업실적_완성.xlsx

RANK.EQ는 숫자 값 범위 내에서 지정한 숫자 값의 순위를 구하는 함수입니다. 실습 파일에는 수도권, 비수도권의 지점별 실적 목록이 따로 작성되어 있는데 권역별 순위와 전국 순위를 구해보겠습니다.

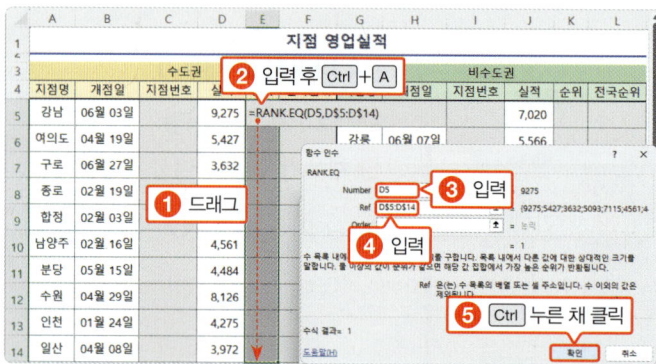

**01 수도권 순위 구하기**

❶ [E5:E14] 범위 지정
❷ =RANK.EQ 입력 후 Ctrl + A
❸ [Number]에 D5 입력
❹ [Ref]에 D$5:D$14 입력
❺ Ctrl 을 누른 채 [확인]을 클릭합니다.

**Tip** 실적이 높은 순서대로 수도권 실적 순위가 구해집니다.

**인수 설명**
- **Number** : 순위를 구할 값으로 실적 셀(D5)을 지정합니다.
- **Ref** : 순위를 확인할 실적 범위(D5:D14). 수식을 오른쪽 비수도권으로 복사할 때 열 이름은 변경되어야 하고 행 번호는 고정해야 하므로 행 고정 혼합 참조 형태 **D$5:D$14**로 지정합니다. [D5:D14] 범위를 지정한 후 F4 를 두 번 누릅니다.
- **Order** : 큰 수가 순위가 높은 경우이므로 생략합니다.

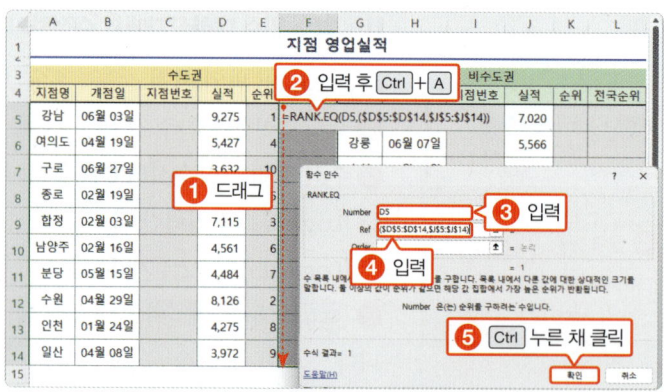

**02 전국 순위 구하기**

❶ [F5:F14] 범위 지정
❷ =RANK.EQ 입력 후 Ctrl + A
❸ [Number]에 D5 입력
❹ [Ref]에
($D$5:$D$14,$J$5:$J$14) 입력
❺ Ctrl 을 누른 채 [확인]을 클릭합니다.

**Tip** 실적이 높은 순서대로 전국 실적 순위가 구해집니다.

**인수 설명**
- **Number** : 순위를 구할 값으로 실적 셀(D5)을 지정합니다.
- **Ref** : 순위를 확인할 범위가 다중 범위이므로 두 범위를 괄호 안에 입력합니다. 수식을 복사할 때 변하면 안 되므로 절대 참조 형태 (**$D$5:$D$14,$J$5:$J$14**)로 지정합니다. 괄호 "("를 입력한 후 [D5:D14] 범위를 지정하고 Ctrl 을 누른 채 [J5:J14]를 드래그합니다. F4 를 누르고 괄호 ")"를 입력합니다.
- **Order** : 큰 수가 순위가 높은 경우이므로 생략합니다.

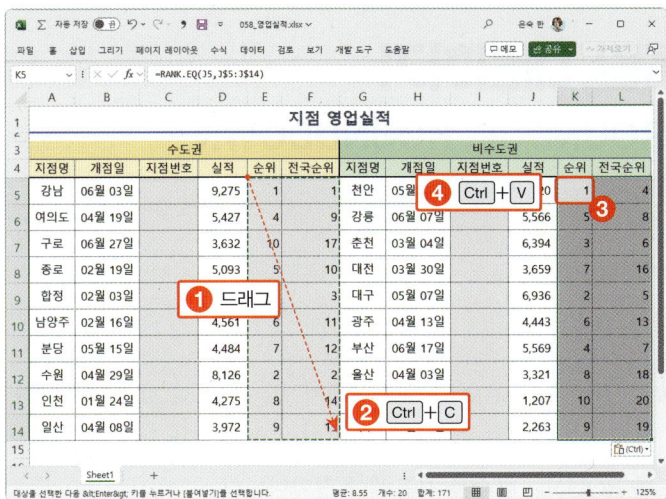

## 03 함수식 복사하기

① [E5:F14] 범위 지정
② Ctrl + C
③ [K5] 셀 클릭
④ Ctrl + V 를 눌러 붙여 넣습니다.

**Tip** 비수도권 지점들의 순위와 전국순위가 구해집니다.

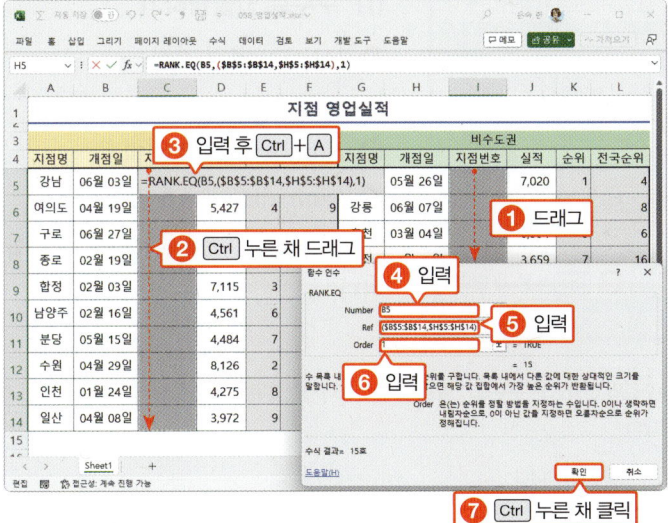

## 04 개점일 순서대로 지점번호 입력하기

① [I5:I14] 범위 지정
② Ctrl 누른 채 [C5:C14] 범위 드래그
③ =RANK.EQ 입력 후 Ctrl + A
④ [Number]에 **B5** 입력
⑤ [Ref]에
**($B$5:$B$14,$H$5:$H$14)** 입력
⑥ [Order]에 **1** 입력
⑦ Ctrl 을 누른 채 [확인]을 클릭합니다.

**Tip** 개점일 순서에 따라 지점번호가 입력됩니다. 지점번호 범위에는 숫자 뒤에 "호"가 표시되도록 사용자 지정 표시 형식이 미리 설정되어 있습니다. 나중에 지정한 범위에 함수식이 입력되기 때문에 [I5:I14] 범위를 먼저 지정하고 [C5:C14] 범위를 나중에 지정한 후 함수를 입력했습니다.

**인수 설명**
- **Number** : 순위를 구할 값으로 개점일 셀(B5)을 지정합니다.
- **Ref** : 순위를 확인할 범위가 다중 범위이므로 두 범위를 괄호 안에 입력합니다. 수식을 복사할 때도 변하면 안 되므로 절대 참조 형태 **($B$5:$B$14,$H$5:$H$14)**로 지정합니다. 괄호 "("를 입력한 후 [B5:B14] 범위를 지정하고 Ctrl 을 누른 채 [H5:H14] 범위를 드래그합니다. F4 를 누르고 괄호 ")"를 입력합니다.
- **Order** : 날짜 값이 적은 것이 순위가 높아야 하므로 **1**을 입력합니다.

## 기초

# 059 반올림, 올림, 내림하기
## – ROUND, ROUNDUP, ROUNDDOWN

실습 파일 CHAPTER02\059_결제금액계산.xlsx | 완성 파일 CHAPTER02\059_결제금액계산_완성.xlsx

실습 파일의 수수료 합계를 실제 계산기로 계산해보면 SUM 함수로 구해져 있는 합계와 값이 다릅니다. 실제는 소수 값이 있는데 쉼표 스타일을 설정하면서 반올림한 값으로 표시되기 때문입니다. **소수 값을 반올림하고 싶다면 실제 값을 반올림하도록 ROUND 함수를 사용**해야 정확합니다.

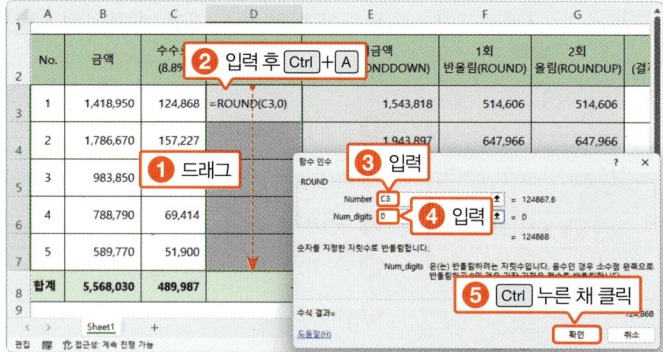

**01 수수료 반올림하기**

① [D3:D7] 범위 지정
② **=ROUND** 입력 후 Ctrl + A
③ [Number]에 **C3** 입력
④ [Num_digits]에 **0** 입력
⑤ Ctrl 을 누른 채 [확인]을 클릭합니다.

**Tip** 반올림된 수수료가 구해집니다. 화면에는 C열의 수수료와 반올림된 수수료가 같은 값으로 보이지만 C열의 수수료 합계는 489,987이고 반올림된 수수료 합계는 489,988로 다르게 나타납니다.

**인수 설명**
- **Number** : 반올림할 값입니다. 수수료 [C3] 셀을 지정합니다.
- **Num_digits** : 소수 이하를 표시하지 않을 것이므로 **0**을 입력합니다.

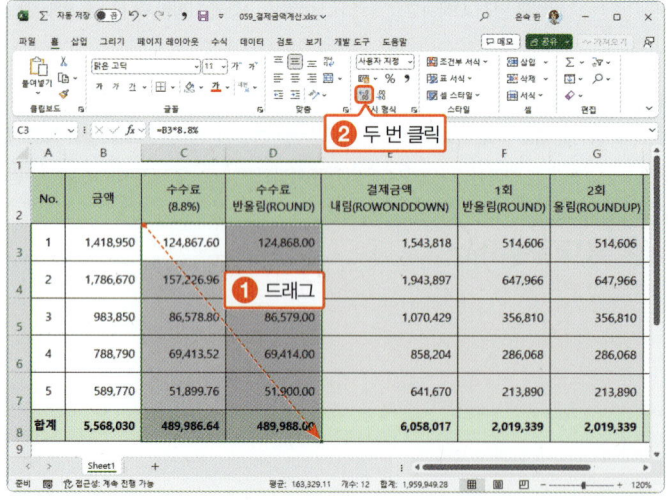

**02 소수 값 확인하기**

① [C3:D8] 범위 지정
② [홈] 탭–[표시 형식] 그룹–[자릿수 늘림]을 두 번 클릭합니다.

**Tip** 소수 값이 표시됩니다. [C3:C7] 범위에는 **금액*8.8%**, [C8] 셀에는 SUM 함수식이 작성되어 있고 쉼표 스타일이 설정되어 있습니다. 쉼표 스타일을 설정하면 반올림하여 표시되지만 자릿수를 늘리면 실제 값은 그대로인 것을 알 수 있습니다. ROUND 함수를 사용해야 실제 값이 반올림됩니다.

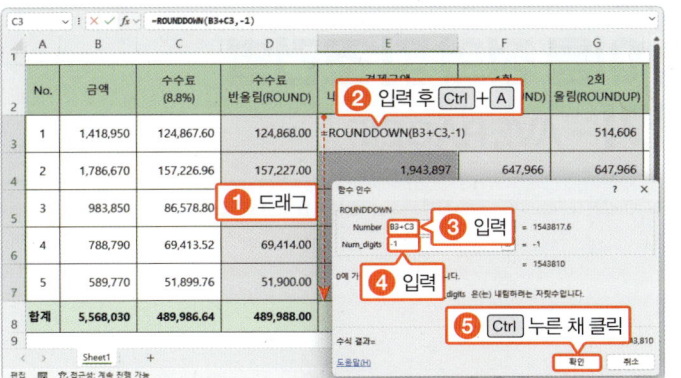

### 03 결제금액 1원 단위 절사하기

❶ [E3:E7] 범위 지정
❷ =ROUNDDOWN 입력 후 Ctrl + A
❸ [Number]에 B3+C3 입력
❹ [Num_digits]에 −1 입력
❺ Ctrl 을 누른 채 [확인]을 클릭합니다.

**인수 설명**
- Number : 내림할 값입니다. 금액+수수료인 B3+C3을 지정합니다.
- Num_digits : 내림할 자릿수입니다. 1원 단위는 소수 왼쪽 첫 번째 자리이므로 −1을 입력합니다.

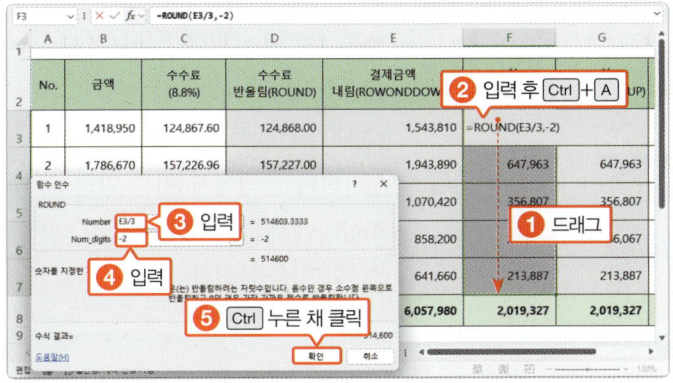

### 04 반올림하며 10원 단위 없애기

❶ [F3:F7] 범위 지정
❷ =ROUND 입력 후 Ctrl + A
❸ [Number]에 E3/3 입력
❹ [Num_digits]에 −2 입력
❺ Ctrl 을 누른 채 [확인]을 클릭합니다.

**인수 설명**
- Number : 반올림할 값입니다. 결제금액(E3)을 3으로 나눕니다.
- Num_digits : −2를 지정합니다. 10원 단위부터 0이 됩니다. 10원 단위 숫자가 5 이상이면 100원씩 올림이 됩니다.

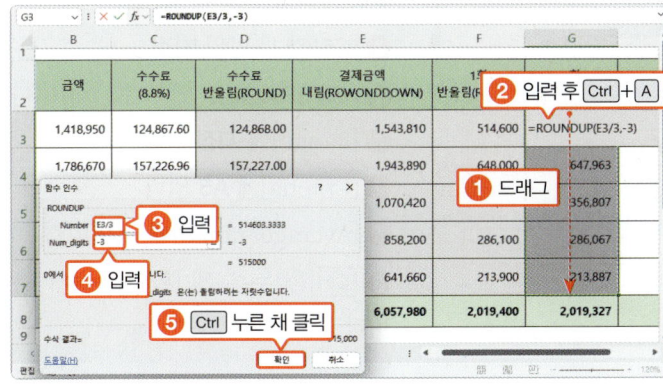

### 05 올림하며 100원 단위 없애기

❶ [G3:G7] 범위 지정
❷ =ROUNDUP을 입력 후 Ctrl + A
❸ [Number]에 E3/3 입력
❹ [Num_digits]에 −3 입력
❺ Ctrl 을 누른 채 [확인]을 클릭합니다.

**인수 설명**
- Number : 올림할 값입니다. 결제금액(E3)을 3으로 나눕니다.
- Num_digits : −3을 지정합니다. 100원 단위부터 0이 됩니다. 100원 단위 숫자가 1 이상이면 1000원씩 올림이 됩니다.

## 실무 060   선택 영역 이름 정의 및 조건별 평균 구하기 – AVERAGEIF

실습 파일 CHAPTER02\060_매출집계.xlsx | 완성 파일 CHAPTER02\060_매출집계_완성.xlsx

AVERAGEIF는 지정된 범위의 조건에 따라 지정된 범위의 **평균값을 구하는** 함수입니다. 데이터 범위의 각 열의 목록 범위 이름을 정의한 후 간편하게 AVERAGEIF 함수식을 작성해보겠습니다.

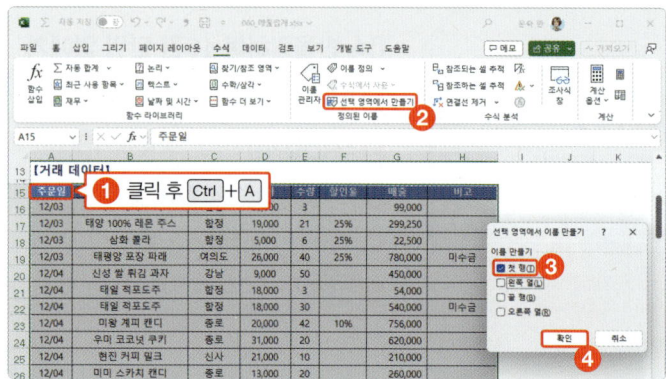

**01 데이터 범위 이름 정의하기**

❶ [A15] 셀 클릭 후 Ctrl + A
❷ [수식] 탭–[정의된 이름] 그룹–[선택 영역에서 만들기] 클릭
❸ [선택 영역에서 이름 만들기] 대화상자에서 [첫 행]만 체크
❹ [확인]을 클릭합니다.

**Tip** 거래 데이터 집계 시 함수에서 목록 범위가 자주 사용됩니다. 좀 더 편하게 함수식을 작성하기 위해 데이터 목록 범위의 이름을 정의했습니다. 이름 정의 후 [이름 상자]의 목록 버튼을 클릭해보면 범위 첫 행의 이름이 해당 목록 범위의 이름으로 등록된 것을 확인할 수 있습니다.

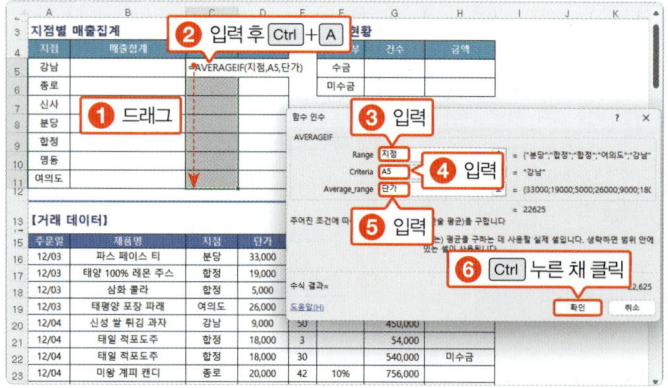

**02 지점별 평균단가 구하기**

❶ [C5:C11] 범위 지정
❷ =AVERAGEIF 입력 후 Ctrl + A
❸ [Range]에 **지점** 입력
❹ [Criteria]에 **A5** 입력
❺ [Average_range]에 **단가** 입력
❻ Ctrl 을 누른 채 [확인]을 클릭합니다.

**인수 설명** • Range : 조건을 확인할 범위로 [C16:C105] 범위 이름인 **지점**을 입력합니다. 이름 정의가 안 되어 있다면 **$C$16:$C$105**를 입력합니다.
• Criteria : 조건인 지점명이 입력되어 있는 [A5] 셀을 지정합니다.
• Average_range : 평균을 구할 범위로 [D16:D105] 범위 이름인 **단가**를 입력합니다. 이름 정의가 안 되어 있다면 **$D$16:$D$105** 입력합니다.

실무

# 061 조건별로 합계 구하기 – SUMIF

실습 파일 CHAPTER02\061_매출집계.xlsx | 완성 파일 CHAPTER02\061_매출집계_완성.xlsx

SUMIF는 지정된 범위의 조건에 따라 지정된 범위의 합계를 구하는 함수입니다. 텍스트, 조건식 등 다양한 조건을 입력하여 조건별 합계를 구해보겠습니다.

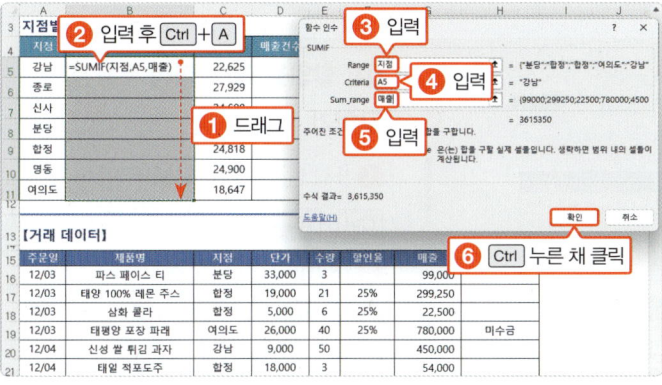

**01 지점별 매출합계 구하기**

❶ [B5:B11] 범위 지정
❷ =SUMIF 입력 후 Ctrl + A
❸ [Range]에 **지점** 입력
❹ [Criteria]에 **A5** 입력
❺ [Sum_range]에 **매출** 입력
❻ Ctrl 을 누른 채 [확인]을 클릭합니다.

**인수 설명**
- Range : 조건을 확인할 범위로 [C16:C105] 범위 이름인 **지점**을 입력합니다.
- Criteria : 조건인 지점명이 입력되어 있는 [A5] 셀을 입력합니다.
- Sum_range : 합계를 구할 범위로 [G16:G105] 범위 이름인 **매출**을 입력합니다.

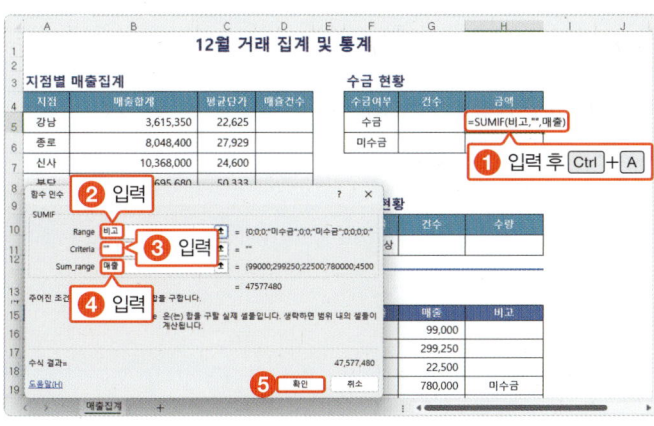

**02 수금된 매출 합계 구하기**

❶ [H5] 셀에 =SUMIF 입력 후 Ctrl + A
❷ [Range]에 **비고** 입력
❸ [Criteria]에 **""** 입력
❹ [Sum_range]에 **매출** 입력
❺ [확인]을 클릭합니다.

**Tip** 비고 범위 중 빈 셀은 수금된 매출입니다. 비고가 비어 있는 행의 매출합계가 구해집니다.

**인수 설명**
- Range : 조건을 확인할 범위로 [H16:H105] 범위 이름인 **비고**를 입력합니다.
- Criteria : 조건인 빈 셀에 기호 **""**를 입력합니다.
- Sum_range : 합계를 구할 범위로 [G16:G105] 범위 이름인 **매출**을 입력합니다.

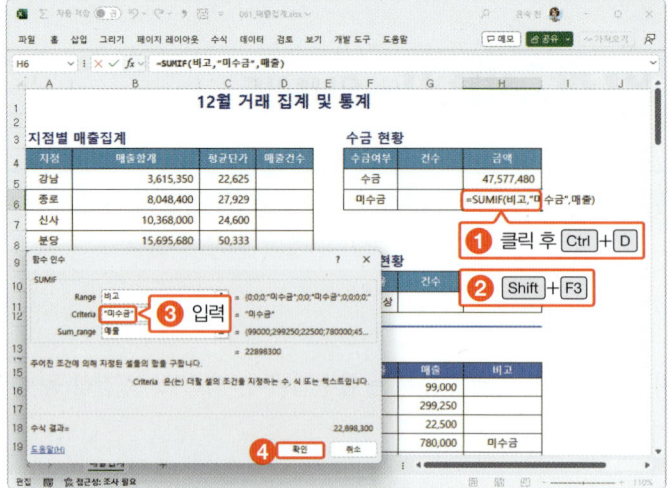

## 03 함수식 복사, 수정하여 미수금 매출 합계 구하기

❶ [H6] 셀 클릭 후 Ctrl + D
❷ 함수 삽입 단축키 Shift + F3
❸ [Criteria]에 "**미수금**" 입력
❹ [확인]을 클릭합니다.

**Tip** Ctrl + D 는 바로 위쪽 셀을 복사하는 단축키입니다. 위쪽 셀 함수를 복사한 후 조건만 미수금으로 수정합니다. 미수금 매출합계를 구했습니다.

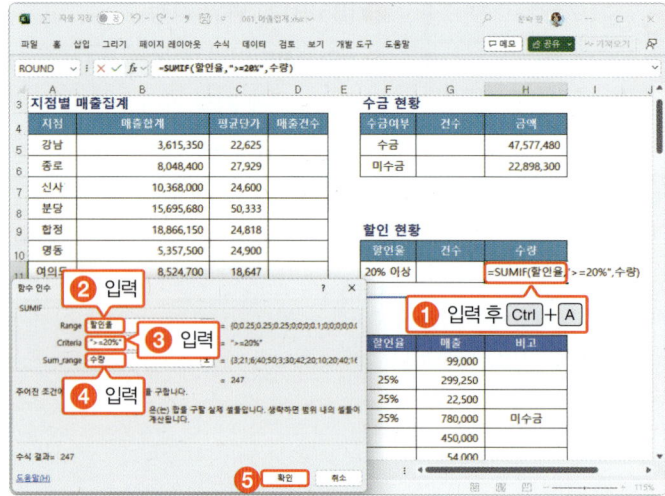

## 04 할인율 20% 이상 수량 합계 구하기

❶ [H11] 셀에 =SUMIF 입력 후 Ctrl + A
❷ [Range]에 **할인율** 입력
❸ [Criteria]에 "**>=20%**" 입력
❹ [Sum_range]에 **수량** 입력
❺ [확인]을 클릭합니다.

**Tip** 할인율이 20% 이상인 제품의 수량 합계를 구합니다.

**인수 설명**
- Range : 조건을 확인할 범위로 [F16:F105] 범위 이름인 **할인율**을 입력합니다.
- Criteria : 조건인 "**>=20%**"를 입력합니다.
- Sum_range : 합계를 구할 범위로 [E16:E105] 범위 이름인 **수량**을 입력합니다.

## 062 빈 셀, 데이터 셀 개수 구하기
### – COUNTBLANK, COUNTA

실습 파일 CHAPTER02\062_매출집계.xlsx | 완성 파일 CHAPTER02\062_매출집계_완성.xlsx

COUNT 함수는 지정된 범위에서 숫자가 입력되어 있는 셀의 개수만 구합니다. **문자까지 포함하여 데이터가 입력되어 있는 셀의 개수를 구하려면 COUNTA 함수**를 사용해야 합니다. **빈 셀의 개수를 셀 때는 COUNTBLANK 함수**를 사용합니다.

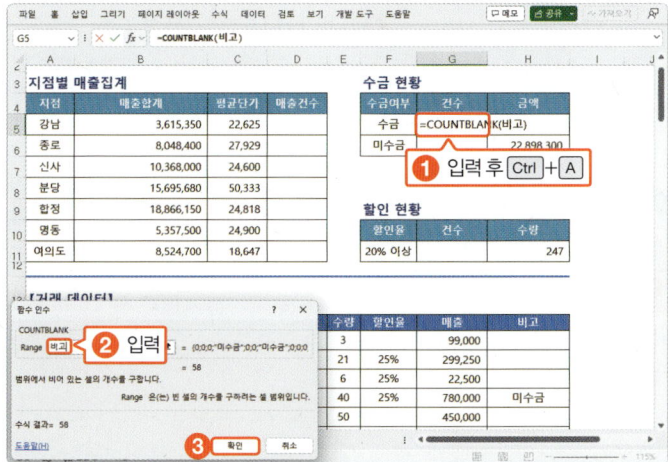

**01 수금 건수 구하기**

❶ [G5] 셀에 **=COUNTBLANK** 입력 후 Ctrl + A

❷ [Range]에 **비고** 입력

❸ [확인]을 클릭합니다.

Tip 비고 범위에서 빈 셀의 개수, 즉 수금 건수가 구해집니다.

**인수 설명** • Range : 빈 셀의 개수를 구할 범위로 [H16:H105] 범위 이름인 **비고**를 입력합니다.

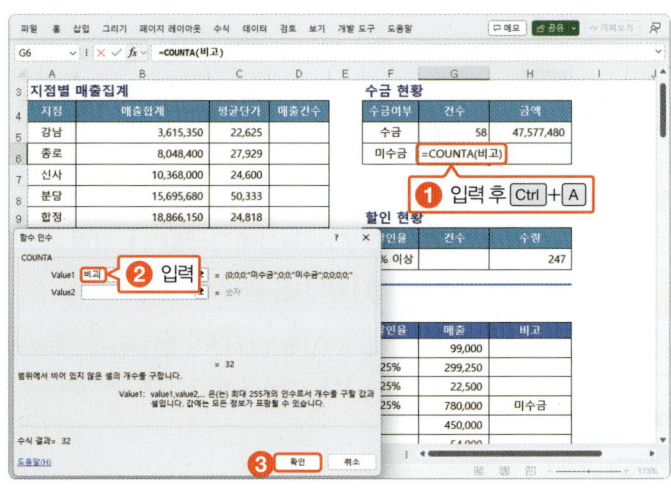

**02 미수금 건수 구하기**

❶ [G6] 셀에 **=COUNTA** 입력 후 Ctrl + A

❷ [Value1]에 **비고** 입력

❸ [확인]을 클릭합니다.

Tip 비고 범위에서 내용이 있는 셀 개수, 즉 미수금 건수가 구해집니다.

**인수 설명** • Value1 : 빈 셀이 아닌 셀의 개수를 구할 범위로 [H16:H105] 범위 이름인 **비고**를 입력합니다.

실무

# 063 조건별 셀 개수 구하기 – COUNTIF

실습 파일 CHAPTER02\063_매출집계.xlsx | 완성 파일 CHAPTER02\063_매출집계_완성.xlsx

COUNTIF는 지정된 범위에서 조건에 맞는 개수를 구하는 함수입니다. 지점 범위에서 각 지점 이름 개수를 구하여 매출건수를 구하고, 할인율 범위에서 특정 할인율 이상 건수를 구해보겠습니다.

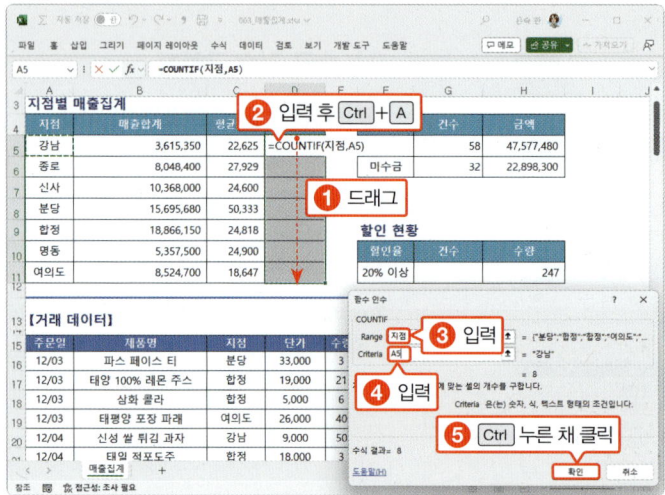

**01 지점별 매출건수 구하기**

❶ [D5:D11] 범위 지정
❷ =COUNTIF 입력 후 Ctrl + A
❸ [Range]에 **지점** 입력
❹ [Criteria]에 **A5** 입력
❺ Ctrl 을 누른 채 [확인]을 클릭합니다.

**인수 설명**
- Range : 개수를 셀 조건 범위로 [C16:C105] 범위 이름인 **지점**을 입력합니다.
- Criteria : 조건인 지점이 입력되어 있는 [A5] 셀을 지정합니다.

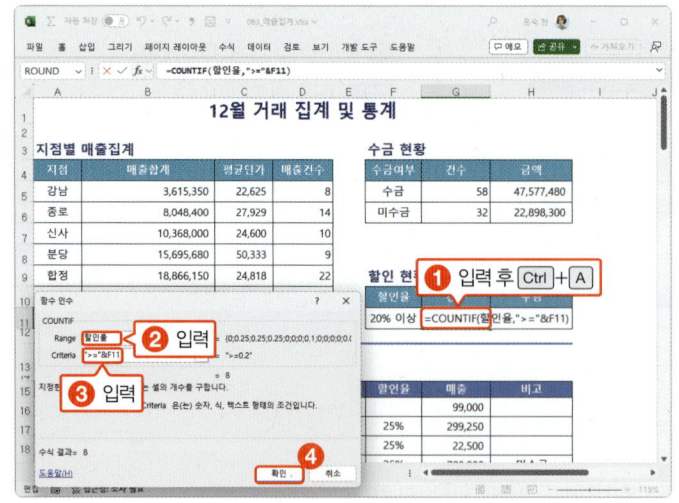

**02 할인율 20% 이상 건수 구하기**

❶ [G11] 셀에 =COUNTIF 입력 후 Ctrl + A
❷ [Range]에 **할인율** 입력
❸ [Criteria]에 **")="&F11** 입력
❹ [확인]을 클릭합니다.

Tip [F11] 셀의 값이 변경되면 건수도 변경되도록 [F11] 셀을 참조한 조건식을 입력했습니다.

**인수 설명**
- **Range** : 조건 범위로 [F16:F105] 범위 이름인 **할인율**을 지정합니다.
- **Criteria** : 조건인 **")="&F11**을 입력합니다. 셀을 참조한 비교 연산식을 조건으로 입력하려면 비교 연산 부호와 셀 참조를 & 부호로 연결해야 합니다. 비교 연산 부호는 따옴표 안에 입력합니다.

## 03 할인율 조건 변경하기

❶ [H11] 셀에서 Shift + F3

❷ [Criteria]에 ")="&F11 입력

❸ [확인] 클릭

❹ [F11] 셀에 **10%** 입력 후 Enter 를 누릅니다.

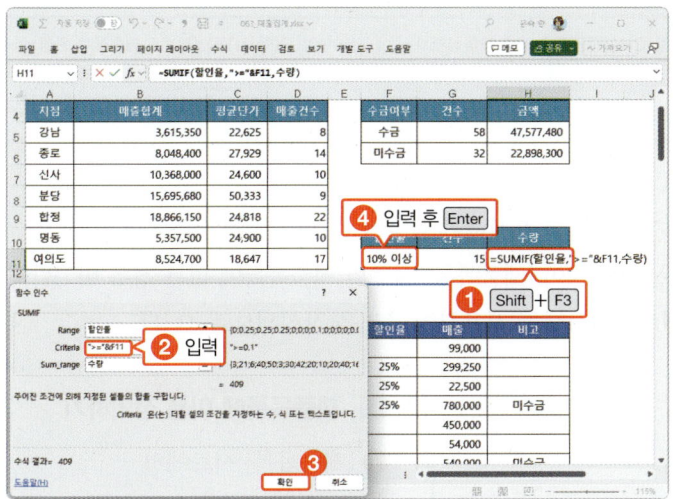

**Tip**
- 기존에 입력되어 있던 SUMIF 함수식의 조건도 셀 참조 방식으로 수정했습니다.
- [F11] 셀 값을 변경하면 건수와 수량 합계가 변경됩니다. [F11] 셀에는 %값만 입력되어 있고 이상이라는 문자는 사용자 지정 표시 형식으로 지정된 것입니다.

실무

# 064 해당 제품이 목록에 있는지 확인하기
## – IF, COUNTIF

실습 파일 CHAPTER02\064_매출집계.xlsx | 완성 파일 CHAPTER02\064_매출집계_완성.xlsx

데이터 항목이 다른 범위에 있는 항목인지 확인하고 표시해야 할 때 COUNTIF 함수를 사용할 수 있습니다. 실습 파일의 [매출집계] 시트에 있는 제품명이 [제품목록] 시트의 제품목록에 없는 경우 비고란에 "미수금"이라고 입력하도록 IF 함수 안에 COUNTIF를 사용하여 조건을 작성해보겠습니다.

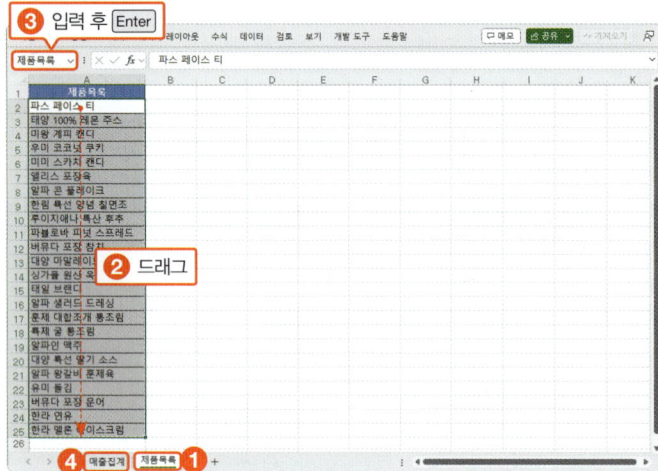

**01 제품목록에 이름 정의하기**

❶ [제품목록] 시트에서
❷ [A2:A25] 범위 지정
❸ [이름 상자]에 **제품목록** 입력 후 Enter
❹ [매출집계] 시트를 클릭합니다.

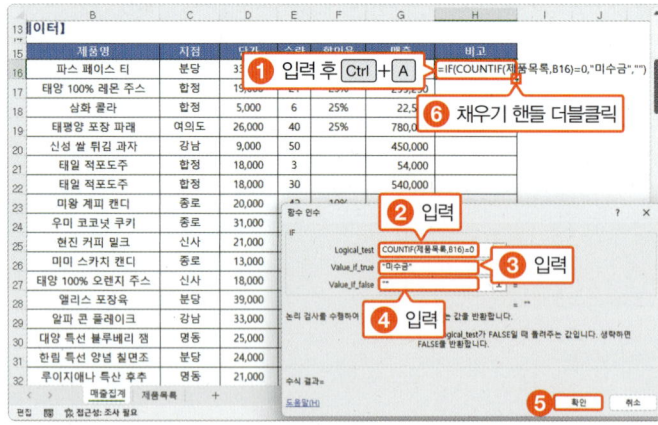

**02 비고에 미수금 표시하기**

❶ [H16] 셀에서 =IF 입력 후 Ctrl + A
❷ [Logical_test]에 COUNTIF(제품목록,B16)=0 입력
❸ [Value_if_true]에 "미수금" 입력
❹ [Value_if_false]에 "" 입력
❺ [확인] 클릭
❻ [H16] 셀의 채우기 핸들을 더블클릭하여 함수식을 복사합니다.

**Tip** [제품목록] 시트에 없는 제품명인 경우 비고에 **미수금**이라고 입력됩니다.

**인수 설명** • Logical_test : 제품목록([제품목록] 시트 [A2:A25] 범위)에 제품명(B16) 개수가 0인지 확인합니다.
• Value_if_true : 조건이 참이면, 즉 제품목록에 없는 제품명이면 **미수금**을 입력합니다.
• Value_if_false : 조건이 거짓이면, 즉 제품목록에 있는 제품명이면 빈 셀("")로 표시됩니다.

# SECTION 02

# 엑셀 실무 함수 알아보기

# 065 여러 조건에 대한 여러 결괏값 구하기 – 중첩 IF

실습 파일 CHAPTER02\065_품질등급결과.xlsx | 완성 파일 CHAPTER02\065_품질등급결과_완성.xlsx

조건이 여러 개이고 그에 따른 결과도 여러 개인 경우 IF 함수를 중첩하여 여러 조건과 여러 결과를 입력합니다. 실습 파일에서 파각 출현율 조건에 따라 1등급, 2등급, 3등급의 등급을 입력하겠습니다.

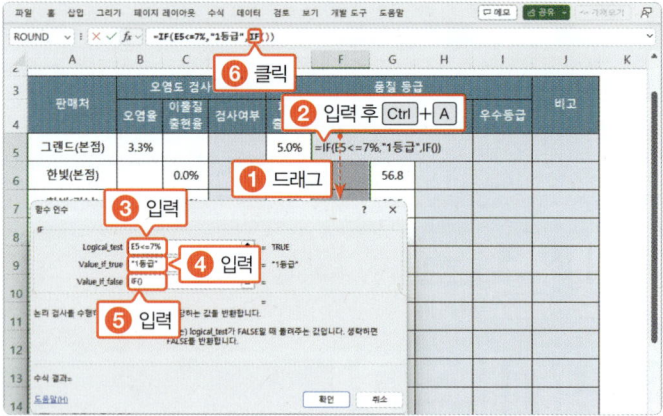

**01 파각 등급 첫 번째 조건 입력하기**

① [F5:F14] 범위 지정
② =IF 입력 후 Ctrl + A
③ [Logical_test]에 E5<=7% 입력
④ [Value_if_true]에 "1등급" 입력
⑤ [Value_if_false]에 IF() 입력
⑥ 수식 입력줄에서 두 번째 IF를 클릭합니다.

**Tip** 파각 출현율 7% 이하는 1등급이 입력되게 첫 번째 조건과 값을 입력했습니다. [Value_if_false]에 IF() 입력 후 수식 입력줄에서 두 번째 IF를 클릭하면 새 인수 대화상자로 전환됩니다.

**인수 설명**
- Logical_test : 파각 출현율(E5)이 7% 이하인지 확인하는 조건식입니다.
- Value_if_true : 조건이 참이면 **1등급**을 입력합니다.
- Value_if_false : 조건이 거짓이면 두 번째 IF 함수를 실행합니다.

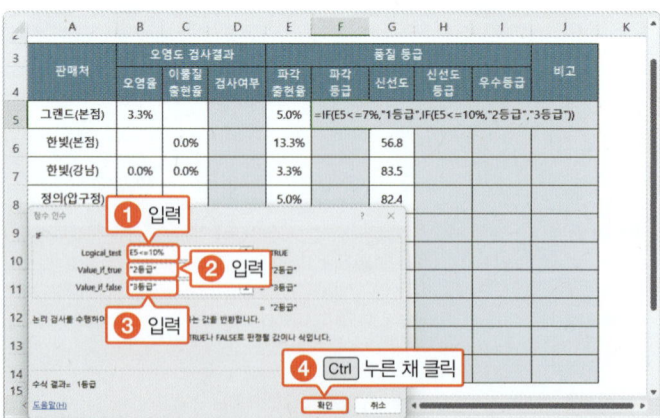

**02 파각 등급 두 번째 조건 입력하기**

① [Logical_test]에 E5<=10% 입력
② [Value_if_true]에 "2등급" 입력
③ [Value_if_false]에 "3등급" 입력
④ Ctrl 누른 채 [확인]을 클릭합니다.

**Tip** 파각 출현율 10% 이하는 2등급, 나머지 값은 3등급이 되게 두 번째 조건과 값을 입력했습니다.

**인수 설명**
- Logical_test : 파각 출현율(E5)이 10% 이하인지 확인하는 조건식입니다.
- Value_if_true : 조건이 참이면 **2등급**을 입력합니다.
- Value_if_false : 조건이 거짓이면 **3등급**을 입력합니다.

## 066 여러 조건에 대한 여러 결괏값 구하기 – IFS

실습 파일 CHAPTER02\066_품질등급결과.xlsx | 완성 파일 CHAPTER02\066_품질등급결과_완성.xlsx

IFS는 여러 조건과 결괏값을 입력할 수 있는 함수로 중첩 IF와 용도는 동일합니다. 중첩 IF 함수식보다 읽기가 쉽고 조건도 최대 127개까지 입력할 수 있습니다. 2019 이상 버전에서 사용할 수 있습니다.

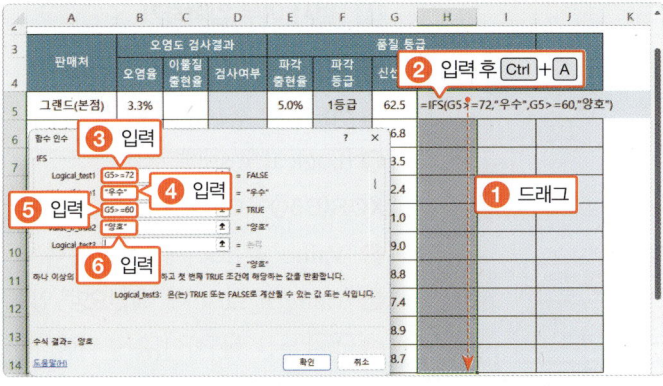

**01 신선도 등급 조건, 결과 입력하기**

① [H5:H14] 범위 지정
② =IFS 입력 후 Ctrl + A
③ [Logical_test1]에 **G5>=72** 입력
④ [Value_if_true1]에 "**우수**" 입력
⑤ [Logical_test2]에 **G5>=60** 입력
⑥ [Value_if_true2]에 "**양호**"를 입력합니다.

**인수 설명**
- Logical_test1 : 신선도(G5)가 72 이상인지 확인하는 조건식입니다.
- Value_if_true1 : 조건이 참이면 **우수**를 입력합니다.
- Logical_test2 : 신선도(G5)가 60 이상인지 확인하는 조건식입니다.
- Value_if_true2 : 조건 확인 결과 참이면 **양호**를 입력합니다.

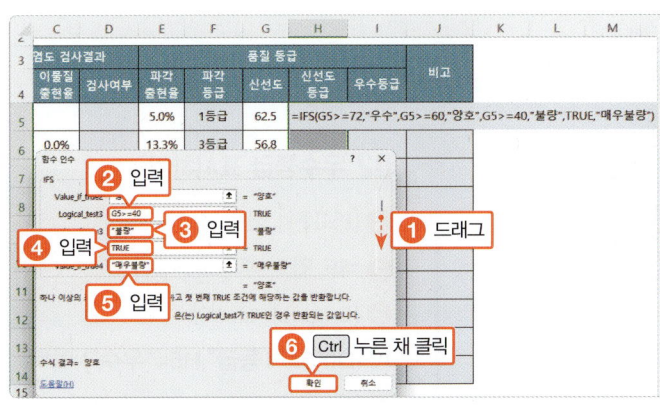

**02 신선도 등급 조건, 결과 입력하기**

① [함수 인수] 대화상자의 수직 이동 바 아래로 드래그
② [Logical_test3]에 **G5>=40** 입력
③ [Value_if_true3]에 "**불량**" 입력
④ [Logical_test4]에 **TRUE** 입력
⑤ [Value_if_true4]에 "**매우불량**" 입력
⑥ Ctrl 누른 채 [확인]을 클릭합니다.

**Tip** 함수 인수 대화상자에서 다음 항목으로 이동 시 Tab 을 누르면 편합니다.

**인수 설명**
- Logical_test3 : 신선도(G5)가 40 이상인지 확인하는 조건식입니다.
- Value_if_true3 : 조건이 참이면 **불량**을 입력합니다.
- Logical_test4 : 나머지 모든 경우의 조건을 참으로 간주하기 위해 **TRUE**를 입력합니다.
- Value_if_true4 : 최종 조건이 참이므로 나머지 경우는 모두 **매우불량**을 입력합니다.

실무

# 067 여러 항목에 대한 조건을 판단해야 할 때
## – IF, AND, OR, XOR

실습 파일 CHAPTER02\067_품질등급결과.xlsx | 완성 파일 CHAPTER02\067_품질등급결과_완성.xlsx

여러 항목에 대한 조건이 모두 참일 때 결과를 입력하려면 AND, 하나 이상 참일 때 결과를 입력하려면 OR, 두 가지 조건 중 하나만 참일 때 결과를 입력하려면 XOR 함수를 사용해 조건을 입력해보겠습니다.

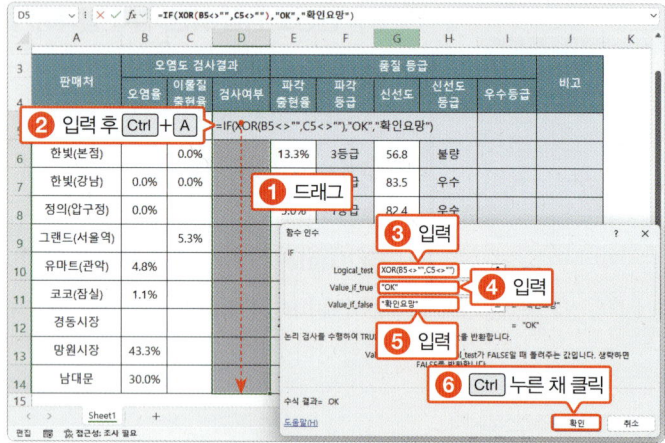

**01 검사 여부 입력하기**

❶ [D5:D14] 범위 지정

❷ =IF 입력 후 Ctrl + A

❸ [Logical_test]에
XOR(B5<>"",C5<>"") 입력

❹ [Value_if_true]에 "OK" 입력

❺ [Value_if_false]에 "확인요망" 입력

❻ Ctrl 누른 채 [확인]을 클릭합니다.

**Tip** 오염율과 이물질 출현율 두 가지 중 한 가지만 입력되어 있어야 OK를 표시하고, 둘 다 입력되어 있거나 둘 다 비어 있으면 **확인요망**을 표시합니다.

**인수 설명**
- Logical_test3 : 오염율(B5)이 빈 셀이 아니거나(<>"") 이물질 출현율 (C5)이 빈 셀이 아닌지(<>"") 확인하는 조건식입니다. XOR 함수는 두 조건 중 하나만 참이어야 TRUE를 반환하며 두 조건이 모두 참이거나 모두 거짓이면 FALSE를 반환합니다.
- Value_if_true : 조건이 참이면 **OK**를 표시합니다.
- Value_if_false : 조건이 거짓이면 **확인요망**을 표시합니다.

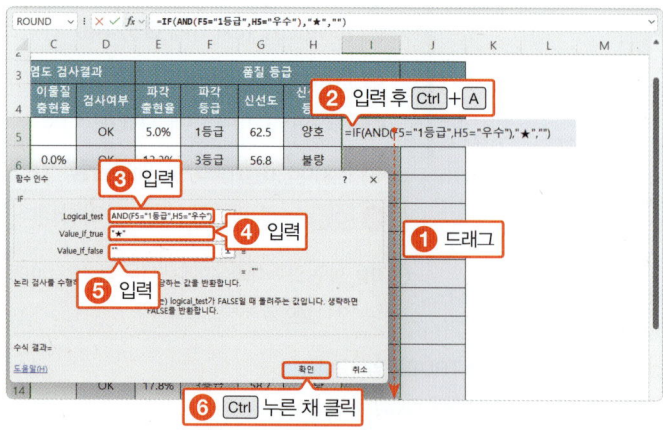

**02 우수등급 표시하기**

❶ [I5:I14] 범위 지정

❷ =IF 입력 후 Ctrl + A

❸ [Logical_test]에
AND(F5="1등급",H5="우수") 입력

❹ [Value_if_true]에 "★" 입력

❺ [Value_if_false]에 "" 입력

❻ Ctrl 누른 채 [확인]을 클릭합니다.

**Tip** 파각 등급이 1등급이고 신선도 등급이 우수이면 ★ 기호를 표시합니다. ★ 기호는 한글 자음 ㅁ 입력 후 한자 를 눌러 선택합니다.

**인수 설명**
- Logical_test : 파각 등급(F5)이 1등급이고 신선도 등급(H5)이 우수인지 확인하는 조건식입니다.
- Value_if_true : 조건이 참이면 ★를 표시합니다.
- Value_if_false : 조건이 거짓이면 빈 셀("")을 표시합니다.

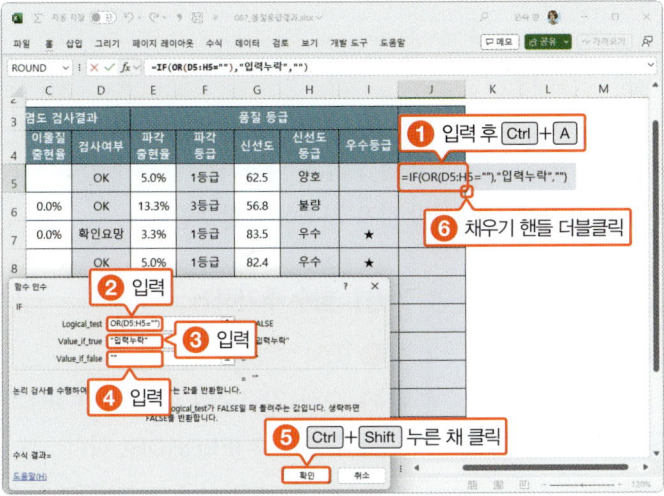

## 03 입력 누락 확인하기

❶ [J5] 셀에 **=IF** 입력 후 Ctrl + A

❷ [Logical_test]에 **OR(D5:H5="")** 입력

❸ [Value_if_true]에 **"입력누락"** 입력

❹ [Value_if_false]에 **""** 입력

❺ Ctrl + Shift 누른 채 [확인] 클릭

❻ [J5] 셀의 채우기 핸들을 더블클릭하여 아래쪽에 수식을 복사합니다.

**Tip** 검사 여부에서 신선도 등급 범위에 빈 셀이 하나라도 있는 경우 **입력누락**을 입력합니다. 조건 셀이 연속적인 범위일 때는 각 셀의 조건을 일일이 입력하지 않고 배열 범위를 참조하는 배열 수식으로 작성할 수 있습니다. 배열 수식을 완료할 때는 Ctrl + Shift 를 누른 상태에서 클릭하여 완료합니다.

## 실무 068 오류 표시 대신 원하는 값 지정하기 – IFERROR

실습 파일 CHAPTER02\068_제품구입내역.xlsx | 완성 파일 CHAPTER02\068_제품구입내역_완성.xlsx

수식에 참조된 셀이나 셀 범위의 값이 적합하지 않을 때는 결과에 오류가 나타나는 경우가 있습니다. **IFERROR는 수식의 결과가 오류일 경우 오류 표시 대신 표시할 값을 지정하는 함수**입니다.

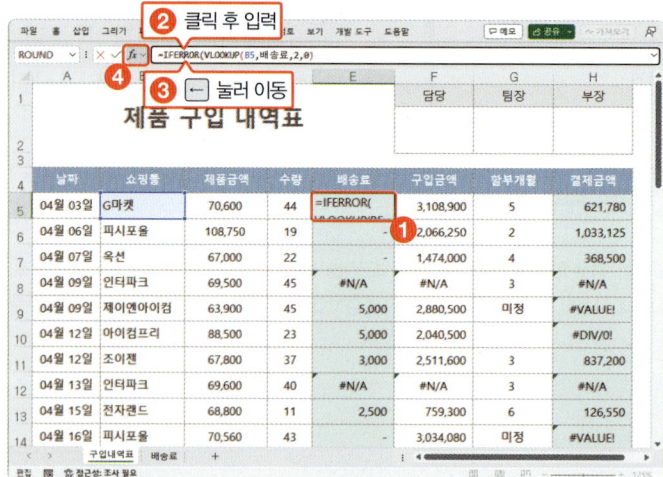

### 01 함수 추가하기

① [E5] 셀 클릭
② 수식 입력줄의 =과 VLOOKUP 사이 클릭 후 **IFERROR(** 입력
③ ← 눌러 커서를 IFERROR 함수 부분으로 이동
④ 수식 입력줄의 [함수 삽입] fx 을 클릭합니다.

**Tip** 함수 삽입 단축키는 Shift + F3 입니다.

**Tip** [E5] 셀의 VLOOKUP 함수식은 [배송료] 시트에 쇼핑몰별로 정해진 배송료를 찾아 입력하는 함수식입니다. 쇼핑몰명이 [배송료] 시트에 없을 때 #N/A 오류가 입력됩니다. #N/A 오류는 찾을 수 없는 값을 참조했을 때 계산을 시도하지 못하여 반환되는 오류입니다.

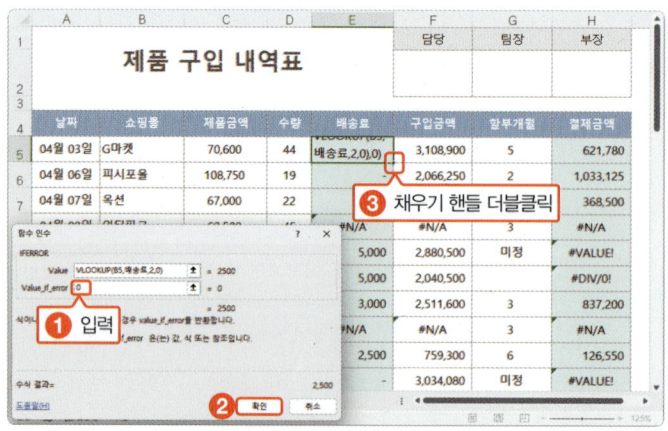

### 02 #N/A 오류값 대신 0 입력하기

① [Value_if_error]에 **0** 입력
② [확인] 클릭
③ [E5] 셀의 채우기 핸들을 더블클릭하여 수식을 복사합니다.

**Tip** 오류 표시가 있던 셀들에 0이 표시됩니다.

**인수 설명**
- **Value** : 기존에 입력되어 있던 VLOOKUP 함수식입니다.
- **Value_if_error** : VLOOKUP 함수식의 결과가 오류이면 0을 입력합니다.

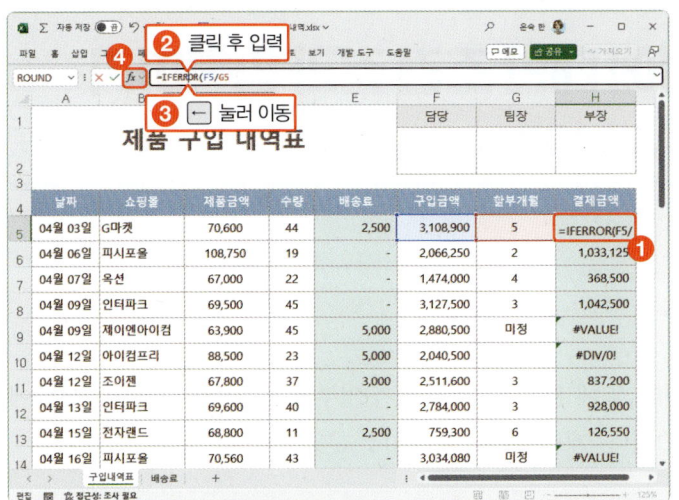

### 03 함수 추가하기

❶ [H5] 셀 클릭

❷ 수식 입력줄의 =과 F5 사이 클릭 후 **IFERROR(** 입력

❸ ← 눌러 커서를 IFERROR 함수 부분으로 이동

❹ 수식 입력줄의 [함수 삽입] fx∨ 을 클릭합니다.

**Tip** [H5] 셀에는 **구입금액/할부개월**의 수식이 작성되어 있습니다. 할부개월란이 빈 셀인 경우에는 0으로 나누게 되어 #DIV/0! 오류가 생깁니다. 문자가 입력된 경우에는 계산할 수 없는 값이므로 #VALUE! 오류가 생깁니다.

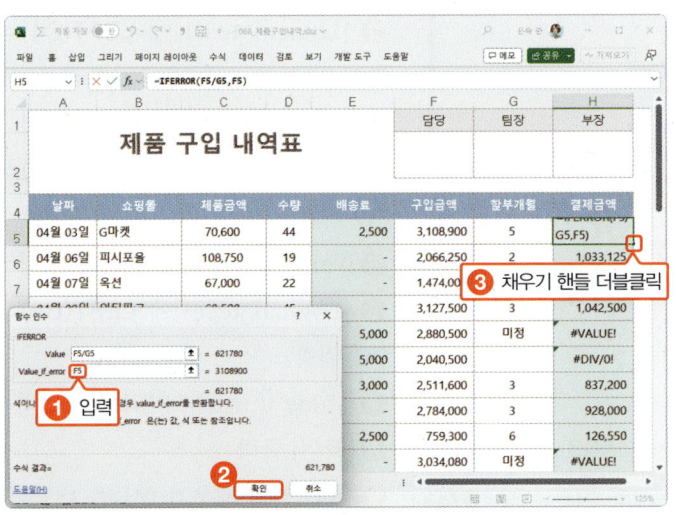

### 04 오류 대신 구입금액 입력하기

❶ [Value_if_error]에 **F5** 입력

❷ [확인] 클릭

❸ [H5] 셀의 채우기 핸들을 더블클릭하여 수식을 복사합니다.

**Tip** 오류 표시가 있던 셀에 구입금액이 표시됩니다.

**인수 설명** • Value : 기존에 입력되어 있던 **F5/G5** 수식입니다.

• Value_if_error : 위의 수식의 결과가 오류이면 [F5] 셀의 구입금액을 입력합니다.

## 실무 069 일부 문자에 대한 조건 결과 입력하기
### – IFS, LEFT, IF, MID

**실습 파일** CHAPTER02\069_재고조사표.xlsx | **완성 파일** CHAPTER02\069_재고조사표_완성.xlsx

텍스트 중 일부 문자열에 대한 작업을 해야 할 때 **왼쪽에서부터 문자 일부를 가져오는 LEFT**, 가운데에서 **가져오는 MID 함수**를 사용할 수 있습니다. 제품번호에 있는 일부 문자에 해당하는 제품 구분과 제품 명칭을 입력해보겠습니다.

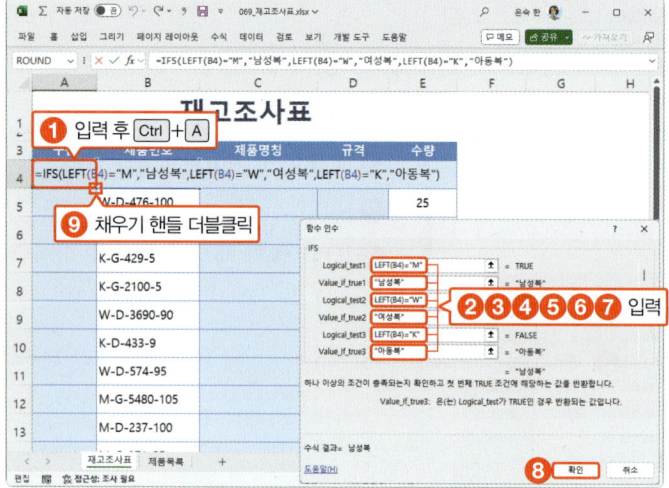

**Tip** 제품번호가 M으로 시작하면 **남성복**, W는 **여성복**, K는 **아동복**을 입력했습니다.

**인수 설명** LEFT 함수에서 셀 주소만 지정하면 해당 셀의 왼쪽에서 한 문자만 추출합니다.
- **Logical_test1** : [B4] 셀 왼쪽에서 첫 번째 글자가 M인지 확인합니다.
- **Value_if_true1** : 조건 확인 결과 참이면 **남성복**을 입력합니다.
- **Logical_test2** : [B4] 셀 왼쪽에서 첫 번째 글자가 W인지 확인합니다.
- **Value_if_true2** : 조건 확인 결과 참이면 **여성복**을 입력합니다.
- **Logical_test3** : [B4] 셀 왼쪽에서 첫 번째 글자가 K인지 확인합니다.
- **Value_if_true3** : 조건 확인 결과 참이면 **아동복**을 입력합니다.

### 01 제품 구분 입력하기

❶ [A4] 셀에 **=IFS** 입력 후 Ctrl + A

❷ [Logical_test1]에 **LEFT(B4)= "M"** 입력

❸ [Value_if_true1]에 **"남성복"** 입력

❹ [Logical_test2]에 **LEFT(B4)= "W"** 입력

❺ [Value_if_true2]에 **"여성복"** 입력

❻ [Logical_test3]에 **LEFT(B4)= "K"** 입력

❼ [Value_if_true3]에 **"아동복"** 입력

❽ [확인] 클릭

❾ [A4] 셀의 채우기 핸들을 더블클릭하여 수식을 복사합니다.

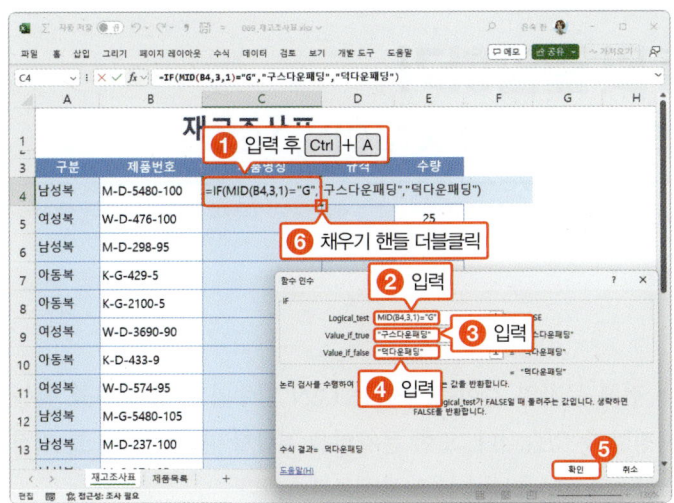

## 02 제품명칭 입력하기

❶ [C4] 셀에 **=IF** 입력 후 Ctrl + A

❷ [Logical_test]에
**MID(B4,3,1)="G"** 입력

❸ [Value_if_true]에 **구스다운패딩** 입력

❹ [Value_if_false]에 **덕다운패딩** 입력

❺ [확인] 클릭

❻ [C4] 셀의 채우기 핸들을 더블클릭하여 수식을 복사합니다.

**Tip** 제품번호의 세 번째 글자가 G면 **구스다운패딩**, D면 **덕다운패딩**을 입력했습니다.

**인수 설명**
- **Logical_test** : [B4] 셀에서 세 번째 글자 한 개를 추출한 문자가 G인지 확인합니다.
- **Value_if_true** : 조건이 참이면 구스다운패딩을 표시합니다.
- **Value_if_false** : 조건이 거짓이면 덕다운패딩을 표시합니다.

## 실무 070 문자 추출 및 결합하기
### – RIGHT, LEN, FIND, TEXTJOIN, TEXT

실습 파일 CHAPTER02\070_재고조사표.xlsx | 완성 파일 CHAPTER02\070_재고조사표_완성.xlsx

추출할 문자열 개수가 일정하지 않을 때 전체 문자열 길이를 구하는 LEN 함수와 특정 문자를 찾는 FIND 함수를 활용해서 추출할 개수를 지정할 수 있습니다. 또한 문자열을 결합할 때 서식 코드를 지정한 문자열을 입력할 수 있는 TEXTJOIN 함수와 TEXT 함수를 사용해보겠습니다.

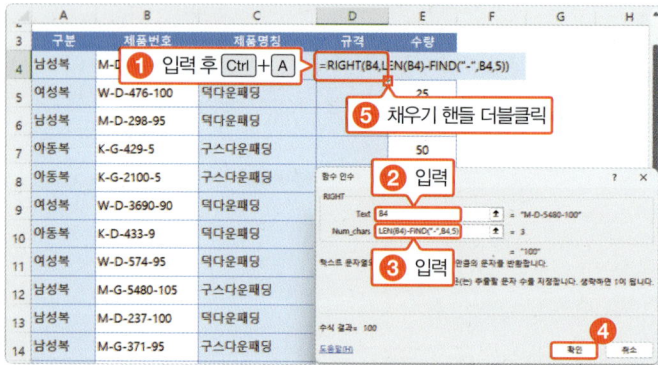

**01 제품번호에서 규격 추출하기**

❶ [D4] 셀에 =RIGHT 입력 후 Ctrl + A
❷ [Text]에 B4 입력
❸ [Num_chars]에 LEN(B4)–FIND("–",B4,5) 입력
❹ [확인] 클릭
❺ [D4] 셀의 채우기 핸들을 더블클릭하여 수식을 복사합니다.

**인수 설명**
- Text : 추출할 규격이 있는 [B4] 셀입니다.
- Num_chars : 제품번호 전체 문자 길이 LEN(B4)에서 FIND("–",B4,5) 결과를 뺀 개수만큼 문자를 추출합니다. FIND("–",B4,5)는 "–"를 [B4] 셀에서 찾되, 다섯 번째 문자 이후부터 찾습니다. 제품번호의 두 번째 "–" 이후부터 찾아야 하기 때문입니다.

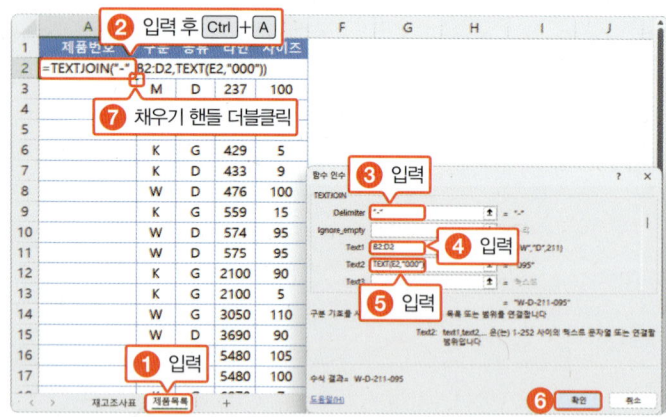

**02 문자 결합하기**

❶ [제품목록] 시트 클릭
❷ [A2] 셀에 =TEXTJOIN 입력 후 Ctrl + A
❸ [Delimiter]에 "–" 입력
❹ [Text1]에 B2:D2 입력
❺ [Text2]에 TEXT(E2,"000") 입력
❻ [확인] 클릭
❼ [A2] 셀의 채우기 핸들을 더블클릭하여 수식을 복사합니다.

**인수 설명**
- Delimiter : 문자열 사이의 구분자로 "–"을 지정합니다.
- Ignore_empty : 빈 셀을 무시할지 여부로, 생략하면 빈 셀은 무시합니다.
- Text1 : 결합할 첫 번째 범위 [B2:D2]를 지정합니다.
- Text2 : 결합할 두 번째 문자열 [E2] 셀을 세 자릿수로 표시하기 위해 TEXT 함수에 "000" 코드를 지정합니다.

## 071 엑셀의 날짜와 시간 개념 이해하기

**실습 파일** CHAPTER02\071_날짜시간개념.xlsx | **완성 파일** CHAPTER02\071_날짜시간개념_완성.xlsx

엑셀에서 날짜와 시간 데이터는 계산할 수 있는 수치 데이터입니다. **날짜와 시간 표시 형식을 일반 서식으로 변경하면 숫자 값으로 표시됩니다.** 날짜와 시간 데이터의 개념을 이해하고 그에 따라 계산하는 방법을 알아보겠습니다.

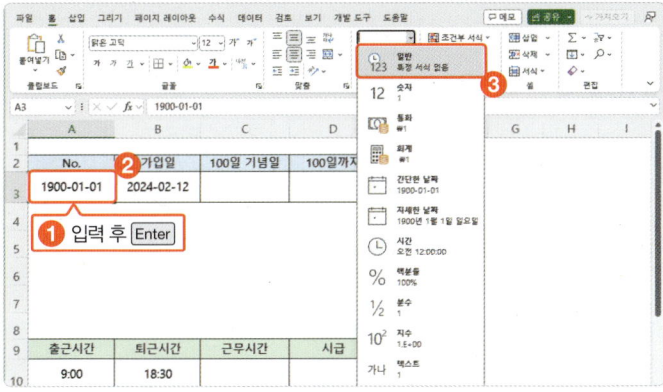

**01 날짜 서식 없애기**

❶ [A3] 셀에 **1** 입력 후 Enter

❷ 다시 [A3] 셀 클릭

❸ [홈] 탭-[표시 형식] 그룹-[표시 형식]-[일반]을 클릭합니다.

**Tip** [A3] 셀에는 =TODAY() 함수가 작성되어 있습니다. 셀에 날짜 함수를 입력하거나 하이픈(-), 슬러시(/) 구분 기호로 연-월-일을 입력하면 자동으로 날짜 서식이 지정됩니다. 날짜 서식이 지정되어 있는 셀에 숫자 **1**을 입력하면 1900-01-01 날짜가 입력됩니다. 엑셀은 1에서 2,958,465까지의 숫자에 날짜 서식을 지정하면 1900-01-01에서 9999-12-31까지의 날짜를 표시합니다.

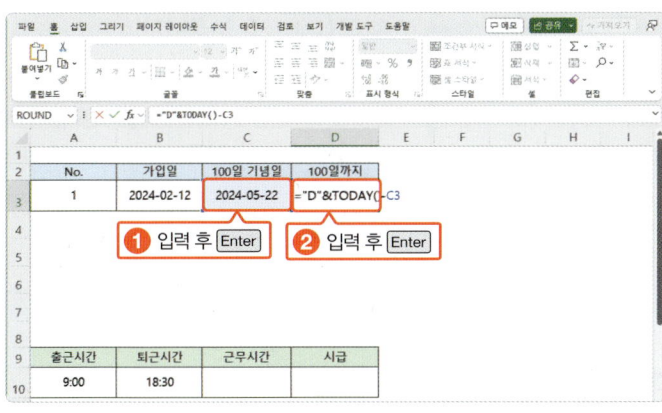

**02 100일 기념 날짜 계산**

❶ [C3] 셀에 **=B3+100** 입력 후 Enter

❷ [D3] 셀에 **="D"&TODAY()-C3**을 입력하고 Enter 를 누릅니다.

**Tip** 날짜를 실습하는 시점을 오늘로 하기 위해 [B3] 셀에는 =TODAY()-25로 날짜가 작성되어 있습니다. 엑셀에서 날짜 데이터의 실제 속성은 숫자이기 때문에 날짜에 날짜 또는 숫자를 더하거나 빼면 일수가 계산됩니다. 가입일에 100을 더하면 100일 후 날짜가 표시됩니다. 100일 기념일까지 남은 D-day는 문자 "D"를 연결하여 표시하기 위해 & 연산자를 사용했습니다. 오늘 날짜에서 100일 기념일을 빼면 오늘부터 100일 기념일까지 남은 일수가 구해집니다.

SECTION 02 엑셀 실무 함수 알아보기 **157**

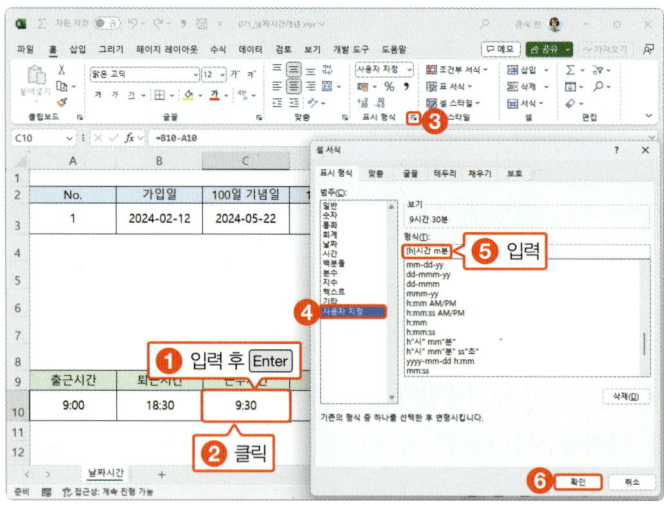

## 03 근무시간 구하기

❶ [C10] 셀에 **=B10-A10** 입력 후 Enter

❷ 다시 [C10] 셀 클릭

❸ [홈] 탭-[표시 형식] 그룹의 [표시 형식] ⤡ 클릭

❹ [셀 서식] 대화상자에서 [표시 형식]-[범주]에서 [사용자 지정] 선택

❺ [형식]에 **[h]시간 m분** 입력

❻ [확인]을 클릭합니다.

**Tip** [셀 서식] 대화상자의 단축키는 Ctrl + 1 입니다.

---

### Note 엑셀에서는 시간을 어떻게 표시하나요?

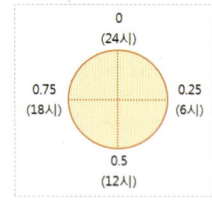

셀에 콜론(:)을 구분 기호로 **시:분:초**를 입력하면 자동으로 시간 서식이 적용됩니다. 시간 데이터가 입력된 셀에 시간 서식을 없애면 0~1 사이의 숫자가 표시됩니다. 엑셀은 하루 24시간을 1로 정의하고 시간을 0과 1 사이 소수점으로 표시합니다. 예를 들어 18:30 입력된 셀에서 서식을 없애면 0.770833이 표시됩니다. 18시는 18을 24시간으로 나눈 0.75입니다. 1시간은 60분, 24시간은 1,440분이므로 30분은 30을 1,440분으로 나눈 0.020833입니다. 따라서 18시 30분은 0.75+0.020833=0.770833과 같습니다.

---

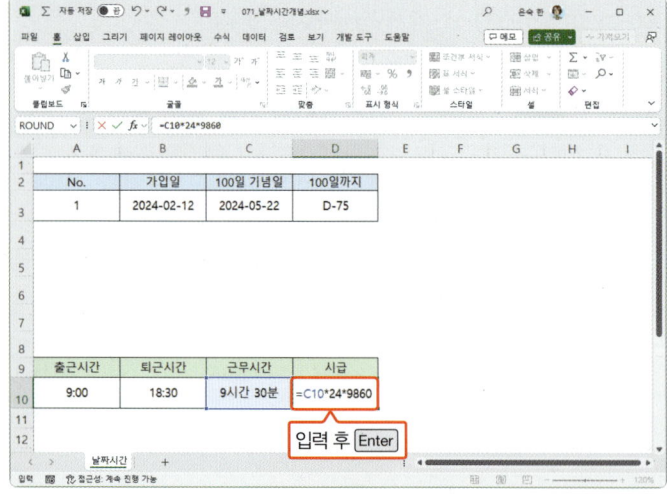

## 04 시급 구하기

[D10] 셀에 **=C10*24*9860**을 입력하고 Enter 를 누릅니다.

**Tip** 엑셀에서 시간 데이터는 실제로는 24시간으로 나누어진 0 이하의 숫자입니다. 시간에 시급을 곱해야 하는 경우에는 근무시간에 바로 시급을 곱하지 않고 24를 곱한 후에 시급을 곱해야 합니다.

## 기초 072 날짜 기간 계산하기
### – DATEDIF, EDATE

실습 파일 CHAPTER02\072_아르바이트급여.xlsx | 완성 파일 CHAPTER02\072_아르바이트급여_완성.xlsx

DATEDIF는 지정하는 옵션에 따라 두 날짜 사이에 경과된 연수, 개월 수, 일수를 구하는 함수입니다. 또한 특정 날짜로부터 몇 개월 후의 날짜를 구하려면 EDATE 함수를 사용합니다.

**01 근무기간 구하기**

❶ [I3] 셀에 =DATEDIF(G3,A34, "y") &"년" 입력 후 Enter

❷ [J3] 셀에 =DATEDIF(G3,A34, "ym")&"개월" 입력 후 Enter

❸ [K3] 셀에 =DATEDIF(G3,A34, "md")&"일"을 입력한 후 Enter 를 누릅니다.

**함수식 설명**
- =DATEDIF(G3,A34,"y")&"년" : 계약일(G3)로부터 급여 말일(A34)까지의 경과 연수("y")에 "년"을 연결(&)합니다.
- =DATEDIF(G3,A34,"ym")&"개월" : 계약일(G3)로부터 급여 말일(A34)까지의 연수를 뺀 개월 수("ym")에 "개월"을 연결(&)합니다.
- =DATEDIF(G3,A34,"md")&"일" : 계약일(G3)로부터 급여 말일(A34)까지의 연수와 개월 수를 뺀 일수("md")에 "일"을 연결(&)합니다.

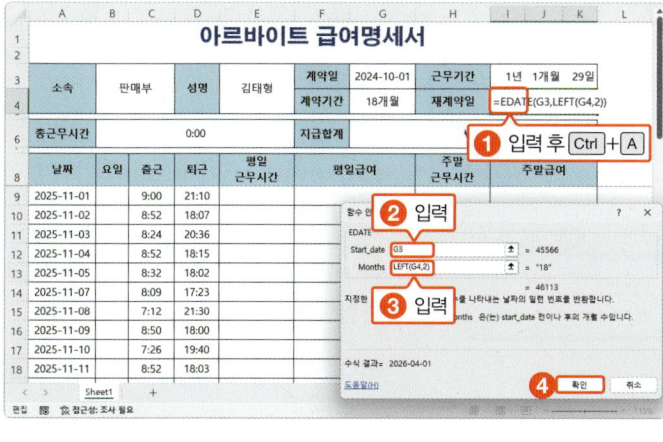

**02 재계약일 구하기**

❶ [I4] 셀에 =EDATE 입력 후 Ctrl + A

❷ [Start_date]에 G3 입력

❸ [Months]에 LEFT(G4,2) 입력

❹ [확인]을 클릭합니다.

**Tip** 계약일로부터 18개월 후의 날짜가 구해집니다.

**Tip** EDATE 대신 EOMONTH 함수를 사용하면 지정한 개월 수 전후의 말일 날짜를 구합니다.

**인수 설명**
- Start_date : 계약일(G3)을 시작일로 지정합니다.
- Months : 계약기간(G4) 왼쪽에서 두 개의 숫자를 추출하는 LEFT(G4,2)를 입력합니다.

## 기초

# 073 날짜에서 요일 문자 추출하기
## – WEEKDAY, TEXT

실습 파일 CHAPTER02\073_아르바이트급여.xlsx | 완성 파일 CHAPTER02\073_아르바이트급여_완성.xlsx

요일별로 정렬이나 필터링을 하거나 요일을 조건으로 계산 작업을 반복적으로 해야 한다면 요일을 별도의 열에 추출해두는 것이 편합니다. **WEEKDAY 함수는 날짜에서 요일 정보를 숫자 형태로 가져옵니다. 이를 문자 형태로 입력하기 위해 TEXT 함수 안에 WEEKDAY 함수를 중첩해서 작성합니다.**

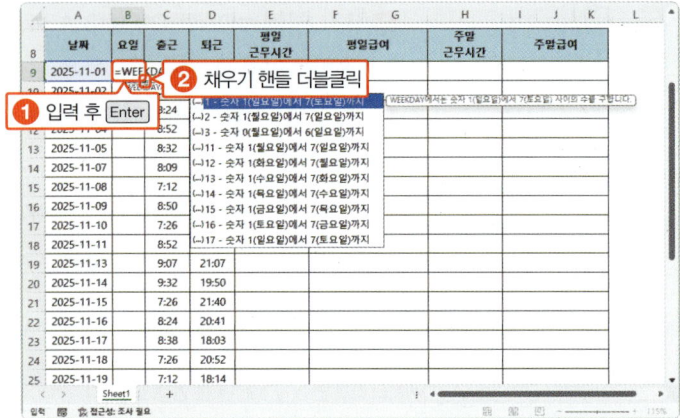

**01 날짜에서 요일 정보 가져오기**

❶ [B9] 셀에 **=WEEKDAY(A9,1)** 입력 후 Enter

❷ 다시 [B9] 셀을 선택하고 채우기 핸들을 더블클릭합니다.

**Tip** 두 번째 인수로 선택한 숫자에 따라 요일에 따른 숫자가 입력됩니다. 1(일요일)~7(토요일)로 정보를 가져올 경우는 두 번째 인수는 생략하고 =WEEKDAY(A9)라고만 입력해도 됩니다.

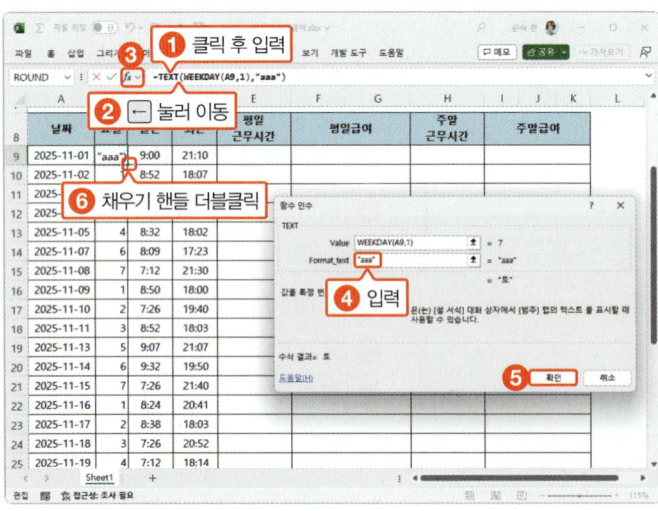

**02 요일 번호를 문자로 입력하기**

❶ 수식 입력줄의 =과 WEEKDAY 사이 클릭 후 **TEXT(** 입력

❷ ← 눌러 커서를 TEXT 함수 부분으로 이동

❸ 수식 입력줄의 [함수 삽입] $f_x$ 클릭

❹ [Format_text]에 **"aaa"** 입력

❺ [확인] 클릭

❻ [B9] 셀의 채우기 핸들을 더블클릭합니다.

**Tip** 함수 인수 대화상자의 단축키는 Shift + F3 입니다.

**인수 설명** • **Value** : 서식을 지정할 값으로 WEEKDAY(A9,1)의 결괏값입니다.
• **Format_text** : 한글 요일 한 글자 문자 서식코드 **"aaa"**를 입력합니다.

기초

# 074 요일에 따라 근무시간 계산하기
## – IF, OR, HOUR

실습 파일 CHAPTER02\074_아르바이트급여.xlsx | 완성 파일 CHAPTER02\074_아르바이트급여_완성.xlsx

평일과 주말의 시급이 다르므로 요일에 따라 근무시간을 계산해보겠습니다. 퇴근시간에서 출근시간을 빼고 점심시간 1시간을 뺀 시간을 구해보겠습니다.

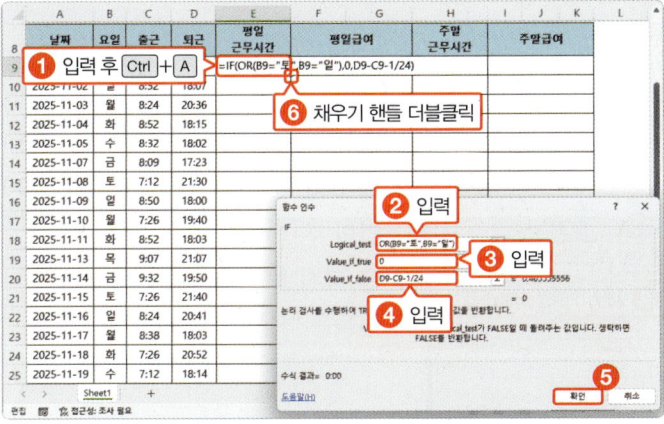

**01 평일 근무시간 구하기**

❶ [E9] 셀에 **=IF** 입력 후 Ctrl + A

❷ [Logical_test]에 **OR(B9="토", B9="일")** 입력

❸ [Value_if_true]에 **0** 입력

❹ [Value_if_false]에 **D9−C9−1/24** 입력

❺ [확인] 클릭

❻ [E9] 셀의 채우기 핸들을 더블클릭합니다.

**인수 설명**
- **Logical_test** : 요일(B9)이 "토"이거나 "일"인지 확인합니다.
- **Value_if_true** : 조건이 참이면 즉, 주말이면 0을 입력합니다.
- **Value_if_false** : 조건이 거짓이면 즉, 평일이면 퇴근시간(D9)에서 출근시간(C9)을 빼고 점심시간 1시간을 뺍니다. 1시간을 뺄 때 시간 데이터로 계산하기 위해 1을 24시간으로 나눈 값을 뺍니다.

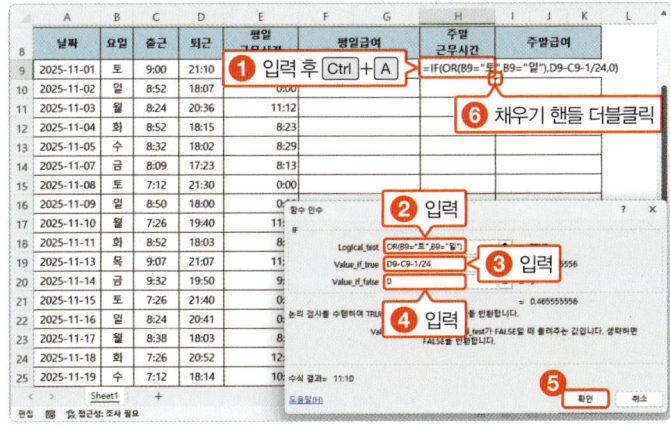

**02 주말 근무시간 구하기**

❶ [H9] 셀에 **=IF** 입력 후 Ctrl + A

❷ [Logical_test]에 **OR(B9="토", B9="일")** 입력

❸ [Value_if_true]에 **D9−C9−1/24** 입력

❹ [Value_if_false]에 **0** 입력

❺ [확인] 클릭

❻ [H9] 셀의 채우기 핸들을 더블클릭합니다.

**Tip** 요일이 토요일이거나 일요일이면 근무시간이 구해지고, 아닌 경우는 0이 입력됩니다.

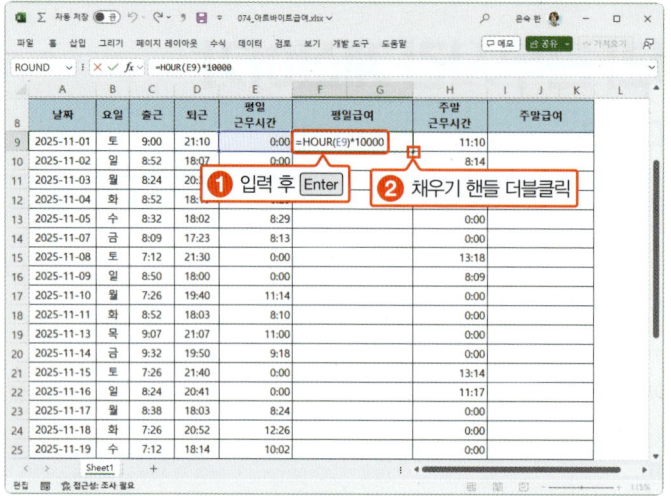

## 03 평일 급여 계산하기

❶ [F9] 셀에 **=HOUR(E9)*10000** 입력 후 Enter

❷ 다시 [F9] 셀을 선택하고 채우기 핸들을 더블클릭합니다.

**Tip** 평일 근무시간에서 시(HOUR)만 추출하여 평일 시급 10,000원을 곱했습니다.

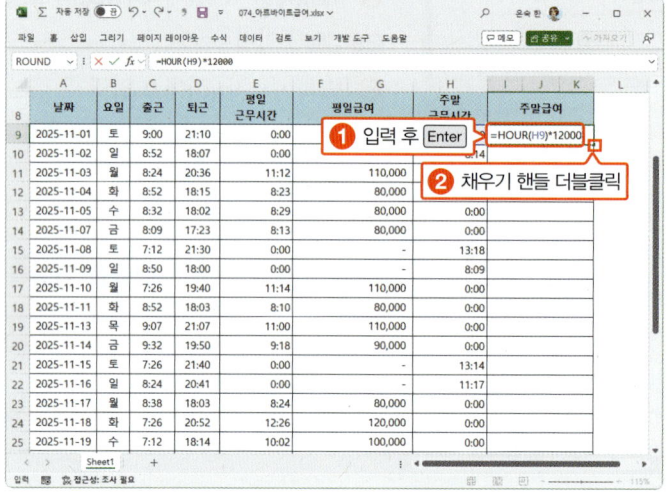

## 04 주말 급여 계산하기

❶ [I9] 셀에 **=HOUR(H9)*12000** 입력 후 Enter

❷ 다시 [I9] 셀을 선택하고 채우기 핸들을 더블클릭합니다.

**Tip** 주말 근무시간에서 시(HOUR)만 추출하여 주말 시급 12,000원을 곱했습니다.

## 기초
## 075 행/열 정보로 일련 번호 매기기
### – ROW, COLUMN

실습 파일 CHAPTER02\075_매출현황표.xlsx | 완성 파일 CHAPTER02\075_매출현황표_완성.xlsx

일련번호를 숫자로 입력해놓으면 정렬이나 행/열 삭제 시 번호가 섞이거나 누락됩니다. 행/열 삭제나 정렬을 해도 **항상 일련번호가 순서대로 유지되게 하려면 ROW 함수를 사용**합니다. **열 방향의 일련번호는 COLUMN 함수**를 사용합니다.

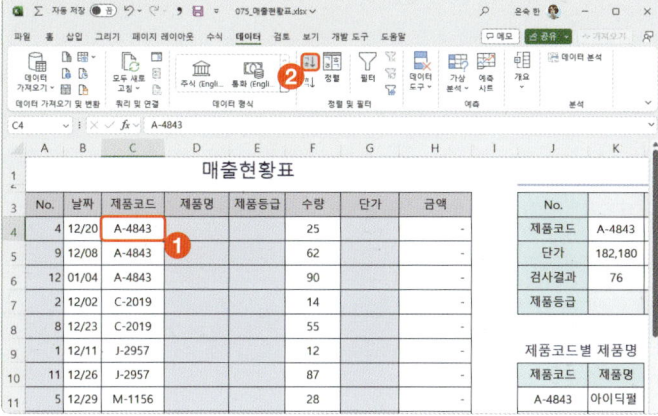

**01 제품코드 순으로 정렬하기**

❶ [C4] 셀 클릭
❷ [데이터] 탭-[정렬 및 필터] 그룹 -[텍스트 오름차순 정렬]을 클릭합니다.

**Tip** 제품코드 문자 순으로 오름차순 정렬되고 A열의 No. 순서가 섞입니다.

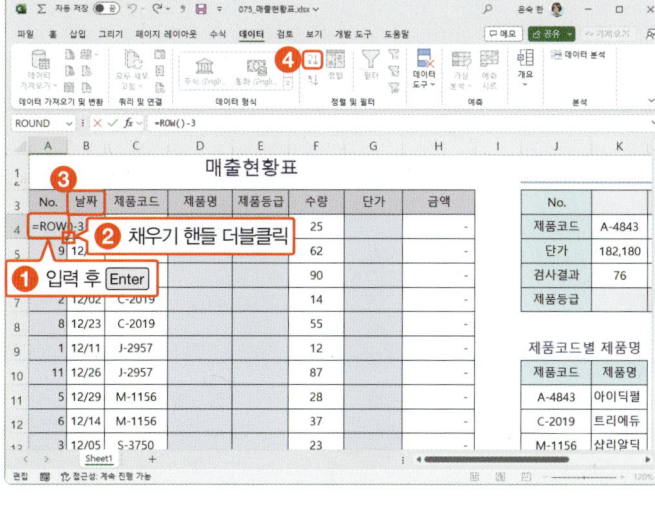

**02 ROW로 일련번호 매기기**

❶ [A4] 셀에 =ROW()-3 입력 후 Enter
❷ [A4] 셀의 채우기 핸들 더블클릭
❸ [B3] 셀 클릭
❹ [데이터] 탭-[정렬 및 필터] 그룹 -[텍스트 오름차순 정렬]을 클릭합니다.

**Tip** ROW 함수로 입력한 일련번호는 데이터가 정렬되어 행 순서가 바뀌어도 번호 순서가 유지됩니다.

**함수식 설명** =ROW()-3 : ROW()는 현재 행 번호를 가져옵니다. 일련번호가 1부터 시작해야 하므로 현재 행 번호에서 일련번호에 포함하지 않을 3행을 뺍니다.

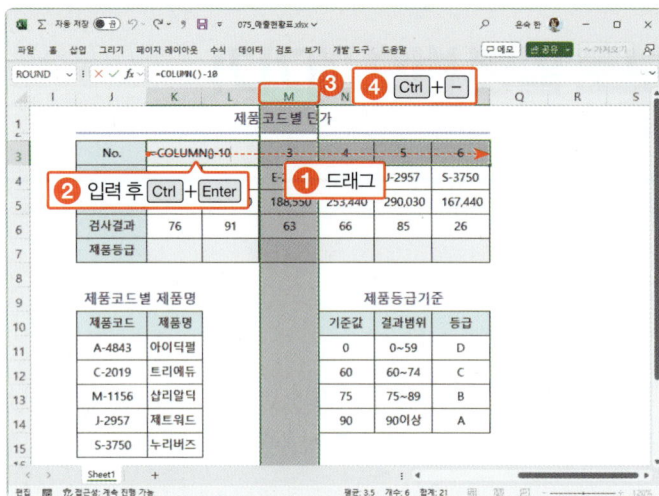

## 03 COLUMN으로 일련번호 매기기

❶ [K3:P3] 범위 지정

❷ =COLUMN()-10 입력 후 Ctrl + Enter

❸ M열 머리글 클릭

❹ Ctrl + - 를 눌러 열을 삭제합니다.

**Tip** 열을 삭제해도 No.는 순서대로 유지됩니다.

**함수식 설명** **=COLUMN()-10** : COLUMN()은 현재 열의 열 번호를 가져옵니다. 일련번호가 1부터 시작해야 하므로 현재 열 번호에서 포함하지 않을 10열을 뺍니다.

## 실무 076 목록에서 데이터 찾아오기
### – VLOOKUP, HLOOKUP

동영상 강의 확인하기

**실습 파일** CHAPTER02\076_매출현황표.xlsx | **완성 파일** CHAPTER02\076_매출현황표_완성.xlsx

VLOOKUP, HLOOKUP은 다른 범위에서 데이터 값을 찾아와야 할 때 사용합니다. **세로 방향 범위에서 값을 찾아올 때는 VLOOKUP, 가로 범위에서 값을 찾아올 때는 HLOOKUP**을 사용합니다.

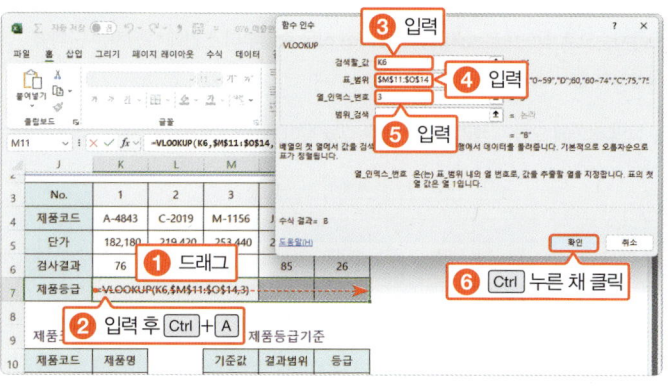

**01 제품등급 입력하기**

❶ [K7:O7] 범위 지정

❷ =VLOOKUP 입력 후 Ctrl + A

❸ [검색할_값]에 K6 입력

❹ [표_범위]에 $M$11:$O$14 입력

❺ [열_인덱스_번호]에 3 입력

❻ Ctrl 을 누른 채 [확인]을 클릭합니다.

**Tip** 검사결과 값을 제품등급기준 표에서 찾아 해당되는 등급을 가져옵니다.

**인수 설명** ※ 엑셀 버전에 따라 대화상자에 인수명이 한글로 표시되기도 하고 영문으로 표시되기도 합니다.
- **검색할_값(Lookup_value)** : 제품등급기준 표 범위에서 찾을 기준 값으로 검사결과 값 [K6] 셀을 지정합니다.
- **표_범위(Table_array)** : [K6] 셀의 값을 찾을 범위로 [M11:O14] 범위를 지정합니다. 다른 셀에서 변하지 않도록 절대 참조로 지정합니다.
- **열_인덱스_번호(Col_index_num)** : 표 범위에서 가져올 데이터 등급은 세 번째 열에 있으므로 3을 입력합니다.
- **범위_검색(Range_lookup)** : 범위에서 검색할 방식. 기준 값의 수치 범위 내에서 근삿값을 찾아야 하므로 생략합니다.

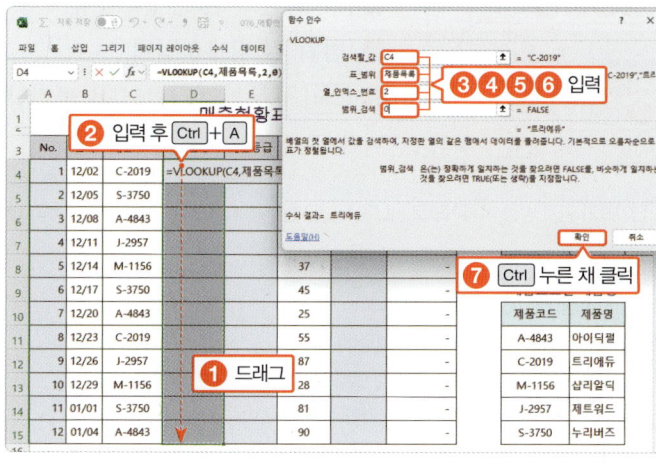

**02 제품명 가져오기**

❶ [D4:D15] 범위 지정

❷ =VLOOKUP 입력 후 Ctrl + A

❸ [검색할_값]에 C4 입력

❹ [표_범위]에 **제품목록** 입력

❺ [열_인덱스_번호]에 2 입력

❻ [범위_검색]에 0 입력

❼ Ctrl 을 누른 채 [확인]을 클릭합니다.

**Tip** 제품코드에 따른 제품명을 제품목록표 [J11:K15] 범위에서 가져옵니다. [J11:K15] 범위는 미리 **제품목록**이라는 이름으로 정의되어 있습니다.

**인수 설명** ※ 엑셀 버전에 따라 대화상자에 인수명이 한글로 표시되기도 하고 영문으로 표시되기도 합니다.
- **검색할_값**(Lookup_value) : 제품목록표 범위에서 찾을 제품코드 [C4] 셀을 지정합니다.
- **표_범위**(Table_array) : 제품코드를 찾을 범위([J11:K15] 이름인 **제품목록**을 입력합니다.
- **열_인덱스_번호**(Col_index_num) : 제품목록 범위 중 가져올 제품명은 두 번째 열에 있으므로 2를 입력합니다.
- **범위_검색**(Range_lookup) : 정확하게 일치하는 값을 찾아야 하므로 0을 입력합니다.

---

**Note  표 범위(Table_array)를 작성할 때 주의할 점은 무엇인가요?**

VLOOKUP, HLOOKUP 함수로 표_범위 [Table_array]에서 참조할 표 목록을 작성할 때는 다음 사항을 꼭 지켜야 합니다.

❶ 찾는 값(Lookup_value)은 표 목록(Table_array)의 첫 번째 줄에서만 찾기 때문에 반드시 첫 번째 줄에 작성해야 합니다.

❷ 찾는 값(Lookup_value)이 숫자인 경우에는 오름차순으로 찾으므로 숫자 범위 중 가장 작은 숫자부터 조건에 해당하는 단위별로 오름차순(작은 숫자부터 큰 숫자 순서)으로 작성해야 합니다.

다음은 표 목록(Table_array) 작성이 잘못되어 함수식의 결과에 오류가 생기거나 엉뚱한 값을 찾아온 예입니다.

▲ 찾는 값에 해당되는 열이 표 목록의 첫 번째 열이 아님

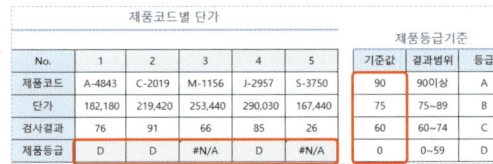
▲ 표 목록의 첫 번째 열의 숫자 목록이 내림차순으로 작성됨

---

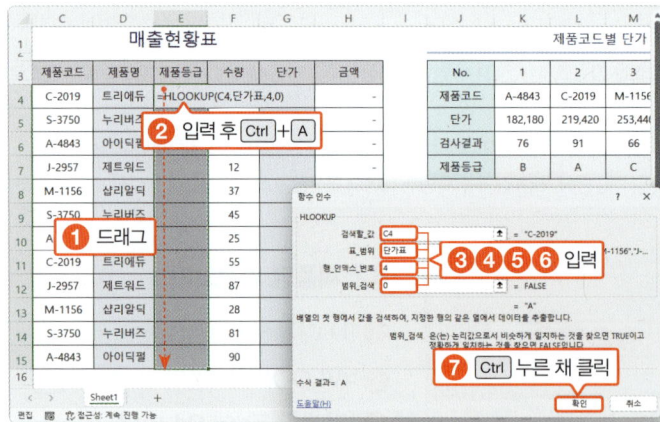

## 03 제품등급 가져오기

❶ [E4:E15] 범위 지정
❷ =HLOOKUP 입력 후 Ctrl+A
❸ [검색할_값]에 C4 입력
❹ [표_범위]에 단가표 입력
❺ [행_인덱스_번호]에 4 입력
❻ [범위_검색]에 0 입력
❼ Ctrl 을 누른 채 [확인]을 클릭합니다.

**Tip** 제품코드에 따른 제품등급을 단가표에서 가져옵니다. 단가표가 가로 방향 목록이므로 HLOOKUP 함수를 사용합니다. [K4:O7] 범위가 미리 **단가표**라는 이름으로 정의되어 있습니다.

**인수 설명**
- **검색할_값**(Lookup_value) : 단가표에서 찾을 제품코드 [C4] 셀을 지정합니다.
- **표_범위**(Table_array) : 제품코드를 찾을 범위([K4:O7] 이름인 **단가표**를 입력합니다.
- **행_인덱스_번호**(Row_index_num) : 단가표 범위 중 가져올 제품등급은 네 번째 행에 있으므로 4를 입력합니다.
- **범위_검색**(Range_lookup) : 정확하게 일치하는 값을 찾아야 하므로 0을 입력합니다.

## 04 단가 가져오기

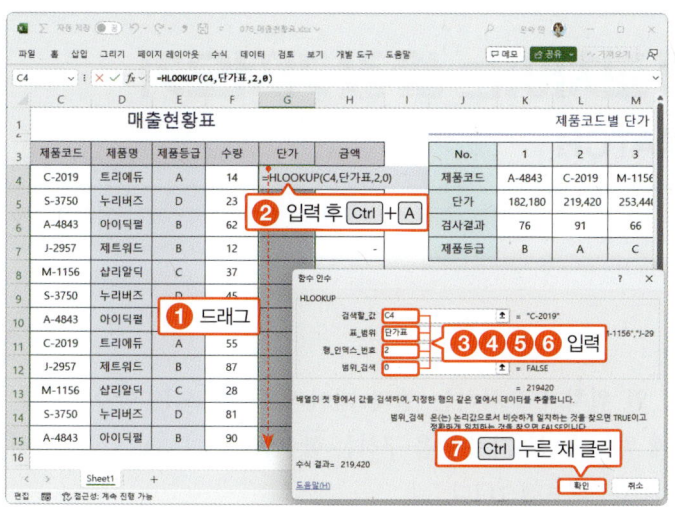

❶ [G4:G15] 범위 지정

❷ =HLOOKUP 입력 후 Ctrl + A

❸ [검색할_값]에 C4 입력

❹ [표_범위]에 **단가표** 입력

❺ [행_인덱스_번호]에 2 입력

❻ [범위_검색]에 0 입력

❼ Ctrl 을 누른 채 [확인]을 클릭합니다.

**Tip** 단가는 단가표 범위에서 두 번째 행에 있습니다. 제품등급을 구했던 함수식과 같고 가져올 행 번호만 2로 지정합니다.

실무

# 077 행과 열이 교차하는 셀 값 가져오기
## – INDEX, MATCH

실습 파일 CHAPTER02\077_운임표.xlsx | 완성 파일 CHAPTER02\077_운임표_완성.xlsx

INDEX는 범위에서 지정한 행 위치와 열 위치가 교차하는 셀의 데이터를 찾아오는 함수입니다. MATCH는 범위에서 지정한 값이 몇 번째 위치에 있는지 순번을 구하는 함수입니다. INDEX 함수에서 지정할 행 위치와 열 위치를 MATCH 함수로 구해보겠습니다.

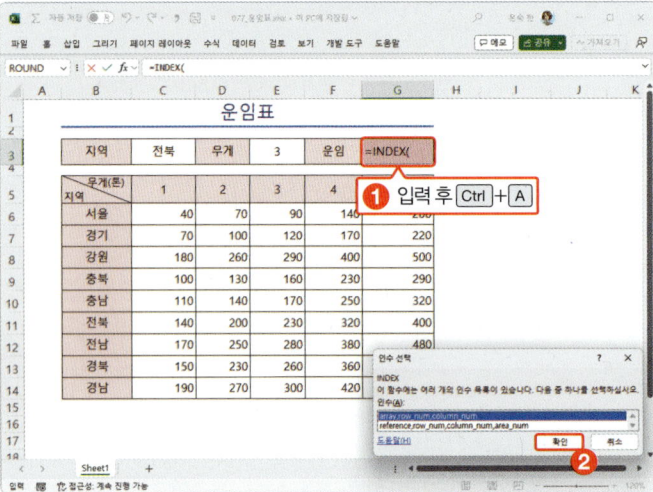

### 01 INDEX 함수 인수 선택하기

❶ [G3] 셀에 =INDEX 입력 후 Ctrl + A

❷ [array,row_num,column_num] 이 선택된 상태에서 [확인]을 클릭합니다.

Tip INDEX 함수는 인수 형태가 두 가지입니다. 하나의 범위에서 값을 찾을 때는 array, 여러 범위에서 가져올 때는 reference를 선택합니다.

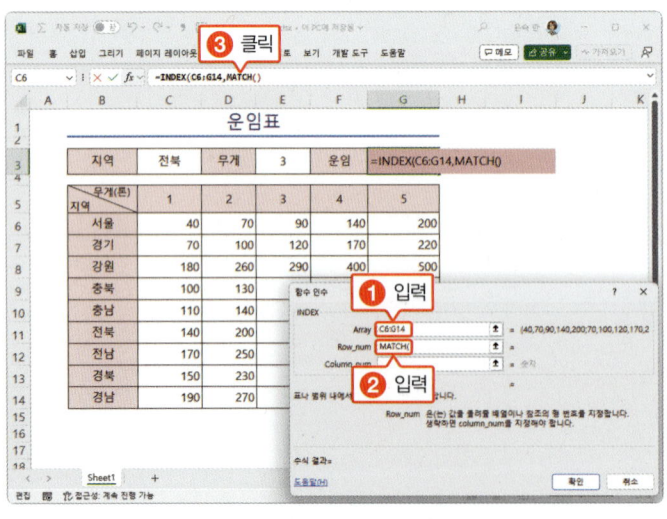

### 02 지역 행 번호 가져오기

❶ [Array]에 C6:G14 입력

❷ [Row_num]에 MATCH( 입력

❸ 수식 입력줄에 입력된 MATCH를 클릭합니다.

Tip [C3] 셀의 지역명이 운임표의 지역 목록에서 몇 번째 행에 있는지 행 번호를 가져오기 위해 MATCH 함수를 사용합니다.

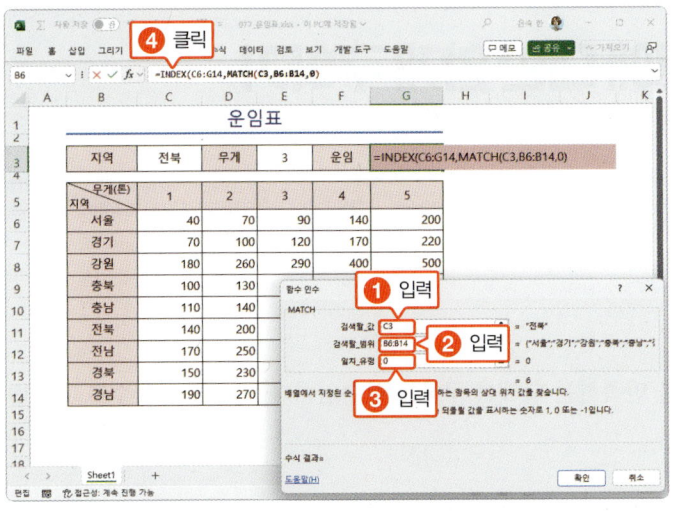

### 03 MATCH 함수 인수 지정하기

① [검색할_값]에 **C3** 입력

② [검색할_범위]에 **B6:B14** 입력

③ [일치_유형]에 **0** 입력

④ 수식 입력줄의 INDEX를 클릭합니다.

**Tip** INDEX 함수 인수 대화상자로 전환합니다.

**인수 설명** ※ 엑셀 버전에 따라 대화상자에 인수명이 한글로 표시되기도 하고 영문으로 표시되기도 합니다.
- **검색할_값(Lookup_value)** : 몇 번째 위치에 있는지 알아볼 지역명인 [C3] 셀을 지정합니다.
- **검색할_범위(Lookup_array)** : [C3] 셀의 지역명이 포함된 범위인 [B6:B14]를 지정합니다.
- **일치_유형(Match_typ)** : 목록이 오름차순, 내림차순에 상관없이 찾을 것이므로 0을 입력합니다.

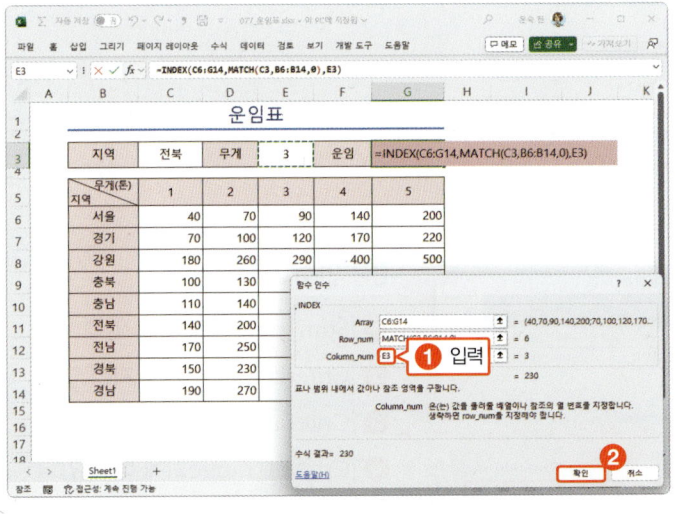

### 04 무게 열 번호 지정하기

① [Column_num]에 **E3** 입력

② [확인]을 클릭합니다.

**Tip**
- 무게는 숫자 1~5로 운임표의 열 번호와 같으므로 바로 무게 셀을 지정했습니다.
- [C3] 셀의 지역과 [E3] 셀의 무게에 해당하는 운임이 입력됩니다.

**인수 설명**
- **Array(배열)** : 데이터를 가져올 배열 범위로 [C6:G14]를 지정합니다.
- **Row_num(행 번호)** : [C3] 셀의 지역명이 지역 범위에서 몇 번째 행인지 행 번호를 가져오는 MATCH 함수식을 입력합니다.
- **Column_num(열 번호)** : 무게는 숫자로 입력되어 있어 [E3] 셀의 숫자가 열 번호이므로 [E3] 셀을 지정합니다.

실무

# 078 다중 조건에 대한 합계 구하기
## – SUMIFS

실습 파일 CHAPTER02\078_매출집계.xlsx | 완성 파일 CHAPTER02\078_매출집계_완성.xlsx

SUMIFS는 지정된 범위에서 여러 조건을 만족하는 합계를 구하는 함수입니다. SUMIFS 함수로 지점별로 미수금 매출의 합계를 구해보겠습니다.

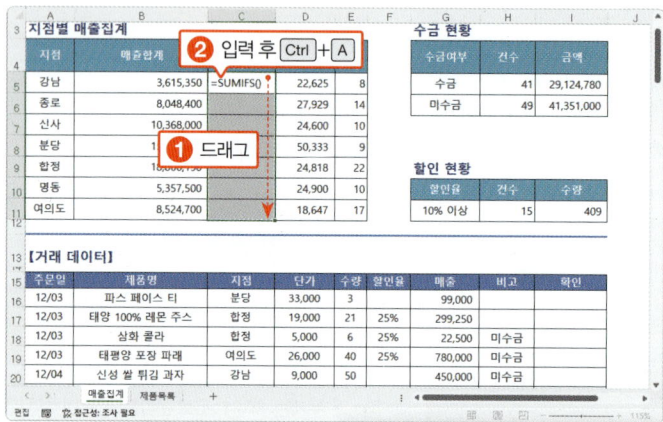

**01 지점별 미수금 매출 합계 구하기**

❶ [C5:C11] 범위 지정
❷ =SUMIFS를 입력한 후 Ctrl + A 를 누릅니다.

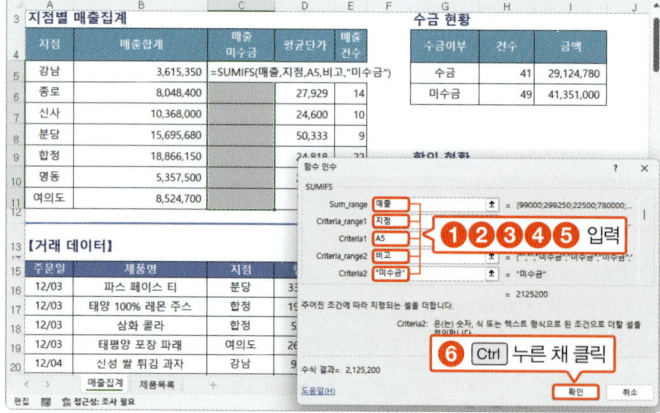

**02 인수 지정하기**

❶ [Sum_range]에 **매출** 입력
❷ [Criteria_range1]에 **지점** 입력
❸ [Criteria1]에 **A5** 입력
❹ [Criteria_range2]에 **비고** 입력
❺ [Criteria2]에 **"미수금"** 입력
❻ Ctrl 을 누른 채 [확인]을 클릭합니다.

**Tip** 지점별 미수금 매출의 합계가 구해집니다.

**인수 설명**
- **Sum_range(합계 범위)** : 합계를 구할 범위로 [G16:G105] 범위의 이름인 **매출**을 입력합니다.
- **Criteria_range1(조건 범위1)** : 첫 번째 조건을 확인할 범위로 [C16:C105] 범위의 이름인 **지점**을 입력합니다.
- **Criteria1(조건1)** : 첫 번째 조건 범위에서 확인할 조건인 지점이 입력되어 있는 [A5] 셀을 지정합니다.
- **Criteria_range2(조건 범위2)** : 두 번째 조건을 확인할 범위로 [H16:H105] 범위의 이름인 **비고**를 입력합니다.
- **Criteria2(조건2)** : 두 번째 조건 범위에서 확인할 조건인 **"미수금"**을 입력합니다.

실무

# 079 지정된 범위 곱하고 더하기
## – PRODUCT, SUMPRODUCT

실습 파일 CHAPTER02\079_간이세금계산서.xlsx | 완성 파일 CHAPTER02\079_간이세금계산서_완성.xlsx

빈 셀이 포함된 범위를 곱하면 빈 셀을 0으로 취급하여 결과는 0이 됩니다. 원가, 마진율, 할인율 범위를 PRODUCT 함수에 지정하여 빈 셀은 무시하고 곱하여 단가를 구하겠습니다. 또한 **SUMPRODUCT 함수를 사용하여 수량과 단가 범위를 곱한 후 그 결과를 더해서 전체 합계**를 구하겠습니다.

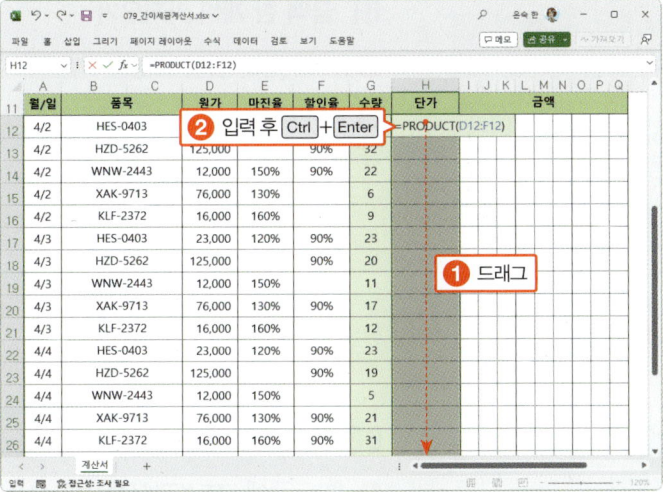

**01 원가, 마진율, 할인율 곱하여 단가 구하기**

❶ [H12:H31] 범위 지정

❷ =PRODUCT(D12:F12) 입력 후 Ctrl + Enter 를 누릅니다.

**Tip** PRODUCT 함수는 지정된 범위의 값들을 모두 곱하며 빈 셀이 있는 경우 빈 셀은 무시합니다.

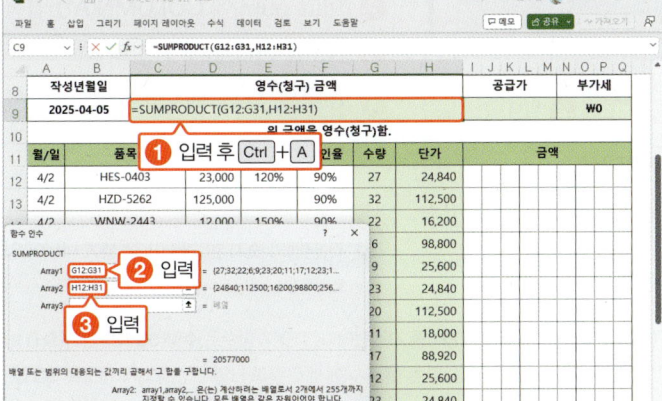

**02 합계금액 구하기**

❶ [C9] 셀에 =SUMPRODUCT 입력 후 Ctrl + A

❷ [Array1]에 G12:G31 입력

❸ [Array2]에 H12:H31 입력

❹ [확인]을 클릭합니다.

**Tip** 수량 범위와 단가 범위를 곱한 후 결과가 모두 더해진 값이 입력됩니다.

SECTION 02 엑셀 실무 함수 알아보기 **171**

실무

# 080 값을 여러 셀에 나눠 입력하기
## – MID, TEXT, COLUMN

동영상 강의 확인하기

실습 파일 CHAPTER02\080_간이세금계산서.xlsx | 완성 파일 CHAPTER02\080_간이세금계산서_완성.xlsx

---

실습 파일의 간이세금계산서는 수량과 단가를 곱한 금액을 아홉 개의 셀에 숫자 한 개씩을 따로 입력하도록 작성된 양식입니다. 금액을 한 개씩 가져오는 것은 MID 함수를 사용합니다. **수량과 단가를 곱한 금액을 9자리 문자로 만드는 것은 TEXT 함수**를 사용하고, **가져올 위치는 COLUMN 함수**로 지정합니다.

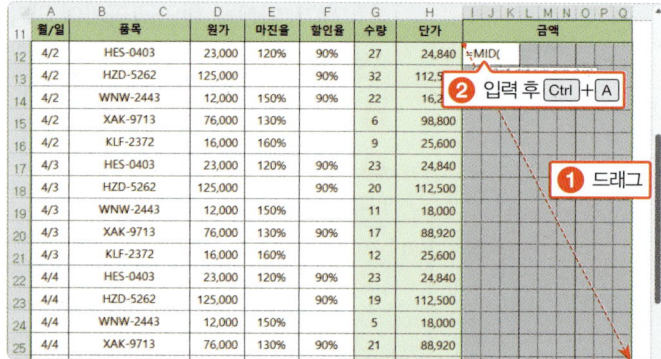

**01 금액 한 개씩 가져오기**

❶ [I12:Q32] 범위 지정
❷ =MID를 입력한 후 Ctrl + A 를 누릅니다.

**02 인수 지정하기**

❶ [Text]에 TEXT($G12*$H12, "?????????") 입력
❷ [Start_num]에 COLUMN(A1) 입력
❸ [Num_chars]에 1 입력
❹ Ctrl 을 누른 채 [확인]을 클릭합니다.

Tip 각 금액의 숫자 한 개씩이 각 셀에 나누어 입력됩니다.

---

**인수 설명**
- **Text** : 가져올 글자가 있는 Text로 TEXT($G12*$H12, "?????????")를 지정합니다. TEXT 함수로 **수량($G12)*단가($H12)**를, 앞 빈자리는 공백으로 하는 9자리(?????????) 문자로 만듭니다. 다른 셀 수식에서 G열과 H열이 변경되지 않도록 **$G12, $H12**로 입력합니다.
- **Start_num** : 가져올 문자 시작 위치. 즉 각 셀에 가져올 자릿수로 **COLUMN(A1)**을 지정합니다. 첫 번째 셀에서는 1, 두 번째 셀에서는 COLUMN(B1)이 되어 2, 차례대로 1씩 증가된 값이 지정되고 마지막 셀에는 COLUMN(I1)이 되어 9가 지정됩니다.
- **Num_chars** : 가져올 문자 수로 각 셀에 숫자 한 개씩 입력할 것이므로 **1**을 입력합니다.

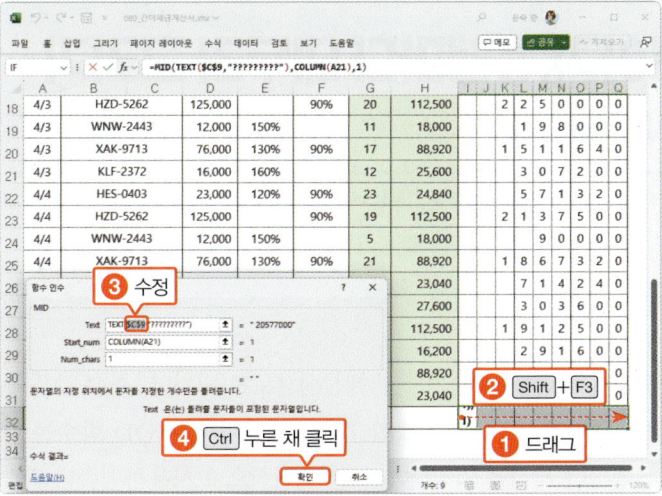

## 03 함수식 수정하기

❶ [I32:Q32] 범위 지정

❷ Shift + F3

❸ [Text]의 $G32*$H32를 **$C$9** 수정

❹ Ctrl 을 누른 채 [확인]을 클릭합니다.

**Tip** 마지막 행에서는 수량*단가가 아닌 [C9] 셀 전체 합계 금액을 가져와야 하므로, 값으로 [C9] 셀을 지정합니다. 다른 셀에서도 [C9] 셀을 참조해야 하므로 **$C$9**로 절대 참조 형태로 입력합니다.

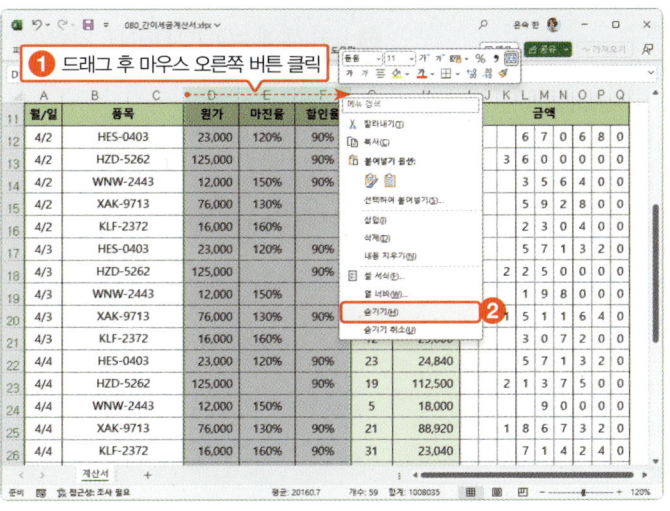

## 04 열 숨기기

❶ [D:F] 열 머리글 드래그 후 마우스 오른쪽 버튼 클릭

❷ [숨기기]를 클릭합니다.

**Tip** 선택한 열이 숨겨집니다. [원가], [마진율], [할인율] 열은 계산서에서 보일 필요가 없어서 열을 숨겼습니다.

실무

# 081 공급가 구하기, 5행마다 테두리 그리기
## – QUOTIENT, MOD

실습 파일 CHAPTER02\081_간이세금계산서.xlsx | 완성 파일 CHAPTER02\081_간이세금계산서_완성.xlsx

합계금액의 공급가를 구하려면 합계금액을 1.1로 나누는 '=C9/1.1' 계산식으로도 되지만, 소수 값은 무시하기 위해 **QUOTIENT 함수를 사용하여 나눗셈 후 몫의 정수만 가져오겠습니다**. MOD 함수는 **나눗셈 후 나머지 부분만 구하는 함수**인데, 5행마다 서식을 지정하기 위한 조건식으로 사용하겠습니다.

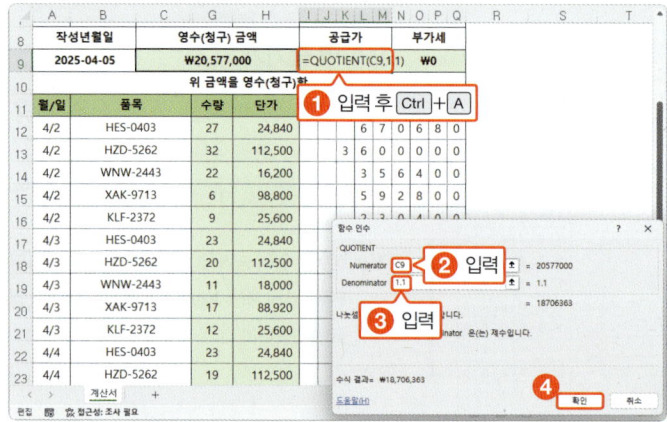

**01 합계금액의 공급가 구하기**

❶ [I9] 셀에 **=QUOTIENT** 입력 후 Ctrl + A

❷ [Numerator]에 **C9** 입력

❸ [Denominator]에 **1.1** 입력

❹ [확인]을 클릭합니다.

**인수 설명**
- **Numerator** : 나누어질 합계 금액이 입력되어 있는 [C9] 셀을 지정합니다.
- **Denominator** : 나눌 수로 **1.1**을 입력합니다.

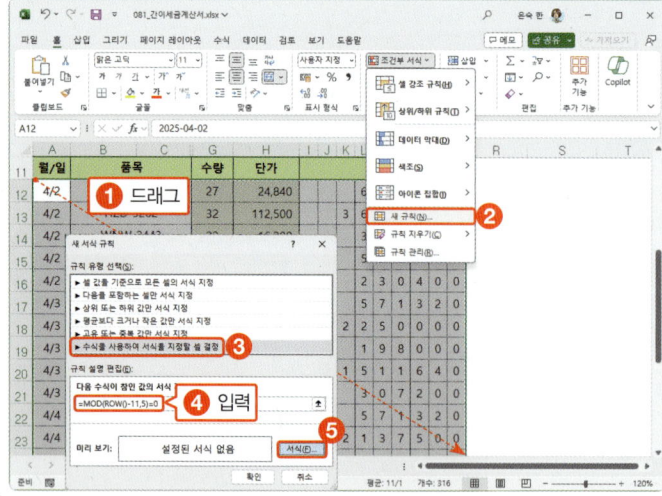

**02 5행마다 빨간색 테두리 표시하기**

❶ [A12:Q31] 범위 지정

❷ [홈] 탭-[스타일] 그룹-[조건부 서식]-[새 규칙] 클릭

❸ [새 서식 규칙] 대화상자에서 [규칙 유형 선택]에서 [수식을 사용하여 서식을 지정할 셀 결정] 선택

❹ 수식 입력란에 **=MOD(ROW()-11,5)=0** 입력

❺ [서식]을 클릭합니다.

**Tip** 조건식 설명

**=MOD(ROW()−11,5)=0** : 행 번호 (ROW()−11)를 5로 나눈 나머지가 0이면 서식을 지정합니다. 지정된 범위 중 첫 번째 행 번호가 1이 되게 하려면 현재 행이 12행이므로 현재 행 번호 ROW()에서 11을 뺍니다. 범위 중 다섯 번째 행인지를 판단하기 위해 5로 나눈 나머지가 0인지 조건식을 입력했습니다.

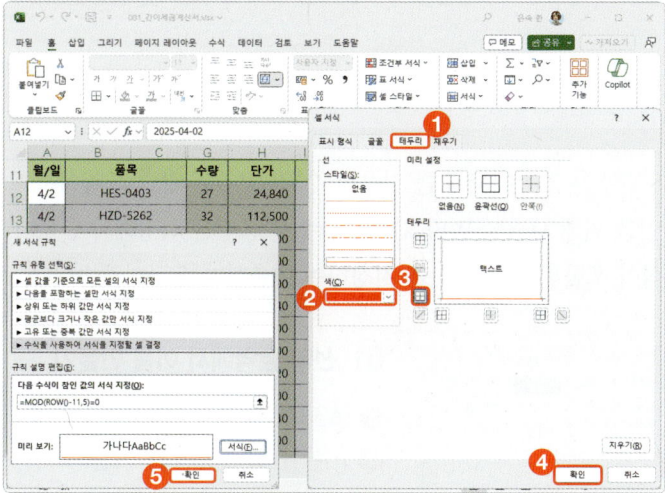

## 03 서식 지정하기

❶ [셀 서식] 대화상자에서 [테두리] 탭 클릭

❷ [색] 목록에서 [빨강] 선택

❸ [아래쪽 테두리] 선택

❹ [확인] 클릭

❺ [새 서식 규칙] 대화상자에서 [확인]을 클릭합니다.

**Tip** 지정된 범위의 5행마다 빨간색 테두리가 표시됩니다.

실무

# 082 다중 조건에 대한 합계 구하기
## – SUMPRODUCT

실습 파일 CHAPTER02\082_매출집계.xlsx | 완성 파일 CHAPTER02\082_매출집계_완성.xlsx

다중 조건에 대한 합계를 구하는 SUMIFS 함수는 조건에 함수를 사용할 수 없습니다. 실습 파일에서 요일, 지점별 매출합계를 구하려면 요일 확인을 위해 TEXT, WEEKDAY 함수로 조건을 지정해야 합니다. **SUMPRODUCT 함수**를 사용해서 함수식이 포함된 다중 조건을 지정하여 매출합계를 구하겠습니다.

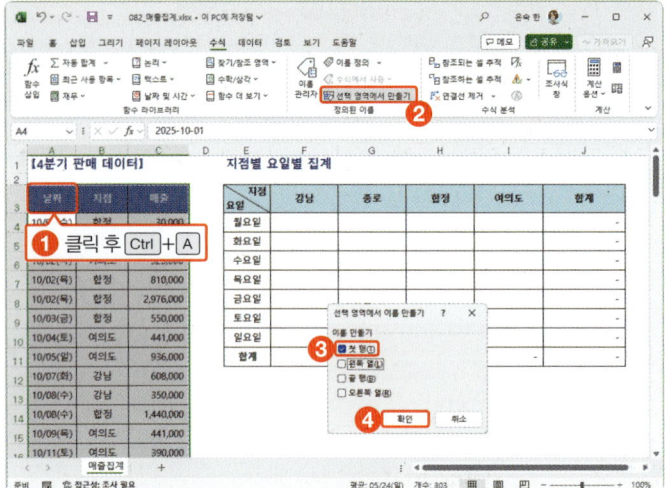

### 01 선택 영역에서 이름 만들기

❶ [A3] 셀 클릭 후 Ctrl + A
❷ [수식] 탭–[정의된 이름] 그룹–[선택 영역에서 만들기] 클릭
❸ [선택 영역에서 이름 만들기] 대화상자에서 [첫 행]만 체크
❹ [확인]을 클릭합니다.

Tip [A4:A103] 범위가 **날짜**, [B4:B103] 범위가 **지점**, [C4:C103] 범위가 **매출**이라는 이름으로 정의됩니다.

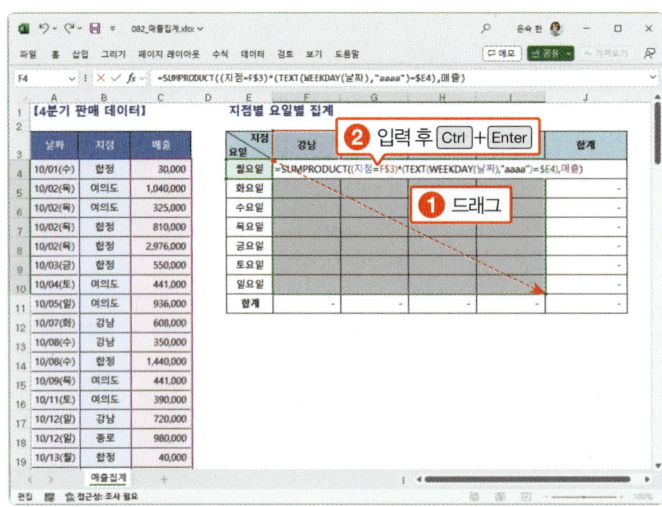

### 02 지점별, 요일별 매출 합계 구하기

❶ [F4:I10] 범위 지정
❷ =SUMPRODUCT((지점=F$3)*(TEXT(WEEKDAY(날짜),"aaaa")=$E4),매출) 입력 후 Ctrl + Enter 를 누릅니다.

### 함수식 설명

**=SUMPRODUCT((조건1)*(조건2),합계 범위)**

SUMPRODUCT 함수에서 다중 조건을 AND 방식으로 입력할 때는 조건들을 괄호 안에 입력하고 조건과 조건 사이를 별표(*)로 연결합니다. 조건들 뒤에 콤마(,) 입력 후 합계 범위를 지정합니다.

=SUMPRODUCT((지점=F$3)*(TEXT(WEEKDAY(날짜),"aaaa")=$E4),매출)

- **조건1** : 지점=F$3을 지정합니다.
- **조건2** : TEXT(WEEKDAY(날짜),"aaaa")=$E4를 지정합니다.
- **합계 범위** : [C4:C103] 범위의 이름 **매출**을 입력합니다.

지점이 [F3] 셀과 같고, 날짜의 요일 문자가 [E4] 셀과 같은 매출의 합계를 구합니다.

지점은 한 행에 입력되어 있으므로 [F$3]으로 행 고정, 요일은 한 열에 입력되어 있으므로 [$E4]로 열이 고정되게 입력합니다.

---

**Note** — **SUMPRODUCT 함수로 다중 조건에 대한 개수와 합계도 구할 수 있나요?**

SUMPRODUCT 함수는 단순한 곱셈 결과의 합을 구하는 것뿐 아니라 COUNTIFS나 SUMIFS 함수처럼 다중 조건에 대한 개수나 합계를 구할 때도 사용됩니다. 엑셀 2007 버전부터 추가된 SUMIFS, COUNTIFS 함수를 사용하면 다중 조건에 대한 합계나 개수를 구할 수 있지만, 이 함수들은 다중 조건에 대해 AND 조건으로만 계산을 하고, 수식의 결과는 조건으로 사용할 수 없습니다.

다중 조건에 대한 OR 조건의 계산을 해야 하거나 다중 조건에 수식이나 함수식을 넣어야 할 때는 SUMPRODUCT 함수를 사용해야 합니다.

SUMPRODUCT 함수는 배열을 인수로 취급하기 때문에 함수식 안에서 조건들 사이에 별표(*) 기호를 사용하면 AND 조건, 더하기(+) 기호를 사용하면 OR 조건으로 계산합니다. SUMPRODUCT 함수 안에 별표(*)나 더하기(+) 기호로 연결한 조건만 나열하면 조건에 대한 개수를 구하고 조건들 뒤에 범위를 지정하면 해당 조건에 대한 범위의 합계를 구합니다. 다중 조건에 대한 구체적인 계산 방식은 다음과 같습니다.

- **다중 조건에 대한 개수**

    =SUMPRODUCT((조건1)*(조건2)* … *(조건N)) : 여러 조건이 모두 맞는 경우의 개수를 구합니다(AND 조건).
    =SUMPRODUCT((조건1)+(조건2)+ … +(조건N)) : 여러 조건 중 한 가지라도 맞는 경우의 개수를 구합니다(OR 조건).

- **다중 조건에 대한 합계**

    =SUMPRODUCT((조건1)*(조건2)* … *(조건N),합계 범위) : 여러 조건이 모두 맞는 경우의 범위의 합계를 구합니다(AND 조건).
    =SUMPRODUCT((조건1)+(조건2)+ … +(조건N),합계 범위) : 여러 조건 중 한 가지라도 맞는 경우의 범위의 합계를 구합니다(OR 조건).

    색이 "흰색"이고, 사이즈가 11 이하인 수량 합계를 SUMPRODUCT 함수로 구하려면 다음과 같이 작성합니다.

    **=SUMPRODUCT((A3:A17="흰색")*(B3:B17<=11),C3:C17)**

| | A | B | C | D | E | F | G | H | I |
|---|---|---|---|---|---|---|---|---|---|
| 1 | 색 | 사이즈 | 수량 | | 흰색, 11호 이하 수량 합계 | | | | |
| 2 | | | | | | | | | |
| 3 | 흰색 | 3 | 54 | | =SUMPRODUCT((A3:A17="흰색")*(B3:B17<=11),C3:C17) | | | | |
| 4 | 검정 | 5 | 69 | | | | | | |

## 실무

# 083 자동 필터 및 정렬하기
## – FILTER, SORT

동영상 강의
확인하기

실습 파일 CHAPTER02\083_판매데이터.xlsx | 완성 파일 CHAPTER02\083_판매데이터_완성.xlsx

월을 입력하면 3분기 판매 데이터로부터 **해당 월의 데이터 목록을 추출하도록** FILTER 함수를 작성하고, **지점별로 정렬까지 되도록** SORT 함수를 추가해보겠습니다.

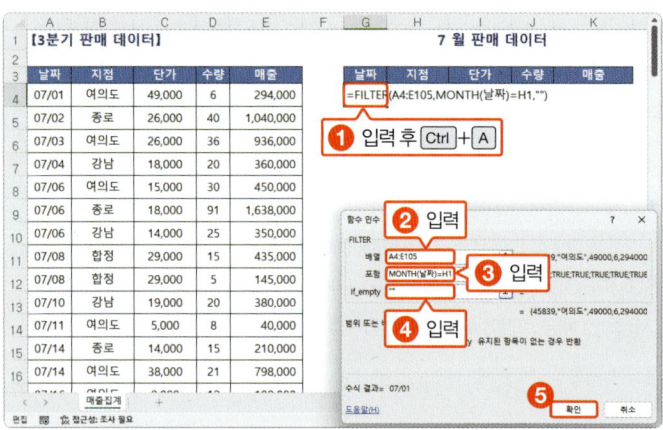

**01 7월 데이터 필터하기**

❶ [G4] 셀에 =FILTER 입력 후 Ctrl + A
❷ [배열]에 A4:E105 입력
❸ [포함]에 MONTH(날짜)=H1 입력
❹ [If_empty]에 "" 입력
❺ [확인]을 클릭합니다.

Tip [A4:A105] 범위는 **날짜**로 이름이 정의되어 있습니다.

**인수 설명**
- 배열 : 필터링할 원본 데이터 범위입니다. 판매 데이터 범위에서 제목 행을 제외한 [A4:E105] 범위를 지정합니다.
- 포함 : 필터할 조건입니다. 날짜의 월이 [H1] 셀과 같은지 확인하는 식 MONTH(날짜)=H1 을 입력합니다.
- If_empty : 조건에 맞는 항목이 없는 경우 반환할 값입니다. 빈 셀을 반환하기 위해 ""를 입력합니다.

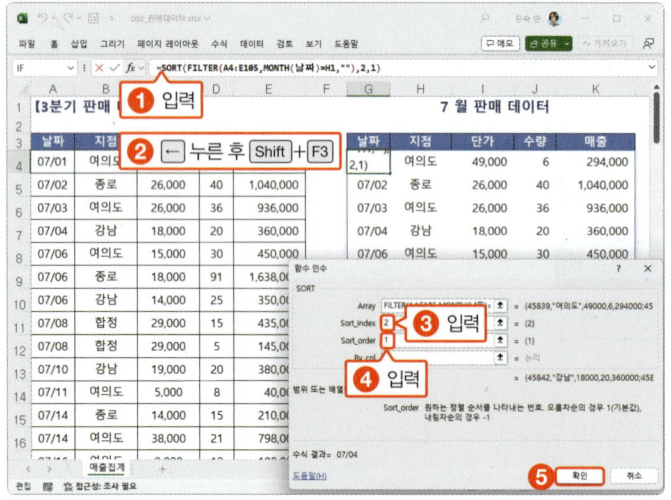

**02 지점별로 정렬하기**

❶ 수식 입력줄에서 등호(=)와 FILTER 사이 클릭 후 SORT( 입력
❷ ←를 누른 후 Shift + F3
❸ [Sort_Index]에 **2**를 입력
❹ [Sort_order]에 **1**을 입력
❺ [확인]을 클릭합니다.

Tip 입력한 SORT 함수의 인수 대화상자를 열기 위해 ←를 눌러 SORT 함수를 선택한 후 Shift + F3을 눌렀습니다.

**인수 설명**
- **Array** : 정렬할 배열로 기존에 입력되어 있던 FILTER 함수식의 결과입니다.
- **Sort_index** : 정렬 기준이 될 행이나 열 번호로, 지점이 두 번째 열이므로 2를 입력합니다.
- **Sort_order** : 정렬 순서 옵션입니다. 오름차순으로 할 것이므로 1을 입력합니다. (내림차순인 경우는 -1을 입력)
- **By_col** : 정렬 방향 옵션입니다. 행 기준(상하) 정렬인 경우 생략, 열 기준(좌우) 정렬인 경우 1을 입력합니다. 행 기준 정렬할 것이므로 생략합니다.

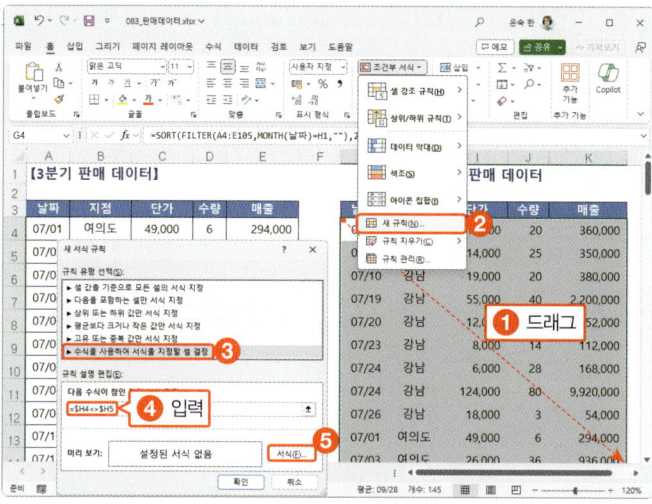

## 03 지점별로 테두리 그리기

❶ [G4:K105] 범위 지정
❷ [홈] 탭-[스타일] 그룹-[조건부 서식]-[새 규칙] 클릭
❸ [새 서식 규칙] 대화상자의 [규칙 유형 선택]에서 [수식을 사용하여 서식을 지정할 셀 결정] 선택
❹ 수식 입력란에 **=$H4<>$H5** 입력
❺ [서식]을 클릭합니다.

**Tip** 월을 변경했을 때 몇 행까지 필터 결과가 나올지 모르기 때문에 여유 있게 [G4:K105] 범위를 지정했습니다. 현재 지점($H4)과 다음 지점($H5)이 다를 경우 **=$H4<>$H5** 서식을 지정합니다.

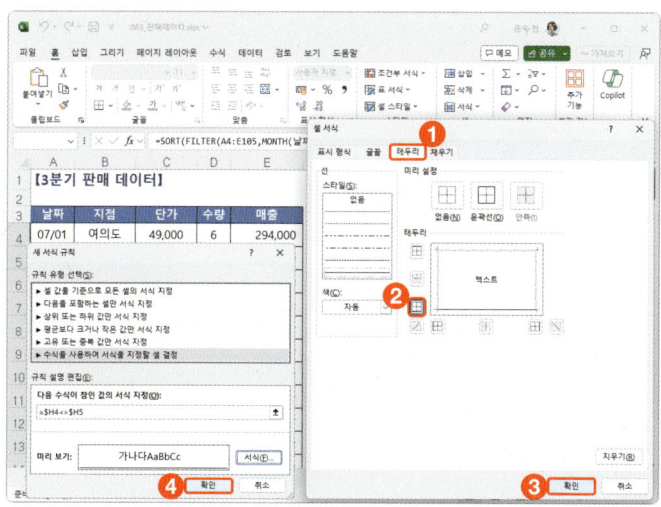

## 04 서식 지정하기

❶ [셀 서식] 대화상자에서 [테두리] 탭 클릭
❷ [아래쪽 테두리] 선택
❸ [확인] 클릭
❹ [새 서식 규칙] 대화상자에서 [확인]을 클릭합니다.

**Tip** 지점명이 달라지는 위치마다 테두리가 그려집니다.

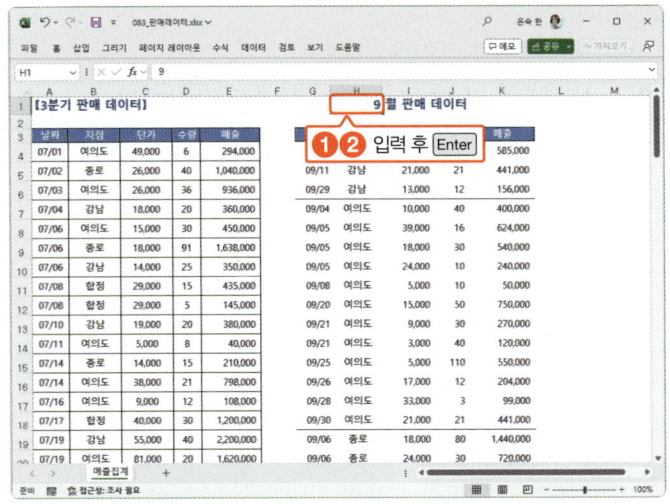

## 05 필터할 월 변경하기

❶ [H1] 셀에 8 입력 후 Enter

❷ 다시 [H1] 셀에 9를 입력한 후 Enter 를 누릅니다.

**Tip** 월을 변경하면 필터 결과도 달라지고 테두리 위치도 변경됩니다.

## 기초

# 084 고유 목록 추출하기 – UNIQUE

실습 파일 CHAPTER02\084_건물목록.xlsx | 완성 파일 CHAPTER02\084_건물목록_완성.xlsx

UNIQUE는 2021 버전 이후에 추가된 함수로, **중복되는 항목을 제거한 목록을 추출**할 수 있습니다. 또한 **옵션에 따라 데이터 목록에 한 개씩만 있는 고유 목록을 추출**할 수 있습니다. 계약일에 따라 중복되는 건물 목록에서 중복 항목을 제거한 목록을 추출하고, 계약이 한 건인 고유 목록도 추출해보겠습니다.

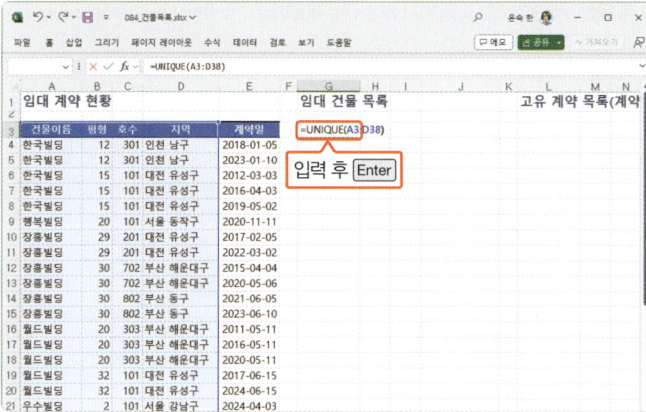

**01 중복 항목 제거 목록 추출하기**

[G3] 셀에 **=UNIQUE(A3:D38)**을 입력한 후 Enter 를 누릅니다.

**Tip** 자동으로 중복 항목이 제거된 목록이 추출됩니다.

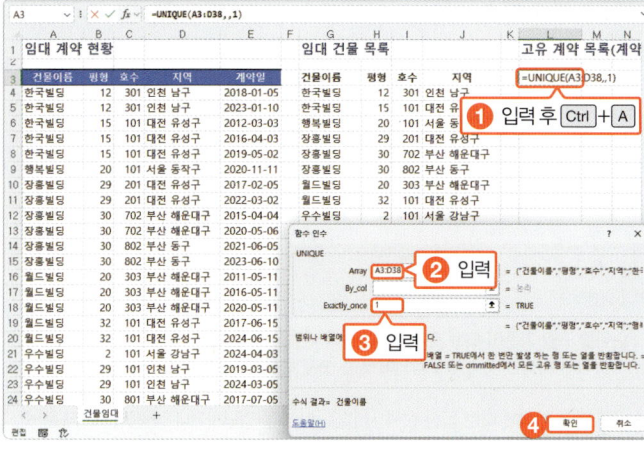

**02 고유 목록 추출하기**

① [L3] 셀에 **=UNIQUE** 입력 후 Ctrl + A
② [Array]에 **A3:D38** 입력
③ [Exactly_once]에 **1** 입력
④ [확인]을 클릭합니다.

**Tip** 중복 없이 한 개씩만 있는 목록 즉, 임대 계약 현황 중 계약이 한 번만 있었던 목록이 추출됩니다.

**인수 설명**
- **Array** : 추출할 원본 데이터 목록입니다.
- **By_col** : 중복되는지 비교할 방법 옵션으로 행일 경우 생략, 열일 경우 1을 입력합니다. 보통 데이터 목록은 행별로 비교하므로 생략합니다.
- **Exactly_once** : 한 번만 발생한 고유 값을 반환할 때는 1, 모든 고유 값을 포함하는 경우(중복 값만 제거)는 생략합니다.

# 꼭 알아야 할 엑셀 함수

## ▶ 조건에 따라 다른 결과를 구하는 IF 함수

IF 함수는 조건에 따라 다른 결과를 구해야 할 때 사용하는 함수입니다. 특정 조건이 참 또는 거짓일 때 결괏값을 따로 지정할 수 있습니다. 단독으로 쓰는 경우도 있지만, 다른 함수와 함께 중첩하여 작성하는 경우가 많습니다.

| 함수 범주 | 논리 |
|---|---|
| 함수 형식 | =IF(Logical_test, Value_if_true, Value_if_false) |
| 인수 | **Logical_test(조건)** : 참(TRUE)이나 거짓(FALSE)으로 판정될 값이나 식입니다.<br>**Value_if_true(참일 때의 값)** : 위 조건이 참(TRUE)으로 판정되었을 때 지정할 값입니다.<br>**Value_if_false(거짓일 때의 값)** : 위 조건이 거짓(FALSE)으로 판정되었을 때 지정할 값입니다. |
| 사용 예 | 매출 누계가 목표매출 이상일 때 **달성**이라고 입력하고, 그렇지 않은 경우 **미달**이라고 입력하는 IF 함수식입니다. |

## ▶ 순위를 구하는 RANK.EQ, RANK.AVG 함수

RANK.EQ 함수와 RANK.AVG 함수는 수치 데이터 목록에서 선택한 숫자가 몇 번째로 큰 숫자인지 또는 몇 번째로 작은 숫자인지 크기 순위를 구합니다. 두 함수의 차이는, 동일 값이 있는 경우 RANK.EQ 함수는 공동 순위를 매기고 다음 순위는 생략하며 RANK.AVG 함수는 순위의 평균을 매기고 전과 후 순위는 생략합니다.

| 함수 범주 | 통계 |
|---|---|
| 함수 형식 | =RANK.EQ(Number, Ref, [Order])<br>=RANK.AVG(Number, Ref, [Order]) |
| 인수 | **Number(순위를 구할 숫자)** : 순위를 구할 기준이 되는 숫자입니다.<br>**Ref(숫자 목록 범위)** : 위 Number에서 지정한 숫자가 포함되어 있는 숫자 목록 범위로, 주로 절대 참조로 지정하는 경우가 많습니다.<br>**Order(순위를 구할 방식)** : 순위를 매길 방식에 대한 옵션 선택 사항입니다. 0을 입력하거나 생략하면 가장 큰 숫자가 1위, 1을 입력하면 가장 작은 숫자가 1위입니다. |

| | |
|---|---|
| 사용 예 | 큰 값이 1위인 경우 Order 항목을 생략합니다. 2위인 동일 값이 셋인 경우 RANK.EQ 함수로 구하면 동일 값 셋에 모두 2위를 매기고 3~4위를 생략하며, RANK.AVG 함수로 구하면 순위 평균으로 2~4위의 평균((2+3+4)/3)인 3위를 동일 값 셋에 매기고 전과 후 순위 2위와 4위가 생략됩니다.<br>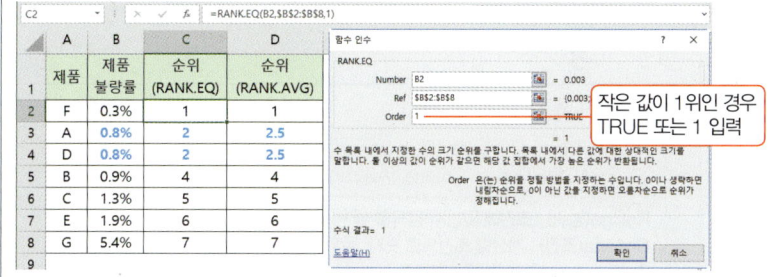<br>제품 불량률과 같이 작은 값이 1위인 경우 Order 항목에 TRUE 또는 1을 입력합니다. 2위인 동일 값이 둘인 경우 RANK.EQ 함수로 구하면 동일 값 둘에 모두 2위를 매기고 3위를 생략합니다. RANK.AVG 함수로 구하면 순위 평균으로 2~3위의 평균((2+3)/2)인 2.5위를 동일 값 둘에 매기고 전과 후 순위 2위와 3위가 생략됩니다. |

## 📂 반올림, 올림, 내림 함수인 ROUND, ROUNDUP, ROUNDDOWN

ROUND 함수는 지정한 자릿수 다음 숫자가 5 이상일 때, ROUNDUP 함수는 지정한 자릿수 다음 숫자가 1 이상일 때 지정한 자릿수를 1 올리고, 미만이면 0으로 내립니다. ROUNDDOWN 함수는 지정한 자릿수 다음 숫자는 무조건 0으로 만듭니다.

| 함수 범주 | 수학/삼각 |
|---|---|
| 함수 형식 | =ROUND(Number, Num_digits)<br>=ROUNDUP(Number, Num_digits)<br>=ROUNDDOWN(Number, Num_digits) |
| 인수 | **Number(숫자)** : 반올림, 올림, 내림할 숫자입니다.<br>**Num_digits(자릿수)** : 자릿수를 양수로 지정하면 지정한 자릿수만큼 소수 아래 자리를 표시합니다. 예를 들어 자릿수를 2로 지정하면 소수 아래 두 자리를 표시합니다. 자릿수를 0으로 지정하면 소수 아래 자리를 표시하지 않습니다. 자릿수를 음수로 지정하면 지정한 자릿수만큼 소수 위 자리를 0으로 만듭니다. 자릿수를 -2로 지정하면 소수 위 두 자리를 0으로 표시합니다.<br><br>숫　자 :　1　5　3　．　3　3　3<br>자릿수 :　-3　-2　-1　0　1　2　3 |

## 꼭 알아야 할 엑셀 함수

| 사용 예 | 다음은 숫자 153.333을 ROUND, ROUNDUP, ROUNDDOWN 함수를 사용해 자릿수를 각각 1, 2, 0, -1, -2로 지정했을 때의 결괏값을 구한 표입니다. |
|---|---|

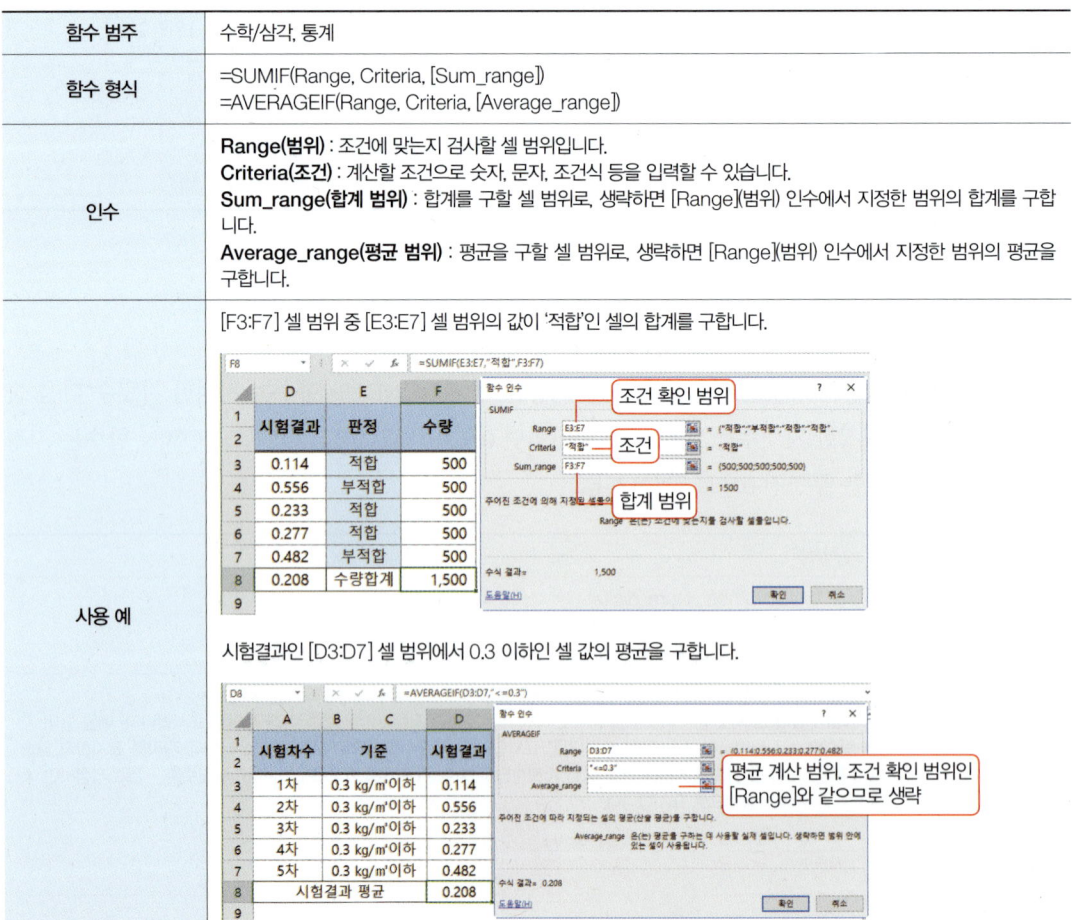

### ▶ 조건별로 합계, 평균을 구하는 SUMIF, AVERAGEIF 함수

지정된 범위의 모든 숫자를 더할 때는 SUM 함수를 사용하지만 특정 조건에 해당하는 숫자만 더할 때는 SUMIF 함수를 사용합니다. AVERAGEIF 함수를 사용하면 특정 조건에 해당하는 숫자들의 평균을 구할 수 있습니다.

| 함수 범주 | 수학/삼각, 통계 |
|---|---|
| 함수 형식 | =SUMIF(Range, Criteria, [Sum_range])<br>=AVERAGEIF(Range, Criteria, [Average_range]) |
| 인수 | **Range(범위)** : 조건에 맞는지 검사할 셀 범위입니다.<br>**Criteria(조건)** : 계산할 조건으로 숫자, 문자, 조건식 등을 입력할 수 있습니다.<br>**Sum_range(합계 범위)** : 합계를 구할 셀 범위로, 생략하면 [Range](범위) 인수에서 지정한 범위의 합계를 구합니다.<br>**Average_range(평균 범위)** : 평균을 구할 셀 범위로, 생략하면 [Range](범위) 인수에서 지정한 범위의 평균을 구합니다. |
| 사용 예 | [F3:F7] 셀 범위 중 [E3:E7] 셀 범위의 값이 '적합'인 셀의 합계를 구합니다.<br><br>시험결과인 [D3:D7] 셀 범위에서 0.3 이하인 셀 값의 평균을 구합니다. |

## 개수를 구하는 COUNT, COUNTA, COUNTBLANK, COUNTIF 함수

개수를 구할 때는 개수를 구할 데이터 유형에 따라 함수를 잘 선택해서 사용해야 합니다. 지정된 범위 중 숫자가 입력되어 있는 셀의 개수를 구하려면 COUNT 함수를, 숫자와 문자를 가리지 않고 데이터가 입력되어 있는 셀의 개수를 구하려면 COUNTA 함수를, 빈 셀의 개수를 구하려면 COUNTBLANK 함수를 사용합니다. 특정 조건에 해당하는 셀의 개수를 구할 때는 COUNTIF 함수를 사용하면 됩니다.

| 함수 범주 | 통계 |
|---|---|
| 함수 형식 | =COUNT(Value1, Value2,…, Value255) → 숫자 개수<br>=COUNTA(Value1, Value2,…, Value255) → 빈 셀을 제외한 데이터 개수<br>=COUNTBLANK(Range) → 빈 셀 개수<br>=COUNTIF(Range, Criteria) → 조건에 맞는 개수 |
| 인수 | **Value(값)** : 개수를 구할 값으로 255개까지 지정할 수 있으며 값을 직접 입력하거나 수식이나 셀 주소, 셀 범위 등 다양한 유형을 인수로 지정할 수 있습니다. 주로 [Value1]란에 하나의 셀 범위를 드래그하는 경우가 많습니다.<br>**Range(범위)** : 개수를 구할 셀 범위입니다.<br>**Criteria(조건)** : 개수를 구할 조건으로 숫자, 문자, 조건식 등을 입력할 수 있습니다. |
| 사용 예 | [B2:D8] 셀 범위에서 COUNTA로 데이터 입력 수를, COUNT로 숫자 개수를, COUNTBLANK로 빈 셀 수를, COUNTIF로 null 수를 구합니다. |

## 꼭 알아야 할 엑셀 함수

### 중첩 IF 함수와 IFS 함수

#### 중첩 IF 함수

IF 함수는 논리 함수 중 실무에서 가장 많이 사용하는 함수입니다. 다음 수식과 같이 조건이 여러 개일 때는 IF 함수를 최대 64개까지 여러 번 중첩하여 사용할 수 있습니다. 예를 들어 두 개의 조건에 결과가 세 가지인 경우 중첩 IF 함수식은 다음과 같습니다.

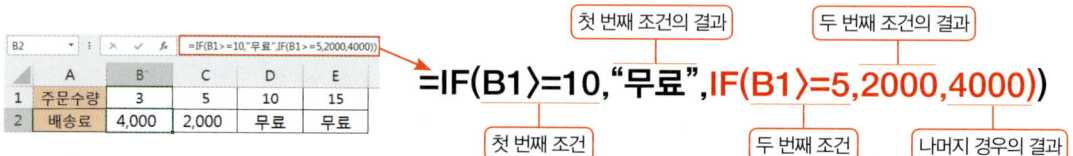

▲ 주문수량 10 이상 무료, 5 이상 2,000원, 나머지 기본 배송료는 4,000원인 경우 배송료를 구하는 중첩 IF 함수식

#### IFS 함수

IFS 함수는 엑셀 2019 버전부터 추가된 함수입니다. 여러 조건에 대한 결과를 구해야 할 때 중첩 IF 대신 사용할 수 있습니다. 중첩 IF 함수에 비해 읽기가 쉽고, 최대 127가지 조건을 입력할 수 있습니다. 여러 조건 이외의 나머지 기본 결과에 대한 값은 최종 [Logical_test] 인수에 TRUE를 입력합니다.

| 함수 범주 | 논리 |
|---|---|
| 함수 형식 | =IFS(Logical_test1,Value_if_true1,…,Logical_test127,Value_if_true127) |
| 인수 | **Logical_testN(조건N)** : 참(TRUE)이나 거짓(FALSE)으로 판정될 값이나 식으로 127개까지 지정할 수 있습니다.<br>**Value_if_trueN(값N)** : [Logical_test]가 참일 때 표시할 값입니다. |
| 사용 예 | 위에서 중첩 IF 함수로 작성한 것과 동일한 조건과 결과를 IFS 함수로 작성하면 다음과 같습니다.<br>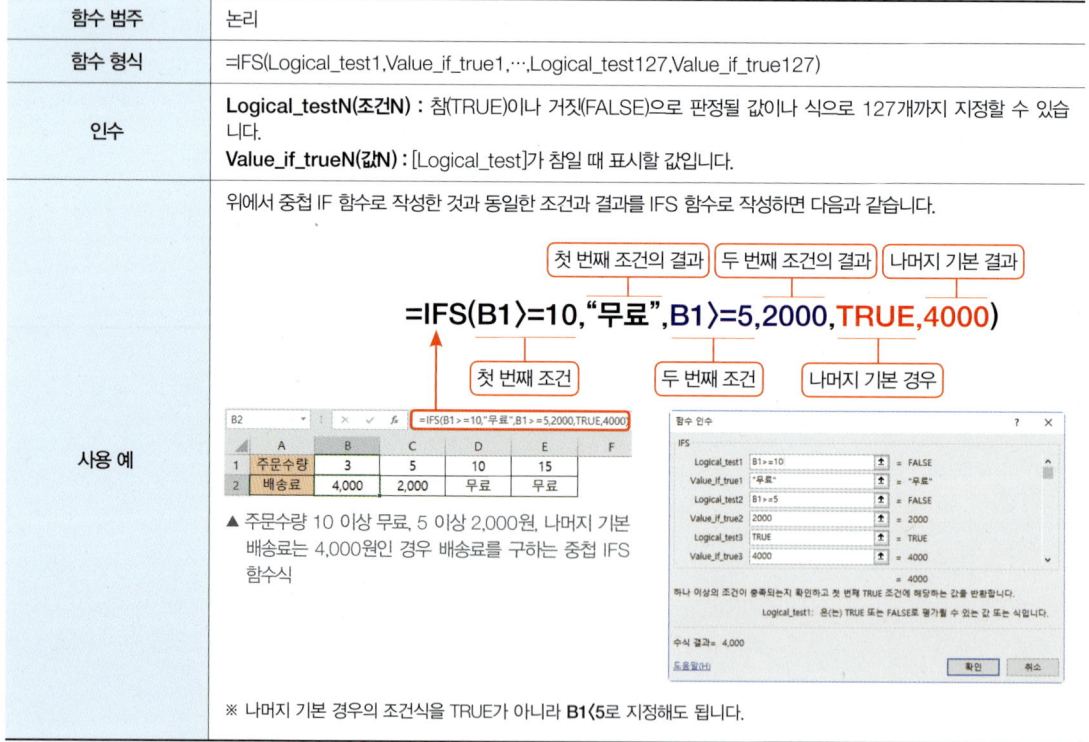<br>▲ 주문수량 10 이상 무료, 5 이상 2,000원, 나머지 기본 배송료는 4,000원인 경우 배송료를 구하는 중첩 IFS 함수식<br>※ 나머지 기본 경우의 조건식을 TRUE가 아니라 **B1<5**로 지정해도 됩니다. |

## 여러 항목에 대한 조건을 판단해야 할 때 사용하는 AND, OR, XOR 함수

여러 항목의 조건이 모두 참일 때 TRUE 값을 돌려주는 경우에는 AND 함수 안에서 조건을 지정합니다. 또한 여러 항목의 조건 중 한 가지만 참이어도 TRUE 값을 돌려주어야 하는 경우에는 OR 함수 안에서 조건을 지정합니다. XOR 함수는 엑셀 2013 버전부터 추가된 함수로 배타적 OR 값을 구합니다. XOR는 "exclusive OR"를 줄여서 쓴 것으로 두 조건 중 하나만 만족하거나 홀수 개를 만족할 때 TRUE를 반환합니다.

| 함수 범주 | 논리 |
|---|---|
| 함수 형식 | =AND(Logical1,…,Logical255) → 모든 조건이 참인 경우 TRUE 값을 반환합니다.<br>=OR(Logical1,…,Logical255) → 한 가지 조건만 참이어도 TRUE 값을 반환합니다.<br>=XOR(Logical1,…,Logical254) → Exclusive OR, 즉 배타적 논리합을 구합니다. 배타적 논리합은 조건 중 참의 개수가 홀수면 TRUE 값을, 짝수면 FALSE 값을 반환합니다. |
| 인수 | **Logical1~Logical255(조건1~조건255)** : 참(TRUE)이나 거짓(FALSE)으로 판정될 값이나 식으로, AND, OR 함수는 255개까지, XOR 함수는 254개까지 지정할 수 있습니다. |
| 사용 예 | =IF(AND(G2>=80,H2>=80),"PASS","FAIL")  =IF(OR(G2>=80,H2>=80),"PASS","FAIL")<br><br>▲ 필기, 실기가 모두 80 이상이면 PASS, 아니면 FAIL  ▲ 필기나 실기 둘 중 하나가 80 이상이면 PASS, 아니면 FAIL<br><br>XOR 함수는 OR 함수와 마찬가지로 두 조건 중 하나라도 참이면 TRUE를 반환하는데, 조건 중 TRUE의 개수가 짝수면 FALSE를 반환합니다. 따라서 다음의 표에서 A 방식, B 방식 모두에 O가 입력된 경우 FALSE를 반환합니다. 만약 XOR 대신 OR 함수를 사용하면 두 방식에 모두 O가 입력된 경우에도 OK 결과가 입력됩니다.<br><br>=IF(XOR(E2="O",F2="O"),"OK","ERR")<br><br>◀ 두 방식 중 한 개에만 O가 표시되어야 OK 표시, 아니면 ERR 표시 |

## 꼭 알아야 할 엑셀 함수

### ▶ 오류 대신 다른 값을 지정해주는 IFERROR 함수

숫자, 문자, 공백 등 여러 가지 형태의 데이터가 섞여 있는 표에 수식을 입력하다 보면 어쩔 수 없이 오류가 생깁니다. 셀 값이나 계산식 결과에 오류가 생겼을 때 오류 표시 대신 다른 값을 지정할 때 IFERROR 함수를 사용합니다. IFERROR 함수는 값이 #N/A, #VALUE!, #REF!, #DIV/0!, #NUM!, #NAME?, #NULL! 등의 오류를 참조하는 경우 결괏값을 지정할 수 있습니다.

| 함수 범주 | 논리 |
|---|---|
| 함수 형식 | =IFERROR(Value,Value_if_error) |
| 인수 | **Value(값)** : 오류를 검사할 값으로 식이나 셀 참조를 지정할 수 있습니다.<br>**Value_if_error(오류일 때 지정할 값)** : 값이 오류(#N/A, #VALUE!, #REF!, #DIV/0!, #NUM!, #NAME?, #NULL!)일 때, 오류 표시 대신 표시할 값입니다. |
| 사용 예 | 다음 왼쪽 그림에서는 금액+배송료의 수식으로 결제금액을 구했을 때, 배송료에 **무료**라는 텍스트가 입력되어 있으면 #VALUE! 오류가 생깁니다. 오른쪽 그림은 오류 표시 대신 금액만 표시되도록 IFERROR 함수식을 작성한 결과입니다.<br><br>▲ 금액+배송료 수식으로 작성한 경우　　▲ IFERROR 함수 안에 금액+배송료 수식을 넣고, 수식의 결과가 오류인 경우 금액만 입력되게 함 |

### ▶ 원하는 위치의 문자를 가져오는 LEFT, RIGHT, MID 함수

문자의 일부를 추출하는 함수입니다. 왼쪽에서 몇 글자 추출할 때는 LEFT 함수, 오른쪽에서 몇 글자를 추출할 때는 RIGHT 함수, 가운데 원하는 위치에서 몇 글자를 추출해야 할 때는 MID 함수를 사용합니다. 이 함수들은 단순히 데이터를 추출하기 위해 단독으로 사용되는 경우도 있지만, 셀의 일부 문자에 대한 조건을 판단하기 위해 IF 함수 안에서 사용되는 경우가 많습니다. 사실 단순히 문자만 추출하는 작업이라면 엑셀 2013 버전 이후부터 추가된 [빠른 채우기] 기능을 사용하는 것이 간편합니다.

| 함수 형식 | =LEFT(Text,Num_chars) → 문자의 왼쪽에서 지정한 문자 수만큼 추출합니다.<br>=RIGHT(Text,Num_chars) → 문자의 오른쪽에서 지정한 문자 수만큼 추출합니다.<br>=MID(Text,Start_num,Num_chars) → 지정한 시작 위치부터 지정한 문자 수만큼 추출합니다. |
|---|---|
| 인수 | **Text(문자)** : 가져올 문자가 포함되어 있는 문자열, 또는 문자가 들어 있는 셀 주소입니다.<br>**Num_chars(문자 수)** : 가져올 문자 개수. 생략하면 한 개를 추출합니다.<br>**Start_num(시작 위치)** : MID 함수에서 문자를 가져오기 시작할 위치의 번호입니다. |

| 사용 예 | 다음은 한 셀에 입력된 신체 사이즈로부터 신장, 가슴둘레, 허리둘레를 추출하기 위해서 LEFT, MID, RIGHT 함수를 사용했습니다. |
|---|---|
| | =LEFT(A2,3)     =MID(A2,5,2)     =RIGHT(A2,2) |
| | ▲ 왼쪽에서 세 개 추출    ▲ 다섯 번째 문자부터 두 개 추출    ▲ 오른쪽에서 두 개 추출 |

## 문자열 개수를 구하는 LEN 함수

LEN 함수는 문자열의 개수를 구하는 함수입니다. LEFT, RIGHT, MID 함수로 문자열을 추출할 때 불규칙한 길이의 문자열인 경우 LEN 함수를 사용하여 추출할 문자의 길이나 위치를 지정합니다.

| 함수 형식 | =LEN(Text) |
|---|---|
| 인수 | **Text(문자)** : 개수를 구할 문자, 함수식 또는 해당 문자가 있는 셀 주소입니다. |
| 사용 예 | =LEFT(A2,LEN(A2)-1) <br> ◀ 포인트 전체 문자 길이(LEN(A2))에서 '점' 한 글자를 뺀(-1) 개수를 왼쪽에서 추출 |

## 문자열 위치를 찾는 FIND 함수

FIND 함수는 전체 문자열 중 특정 문자를 찾아 그 문자가 몇 번째에 있는지 위치 번호를 돌려주는 함수입니다. 주로 불규칙한 길이의 문자열에서 특정 문자열의 위치를 기준으로 합니다.

| 함수 형식 | =FIND(Find_text,Within_text,[Start_num]) |
|---|---|
| 인수 | **Find_text(찾는 문자)** : 찾을 문자로 큰따옴표("") 안에 입력합니다. <br> **Within_text(찾는 문자가 포함된 문자)** : 찾는 문자가 포함된 문자나 해당 문자가 있는 셀 주소입니다. <br> **Start_num(시작 위치)** : 찾는 문자가 포함된 문자열 내에서 찾는 문자를 찾기 시작할 위치 번호로, 보통 생략하는 경우가 많으며 생략하면 1로 지정됩니다. |
| 사용 예 | =LEFT(A2,FIND("@",A2)-1) <br> ◀ E-mail에서 @ 기호 전까지의 문자 추출 |

## 꼭 알아야 할 엑셀 함수

### ▶ 표시 형식을 지정하는 TEXT 함수

TEXT 함수는 함수식 안에서 사용자 지정 표시 형식 코드를 지정할 수 있습니다. 수식의 결괏값을 지정한 표시 형식으로 돌려주는 함수입니다. [셀 서식] 대화상자에서 지정하는 표시 형식은 숫자 값 자체 속성은 변하지 않지만 TEXT 함수로 지정된 결과는 셀의 값 자체가 지정한 형태의 문자 값으로 변경됩니다.

| 함수 형식 | =TEXT(Value,Format_text) |
|---|---|
| 인수 | **Value(값)** : 숫자, 숫자가 산출되는 식이나 숫자가 입력되어 있는 셀 주소입니다.<br>**Format_text(표시 형식 코드)** : 표시할 사용자 지정 표시 형식 코드로, 큰따옴표("") 안에 입력합니다. |
| 사용 예 | =A2&"~"&B2<br>=TEXT(A2,"yyyy-mm-dd")&" ~ "&TEXT(B2,"yyyy-mm-dd")<br><br>▲ 셀 참조만 합치면 날짜 서식이 적용되지 않음<br>▲ TEXT 함수로 날짜 표시 형식 지정하면서 문자열 합침 |

### ▶ 여러 문자를 연결하는 CONCAT, TEXTJOIN 함수

보통 문자열을 연결하는 작업은 & 연산자를 사용합니다. 연결할 항목이 너무 많은 경우에는 CONCAT 함수 또는 TEXTJOIN 함수를 사용하는 것이 간편합니다. CONCAT 함수는 이전 버전의 CONCATENATE 함수를 대체하는 함수로 여러 문자열을 결합합니다. CONCATENATE 함수는 범위 형태의 인수를 지정할 수 없었지만 CONCAT 함수는 범위 형태의 인수를 지정할 수 있어 더 편리합니다. TEXTJOIN 함수는 결합할 문자열 사이에 삽입할 문자를 지정할 수 있으며, 범위 중간에 빈 셀이 있을 경우 빈 셀을 포함해 결합할 수 있습니다. 두 함수 모두 2016 버전부터 추가되었습니다.

| 함수 형식 | =CONCAT(Text1,…,Text254)<br>=TEXTJOIN(Delimiter,Ignore_empty,Text1,…,Text252) |
|---|---|
| 인수 | **Text1~Text254(문자1~문자254)** : 결합할 문자로 254개까지 지정할 수 있습니다.<br>**Delimiter(구분자)** : 결합 문자열 사이에 넣을 구분자입니다.<br>**Ignore_empty(빈 셀 무시)** : 빈 셀이 있는 경우 무시할지 여부로, 생략하거나 TRUE를 입력하면 빈 셀을 무시합니다. 빈 셀을 포함하려면 FALSE를 입력합니다. |
| 사용 예 | =CONCAT(B2:E2)<br>=CONCAT(B2,"/",C2,"/",D2,"/",E2)<br><br>▲ CONCAT 함수로 셀 범위의 문자열 결합<br>▲ CONCAT 함수로 / 구분자를 넣어 문자열 결합<br><br>=TEXTJOIN("/",B2:E2)<br><br>◀ TEXTJOIN 함수로 / 구분자를 넣어 문자열 결합<br>(빈 셀 무시) |

## ▶ 두 날짜 사이의 종류별 경과 기간을 구하는 DATEDIF 함수

DATEDIF 함수는 두 날짜 사이에 경과된 연수나 개월 수, 일수를 구할 때 사용합니다. DATEDIF 함수는 함수 라이브러리나 함수 마법사 목록에서는 제공하지 않기 때문에 셀에 직접 입력해야 합니다.

| 함수 형식 | =DATEDIF(시작일, 종료일, 결과 유형) |
|---|---|
| 인수 | **시작일** : 기간을 구할 시작 날짜나 날짜가 입력되어 있는 셀입니다. 날짜를 직접 입력할 때는 큰따옴표("") 안에 입력합니다.<br>**종료일** : 기간을 구할 종료 날짜가 입력되어 있는 셀입니다. 날짜를 직접 입력할 때는 큰따옴표("") 안에 입력합니다.<br>**결과 유형** : 경과 연도를 구할 것인지, 개월 수를 구할 것인지 등에 대한 결과 유형으로, 다음의 유형 문자를 입력하며 대소문자는 구분하지 않습니다. 큰따옴표("") 안에 입력합니다.<br>    y : 총 경과 연도 수<br>    m : 총 경과 개월 수<br>    d : 총 경과 일수<br>    ym : 경과 연도를 뺀 나머지 개월 수<br>    md : 경과 연도와 개월 수를 뺀 나머지 일수 |
| 사용 예 | (표: 작성일시 2024-01-11 16:09, 계약날짜 2022-10-18, 경과일수 =DATEDIF(A4,B1,"d"), 가입기간 연 =DATEDIF(A4,B1,"y"), 개월 =DATEDIF(A4,B1,"ym"), 일 =DATEDIF(A4,B1,"md"), 납부 횟수 =DATEDIF(A4,B1,"m")+1 → 결과: 450, 1, 2, 24, 15) |

## ▶ 날짜를 지정하는 DATE 함수와 YEAR, MONTH, DAY 함수

어떤 날짜로부터 몇 년 후, 몇 년 전 날짜를 구하려면 DATE 함수 안의 Year 인수 안에서 연수를 더하거나 빼면 됩니다. DATE 함수는 함수 안에서 연, 월, 일을 인수로 지정하여 원하는 날짜를 만들거나 계산할 때 사용합니다. 예를 들어 어떤 날짜로부터 몇 개월이나 몇 년 전 또는 후의 날짜를 만들어야 할 때는 DATE 함수 안의 인수에서 계산합니다. YEAR, MONTH, DAY 함수는 날짜로부터 연, 월, 일에 해당하는 숫자만 가져오는 함수입니다.

| 함수 형식 | =DATE(Year, Month, Day)<br>=YEAR(Serial_number)<br>=MONTH(Serial_number)<br>=DAY(Serial_number) |
|---|---|
| 인수 | **Year(연)** : 1900부터 9999까지 연도를 나타내는 숫자입니다.<br>**Month(월)** : 1부터 12까지 월을 나타내는 숫자입니다.<br>**Day(일)** : 1부터 31까지 일자를 나타내는 숫자입니다.<br>**Serial_number(날짜)** : 날짜 또는 날짜 데이터에 해당되는 숫자입니다. |

## 꼭 알아야 할 엑셀 함수

| 사용 예 | |
|---|---|
| | |

| | A | B | C | D | E | F | G |
|---|---|---|---|---|---|---|---|
| 1 | 계약날짜 | 계약연도 | 계약월 | 계약일 | 계약기간 | | 만기일 |
| 2 | | | | | 연 | 개월 | |
| 3 | 2017-09-01 | =YEAR(A3) | =MONTH(A3) | =DAY(A3) | 10 | 2 | =DATE(B3+E3,C3+F3,D3) |

⬇

| | A | B | C | D | E | F | G |
|---|---|---|---|---|---|---|---|
| 1 | 계약날짜 | 계약연도 | 계약월 | 계약일 | 계약기간 | | 만기일 |
| 2 | | | | | 연 | 개월 | |
| 3 | 2017-09-01 | 2017 | 9 | 1 | 10 | 2 | 2027-11-01 |

### ▶ 시간을 지정하는 TIME 함수와 시, 분, 초를 가져오는 HOUR, MINUTE, SECOND 함수

TIME 함수는 함수 안에서 시, 분, 초를 인수로 지정하여 원하는 시간을 만들거나 계산할 때 사용합니다. 어떤 시간으로부터 몇 시간 전이나 후, 몇 분 전이나 후의 시간을 구해야 할 때 TIME 함수 안의 인수에서 계산해야 합니다. HOUR, MINUTE, SECOND 함수는 시간으로부터 시, 분, 초에 해당하는 숫자만 가져오는 함수입니다.

| 함수 형식 | =TIME(Hour, Minute, Second)<br>=HOUR(Serial_number)<br>=MINUTE(Serial_number)<br>=SECOND(Serial_number) |
|---|---|
| 인수 | **Hour(시)** : 0부터 23까지 시간을 나타내는 숫자입니다.<br>**Minute(분)** : 0부터 59까지 분을 나타내는 숫자입니다.<br>**Second(초)** : 0부터 59까지 초를 나타내는 숫자입니다.<br>**Serial_number(시간)** : 시간 형식으로 된 시간 데이터 또는 시간에 해당되는 숫자입니다. |
| 사용 예 | =HOUR(B3)  =MINUTE(B3)  =SECOND(B3)  =TIME(C3,D3+$B$1,E3)<br><br>| | A | B | C | D | E | F |<br>\|---\|---\|---\|---\|---\|---\|---\|<br>\| 1 \| 상영시간: \| 108 분 \| \| \| \| \|<br>\| 2 \| 회차 \| 시작시간 \| 시 \| 분 \| 초 \| 종료시간 \|<br>\| 3 \| 1회 \| 8:30 \| 8 \| 30 \| 0 \| 10:18 \|<br>\| 4 \| 2회 \| 10:50 \| 10 \| 50 \| 0 \| 12:38 \|<br>\| 5 \| 3회 \| 13:15 \| 13 \| 15 \| 0 \| 15:03 \|<br>\| 6 \| 4회 \| 15:35 \| 15 \| 35 \| 0 \| 17:23 \|<br>\| 7 \| 5회 \| 18:00 \| 18 \| 0 \| 0 \| 19:48 \| |

## ▶ 날짜로부터 요일 정보를 가져오는 WEEKDAY 함수

WEEKDAY 함수는 날짜로부터 요일에 해당되는 숫자를 반환하는 함수입니다.

| 함수 형식 | =WEEKDAY(Serial_number,Return_type) |
|---|---|
| 인수 | **Serial_number(날짜)** : 날짜 형식의 날짜 데이터나 날짜에 해당하는 숫자입니다.<br>**Return_type(결과 유형)** : 요일을 구할 유형으로 생략하면 일요일(1)~토요일(7) 순서로 숫자를 가져옵니다. 보통 생략합니다.<br>　**1 또는 생략** : 일요일(1)~토요일(7)의 순서로 숫자를 가져옵니다.<br>　**2** : 월요일(1)~일요일(7)의 순서로 숫자를 가져옵니다.<br>　**3** : 월요일(0)~일요일(6)의 순서로 숫자를 가져옵니다. |
| 사용 예 | =WEEKDAY(A2)　　　　　　　　　=TEXT(WEEKDAY(A2),"aaaa")<br>| A | B | C |　　　　　　| A | B | C | D |<br>1 계약날짜 요일　　　　　　　1 계약날짜 요일<br>2 2017-06-05　2　　　　　　2 2017-06-05　월요일<br>3 2017-09-01　6　　　　　　3 2017-09-01　금요일<br>4 2016-10-18　3　　　　　　4 2016-10-18　화요일<br>▲ 계약날짜 요일에 해당하는 숫자　　▲ TEXT 함수로 WEEKDAY 함수 결과를<br>　　　　　　　　　　　　　　　　　요일 형식으로 표시 |

## ▶ 목록에서 값을 찾아오는 VLOOKUP, HLOOKUP 함수

VLOOKUP, HLOOKUP 함수는 어떤 값을 입력하고 해당 값을 다른 데이터 목록에서 찾은 후 그 해당 값과 관련된 정보를 가지고와야 할 때 주로 사용합니다. 두 함수의 쓰임새와 함수 인수 형식은 거의 동일하지만 VLOOKUP 함수는 세로 방향 데이터 목록에서 값을 찾아올 때, HLOOKUP 함수는 가로 방향 데이터 목록에서 값을 찾아올 때 사용합니다.

| 함수 형식 | =VLOOKUP(Lookup_value,Table_array,Col_index_num,[Range_lookup])<br>=HLOOKUP(Lookup_value,Table_array,Row_index_num,[Range_lookup]) |
|---|---|
| 인수 | **Lookup_value(찾는 값)** : 표 목록의 첫 번째 줄에서 찾으려는 값입니다.<br>**Table_array(표 목록)** : 찾을 값이 있는 표 목록입니다.<br>**Col_index_num(열 번호)** : 표 목록에서 가져올 데이터가 있는 열 번호입니다.<br>**Row_index_num(행 번호)** : 표 목록에서 가져올 데이터가 있는 행 번호입니다.<br>**Range_lookup(찾을 방식)** : 정확히 일치하는 값을 찾을 것인지, 수치 범위 내에서 근삿값을 찾을 것인지에 대한 선택 사항입니다.<br>　**TRUE 또는 생략** : 수치 범위 내에서 근삿값을 찾습니다. 찾을 값이 숫자인 경우 주로 사용합니다.<br>　**FALSE 또는 0** : 정확하게 일치하는 값을 찾습니다. 찾을 값이 문자인 경우 주로 사용합니다. |
| 사용 예 | [A4] 셀에 사번을 입력하면 직원목록 범위에서 찾아 그에 해당하는 성명, 부서, 주민번호, 입사일, 연락처를 가져오도록 VLOOKUP 함수를 사용합니다. 부서, 주민번호, 입사일, 연락처에도 같은 함수식을 작성하며 [Col_index_num] 인수만 데이터 열에 맞게 지정합니다. 예를 들어 부서는 다섯 번째 열이므로 **=VLOOKUP(A4,G4:L8,5,0)** 으로 입력합니다. |

꼭 알아야 할 엑셀 함수 **193**

# 꼭 알아야 할 엑셀 함수

| 사용 예 | 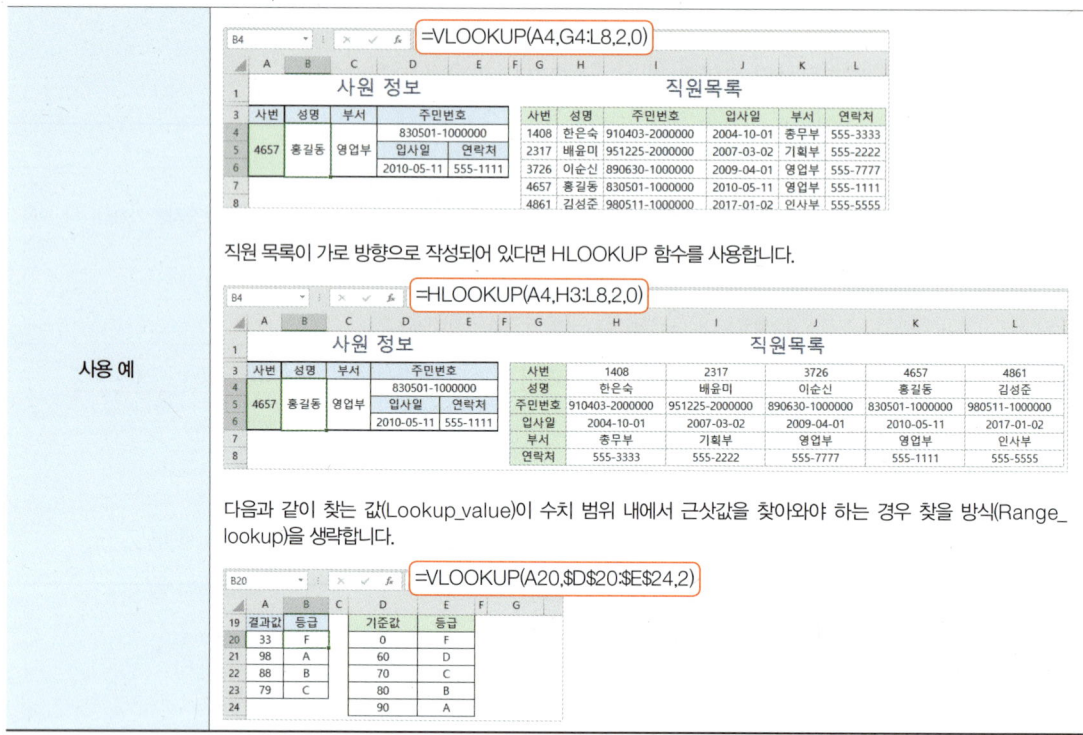 |
|---|---|

직원 목록이 가로 방향으로 작성되어 있다면 HLOOKUP 함수를 사용합니다.

다음과 같이 찾는 값(Lookup_value)이 수치 범위 내에서 근삿값을 찾아와야 하는 경우 찾을 방식(Range_lookup)을 생략합니다.

## ▶ 범위 내에서 값이 몇 번째 위치인지를 구하는 MATCH 함수

MATCH는 범위 내에서 찾는 값이 몇 번째 위치에 있는지 구하는 함수입니다. INDEX 함수에서 특정 데이터의 행 번호와 열 번호를 지정할 때 함께 사용되는 경우가 많습니다.

| 함수 형식 | =MATCH(Lookup_value,Lookup_array,Match_type) |
|---|---|
| 인수 | **Lookup_value(찾는 값)** : 범위에서 찾으려는 값. 숫자, 문자, 논리 값입니다.<br>**Lookup_array(찾을 범위)** : 찾을 값이 포함되어 있는 셀 범위입니다.<br>**Match_type(찾을 방법)** : 찾을 방법을 지정하는 숫자입니다. -1, 0, 1 중에서 입력합니다.<br>　-1 : 찾는 값보다 크거나 같은 값 중 가장 작은 값을 찾습니다. 찾을 범위가 내림차순으로 되어 있어야 합니다.<br>　 0 : 찾는 값과 같은 첫째 값을 찾습니다. 찾을 범위가 임의의 순서여도 됩니다.<br>　 1 : 찾는 값보다 작거나 같은 값 중에서 최댓값을 찾습니다. 찾을 범위가 오름차순으로 되어 있어야 합니다. |
| 사용 예 | 제품명과 지역명이 몇 번째 행, 몇 번째 열에 있는지를 INDEX 함수 안에서 MATCH 함수를 입력합니다. 표에서 매출을 가지고 옵니다. |

## 지정하는 행과 열이 교차하는 셀의 값을 가져오는 INDEX 함수

INDEX 함수는 범위 내에서 몇 번째 행, 몇 번째 열에 있는 값을 구할 수 있습니다. 배열(Array)형과 참조(Reference)형이 있는데, 배열형은 항상 한 개의 값 또는 값의 배열을 구합니다. INDEX 함수의 첫째 인수가 배열 상수면 배열형을 사용합니다. 참조형은 행과 열이 교차하는 위치의 셀 참조를 반환합니다. 참조 범위가 인접하지 않은 여러 영역으로 이루어진 경우에는 참조형을 사용합니다.

| 함수 형식 | =INDEX(Array,Row_num,Column_num) → 배열형<br>=INDEX(Reference,Row_num,Column_num,Area_num) → 참조형 |
|---|---|
| 인수 | **Array(배열)** : 찾아올 값이 있는 셀 범위나 배열 상수. 배열에 행만 있거나 열만 있는 경우 [Row_num] [Column_num] 인수 중 하나는 생략할 수 있습니다.<br>**Row_num(행 번호)** : 범위에서 찾아올 값이 있는 행 번호입니다.<br>**Column_num(열 번호)** : 범위에서 찾아올 값이 있는 열 번호입니다.<br>**Reference(한 개 이상의 범위)** : 한 개 이상의 셀 범위에 대한 참조입니다. 인접하지 않은 범위를 참조로 입력하려면 콤마(,)를 구분 기호로 입력하고 괄호로 묶어야 합니다.<br>예 (B4:E15,B20:E30)<br>**Area_num(범위 번호)** : 참조형 INDEX 함수에서 한 개 이상의 범위를 지정한 경우에 어느 범위에서 값을 찾아올지를 지정. 첫 번째 영역은 1, 두 번째는 2, 세 번째는 3으로 입력합니다. 생략하면 영역 1이 지정됩니다. |
| 사용 예 | • 배열형<br>=INDEX(B6:E9,B1,B2)<br>▲ 1분기 표에서 제품2(두 번째 행), 지역3(세 번째 열)의 값을 가져옴<br><br>• 참조형<br>=INDEX((B7:E10,H7:K10,B14:E17,H14:K17),B1,B2,B3)<br>▲ 1분기, 2분기, 3분기, 4분기 표에서 제품2(두 번째 행), 지역3(세 번째 열)의 값을 4분기 표에서 가져옴 |

# 꼭 알아야 할 엑셀 함수

## ▶ 다중 조건에 대한 합계를 구하는 SUMIFS 함수

SUMIFS는 여러 가지 조건을 만족하는 경우의 합계를 구하는 함수입니다. 합계 범위를 제일 먼저 지정하고, 조건 범위1, 조건1, 조건 범위2, 조건2와 같이 조건 범위와 조건을 짝을 맞추어 지정합니다. 조건 범위와 조건을 127개까지 지정할 수 있습니다.

| 함수 형식 | =SUMIFS(Sum_range,Criteria_range1,Criteria1,…,Criteria_range127,Criteria127) |
|---|---|
| 인수 | **Sum_range(합계 범위)** : 합계를 구할 범위로 숫자, 이름, 참조 범위를 지정합니다. 빈 셀이나 텍스트 값은 무시됩니다.<br>**Criteria_range(조건 범위)** : 조건에 맞는지 검사할 범위로 이름, 배열, 참조 범위를 지정합니다. 다음에 오는 조건 인수와 짝을 이루며 127개까지 지정할 수 있습니다.<br>**Criteria(조건)** : 숫자, 식, 셀 참조 또는 텍스트 형식의 조건으로서 앞에 있는 조건 범위 인수와 짝을 이루며 127개까지 지정할 수 있습니다. |
| 사용 예 | ▲ 색상과 사이즈별 수량 목록에서 흰색, 11호 이하 사이즈의 수량 합계를 구함 |

## 행 번호를 가져오는 ROW 함수, 열 번호를 가져오는 COLUMN 함수

ROW 함수는 행 번호를, COLUMN 함수는 열 번호를 가져오는 함수입니다. 인수를 생략하면 현재 셀의 행 번호, 열 번호를 가져오며, 인수로 셀 주소를 지정하면 해당 셀 주소에 대한 행 번호, 열 번호를 가져옵니다. 자동으로 일련번호가 변하도록 해야 하는 경우에 주로 쓰이며, 혼자 쓰는 경우보다는 다른 함수 안에서 활용되는 경우가 많습니다.

| 함수 형식 | =ROW([Reference])<br>=COLUMN([Reference]) |
|---|---|
| 인수 | **Reference(셀 주소)** : 행 번호나 열 번호를 가져올 셀 주소입니다. 생략하면 현재 셀의 행 번호, 열 번호를 가져옵니다. |
| 사용 예 | 다음과 같이 셀에 원하는 번호를 입력하고 그 셀로부터 일련번호를 매겨야 할 때 사용하면 편리합니다.<br><br>▲ 인수 없이 입력하고 현재 행 앞의 세 개 행을 빼서 일련번호 1 입력     ▲ 인수로 A1 지정. A1의 열 번호는 1이므로 일련번호 1 입력 |

## 지정된 범위의 숫자를 모두 곱하는 PRODUCT 함수

PRODUCT 함수는 지정된 범위의 숫자를 모두 곱합니다. 또한 범위 중간에 빈 셀이 있는 경우 빈 셀은 건너뛰고 곱하기 때문에, 범위 중간에 빈 셀이 포함된 범위에서 곱셈을 해야 할 때 사용하면 편리합니다.

| 함수 형식 | =PRODUCT(Number1,Number2,⋯,Number255) |
|---|---|
| 인수 | **Number1~Number255(수1~수255)** : 곱하려는 수로 255개까지 지정할 수 있으며, 연속된 범위인 경우에는 [Number1]에 한 번에 지정해도 됩니다. |
| 사용 예 | ▲ 판매금액을 원가, 마진율, 수량을 곱하는 수식. 마진율이 빈 셀인 경우 판매금액이 0이 됨     ▲ 판매금액을 PRODUCT 함수에서 범위를 지정하면 범위의 빈 셀은 무시하고 곱함 |

꼭 알아야 할 엑셀 함수 / **197**

# 꼭 알아야 할 엑셀 함수

## ▶ 지정된 배열끼리 곱하고 더하는 SUMPRODUCT 함수

SUMPRODUCT는 지정한 배열끼리 대응되는 값들을 곱한 후 곱한 결과들의 합계를 구해주는 함수입니다. PRODUCT 함수와는 달리 배열 안에 빈 셀이 있는 경우 빈 셀을 0으로 곱합니다.

| 함수 형식 | =SUMPRODUCT(Array1,Array2,…,Array255) |
|---|---|
| 인수 | Array1~Array255(배열1~배열255) : 계산할 배열로 2~255개의 배열을 지정할 수 있습니다. 배열의 차원은 모두 같아야 하며 같지 않으면 #VALUE! 오류가 반환됩니다. |
| 사용 예 | 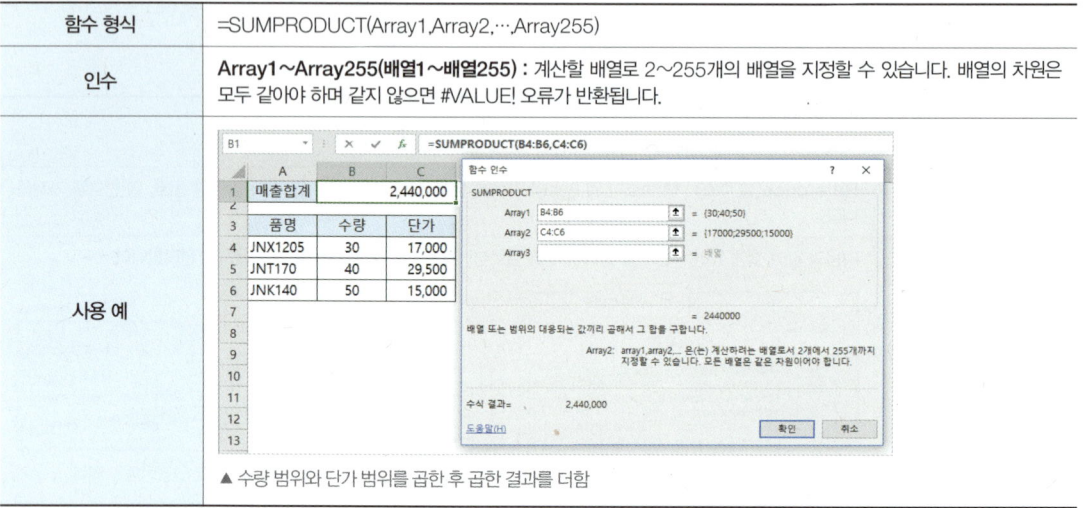▲ 수량 범위와 단가 범위를 곱한 후 곱한 결과를 더함 |

## ▶ 나눗셈의 몫과 나머지를 구하는 QUOTIENT, MOD 함수

QUOTIENT와 MOD는 나눗셈을 하는 함수입니다. QUOTIENT 함수는 나눗셈을 한 후 몫의 정수 부분만 반환하고 MOD 함수는 나머지 부분만 반환합니다.

| 함수 형식 | =QUOTIENT(Numerator,Denominator) → 나눗셈 후 몫 부분만 구합니다.<br>=MOD(Number,Divisor) → 나눗셈 후 나머지 부분만 구합니다. |
|---|---|
| 인수 | Numerator(피제수) : 피제수로 분자 부분에 해당되는 나누어질 수입니다.<br>Denominator(제수) : 제수로 분모 부분에 해당되는 나눌 수입니다.<br>Number(나누어질 수) : 나머지를 구할 수입니다. 분자 부분에 해당되는 피제수입니다.<br>Divisor(나눌 수) : 나누는 수로 분모 부분에 해당되는 제수입니다. |
| 사용 예 | ▲ 납입횟수를 12로 나눈 몫으로 연도 수를 구함 ▲ 납입횟수를 12로 나눈 나머지로 개월 수를 구함 |

## ▶ 문자열로 지정된 셀 참조를 실제 참조로 변환하는 INDIRECT 함수

INDIRECT는 문자 형태로 입력된 셀 주소나 이름을 실제 셀 참조로 바꿔주는 함수입니다. 다른 셀에 적힌 범위 이름이나 셀 주소를 불러와 계산할 수 있게 해줍니다.

| 함수 형식 | =INDIRECT(Ref_text, A1) |
|---|---|
| 인수 | **Ref_text(참조 문자)** : 참조하려는 셀 주소 또는 이름(문자 형태)입니다.<br>**A1(참조 스타일)** : 셀 참조 형식으로, 생략하면 기본 값인 A1 스타일, FALSE를 지정하면 R1C1 스타일입니다. |
| 사용 예 | [1월]~[6월] 시트의 [G33] 셀에 각 월의 매출 총합계가 있습니다.<br><br>[합계] 시트의 [B2] 셀에 =INDIRECT(A2&"!G33")를 입력하고 채우기 핸들을 더블클릭하여 복사하면 [1월]~[6월] 시트의 [G33] 셀의 값이 모두 입력됩니다.<br><br>시트 이름과 셀 주소 사이는 느낌표(!) 기호를 넣어야 하므로 A2&"!G33"의 형태의 셀 참조 문자를 만들어줍니다. INDIRECT 함수가 이 문자를 실제 셀 참조로 바꿔서 연결해줍니다. |

# CHAPTER 03

## 데이터 시각화하기

회사에서 바로 통하는 실무 엑셀

데이터 시각화란 수치 데이터나 문자 데이터로만 구성된 복잡한 데이터를 이해하기 쉬운 형태로 변환하는 것입니다. 데이터 시각화를 통해 데이터의 숨겨진 패턴이나 트렌드, 상관 관계 등을 쉽게 파악할 수 있습니다. 엑셀의 조건부 서식, 다양한 차트 등을 활용하여 데이터를 시각적으로 표현할 수 있습니다. 데이터 시각화는 비즈니스 의사결정을 지원하고, 비즈니스 인사이트를 도출하는 데 중요한 도구입니다.

# SECTION 01

## 조건부 서식으로 데이터 시각화하기

## 085 데이터 값에 대한 조건부 서식 지정하기

실습 파일 CHAPTER03\085_출납현황.xlsx | 완성 파일 CHAPTER03\085_출납현황_완성.xlsx

**데이터 값에 따라 서식이 표시되도록 조건부 서식을 지정할 수 있습니다.** 차인잔액이 백만 원 미만인 경우 빨간색으로 셀을 강조하고 항목에 '기타'가 포함된 셀은 글꼴을 빨간색으로 지정하겠습니다. 지난 주 날짜 셀은 노란색으로 표시해보겠습니다.

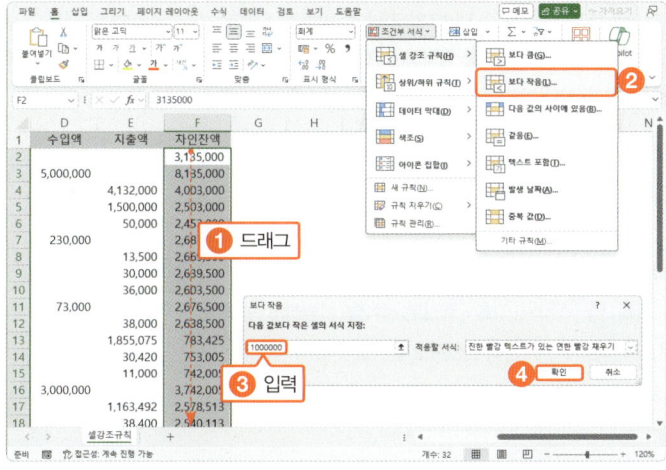

**01 차인잔액 백만 원 미만 셀 강조하기**

❶ [F2:F33] 범위 지정
❷ [홈] 탭-[스타일] 그룹-[조건부 서식]-[셀 강조 규칙]-[보다 작음] 클릭
❸ [보다 작음] 대화상자에 **1000000** 입력
❹ [확인]을 클릭합니다.

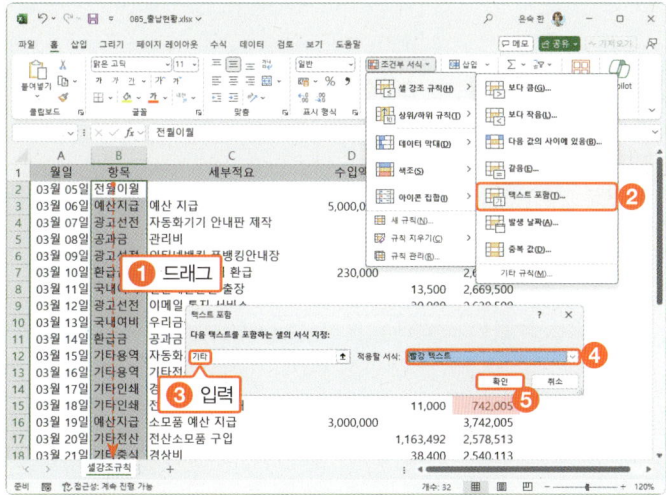

**02 '기타' 포함 항목 셀 강조하기**

❶ [B2:B33] 범위 지정
❷ [홈] 탭-[스타일] 그룹-[조건부 서식]-[셀 강조 규칙]-[텍스트 포함] 클릭
❸ [텍스트 포함] 대화상자에 **기타** 입력
❹ 적용할 서식에서 [빨강 텍스트] 선택
❺ [확인]을 클릭합니다.

**Tip** 적용할 서식에서 기본 제공하는 서식 외에 다른 서식을 지정하고 싶다면 [사용자 지정 서식]을 선택합니다. [셀 서식] 대화상자에서 표시 형식, 글꼴, 테두리, 채우기 등 다양한 서식을 지정할 수 있습니다.

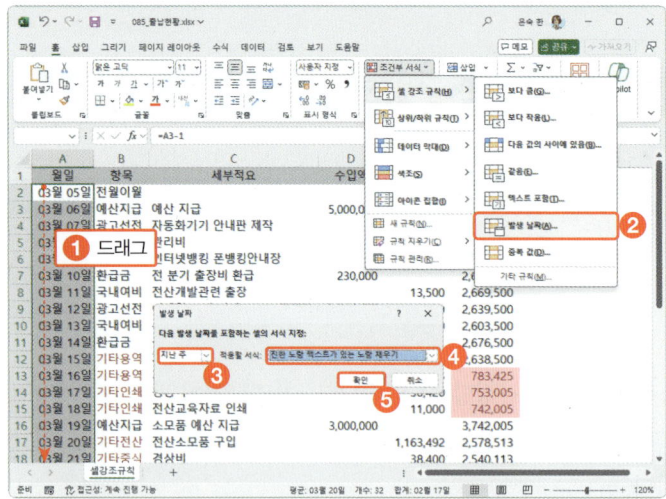

## 03 발생 날짜에 따라 셀 강조하기

❶ [A2:A33] 범위 지정
❷ [홈] 탭-[스타일] 그룹-[조건부 서식]-[셀 강조 규칙]-[발생 날짜] 클릭
❸ [발생 날짜] 대화상자에서 [지난 주] 선택
❹ 적용할 서식에서 [진한 노랑 텍스트가 있는 노랑 채우기] 선택
❺ [확인]을 클릭합니다.

**Tip 발생 날짜 기준**

발생 날짜는 컴퓨터에 설정되어 있는 현재 날짜를 기준으로 어제, 오늘, 내일, 지난 7일, 지난 주, 이번 주, 다음 주, 지난 달, 이번 달, 다음 달을 선택할 수 있습니다. 실습 파일의 마지막 셀인 [A33] 셀의 날짜는 현재 날짜를 입력하는 TODAY 함수가 입력되어 있고 그 위의 셀은 아래 셀에서 1을 빼서 아래 셀의 전 날짜가 입력되도록 수식이 작성되어 있습니다. 책의 날짜와 실제 실습 화면의 날짜는 다릅니다.

---

### Note  기타 비교 연산자는 어디에서 지정할 수 있나요?

[셀 강조 규칙]에서 선택할 수 있는 [보다 큼]은 〉 연산자, [보다 작음]은 〈 연산자, [다음 값의 사이에 있음]은 〉=, 그리고 〈= 연산자가 적용됩니다. 메뉴에서 선택할 수 없는 다른 규칙 항목은 [홈] 탭-[스타일] 그룹-[조건부 서식]을 클릭하고 [셀 강조 규칙]-[기타 규칙]을 클릭한 후 연산자 목록에서 해당 범위, 제외 범위, 〈〉(같지 않음), 〉=, 〈= 등의 연산자를 선택합니다.

상식

# 086 중복 데이터 표시하기

실습 파일 CHAPTER03\086_출납현황.xlsx | 완성 파일 CHAPTER03\086_출납현황_완성.xlsx

조건부 서식을 사용하면 중복 데이터를 쉽게 찾을 수 있습니다. 지출액이 중복되는 셀을 빨간색으로 표시하여 찾은 후 데이터를 수정해보겠습니다.

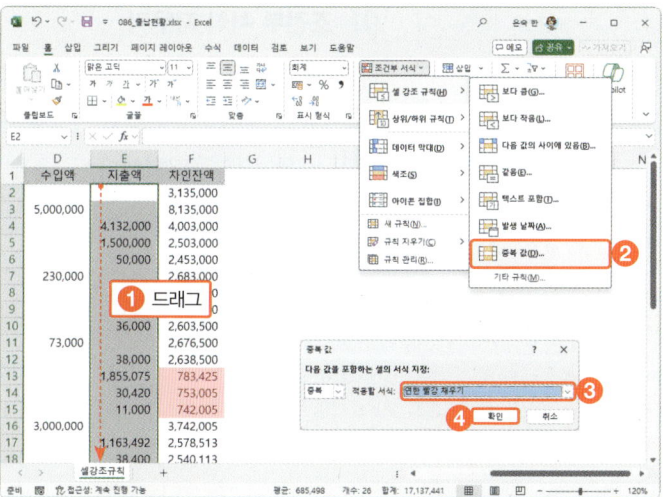

## 01 중복 값 표시하기

❶ [E2:E33] 범위 지정
❷ [홈] 탭-[스타일] 그룹-[조건부 서식]-[셀 강조 규칙]-[중복 값] 클릭
❸ [중복 값] 대화상자의 적용할 서식에서 [연한 빨강 채우기] 선택
❹ [확인]을 클릭합니다.

Tip 중복되는 값이 있는 셀에 서식이 지정됩니다.

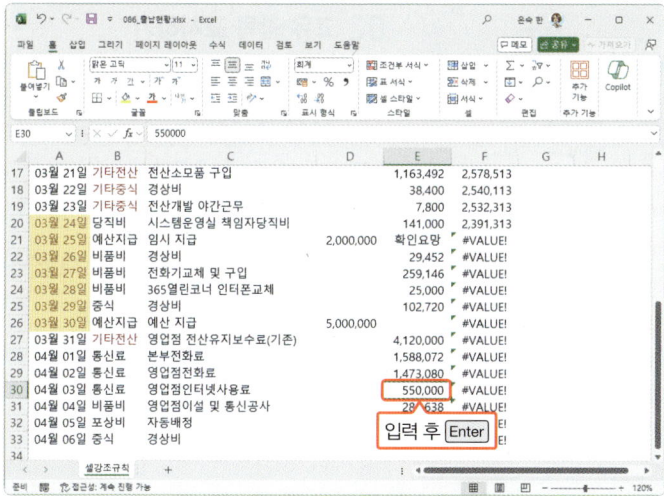

## 02 중복 데이터 수정하기

[E30] 셀에 550,000을 입력하고 Enter 를 누릅니다.

Tip 중복 값이 없어져서 서식도 없어집니다.

실무

# 087 고유 항목 행에 서식 지정하기

실습 파일 CHAPTER03\087_출납현황.xlsx | 완성 파일 CHAPTER03\087_출납현황_완성.xlsx

시트에 지정되어 있는 조건부 서식을 모두 지우고, 항목 범위 중 한 번씩만 입력된 고유 항목에 서식을 지정해보겠습니다. 또한 **지정한 조건부 서식이 행 단위로 지정되도록** 규칙을 편집해보겠습니다.

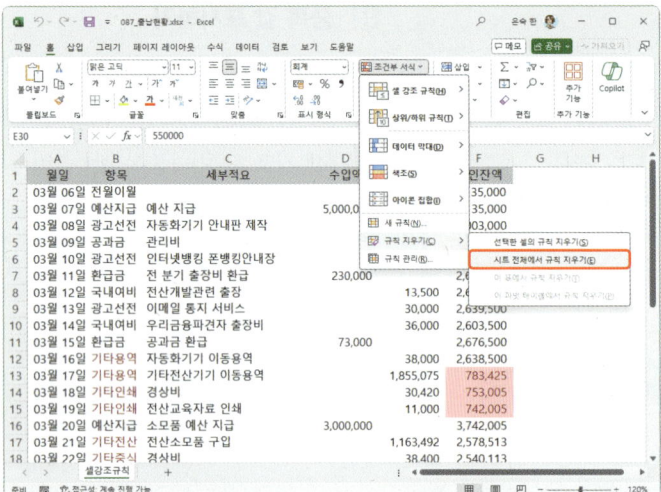

**01 조건부 서식 지우기**

[홈] 탭-[스타일] 그룹-[조건부 서식]-[규칙 지우기]-[시트 전체에서 규칙 지우기]를 클릭합니다.

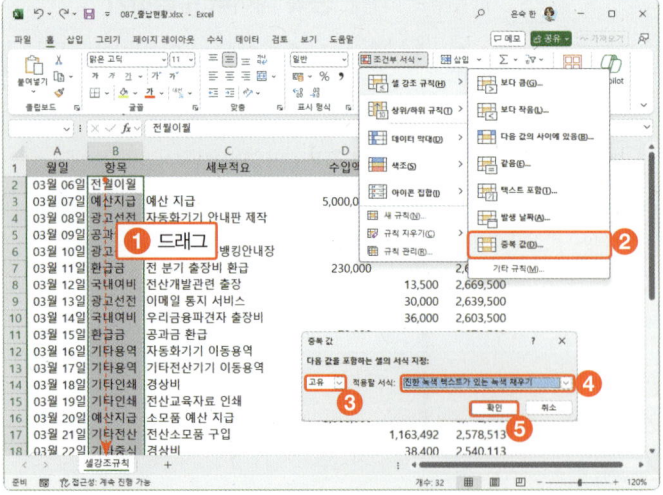

**02 고유 항목 표시하기**

❶ [B2:B33] 범위 지정
❷ [홈] 탭-[스타일] 그룹-[조건부 서식]-[셀 강조 규칙]-[중복 값] 클릭
❸ [중복] 대신 [고유] 선택
❹ 적용할 서식에서 [진한 녹색 텍스트가 있는 녹색 채우기] 선택
❺ [확인]을 클릭합니다.

**Tip** 고유 항목 셀에 서식이 지정됩니다.

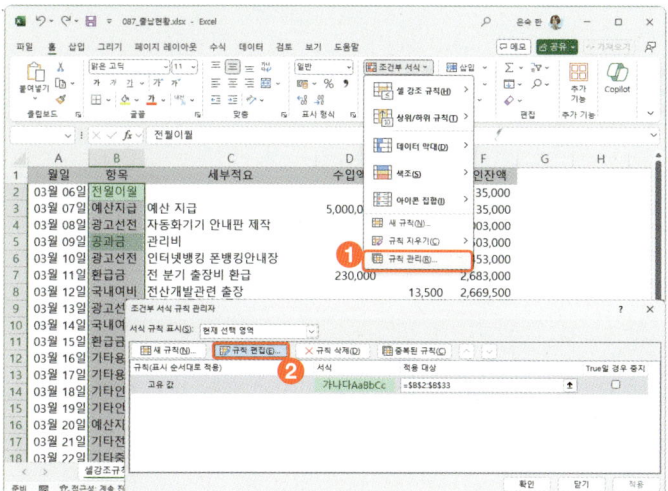

## 03 규칙 편집하기

❶ [홈] 탭-[스타일] 그룹-[조건부 서식]-[규칙 관리] 클릭
❷ [조건부 서식 규칙 관리자] 대화상자에서 [규칙 편집]을 클릭합니다.

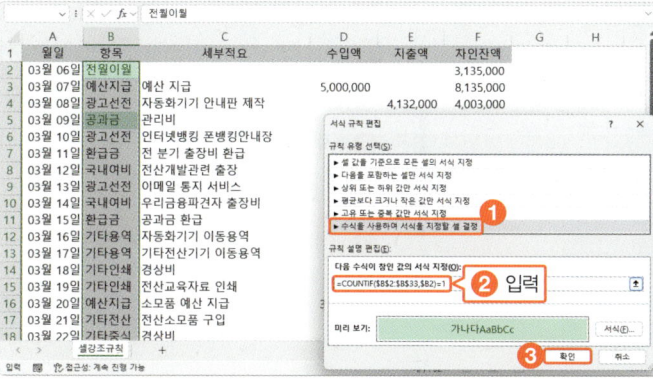

## 04 고유값 조건식 지정하기

❶ [서식 규칙 편집] 대화상자의 [규칙 유형 선택]에서 [수식을 사용하여 서식을 지정할 셀 결정] 선택
❷ 수식 입력란에
=COUNTIF($B$2:$B$33,$B2)=1
입력
❸ [확인]을 클릭합니다.

**Tip** 항목 범위($B$2:$B$33)에 항목 이름($B2)이 한 개이면 서식을 지정합니다. 항목 이름은 $B2로 열만 고정된 형태로 지정해야 첫 항목부터 마지막 항목까지 조건식이 적용됩니다. 함수식 결과가 한 개보다 크면 중복 값이 있는 것이므로 =COUNTIF($B$2:$B$33,$B2)>1로 입력하면 중복 값 조건식이 됩니다.

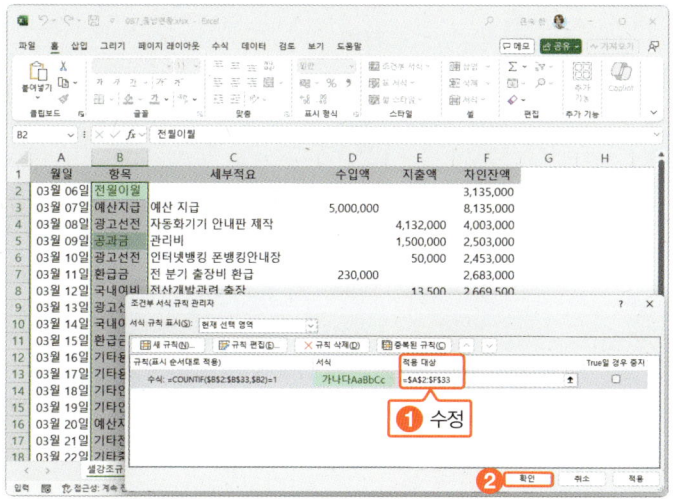

## 05 조건부 서식 적용 대상 수정하기

❶ [조건부 서식 규칙 관리자] 대화상자의 [적용 대상]에 적용 범위를
=$A$2:$F$33으로 수정
❷ [확인]을 클릭합니다.

**Tip** 고유 항목이 있는 행에 서식이 적용됩니다.

기초

# 088 빈 셀 및 오류 셀 조건부 서식 지정하기

실습 파일 CHAPTER03\088_출납현황.xlsx | 완성 파일 CHAPTER03\088_출납현황_완성.xlsx

실습 파일 범위에서 빈 셀은 셀 색을 회색으로 채우도록 조건부 서식을 지정하겠습니다. 또한 **오류 값이 있는 경우** 글꼴이 표시되지 않도록 조건부 서식을 지정해보겠습니다.

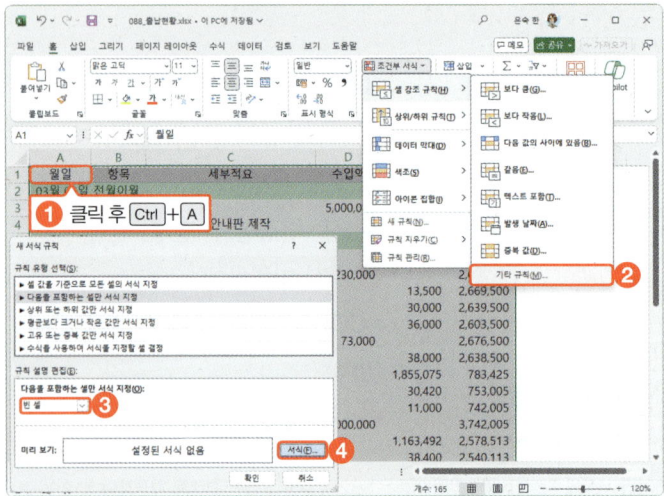

## 01 빈 셀 규칙 선택하기

❶ [A1] 셀 클릭 후 Ctrl + A
❷ [홈] 탭-[스타일] 그룹-[조건부 서식]-[셀 강조 규칙]-[기타 규칙] 클릭
❸ [새 서식 규칙] 대화상자의 [규칙 설명 편집]에서 [빈 셀] 선택
❹ [서식]을 클릭합니다.

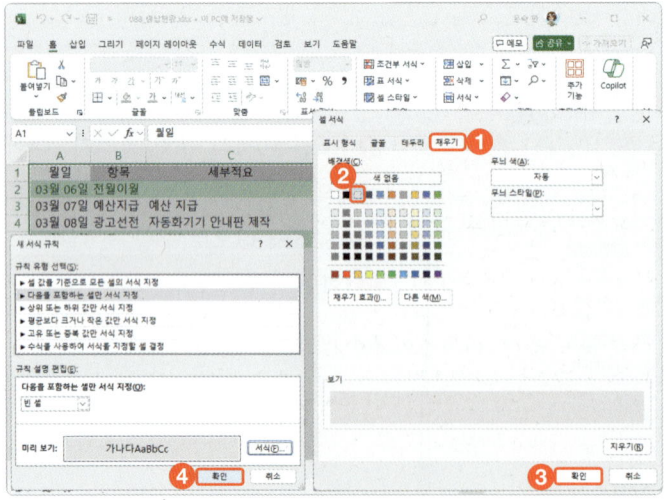

## 02 빈 셀 서식 지정하기

❶ [셀 서식] 대화상자 [채우기] 탭 클릭
❷ [배경색]의 [밝은 회색, 배경 2] 선택
❸ [확인] 클릭
❹ [새 서식 규칙] 대화상자의 [확인]을 클릭합니다.

**Tip** [새 서식 규칙] 대화상자의 규칙 설명 편집에서 [빈 셀]이 아니라 [내용 있는 셀]을 선택하면 반대로 데이터가 있는 셀에만 서식이 적용됩니다.

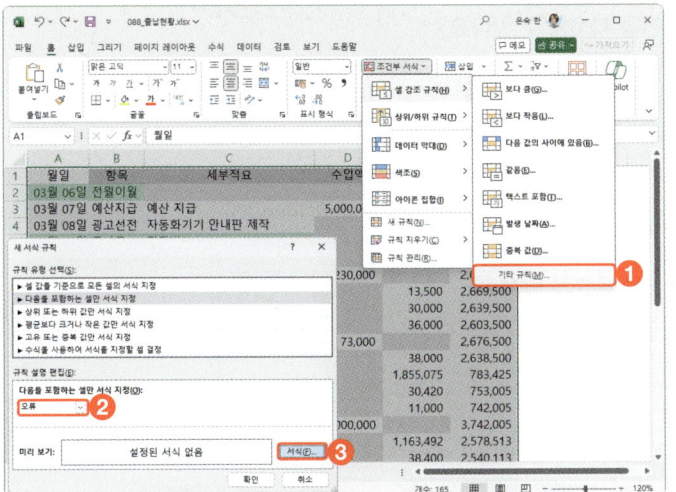

## 03 오류 규칙 선택하기

❶ [홈] 탭-[스타일] 그룹-[조건부 서식]-[셀 강조 규칙]-[기타 규칙] 클릭
❷ [새 서식 규칙] 대화상자의 [규칙 설명 편집]에서 [오류] 선택
❸ [서식]을 클릭합니다.

**Tip** 차인잔액에는 **위쪽 셀+수입액-지출액**의 수식이 입력되어 있습니다. [E21] 셀에 문자가 입력되어 있기 때문에 [F21] 셀부터는 문자와 사칙연산을 했을 때 나타나는 #VALUE! 오류가 표시되어 있습니다.

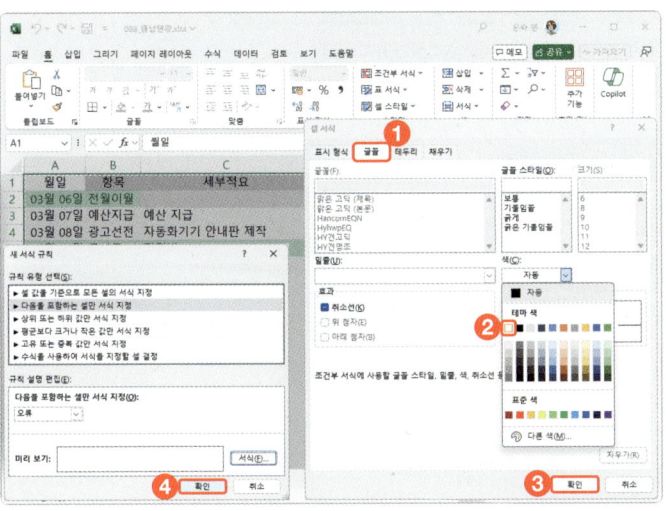

## 04 오류 표시 감추기

❶ [셀 서식] 대화상자 [글꼴] 탭 클릭
❷ [색]에서 [흰색, 배경1] 선택
❸ [확인] 클릭
❹ [새 서식 규칙] 대화상자에서 [확인]을 클릭합니다.

**Tip** [새 서식 규칙] 대화상자의 [규칙 설명 편집]에서 [오류]가 아니라 [오류 없음]을 선택하면 반대로 오류가 없는 셀에만 서식이 적용됩니다.

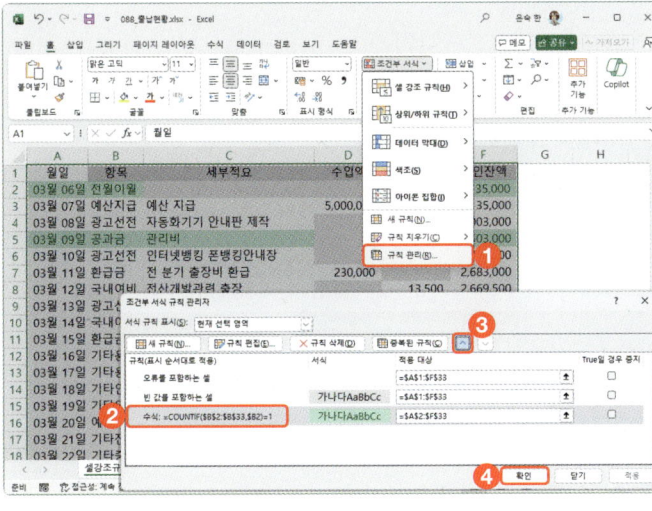

## 05 규칙 순서 변경하기

❶ [홈] 탭-[스타일] 그룹-[조건부 서식]-[규칙 관리] 클릭
❷ [조건부 서식 규칙 관리자] 대화상자에서 세 번째에 있는 수식 규칙 선택
❸ 위로 이동 ∧ 클릭
❹ [확인]을 클릭합니다.

**Tip** 조건부 서식은 나중에 지정한 규칙이 우선 적용됩니다. 우선순위를 변경하고 싶으면 규칙을 선택하고 위로 이동이나 아래로 이동 버튼을 클릭합니다.

> **Note** **[기타 규칙]에서는 어떤 조건을 지정할 수 있나요?**

[홈] 탭-[스타일] 그룹-[조건부 서식]을 클릭하고 [셀 강조 규칙]-[기타 규칙]을 클릭하면 [새 서식 규칙] 대화상자가 나타납니다. [텍스트 포함] 규칙 중 특정 텍스트를 포함하지 않거나 특정 텍스트로 시작하는 문자나 끝나는 문자를 강조하는 조건을 선택할 수 있습니다. 또한 빈 셀, 내용 있는 셀, 오류 셀, 오류 없는 셀을 선택한 후 서식을 지정할 수 있습니다.

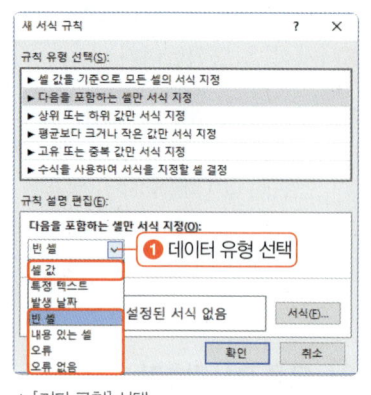

▲ [기타 규칙] 선택

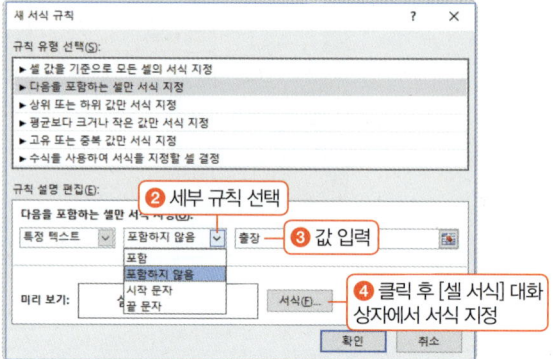

▲ '출장'을 포함하지 않는 셀을 강조하는 규칙 선택

기초

# 089 상위/하위 규칙에 따라 서식 지정하기

실습 파일 CHAPTER03\089_제품수익현황.xlsx | 완성 파일 CHAPTER03\089_제품수익현황_완성.xlsx

실습 파일에는 30개 제품의 매출, 비용, 수익 현황이 있습니다. 매출 상위 10%, 수익 상위 10% 항목에 조건부 서식을 지정하면 각각 세 개의 항목에 서식이 지정됩니다. 비용 하위 세 개 항목과 수익이 평균 미만인 셀에도 서식을 지정해보겠습니다.

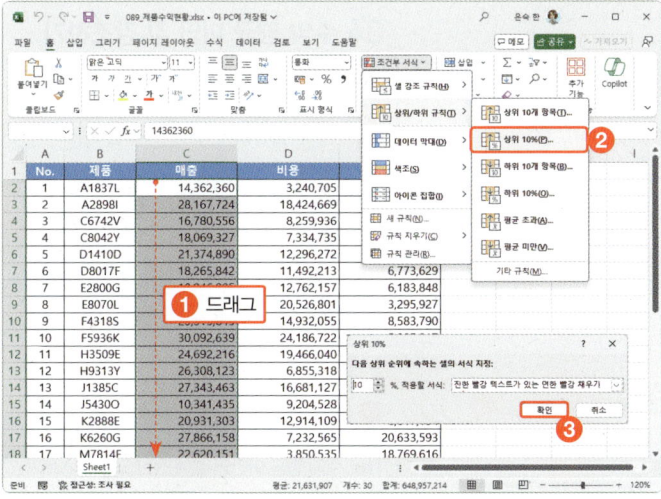

**01 매출 상위 10% 항목 강조하기**

❶ [C2:C31] 범위 지정
❷ [홈] 탭-[스타일] 그룹-[조건부 서식]-[상위/하위 규칙]-[상위 10%] 클릭
❸ [상위 10%] 대화상자의 [확인]을 클릭합니다.

**Tip** 30개 제품의 10%이므로 매출 상위 세 개 항목의 셀에 진한 빨강 텍스트가 있는 연한 빨강 채우기 서식이 적용됩니다.

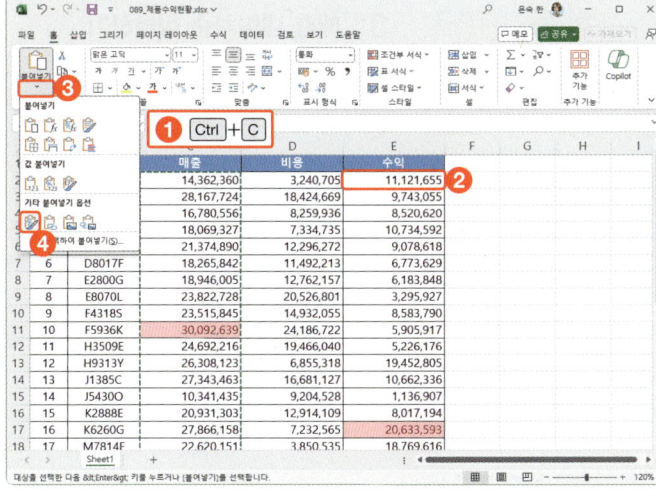

**02 수익 범위에 서식 복사하기**

❶ Ctrl + C 눌러 매출 범위 복사
❷ [E2] 셀 클릭
❸ [홈] 탭-[클립보드] 그룹-[붙여넣기] 목록 버튼 클릭
❹ [서식]을 클릭합니다.

**Tip** 수익 범위에도 상위 10% 조건부 서식이 적용됩니다.

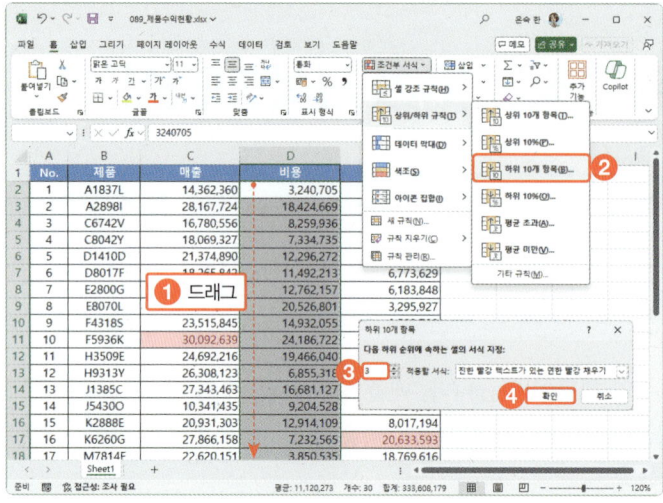

## 03 비용 하위 세 개 항목 강조하기

❶ [D2:D31] 범위 지정

❷ [홈] 탭-[스타일] 그룹-[조건부 서식]-[상위/하위 규칙]-[하위 10개 항목] 선택

❸ [하위 10개 항목] 대화상자에 3 입력

❹ [확인]을 클릭합니다.

**Tip** 비용 하위 세 개 항목 셀에 진한 빨강 텍스트가 있는 연한 빨강 채우기 서식이 적용됩니다.

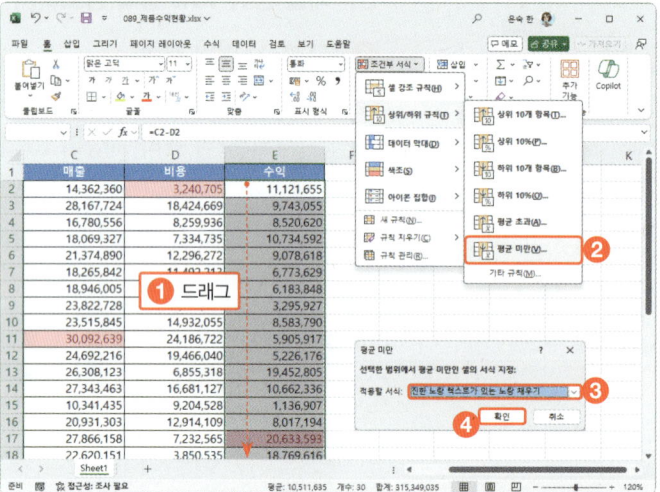

## 04 수익 평균 미만 값 강조하기

❶ [E2:E31] 범위 지정

❷ [홈] 탭-[스타일] 그룹-[조건부 서식]-[상위/하위 규칙]-[평균 미만] 클릭

❸ [평균 미만] 대화상자의 [적용할 서식]에서 [진한 노랑 텍스트가 있는 노랑 채우기] 선택

❹ [확인]을 클릭합니다.

**Tip** 수익 평균 미만인 셀에 진한 노랑 텍스트가 있는 노랑 채우기 서식이 적용됩니다.

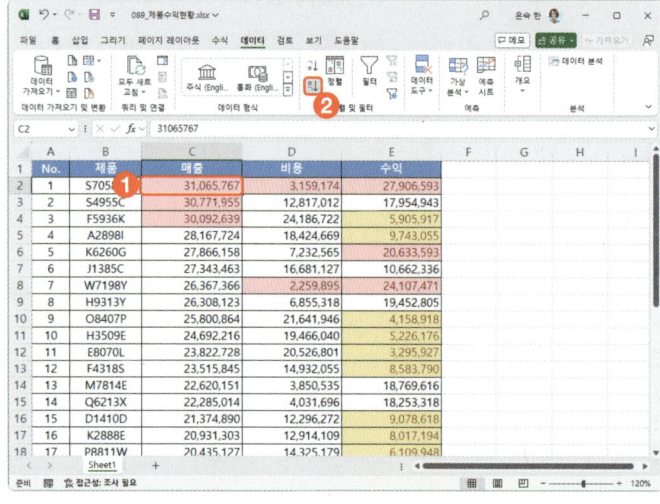

## 05 매출 내림차순 정렬하기

❶ [C2] 셀 클릭

❷ [데이터] 탭-[정렬 및 필터] 그룹-[숫자 내림차순 정렬]을 클릭합니다.

**Tip** 매출이 큰 순서로 정렬됩니다. 매출 상위 10% 항목 중에 비용 하위 세 개, 수익 상위 10% 항목에 속하는 제품이 있는 것을 볼 수 있습니다. 또한 매출 상위 10% 항목 중에 수익이 평균 미만인 제품도 있는 것을 볼 수 있습니다.

## 090 요일에 따라 조건부 서식 지정하기 – WEEKDAY

실습 파일 CHAPTER03\090_아르바이트급여.xlsx | 완성 파일 CHAPTER03\090_아르바이트급여_완성.xlsx

일요일인 경우 연한 빨강 채우기, 토요일인 경우 연한 파랑 채우기로 행 색상을 지정할 수 있습니다. **WEEKDAY 함수를 사용한 조건식을 조건부 서식 규칙으로 지정**하여 서식을 지정해보겠습니다.

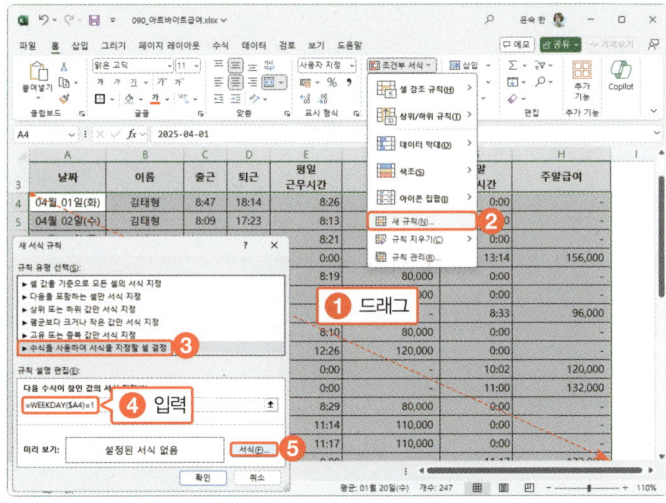

**01 일요일 서식 규칙 지정하기**

❶ [A4:H34] 범위 지정
❷ [홈] 탭-[스타일] 그룹-[조건부 서식]-[새 규칙] 클릭
❸ [새 서식 규칙] 대화상자의 [규칙 유형 선택]에서 [수식을 사용하여 서식을 지정할 셀 결정] 선택
❹ 수식 입력란에 **=WEEKDAY ($A4)=1** 입력
❺ [서식]을 클릭합니다.

**Tip** 수식을 규칙으로 지정할 때는 조건 열(날짜)의 첫 번째 셀(A4)을 인수로 지정하고 참조 형태는 $A4와 같이 열 고정 혼합 참조로 해야 합니다.

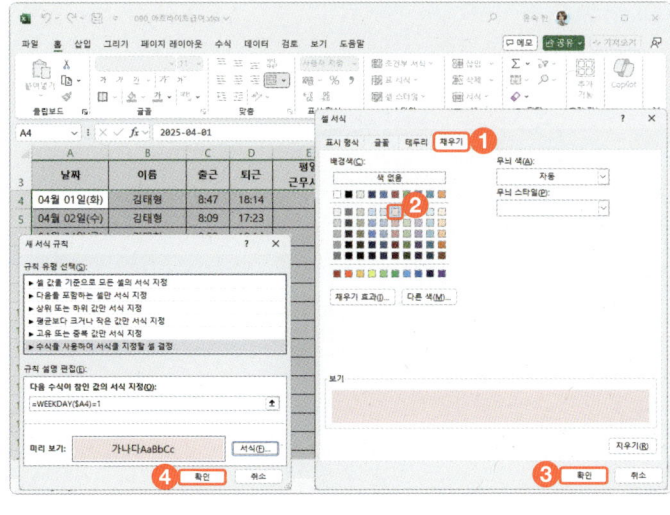

**02 일요일 서식 지정하기**

❶ [셀 서식] 대화상자의 [채우기] 탭 클릭
❷ [배경색]의 [빨강, 강조 2, 80% 더 밝게] 선택
❸ [확인] 클릭
❹ [새 서식 규칙] 대화상자의 [확인]을 클릭합니다.

**Tip** WEEKDAY 함수에서 날짜만 인수로 지정하면 1(일요일)~7(토요일)까지 반환됩니다. 따라서 날짜의 요일이 일요일인 행의 채우기 색들이 연한 빨강색으로 표시됩니다.

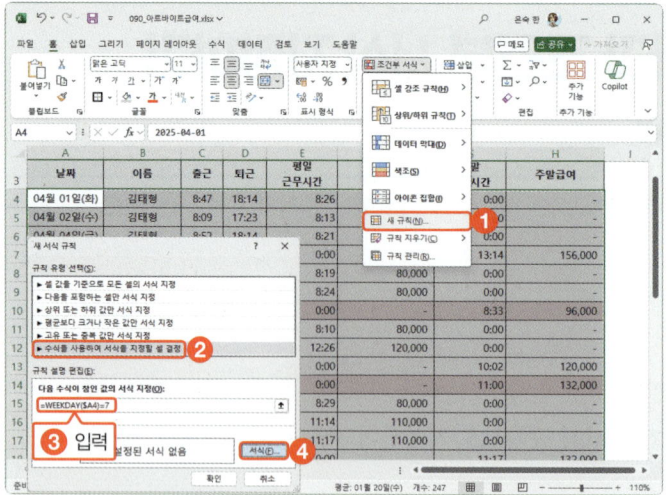

## 03 토요일 서식 규칙 지정하기

❶ [홈] 탭-[스타일] 그룹-[조건부 서식]-[새 규칙] 클릭
❷ [새 서식 규칙] 대화상자의 [규칙 유형 선택]에서 [수식을 사용하여 서식을 지정할 셀 결정] 선택
❸ 수식 입력란에 =WEEKDAY($A4)=7 입력
❹ [서식]을 클릭합니다.

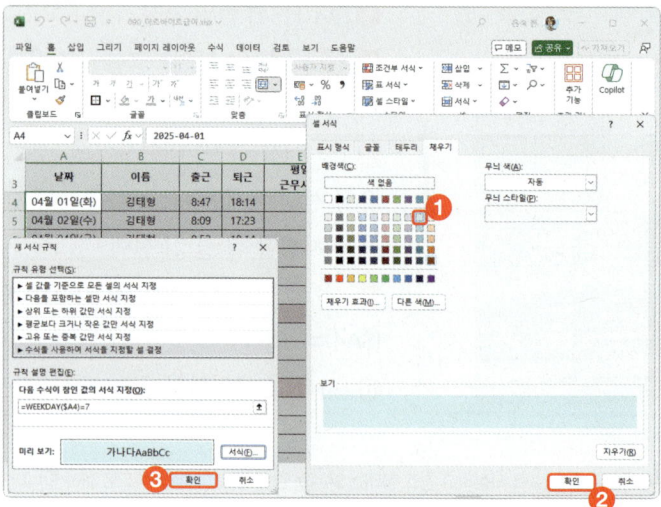

## 04 토요일 서식 지정하기

❶ [셀 서식] 대화상자 [채우기] 탭의 [배경색]에서 [바다색, 강조 5, 80% 더 밝게] 선택
❷ [확인] 클릭
❸ [새 서식 규칙] 대화상자의 [확인]을 클릭합니다.

**Tip** 날짜의 요일이 토요일인 행의 채우기 색들이 연한 파랑색으로 표시됩니다.

# 091 개발 도구 탭 추가 및 양식 컨트롤 삽입하기

**기초**

실습 파일 CHAPTER03\091_월별생산량.xlsx | 완성 파일 CHAPTER03\091_월별생산량_완성.xlsx

조건부 서식과 양식 컨트롤을 사용하면 기준 값을 빠르게 선택하여 데이터를 시각화하는 **자동 서식을 만들 수 있습니다.** 양식 컨트롤을 삽입하려면 리본 메뉴에 [개발 도구] 탭을 추가해야 합니다. 자동 서식을 만들기 위한 준비 단계로 [개발 도구] 탭을 추가한 후 확인란과 스핀 단추를 삽입해보겠습니다.

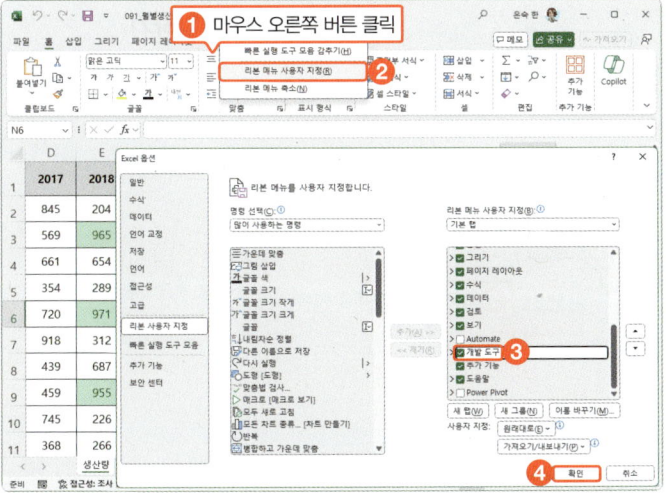

**01 개발 도구 탭 추가하기**

❶ 리본 메뉴에 마우스 포인터를 위치시키고 마우스 오른쪽 버튼 클릭
❷ [리본 메뉴 사용자 지정] 선택
❸ [Excel 옵션] 대화상자의 [리본 메뉴 사용자 지정]에서 [개발 도구] 체크
❹ [확인]을 클릭합니다.

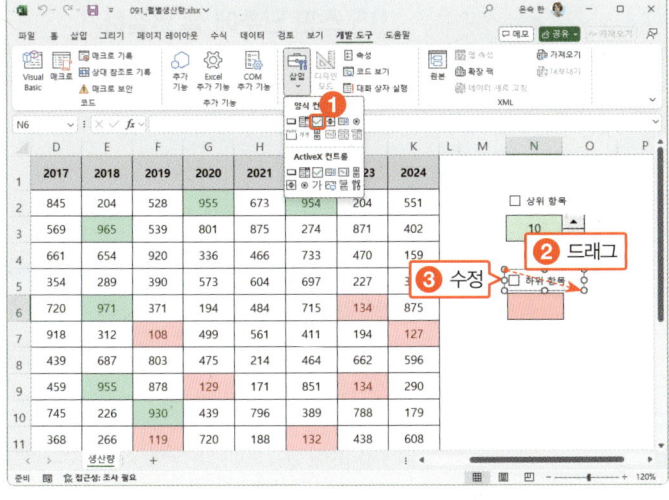

**02 확인란 삽입하기**

❶ [개발 도구] 탭-[컨트롤] 그룹-[삽입]-[확인란] ☑ 클릭
❷ [N5] 셀 위치에 드래그
❸ 확인란의 기존 텍스트는 지우고 **하위 항목**을 입력합니다.

SECTION 01 조건부 서식으로 데이터 시각화하기 **215**

## 03 확인란에 셀 연결하기

❶ 하위 항목 확인란에서 마우스 오른쪽 버튼 클릭

❷ [컨트롤 서식] 선택

❸ [컨트롤 서식] 대화상자의 셀 연결에 $M$5 입력

❹ [확인]을 클릭합니다.

Tip
- [셀 연결] 입력란을 클릭하고 [M5] 셀을 클릭해도 됩니다.
- [확인란]에 체크하면 [M5] 셀에 TRUE, 체크 해제하면 FALSE가 표시됩니다.

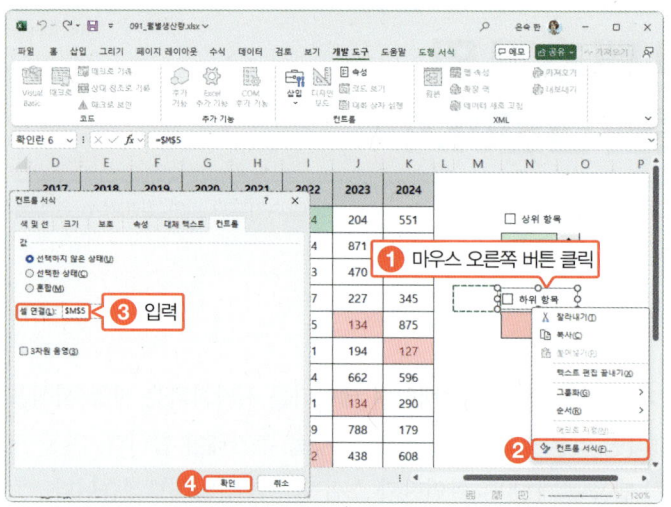

## 04 스핀 단추 삽입하기

❶ [개발 도구] 탭-[컨트롤] 그룹-[삽입]-[스핀 단추] 클릭

❷ [N6] 셀 옆에 드래그합니다.

## 05 스핀 단추에 셀 연결하기

❶ 스핀 단추에서 마우스 오른쪽 버튼 클릭

❷ [컨트롤 서식] 선택

❸ [컨트롤 서식] 대화상자에서 [현재값]에 10, [최소값]에 1, [최대값]에 20, [증분 변경]에 1, [셀 연결]에 $N$6 입력

❹ [확인]을 클릭합니다.

Tip [N6] 셀에 10이 입력되며, 스핀 단추의 버튼을 클릭할 때마다 값이 1씩 증감합니다. 최소값은 1, 최대값은 20까지 증감합니다.

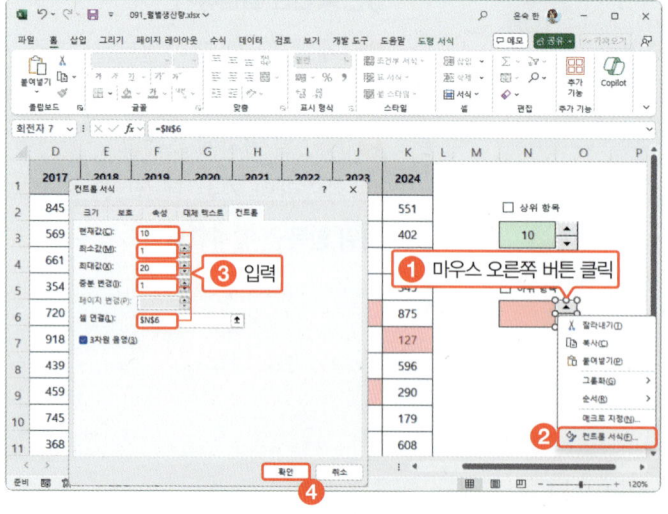

## 실무 092 값 선택에 따라 상위/하위값 자동 표시하기 – LARGE, SMALL

실습 파일 CHAPTER03\092_월별생산량.xlsx | 완성 파일 CHAPTER03\092_월별생산량_완성.xlsx

실습 파일에는 상위 10개 항목, 하위 10개 항목을 표시하는 조건부 서식이 지정되어 있습니다. 삽입되어 있는 상위 항목, 하위 항목 확인란을 선택해 표시 여부를 컨트롤하고 스핀 단추를 클릭해 표시할 항목 수를 컨트롤할 수 있도록 조건부 서식 규칙을 편집해보겠습니다.

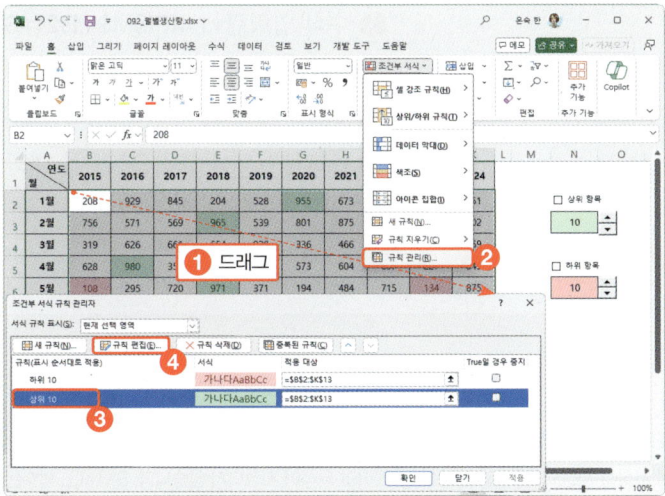

### 01 조건부 서식 규칙 편집하기

❶ [B2:K13] 범위 지정
❷ [홈] 탭-[스타일] 그룹-[조건부 서식]-[규칙 관리] 클릭
❸ [상위 10] 규칙 클릭
❹ [규칙 편집]을 클릭합니다.

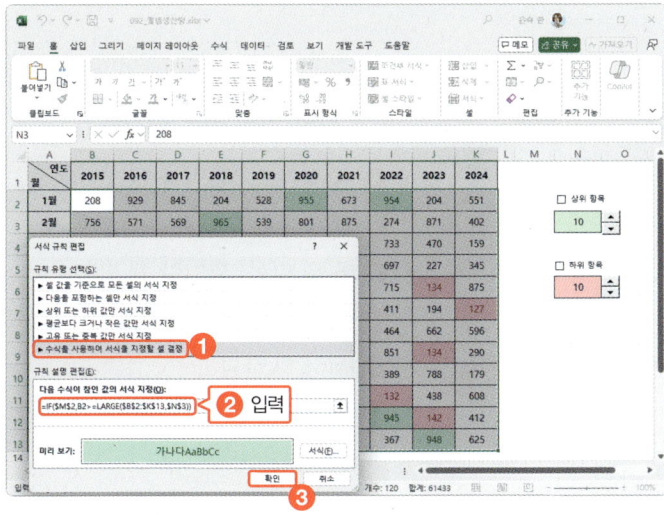

### 02 상위 항목 조건 수식 입력하기

❶ [규칙 유형 선택]에서 [수식을 사용하여 서식을 지정할 셀 결정] 선택
❷ 수식 입력란에 =IF($M$2,B2)>=LARGE($B$2:$K$13,$N$3)) 입력
❸ [확인]을 클릭합니다.

**Tip** 조건부 서식에서 기준 셀은 항상 지정 범위의 첫 번째 셀입니다. 따라서 기준 셀은 [B2] 셀입니다. 행열 방향으로 모든 셀을 확인해야 하므로 B2는 상대 참조로 입력합니다.

**Tip 조건 수식 설명**

**=IF($M$2,B2)=LARGE($B$2:$K$13,$N$3))**

[상위 항목] 확인란을 체크하면 [M2] 셀에 TRUE가, 체크 해제하면 FALSE가 입력됩니다. IF 함수식에 따라 [M2] 셀이 TRUE이면 LARGE 함수식의 결과보다 값이 크거나 같은 셀에 서식이 지정되고 [M2] 셀이 FALSE이면 서식이 지정되지 않습니다. LARGE 함수는 지정된 범위에서 지정된 상위 순위에 해당하는 값을 가져옵니다. 즉, [B2:K13] 범위에서 열 번째([N3] 셀 값)로 큰 값을 가져옵니다. 따라서 [M2] 셀이 TRUE이면 [B2:K13] 범위 중 열 번째로 큰 값보다 크거나 같은 셀에 서식을 지정하게 됩니다. 또한 [N3] 셀의 값이 바뀌면 서식이 지정되는 셀의 개수가 달라집니다.

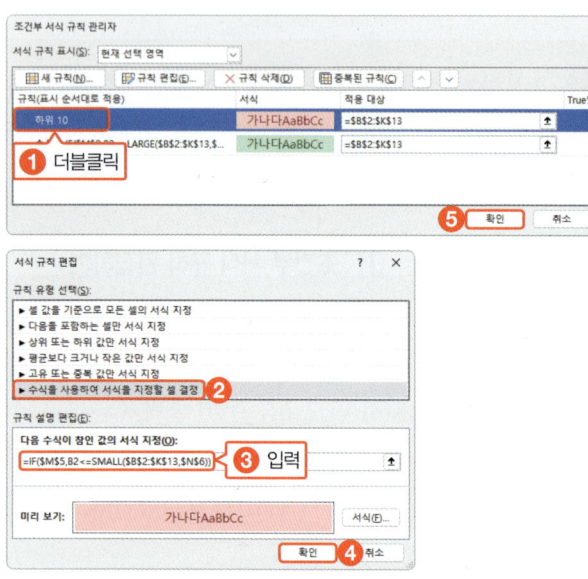

## 03 하위 항목 조건 편집하기

❶ [하위 10] 규칙 더블클릭
❷ [서식 규칙 편집] 대화상자의 [규칙 유형 선택]에서 [수식을 사용하여 서식을 지정할 셀 결정] 선택
❸ 수식 입력란에 =IF($M$5,B2<=SMALL($B$2:$K$13,$N$6)) 입력
❹ [확인] 클릭
❺ [조건부 서식 규칙 관리자] 대화상자의 [확인]을 클릭합니다.

**Tip 조건 수식 설명**

**=IF($M$5,B2<=SMALL($B$2:$K$13,$N$6))**

[하위 항목] 확인란을 체크하면 [M5] 셀에 TRUE가, 체크 해제하면 FALSE가 입력됩니다. IF 함수식에 따라 [M5] 셀이 TRUE이면 SMALL 함수식의 결과보다 값이 작거나 같은 셀에 서식이 지정되고 [M5] 셀이 FALSE이면 서식이 지정되지 않습니다. SMALL 함수는 지정된 범위에서 지정된 하위 순위에 해당하는 값을 가져옵니다. 즉, [B2:K13] 범위에서 열 번째([N6] 셀 값)로 작은 값을 가져옵니다. 따라서 [M5] 셀이 TRUE이면 [B2:K13] 범위 중 열 번째로 작은 값보다 작거나 같은 셀에 서식을 지정하게 됩니다. 또한 [N6] 셀의 값이 바뀌면 서식이 지정되는 셀의 개수가 달라집니다.

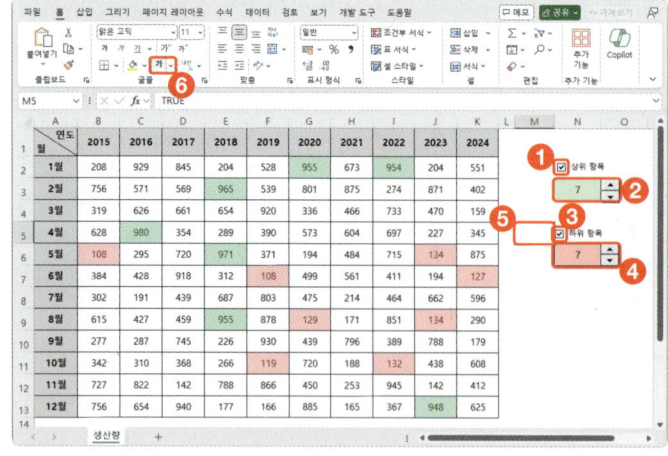

## 04 상위/하위 항목 변경하기

❶ [상위 항목] 확인란 체크
❷ 상위 항목의 항목 수를 7로 지정
❸ [하위 항목] 확인란 체크
❹ 하위 항목의 항목 수를 7로 지정
❺ [M5] 셀 클릭
❻ [홈] 탭-[글꼴] 그룹-[글꼴 색]에서 [흰색]을 선택합니다.

**Tip** [상위 항목], [하위 항목] 확인란을 체크 해제하면 서식이 표시되지 않습니다.

실무

# 093 동적 히트맵 차트 만들기 – INDIRECT

**실습 파일** CHAPTER03\093_월별생산량.xlsx | **완성 파일** CHAPTER03\093_월별생산량_완성.xlsx

[생산량] 시트의 데이터를 [히트맵] 시트에서 3년치씩 스크롤해서 볼 수 있도록 스크롤 막대를 삽입하고, **INDIRECT 함수를 사용해서 [생산량] 시트의 데이터를 가져오겠습니다.** 또한 데이터 값을 색조로 표시하여 히트맵 차트로 만들어보겠습니다.

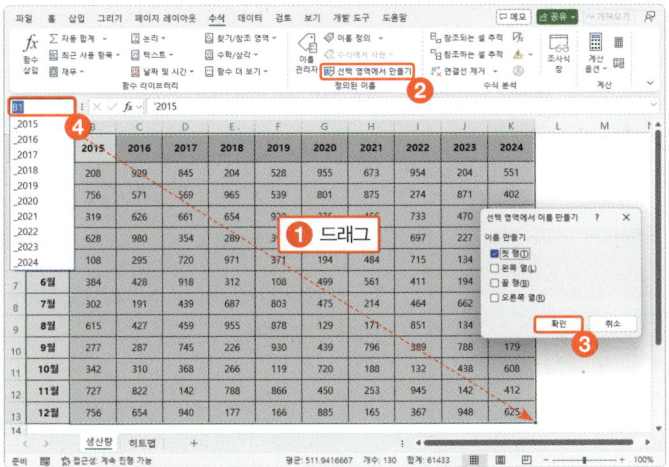

### 01 연도별 범위 이름 만들기

❶ [생산량] 시트의 [B1:K13] 범위 지정

❷ [수식] 탭-[정의된 이름] 그룹-[선택 영역에서 만들기] 클릭

❸ [선택 영역에서 이름 만들기] 대화상자에서 [첫 행]만 체크된 채 [확인] 클릭

❹ [이름 상자]의 목록 버튼을 클릭하여 정의된 이름 목록을 확인합니다.

**Tip** 연도별 범위의 이름이 **_연도** 형태로 정의됩니다. 예를 들어 [B2:B13] 범위는 **_2015**로 정의됩니다. 숫자는 이름으로 정의할 수 없기 때문에 [B1:K1] 범위의 연도명은 '2015와 같이 숫자 앞에 어포스트로피(')가 입력되어 있는 문자입니다. 또한 숫자는 이름의 첫 글자로 정의할 수 없기 때문에 자동으로 숫자 앞에 언더 바(_)가 추가되면서 이름이 정의되었습니다.

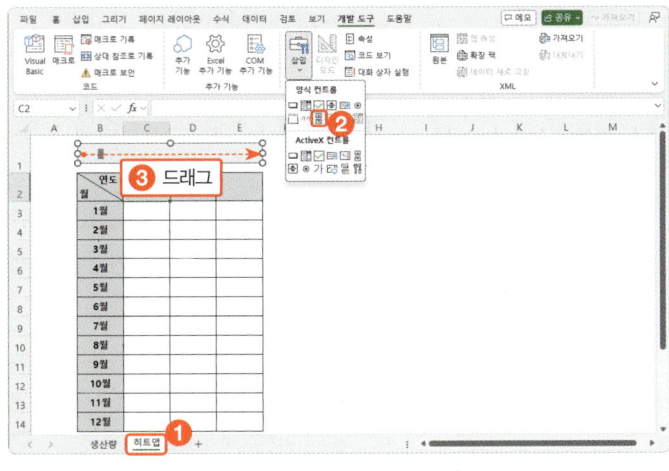

### 02 스크롤 막대 삽입하기

❶ [히트맵] 시트 클릭

❷ [개발 도구] 탭-[컨트롤] 그룹-[삽입]-[스크롤 막대] 클릭

❸ [B1:E1] 범위에 드래그합니다.

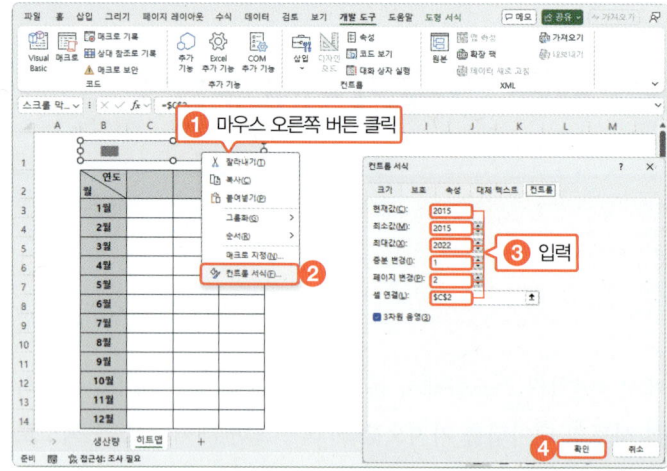

## 03 스크롤 막대에 셀 연결하기

① 스크롤 막대에서 마우스 오른쪽 버튼 클릭

② [컨트롤 서식] 선택

③ [컨트롤 서식] 대화상자에서 [현재 값]에 2015, [최소값]에 2015, [최대 값]에 2022, [증분 변경]에 1, [페이지 변경]에 2, [셀 연결]에 $C$2 입력

④ [확인]을 클릭합니다.

**Tip** [C2] 셀에 2015가 입력되며, 스크롤 막대의 왼쪽 끝, 오른쪽 끝 버튼을 클릭할 때마다 값이 1씩 증감하고 스크롤 막대의 중간 부분을 클릭하면 2씩 증감합니다. 최소값은 2015, 최대값은 2022까지 증감합니다.

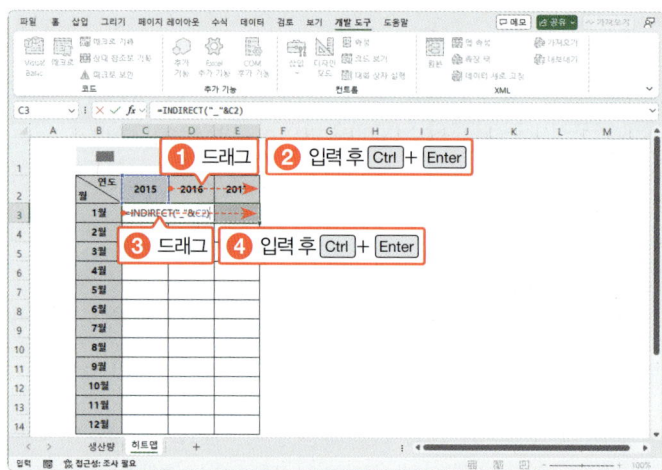

## 04 연도별 데이터 가져오기

① [D2:E2] 범위 지정

② =C2+1 입력 후 Ctrl + Enter

③ [C3:E3] 범위 지정

④ =INDIRECT("_"&C2) 입력 후 Ctrl + Enter 를 누릅니다.

**Tip** INDIRECT 함수는 인수로 범위 이름을 지정하여 해당 범위의 값을 가져옵니다. 정의된 연도 범위 이름에는 앞에 언더 바(_)가 있으므로 "_"&C2로 인수를 지정했습니다.

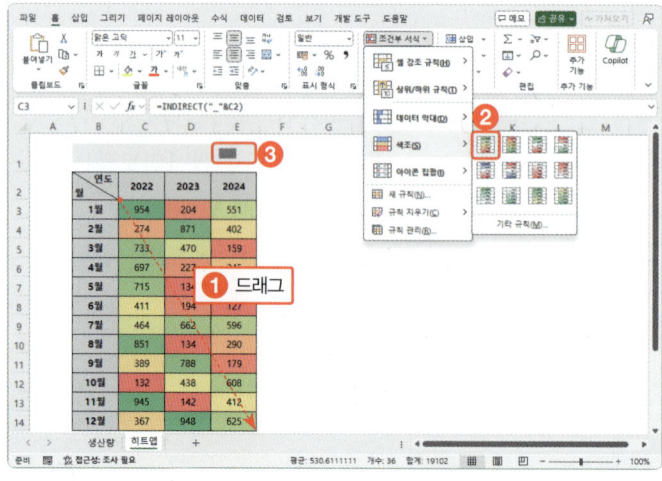

## 05 데이터에 색조 표시하기

① [C3:E14] 범위 지정

② [홈] 탭–[스타일] 그룹–[조건부 서식]–[색조]–[녹색–노랑–빨강 색조] 클릭

③ 스크롤 막대의 오른쪽 버튼을 클릭하여 연도와 데이터를 변경하고 색조 변화를 확인합니다.

**Tip** [녹색–노랑–빨강 색조]는 값이 클수록 진한 녹색, 중간 값은 노랑, 값이 작을수록 진한 빨강으로 표시됩니다.

## 094 확인란으로 데이터 값 숨기고 표시하기

**실습 파일** CHAPTER03\094_월별생산량.xlsx | **완성 파일** CHAPTER03\094_월별생산량_완성.xlsx

앞에서 만든 동적 히트맵 차트에서 데이터 값을 숨기고 표시하는 작업을 쉽게 반복하면 편리할 것입니다. 양식 컨트롤 확인란을 삽입하고 조건부 서식을 추가해보겠습니다.

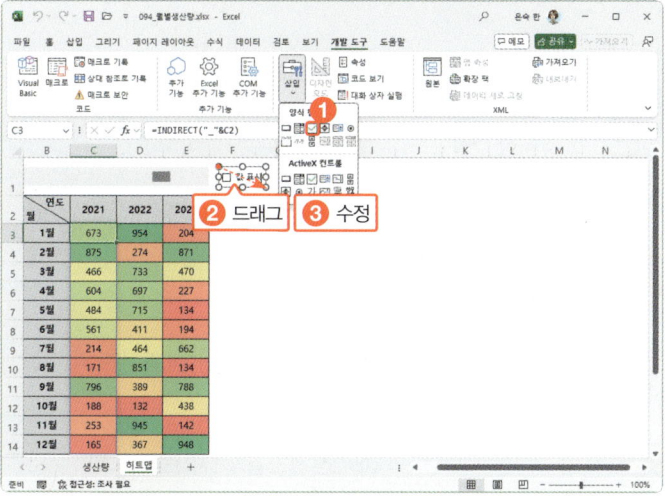

### 01 확인란 삽입하기

① [개발 도구] 탭-[컨트롤] 그룹-[삽입]-[확인란]☑ 클릭
② [F1] 셀 위치에 드래그
③ 확인란의 기존 텍스트를 지우고 **값 표시**라고 입력합니다.

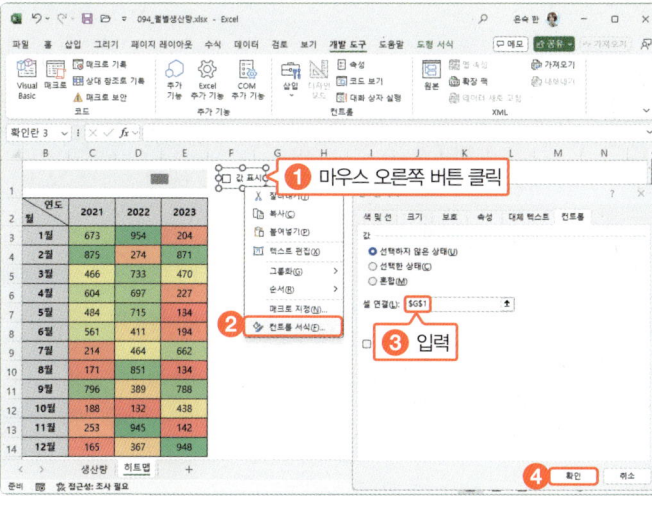

### 02 확인란에 셀 연결하기

① [값 표시] 확인란에서 마우스 오른쪽 버튼 클릭
② [컨트롤 서식] 선택
③ [컨트롤 서식] 대화상자의 셀 연결에 **$G$1** 입력
④ [확인]을 클릭합니다.

**Tip** [확인란]에 체크하면 [G1] 셀에 TRUE, 체크 해제하면 FALSE가 표시됩니다.

## 03 값 표시 해제 서식 추가하기

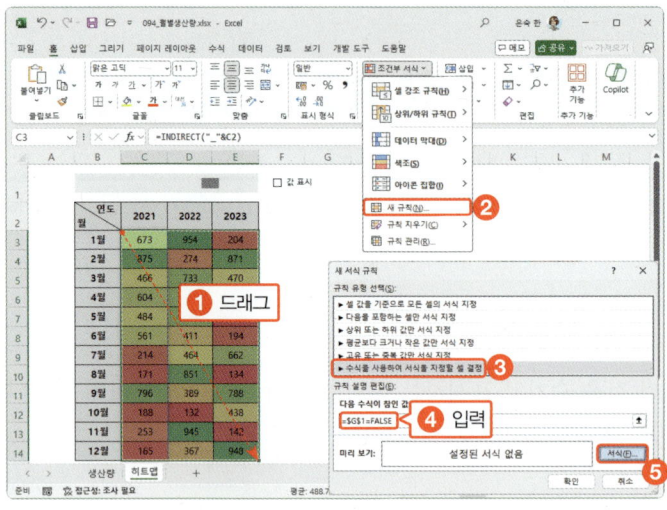

❶ [C3:E14] 범위 지정
❷ [홈] 탭-[스타일] 그룹-[조건부 서식]-[새 규칙] 클릭
❸ [새 서식 규칙] 대화상자 [규칙 유형 선택]에서 [수식을 사용하여 서식을 지정할 셀 결정] 선택
❹ 수식 입력란에 **=$G$1=FALSE** 입력
❺ [서식] 버튼을 클릭합니다.

## 04 데이터 숨기기 서식 지정하기

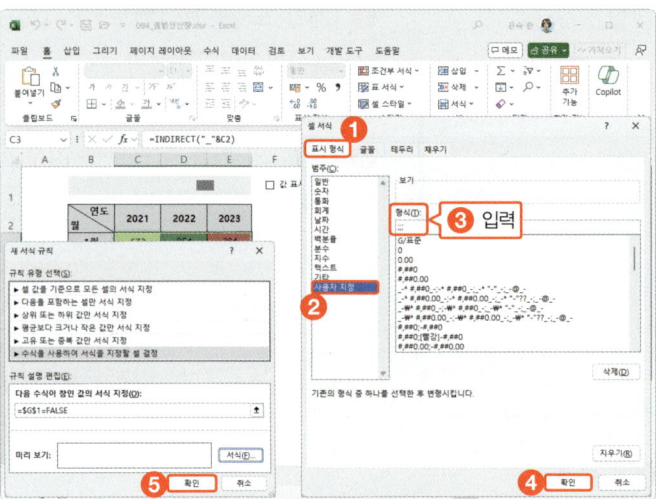

❶ [셀 서식] 대화상자 [표시 형식] 탭 클릭
❷ [범주]에서 [사용자 지정] 선택
❸ [형식]에 ;;; 입력
❹ [확인] 클릭
❺ [새 서식 규칙] 대화상자의 [확인]을 클릭합니다.

**Tip** ;;;은 셀 값 숨기기 서식 코드입니다.

## 05 값 표시 해제하기

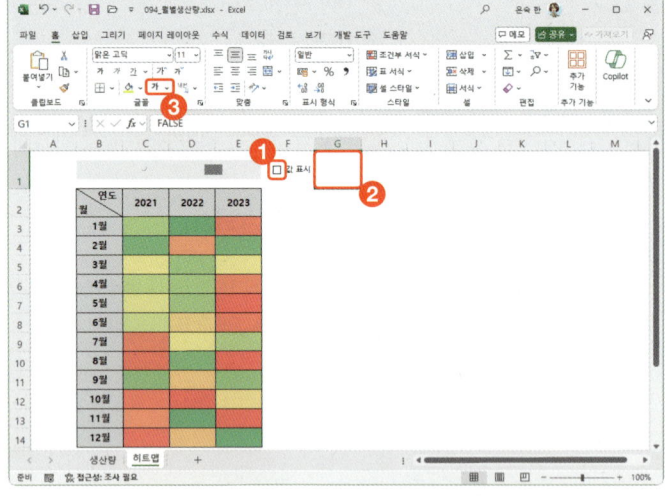

❶ [값 표시] 확인란을 클릭하여 값을 표시하고 다시 해제
❷ [G1] 셀 클릭
❸ [홈] 탭-[글꼴] 그룹-[글꼴 색]에서 [흰색]을 선택합니다.

**Tip** [G1] 셀에는 확인란 체크에 따라 TRUE, FALSE 값이 표시됩니다. 글꼴 색을 흰색으로 하여 숨깁니다.

## 기초
# 095 데이터 값을 아이콘으로 표시하기

동영상 강의 확인하기

실습 파일 CHAPTER03\095_가격변동표.xlsx | 완성 파일 CHAPTER03\095_가격변동표_완성.xlsx

비용 추세 셀에는 상승, 보합, 하락 아이콘을 표시하고 숫자 값은 숨겨보겠습니다. 만족도 등급은 1~5 등급이 입력되어 있으므로 **다섯 개짜리 아이콘 집합을 표시**해보겠습니다.

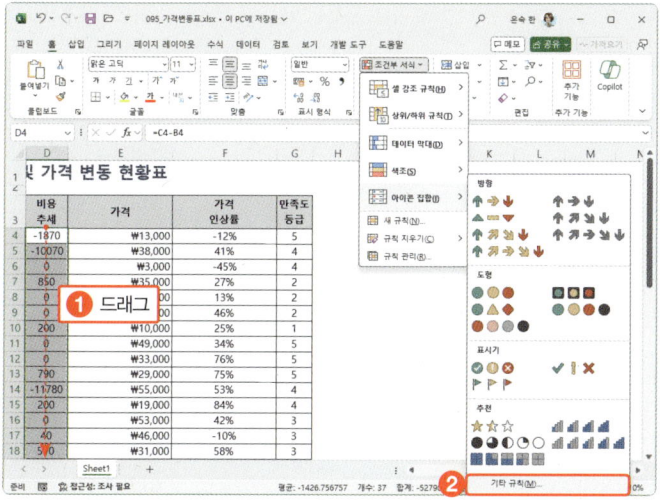

**01 비용 추세 아이콘 표시하기**

❶ [D4:D40] 범위 지정
❷ [홈] 탭–[스타일] 그룹–[조건부 서식]–[아이콘 집합]–[기타 규칙]을 클릭합니다.

**Tip** 목록에 없는 아이콘 조합을 선택하거나 값 기준을 다르게 하려면 [기타 규칙]을 선택합니다.

**02 아이콘 표시 옵션 선택하기**

❶ [새 서식 규칙] 대화상자의 [아이콘 스타일]에서 ▼▬▲ 선택
❷ [아이콘만 표시] 체크
❸ 첫 번째 [아이콘]의 비교 연산자 [>] 선택
❹ [종류]로 [숫자] 선택
❺ 두 번째 [아이콘]의 [종류]로 [숫자] 선택
❻ [확인]을 클릭합니다.

**Tip** 비용 추세가 양수이면 녹색 아이콘, 비용 추세가 0이면 노랑 아이콘, 비용 추세가 음수이면 빨강 아이콘이 표시됩니다.

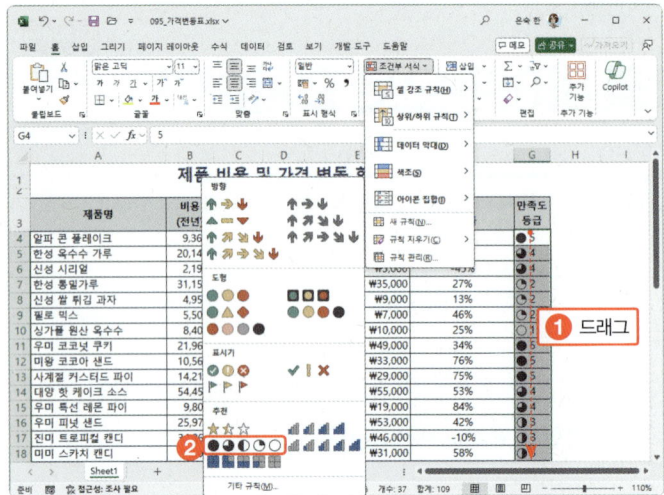

## 03 만족도 등급에 아이콘 표시하기

❶ [G4:G40] 범위 지정

❷ [홈] 탭-[스타일] 그룹-[조건부 서식]-[아이콘 집합]-[5가지 원(흑백)]을 선택합니다.

## 기초
## 096 색조와 데이터 막대로 데이터 시각화하기

실습 파일 CHAPTER03\096_가격변동표.xlsx | 완성 파일 CHAPTER03\096_가격변동표_완성.xlsx

이번에는 전년, 금년 비용을 색조로 표시하여 한눈에 비교할 수 있게 표시하겠습니다. 가격과 가격 인상률은 데이터 막대로 표시해보겠습니다.

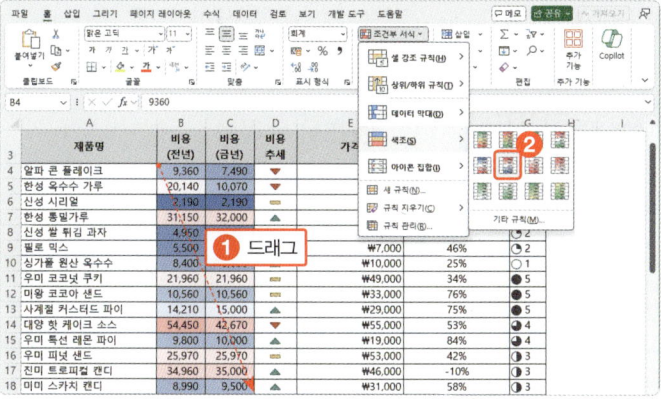

### 01 비용에 색조 표시하기

① [B4:C40] 범위 지정
② [홈] 탭-[스타일] 그룹-[조건부 서식]-[색조]-[빨강-흰색-파랑 색조]를 선택합니다.

Tip 비용이 클수록 빨간색으로 분포되고 작을수록 파란색으로 분포됩니다. 전년 색조와 금년 색조의 차이가 크면 비용 차이가 크다는 것을 알 수 있습니다.

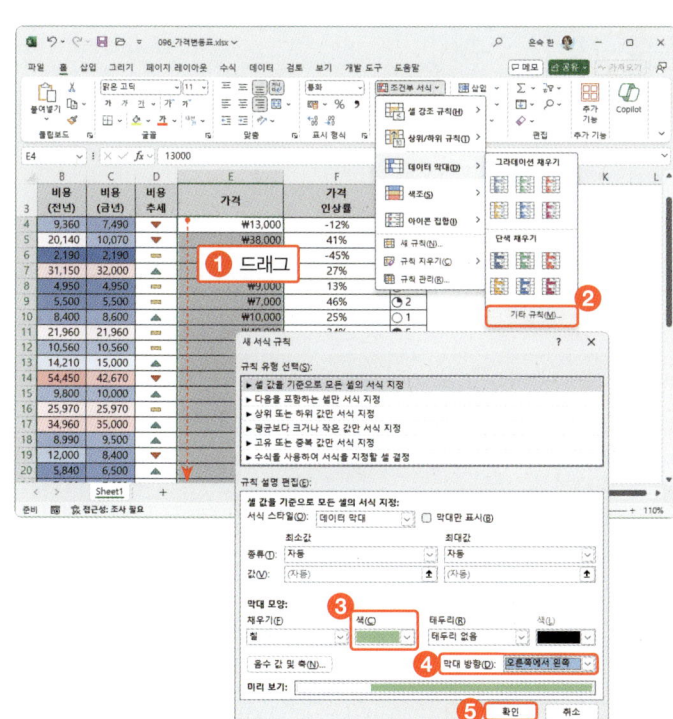

### 02 가격에 데이터 막대 표시하기

① [E4:E40] 범위 지정
② [홈] 탭-[스타일] 그룹-[조건부 서식]-[데이터 막대]-[기타 규칙] 클릭
③ [새 서식 규칙] 대화상자의 채우기 색에서 [녹색, 강조 6, 40% 더 밝게] 선택
④ [막대 방향]에서 [오른쪽에서 왼쪽] 선택
⑤ [확인]을 클릭합니다.

Tip 선택한 색상의 데이터 막대가 오른쪽에서 왼쪽 방향으로 표시됩니다.

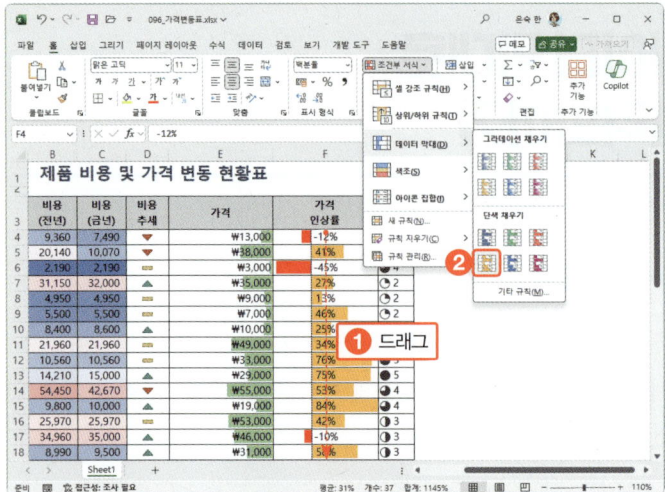

## 03 가격 인상률 데이터 막대 표시하기

❶ [F4:F40] 범위 지정

❷ [홈] 탭-[스타일] 그룹-[조건부 서식]-[데이터 막대]-[단색 채우기-주황 데이터 막대]를 선택합니다.

**Tip** 음수는 빨강 데이터 막대가 왼쪽으로, 양수는 주황 데이터 막대가 오른쪽으로 표시됩니다.

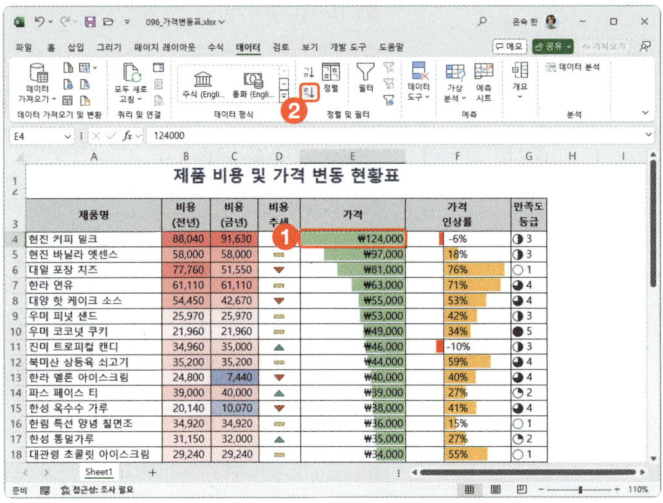

## 04 가격 내림차순 정렬하기

❶ [E4] 셀 클릭

❷ [데이터] 탭-[정렬 및 필터] 그룹-[숫자 내림차순 정렬]을 클릭합니다.

**Tip** 가격이 높은 데이터부터 정렬됩니다.

## 실무 097 확인란과 데이터 막대로 진행률 표시하기

실습 파일 CHAPTER03\097_프로젝트진행현황.xlsx | 완성 파일 CHAPTER03\097_프로젝트진행현황_완성.xlsx

엑셀 365에서는 **여러 셀에 한꺼번에 확인란을 삽입할 수 있습니다.** 셀 안에 삽입된 확인란을 체크하면 해당 셀에 TRUE가 입력되고 해제하면 FALSE가 입력됩니다. 프로젝트 일정표에서 확인란 체크에 따라 완료일을 입력하고 그에 따라 데이터 막대로 진행률이 표시되도록 만들어보겠습니다.

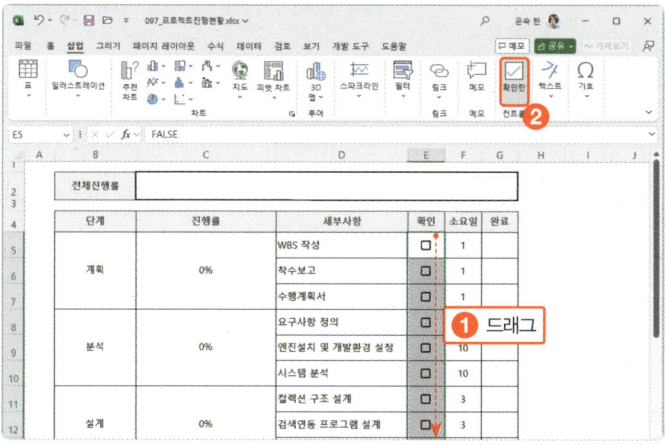

### 01 확인란 삽입하기

❶ [E5:E19] 범위 지정
❷ [삽입] 탭-[컨트롤] 그룹-[확인란]을 클릭합니다.

**Tip** 삽입한 확인란을 지우려면 확인란이 입력된 셀 범위를 지정한 후 Delete 를 누릅니다. 체크되어 있는 확인란이 있는 경우 Delete 를 두 번 누릅니다.

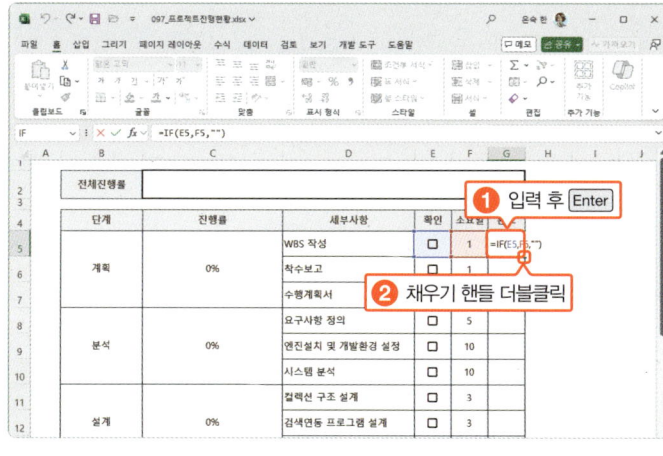

### 02 확인란 선택 시 완료일 입력하기

❶ [G5] 셀에 **=IF(E5,F5,"")** 입력 후 Enter
❷ 다시 [G5] 셀을 클릭한 후 채우기 핸들을 더블클릭합니다.

**Tip** 수식에 따라 확인란을 선택하면 소요일이 입력되고 선택하지 않으면 빈 셀로 표시되기 때문에 모두 빈 셀로 표시됩니다.

**함수식 설명** =IF(E5,F5,"")

[E5] 셀이 TRUE이면 [F5] 셀 값을 입력하고 FALSE이면 빈 셀("")로 표시합니다. 확인란을 체크하면 [E5] 셀에 TRUE가 입력되고 체크 해제하면 FALSE가 입력됩니다. 확인란 체크에 따라 완료에 소요일이 입력됩니다.

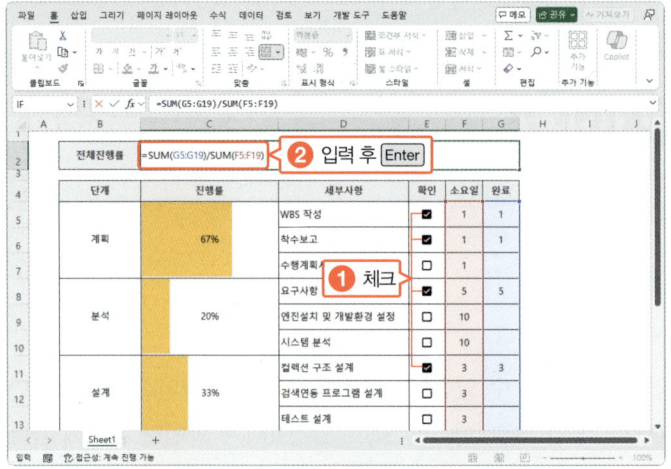

## 03 전체 진행률 입력하기

❶ [E5], [E6], [E8], [E11] 셀 확인란 체크

❷ [C2] 셀에 =SUM(G5:G19)/SUM(F5:F19) 입력 후 Enter 를 누릅니다.

**Tip** 진행률 셀에는 단계별 완료 합계/소요일 합계 수식이 입력되어 있습니다. 또한 백분율 서식과 데이터 막대 조건부 서식이 지정되어 있습니다. 따라서 확인란을 체크하면 진행률 셀들에 진행률과 데이터 막대가 표시됩니다.

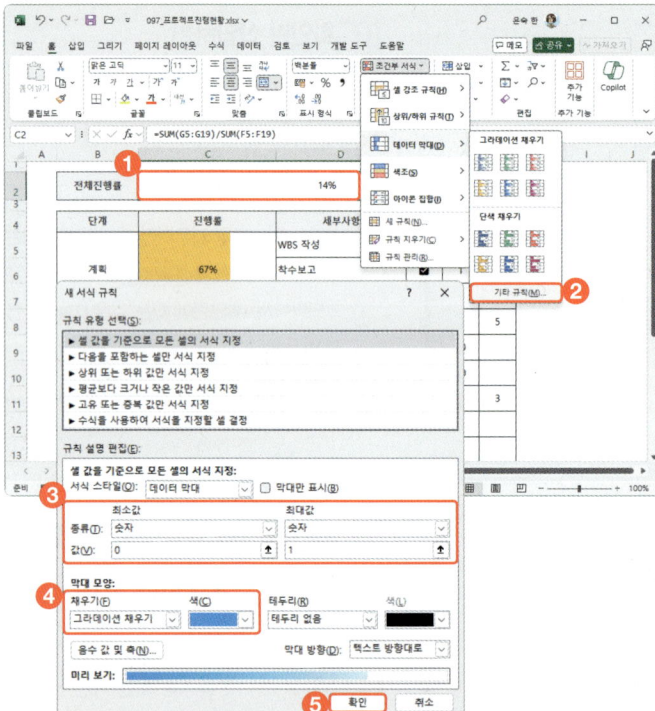

## 04 전체 진행률 데이터 막대 표시하기

❶ [C2] 셀 클릭

❷ [홈] 탭-[스타일] 그룹-[조건부 서식]-[데이터 막대]-[기타 규칙] 클릭

❸ [새 서식 규칙] 대화상자에서 [최소값] 종류에 **숫자**, 값에 0 입력 [최대값] 종류에 **숫자**, 값에 1 입력

❹ [채우기]는 [그라데이션 채우기], [색]은 [연한 파랑] 선택

❺ [확인]을 클릭합니다.

**Tip** 다른 셀의 확인란들도 체크하고 해제해봅니다. 확인란 체크에 따라 각 단계 진행률과 전체 진행률 데이터 막대가 변합니다.

---

> **Note** [삽입] 탭-[컨트롤] 그룹-[확인란] 명령이 없어요!
>
> 이 명령은 Microsoft 365 버전 사용자 중 베타 채널 참가자에게만 추가되어 있습니다(2024년 5월 기준). 추후 일반 사용자에게도 추가될 예정이라고 합니다. 미리 사용해보고 싶다면 베타 채널 참가자로 등록해야 합니다. [파일] 탭-[계정] 페이지에서 [Microsoft 365 참가자]-[Microsft 365 참가자 참여]를 클릭하여 등록할 수 있습니다(참가자 수준 선택 시 Insider(Beta) 채널 선택). 등록 후 [계정] 페이지의 [업데이트 옵션]-[지금 업데이트]를 클릭하여 업데이트를 완료하면 됩니다.
>
> Microsoft 365 베타 채널 참가자로 등록하면 새로운 기능과 함수를 미리 체험하고 사용할 수 있는 장점이 있지만 제공되는 신규 기능과 함수 등이 간혹 잘못 동작할 수도 있으며 베타 채널 사용자가 아닌 다른 일반 사용자와 파일 공유 시 호환성 오류가 발생할 수 있습니다.

# SECTION 02

# 차트로
# 데이터 시각화하기

## 상식

# 098 단축키로 묶은 세로 막대 차트 삽입하기

실습 파일 CHAPTER03\098_목표대비매출.xlsx | 완성 파일 CHAPTER03\098_목표대비매출_완성.xlsx

데이터 범위를 지정한 후 Alt + F1 을 누르면 워크시트 화면 가운데에 기본 차트인 묶은 세로 막대형 차트가 삽입됩니다. 또한 데이터 범위를 지정하고 F11 을 누르면 차트 시트가 삽입되면서 기본 차트인 묶은 세로 막대형 차트가 삽입됩니다. **단축키로 기본 차트인 묶은 세로 막대 차트를 삽입해보겠습니다.**

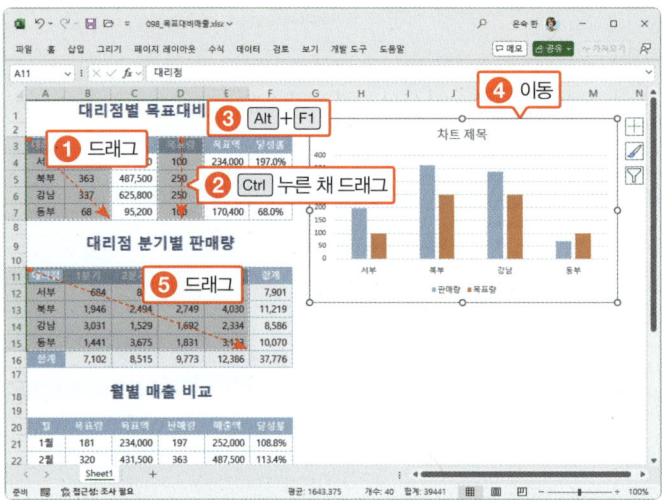

**01 묶은 세로 막대 차트 삽입하기**

① [A3:B7] 범위 지정
② Ctrl 누른 채 [D3:D7] 범위 드래그
③ Alt + F1
④ 삽입된 차트 영역을 오른쪽 위로 드래그하여 이동
⑤ 새로 차트를 삽입하기 위해 [A11:E15] 범위를 지정합니다.

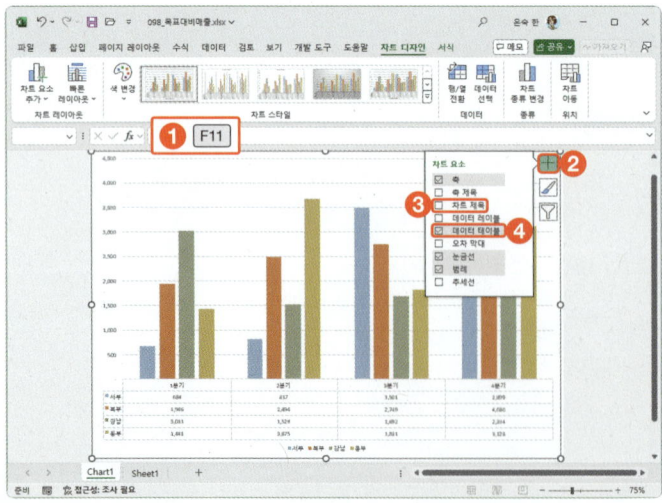

**02 차트 시트에 삽입하기**

① F11 누르고
② 차트 영역의 [차트 요소] 클릭
③ [차트 제목] 체크 해제
④ [데이터 테이블]을 체크합니다.

# 099 추천 차트에서 누적 세로 막대 및 혼합 차트 삽입하기

**기초**

실습 파일 CHAPTER03\099_목표대비매출.xlsx | 완성 파일 CHAPTER03\099_목표대비매출_완성.xlsx

데이터 범위를 지정하면 [빠른 분석] 도구나 [차트 삽입] 대화상자에서 데이터에 적합한 차트를 추천해 줍니다. 데이터 범위를 지정한 후 엑셀에서 추천하는 차트를 선택하여 삽입하겠습니다. 추천 차트에 원하는 차트 종류가 없는 경우 리본 메뉴에서 직접 차트 종류를 선택해보겠습니다.

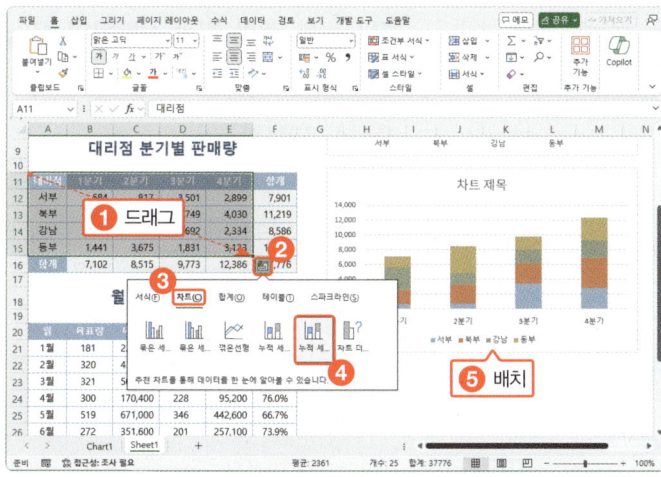

**01 빠른 분석 도구에서 추천 차트 삽입하기**

① [A11:E15] 범위 지정
② 범위 끝의 [빠른 분석] 🔲 클릭 또는 Ctrl + Q
③ [차트] 클릭
④ 두 번째 [누적 세로 막대형] 선택
⑤ 삽입된 차트를 표의 오른쪽에 배치합니다.

**Tip** [빠른 분석] 도구에는 데이터 특징에 따라 추천 차트 목록이 다르게 나타납니다. 차트 종류에 마우스 포인터를 놓으면 삽입될 차트가 미리 표시됩니다.

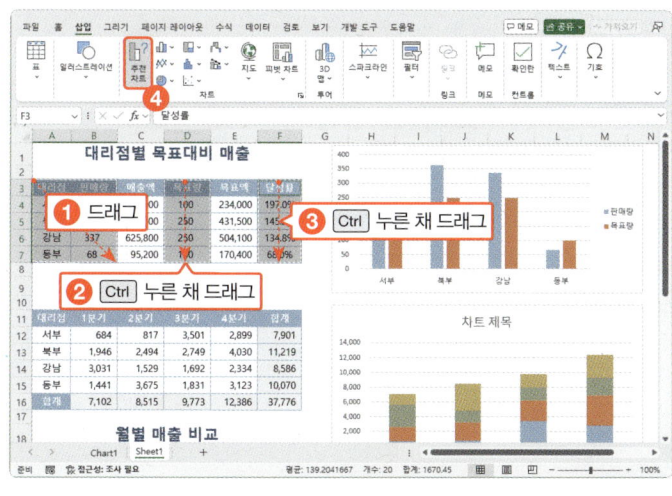

**02 다중 범위 지정하기**

① [A3:B7] 범위 지정
② Ctrl 누른 채 [D3:D7] 범위 드래그
③ Ctrl 누른 채 [F3:F7] 범위 드래그
④ [삽입] 탭-[차트] 그룹-[추천 차트]를 클릭합니다.

**Tip** [차트 삽입] 대화상자가 표시됩니다.

**Tip** 다중 범위를 지정한 상태에서는 빠른 분석 도구가 표시되지 않습니다. 다중 범위의 데이터를 사용하거나 더 다양한 추천 차트를 보려면 [차트 삽입] 대화상자를 사용합니다.

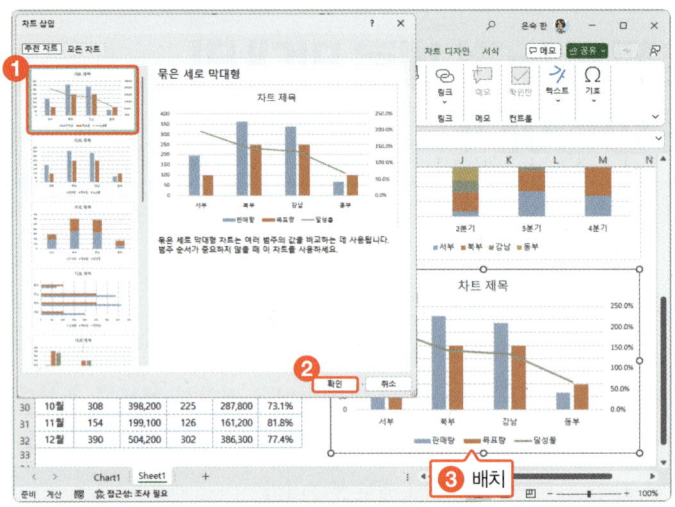

## 03 대화상자의 추천 차트 삽입하기

❶ 꺾은선형과 함께 표시된 [묶은 세로 막대형] 선택
❷ [확인] 클릭
❸ 삽입된 차트를 표의 오른쪽에 배치합니다.

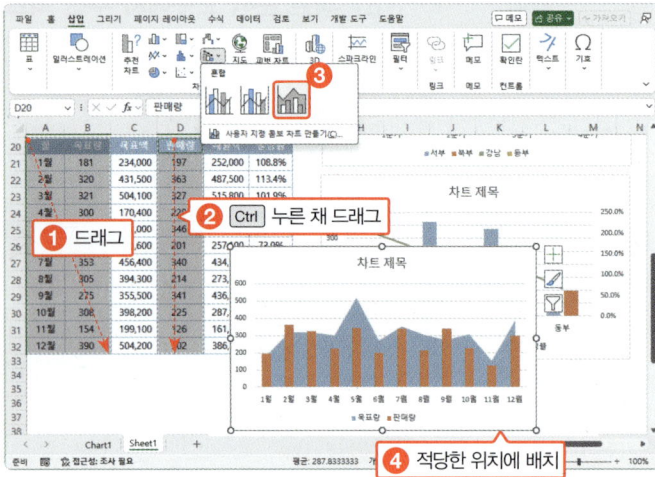

## 04 차트 종류 직접 선택하여 삽입하기

❶ [A20:B32] 범위 지정
❷ Ctrl 누른 채 [D20:D32] 범위 드래그
❸ [삽입] 탭-[차트] 그룹-[콤보 차트 삽입]-[누적 영역형-묶은 세로 막대형] 클릭
❹ 삽입된 차트를 적당한 위치에 배치합니다.

---

**Note** 기본 차트는 어떻게 변경하나요?

엑셀에 기본 차트로 설정되어 있는 차트는 묶은 세로 막대형입니다. Alt + F1 또는 F11 을 누르면 묶은 세로 막대형 차트가 삽입됩니다. 단축키를 누를 때 삽입될 기본 차트를 변경하고 싶다면 다음과 같이 설정합니다. 먼저 데이터 셀을 선택하고 [삽입] 탭-[차트] 그룹-[추천 차트]를 클릭합니다.

❶ [차트 삽입] 대화상자 [모든 차트] 탭 클릭
❷ 차트 종류에서 기본 차트로 선택하고자 하는 차트 종류 선택
❸ 대화상자 오른쪽 위에 표시된 하위 종류 중 원하는 종류에서 마우스 오른쪽 버튼 클릭
❹ [기본 차트로 설정] 클릭
❺ [확인]을 클릭합니다.

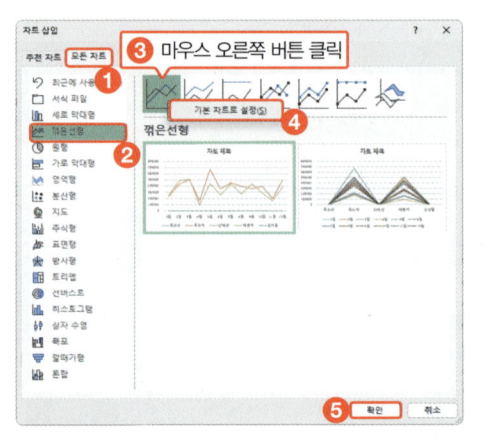

## Note > 엑셀 차트 종류와 용도

기본적인 차트 종류는 세로 막대형, 가로 막대형, 꺾은선형, 원형, 분산형의 다섯 가지로 분류할 수 있습니다. 이 다섯 가지 기본 차트에서 변형된 비슷한 유형의 차트로는 방사형, 영역형, 도넛형, 거품형 등이 있습니다. 이 외에도 엑셀 2016 이후부터는 트리맵, 선버스트, 히스토그램, 상자 수염 그림, 폭포, 깔때기 등 새로운 차트가 추가되었습니다. 데이터 내용과 전달하려는 의도에 따라 적절한 종류의 차트를 선택합니다. 엑셀에서 제공하는 차트의 종류와 용도는 다음과 같습니다.

| 차트 종류 | 용도 및 설명 | 작성 예 |
| --- | --- | --- |
| 세로 막대형 | 데이터의 많고 적음을 비교하거나 시간의 경과에 따른 데이터 변동 추이를 표시하고 항목별 비교를 나타내는 데 유용합니다. 일반적으로 항목은 가로축에 표시되고 값은 세로축에 표시됩니다. 계열을 수평으로 구성하고 값을 수직으로 구성하면 시간에 따른 변화를 강조할 수 있습니다. | 시/도별 판매액 |
| 가로 막대형 | 항목의 값을 비교할 때 자주 사용합니다. 계열을 수직으로 구성하고 값을 수평으로 구성하면 비교 값을 강조할 수 있습니다. 가로 막대형과 비슷한 용도로 변형된 유형의 차트에는 방사형 차트가 있습니다. | 지역별 판매액 |
| 꺾은선형 | 일정 간격에 따라 데이터의 추세를 표시하는 데 유용합니다. 특정 데이터를 바탕으로 데이터가 변하는 추이를 한눈에 알아볼 수 있습니다. 항목 데이터는 가로축을 따라 일정한 간격으로 표시되고 모든 값 데이터는 세로축을 따라 일정한 간격으로 표시됩니다. 꺾은선형과 비슷한 용도로 변형된 유형의 차트로는 영역형과 분산형 차트가 있습니다. | |
| 원형 | 하나의 데이터 계열을 구성하는 각각의 항목을 합계에 대한 크기 비율로 나타냅니다. 이 중 원형 대 가로 막대형 차트를 이용하면 중요한 요소를 확연히 드러나게 할 수 있습니다. 원형 차트는 데이터 계열이 하나일 때만 사용할 수 있으며 비슷한 용도로 변형된 도넛형 차트를 사용하면 두 개 이상의 데이터 계열을 표현할 수 있습니다. | 점심 메뉴 판매 비율 |
| 분산형 | 데이터의 불규칙한 간격이나 묶음을 보여주고 데이터의 관계를 표현합니다. 주로 과학 데이터를 분석할 때 사용합니다. 여러 데이터 계열의 변화 추이를 비교하기도 합니다. 비슷한 용도로 변형된 차트로는 거품형 차트가 있습니다. | |
| 영역형 | 시간 경과에 따른 변화량을 강조할 때 사용합니다. 특히 전체 영역과 특정 값의 영역을 비교해 전체와 부분 간의 관계도를 살펴볼 때 편리합니다. | 시/도별 판매액 |

SECTION 02 차트로 데이터 시각화하기 **233**

| | | |
|---|---|---|
| 주식형 | 고가, 저가, 종가 등의 주식 거래 가격을 바탕으로 차트를 작성합니다. 온도 변화와 같은 과학 데이터를 나타낼 때도 사용합니다. 주식형 차트를 만들려면 데이터를 올바른 순서로 구성해야 합니다. 주식형 차트를 만들 데이터는 워크시트에서 구성하는 방식이 매우 중요합니다. 예를 들어 간단한 고가-저가-종가 주식형 차트를 만들려면 열 머리글이 고가, 저가, 종가인 데이터를 해당 순서로 정렬해야 합니다. | |
| 표면형 | 두 데이터 계열에서 최적의 조합을 찾을 때 유용합니다. 색이나 무늬를 다르게 해서 지형 지도를 그릴 때 효과적입니다. 표면형 차트는 항목과 데이터 계열이 모두 숫자 값인 경우에 사용할 수 있습니다. | |
| 방사형 | 각 계열의 가운데 지점에서 뻗어나가는 값을 하나의 축으로 나타내고 각각의 축에 해당 데이터 값을 표시합니다. 많은 데이터 계열도 쉽게 표시할 수 있습니다. 많은 데이터 계열의 집계 값을 비교할 때 자주 사용합니다. | |
| 콤보(혼합형) | 비교 데이터 값 범위의 편차가 크거나 여러 종류의 데이터가 혼합된 경우 데이터 계열에 대해 다른 종류의 차트를 혼합하여 표시합니다. | |
| 트리맵 | 데이터를 계층 구조로 보여주어 다른 범주 수준과 간편하게 비교할 수 있습니다. 색과 면적을 기준으로 범주를 표시하여 많은 양의 데이터를 쉽게 표시해줍니다. 계층 구조 안에 빈 셀이 있는 경우 사용하는 것이 좋으며 계층 안에서 비율을 비교하는 데 유용합니다. | |

## 기초
# 100 차트 복제 후 차트 데이터 항목 변경하기

**실습 파일** CHAPTER03\100_지역별실적.xlsx | **완성 파일** CHAPTER03\100_지역별실적_완성.xlsx

묶은 세로 막대형 차트를 복제한 후 별도의 차트 시트로 이동하겠습니다. 범례 항목(계열)에 들어간 연도를 제거하고, 가로(항목) 축에 연도가 들어가도록 수정하겠습니다. 가로축 레이블로 사용할 데이터 범위를 지정하고 차트 종류를 꺾은선형 차트로 변경해보겠습니다.

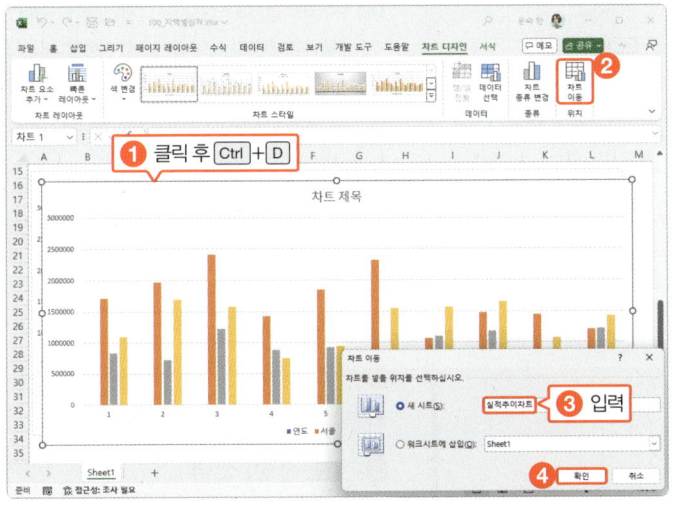

**01 차트 복제 및 차트 시트로 이동하기**

❶ 묶은 세로 막대형 차트 클릭 후 Ctrl + D
❷ [차트 디자인] 탭-[위치] 그룹-[차트 이동] 클릭
❸ [차트 이동] 대화상자의 [새 시트]에 **실적추이차트** 입력
❹ [확인]을 클릭합니다.

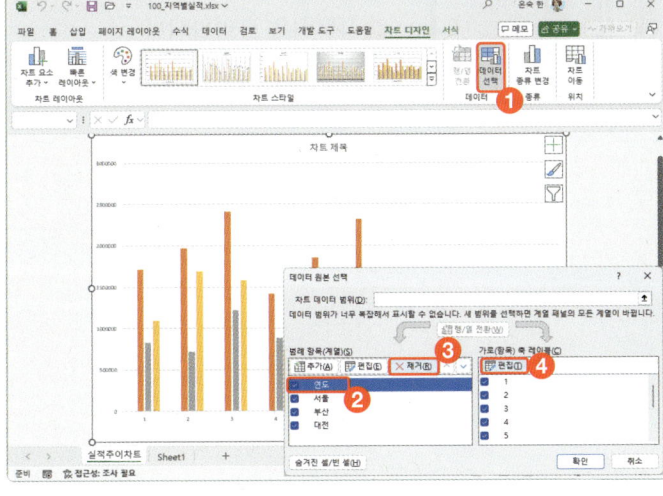

**02 범례 항목 수정하기**

❶ [차트 디자인] 탭-[데이터] 그룹-[데이터 선택] 클릭
❷ [데이터 원본 선택] 대화상자의 [범례 항목(계열)]의 [연도] 클릭
❸ [제거] 클릭
❹ [가로(항목) 축 레이블]에서 [편집]을 클릭합니다.

**Tip** [축 레이블] 대화상자가 표시됩니다.

Tip 원본 데이터 첫 번째 열의 연도가 문자가 아닌 숫자로 입력되어 있기 때문에 연도가 축 레이블이 아닌 범례 항목(계열)으로 표시되었고 가로축은 순번을 나타내는 번호로 되어 있었습니다. 숫자 데이터는 차트에서 데이터 계열로 인식하기 때문에 차트 종류에 따라 막대나 꺾은선으로 표시되고 범례가 표시됩니다. 숫자 데이터지만 축 레이블에 들어가야 하는 경우 제목을 지우고 차트를 삽입하면 숫자라도 축 레이블로 들어갑니다. 즉, 처음 차트를 삽입할 때 [A3] 셀의 '연도'라는 제목을 지운 후에 삽입했다면 숫자로 된 연도가 축 레이블로 들어갑니다.

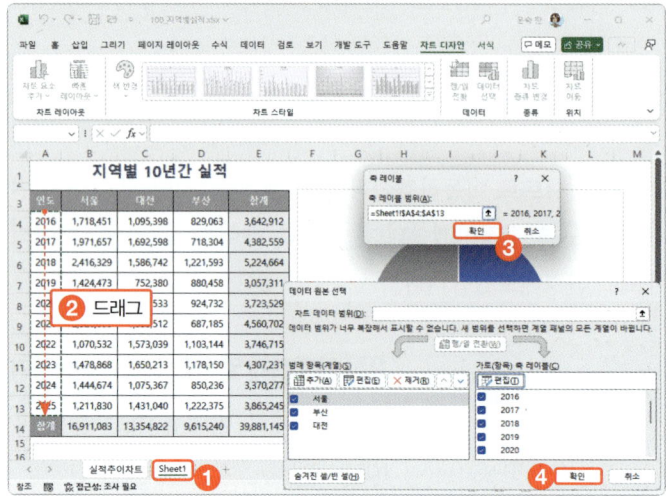

## 03 가로축 레이블 수정하기

❶ 차트 데이터가 있는 [Sheet1] 시트 클릭
❷ [A4:A13] 범위 지정
❸ [축 레이블] 대화상자 [확인] 클릭
❹ [데이터 원본 선택] 대화상자의 [확인]을 클릭합니다.

Tip [축 레이블] 대화상자에서 [확인]을 클릭하면 [실적추이차트] 시트 화면으로 이동합니다. 차트의 가로축에 연도가 표시되고 범례 항목과 데이터 계열에서는 연도가 제거됩니다.

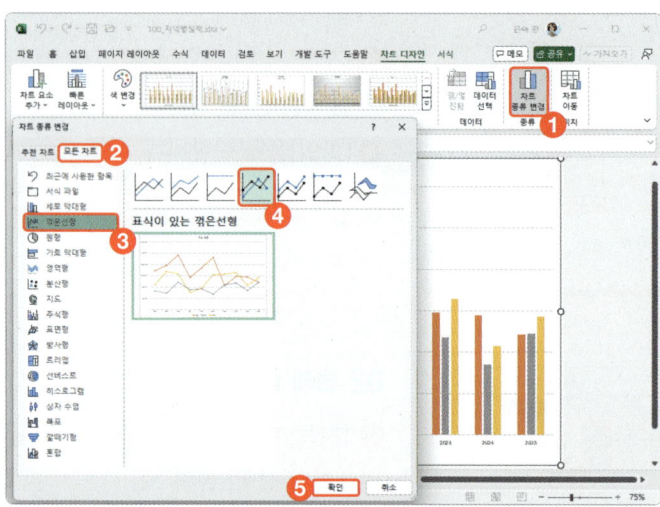

## 04 꺾은선형 차트로 변경하기

❶ [차트 디자인] 탭-[종류] 그룹-[차트 종류 변경] 클릭
❷ [차트 종류 변경] 대화상자의 [모든 차트] 탭 클릭
❸ [꺾은선형] 선택
❹ 오른쪽의 하위 종류 중 [표식이 있는 꺾은선형] 클릭
❺ [확인]을 클릭합니다.

기초

# 101 빠른 디자인 도구로 차트 디자인하기

**실습 파일** CHAPTER03\101_지역별실적.xlsx | **완성 파일** CHAPTER03\101_지역별실적_완성.xlsx

삽입한 차트를 선택하면 리본 메뉴에 [차트 디자인], [서식] 탭이 표시되고 차트 영역에 차트 요소, 차트 스타일, 차트 필터 버튼이 표시됩니다. **빠른 디자인 도구로 차트의 구성 요소와 스타일을 빠르게 지정**하고 차트에 표시할 구성 요소를 추가/제거하겠습니다.

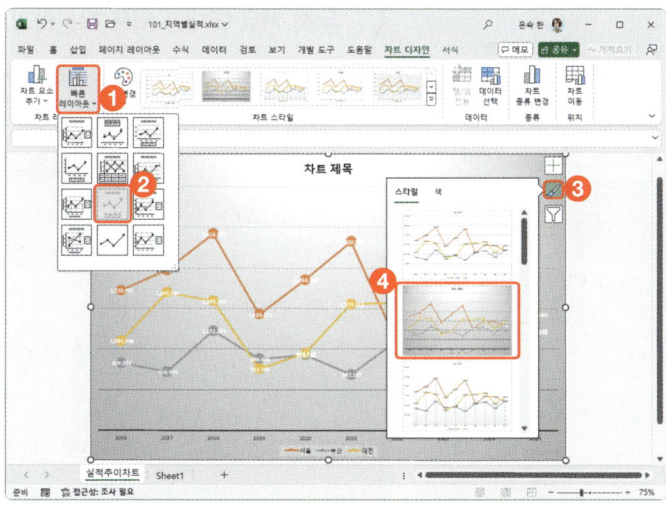

**01 빠른 레이아웃 및 스타일 선택하기**

① [차트 디자인] 탭-[차트 레이아웃] 그룹-[빠른 레이아웃] 클릭

② [레이아웃 8] 선택

③ [차트 스타일] 클릭

④ [스타일 2]를 선택합니다.

**Tip** [빠른 레이아웃]은 표시할 차트 요소들이 미리 구성되어 있는 차트 구성 요소 모음입니다. [차트 스타일]에서 차트 스타일과 색 구성표를 빠르게 선택할 수 있습니다. [차트 디자인] 탭-[차트 스타일] 그룹에서 선택해도 됩니다.

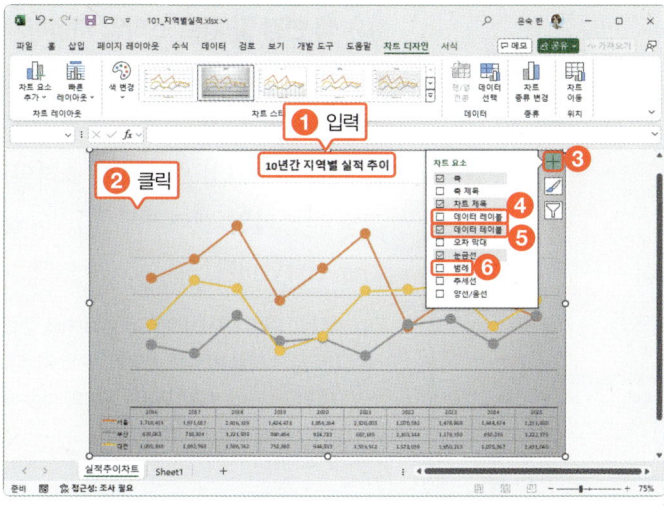

**02 차트 요소 추가/제거하기**

① 차트 제목에 **10년간 지역별 실적 추이** 입력

② 차트 영역 클릭

③ [차트 요소] 클릭

④ [데이터 레이블] 체크 해제

⑤ [데이터 테이블] 체크

⑥ [범례]를 체크 해제합니다.

**Tip** [차트 요소]는 [차트 디자인] 탭-[차트 레이아웃] 그룹-[차트 요소 추가]에서 클릭해도 됩니다.

기초

# 102 누적 가로 막대형 차트와 도넛형 차트 삽입하기

**실습 파일** CHAPTER03\102_지역별실적.xlsx | **완성 파일** CHAPTER03\102_지역별실적_완성.xlsx

삽입되어 있는 묶은 세로 막대형 차트를 누적 가로 막대형으로 변경하고 차트의 스타일과 색상을 변경하겠습니다. 또한 원형 차트를 도넛형 차트로 변경하고 **데이터 계열에 항목 이름과 백분율을 표시**해보겠습니다.

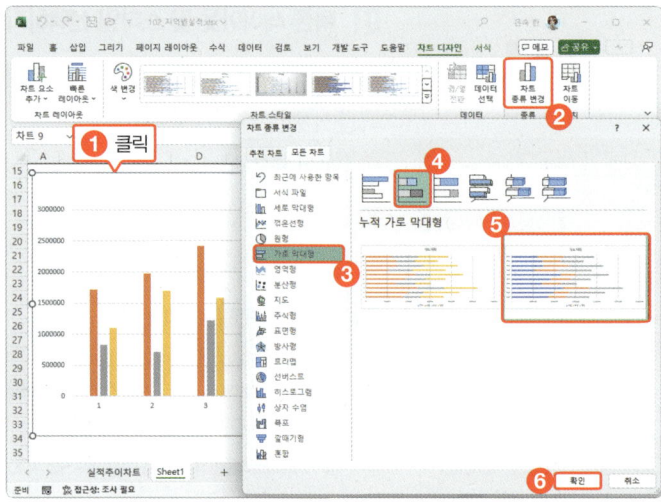

**01 누적 가로 막대형 차트 작성하기**

❶ [Sheet1] 시트의 묶은 세로 막대형 차트 클릭

❷ [차트 디자인] 탭-[종류] 그룹-[차트 종류 변경] 클릭

❸ [차트 종류 변경] 대화상자의 [모든 차트] 탭-[가로 막대형] 선택

❹ 오른쪽 위의 하위 종류 중 [누적 가로 막대형] 선택

❺ 아래쪽 차트 유형 중 두 번째 클릭

❻ [확인]을 클릭합니다.

**02 색 변경 및 차트 스타일 지정하기**

❶ [차트 디자인] 탭-[차트 스타일] 그룹-[색 변경]-[단색 색상표 5] 클릭

❷ [차트 디자인] 탭-[차트 스타일] 그룹의 스타일 갤러리에서 [스타일 2]를 선택합니다.

**Tip** 스타일 갤러리에서는 미리 구성된 차트 구성 요소의 스타일 서식을 선택할 수 있습니다. [색 변경]에서는 미리 구성된 차트의 색상 배합을 선택할 수 있습니다.

238 CHAPTER 03 데이터 시각화하기

## 03 차트 요소 추가/제거하기

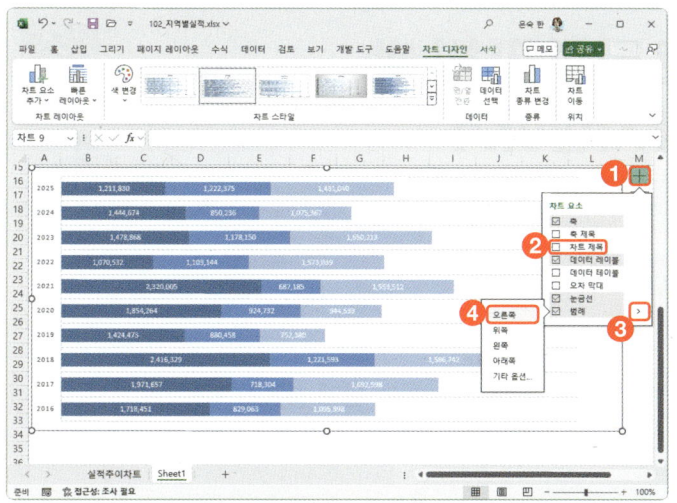

❶ [차트 요소] ➕ 클릭

❷ [차트 제목] 체크 해제

❸ [범례]의 오른쪽 화살표 클릭

❹ [오른쪽]을 선택합니다.

**Tip** 차트 제목이 없어지고 범례가 오른쪽에 표시됩니다.

## 04 원형 차트를 도넛형으로 변경하기

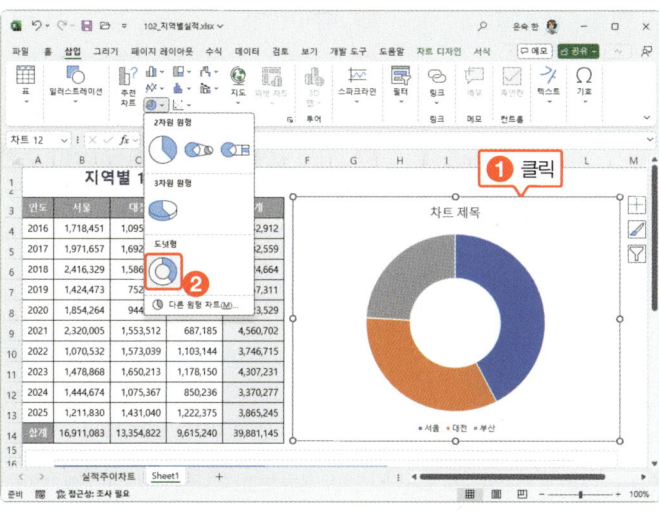

❶ 원형 차트 클릭

❷ [삽입] 탭-[차트] 그룹-[원형 또는 도넛형 차트 삽입]-[도넛형]을 클릭합니다.

## 05 데이터 설명선 표시하기

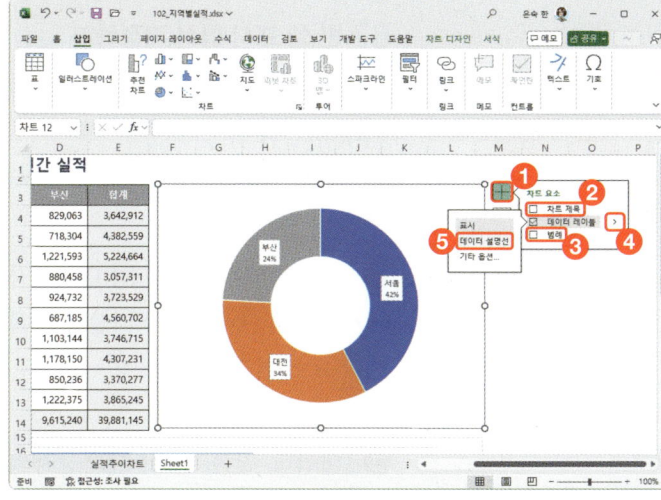

❶ [차트 요소] ➕ 클릭

❷ [차트 제목] 체크 해제

❸ [범례] 체크 해제

❹ [데이터 레이블]의 오른쪽 화살표 클릭

❺ [데이터 설명선]을 선택합니다.

**Tip** 차트 제목, 범례가 없어지고 데이터 레이블 항목 이름과 백분율이 표시됩니다.

## 상식 103 콤보 차트 작성 및 빈 셀 표시 형식 지정하기

동영상 강의 확인하기

**실습 파일** CHAPTER03\103_연매출집계.xlsx | **완성 파일** CHAPTER03\103_연매출집계_완성.xlsx

합계를 포함한 데이터가 묶은 세로 막대형으로 작성되어 있습니다. **합계 항목을 꺾은선형으로 표시하는 콤보 차트로 만들고** 꺾은선형 차트의 선이 끊어진 부분을 이어주겠습니다.

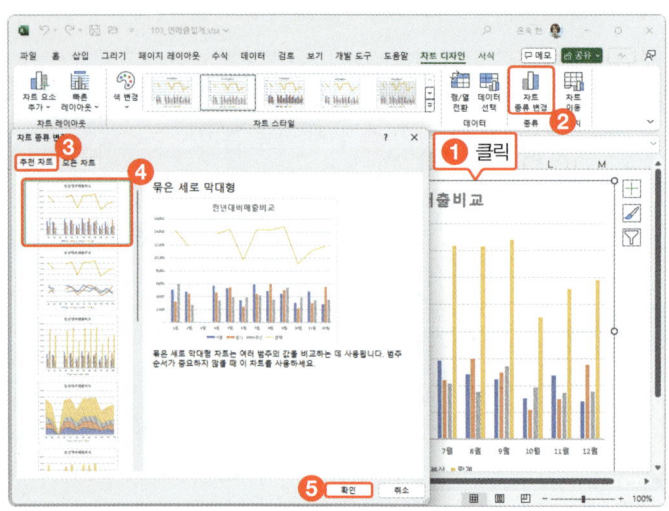

**01 콤보 차트로 변경하기**

❶ 차트 클릭
❷ [차트 디자인] 탭-[종류] 그룹-[차트 종류 변경] 클릭
❸ [차트 종류 변경] 대화상자의 [추천 차트] 탭 클릭
❹ [묶은 세로 막대형] 선택
❺ [확인]을 클릭합니다.

**Tip** 엑셀 2010 버전 이하에서는 차트에서 노란색 막대를 클릭한 후 [차트 종류 변경]을 선택하고 꺾은선형 차트를 선택합니다.

**Tip** [추천 차트] 탭에서 추천하는 차트 종류가 아닌 다른 종류의 차트로 변경할 수도 있습니다. [차트 종류 변경] 대화상자의 [모든 차트] 탭에서 [혼합]을 선택하고 각 계열 이름에 대한 차트 종류를 선택하면 됩니다.

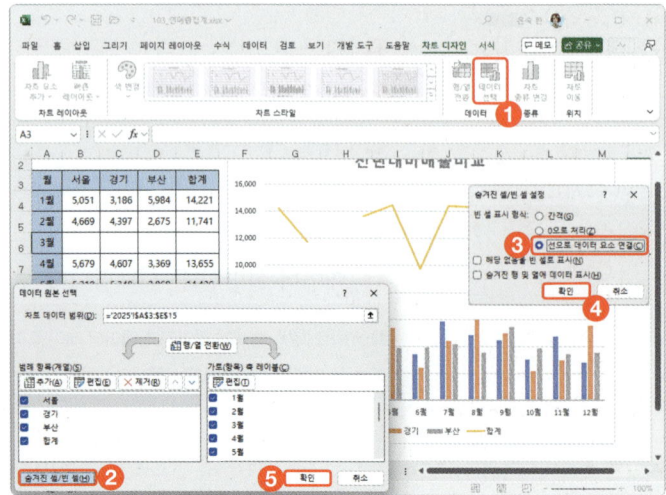

**02 빈 셀 표시 형식 지정하기**

❶ [차트 디자인] 탭-[데이터] 그룹-[데이터 선택] 클릭
❷ [데이터 원본 선택] 대화상자에서 [숨겨진 셀/빈 셀] 클릭
❸ [숨겨진 셀/빈 셀 설정] 대화상자에서 [빈 셀 표시 형식]의 [선으로 데이터 요소 연결] 선택
❹ [확인] 클릭
❺ [데이터 원본 선택] 대화상자의 [확인]을 클릭합니다.

| Note | 빈 셀을 0으로 처리하면 차트에 어떻게 표시되나요? |

[숨겨진 셀/빈 셀 설정] 대화상자의 [빈 셀 표시 형식]에서 [0으로 처리]를 선택하면 다음과 같이 빈 셀의 값을 0으로 간주하여 선이 0 값에 이어진 채 차트가 표시됩니다.

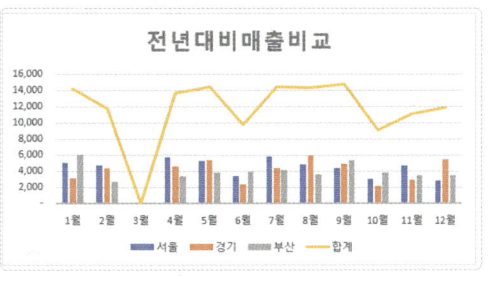

| Note | 차트 필터 |

빈 셀 표시 형식으로 선을 연결하지 않고도 [차트 필터]에서 선을 연결해 표시합니다. [차트 필터]를 클릭하면 차트의 범례나 X축 항목의 체크를 해제하여 항목을 숨길 수도 있습니다. 다음 그림은 [차트 필터]를 클릭하고 [3월] 항목의 체크를 해제한 차트입니다. X축에서 3월 항목이 숨겨져 있습니다.

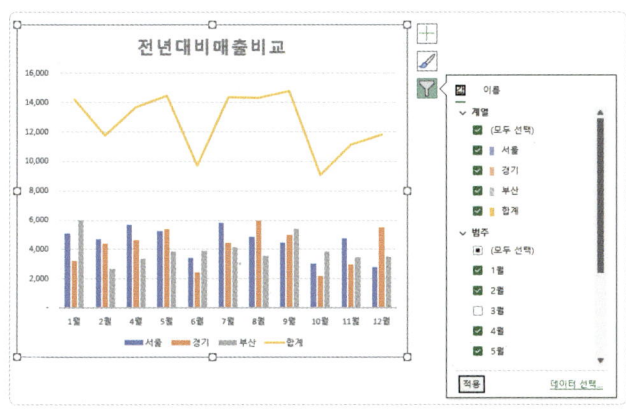

## 실무
# 104 차트에 다른 시트의 데이터 추가하기

실습 파일 CHAPTER03\104_연매출집계.xlsx | 완성 파일 CHAPTER03\104_연매출집계_완성.xlsx

2025년도 데이터로 작성된 차트에 2024년도 합계를 데이터 계열로 추가하겠습니다. 범례 항목의 이름과 순서를 변경하고 차트의 스타일을 지정한 후 차트 필터로 3월 항목을 숨겨보겠습니다.

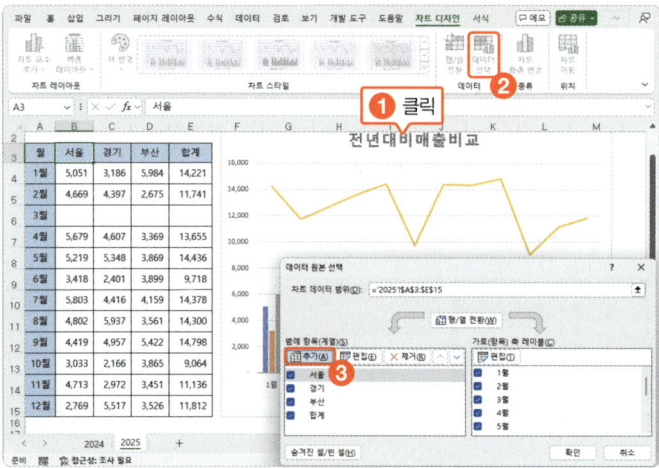

**01 차트에 데이터 계열 추가하기**

❶ 차트 클릭
❷ [차트 디자인] 탭-[데이터] 그룹-[데이터 선택] 클릭
❸ [데이터 원본 선택] 대화상자에서 [추가]를 클릭합니다.

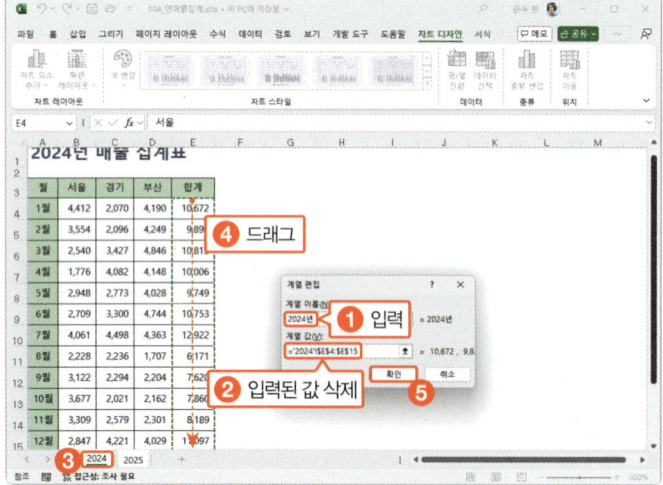

**02 계열 편집하기**

❶ [계열 편집] 대화상자에서 [계열 이름]에 **2024년** 입력
❷ [계열 값]에 입력된 값 삭제
❸ [2024] 시트 클릭
❹ [E4:E15] 범위 지정
❺ [확인]을 클릭합니다.

Tip [2025] 시트 화면이 다시 표시되고 [데이터 원본 선택] 대화상자의 범례 항목(계열)에 [2024년] 항목이 추가되고 차트에도 추가된 꺾은선 계열 항목이 표시됩니다.

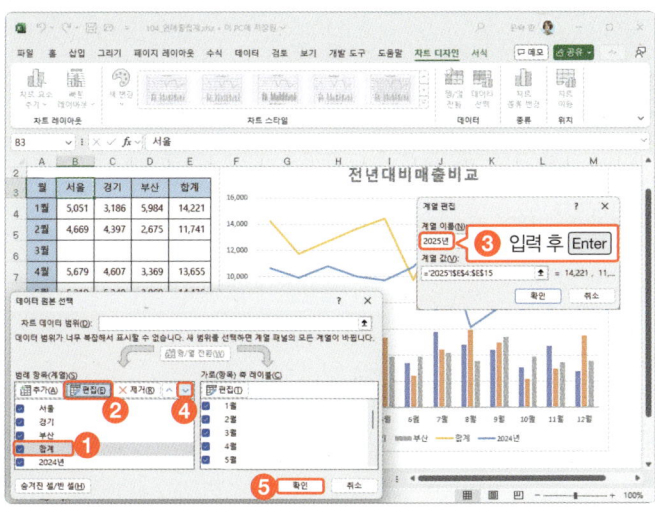

## 03 범례 항목 편집하기

❶ [데이터 원본 선택] 대화상자에서 [합계] 클릭

❷ [편집] 클릭

❸ [계열 이름]에 **2025년** 입력 후 Enter

❹ [아래로 이동] ⌄ 클릭

❺ [확인]을 클릭합니다.

**Tip** [범례 항목(계열)]에서 계열 이름 '합계'가 '2025년'으로 수정되고 범례 항목 중 뒤에 있던 '2024년' 항목이 앞으로 이동됩니다.

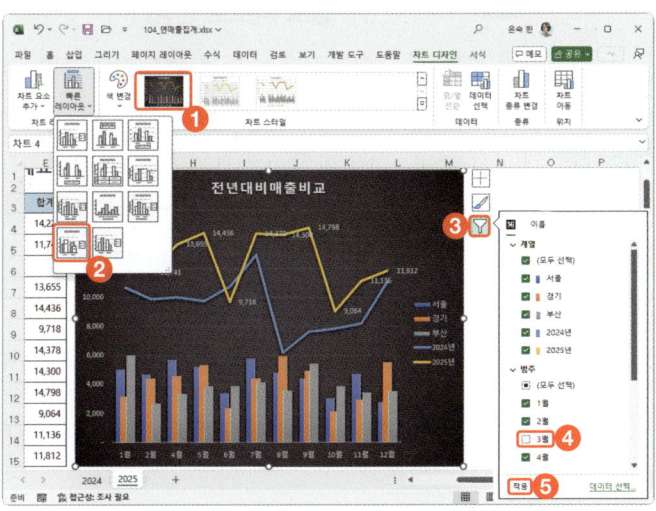

## 04 차트 스타일 지정 및 필터하기

❶ [차트 디자인] 탭-[차트 스타일] 그룹 스타일 갤러리에서 [스타일 6] 클릭

❷ [차트 디자인] 탭-[차트 레이아웃] 그룹-[빠른 레이아웃]-[레이아웃 10] 클릭

❸ [차트 필터] ▽ 클릭

❹ 범주에서 [3월] 체크 해제

❺ [적용]을 클릭합니다.

**Tip** [스타일 6]에 해당하는 차트 배경과 계열 서식이 지정됩니다. [빠른 레이아웃]의 [레이아웃 10]을 선택하면서 범례가 오른쪽에 표시되고 마지막 데이터 계열인 2025년 합계에 데이터 레이블 값이 표시됩니다. 막대 차트 중 [3월] 항목이 없어집니다.

실무

# 105 콤보 차트를 그림과 아이콘으로 채우기

실습 파일 CHAPTER03\105_장르별매출.xlsx | 완성 파일 CHAPTER03\105_장르별매출_완성.xlsx

묶은 세로 막대 차트에서 매출에 비해 수익의 수치가 훨씬 적기 때문에 막대 길이의 차이가 큽니다. **수익 막대를 꺾은선형 차트로 변경**하고, 매출 막대는 그림으로 쌓아서 표시하고, 수익 꺾은선형 차트의 표식은 **아이콘으로** 채워보겠습니다.

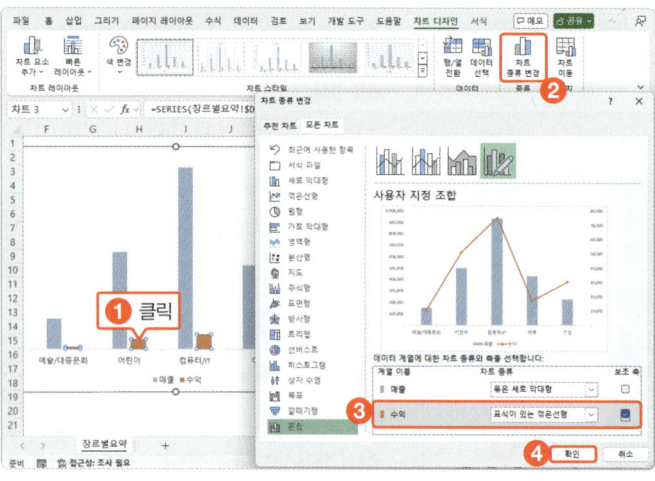

**01 콤보 차트로 변경하기**

❶ 차트의 주황색 수익 막대 클릭
❷ [차트 디자인] 탭-[종류] 그룹-[차트 종류 변경] 클릭
❸ [수익]의 [차트 종류]를 [표식이 있는 꺾은선형] 선택, [보조 축] 체크
❹ [확인]을 클릭합니다.

**Tip** 수익 막대를 선택하고 [차트 종류 변경]을 클릭했기 때문에 [모든 차트] 탭의 [혼합]이 선택된 채로 [차트 종류 변경] 대화상자가 표시됩니다.

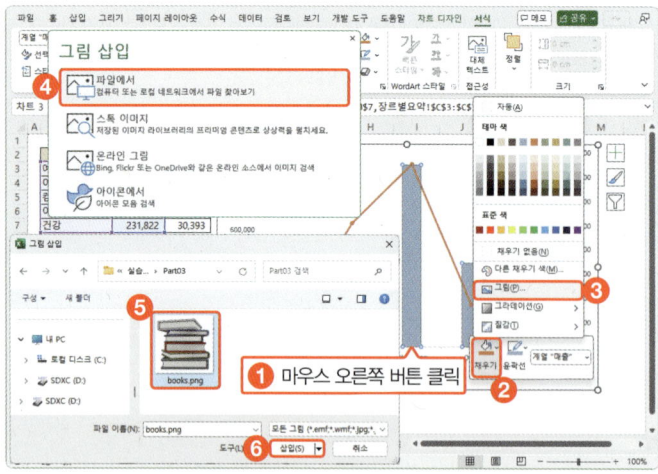

**02 막대를 그림으로 채우기**

❶ 파란색 매출 막대에서 마우스 오른쪽 버튼 클릭
❷ 미니 도구 모음의 [채우기] 클릭
❸ [그림] 선택
❹ 첫 번째 [그림 삽입] 대화상자의 [파일에서] 클릭
❺ 두 번째 [그림 삽입] 대화상자에서 실습 폴더의 **books.png** 파일 선택
❻ [삽입]을 클릭합니다.

**Tip** 리본 메뉴의 [서식] 탭-[도형 스타일] 그룹-[도형 채우기]-[그림]을 클릭해도 됩니다. 컴퓨터에 마음에 드는 그림이 없으면 첫 번째 [그림 삽입] 대화상자에서 스톡 이미지나 온라인에서 저작권 이슈가 없는 이미지를 찾아서 삽입해도 됩니다.

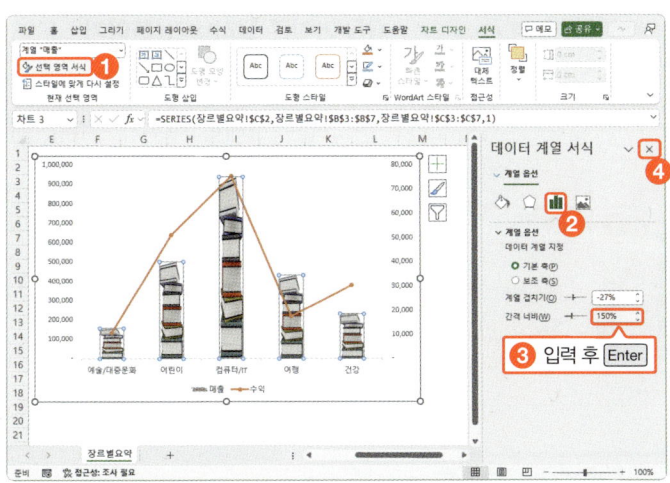

## 03 막대 사이 간격 좁히기

❶ [서식] 탭-[현재 선택 영역] 그룹
-[선택 영역 서식] 클릭

❷ [데이터 계열 서식] 창에서 [계열 옵션] 클릭

❸ [간격 너비]에 **150%** 입력 후 Enter

❹ [데이터 계열 서식] 창을 닫습니다.

Tip 막대를 더블클릭하거나 막대가 선택된 상태에서 [선택 영역 서식]을 선택하면 [데이터 계열 서식] 작업 창이 표시됩니다. 작업 창이 열린 상태에서 차트의 다른 요소를 선택하면 다른 요소의 작업 창으로 변경됩니다.

---

### Note 그림 쌓기

막대에 처음 그림을 삽입하면 채우기 옵션은 '늘이기' 상태입니다. 삽입한 그림에 따라서 늘이기보다 쌓기로 채우는 게 나은 경우에는 다음과 같이 선택합니다.

❶ [데이터 계열 서식] 작업 창의 [채우기 및 선] 클릭
❷ [채우기] 클릭
❸ [쌓기]를 클릭합니다.

---

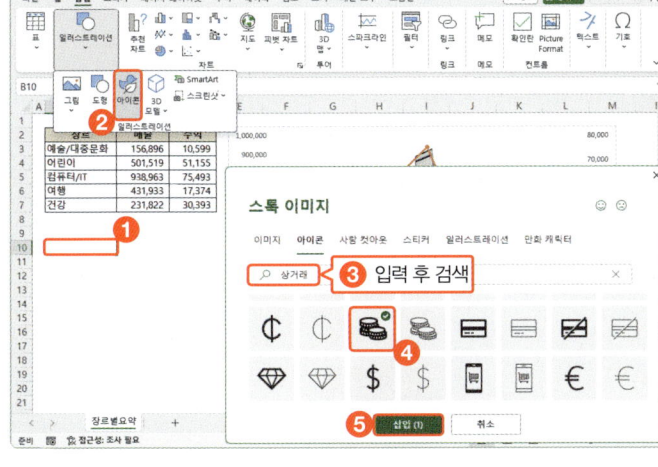

## 04 아이콘 삽입하기

❶ 아이콘을 삽입할 [B10] 셀 클릭
❷ [삽입] 탭-[일러스트레이션] 그룹 -[아이콘] 클릭
❸ 대화상자에서 **상거래** 검색
❹ 동전 아이콘 클릭
❺ [삽입]을 클릭합니다.

Tip 2016 버전 이하에서는 아이콘 삽입 기능이 없습니다. 다른 그림 파일을 삽입하거나 도형을 삽입하여 실습합니다.

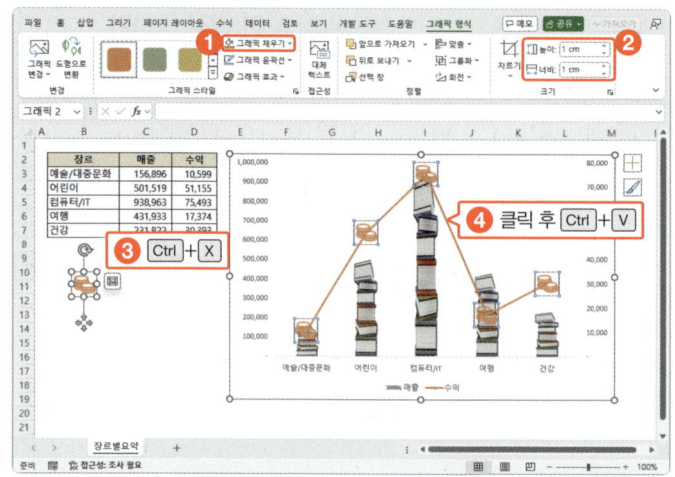

## 05 아이콘 잘라내기/붙이기

❶ [그래픽 형식] 탭-[그래픽 스타일] 그룹-[그래픽 채우기]-[주황, 강조 2] 클릭

❷ [그래픽 형식] 탭-[크기] 그룹의 [높이]와 [너비] **1cm** 지정

❸ Ctrl + X 눌러 잘라내기

❹ 차트의 꺾은선을 클릭한 후 Ctrl + V 를 눌러 붙여 넣습니다.

**Tip** 이렇게 도형이나 그림, 아이콘 등의 개체를 워크시트에 삽입하고 크기나 색상 등의 서식을 지정한 후에 잘라냅니다. 그런 다음 차트 요소에 붙여 넣을 수 있습니다.

---

**Note** 차트 요소를 선택하는 두 가지 방법은 무엇인가요?

차트 요소를 선택할 때는 ❶ 일반적인 경우 차트 안의 요소를 직접 클릭하여 선택합니다. ❷ 선택할 차트 요소가 너무 작아 직접 클릭이 어려울 때는 [서식] 탭-[현재 선택 영역] 그룹의 차트 요소 목록에서 선택합니다.

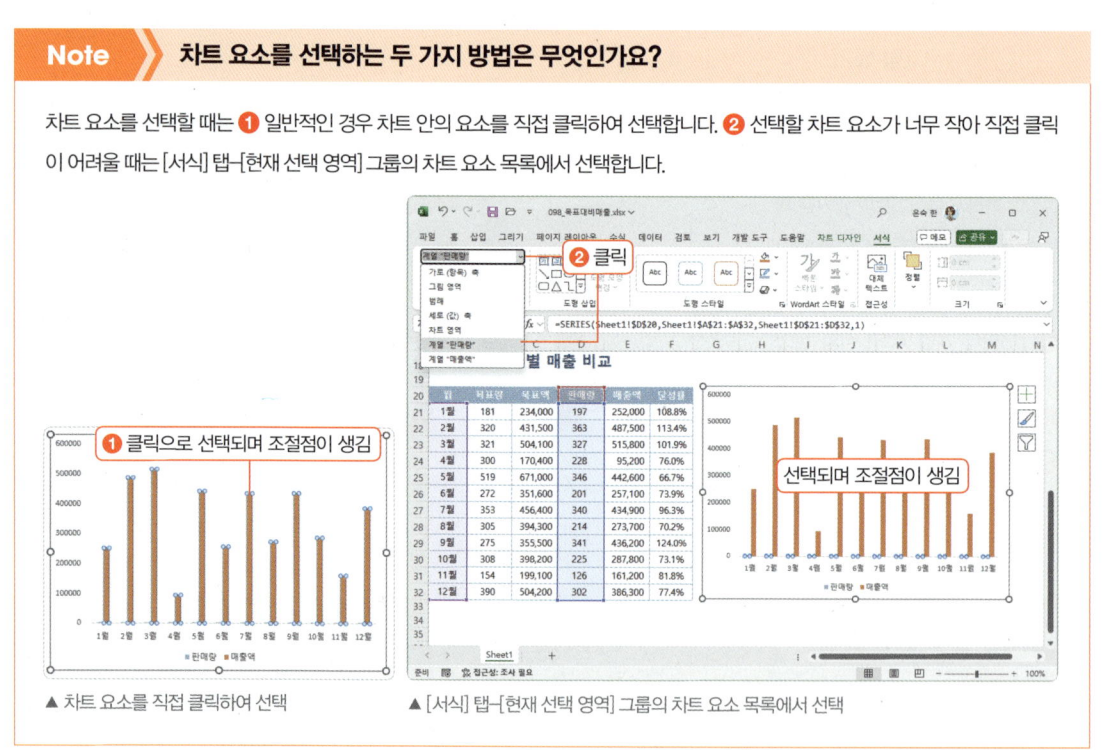

▲ 차트 요소를 직접 클릭하여 선택   ▲ [서식] 탭-[현재 선택 영역] 그룹의 차트 요소 목록에서 선택

## 실무 106 묶은 세로 막대와 꺾은선형 콤보 차트 요소 서식 지정하기

실습 파일 CHAPTER03\106_도서매출.xlsx | 완성 파일 CHAPTER03\106_도서매출_완성.xlsx

차트에서 항목 축에 들어간 날짜가 너무 많으면 날짜 단위를 조정해서 항목을 간소화할 수 있습니다. 꺾은선 차트의 선을 완만하게 표시하는 등 차트 요소 서식을 지정하면 됩니다. 또한 원본 데이터를 필터해서 행이 숨겨졌을 때 차트의 크기가 변하지 않도록 차트 속성을 지정하면 됩니다.

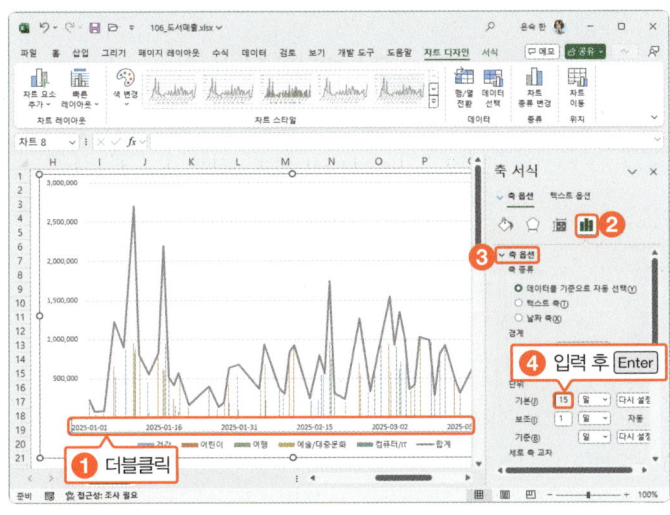

**01 날짜 항목 축 단위 조정하기**

❶ 차트의 가로 항목 축 더블클릭
❷ [축 서식] 창에서 [축 옵션] 클릭
❸ [축 옵션] 항목 클릭
❹ [단위]의 [기본]에 **15**를 입력한 후 Enter 를 누릅니다.

**Tip** 데이터 전체 범위를 선택한 후 [삽입] 탭-[차트] 그룹-[추천 차트]를 클릭하고, 첫 번째 추천 차트인 묶은 세로 막대형과 꺾은선형 콤보 차트를 삽입한 차트입니다.

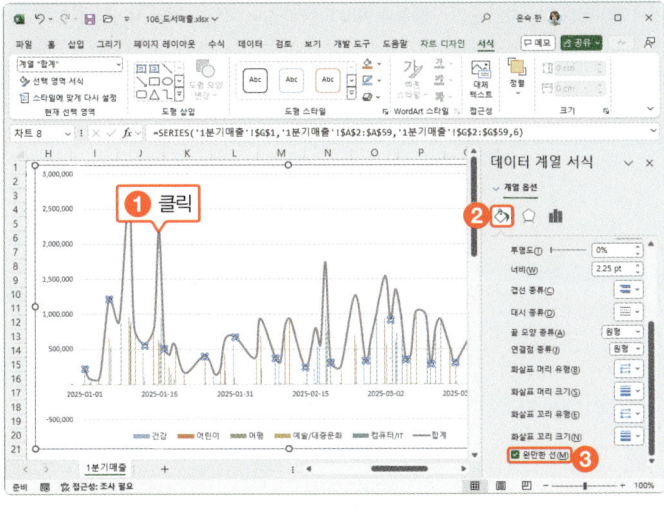

**02 꺾은선 차트의 선 완만하게 하기**

❶ 차트의 꺾은선 클릭
❷ [데이터 계열 서식] 창에서 [채우기 및 선] 클릭
❸ [완만한 선]에 체크합니다.

**Tip**
• 꺾은선의 모양이 완만하게 표시됩니다.
• 꺾은선을 선택하기 어려운 경우에는 [서식] 탭-[현재 선택 영역] 그룹의 [차트 요소]에서 [계열 "합계"]를 선택합니다.

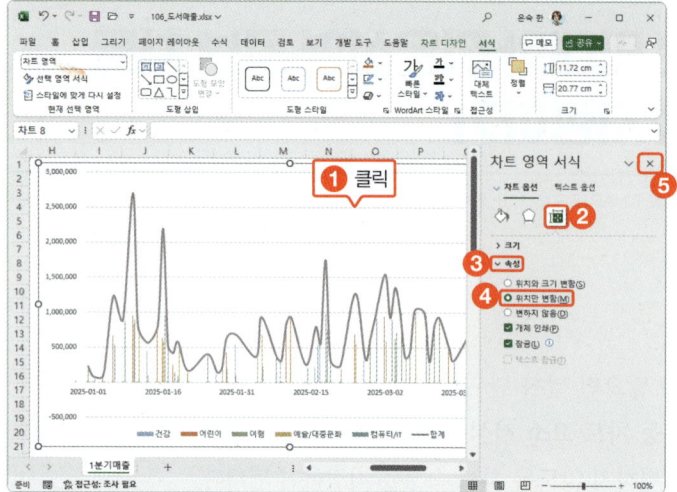

## 03 차트 크기 고정하기

❶ 차트 영역 클릭

❷ [차트 영역 서식] 창에서 [크기 및 속성] 클릭

❸ [속성] 항목 클릭

❹ [위치만 변함] 선택

❺ 작업 창을 닫습니다.

**Tip** 차트의 가운데 부분을 클릭하면 그림 영역이 선택됩니다. 차트 영역을 선택하려면 범례 옆의 비어 있는 부분을 클릭하거나 [서식] 탭–[현재 선택 영역] 그룹–[차트 요소]에서 [차트 영역]을 선택합니다.

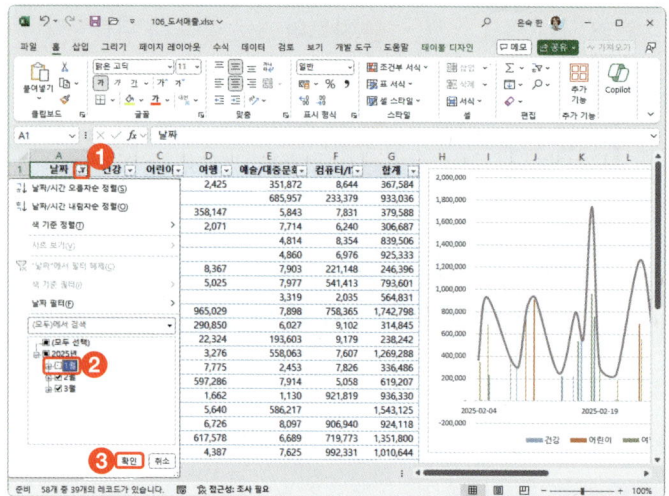

## 04 데이터 필터하기

❶ [A1] 셀 날짜의 [필터] 클릭

❷ [1월] 체크 해제

❸ [확인]을 클릭합니다.

**Tip** 차트에도 2월, 3월 항목만 표시됩니다.

**Tip** 차트의 크기 속성이 '위치와 크기 변함' 속성인 상태에서 데이터를 필터하면 숨겨진 행들에 따라 다음과 같이 차트 크기가 작아집니다.

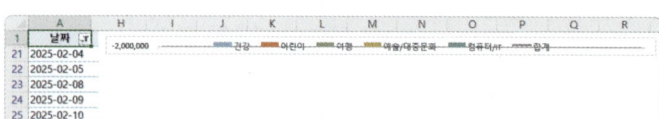

## Note   차트의 구성 요소

차트의 각 구성 요소는 차트 안에서 각각 분리되어 일반적인 도형 개체로 생각하면 쉽습니다. 차트 안에서 위치를 이동하거나 크기를 조절 및 삭제할 수 있습니다. 특정 차트 구성 요소에 대한 옵션을 설정하거나 서식을 지정하려면 해당 구성 요소를 선택한 후 작업해야 합니다. 각 구성 요소의 명칭과 의미는 다음과 같습니다.

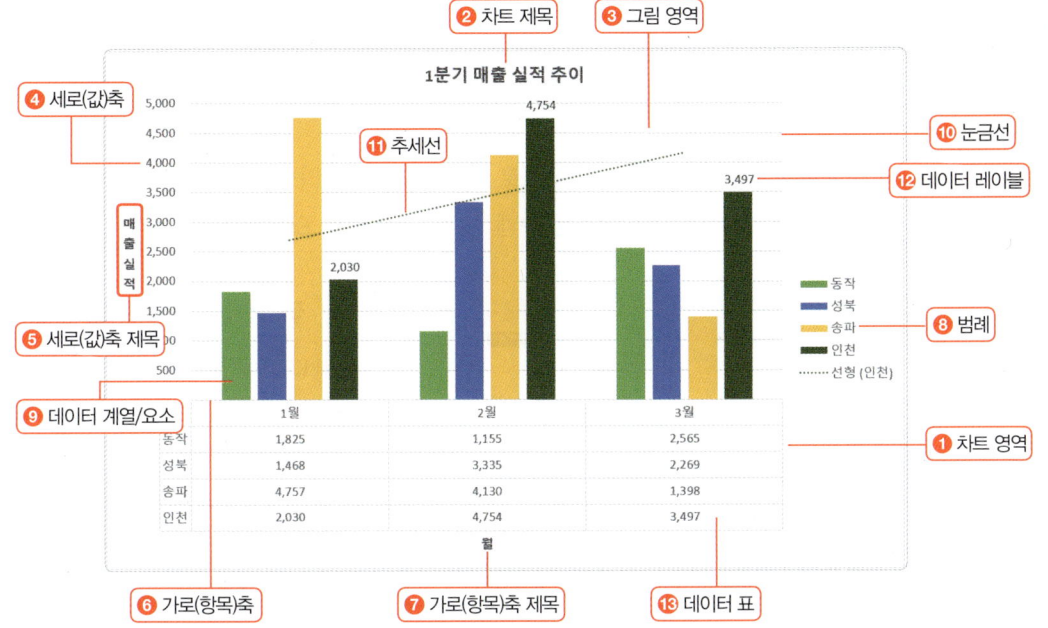

① **차트 영역** : 차트의 전체 영역입니다. 차트의 위치와 크기 및 글꼴을 조절합니다.
② **차트 제목** : 차트의 내용을 대표하는 제목입니다. 텍스트 상자에 입력되어 있습니다.
③ **그림 영역** : 실제 그래프가 표시되는 영역입니다.
④ **세로(값)축** : 그래프의 높낮이를 결정하는 데 기준이 되는 수치 자료를 나타내는 선입니다.
⑤ **세로(값)축 제목** : 세로축 수치가 무엇을 의미하는지 알려주는 문자열입니다.
⑥ **가로(항목)축** : 그래프가 표시될 각 문자 데이터의 자리입니다.
⑦ **가로(항목)축 제목** : 가로축 문자열이 무엇을 의미하는지 알려주는 문자열입니다.
⑧ **범례** : 그래프의 각 색이나 모양이 어떤 데이터 계열인지 알려주는 표식입니다.
⑨ **데이터 계열/요소** : 수치 자료를 막대나 선의 도형으로 표현한 것으로 범례에 있는 한 가지 종류를 데이터 계열이라고 하며, 데이터 계열 중 한 가지를 데이터 요소라고 합니다.
⑩ **눈금선** : 값 축이나 항목 축의 눈금을 그림 영역 안에 선으로 그어 표시한 것입니다.
⑪ **추세선** : 일정 기간 동안 늘어나거나 줄어든 데이터 계열을 경사진 선으로 나타낸 것입니다.
⑫ **데이터 레이블** : 한 개의 데이터 요소 또는 값을 나타내는 데이터 표식입니다.
⑬ **데이터 표** : 차트로 표현된 수치 데이터를 표로 나타낸 것입니다.

상식

# 107 스파크라인 작성 방법 알아보기

실습 파일 CHAPTER03\107_대리점판매량.xlsx | 완성 파일 CHAPTER03\107_대리점판매량_완성.xlsx

각 대리점의 월별 판매량을 **꺾은선형 스파크라인으로 표시하고**, 각 월의 대리점별 매출을 **막대형 스파크라인으로 표시**하겠습니다. 분기별 손익 여부는 승패 스파크라인으로 표시해보겠습니다.

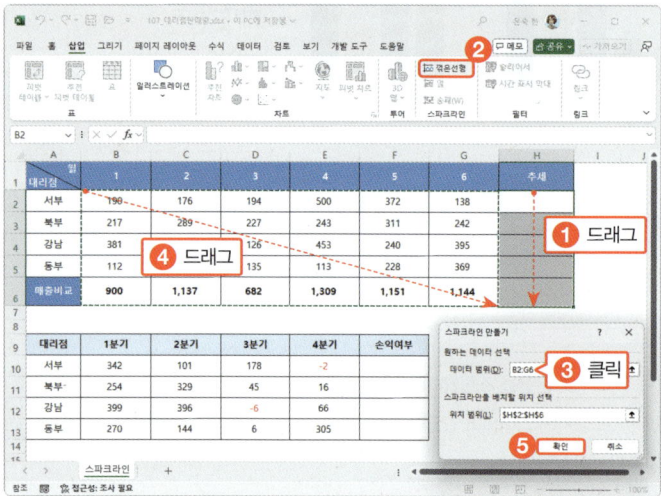

### 01 꺾은선형 스파크라인 삽입하기

❶ [H2:H6] 범위 지정
❷ [삽입] 탭-[스파크라인] 그룹-[꺾은선형] 클릭
❸ [스파크라인 만들기] 대화상자에서 [데이터 범위] 입력란 클릭
❹ [B2:G6] 범위 드래그
❺ [확인]을 클릭합니다.

**Tip** 삽입된 꺾은선형 스파크라인은 기간별 데이터의 변화 추세를 나타내는 데 적합합니다.

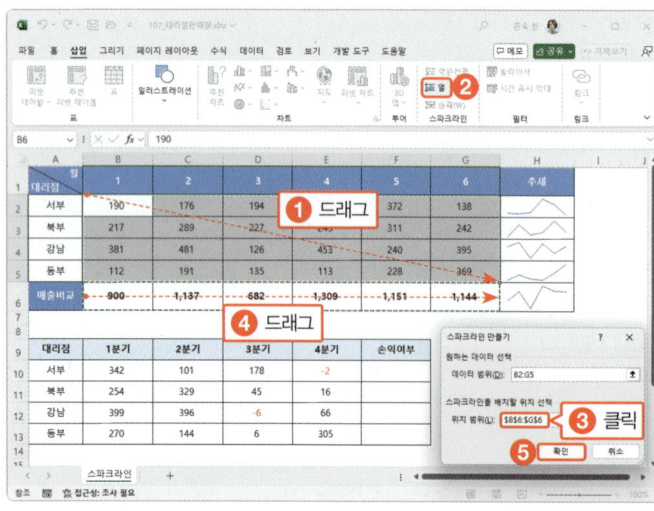

### 02 열 스파크라인 삽입하기

❶ [B2:G5] 범위 지정
❷ [삽입] 탭-[스파크라인] 그룹-[열] 클릭
❸ [스파크라인 만들기] 대화상자에서 [위치 범위] 입력란 클릭
❹ [B6:G6] 범위 드래그
❺ [확인]을 클릭합니다.

**Tip** 삽입된 열 스파크라인은 막대 차트 형태로 데이터 값의 크기를 비교할 때 적합합니다.

**Tip** 스파크라인을 삽입하기 전에 데이터 범위를 먼저 지정했으면 [스파크라인 만들기] 대화상자에서 위치 범위를 지정하면 됩니다. 반대로 위치 범위를 먼저 지정했으면 [스파크라인 만들기] 대화상자에서 데이터 범위를 지정하면 됩니다.

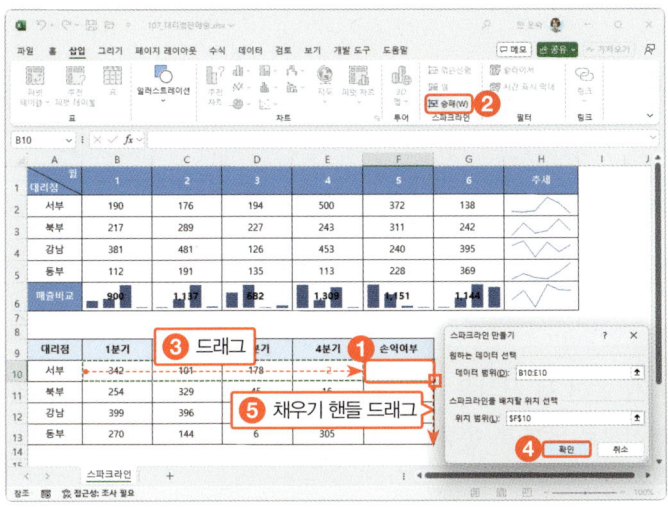

## 03 승패 스파크라인 삽입하기

❶ [F10] 셀 클릭

❷ [삽입] 탭-[스파크라인] 그룹-[승패] 클릭

❸ [B10:E10] 범위 드래그

❹ [확인] 클릭

❺ [F10] 셀의 채우기 핸들을 [F13] 셀까지 드래그합니다.

**Tip** 삽입된 승패 스파크라인은 데이터 범위에 음수가 포함되어 있어 이익과 손해 여부를 시각적으로 표현할 때 적합합니다. 형태는 막대 차트와 같지만 막대의 높낮이는 모두 같게 표시되며 데이터 범위의 음수는 아래 방향 막대, 양수는 위쪽 방향 막대로 표시합니다. 스파크라인을 한 셀에만 삽입했어도 채우기 핸들로 복사하면 데이터 범위가 상대 참조이기 때문에 셀에 맞는 데이터의 스파크라인이 삽입됩니다.

### Note  스파크라인이란?

스파크라인은 셀 안에 삽입하는 작은 차트입니다. 스파크라인을 사용하면 월별 매출의 증감과 같은 데이터 값의 추세를 워크시트의 셀 안에서 시각적으로 표시할 수 있습니다. 또한 최댓값이나 최솟값 등을 강조하여 표시할 수도 있습니다. 스파크라인 셀은 원본 데이터 바로 옆에 표시하면 스파크라인과 원본 데이터 간의 관계를 쉽게 파악하기에 유용합니다. 데이터가 변경되면 스파크라인에서 변경된 내용을 즉시 확인할 수 있습니다.

▲ 추세선에 최댓값은 빨간색, 최솟값은 파란색 표식으로 강조  ▲ 데이터를 수정하면 스파크라인도 바로 변경됨

상식

# 108 스파크라인 디자인 지정하기

실습 파일 CHAPTER03\108_대리점판매량.xlsx | 완성 파일 CHAPTER03\108_대리점판매량_완성.xlsx

삽입되어 있는 스파크라인에 스타일과 표시 옵션 등 서식을 지정하겠습니다. 삽입된 꺾은선 스파크라인의 경우 사용된 데이터가 기간별 데이터이므로 날짜 축 종류를 설정해보겠습니다.

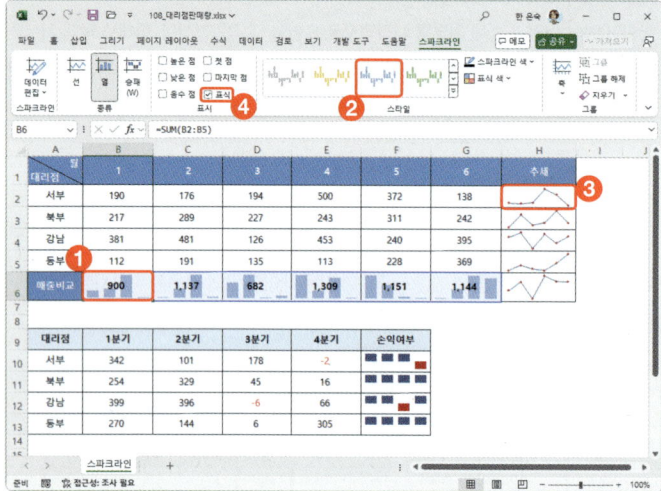

**01 스파크라인 스타일 지정하기**

❶ [B6] 셀 클릭

❷ [스파크라인] 탭-[스타일] 그룹의 스타일 갤러리에서 [연한 파랑, 스파크라인 스타일 강조 5, 40% 더 밝게] 선택

❸ [H2] 셀 클릭

❹ [스파크라인] 탭-[표시] 그룹의 [표식]에 체크합니다.

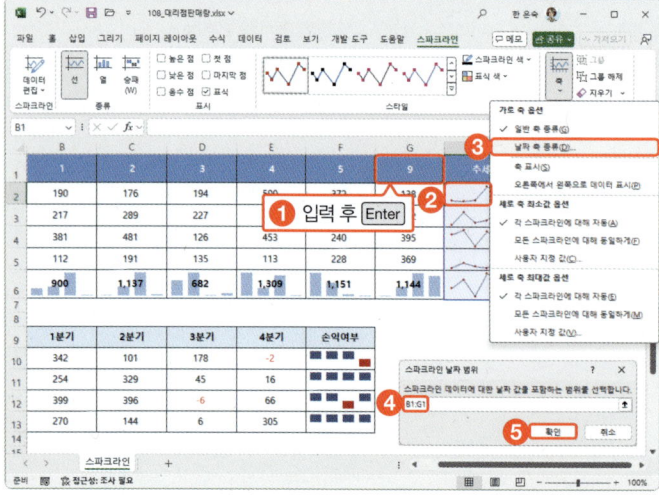

**02 날짜 축 종류 지정하기**

❶ [G1] 셀에 9 입력 후 Enter

❷ [H2] 셀 클릭

❸ [스파크라인] 탭-[그룹] 그룹-[축]-[날짜 축 종류] 클릭

❹ [스파크라인 날짜 범위] 대화상자에 [B1:G1] 범위 드래그

❺ [확인]을 클릭합니다.

Tip 5월까지의 간격에 비해 9월까지의 간격을 나타내는 요소가 더 길게 표시됩니다.

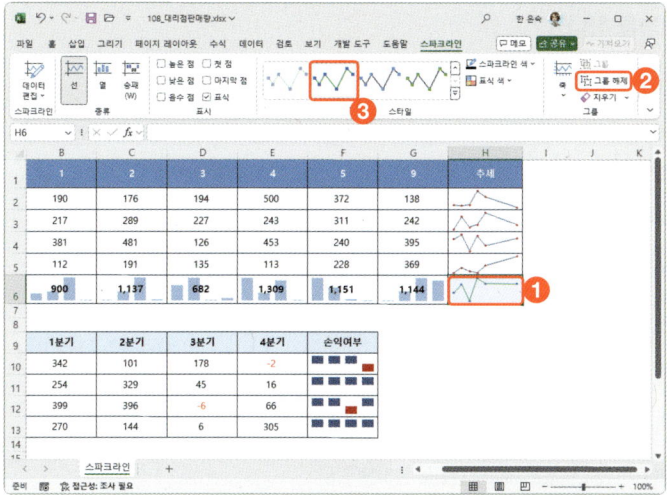

## 03 그룹 해제하기

① [H6] 셀 클릭

② [스파크라인] 탭-[그룹] 그룹-[그룹 해제] 클릭

③ [스파크라인] 탭-[스타일] 그룹의 스타일 갤러리에서 [진한 녹색, 스파크라인 스타일 색상형 #4]를 선택합니다.

**Tip** 스파크라인 범위 중 한 셀에만 서식을 별도로 지정하고 싶으면 그룹을 해제해야 합니다.

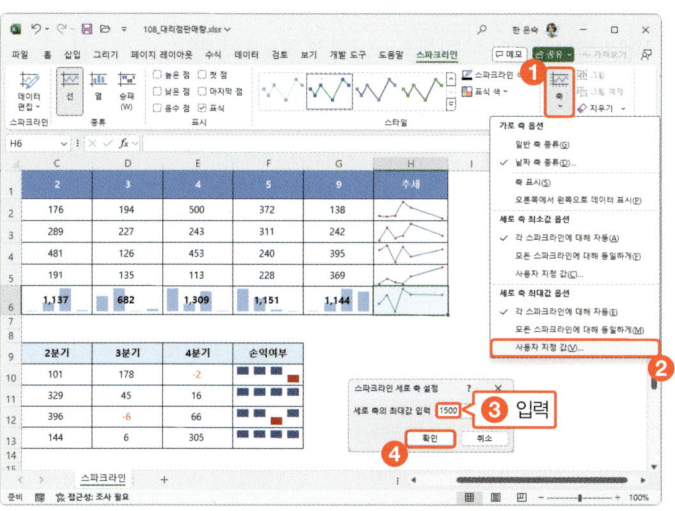

## 04 세로축 최댓값 지정하기

① [스파크라인] 탭-[그룹] 그룹-[축] 클릭

② [세로 축 최대값 옵션]의 [사용자 지정 값] 클릭

③ [스파크라인 세로 축 설정] 대화상자에 1500 입력

④ [확인]을 클릭합니다.

**Tip** [H6] 셀의 스파크라인의 높이가 더 낮아집니다.

> **Note** 스파크라인 도구는 어떤 기능을 하나요?

스파크라인이 삽입된 셀을 선택하면 리본 메뉴에 [스파크라인] 탭이 생깁니다. [스파크라인] 탭의 각 도구에서 스파크라인에 적용된 데이터를 수정하거나 스파크라인의 종류를 변경할 수 있습니다. 또한 표식이나 축 등 스파크라인의 요소를 추가하거나 스파크라인 색, 두께, 표식 색 등의 서식을 지정할 수 있으며 스파크라인을 삭제할 수도 있습니다. [스파크라인] 탭의 각 도구에 대한 설명은 다음과 같습니다.

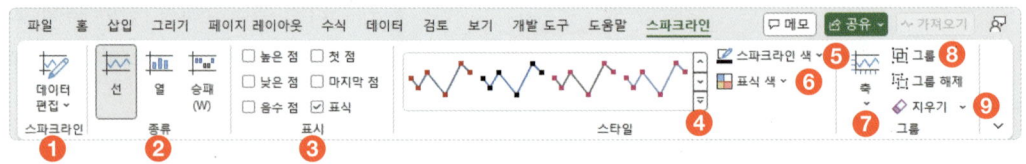

❶ **데이터 편집**

- 그룹 위치 및 데이터 편집(E)... → 선택한 스파크라인 범위에 적용된 데이터 범위를 편집합니다.
- 단일 스파크라인의 데이터 편집(S)... → 선택한 스파크라인 단일 셀에 적용된 데이터 범위를 편집합니다.
- 숨겨진 셀/빈 셀(H)... → 숨겨진 셀이나 빈 셀이 있는 경우 표시 옵션을 지정합니다.
- 행/열 전환(W) → 데이터의 행/열 적용 방향을 바꿉니다(데이터 원본이 동일한 행, 열 수로 된 경우).

❷ **종류** : 선택된 스파크라인 셀의 스파크라인 종류를 변경합니다.

❸ **표시** : 스파크라인에서 강조할 항목을 선택합니다.

❹ **스타일 갤러리** : 미리 지정된 스파크라인 색, 표식 색 서식을 선택할 수 있습니다.

❺ **스파크라인 색** : 스파크라인의 색상과 두께를 선택할 수 있습니다.

❻ **표식 색** : [표시] 그룹에서 선택한 강조 항목의 색을 선택할 수 있습니다.

❼ **축**

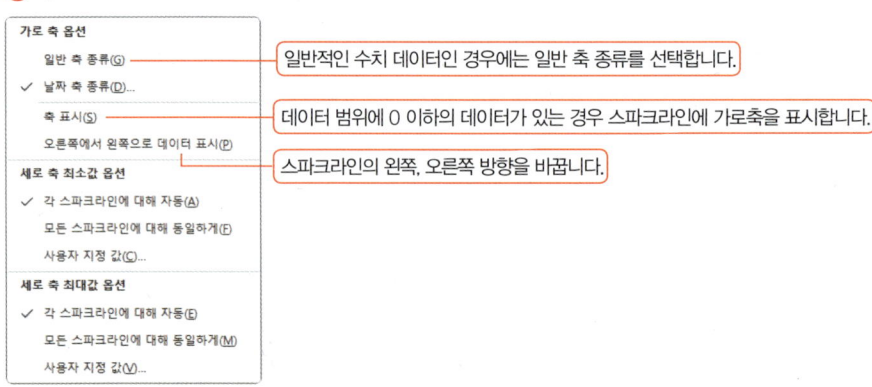

- 일반 축 종류(G) → 일반적인 수치 데이터인 경우에는 일반 축 종류를 선택합니다.
- 축 표시(S) → 데이터 범위에 0 이하의 데이터가 있는 경우 스파크라인에 가로축을 표시합니다.
- 오른쪽에서 왼쪽으로 데이터 표시(P) → 스파크라인의 왼쪽, 오른쪽 방향을 바꿉니다.

❽ **그룹, 그룹 해제** : 스파크라인 셀 범위의 그룹을 해제하거나 다시 그룹을 지정합니다.

❾ **지우기**

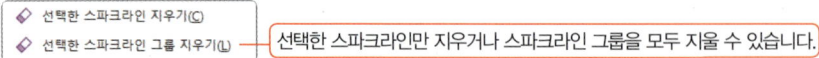

선택한 스파크라인만 지우거나 스파크라인 그룹을 모두 지울 수 있습니다.

## Note > 엑셀 핵심 차트 유형 한눈에 정리

엑셀의 많은 차트 종류 중에 가장 많이 사용되는 차트는 막대형, 꺾은선형, 원형 차트입니다. 여기에서 누적형, 영역형, 콤보 차트 등으로 확장하여 표시하고 셀 안에 작성하는 공간 절약형 미니 차트로 스파크 라인을 작성하여 시각화할 수 있습니다. 다음의 차트 서식 예시를 활용하여 각 차트 유형의 활용 방식을 직관적으로 확인해보세요.

| 차트 종류 | 다양한 예시 |
|---|---|
| 막대형 차트 | − 수치 비교에 최적화된 차트입니다.<br>− 막대의 길이로 데이터를 직관적으로 비교할 수 있습니다.<br>− 해당 차트는 묶은 세로 막대형으로, 막대 서식 강조로 응답율 차이를 비교했습니다. |
| 꺾은선형 차트 | − 시간에 따른 추세 및 변화 파악에 유용합니다.<br>− 증가/감소 패턴을 시계열로 명확하게 보여줍니다.<br>− 해당 차트는 방문 수의 최솟값과 최댓값 표식을 강조했습니다. |
| 원형, 도넛 차트 | − 전체에서 각 항목의 비율을 시각화합니다.<br>− 소수점 비율 표기로 구성 비중을 강조할 수 있습니다.<br>− 해당 차트는 도넛형 차트로, 도넛의 크기, 채우기, 선 서식을 활용했습니다. |
| 콤보 차트 | − 영역형 차트는 데이터의 변화를 강조합니다.<br>− 추세와 규모 변화를 동시에 파악할 때 적합합니다.<br>− 두 종류 이상의 차트를 표현하며, 콤보 차트에서도 선택할 수 있습니다.<br>− 해당 차트는 누적 영역형과 꺾은선 콤보 차트입니다. |

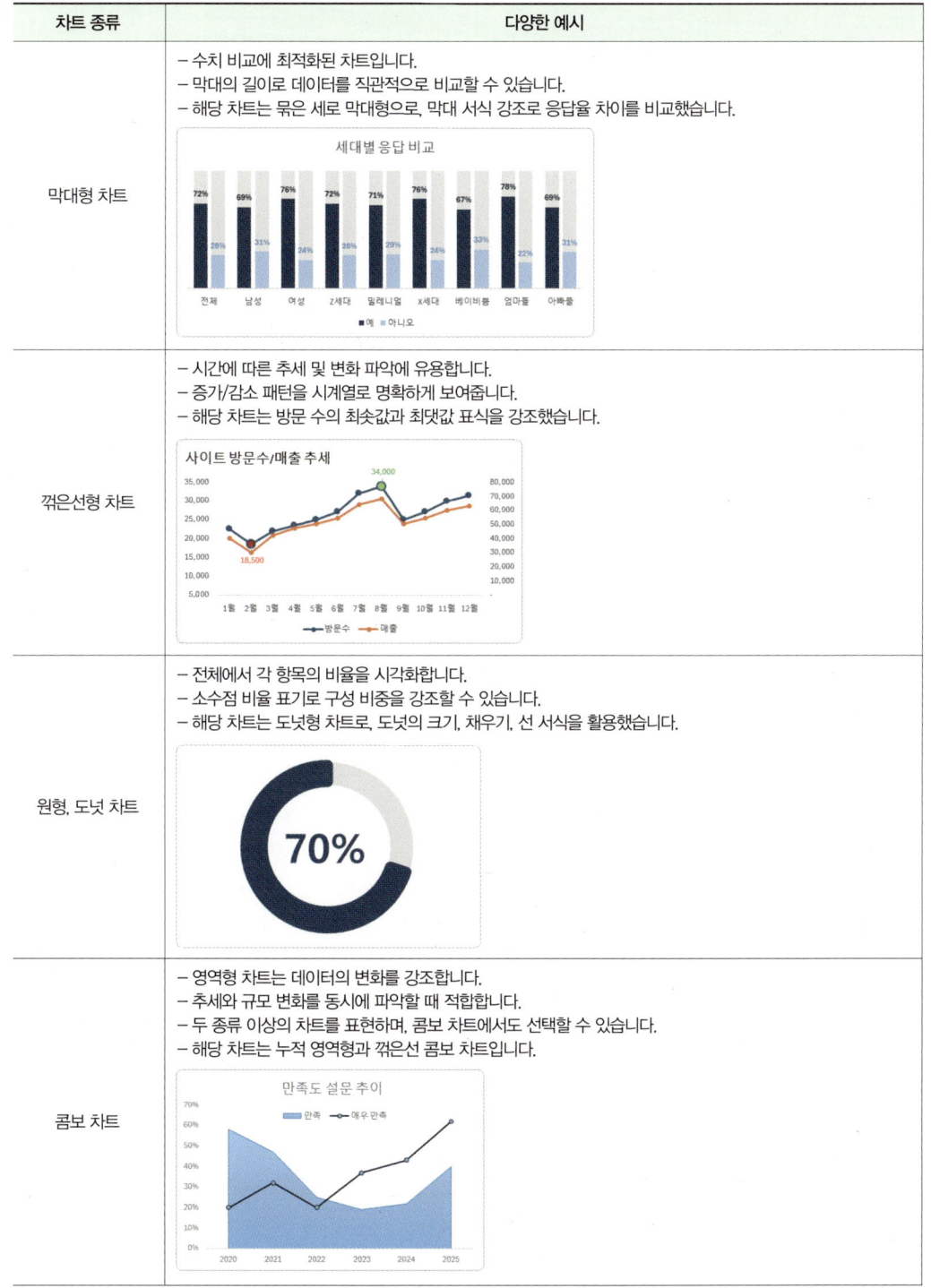

# CHAPTER 04

## 데이터 관리와 분석

회사에서 바로 통하는 실무 엑셀

엑셀의 데이터 관리 도구를 사용하면 수만 개의 데이터 중 특정 조건을 만족하는 데이터만 추출하거나 원하는 여러 조건에 맞는 데이터별로 요약한 보고서를 작성할 수 있습니다. 이번 챕터에서는 입력한 데이터를 정렬, 필터, 요약, 분석하는 등의 데이터 관리, 분석 기능에 대해서 알아보겠습니다.

# SECTION 01

# 외부 데이터 가져오기 및 변환하기

기초

# 109 텍스트 파일 가져오기

실습 파일 CHAPTER04\109_임대관리목록.txt | 완성 파일 CHAPTER04\109_임대관리목록_완성.xlsx

**텍스트 파일을 엑셀로 가져오는 방법**은 여러 가지가 있습니다. 가장 간단하게는 폴더 창에서 텍스트 파일을 엑셀 워크시트로 드래그 앤 드롭하거나 메모장 프로그램에서 엑셀 워크시트로 복사/붙여넣기를 할 수도 있습니다. 그러나 텍스트 인코딩 방식 때문에 폰트가 깨지거나 데이터 형식을 변경해야 하는 경우가 있습니다. 엑셀의 열기를 사용하여 텍스트 파일을 열고 텍스트 마법사를 사용해보겠습니다.

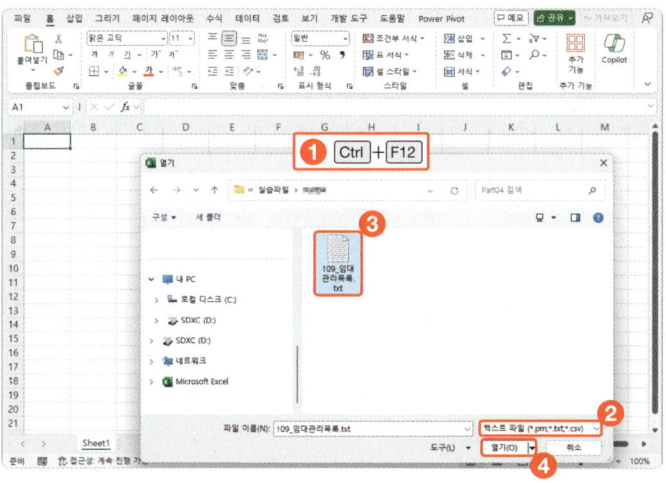

## 01 텍스트 파일 열기

❶ 새 문서에서 Ctrl + F12
❷ [열기] 대화상자에서 [텍스트 파일 (*.prn;*.txt;*.csv)] 선택
❸ 109_임대관리목록.txt 파일 선택
❹ [열기]를 클릭합니다.

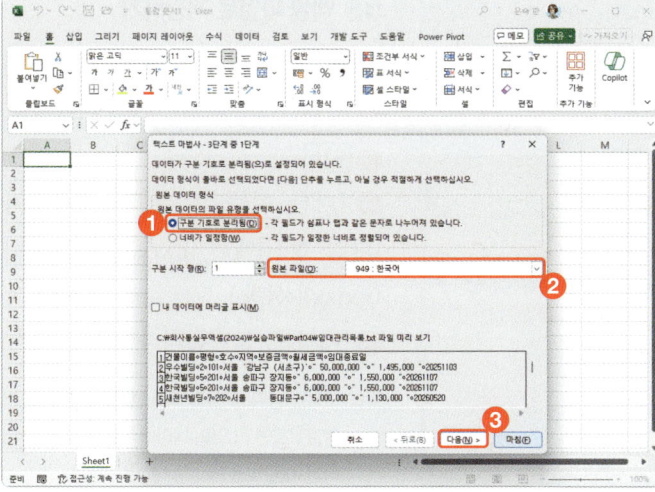

## 02 데이터 형식 선택하기

❶ [텍스트 마법사] 대화상자에서 파일 유형 [구분 기호로 분리됨] 선택
❷ [원본 파일]은 [949:한국어] 선택
❸ [다음]을 클릭합니다.

Tip [파일 유형]과 [원본 파일]은 기본적으로 미리 선택되어 있습니다. 미리 보기 부분에 텍스트가 깨져 보이는 경우 원본 파일에서 인코딩 종류를 다르게 선택합니다. 보통 한글 텍스트 파일의 인코딩은 949:한국어, ANSI, 유니코드 (UTF-8, UTF-16) 등을 선택하면 됩니다.

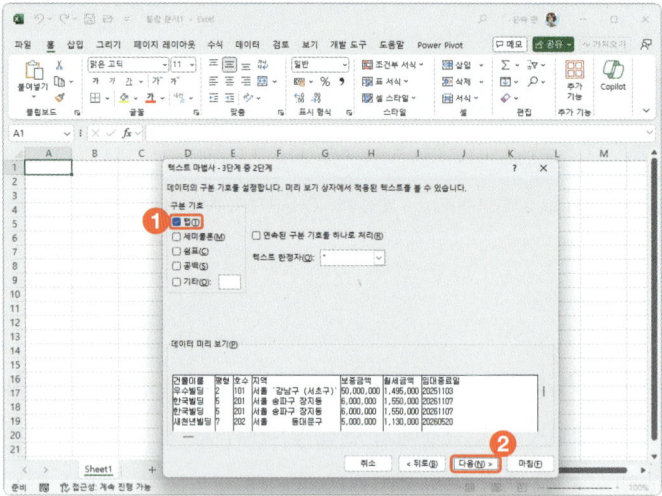

## 03 구분 기호 선택하기

❶ [구분 기호]에서 [탭] 체크 확인

❷ [다음]을 클릭합니다.

**Tip** [구분 기호]는 기본적으로 [탭]이 선택되어 있습니다.

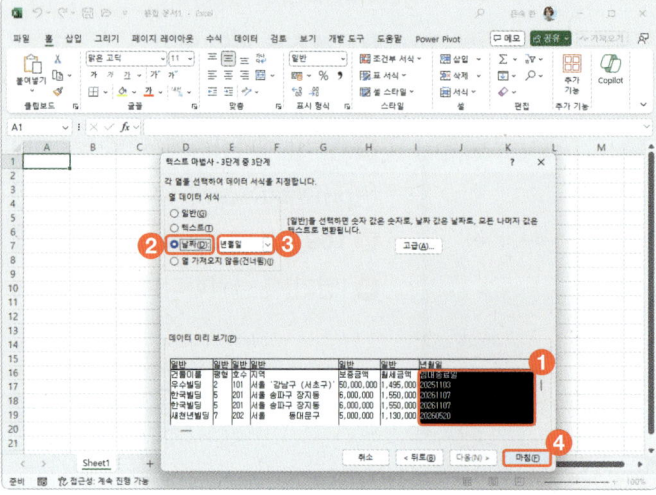

## 04 날짜 데이터 서식 선택하기

❶ [데이터 미리 보기]에서 [임대종료일] 열 클릭

❷ [열 데이터 서식]에서 [날짜] 선택

❸ [날짜]에서 [년월일] 선택

❹ [마침]을 클릭합니다.

**Tip** 임대종료일을 보면 연월일이 구분되어 있지 않습니다. [날짜]로 선택하지 않으면 그냥 숫자로 삽입됩니다.

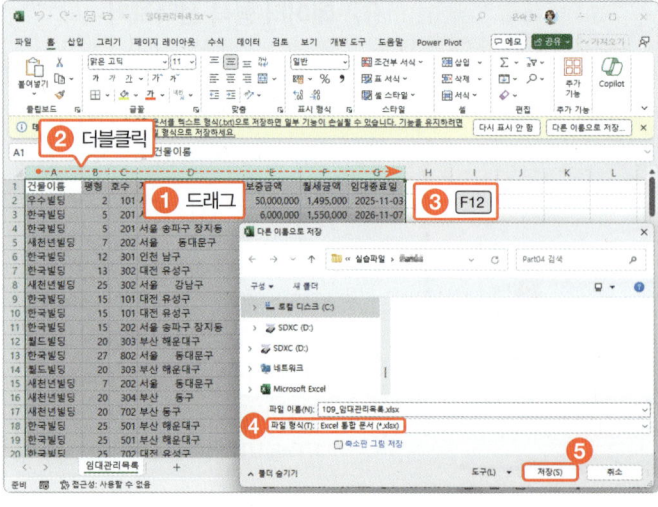

## 05 엑셀 파일로 저장하기

❶ [A:G] 열 범위 지정

❷ A열과 B열 머리글 경계선 더블클릭

❸ F12

❹ [다른 이름으로 저장] 대화상자 [파일 형식]에서 [Excel 통합 문서 (*.xlsx)] 선택

❺ [저장]을 클릭합니다.

**Tip** 지정된 범위 중 임의의 열 머리글 경계선을 더블클릭하면 각 열의 데이터 길이에 따라 열 너비가 자동 맞춤됩니다.

기초

# 110 PDF 파일 가져오기

실습 파일 CHAPTER04\110_여행출납부.pdf | 완성 파일 CHAPTER04\110_여행출납부_완성.xlsx

엑셀 2021 버전 이상에서는 PDF 파일을 엑셀로 가져올 수 있습니다. [데이터] 탭-[데이터 가져오기 및 변환] 그룹-[데이터 가져오기]를 사용하여 **PDF 형태로 되어 있는 여행출납 데이터를 가져오겠습니다.**

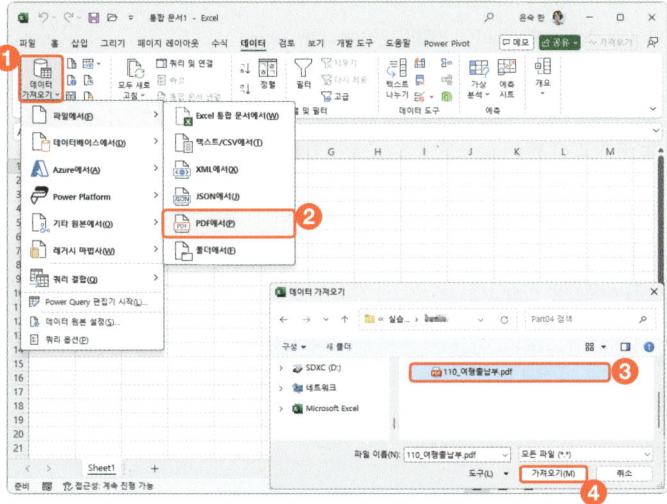

**01 PDF 파일 가져오기**

❶ [데이터] 탭-[데이터 가져오기 및 변환] 그룹-[데이터 가져오기] 클릭

❷ [파일에서]-[PDF에서] 선택

❸ [데이터 가져오기] 대화상자에서 **110_여행출납부.pdf** 선택

❹ [가져오기]를 클릭합니다.

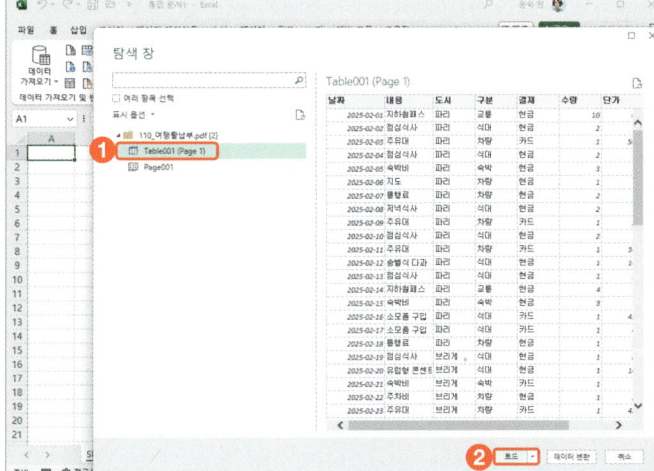

**02 테이블 선택하기**

❶ [탐색 창]에서 [Table001(Page1)] 클릭

❷ [로드]를 클릭합니다.

**Tip** 워크시트에 데이터가 로드되고 리본 메뉴에 [테이블 디자인] 탭이 표시됩니다.

**Tip** 현재 PDF 파일에는 한 페이지에 하나의 표가 있습니다. [탐색 창]에 [Page001]과 [Table001]을 클릭해보면 데이터 표가 같습니다. 어떤 것을 선택해도 됩니다. 여러 페이지, 여러 표가 있는 PDF 파일인 경우에는 Tabel과 Page가 순서대로 번호가 붙어 표시됩니다.

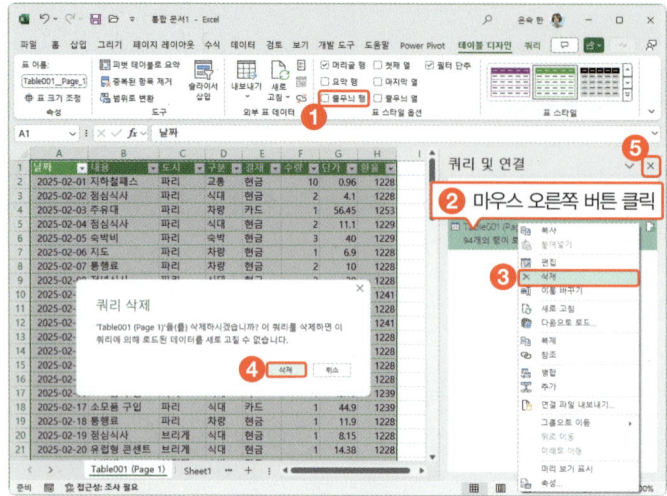

## 03 표 스타일 지정하기

① [테이블 디자인] 탭-[표 스타일 옵션] 그룹에서 [줄무늬 행] 체크 해제

② [쿼리 및 연결] 창의 [Table001 (Page1)]에서 마우스 오른쪽 버튼 클릭

③ [삭제] 클릭

④ 메시지 창에서 [삭제] 클릭

⑤ [쿼리 및 연결] 창을 닫습니다.

**Tip** [쿼리 및 연결] 창을 다시 표시하려면 [데이터] 탭-[쿼리 및 연결] 그룹-[쿼리 및 연결]을 클릭합니다.

---

**Note** 　 표(Table)와 쿼리(Query)는 무엇인가요?

**표(Table) :** 데이터베이스에서 사용하는 행과 열로 구성된 데이터 집합을 말합니다. [데이터] 탭-[데이터 가져오기 및 변환] 그룹-[데이터 가져오기]에서 외부 데이터를 가져오면 표(Table) 형식으로 로드되고 리본 메뉴에 [테이블 디자인] 탭이 생깁니다.

여기에서 표의 스타일 서식을 선택하고 표의 구성 요소를 선택할 수 있습니다.

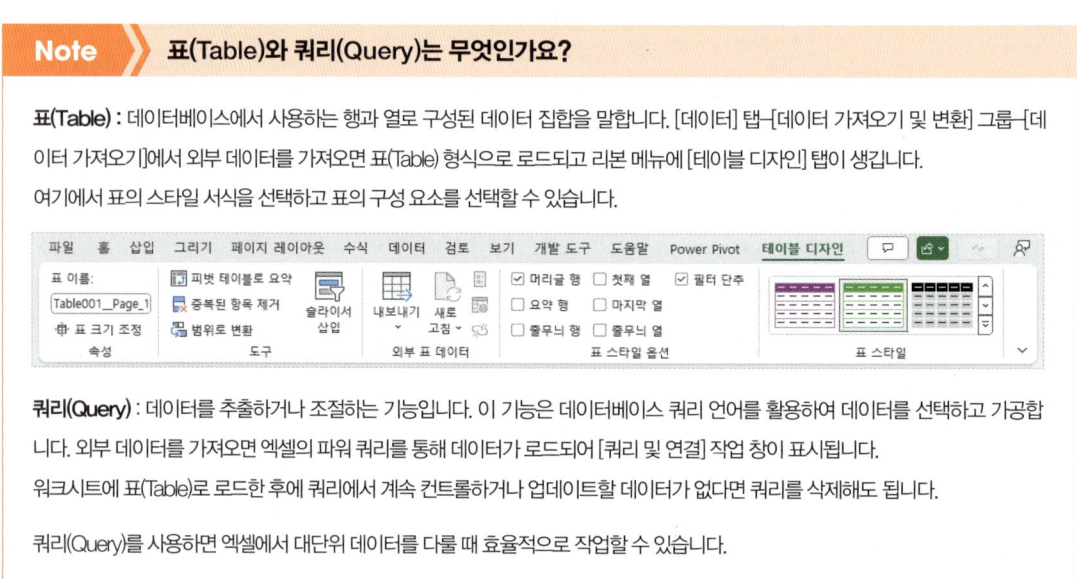

**쿼리(Query) :** 데이터를 추출하거나 조절하는 기능입니다. 이 기능은 데이터베이스 쿼리 언어를 활용하여 데이터를 선택하고 가공합니다. 외부 데이터를 가져오면 엑셀의 파워 쿼리를 통해 데이터가 로드되어 [쿼리 및 연결] 작업 창이 표시됩니다.

워크시트에 표(Table)로 로드한 후에 쿼리에서 계속 컨트롤하거나 업데이트할 데이터가 없다면 쿼리를 삭제해도 됩니다.

쿼리(Query)를 사용하면 엑셀에서 대단위 데이터를 다룰 때 효율적으로 작업할 수 있습니다.

## 기초

# 111 사진에서 데이터 가져오기

실습 파일 CHAPTER04\111_여행출납부.xlsx, 여행지추가.png | 완성 파일 CHAPTER04\111_여행출납부_완성.xlsx

**엑셀 365 버전과 웹 버전에서는 사진에서도 데이터를 추출할 수 있습니다.** 파일로 저장되어 있는 사진이나 클립보드에 캡처한 이미지를 가져올 수 있습니다. 여행출납부에 추가할 데이터를 이미지 파일에서 추출해보겠습니다.

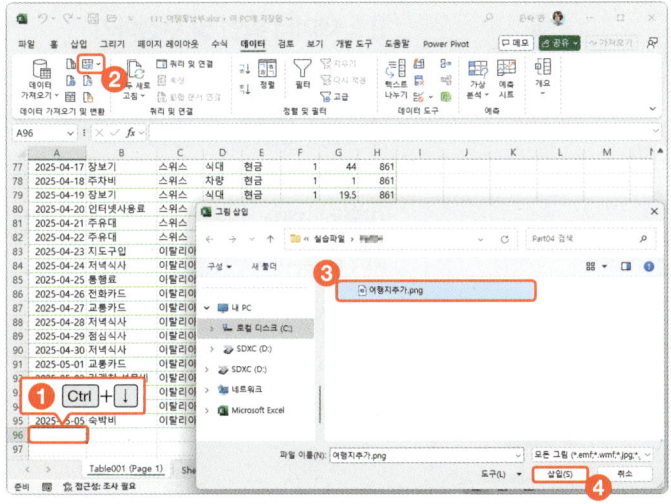

### 01 사진 파일 선택하기

① `Ctrl`+`↓`
② [데이터] 탭-[데이터 가져오기 및 변환] 그룹-[사진에서]-[파일의 사진] 클릭
③ [그림 삽입] 대화상자에서 [실습 파일] 폴더의 **여행지추가.png** 파일 선택
④ [삽입]을 클릭합니다.

Tip [그림 데이터] 작업 창이 표시되고 이미지 분석 후에 데이터가 표시됩니다.

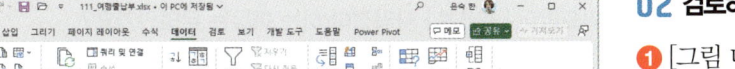

Tip 웹 버전에서는 [데이터] 탭-[그림 데이터]를 클릭합니다.

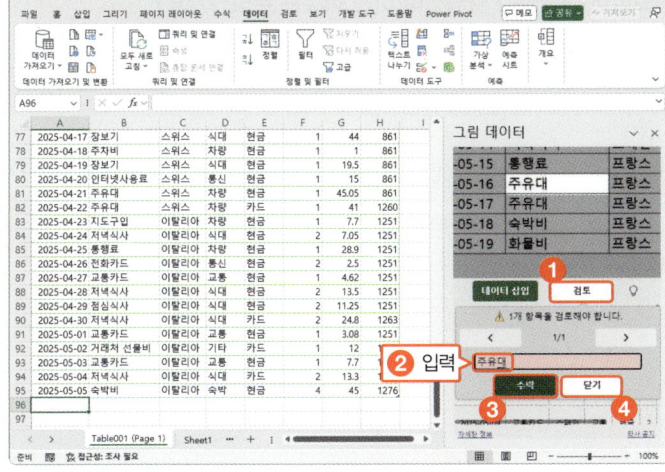

### 02 검토하기

① [그림 데이터] 창에서 [검토] 클릭
② 검토 창에 **주유대** 입력
③ [수락] 클릭
④ [닫기]를 클릭합니다.

Tip 사진의 화질에 따라 검토할 항목이 더 많이 나오는 경우 [수락]을 클릭하면 다음 항목이 표시됩니다.

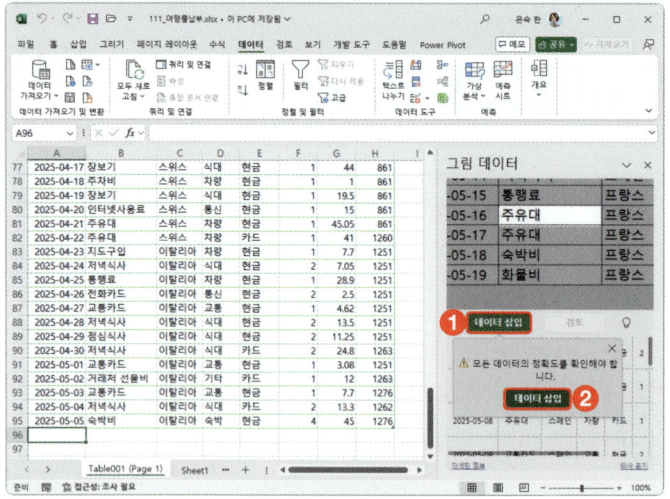

## 03 데이터 삽입하기

❶ [데이터 삽입] 클릭

❷ 메시지 창의 [데이터 삽입]을 클릭합니다.

**Tip** 검토 창에 나오지 않았던 항목 중에도 잘못 삽입된 데이터가 있을 수 있으므로 데이터 삽입 후에 반드시 데이터를 확인해야 합니다.

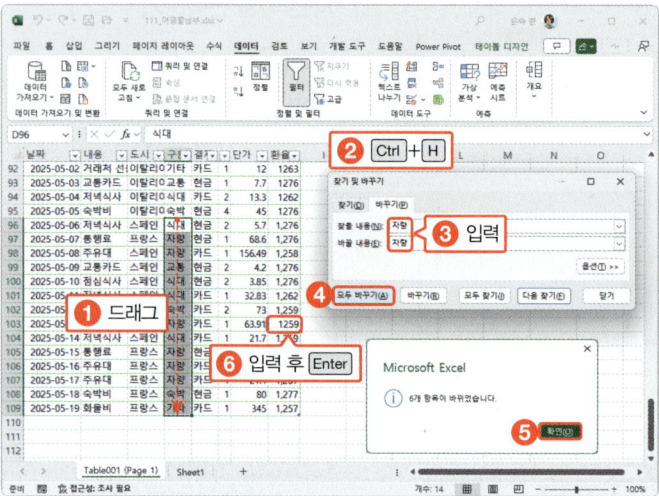

## 04 데이터 확인 및 수정하기

❶ [D96:D109] 범위 지정

❷ Ctrl + H

❸ [찾기 및 바꾸기] 대화상자의 [찾을 내용]에 **자랑**, [바꿀 내용]에 **차량** 입력

❹ [모두 바꾸기] 클릭

❺ 메시지 창에서 [확인] 클릭

❻ [H103] 셀에 **1259** 입력 후 Enter 를 누릅니다.

**Tip** 기존 데이터 범위가 표(Table) 형태이기 때문에 표 범위가 확장되고 테두리 등의 서식이 함께 적용됩니다.

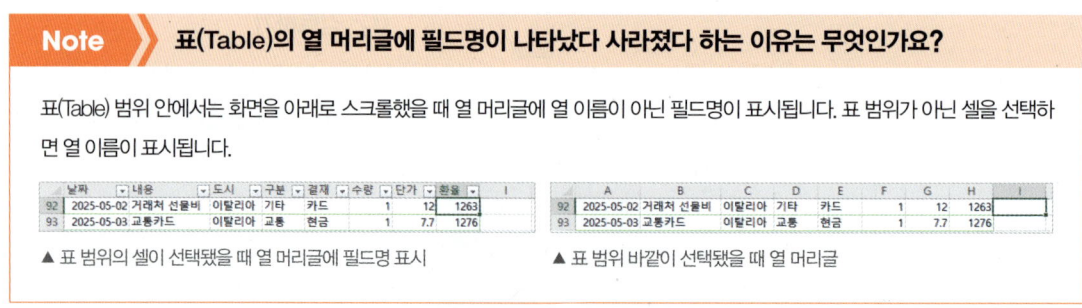

# SECTION 02

# 데이터 가공 및 전처리하기

## 112 데이터베이스 규칙에 맞게 데이터 범위 구성하기

**실습 파일** CHAPTER04\112_판매현황.xlsx | **완성 파일** CHAPTER04\112_판매현황_완성.xlsx

정렬, 필터, 피벗 테이블 요약 등 데이터베이스 작업을 하기 위해서는 범위가 데이터베이스 규칙에 맞게 구성되어야 합니다. **데이터베이스 범위는 병합된 셀이 없어야 하며 머리글 행은 한 줄이어야 합니다.** 일반 범위를 표(Table)로 변환하여 자동으로 병합을 해제하고 빈 셀들을 채워보겠습니다.

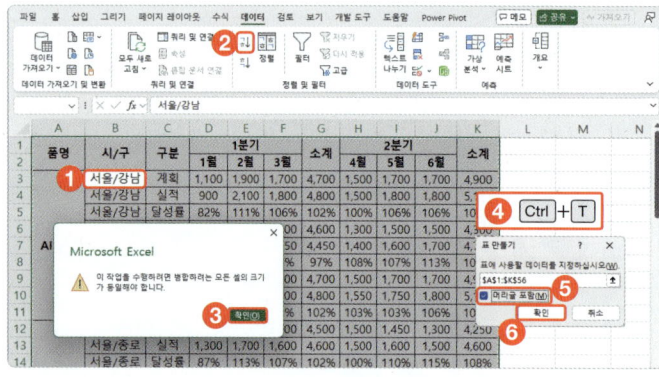

**01 범위를 표로 만들기**

① [B3] 셀 클릭
② [데이터] 탭-[정렬 및 필터] 그룹 -[텍스트 오름차순 정렬] 클릭
③ 경고 메시지 창에서 [확인] 클릭
④ Ctrl + T
⑤ [머리글 포함] 체크
⑥ [확인]을 클릭합니다.

**Tip** 병합된 셀이 있는 범위는 정렬을 할 수 없습니다. [표] 범위로 만들면 병합된 셀들이 모두 병합 해제됩니다. 첫 행의 필드명 부분에서 병합이 해제되어 빈 셀이 된 셀에는 임시 필드명이 입력됩니다.

**Tip** 일반 범위를 표(Table)로 변환하려면 [삽입] 탭-[표] 그룹-[표]를 클릭 또는 Ctrl + T 를 누릅니다. [홈] 탭-[스타일] 그룹-[표 서식]에서 표 스타일을 선택해도 됩니다.

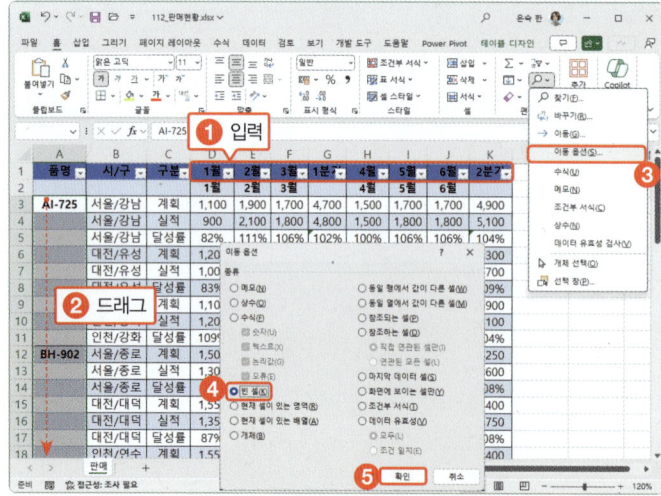

**02 필드명 입력 및 빈 셀 선택하기**

① [D1] 셀에서 [K1] 셀까지 필드명 에 **1월, 2월, 3월, 1분기, 4월, 5월, 6월, 2분기** 입력
② [A3:A56] 범위 지정
③ [홈] 탭-[편집] 그룹-[찾기 및 선택] -[이동 옵션] 클릭
④ [이동 옵션] 대화상자에서 [빈 셀] 선택
⑤ [확인]을 클릭합니다.

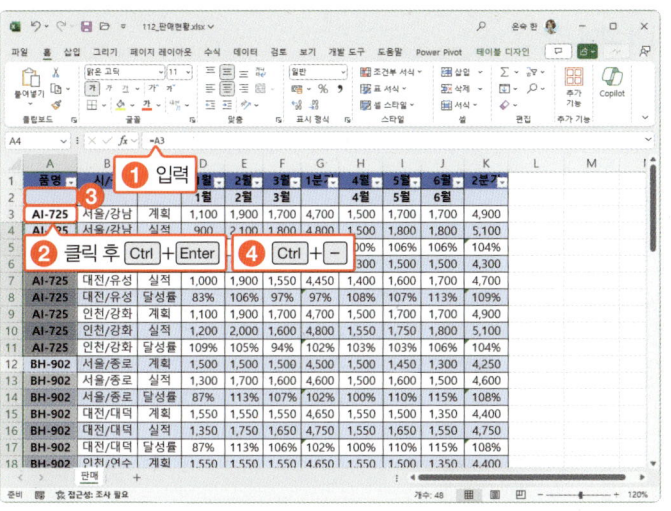

## 03 빈 셀에 위쪽 셀의 품명 채우기

❶ 빈 셀만 선택된 상태에서 = 입력

❷ [A3] 셀 클릭 후 Ctrl + Enter

❸ [A2] 셀 클릭

❹ Ctrl + − 를 누릅니다.

Tip Ctrl + − 를 누르면 선택 행이 삭제됩니다.

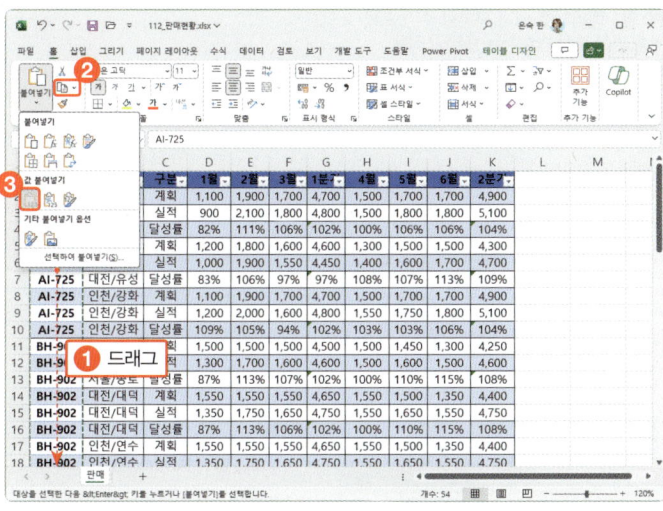

## 04 수식의 결괏값만 남기기

❶ [A2:A55] 범위 지정

❷ [홈] 탭-[클립보드] 그룹-[복사] 클릭

❸ [홈] 탭-[클립보드] 그룹-[붙여넣기]-[값]을 클릭합니다.

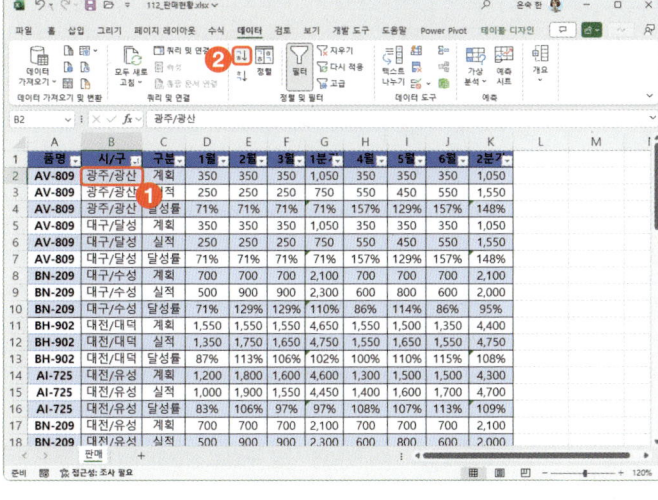

## 05 데이터 정렬하기

❶ [B2] 셀 클릭

❷ [데이터] 탭-[정렬 및 필터] 그룹-[텍스트 오름차순 정렬] 클릭합니다.

Tip [시/구] 텍스트 순으로 정렬됩니다.

## Note 표(Table)는 어떻게 구성되어 있나요?

표(Table)는 데이터베이스 규칙에 맞게 데이터 목록을 작성하고 관리할 수 있는 데이터베이스 형태의 범위입니다. 표 범위의 구성 요소는 다음과 같습니다.

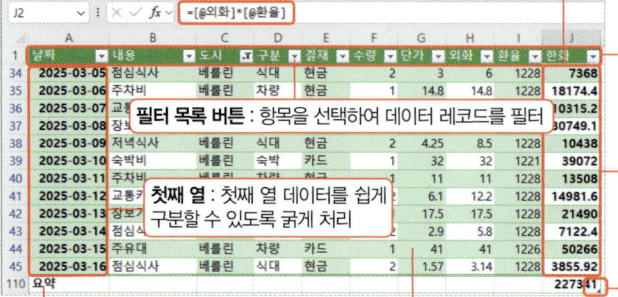

- **구조적 참조** : 표 안에서 수식을 작성하면 필드명이 참조되는 구조적 참조 형식으로 작성
- **계산된 열** : 수식이 입력된 열로 셀 하나에 수식을 입력하면 해당 열의 다른 모든 셀에 해당 수식이 곧바로 적용
- **머리글 행** : 필드명이 입력된 행으로 필터 목록 버튼을 클릭해 데이터를 필터링하거나 정렬
- **필터 목록 버튼** : 항목을 선택하여 데이터 레코드를 필터
- **마지막 열** : 마지막 열 데이터를 쉽게 구분할 수 있도록 굵게 처리
- **첫째 열** : 첫째 열 데이터를 쉽게 구분할 수 있도록 굵게 처리
- **크기 조정 핸들** : 드래그하면 표 범위 확장 또는 축소
- **요약 행** : 필터링되어 화면에 표시된 데이터만 계산한 계산 결과를 표에 추가
- **줄무늬 행, 열** : 데이터를 쉽게 구분할 수 있도록 표의 행과 열에 음영이 교차 반복하는 줄무늬 적용

## Note 데이터베이스 작성 규칙은 무엇인가요?

데이터베이스란 방대한 양의 데이터를 특정 용도에 맞게 체계적으로 정리해놓은 것을 말합니다. 엑셀의 데이터 관리 기능을 제대로 사용하려면 워크시트의 데이터 목록은 일정한 형식에 맞춰 분류하고 구분할 수 있는 데이터베이스 구성으로 되어 있어야 합니다. 데이터베이스는 ⓐ 필드(Field), ⓑ 필드명(Field Name), ⓒ 레코드(Record)로 구성됩니다. 다음은 엑셀의 데이터베이스 관리 기능을 사용하기에 부적합한 데이터베이스 형태입니다.

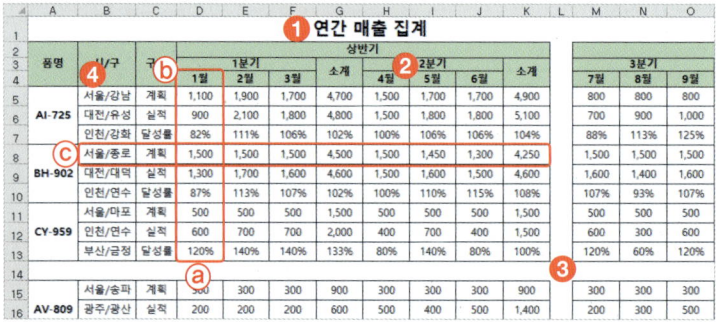

- ⓐ **필드** : 같은 종류의 데이터 모임으로, 데이터베이스의 '열'을 의미
- ⓑ **필드명** : 각 필드를 구분할 수 있는 필드의 이름으로, '열 이름표'를 의미
- ⓒ **레코드** : 하나 이상의 필드로 구성되며, 데이터베이스의 '행'을 의미

❶ **데이터베이스 제목과 데이터베이스가 붙어 있으면 안 됨** : '연간 매출 집계'라는 제목 다음에 바로 데이터 목록이 입력되어 있기 때문에 제목까지 데이터베이스로 간주되어 1행의 제목이 필드명이 됩니다.

❷ **필드명은 병합하면 안 됨** : 필드명은 한 줄로 되어 있어야 합니다. 두 줄 이상이 병합되어 있으면 어느 것이 필드명인지 불분명해집니다.

❸ **목록 중간에 빈 행, 빈 열이 있으면 안 됨** : 목록 중간의 빈 행이나 빈 열이 있으면 빈 행, 빈 열을 기준으로 각각을 별도의 데이터베이스로 간주합니다.

❹ **하나의 필드에는 한 가지 정보만 있어야 함** : 하나의 필드에 시와 구가 함께 입력되어 있으면 시별, 구별로 정렬하거나 필터 등으로 관리하기 어렵습니다.

기초

# 113 요약 행 삽입 및 데이터 필터링하기

실습 파일 CHAPTER04\113_판매현황.xlsx | 완성 파일 CHAPTER04\113_판매현황_완성.xlsx

표 범위에는 마지막 행에 요약 행을 삽입할 수 있으며 데이터를 필터링하면 필터링된 데이터의 요약된 결과를 표시할 수 있습니다. 표로 변환한 데이터에서 데이터를 필터링한 후 그 데이터만 삭제하겠습니다. 또한 요약 행을 삽입하고 데이터를 필터링하여 그 데이터의 요약 결과를 확인해보겠습니다.

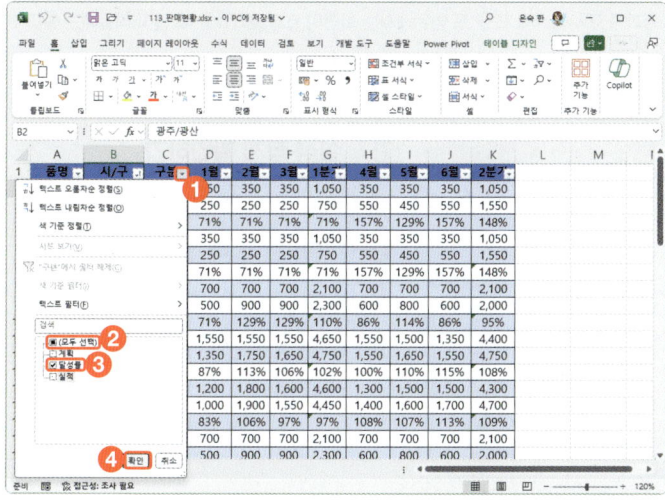

**01 달성률 행 필터링하기**

❶ [구분] 필드의 필터 목록 버튼 클릭
❷ [모두 선택] 체크 해제
❸ [달성률] 체크
❹ [확인]을 클릭합니다.

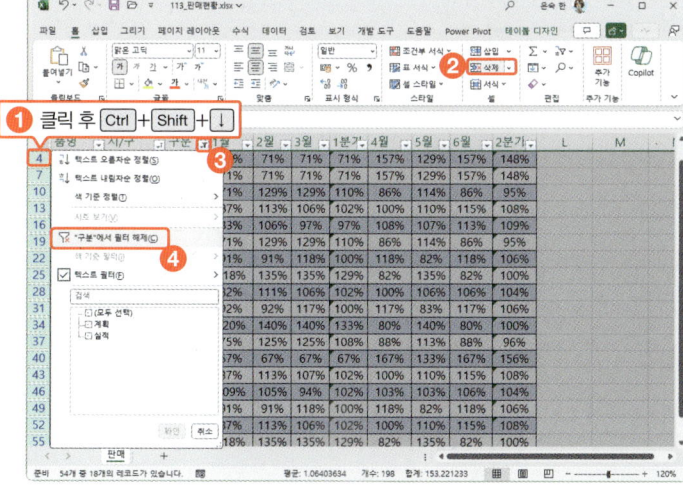

**02 데이터 삭제하고 필터 해제하기**

❶ 4행 클릭 후 Ctrl + Shift + ↓ 눌러 범위 지정
❷ [홈] 탭-[셀] 그룹-[삭제] 클릭
❸ [구분] 필드의 필터 목록 버튼 클릭
❹ ['구분'에서 필터 해제]를 클릭합니다.

Tip 필터링했던 달성률 데이터만 삭제되었습니다.

## 03 요약 행 삽입하기

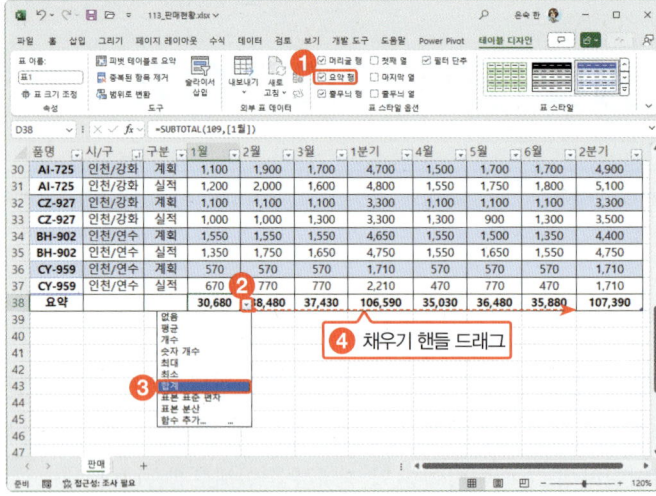

❶ [테이블 디자인] 탭–[표 스타일 옵션] 그룹–[요약 행] 체크

❷ [D38] 셀 목록 버튼 클릭

❸ [합계] 선택

❹ [D38] 셀의 채우기 핸들을 [J38] 셀까지 드래그하여 복사합니다.

**Tip** 요약 행을 삽입하면 목록의 마지막 행, 마지막 셀에만 합계가 표시됩니다. 요약 행에서 셀을 선택하고 목록 버튼을 클릭하고 계산할 함수를 선택하면 SUBTOTAL 함수식이 입력되면서 계산 결과가 표시됩니다. 또한 표 범위에서는 화면이 스크롤되었을 때 열 머리글에는 알파벳으로 된 열 이름이 아닌 표의 필드명이 표시됩니다.

## 04 실적 합계 확인하기

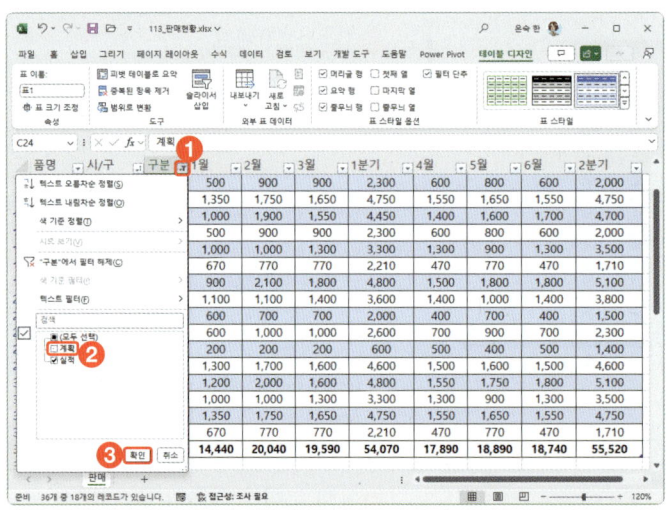

❶ [구분] 필드의 필터 목록 버튼 클릭

❷ [계획] 체크 해제

❸ [확인]을 클릭합니다.

**Tip** 요약 행에 필터링된 실적 데이터의 합계가 표시됩니다.

> **Note** [표]에서 데이터를 쉽게 선택하는 방법은 무엇인가요?
>
> [표] 범위에서는 필드명을 한 번 클릭하면 열 전체가 아닌 열 데이터 범위만 선택되고 두 번 클릭하면 필드명과 요약 행까지 선택됩니다. 또, 세 번 클릭하면 열 전체가 선택됩니다. 화면을 아래로 스크롤하여 필드명이 열 머리글에 표시되어 있을 때 선택하는 것이 편합니다. 또는 셀에서 마우스 오른쪽 버튼을 클릭하고 [선택] 메뉴에서 [표 열 데이터], [전체 표 열], [표 행] 등의 메뉴를 선택해도 됩니다.

실무

# 114 표 범위에서 수식 작성하기

실습 파일 CHAPTER04\114_여행출납부.xlsx | 완성 파일 CHAPTER04\114_여행출납부_완성.xlsx

표 범위에서는 수식을 작성하면 셀 주소 대신 필드명이 포함된 구조적 참조가 입력되고 열 전체에 수식이 채워집니다. 또한 표와 인접한 셀에 데이터를 입력하면 자동으로 표 서식이 확장됩니다. 표 범위에 열을 삽입하고 수식을 작성해보겠습니다.

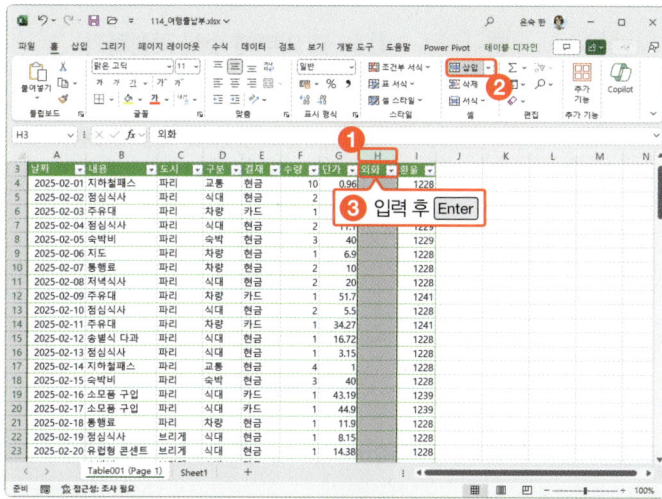

**01 열 삽입하기**

❶ H열 머리글 클릭

❷ [홈] 탭-[셀] 그룹-[삽입] 클릭

❸ [H3] 셀에 **외화** 입력 후 Enter를 누릅니다.

**Tip** 셀을 삽입하는 단축키는 Ctrl + Shift + + 입니다.

**Tip** 키보드의 숫자 키패드에서 +를 사용할 때는 Ctrl + +를 누릅니다.

**02 외화 수식 작성하기**

❶ [H4] 셀에 = 입력

❷ [F4] 셀 클릭 후 곱하기 기호 * 입력

❸ [G4] 셀을 클릭 후 Enter를 누릅니다.

**Tip** H열 전체에 수식이 채워집니다. [H4] 셀이 아닌 H열의 중간 셀에 수식을 입력해도 열 전체에 수식이 입력됩니다.

**Tip** 표 범위의 열에 수식이 입력된 셀이 포함되면 계산된 열로 인식되어 자동으로 해당 열에 수식이 모두 채워집니다. 수식에는 셀 주소 대신 현재 행의 필드 항목이라는 의미로 [@수량], [@단가], [@외화], [@환화] 형식으로 입력됩니다. '계산된 열'이란 데이터베이스 속성을 가진 표 구성 중 수식이 입력된 열로, 계산된 열에는 하나의 셀에만 수식을 입력하면 해당 열의 모든 셀에 같은 수식이 곧바로 적용됩니다.

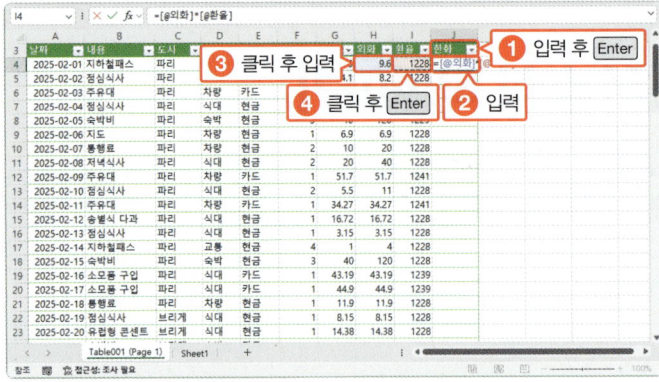

## 03 한화 수식 작성하기

❶ [J3] 셀에 **한화** 입력 후 Enter

❷ [J4] 셀에 = 입력

❸ [H4] 셀 클릭 후 곱하기 기호 * 입력

❹ [I4] 셀을 클릭 후 Enter
를 누릅니다.

**Tip** J열 전체에 서식과 수식이 채워집니다.

**Tip** [J3] 셀에 한화를 입력해도 아무 변화가 없다면 [Excel 옵션] 창에서 [언어 교정] 탭을 클릭합니다. [자동 고침 옵션]을 클릭하고 [자동 고침] 대화상자의 [입력할 때 자동 서식] 탭을 클릭합니다. [표에 새 행 및 열 포함], [표에 수식을 채워 계산된 열 만들기]를 체크합니다. 기본적으로 체크되어 있지만 간혹 체크되어 있지 않다면 체크해둡니다.

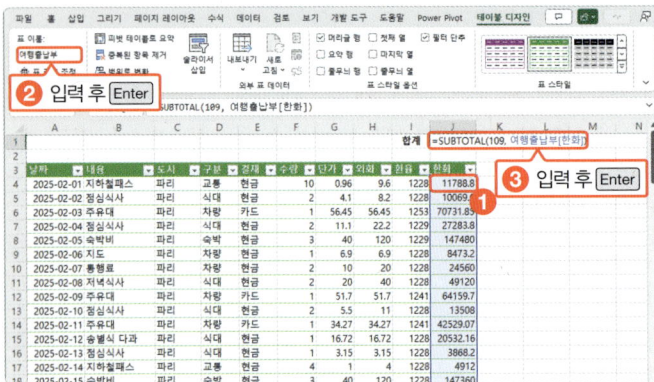

## 04 표 외부에 수식 작성하기

❶ [J4] 셀 클릭

❷ [테이블 디자인] 탭–[속성] 그룹의 [표 이름]에 **여행출납부** 입력 후 Enter

❸ [J1] 셀에 **=SUBTOTAL(109, 여행출납부[한화])**를 입력한 후 Enter 를 누릅니다.

**Tip** 표 외부에 표 범위를 참조한 수식을 작성할 때 표의 이름을 입력해야 하기 때문에 표의 이름을 좀 더 간단하게 변경했습니다. 표 이름을 변경할 때는 표 안의 셀이 선택되어 있어야 합니다.

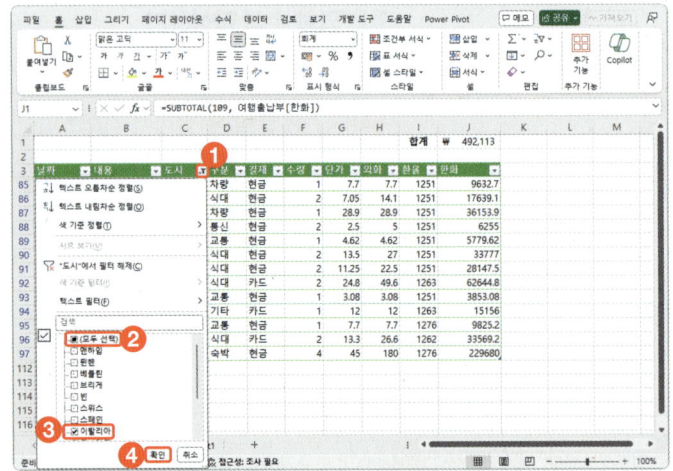

## 05 도시 필터링하기

❶ [도시] 필드의 필터 목록 버튼 클릭

❷ [모두 선택] 체크 해제

❸ [이탈리아] 체크

❹ [확인]을 클릭합니다.

**Tip** 이탈리아 데이터만 필터링되며 합계도 이탈리아의 한화 합계가 표시됩니다.

**Tip** SUBTOTAL 함수에서 109는 SUM 함수 번호이며 숨겨진 행을 제외한 합계를 구하게 됩니다.

## 기초
# 115 데이터 목록에서 중복된 항목 제거하기

**실습 파일** CHAPTER04\115_임대관리목록.xlsx | **완성 파일** CHAPTER04\115_임대관리목록_완성.xlsx

데이터를 수집하다 보면 중복되는 행이 존재하는 경우가 많습니다. 실습 파일에서 전체 필드의 데이터가 모두 중복되는 항목을 제거하고 건물 이름, 평형, 호수, 지역이 같은 목록을 제거해보겠습니다.

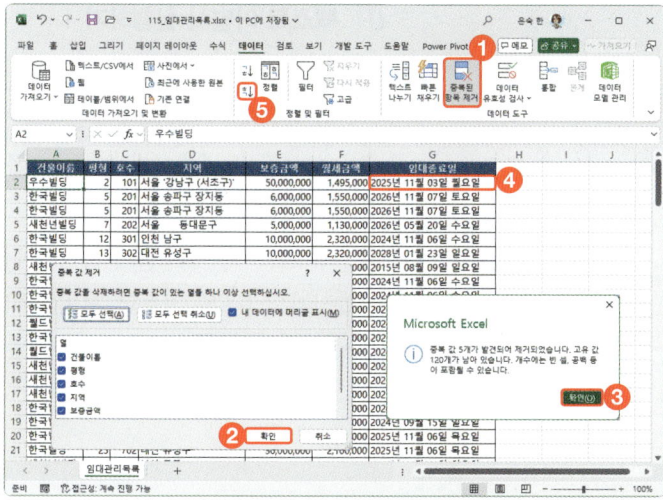

**01 전체 필드의 중복 항목 제거하기**

❶ [데이터] 탭-[데이터 도구] 그룹-[중복된 항목 제거] 클릭
❷ [중복 값 제거] 대화상자의 모든 열이 선택된 상태에서 [확인] 클릭
❸ 메시지 창에서 [확인] 클릭
❹ [G2] 셀 클릭
❺ [데이터] 탭-[정렬 및 필터] 그룹-[텍스트 내림차순 정렬]을 클릭합니다.

**Tip** 중복 항목 제거를 실행하면 중복 항목 중 아래쪽의 항목이 제거됩니다. 임대종료일별로 내림차순 정렬하여 최근 자료를 위로 올렸습니다. 다음 단계에서 건물 이름, 평형, 호수, 지역이 중복되는 항목을 제거할 때 중복 자료 중에 예전 자료를 지우기 위해서입니다.

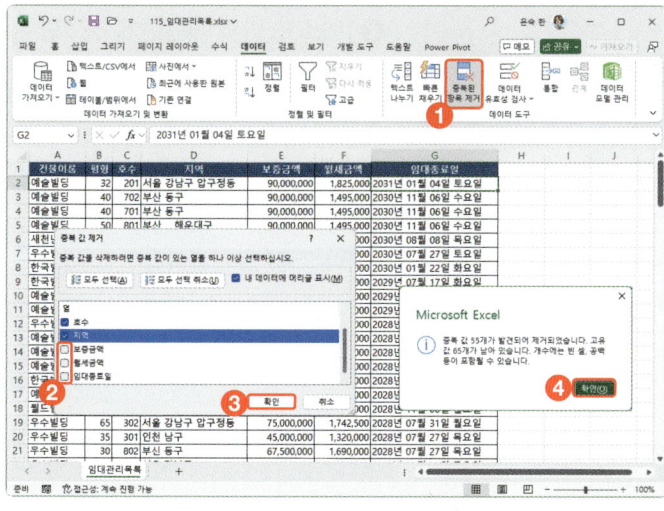

**02 일부 필드가 중복되는 항목 제거하기**

❶ [데이터] 탭-[데이터 도구] 그룹-[중복된 항목 제거] 클릭
❷ [열] 목록에서 [보증금액], [월세금액], [임대종료일] 체크 해제
❸ [확인] 클릭
❹ 메시지 창에서 [확인]을 클릭합니다.

## 기초

# 116 주소에서 시/구별로 텍스트 나누기

실습 파일 CHAPTER04\116_임대관리목록.xlsx | 완성 파일 CHAPTER04\116_임대관리목록_완성.xlsx

실습 파일에서 시, 구, 동까지 입력되어 있는 주소를 시, 구로 나누겠습니다. 동은 입력되어 있지 않은 셀이 많기 때문에 제거해보겠습니다.

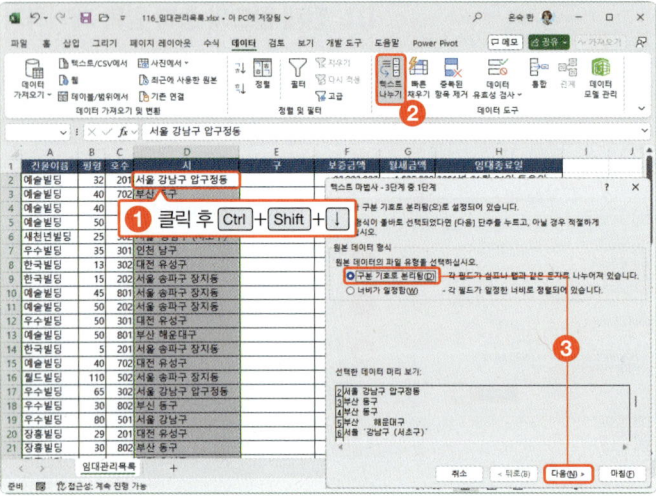

**01 텍스트 마법사 실행하기**

❶ [D2] 셀 클릭 후 Ctrl + Shift + ↓ 눌러 [D2:D66] 범위 지정

❷ [데이터] 탭–[데이터 도구] 그룹–[텍스트 나누기] 클릭

❸ [텍스트 마법사–3단계 중 1단계] 대화상자의 [구분 기호로 분리됨]이 선택된 상태에서 [다음]을 클릭합니다.

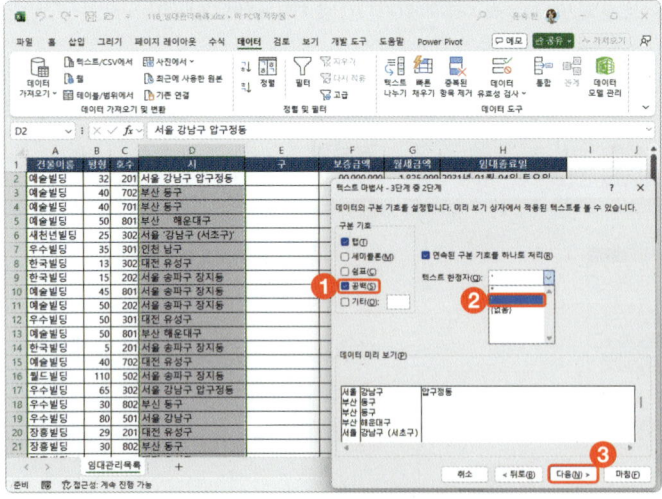

**02 구분 기호 및 텍스트 한정자 지정하기**

❶ [텍스트 마법사–3단계 중 2단계] 대화상자의 [구분 기호]에서 [공백] 체크

❷ [텍스트 한정자]에서 작은따옴표 (') 선택

❸ [다음]을 클릭합니다.

**Tip** [연속된 구분 기호를 하나로 처리]에 체크하면 공백이 여러 번 입력되었을 때 여러 개의 공백을 하나로 처리합니다. 텍스트 한정자로 선택한 작은따옴표 안에 있는 공백은 구분 기호로 처리되지 않습니다.

## 03 제외할 열 선택하기

❶ [텍스트 마법사-3단계 중 3단계] 대화상자의 [데이터 미리 보기]에서 세 번째 열 클릭

❷ [열 데이터 서식]에서 [열 가져오지 않음(건너뜀)] 선택

❸ [마침] 클릭

❹ 메시지 창에서 [확인]을 클릭합니다.

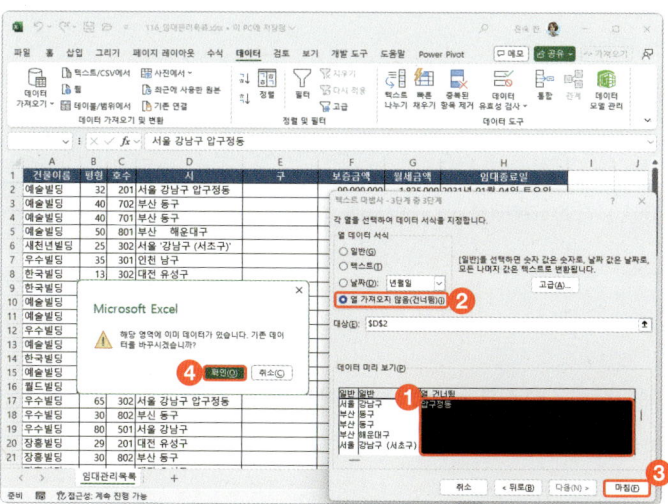

---

> **Note** [텍스트 마법사]에서 실행할 수 있는 옵션은 무엇인가요?

텍스트 나누기는 텍스트 형식의 파일을 워크시트로 가져올 때 또는 워크시트의 한 열에 입력된 데이터를 구분 기호나 일정한 너비로 분리하여 각 셀에 입력할 때 사용하는 도구입니다. 텍스트 파일(*.prn, *.txt, *.csv)을 불러오거나 [데이터] 탭-[데이터 도구] 그룹-[텍스트 나누기]를 클릭하면 [텍스트 마법사] 대화상자가 실행됩니다. 다음과 같이 단계별로 옵션을 선택할 수 있습니다.

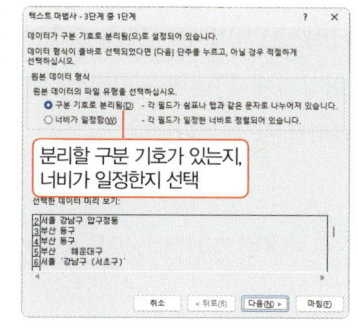

▲ 1단계 : 텍스트 유형 선택

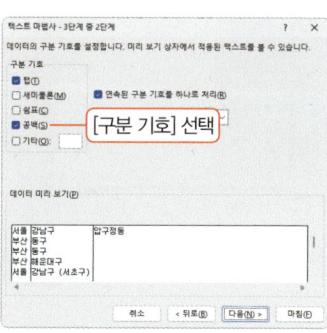

▲ 2단계 : 구분 위치 선택

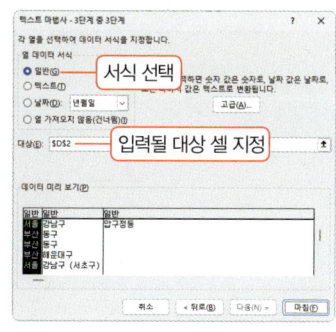

▲ 3단계 : 데이터 서식 및 입력될 셀 지정

## 기초

# 117 텍스트 형태의 날짜 데이터 변환하기

실습 파일 CHAPTER04\117_임대관리목록.xlsx | 완성 파일 CHAPTER04\117_임대관리목록_완성.xlsx

임대종료일은 요일이 포함된 텍스트 형태입니다. **텍스트 나누기를 사용하여 날짜 텍스트에서 요일을 제거**하고 날짜 부분에 날짜 서식을 지정하겠습니다.

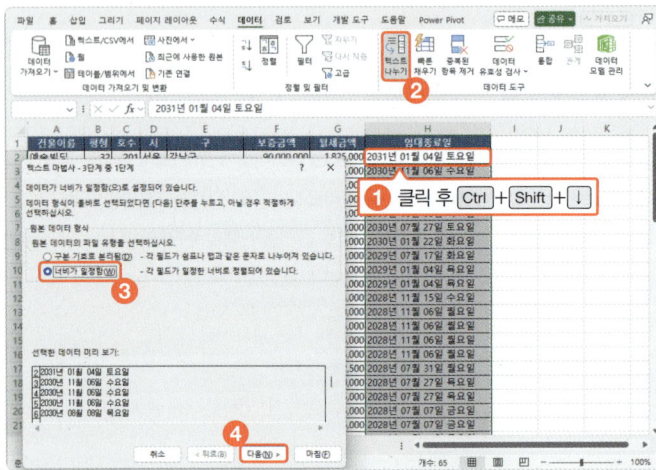

**01 임대종료일을 날짜 데이터로 변환하기**

① [H2] 셀 클릭 후 Ctrl + Shift + ↓ 눌러 [H2:H66] 범위 지정
② [데이터] 탭-[데이터 도구] 그룹-[텍스트 나누기] 클릭
③ [텍스트 마법사-3단계 중 1단계] 대화상자에서 [너비가 일정함] 선택
④ [다음]을 클릭합니다.

**Tip** 기존에 입력되어 있는 임대종료일 데이터는 요일까지 입력되어 있는 텍스트 형태입니다. 날짜 데이터로 변환하려면 요일을 제거해야 합니다.

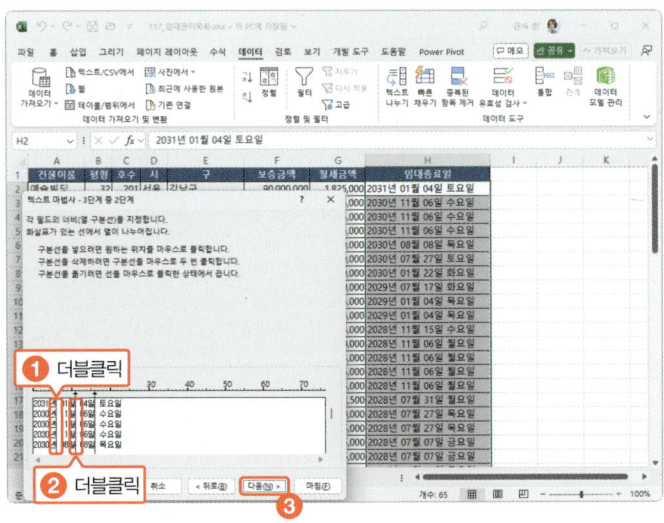

**02 구분선 삭제하기**

① '년' 옆에 있는 구분선 더블클릭
② '월' 옆에 있는 구분선 더블클릭
③ [다음]을 클릭합니다.

**Tip** 구분선을 더블클릭하면 삭제됩니다. 구분선을 드래그하면 위치를 옮길 수 있으며 구분선이 없는 곳을 클릭하면 구분선이 추가됩니다.

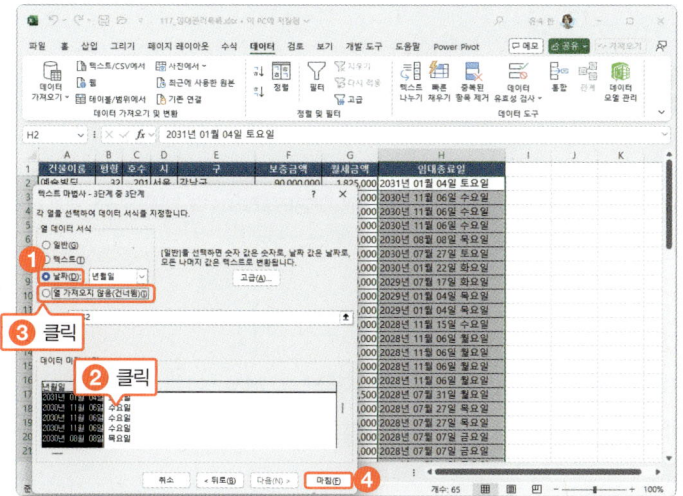

## 03 열 데이터 서식 지정하기

❶ [텍스트 마법사-3단계 중 3단계] 대화상자의 [열 데이터 서식]에서 [날짜] 선택

❷ [데이터 미리 보기]에서 요일 부분 클릭

❸ [열 가져오지 않음(건너뜀)] 클릭

❹ [마침]을 클릭합니다.

**Tip** 임대종료일의 숫자가 날짜 형식으로 변환되어 셀에서 오른쪽 맞춤됩니다.

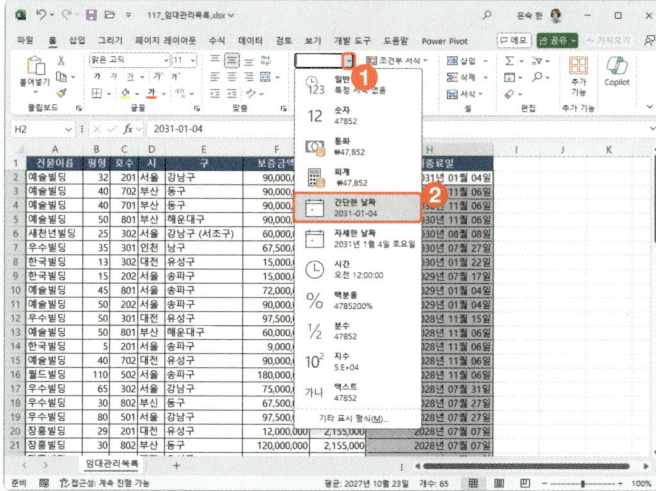

## 04 간단한 날짜 형식으로 표시하기

❶ [홈] 탭-[표시 형식] 그룹-[표시 형식] 목록 버튼 클릭

❷ [간단한 날짜]를 클릭합니다.

**Tip** 임대종료일이 간단한 날짜 형식으로 표시됩니다.

# 118 데이터 유효성 검사로 오타 찾기

실습 파일 CHAPTER04\118_임대관리목록.xlsx | 완성 파일 CHAPTER04\118_임대관리목록_완성.xlsx

실습 파일을 열면, 시 범위에 오타가 몇 군데 있습니다. 임대 관리하는 시 목록은 서울, 인천, 대전, 부산만 해당 되는데 시 범위에 **잘못 입력된 데이터가 있는지 데이터 유효성 검사를 사용**해 찾아보겠습니다.

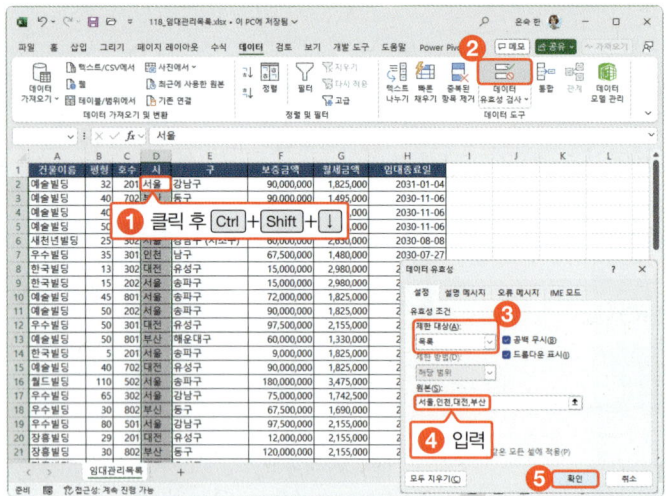

### 01 범위에 입력 목록 지정하기

❶ [D2] 셀 클릭 후 Ctrl + Shift + ↓ 눌러 [D2:D66] 범위 지정
❷ [데이터] 탭-[데이터 도구] 그룹 -[데이터 유효성 검사] 클릭
❸ [데이터 유효성] 대화상자의 [설정] 탭에서 [제한 대상]으로 [목록] 선택
❹ [원본]에 **서울,인천,대전,부산** 입력
❺ [확인]을 클릭합니다.

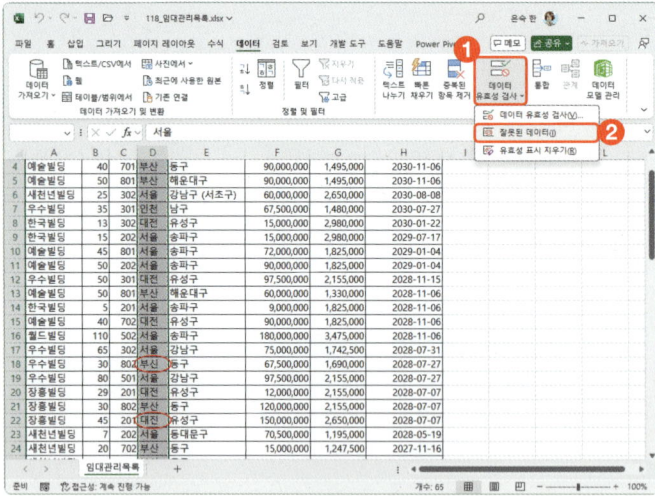

### 02 잘못된 데이터 확인하기

❶ [데이터] 탭-[데이터 도구] 그룹- [데이터 유효성 검사] 목록 버튼 클릭
❷ [잘못된 데이터]를 클릭합니다.

**Tip** 오타가 있는 셀에 타원 표시가 생깁니다.

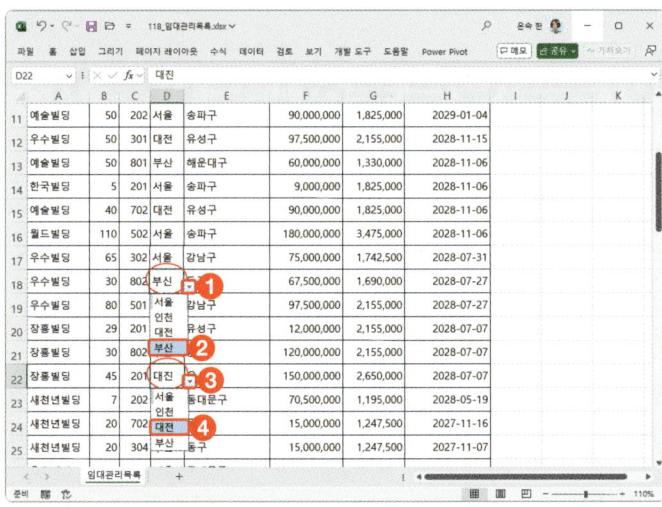

## 03 데이터 목록에서 선택하기

1. [D18] 셀 클릭 후 목록 버튼 클릭
2. [부산] 선택
3. [D22] 셀 클릭 후 목록 버튼 클릭
4. [대전]을 선택합니다.

**Tip** 오류를 수정하면 타원 표시가 사라집니다.

---

**Note** **[데이터 유효성] 대화상자에는 어떤 옵션이 있나요?**

데이터 유효성 검사는 특정 셀 범위에 대해 숫자만 입력되게 한다거나 특정 문자 길이만큼, 혹은 특정 데이터 목록만 입력되도록 입력 데이터를 제한하는 기능입니다. 입력 제한 대상은 정수, 소수점, 목록, 날짜, 시간, 텍스트 길이, 수식 등으로 지정할 수 있습니다. 또한 이미 입력된 데이터에서 잘못된 사항이 없는지 찾아내 표시해줍니다. [데이터 유효성] 대화상자에서 각 탭의 선택 옵션은 다음과 같습니다.

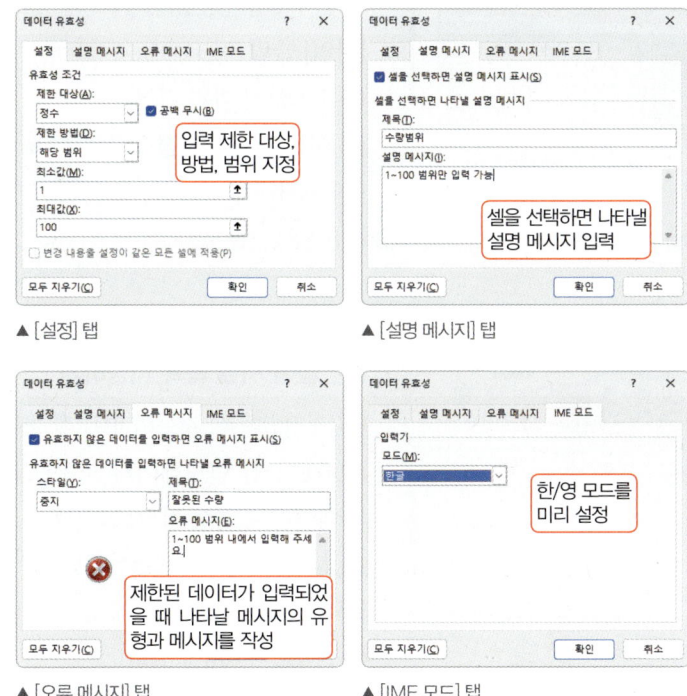

▲ [설정] 탭     ▲ [설명 메시지] 탭

▲ [오류 메시지] 탭     ▲ [IME 모드] 탭

실무

# 119 다른 시트의 목록으로 동적차트 만들기

**실습 파일** CHAPTER04\119_지점별매출.xlsx | **완성 파일** CHAPTER04\119_지점별매출_완성.xlsx

매출 시트의 범위들을 이름으로 정의한 후 [지점별매출] 시트에서 **데이터 유효성 검사를 사용하여 셀에 지점 목록을 지정**하겠습니다. 또한 INDIRECT 함수를 사용해 지점별 매출 목록을 작성하여 **차트가 연결되는 동적 차트를 만들어보겠습니다.**

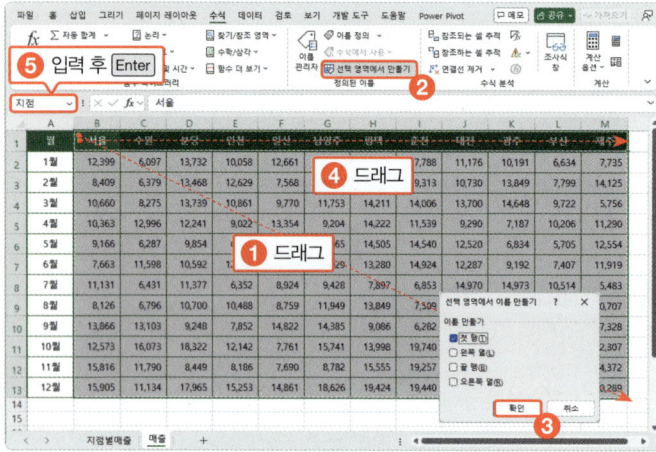

**01 이름 정의하기**

❶ [매출] 시트의 [B1:M13] 범위 지정
❷ [수식] 탭-[정의된 이름] 그룹-[선택 영역에서 만들기] 클릭
❸ [선택 영역에서 이름 만들기] 대화상자에서 [첫 행]이 선택된 상태로 [확인] 클릭
❹ [B1:M1] 범위 지정
❺ [이름 상자]에 **지점** 입력 후 Enter 를 누릅니다.

**Tip** 각 지점 아래 범위가 해당 지점 이름으로 정의됩니다. 예를 들어 [B2:B13] 범위는 **서울**이라는 이름으로 정의됩니다. [B1:M1] 범위는 **지점** 이라는 이름으로 정의됩니다.

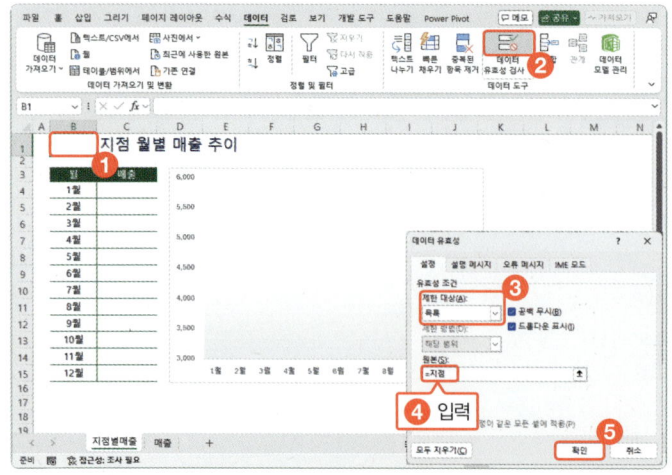

**02 셀에 지점 목록 지정하기**

❶ [지점별매출] 시트의 [B1] 셀 클릭
❷ [데이터] 탭-[데이터 도구] 그룹-[데이터 유효성 검사] 클릭
❸ [설정] 탭에서 [제한 대상]으로 [목록] 선택
❹ [원본]에 **=지점** 입력
❺ [확인]을 클릭합니다.

**Tip** 목록 지정 시 몇 개 안되는 목록은 원본란에 직접 입력하면 되지만 목록이 긴 경우에는 목록 범위에 이름을 정의한 후 정의한 이름을 등호(=)와 함께 입력하여 지정합니다.

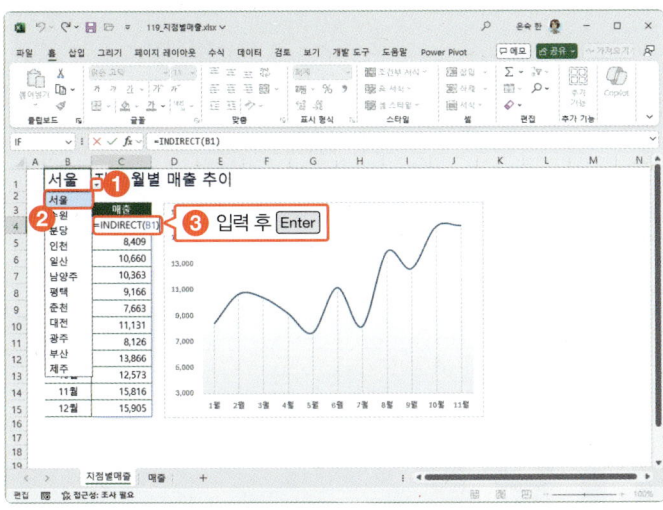

## 03 지점 매출 가져오기

❶ [B1] 셀의 목록 버튼 클릭

❷ [서울] 선택

❸ [C4] 셀에 **=INDIRECT(B1)** 입력 후 Enter 를 누릅니다.

**Tip** 2019 이하 버전에서는 [C4:C15] 범위를 지정한 후 **INDIRECT($B$1)**을 입력하고 Ctrl + Shift + Enter 를 누릅니다.

**Tip** INDIRECT 함수는 인수로 범위 이름을 지정하면 해당 범위의 값을 가져옵니다. 2021 이상 버전에서는 동적 배열 함수이기 때문에 한 셀에 입력하면 나머지 셀에도 데이터가 채워집니다.

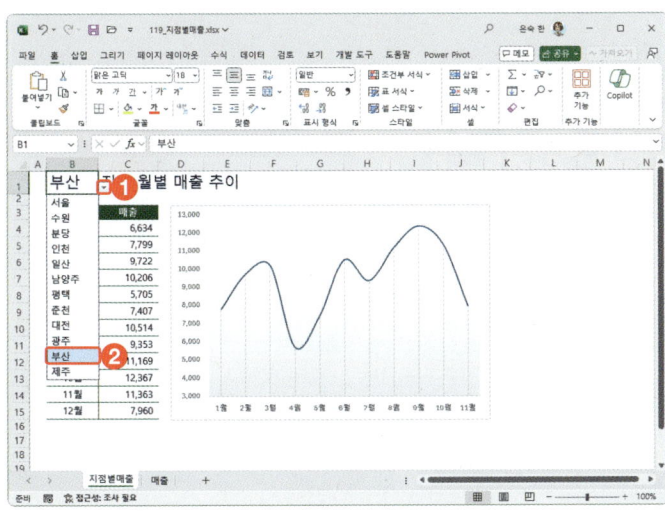

## 04 다른 지점 선택하기

❶ [B1] 셀의 목록 버튼 클릭

❷ [부산]을 선택합니다.

**Tip** [B1] 셀에서 다른 지점을 선택하면 매출표의 값과 차트가 변경됩니다.

# SECTION 03

# 파워 쿼리로 데이터 변환하기

## 실무 120  행 방향 열 분할 및 숫자와 문자 기준 열 분할하기

실습 파일 CHAPTER04\120_제품정보.xlsx | 완성 파일 CHAPTER04\120_제품정보_완성.xlsx

파워 쿼리를 사용하면 엑셀의 텍스트 나누기 기능만으로는 할 수 없는 **여러 기준으로 열 분할을 할 수 있습니다.** 행 방향으로도 열 분할을 할 수 있으며 숫자와 문자 기준으로도 할 수 있습니다.

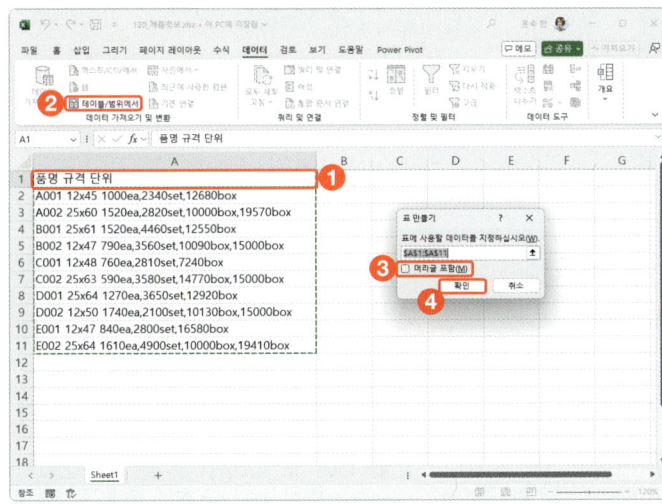

**01 데이터 범위를 파워 쿼리로 가져오기**

① [A1] 셀 클릭
② [데이터] 탭–[데이터 가져오기 및 변환] 그룹–[테이블/범위에서] 클릭
③ [표 만들기] 대화상자에서 머리글 포함] 체크 해제
④ [확인]을 클릭합니다.

**Tip** 파워 쿼리 편집기로 데이터를 가져오려면 범위를 표(Table)로 변환해야 합니다. 머리글 부분도 열 분할을 해야 하기 때문에 머리글 포함 옵션을 선택하지 않았습니다. 데이터 범위가 표(Table)로 만들어지면서 파워 쿼리 편집기가 실행됩니다.

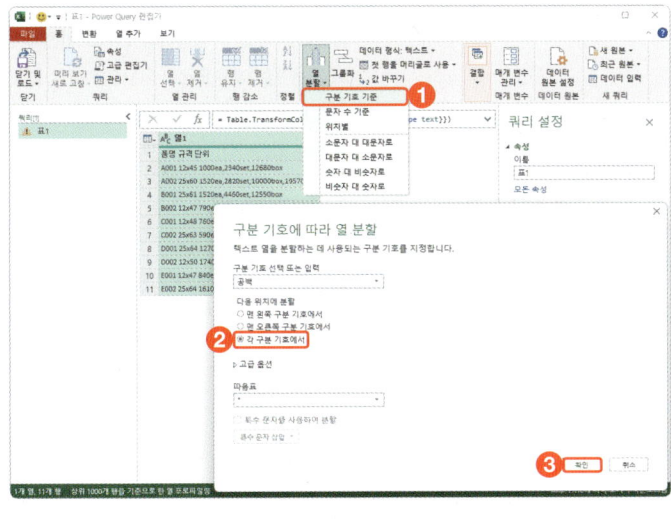

**02 공백 기준 열 분할하기**

① 파워 쿼리 편집기의 [홈] 탭–[변환] 그룹–[열 분할]–[구분 기호 기준] 클릭
② [각 구분 기호에서] 선택 확인
③ [확인]을 클릭합니다.

**Tip** 대화상자에 구분 기호는 [공백]이 자동으로 선택되어 있습니다.

> **Note** 엑셀 2016 이하 버전에서도 파워 쿼리를 사용할 수 있나요?
>
> 엑셀 2016 버전에서는 먼저 데이터 범위의 셀을 선택하고, Ctrl + T 를 눌러 표로 변환합니다. [데이터] 탭-[가져오기 및 변환] 그룹-[테이블에서]를 클릭합니다. 엑셀 2010, 2013 버전에서는 파워 쿼리를 사용하려면 추가 기능을 별도로 설치해야 합니다.
> (2010, 2013 버전용 파워 쿼리 추가 기능 다운로드 사이트: https://www.microsoft.com/ko-kr/download/details.aspx?id=39379)
> 2010, 2013에서도 데이터 범위를 먼저 표로 변환한 후, [파워 쿼리] 탭-[Excel 데이터] 그룹-[테이블에서]를 클릭합니다.

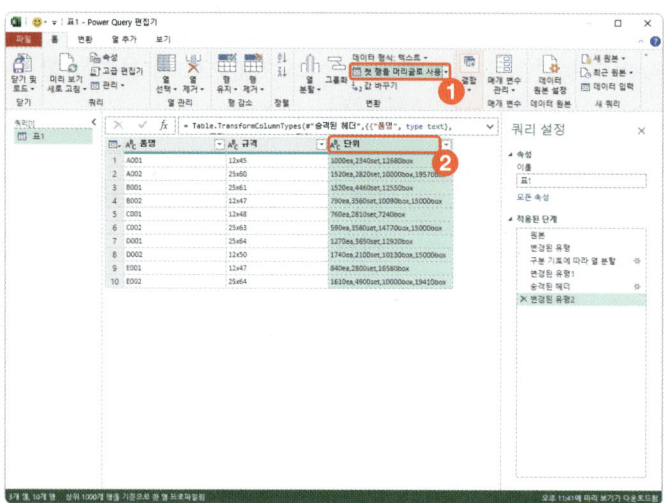

### 03 첫 행을 머리글로 지정하기

❶ [홈] 탭-[변환] 그룹-[첫 행을 머리글로 사용] 클릭

❷ [단위] 열을 클릭합니다.

**Tip** 쉼표로 구분된 단위들을 행 방향으로 분할하기 위해 [단위] 필드를 선택했습니다.

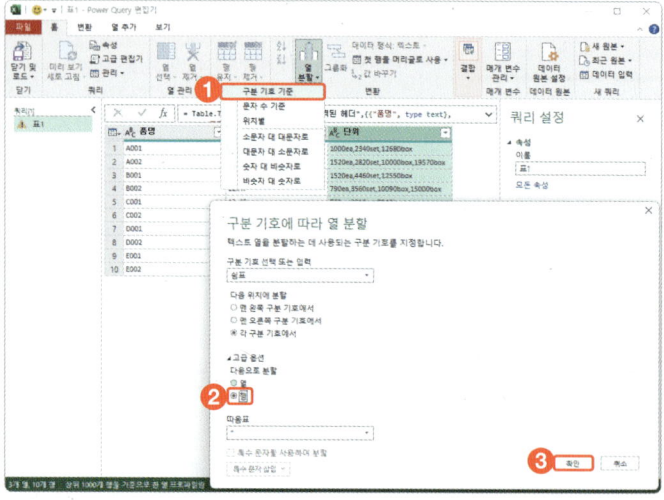

### 04 쉼표 기준 행 방향으로 분할하기

❶ [홈] 탭-[변환] 그룹-[열 분할]-[구분 기호 기준] 클릭

❷ [고급 옵션]-[행] 선택

❸ [확인]을 클릭합니다.

**Tip** 엑셀 2013 이하 버전에서는 [고급 옵션]의 행 옵션을 사용할 수 없습니다. 2016 버전에서도 없는 경우에는 Excel 2016용 보안 업데이트 KB5002196을 검색하여 설치하면 사용할 수 있습니다.

**Tip** 구분 기호는 [쉼표], 분할 위치는 [각 구분 기호에서]가 자동으로 선택되어 있습니다. 품명당 단위가 세 가지 또는 네 가지씩 있습니다. 따라서 쉼표 기준 행 방향으로 분할한 후 품명당 단위 개수만큼씩 행이 추가됩니다.

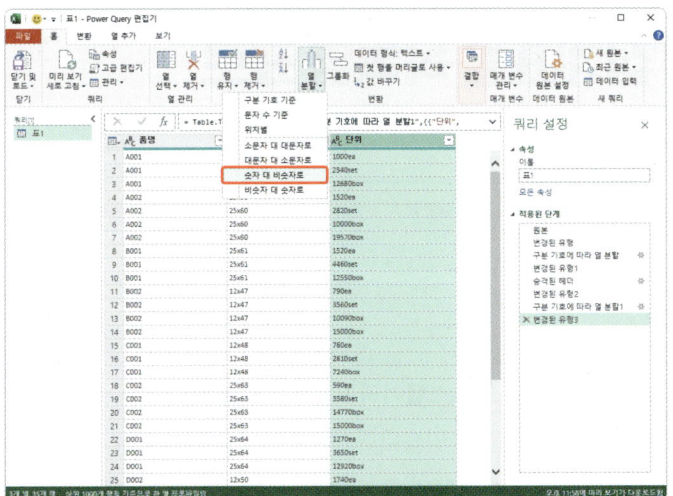

## 05 숫자와 문자 분할하기

[홈] 탭-[변환] 그룹-[열 분할]-[숫자 대 비숫자로]를 선택합니다.

**Tip** [단위.1] 열과 [단위.2] 열로 분할됩니다. [단위.1] 열의 속성은 텍스트로 되어 있습니다.

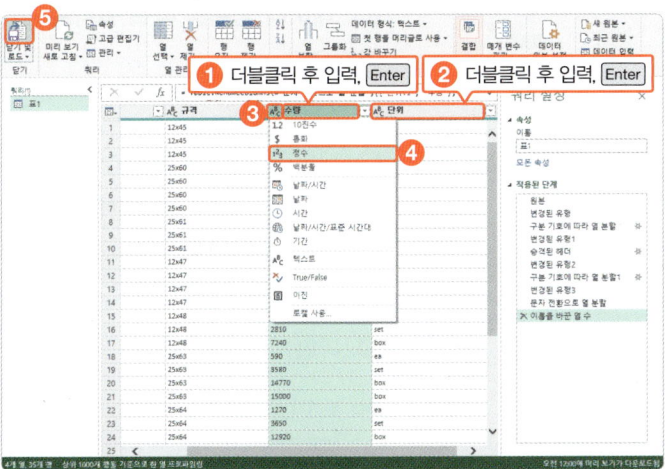

## 06 열 이름 및 데이터 형식 변경하기

❶ [단위.1] 열을 더블클릭하고 **수량** 입력 후 Enter

❷ [단위.2] 열을 더블클릭하고 **단위** 입력 후 Enter

❸ [수량] 열의 [데이터 형식] 클릭

❹ [정수] 선택

❺ [홈] 탭-[닫기] 그룹-[닫기 및 로드]를 클릭합니다.

**Tip** 열 머리글에 [데이터 형식] 버튼이 없는 하위 버전인 경우 [홈] 탭-[변환] 그룹-[데이터 형식]을 선택하여 데이터 형식을 선택하면 됩니다.

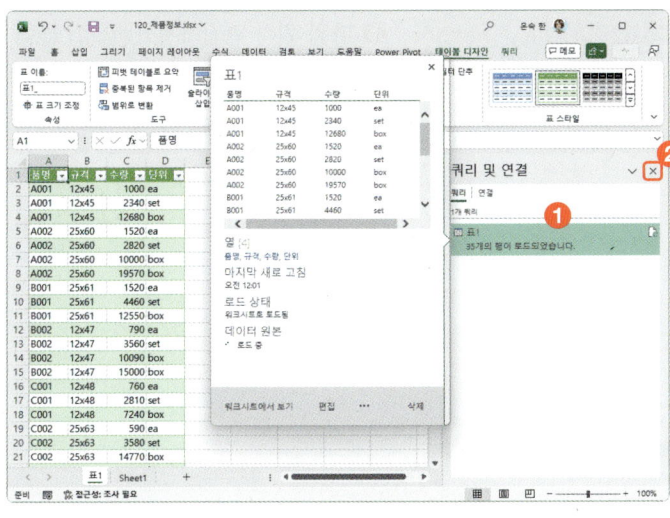

## 07 데이터 변환 확인 및 쿼리 작업 창 닫기

❶ [쿼리 및 연결] 창의 [표1]에 마우스 포인터를 위치시켜 쿼리 정보 확인

❷ 작업 창을 닫습니다.

**Tip** [데이터] 탭-[쿼리 및 연결] 그룹-[쿼리 및 연결]을 클릭하면 다시 작업 창이 표시됩니다.

실무

# 121 크로스탭 집계표를 목록형 표로 변환하기

실습 파일 CHAPTER04\121_주문수량.xlsx | 완성 파일 CHAPTER04\121_주문수량_완성.xlsx

행/열 범주에 따라 가운데에 값이 집계되어 있는 표를 **크로스탭**이라고 합니다. 엑셀에서는 표 목록을 피벗 테이블을 활용하여 크로스탭 형태의 집계표로 만들 수 있습니다. 이미 크로스탭 형태로 작성되어 있는 표를 이용해 다른 범주별로 집계를 내고 싶다면 크로스탭형 표를 목록형으로 변환해야 합니다.

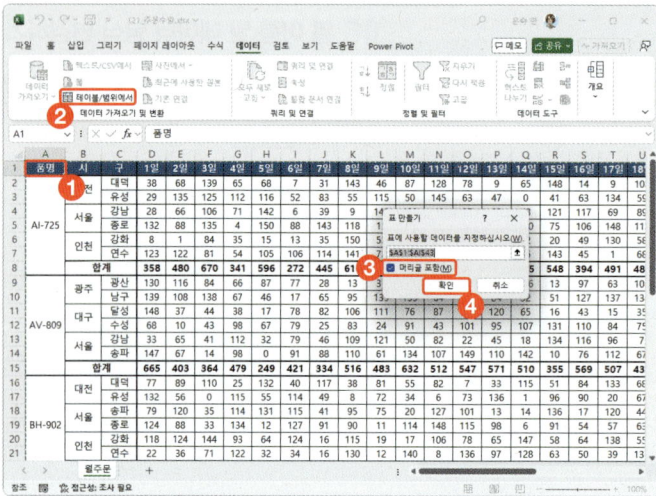

## 01 데이터 범위를 파워 쿼리로 가져오기

❶ [A1] 셀 클릭
❷ [데이터] 탭-[데이터 가져오기 및 변환] 그룹-[테이블/범위에서] 클릭
❸ [표 만들기] 대화상자에서 [머리글 포함] 체크
❹ [확인]을 클릭합니다.

**Tip** 범위가 표로 변환되면서 병합된 셀이 해제되고, 첫 행이 머리글로 지정되면서 파워 쿼리 편집기가 실행됩니다.

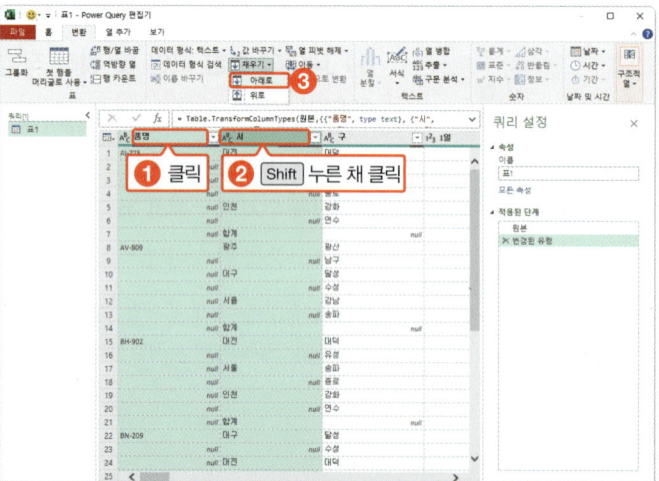

## 02 아래쪽으로 빈 셀 채우기

❶ 파워 쿼리 편집기에서 [품명] 클릭
❷ Shift 를 누른 채 [시] 클릭
❸ [변환] 탭-[열] 그룹-[채우기]-[아래로]를 클릭합니다.

**Tip** 파워 쿼리로 불러올 때 병합 셀이 해제되면서 null이 입력되어 있던 빈 셀들에 위쪽 데이터가 채워집니다.

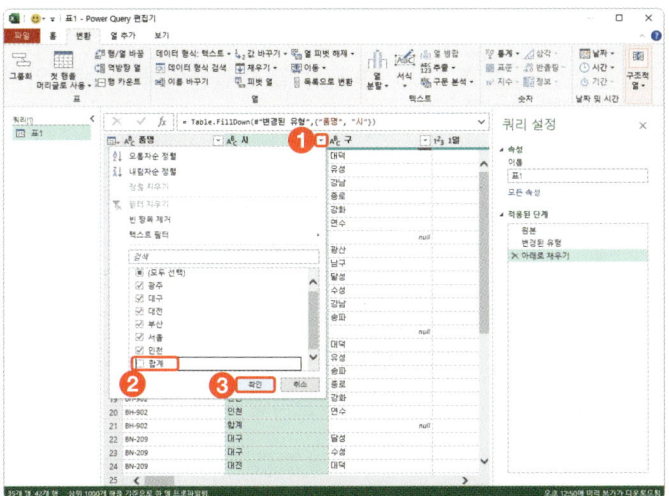

### 03 합계 행들 제거하기

❶ [시]의 필터 목록 버튼 클릭
❷ [합계] 체크 해제
❸ [확인]을 클릭합니다.

**Tip** 합계 행들이 제거됩니다.

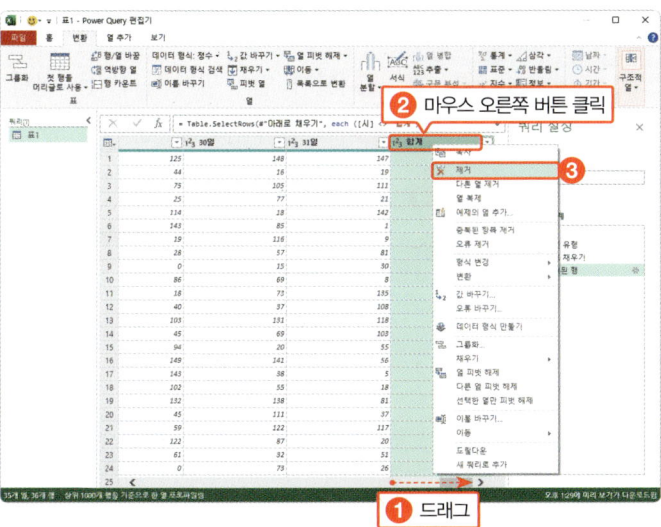

### 04 합계 열 제거하기

❶ 수평 이동 줄 오른쪽 끝으로 드래그
❷ [합계] 열에서 마우스 오른쪽 버튼 클릭
❸ [제거]를 클릭합니다.

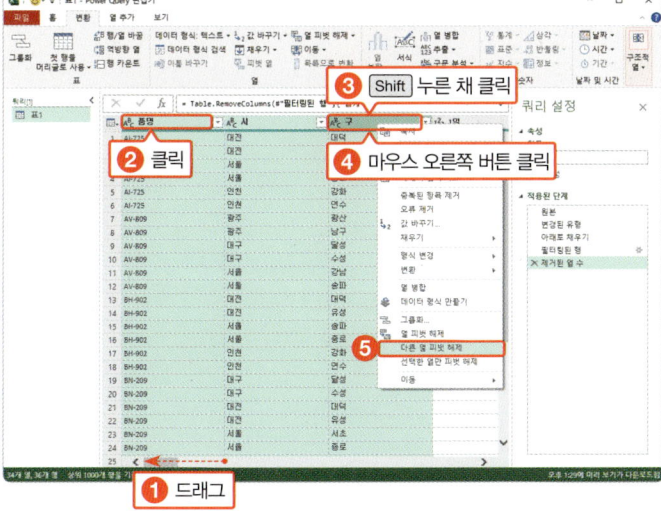

### 05 열 피벗 해제하기

❶ 수평 이동 줄 왼쪽 끝으로 드래그
❷ [품명] 클릭
❸ Shift 누른 채 [구] 클릭
❹ 마우스 오른쪽 버튼 클릭
❺ [다른 열 피벗 해제]를 선택합니다.

**Tip** 선택 열을 제외한 다른 열인 [1일]~[31일] 열이 피벗 해제되면서 [특성] 결과 [값] 열로 변환됩니다. [1일]~[31일] 열을 선택하고 [열 피벗 해제] 메뉴를 선택해도 됩니다.

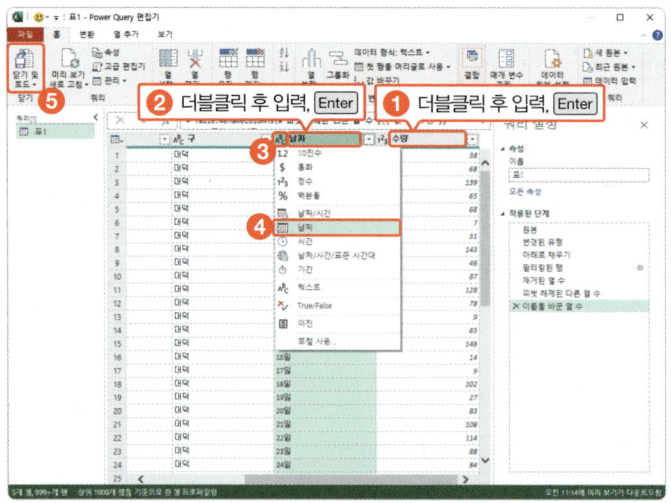

## 06 필드명 및 데이터 형식 변경하기

❶ [값] 열 더블클릭하고 **수량** 입력 후 Enter

❷ [특성] 열 더블클릭하고 **날짜** 입력 후 Enter

❸ [날짜] 열의 [데이터 형식] 클릭

❹ [날짜] 선택

❺ [홈] 탭-[닫기] 그룹-[닫기 및 로드]를 클릭합니다.

**Tip** 특성 열을 날짜 속성으로 변환하면 연도는 현재연도, 월은 1월로 설정된 날짜로 변환됩니다.

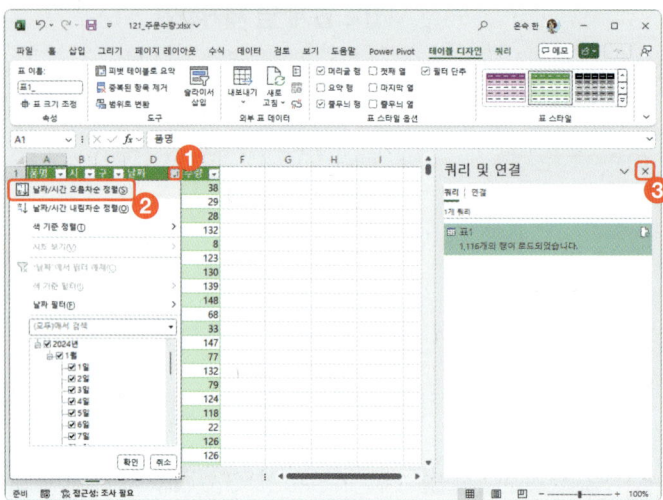

## 07 날짜 오름차순 정렬하기

❶ [날짜] 열의 필터 목록 버튼 클릭

❷ [날짜/시간 오름차순 정렬] 클릭

❸ [쿼리 및 연결] 창을 닫습니다.

**Tip** 새로운 시트에 1,116개의 행으로 변환된 표 목록이 로드되었습니다.

## 실무 122 날짜에서 연도-월 변환 및 요일 이름 열 추가하기

실습 파일 CHAPTER04\122_주문수량.xlsx | 완성 파일 CHAPTER04\122_주문수량_완성.xlsx

앞서 작업했던 크로스탭 집계표를 목록형 표로 변환할 때 날짜의 연도는 현재 연도, 월은 1월로 지정되며 변환이 되었습니다. 집계표가 2023년도 5월 집계표였다는 가정으로 **파워 쿼리 편집기를 실행해서 연도와 월을 변환하고 요일 이름도 추출**해보겠습니다.

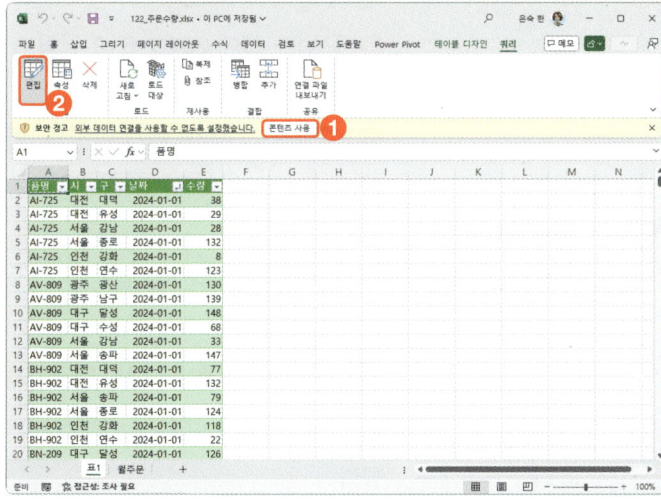

### 01 쿼리 편집기 열기

❶ [보안 경고] 메시지 표시줄의 [콘텐츠 사용] 클릭

❷ [쿼리] 탭-[편집] 그룹-[편집]을 클릭합니다.

**Tip** 표 목록 내의 셀이 선택되어 있어야 리본 메뉴에 [쿼리] 탭이 표시됩니다.

**Tip** 파워 쿼리로 편집한 데이터가 포함된 파일을 처음 열 때는 쿼리를 사용할 수 없도록 설정된 상태로 열립니다. 이때 [콘텐츠 사용]을 클릭하면 이후에 파일을 열 때는 보안 경고가 표시되지 않습니다.

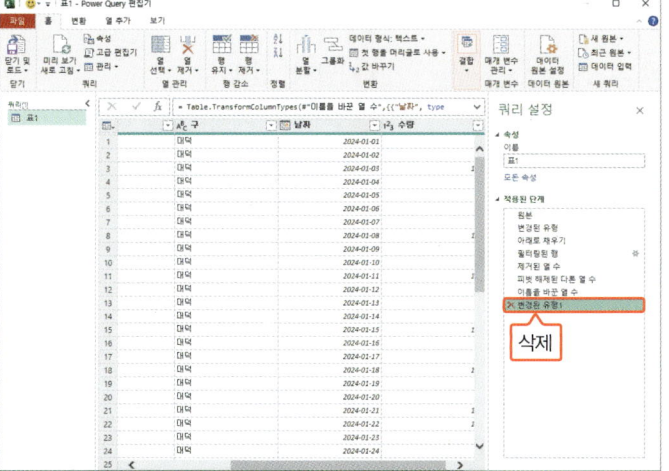

### 02 날짜 형식 지정 취소하기

[쿼리 설정] 창의 [적용된 단계]에서 [변경된 유형1]을 삭제합니다.

**Tip** [날짜] 열의 값이 다시 1일~31일 형식의 텍스트 목록으로 바뀝니다.

> **Note** **[쿼리 설정] 작업 창에서는 이전 작업 실행 취소가 안 되나요?**
>
> 쿼리 편집기에서는 Ctrl + Z 를 눌러서 이전 작업의 실행을 취소할 수 없습니다. 대신에 [쿼리 설정] 창의 [적용된 단계]에 작업 단계가 한 단계씩 추가되기 때문에 적용된 단계 목록에서 마지막 작업 단계를 삭제하면 이전 작업을 실행 취소하는 것과 같습니다. [변경된 유형1]을 삭제함으로써 앞의 실습에서 날짜열의 형식을 변경했던 작업을 실행 취소했습니다.

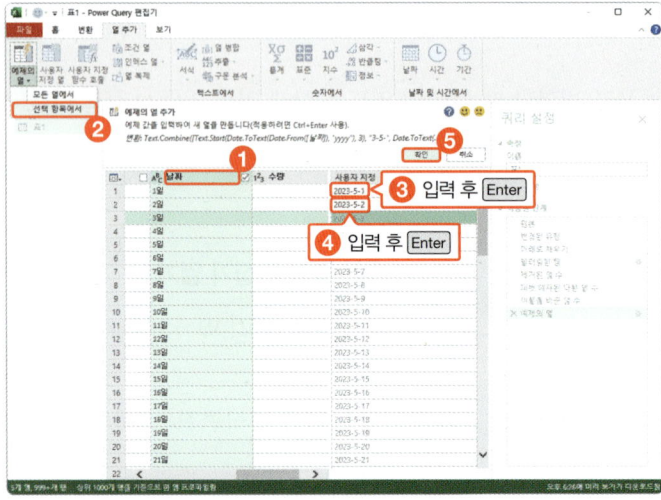

### 03 예제의 열 추가하기

❶ [날짜] 열 클릭

❷ [열 추가] 탭-[일반] 그룹-[예제의 열]-[선택 항목에서] 클릭

❸ [추가된 열]의 첫 번째 셀에 2023-5-1 입력 후 Enter

❹ 두 번째 셀에 2023-5-2 입력 후 Enter

❺ [예제의 열 추가] 메시지 창의 [확인]을 클릭 또는 Ctrl + Enter 를 누릅니다.

**Tip** 예제의 열은 엑셀의 빠른 채우기와 비슷한 기능으로 첫 번째, 두 번째 셀에 예제 값을 입력하면 같은 패턴으로 나머지 셀을 채웁니다.

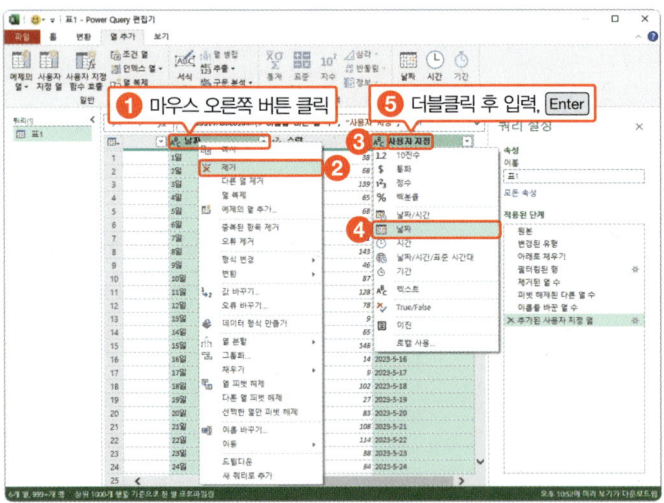

### 04 열 제거 및 데이터 형식 변경하기

❶ [날짜] 열에서 마우스 오른쪽 버튼 클릭

❷ [제거] 선택

❸ [사용자 지정] 열의 [데이터 형식] ᴬᴮc 클릭

❹ [날짜] 선택

❺ [사용자 지정] 열을 더블클릭하고 **날짜**를 입력한 후 Enter 를 누릅니다.

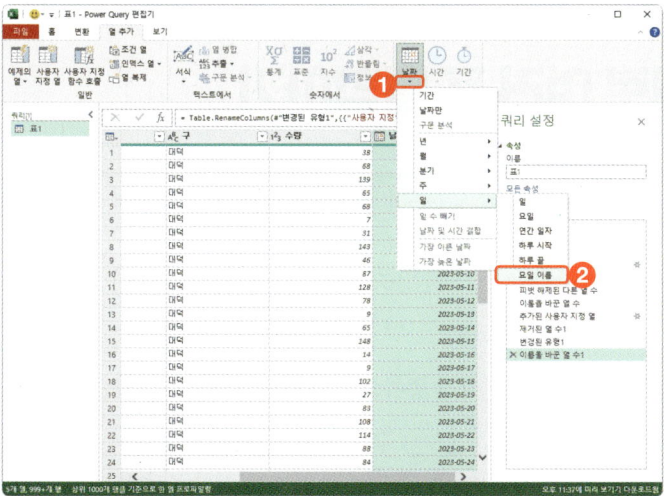

## 05 요일 이름 열 추가하기

❶ [열 추가] 탭–[날짜 및 시간에서] 그룹–[날짜] 목록 버튼 클릭

❷ [일]–[요일 이름]을 선택합니다.

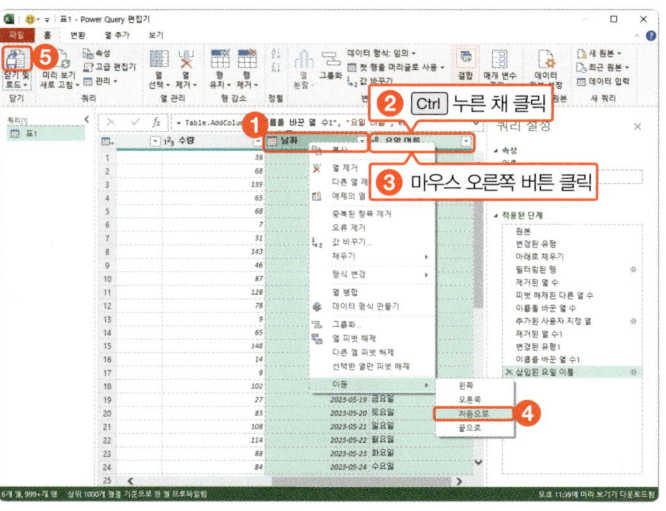

## 06 필드 이동하기

❶ [날짜] 열 클릭

❷ Ctrl 을 누른 채 [요일 이름] 열 클릭

❸ 마우스 오른쪽 버튼 클릭

❹ [이동]–[처음으로] 선택

❺ [홈] 탭–[닫기] 그룹–[닫기 및 로드]를 클릭합니다.

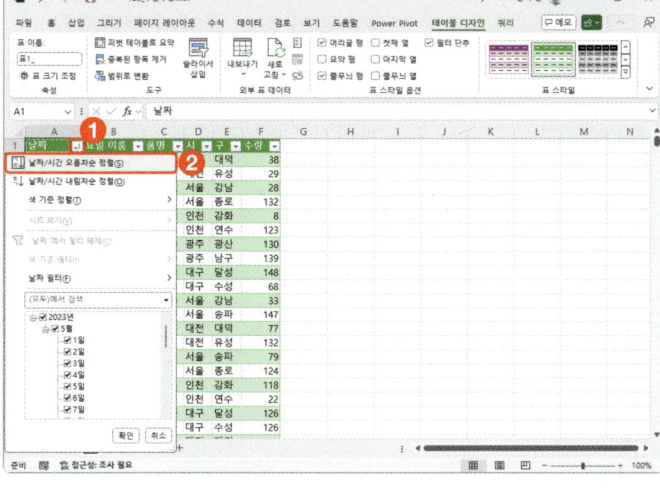

## 07 날짜 오름차순 정렬하기

❶ [날짜] 열의 필터 목록 버튼 클릭

❷ [날짜/시간 오름차순 정렬]을 클릭합니다.

**Tip** 날짜가 2023년 5월로 변환되고 요일 이름이 추가됩니다. 두 개의 열이 첫 번째로 이동된 상태로 목록이 바뀝니다.

실무

# 123 파워 쿼리로 여러 표 통합하기

실습 파일 CHAPTER04\123_거래데이터.xlsx, 24년데이터.xlsx | 완성 파일 CHAPTER04\123_거래데이터_완성.xlsx

파워 쿼리에는 엑셀 파일, 텍스트 파일, 데이터베이스 등 여러 종류의 데이터를 가져올 수 있습니다. 쿼리 추가를 사용해 여러 쿼리 데이터를 하나로 합치고 변환할 수 있습니다. 거래데이터 실습 파일에는 25년도 1분기 거래 데이터가 쿼리로 연결되어 있습니다. 24년 데이터 파일을 쿼리로 가져온 후 추가하여 두 쿼리를 통합한 24-25년 거래데이터 쿼리를 만들어보겠습니다.

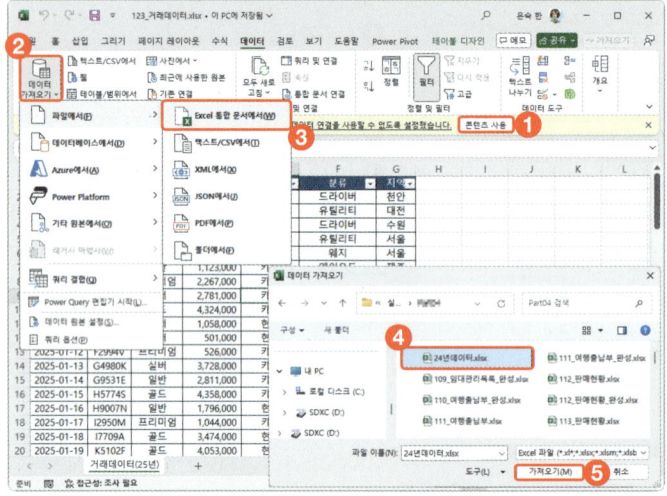

**01 24년 데이터 쿼리로 가져오기**

❶ [보안 경고] 메시지 표시줄의 [콘텐츠 사용] 클릭
❷ [데이터] 탭-[데이터 가져오기 및 변환] 그룹-[데이터 가져오기] 클릭
❸ [파일에서]-[Excel통합 문서에서] 선택
❹ [데이터 가져오기] 대화상자에서 **24년데이터.xlsx** 파일 선택
❺ [가져오기]를 클릭합니다.

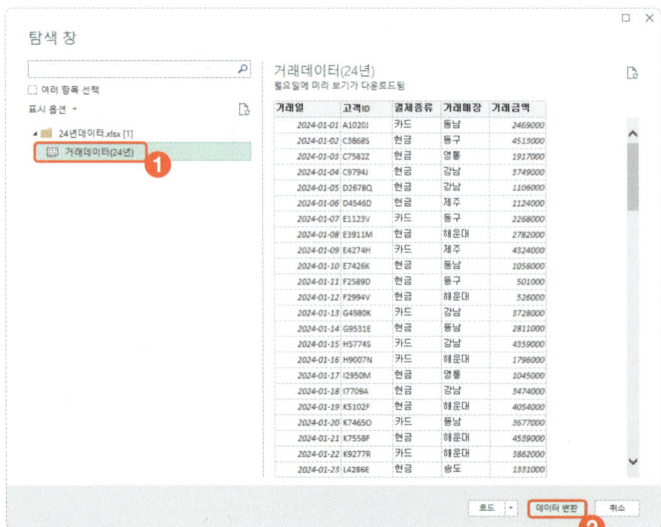

**02 쿼리 탐색 창에서 선택하기**

❶ [탐색 창] 표시 옵션 목록에서 [거래데이터(24년)] 시트 클릭
❷ [데이터 변환]을 클릭합니다.

**Tip** 엑셀 2016 버전에서는 [데이터 변환]이 [편집]으로 표시되어 있습니다.

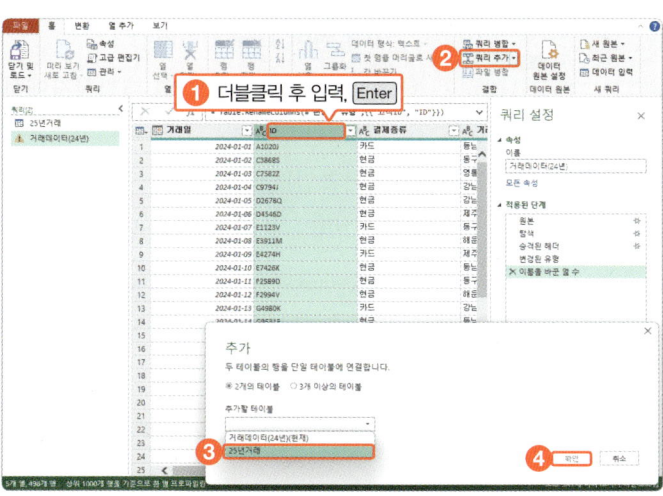

## 03 열 이름 변경 및 테이블 추가하기

❶ [고객ID] 열 더블클릭, ID 입력 후 Enter

❷ [홈] 탭-[결합] 그룹-[쿼리 추가] 클릭

❸ [추가] 대화상자의 추가할 테이블에서 [25년거래] 선택

❹ [확인]을 클릭합니다.

**Tip** 왼쪽의 쿼리 목록 창에서 [25년거래] 쿼리를 선택해보면 [고객ID] 열 이름이 ID로 되어 있습니다. 두 테이블을 통합할 때 같은 데이터는 열 이름이 같아야 하나로 통합됩니다. 열 이름을 통일하기 위해 거래데이터(24년) 쿼리의 고객ID 열 이름을 ID로 변경했습니다.

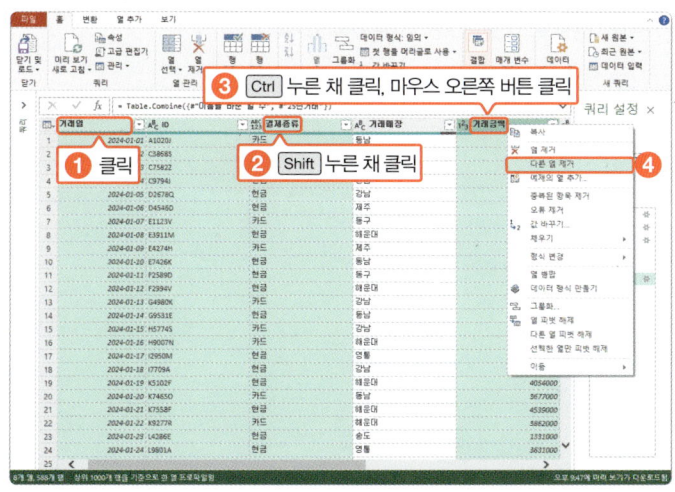

## 04 필요 없는 열 제거하기

❶ [거래일] 열 클릭

❷ Shift 누른 채 [결제종류] 열 클릭

❸ Ctrl 누른 채 [거래금액] 열 클릭 후 마우스 오른쪽 버튼 클릭

❹ [다른 열 제거]를 클릭합니다.

**Tip** 선택한 열을 제외한 나머지 열이 제거됩니다.

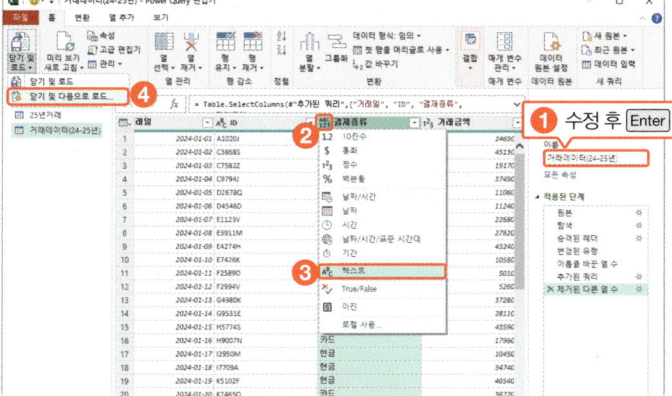

## 05 쿼리 이름 변경하기

❶ [쿼리 설정] 창의 이름을 **거래데이터(24-25년)**으로 수정 후 Enter

❷ [결제종류] 열의 [데이터 형식] ABC 클릭

❸ [텍스트] 선택

❹ [홈] 탭-[닫기] 그룹-[닫기 및 로드]-[닫기 및 다음으로 로드]를 클릭합니다.

**Tip** [결제종류] 열의 데이터 형식 아이콘이 ABC123으로 표시된 것은 데이터 형식이 정해지지 않은 상태이기 때문입니다. 데이터에 맞게 형식을 설정해야 합니다.

## 06 쿼리 연결만 만들기

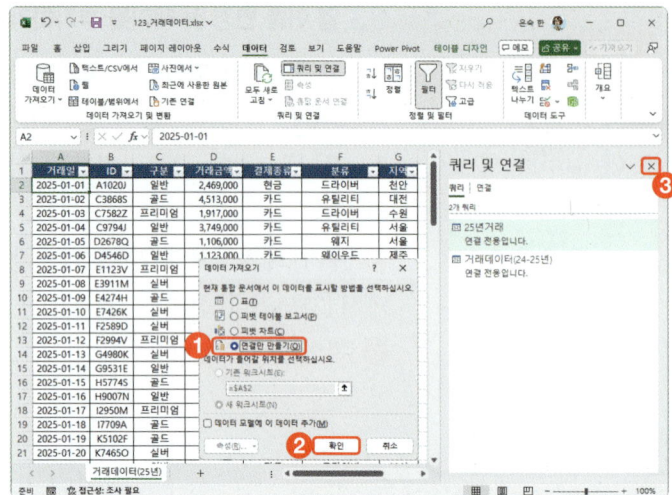

❶ [데이터 가져오기] 대화상자에서 [연결만 만들기] 선택

❷ [확인] 클릭

❸ [쿼리 및 연결] 창을 닫습니다.

**Tip** [연결만 만들기]는 데이터 연결만 생성하고 워크시트에 데이터를 표시하지 않습니다.

**Tip** 파워 쿼리 편집기에서 [닫기 및 다음으로 로드]를 클릭하면 [데이터 가져오기] 대화상자가 표시되고 [표], [피벗 테이블 보고서], [피벗 차트], [연결만 만들기] 중에서 표시할 방법을 선택할 수 있습니다. 엑셀 워크시트는 1,048,576행이 한계이므로 쿼리로 가져온 외부 데이터가 1,048,576행이 넘거나 쿼리 결합을 통해 여러 표를 결합하다 보면 데이터 행이 1,048,576행이 넘는 경우가 생길 수 있습니다. 이런 경우 쿼리 데이터 연결만 생성하고 피벗 테이블이나 피벗 차트를 사용한 보고서를 만드는 데 사용할 수 있습니다.

실무

# 124 공통 열 기준으로 쿼리 병합하기

실습 파일 CHAPTER04\124_거래데이터.xlsx, 최신회원정보.xlsx | 완성 파일 CHAPTER04\124_거래데이터_완성.xlsx

**쿼리 병합**은 두 개의 테이블을 **공통된 열을 기준으로 합치는 기능**입니다. 앞에서 실습했던 쿼리 추가는 여러 쿼리를 위아래로 결합하는 것이라면 **쿼리 병합은 왼쪽 오른쪽으로 결합**하는 것입니다. 이 기능을 사용하면 VLOOKUP 함수를 사용하지 않고도 효율적으로 다른 테이블에 있는 데이터 열을 결합할 수 있습니다. 앞의 실습에서 결합한 24, 25년 거래데이터 쿼리에 최신회원정보 데이터를 병합해보겠습니다.

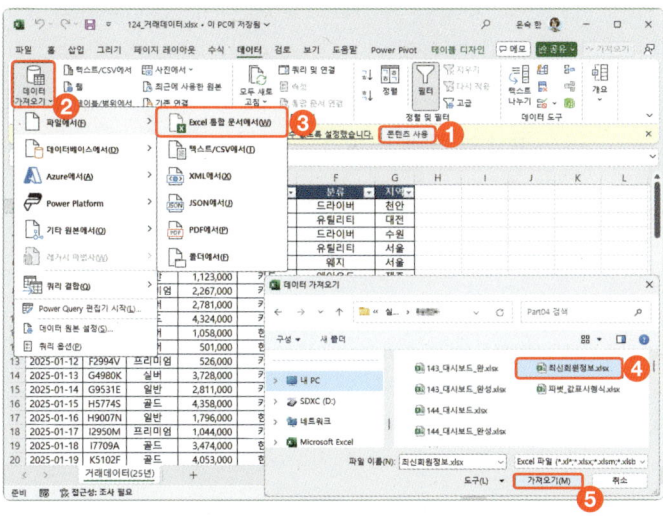

**01 최신회원정보를 쿼리로 가져오기**

① [보안 경고] 메시지 표시줄의 [콘텐츠 사용] 클릭

② [데이터] 탭-[데이터 가져오기 및 변환] 그룹-[데이터 가져오기] 클릭

③ [파일에서]-[Excel 통합 문서에서] 선택

④ [데이터 가져오기] 대화상자에서 **최신회원정보.xlsx** 파일 선택

⑤ [가져오기]를 클릭합니다.

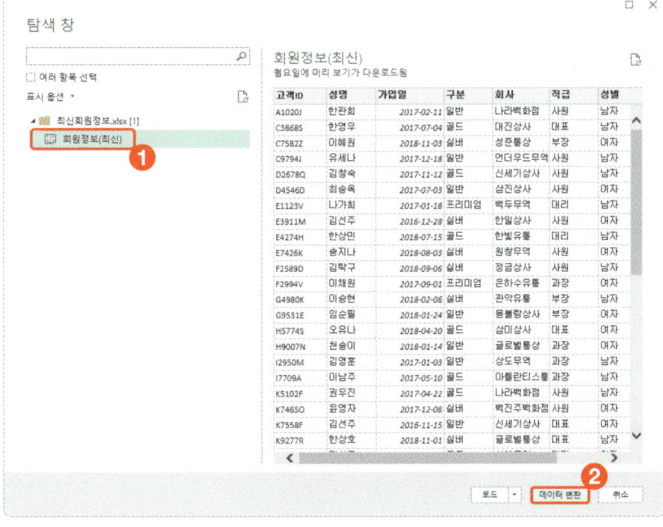

**02 쿼리 탐색 창에서 선택하기**

① [탐색 창] 표시 옵션에서 [회원정보(최신)] 시트 클릭

② [데이터 변환]을 클릭합니다.

SECTION 03 파워 쿼리로 데이터 변환하기 **295**

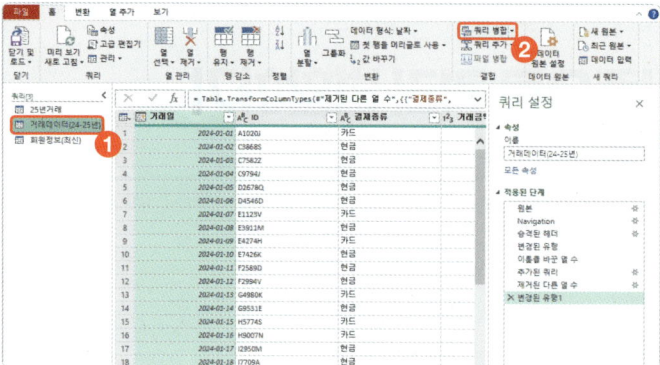

## 03 쿼리 병합하기

❶ 왼쪽의 쿼리 목록 창에서 [거래데이터(24-25년)] 쿼리 선택

❷ [홈] 탭-[결합] 그룹-[쿼리 병합]을 클릭합니다.

**Tip** 병합할 때 왼쪽에 표시할 테이블로 지정하기 위해 [거래데이터(24-25년)] 쿼리를 먼저 선택했습니다.

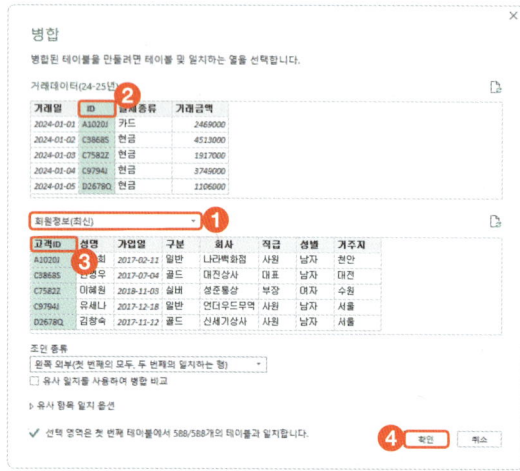

## 04 병합할 테이블 및 공통 열 선택하기

❶ [병합] 대화상자의 두 번째 테이블 선택 목록에서 [회원정보(최신)] 선택

❷ 첫 번째 테이블인 [거래데이터(24-25년)]에서 [ID] 열 클릭

❸ 두 번째 테이블인 [회원정보(최신)]에서 [고객ID] 열 클릭

❹ [확인]을 클릭합니다.

**Tip** • 첫 번째 테이블은 [병합] 대화상자를 열기 전에 쿼리 목록 창에서 선택했기 때문에 미리 표시되어 있습니다.
• 두 테이블의 공통 열(키 값)은 [ID], [고객ID]입니다. 열 이름은 달라도 괜찮습니다.
조인 종류는 기본 옵션인 [왼쪽 외부(첫 번째의 모두, 두 번째의 일치하는 행)]가 선택된 상태로 병합합니다.

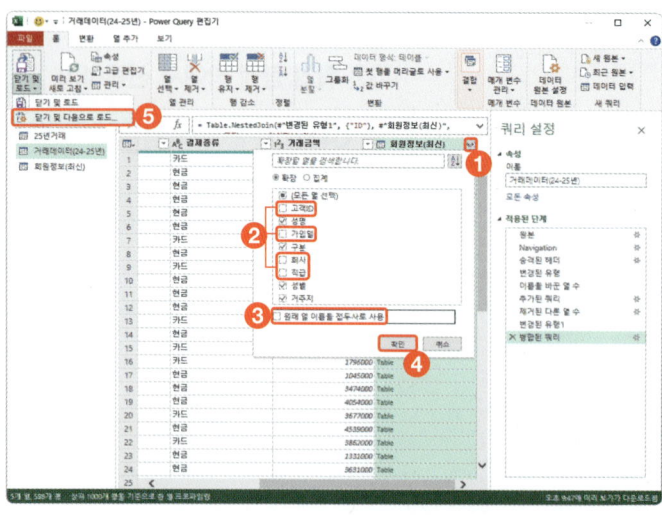

## 05 가져올 열 선택하기

❶ 추가된 [회원정보(최신)] 열의 [확장] 클릭

❷ [고객ID], [가입일], [회사], [직급] 체크 해제

❸ [원래 열 이름을 접두사로 사용] 체크 해제

❹ [확인] 클릭

❺ [홈] 탭-[닫기] 그룹-[닫기 및 로드]-[닫기 및 다음으로 로드]를 클릭합니다.

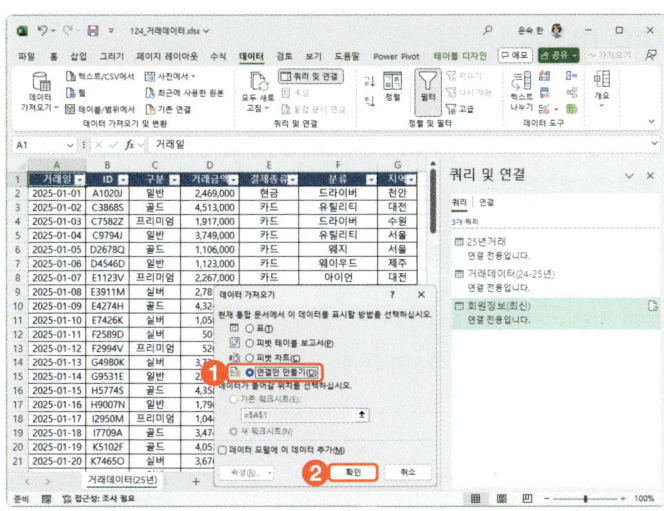

## 06 쿼리 연결만 만들기

❶ [데이터 가져오기] 대화상자에서 [연결만 만들기] 선택

❷ [확인]을 클릭합니다.

**Tip** 쿼리 편집기 실행을 [회원정보(최신)] 파일을 가져오는 것으로 시작했기 때문에 [회원정보(최신)] 쿼리의 연결이 만들어집니다.

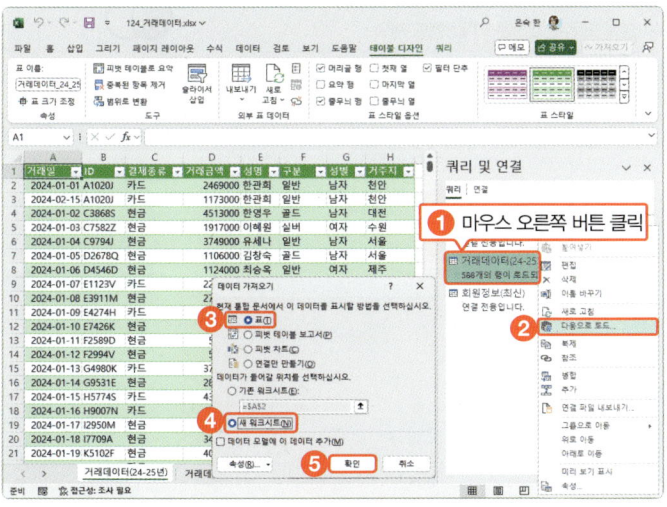

## 07 결합된 거래데이터 표로 가져오기

❶ [쿼리 및 연결] 창의 [거래데이터(24-25년)]에서 마우스 오른쪽 버튼 클릭

❷ [다음으로 로드] 선택

❸ [데이터 가져오기] 대화상자에서 [표] 클릭

❹ [새 워크시트] 선택

❺ [확인]을 클릭합니다.

**Tip** [거래데이터(24-25년)] 시트에 결합된 데이터가 표시됩니다.

> **Note** 조인의 종류와 각 기능은 무엇인가요?
>
> [병합] 대화상자의 [조인 종류] 목록 버튼을 클릭하면 다음과 같이 여섯 가지 조인 종류를 선택할 수 있습니다. 선택한 종류에 따라 공통열(키 값)을 모두 표시하거나 일부만 표시하는 등 병합되는 형태가 다르기 때문에 작업 상황에 맞는 종류를 선택하면 됩니다. [병합] 대화상자의 첫 번째 테이블이 왼쪽, 두 번째 테이블이 오른쪽으로 병합됩니다.
>
> | 조인 종류 | 설명 | |
> |---|---|---|
> | 왼쪽 외부 | 왼쪽 테이블의 모든 행, 오른쪽 테이블의 키 값이 일치하는 행<br>즉, 오른쪽 테이블에만 존재하는 키 값 행은 제외 | |
> | 오른쪽 외부 | 오른쪽 테이블의 모든 행, 왼쪽 테이블의 키 값이 일치하는 행<br>즉, 왼쪽 테이블에만 존재하는 키 값 행은 제외 | |
> | 완전 외부 | 두 테이블의 모든 행 | |
> | 내부 | 두 테이블에 모두 존재하는 키 값 행. 중복된 데이터 | |
> | 왼쪽 앤티 | 왼쪽 테이블의 행만.<br>왼쪽과 오른쪽 테이블에 모두 존재하는 키 값 행도 제외 | |
> | 오른쪽 앤티 | 오른쪽 테이블의 행만.<br>왼쪽과 오른쪽 테이블에 모두 존재하는 키 값 행도 제외 | |

# SECTION 04

# 데이터 정렬 및 필터링하기

## 기초 125 기본 정렬 순서에 따라 데이터 정렬하기

동영상 강의 확인하기

실습 파일 CHAPTER04\125_기본정렬.xlsx | 완성 파일 CHAPTER04\125_기본정렬_완성.xlsx

데이터 목록을 다룰 때 가장 기본으로 하는 것이 데이터 정렬입니다. 하나의 열을 기준으로 정렬하려면 해당 열의 셀을 선택하고 오름차순, 내림차순 정렬을 선택하면 됩니다. 또한 셀에 지정된 서식을 기준으로 정렬할 수도 있습니다. 여러 열을 기준으로 정렬하려면 [정렬] 대화상자를 사용합니다.

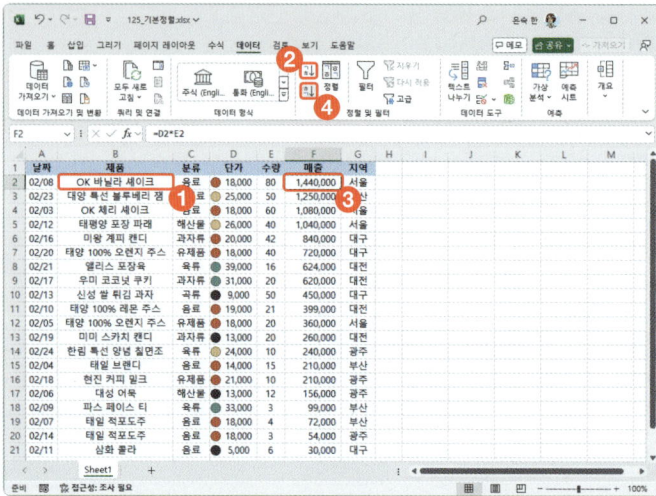

**01 하나의 열을 기준으로 정렬하기**

❶ [B2] 셀 클릭
❷ [데이터] 탭–[정렬 및 필터] 그룹–[텍스트 오름차순 정렬] 클릭
❸ [F2] 셀 클릭
❹ [데이터] 탭–[정렬 및 필터] 그룹–[숫자 내림차순 정렬]을 클릭합니다.

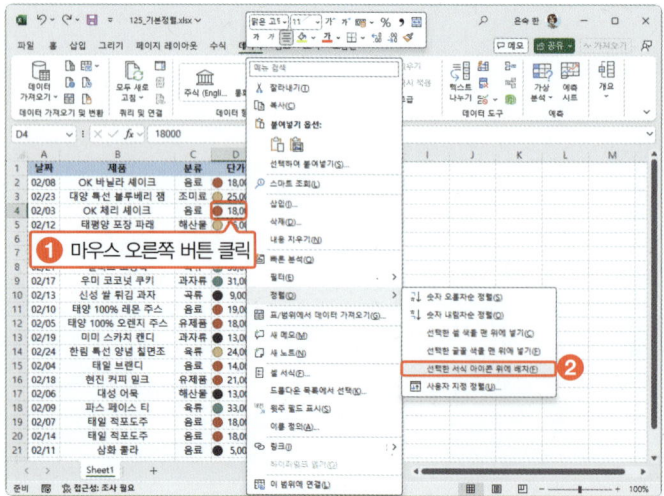

**02 선택한 셀 서식을 맨 위에 넣기**

❶ 빨간색 아이콘이 있는 셀에서 마우스 오른쪽 버튼 클릭
❷ [정렬]–[선택한 서식 아이콘 위에 배치]를 선택합니다.

**Tip** 단가에는 조건부 서식으로 녹색, 노랑, 빨강, 검정 순서로 4색 신호등 아이콘이 적용되어 있습니다.

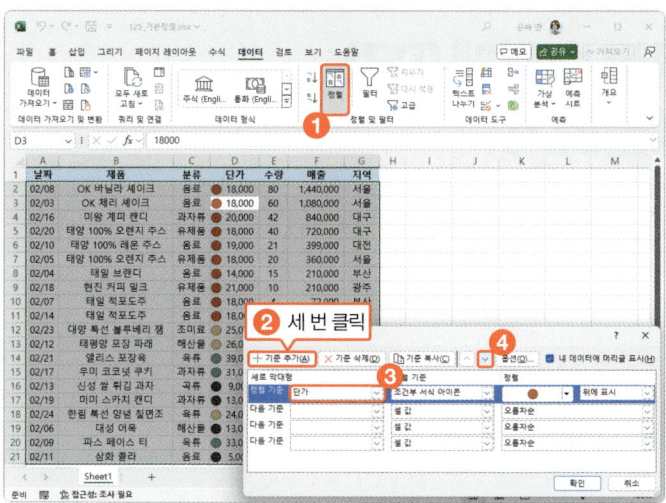

## 03 여러 열을 기준으로 정렬하기

❶ [데이터] 탭-[정렬 및 필터] 그룹-[정렬] 클릭
❷ [기준 추가] 세 번 클릭
❸ 정렬 기준 [단가] 선택
❹ [아래로 이동]을 클릭합니다.

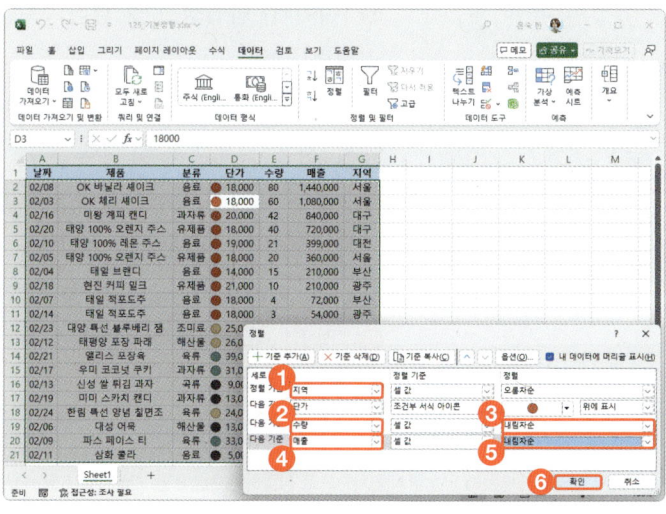

## 04 정렬 순서 설정하기

❶ 첫 번째 기준으로 [지역] 선택
❷ 세 번째 기준으로 [수량] 선택
❸ 세 번째 정렬에서 [내림차순] 선택
❹ 네 번째 기준으로 [매출] 선택
❺ 네 번째 정렬에서 [내림차순] 선택
❻ [확인]을 클릭합니다.

**Tip** 지역이 광주~서울 순으로 정렬되고, 각 지역에서 수량, 매출이 높은 제품 항목이 상위에 정렬됩니다.

### Note  기준이 같은 데이터 정렬

데이터를 정렬할 때는 첫 번째 기준인 지역 순으로 정렬된 후 지역이 같으면 빨간색 아이콘이 위에 표시됩니다. 아이콘이 같은 경우에는 수량이 큰 순서대로 정렬되고 수량까지 같은 경우에는 매출이 큰 항목 순으로 정렬됩니다.

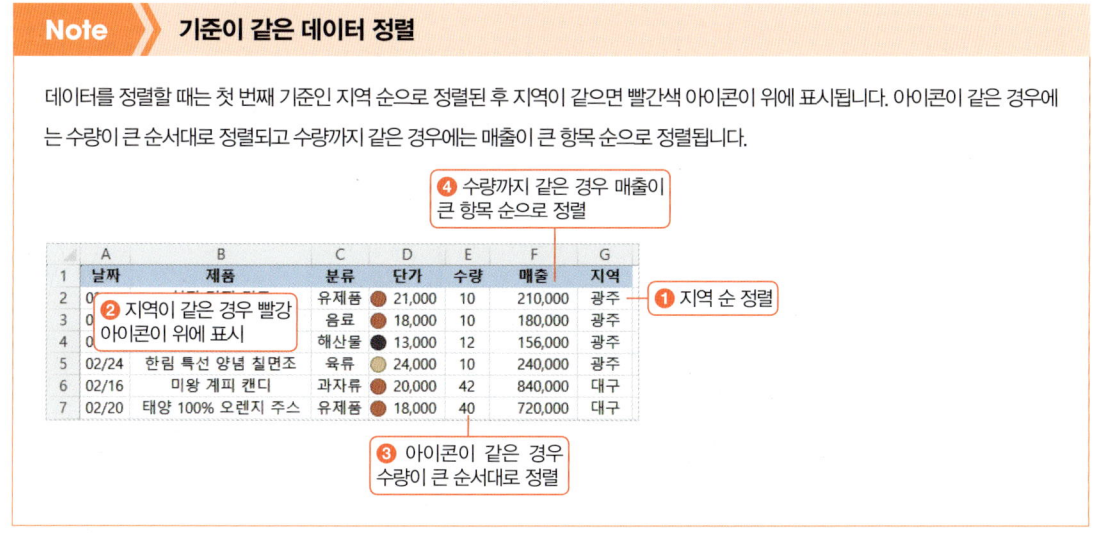

### 상식

# 126 사용자 지정 순서에 따라 데이터 정렬하기

**실습 파일** CHAPTER04\126_사용자정렬.xlsx | **완성 파일** CHAPTER04\126_사용자정렬_완성.xlsx

**텍스트 정렬에서** 가나다, 알파벳 순서가 아닌 **사용자 지정 정렬 순서를 선택해 정렬할 수 있습니다.** 또 범위나 방향을 선택하여 정렬할 수도 있습니다.

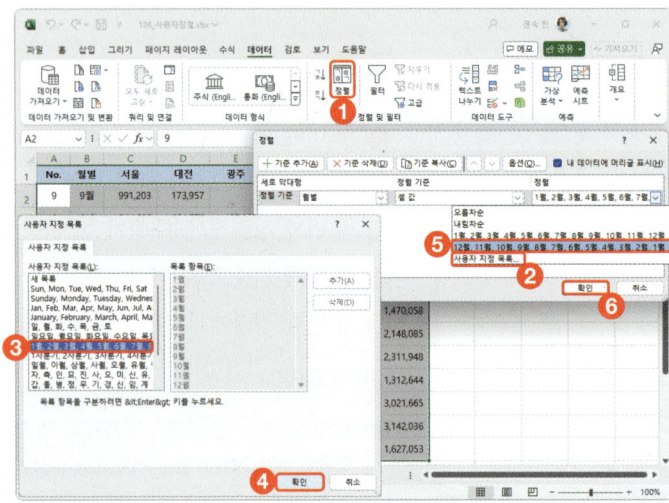

## 01 월별 내림차순 정렬하기

❶ [데이터] 탭-[정렬 및 필터] 그룹-[정렬] 클릭

❷ [정렬] 대화상자의 첫 번째 정렬에서 [사용자 지정 목록] 선택

❸ [사용자 지정 목록] 대화상자의 목록에서 [1월, 2월, 3월, …] 선택

❹ [확인] 클릭

❺ [정렬] 대화상자의 정렬에서 [12월, 11월, 10월, …] 선택

❻ [확인]을 클릭합니다.

**Tip** 숫자와 문자가 섞여 있는 텍스트는 앞의 숫자 순서대로 먼저 정렬되기 때문에 단순한 내림차순으로 정렬하면 9월, 8월, 7월, 6월, 5월, 4월, 3월, 2월, 1월, 12월, 11월, 10월 순으로 정렬됩니다. 정렬하려는 목록이 [사용자 지정 목록] 대화상자에 없는 경우에는 [사용자 지정 목록]에서 [새 목록]을 선택하고 목록 항목에 직접 목록을 입력한 후 추가하면 됩니다.

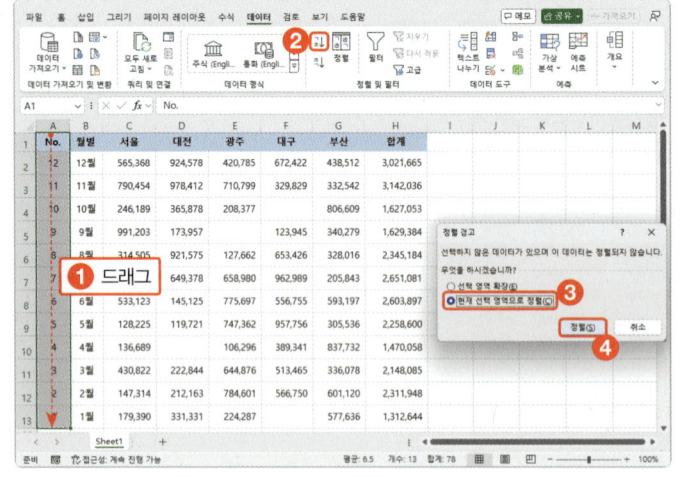

## 02 일부 범위만 정렬하기

❶ [A1:A13] 범위 지정

❷ [데이터] 탭-[정렬 및 필터] 그룹-[숫자 오름차순 정렬] 클릭

❸ [정렬 경고] 대화상자에서 [현재 선택 영역으로 정렬] 선택

❹ [정렬]을 클릭합니다.

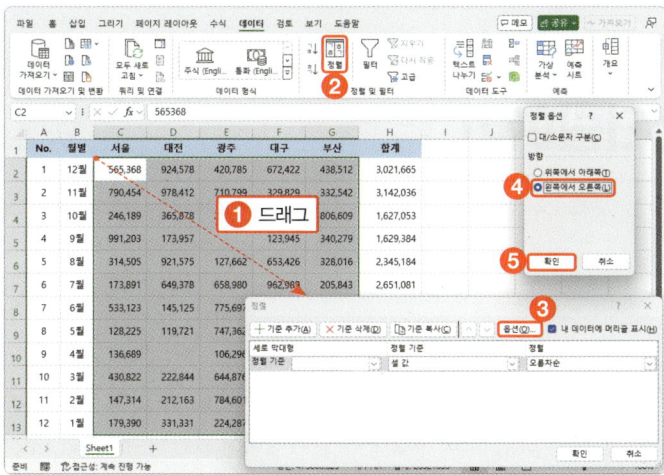

## 03 좌우로 정렬하기

❶ [C1:G13] 범위 지정

❷ [데이터] 탭-[정렬 및 필터] 그룹
-[정렬] 클릭

❸ [정렬] 대화상자에서 [옵션] 클릭

❹ [정렬 옵션] 대화상자의 방향에서
[왼쪽에서 오른쪽] 선택

❺ [확인]을 클릭합니다.

**Tip** 정렬 범위로 [C1:G13] 범위를 지정했지만 [정렬 옵션] 대화상자에서 정렬 방향이 [위쪽에서 아래쪽]으로 설정된 상태일 때는 범위의 첫 번째 행이 필드명으로 설정되기 때문입니다. 범위의 첫 번째 행을 제외한 [C2:G13] 범위로 자동 조정됩니다. [정렬 옵션] 대화상자에서 정렬 방향을 [왼쪽에서 오른쪽]으로 선택하고 [확인]을 클릭하면 정렬 범위가 다시 [C1:G13]으로 조정됩니다.

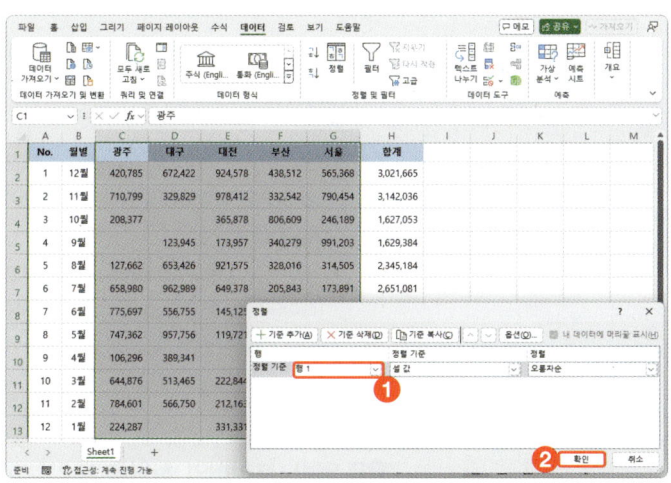

## 04 정렬 기준 행 선택하기

❶ [정렬] 대화상자의 행 정렬 기준
에서 [행 1] 선택

❷ [확인]을 클릭합니다.

**Tip** 1행의 지역명을 기준으로 오름차순인 광주, 대구, 대전, 부산, 서울 순으로 정렬됩니다.

---

### Note  데이터 종류에 따른 정렬 순서는 어떻게 되나요?

문자의 경우 오름차순으로 정렬하면 소문자가 우선순위를 갖습니다. 오름차순은 숫자〉문자〉논리 값〉오류 값〉빈 셀 순입니다. 내림차순은 오류 값〉논리 값〉문자〉숫자〉빈 셀 순으로 정렬됩니다. 빈 셀은 항상 마지막에 정렬됩니다. 데이터 종류에 따른 정렬 순서는 다음과 같습니다.

| 데이터 종류 | 정렬 순서 |
| --- | --- |
| 숫자 | 가장 작은 음수에서 가장 큰 양수로 정렬합니다. |
| 텍스트와 숫자 데이터가 섞인 경우 | 0 1 2 3 4 5 6 7 8 9 (공백) ! " # $ % & ( ) * , . / : ; ? @ [ ₩ ] ^ _ ` { | } ~ + 〈 = 〉 A B C D E F G H I J K L M N O P Q R S T U V W X Y Z |
| 논리 값/오류 값 | 논리 값은 TRUE보다 FALSE가 앞에 정렬되며 오류 값의 순서는 모두 같습니다. |

## 127 문자, 날짜 및 서식으로 데이터 필터링하기

실습 파일 CHAPTER04\127_자동필터.xlsx | 완성 파일 CHAPTER04\127_자동필터_완성.xlsx

데이터 목록에서 조건에 따라 필요한 데이터만 추출하려면 필터 기능을 사용합니다. 셀의 서식을 기준으로 필터링하고, 필터링한 데이터 중 날짜, 문자를 조건으로 지정하여 필터링해보겠습니다. 그런 다음 필터링된 결과를 다른 시트에 복사해보겠습니다.

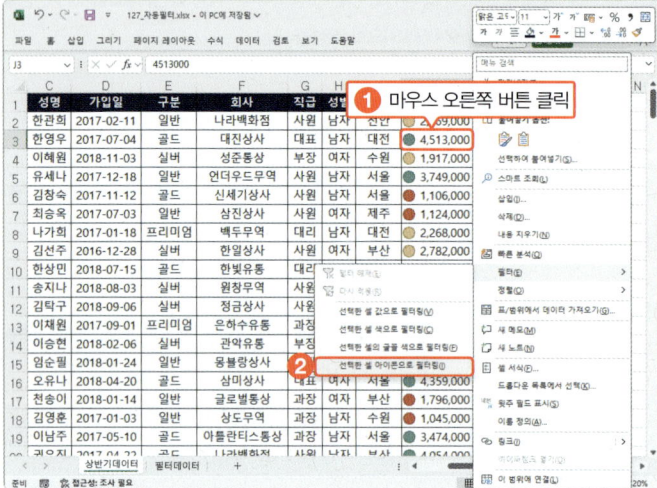

**01 선택한 아이콘으로 필터링하기**

① [J3] 셀에서 마우스 오른쪽 버튼 클릭

② [필터]-[선택한 셀 아이콘으로 필터링]을 선택합니다.

Tip • 단축 메뉴에서 [필터]를 선택하면 데이터가 필터링되면서 필드명에 필터 목록 버튼이 표시됩니다.
• 필터 목록 버튼을 표시하거나 해제하려면 [데이터] 탭-[정렬 및 필터] 그룹-[필터]를 클릭하거나 Ctrl + Shift + L 을 누르면 됩니다.

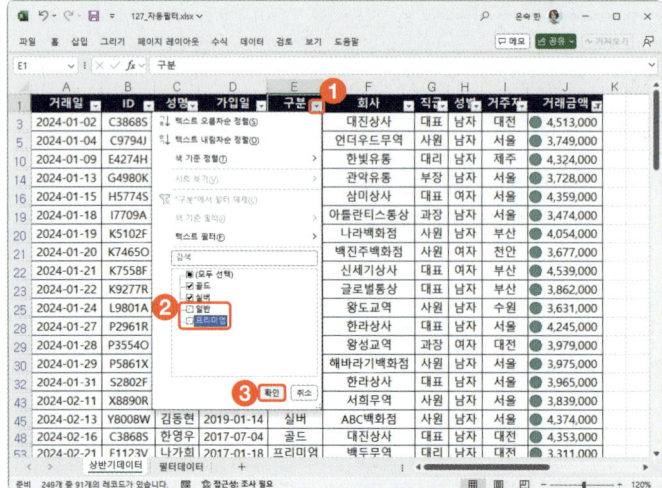

**02 일반, 프리미엄 회원을 제외하고 필터링하기**

① [구분] 필드의 필터 목록 버튼 클릭

② 필터 목록 중 [일반], [프리미엄] 체크 해제

③ [확인]을 클릭합니다.

Tip 자동 필터는 하나의 필드에서 한 번에 한 가지 유형의 필터만 사용할 수 있습니다. 예를 들어 셀 아이콘을 기준으로 필터링하거나 숫자에 대한 조건으로 필터링할 수 있지만 두 조건으로 필터링할 수는 없습니다. 또한 필터 목록 상자에 필터 목록은 10,000개까지 표시할 수 있습니다.

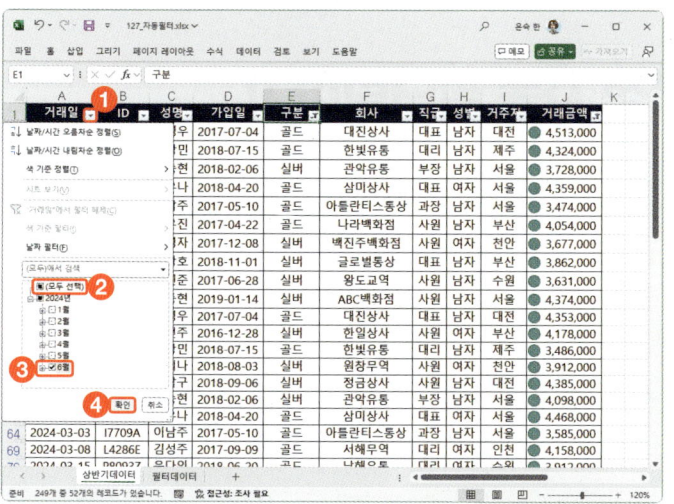

## 03 6월 자료만 필터링하기

❶ [거래일] 필드의 필터 목록 버튼 클릭

❷ 필터 목록 중 [(모두 선택)] 체크 해제

❸ [6월] 체크

❹ [확인]을 클릭합니다.

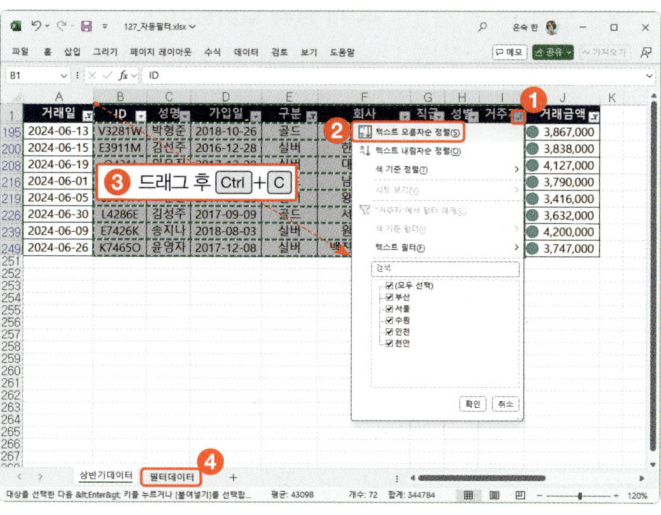

## 04 거주지 오름차순 정렬 및 필터 결과 복사하기

❶ [거주지] 필드의 필터 목록 버튼 클릭

❷ [텍스트 오름차순 정렬] 클릭

❸ [B1:I249] 범위 지정 후 Ctrl + C

❹ [필터데이터] 시트를 클릭합니다.

**Tip** 데이터 목록이 필터링된 상태에서 복사하면 중간의 숨겨져 있는 행은 제외하고 다중 선택된 상태로 복사됩니다.

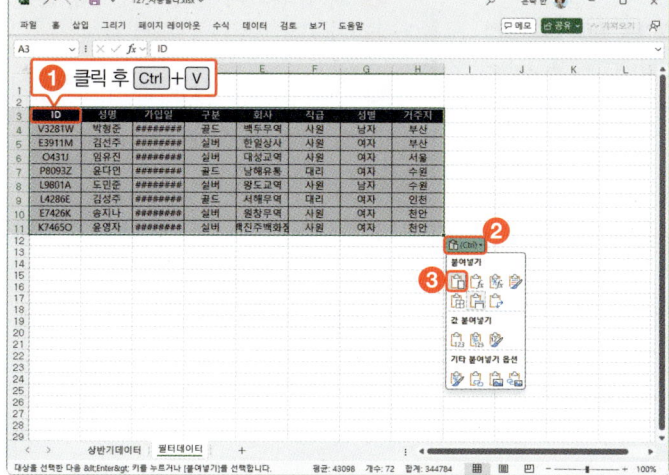

## 05 필터 데이터 붙여넣기

❶ [A3] 셀 클릭 후 Ctrl + V

❷ [붙여넣기 옵션] 클릭

❸ [원본 열 너비 유지]를 선택합니다.

**Tip** [원본 열 너비 유지]를 선택한 후 복사한 데이터가 없어지는 현상이 생긴다면 Enter 를 누릅니다.

기초

# 128 사용자 지정 자동 필터링하기

실습 파일 CHAPTER04\128_사용자필터.xlsx | 완성 파일 CHAPTER04\128_사용자필터_완성.xlsx

여러 필드에 설정된 필터 조건을 한꺼번에 지우는 등 필터 조건을 사용자 지정하여 데이터 목록을 필터링해보겠습니다.

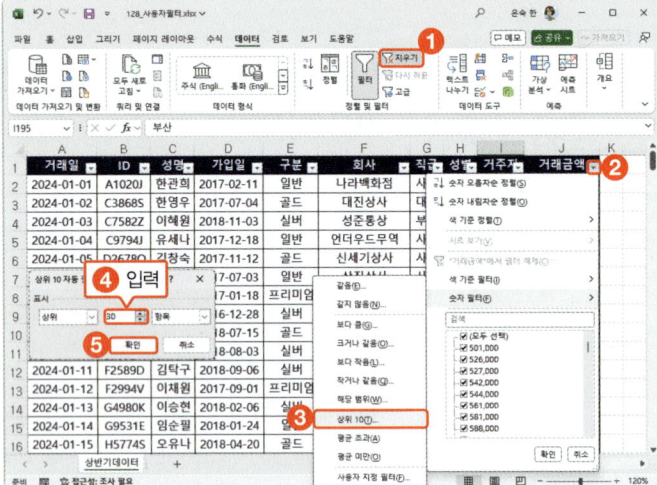

**01 전체 필터 해제 및 거래금액 상위 30개 항목 필터링하기**

① [데이터] 탭-[정렬 및 필터] 그룹-[지우기] 클릭

② [거래금액] 필드의 필터 목록 버튼 클릭

③ [숫자 필터]-[상위 10] 선택

④ [상위 10 자동 필터] 대화상자의 항목 수에 **30** 입력

⑤ [확인]을 클릭합니다.

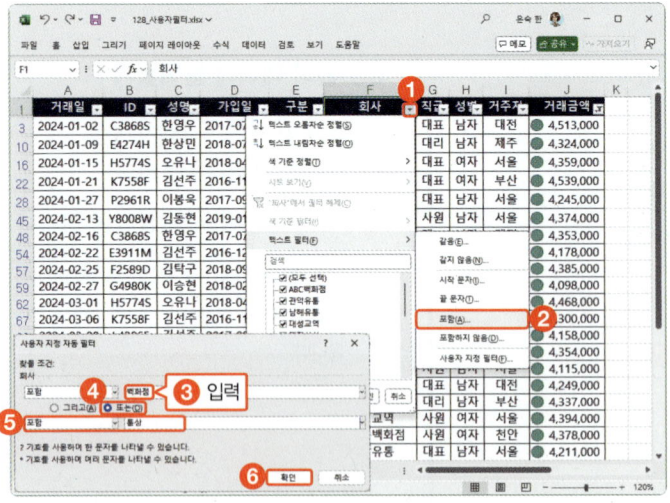

**02 백화점이나 통상 회사 필터링하기**

① [회사] 필드의 필터 목록 버튼 클릭

② [텍스트 필터]-[포함] 선택

③ [사용자 지정 자동 필터] 대화상자 첫 번째 검색란에 **백화점** 입력

④ [또는] 클릭

⑤ 두 번째 조건 목록에 [포함] 선택 후 검색란에 **통상** 입력

⑥ [확인]을 클릭합니다.

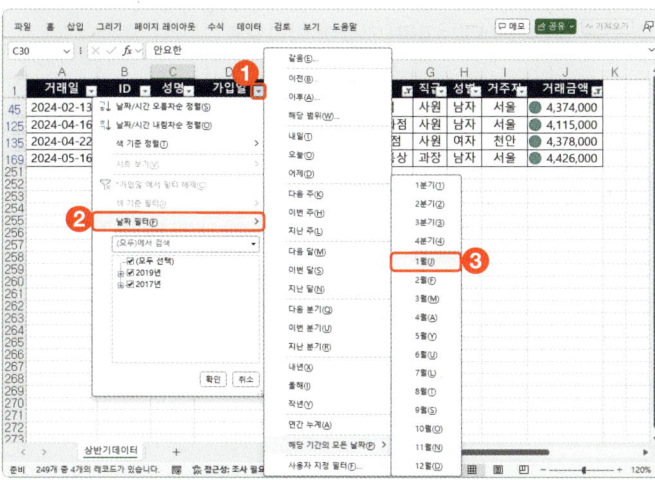

## 03 가입 월이 1월인 회원만 필터링하기

❶ [가입일] 필드의 필터 목록 버튼 클릭

❷ [날짜 필터] 클릭

❸ [해당 기간의 모든 날짜]-[1월]을 선택합니다.

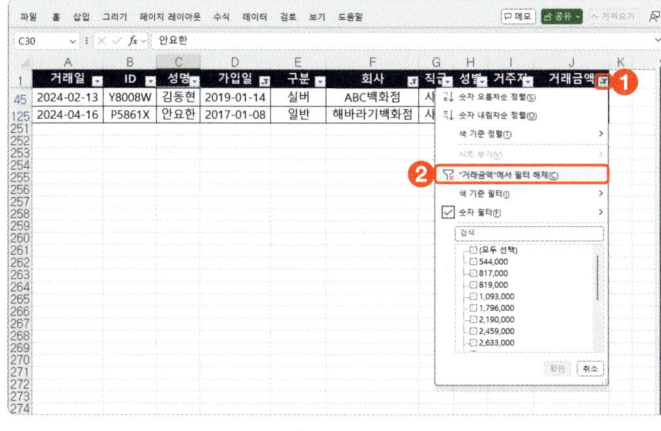

## 04 거래 금액 필드 필터 해제하기

❶ [거래금액] 필드의 필터 목록 버튼 클릭

❷ ["거래금액"에서 필터 해제]를 클릭합니다.

**Tip** 회사명에 '백화점' 또는 '통상'이 포함되고, 가입 월이 1월인 데이터가 필터링된 상태로 표시됩니다.

---

**Note** 텍스트 필터링을 좀 더 쉽게 하기 위한 검색 방법은 무엇인가요?

한 가지 조건으로만 필터링할 때는 필터 목록 검색에서 직접 검색어를 입력하여 필터링하는 것이 더 간편합니다. 검색어에는 대표 문자(*, ?)를 사용할 수 있습니다. 별표(*)는 모든 문자를 대표하며, 물음표(?)는 한 문자를 대표합니다. 다음은 검색어를 입력하는 예입니다.

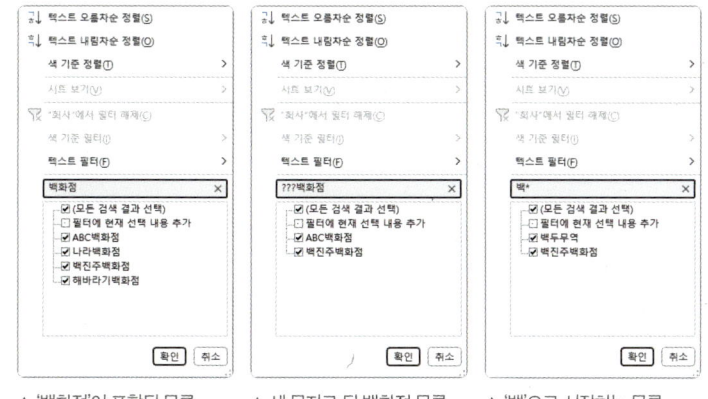

▲ '백화점'이 포함된 목록    ▲ 세 문자로 된 백화점 목록    ▲ '백'으로 시작하는 목록

## Note  날짜 필터 메뉴에서 선택할 수 있는 필터 조건에는 어떤 것들이 있나요?

필드의 데이터가 날짜인 경우 해당 필드의 필터 목록을 클릭하면 날짜 필터 메뉴가 나타납니다. 날짜 필터 메뉴에서는 다음과 같은 필터 조건을 선택할 수 있습니다.

① **일반 필터** : 비교 연산 명령인 [같음], [이전], [이후], [해당 범위] 중에서 하나를 선택하거나 [사용자 지정 필터]를 선택하면 대화상자에서 원하는 날짜 범위를 지정할 수 있습니다.

② **동적 필터** : 필터를 다시 적용할 때 조건이 바뀝니다. 즉, 컴퓨터의 날짜 설정에 따라 필터 결과가 달라집니다.

③ **기간 필터** : 분기별, 월별 그룹으로 필터링할 수 있습니다.

## Note  날짜 계층 그룹을 해제하는 방법은 무엇인가요?

날짜 데이터의 필터 목록 상자에는 날짜가 연도, 월, 일 순으로 계층적으로 그룹화되어 표시됩니다. 이 목록을 모든 날짜가 표시되는 비계층적 목록으로 변경할 수 있습니다.

① [파일] 탭-[옵션]을 클릭하거나 단축키 Alt + F + T 를 누르고 [Excel 옵션] 대화상자에서 [고급] 탭을 선택합니다.
② 이 통합 문서의 표시 옵션에서 [자동 필터 메뉴에서 날짜 그룹화]를 체크 해제합니다.
③ 날짜 필드의 필터 목록을 클릭하면 날짜가 계층 그룹으로 표시되지 않고 모든 날짜가 표시됩니다.

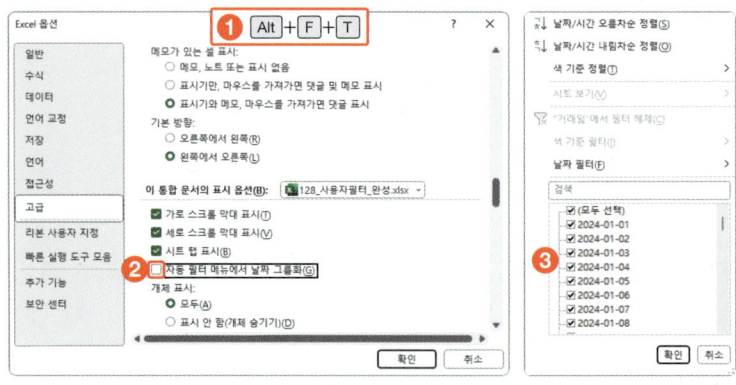

실무

# 129 슬라이서로 데이터 필터링하기

실습 파일 CHAPTER04\129_슬라이서.xlsx | 완성 파일 CHAPTER04\129_슬라이서_완성.xlsx

동영상 강의 확인하기

표(Table)로 변환한 데이터베이스 범위에는 필터 도구인 슬라이서를 삽입할 수 있습니다. **슬라이서는 필터링을 좀 더 쉽고 빠르게 할 수 있도록 도와주는 도구**로, 다중 항목을 선택했을 때 어떤 항목을 선택하여 필터링했는지 한눈에 알아볼 수 있습니다. 실습 파일의 범위는 표 범위로 설정되어 있으며 필터 목록 버튼은 해제되어 있습니다.

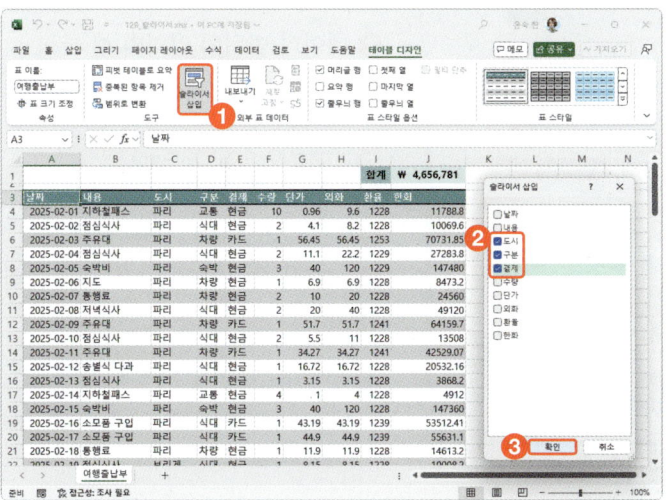

## 01 슬라이서 삽입하기

❶ [테이블 디자인] 탭-[도구] 그룹-[슬라이서 삽입] 클릭

❷ [슬라이서 삽입] 대화상자에서 [도시], [구분], [결제] 체크

❸ [확인]을 클릭합니다.

Tip 표 안쪽의 셀이 선택되어 있어야 [테이블 디자인] 탭이 표시됩니다.

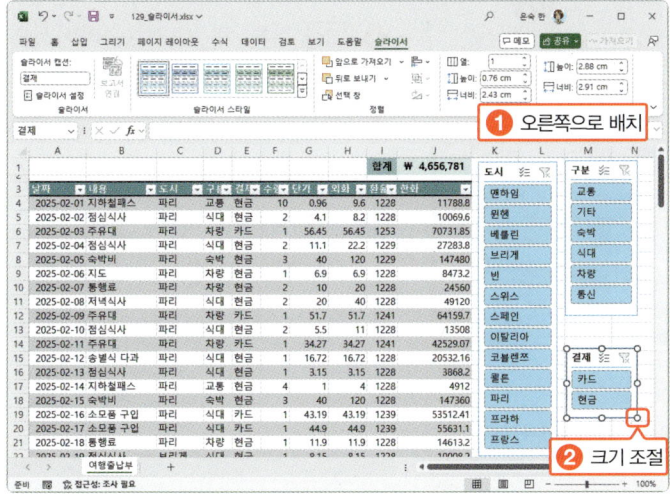

## 02 슬라이서 위치 및 크기 조절하기

❶ 각 슬라이서를 오른쪽으로 배치

❷ 각 슬라이서의 크기 조절점을 드래그하여 크기를 적당하게 조절합니다.

Tip 슬라이서가 삽입되면서 데이터 목록의 필드명에도 필터 목록 버튼이 표시됩니다.

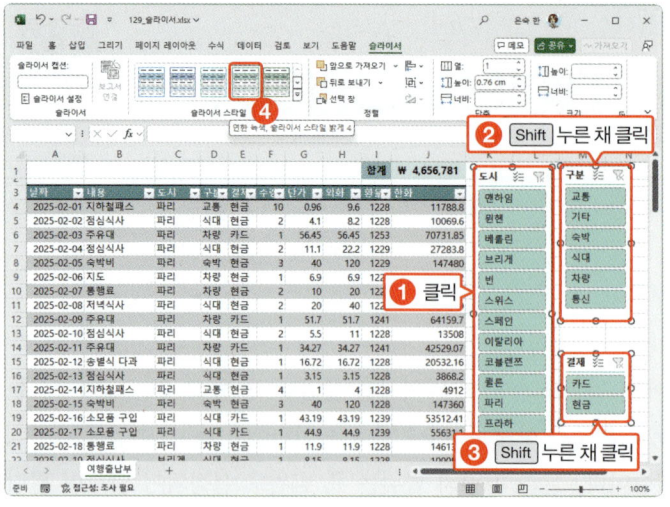

## 03 슬라이서 스타일 지정하기

❶ [도시] 슬라이서 클릭
❷ Shift 를 누른 채 [구분] 슬라이서 클릭
❸ Shift 를 누른 채 [결제] 슬라이서 클릭
❹ [슬라이서] 탭-[슬라이서 스타일] 그룹-[연한 녹색, 슬라이서 스타일 밝게 4]를 클릭합니다.

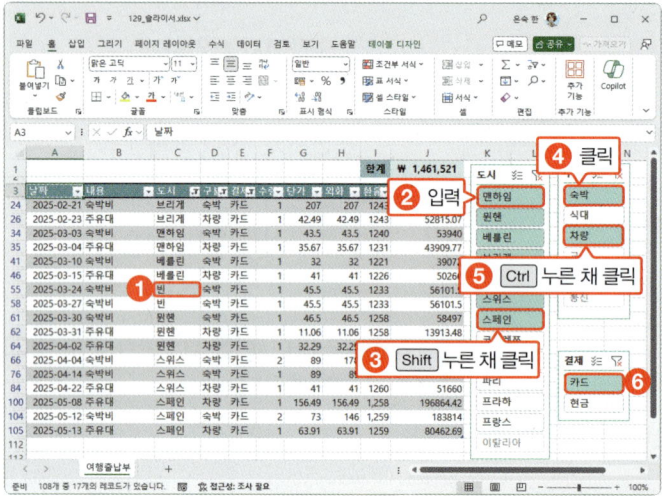

## 04 다중 항목 필터링하기

❶ 데이터 범위의 임의의 셀 클릭
❷ [도시] 슬라이서의 [맨하임] 클릭
❸ Shift 를 누른 채 [스페인] 클릭
❹ [구분] 슬라이서의 [숙박] 클릭
❺ Ctrl 을 누른 채 [차량] 클릭
❻ [결제] 슬라이서의 [카드]를 클릭합니다.

**Tip** 카드 사용 데이터 중 선택한 도시와 구분에 대한 데이터가 필터링됩니다. 합계도 필터링된 데이터의 합계로 바뀝니다.

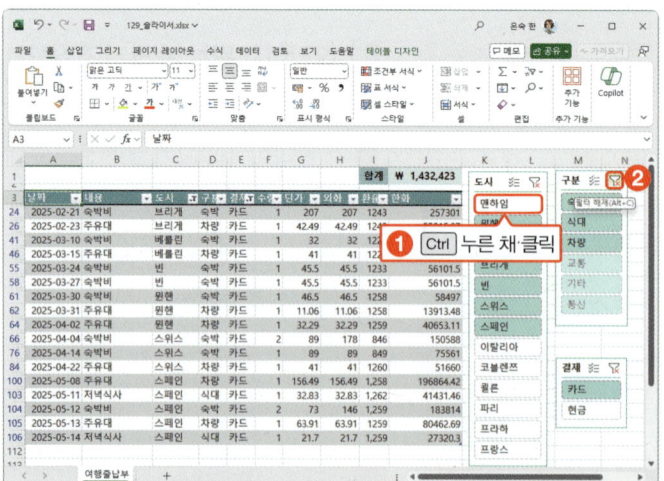

## 05 일부 필터 해제하기

❶ Ctrl 누른 채 [도시] 슬라이서의 [맨하임] 클릭
❷ [구분] 슬라이서의 [필터 해제]를 클릭합니다.

**Tip** 데이터 목록에 도시 중 맨하임이 필터 대상에서 제외되고 구분 내역은 모두 표시됩니다.

실무

# 130  데이터를 OR 조건으로 필터링하기

실습 파일 CHAPTER04\130_고급필터.xlsx | 완성 파일 CHAPTER04\130_고급필터_완성.xlsx

자동 필터는 여러 필드에 필터 조건을 지정하면 필드 간의 조건을 AND 조건으로 필터링하기 때문에 필터 결과가 계속 줄어듭니다. **여러 필드 간의 조건을 OR 조건으로 필터링하려면 조건을 별도의 셀 범위에 입력하고 고급 필터를 사용**하여 필터링하면 됩니다.

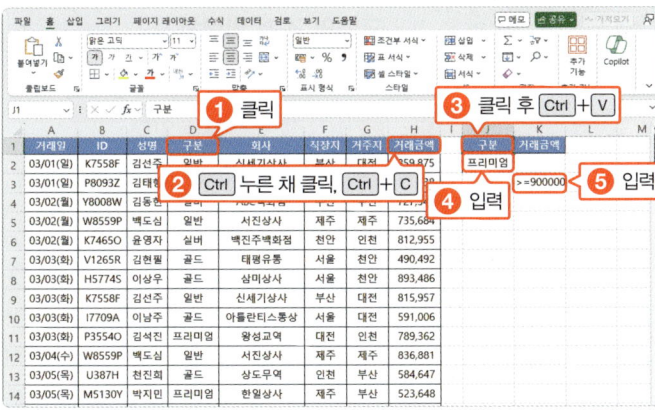

**01 구분이 프리미엄이거나 거래금액이 9십만 원 이상인 조건 입력하기**

❶ [D1] 셀 클릭

❷ Ctrl 을 누른 채 [H1] 셀 클릭 후 Ctrl + C

❸ [J1] 셀 클릭 후 Ctrl + V

❹ [J2] 셀에 **프리미엄** 입력

❺ [K3] 셀에 **>=900000**을 입력합니다.

Tip 고급 필터를 사용하려면 임의의 범위에 조건에 해당하는 필드명과 조건을 입력해야 합니다. 조건을 다른 행에 입력하면 OR 조건으로 필터링됩니다.

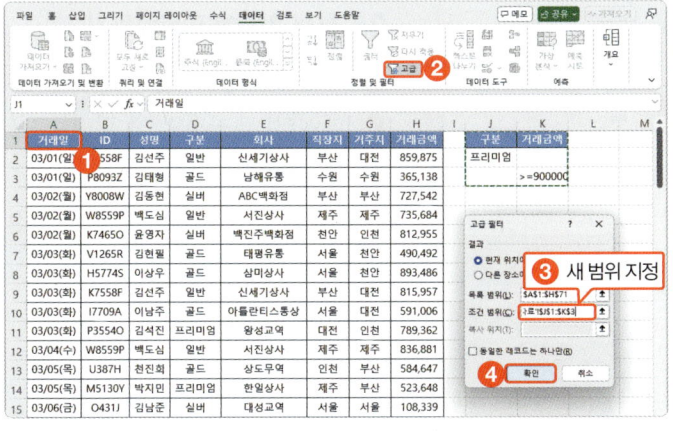

**02 현재 위치에 필터링하기**

❶ [A1] 셀 클릭

❷ [데이터] 탭-[정렬 및 필터] 그룹-[고급] 클릭

❸ [고급 필터] 대화상자에서 [조건 범위] 입력란 클릭 후 기존 범위가 남아 있다면 삭제 후 [J1:K3] 범위 지정

❹ [확인]을 클릭합니다.

Tip [고급 필터] 대화상자의 결과 옵션은 [현재 위치에 필터]가 선택되어 있으며, 목록 범위에는 현재 선택된 셀을 기준으로 전체 표 범위가 지정되어 있습니다. 조건 범위의 조건에 따라 구분이 '프리미엄'이거나 '거래금액이 9십만 원 이상'인 데이터만 추출되고 다른 행은 숨겨집니다. 추출된 데이터의 행 번호는 파란색으로 표시됩니다.

SECTION 04 데이터 정렬 및 필터링하기  **311**

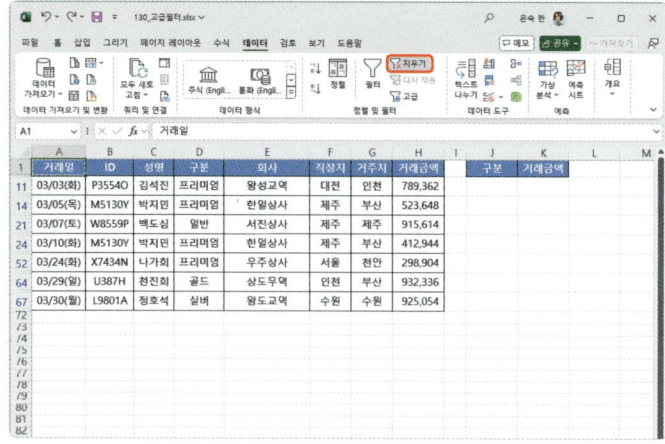

## 03 필터 해제하기

[데이터] 탭–[정렬 및 필터] 그룹–[지우기]를 클릭합니다.

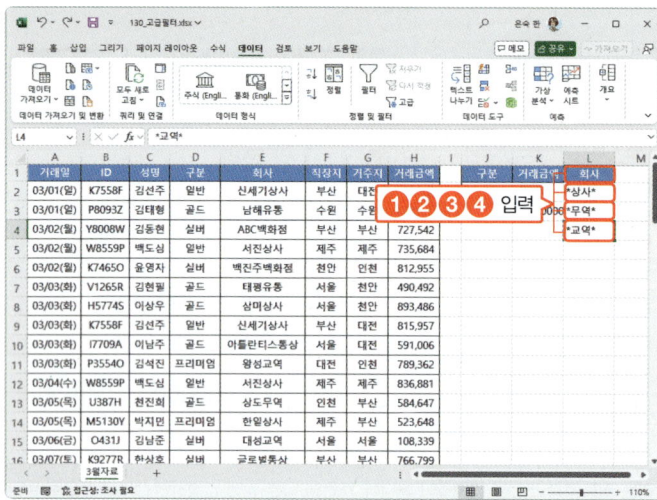

## 04 회사가 상사이거나 무역이거나 교역인 조건 입력하기

❶ [L1] 셀에 **회사** 입력

❷ [L2] 셀에 **\*상사\*** 입력

❸ [L3] 셀에 **\*무역\*** 입력

❹ [L4] 셀에 **\*교역\***을 입력합니다.

**Tip** 별표(*)는 모든 문자를 대표하는 문자입니다. 검색어 입력 시 **\*상사\***를 입력하면 '상사'가 포함된 문자를 찾습니다. **\*상사**를 입력하면 '상사'로 끝나는 문자, **상사\***를 입력하면 '상사'로 시작하는 문자를 찾습니다.

**Tip** 자동 필터에서는 세 가지 이상의 OR 조건으로 필터링할 수 없지만 고급 필터에서는 가능합니다.

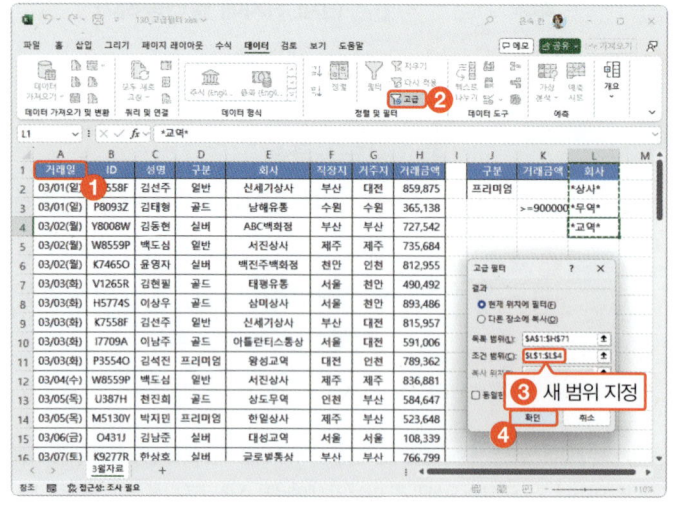

## 05 현재 위치에 필터링하기

❶ [A1] 셀 클릭

❷ [데이터] 탭–[정렬 및 필터] 그룹–[고급] 클릭

❸ [고급 필터] 대화상자에서 [조건 범위] 입력란 클릭 후 기존 범위 삭제 후 [L1:L4] 범위 지정

❹ [확인]을 클릭합니다.

**Tip** [고급 필터] 대화상자에서 목록 범위에는 기존에 지정했던 데이터 범위가 지정되어 있습니다. [확인]을 클릭하면 회사가 상사, 무역, 교역인 목록이 필터링됩니다.

## 기초
# 131 중복 데이터 제외한 목록 다른 장소에 필터링하기

실습 파일 CHAPTER04\131_고급필터.xlsx | 완성 파일 CHAPTER04\131_고급필터_완성.xlsx

고급 필터를 통해 데이터 목록에서 **중복되는 데이터를 제외**하고 필터링할 수 있습니다. 거래일과 거래 금액을 제외한 범위에서 고유 회원 목록을 별도의 셀에 추출해보겠습니다.

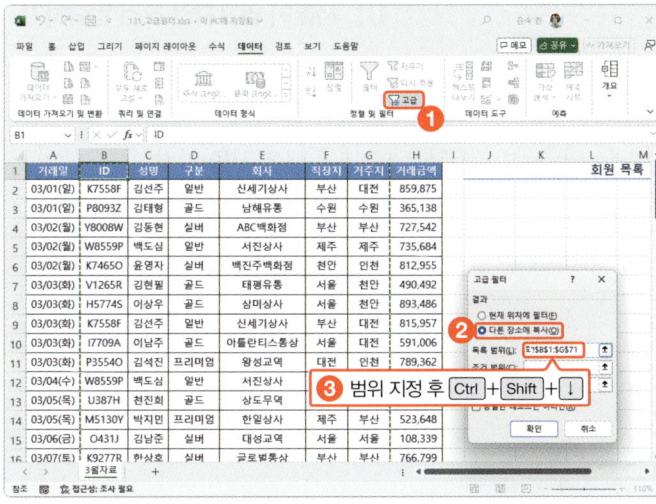

**01 고급 필터 결과 옵션 및 목록 범위 지정하기**

① [데이터] 탭-[정렬 및 필터] 그룹-[고급] 클릭

② [고급 필터] 대화상자에서 [다른 장소에 복사] 선택

③ [목록 범위]에 기존 범위가 있다면 삭제 후 [B1:G1] 범위 지정하고 Ctrl + Shift + ↓ 를 눌러 [B1:G71] 범위를 지정합니다.

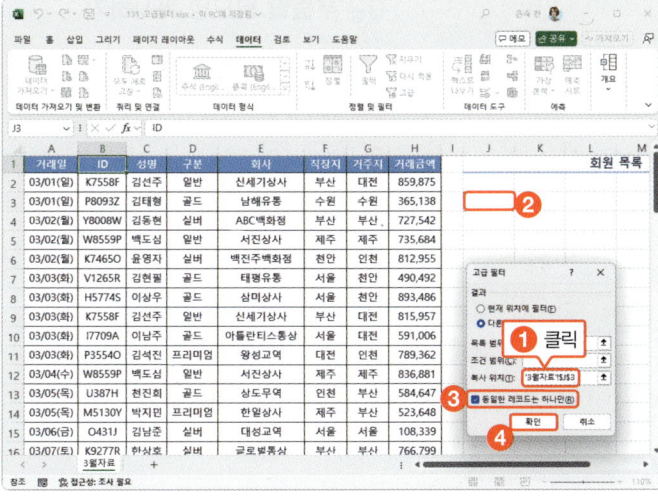

**02 결과 위치 및 중복 제외 옵션 지정하기**

① [복사 위치] 입력란 클릭
② [J3] 셀 클릭
③ [동일한 레코드는 하나만] 체크
④ [확인]을 클릭합니다.

**Tip** 추출 조건이 별도로 없으므로 조건 범위 입력란은 비워 두었습니다. [J3] 셀 위치부터 중복 항목을 제외한 고유 회원 정보 목록이 추출됩니다.

## 실무 132 조건에 따라 일부 필드만 다른 장소에 필터링하기

실습 파일 CHAPTER04\132_고급필터.xlsx | 완성 파일 CHAPTER04\132_고급필터_완성.xlsx

고급 필터 시 복사 위치에 추출할 필드명을 미리 입력하면 해당 필드만 추출합니다. 직장지가 서울이거나 거주지가 서울인 회원 목록을 추출하되 성명, 구분, 직장지, 거주지 필드만을 추출해보겠습니다.

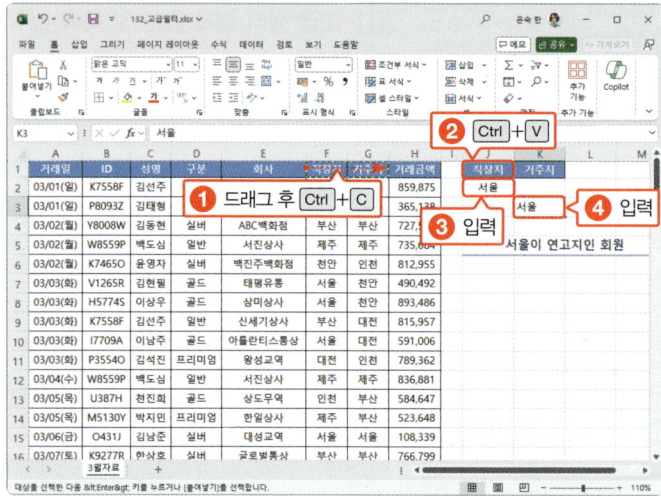

**01 서울이 연고지인 조건 입력하기**

1. [F1:G1] 범위 지정 후 Ctrl + C
2. [J1] 셀 클릭 후 Ctrl + V
3. [J2] 셀에 **서울** 입력
4. [K3] 셀에 **서울**을 입력합니다.

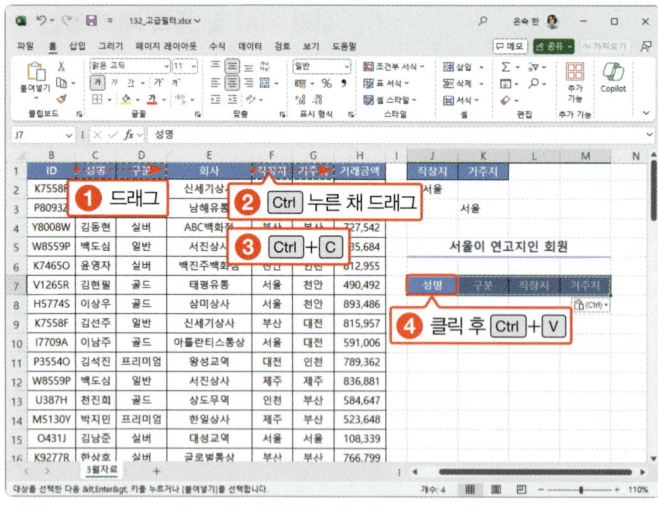

**02 추출할 필드명 복사하기**

1. [C1:D1] 범위 지정
2. Ctrl 누른 채 [F1:G1] 범위 드래그
3. Ctrl + C
4. [J7] 셀 클릭 후 Ctrl + V를 눌러 붙여 넣습니다.

## 03 고급 필터 결과 옵션 및 목록 범위 지정하기

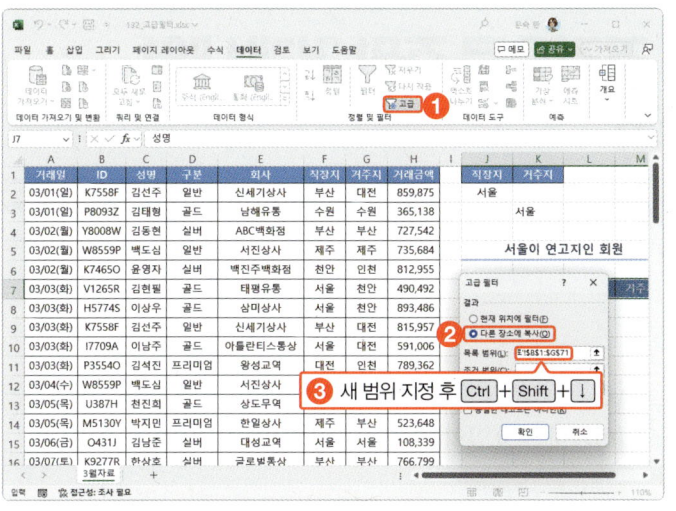

❶ [데이터] 탭-[정렬 및 필터] 그룹-[고급] 클릭

❷ [고급 필터] 대화상자에서 [다른 장소에 복사] 선택

❸ [목록 범위]에서 기존 범위는 삭제하고 [B1:G1] 범위 지정 후 Ctrl + Shift + ↓ 를 눌러 [B1:G71] 범위를 지정합니다.

**Tip** 목록 범위에 이미 [B1:G71] 범위가 지정되어 있다면 다시 지정하지 않아도 됩니다.

## 04 조건 범위 및 복사 위치 지정하기

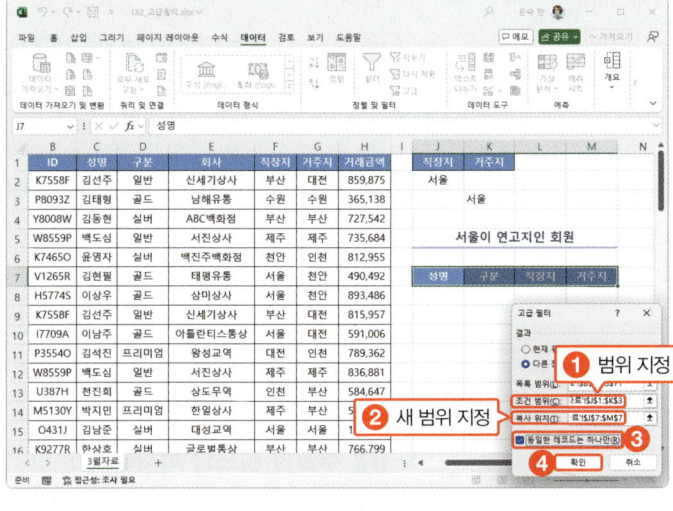

❶ [조건 범위] 입력란 클릭 후 [J1:K3] 범위 지정

❷ [복사 위치] 입력란 클릭 후 기존 범위가 남아 있다면 삭제하고 [J7:M7] 범위 지정

❸ [동일한 레코드는 하나만] 체크

❹ [확인]을 클릭합니다.

**Tip** 직장지가 서울이거나 거주지가 서울인 회원 목록만 추출되며 복사 위치에 있는 필드만 추출됩니다.

---

### Note  [고급 필터] 대화상자의 각 옵션은 어떤 역할을 하나요?

[고급 필터] 대화상자의 각 범위와 옵션은 다음과 같습니다.

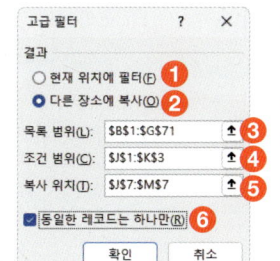

❶ 추출 결과를 원본 데이터 목록이 위치한 곳에 표시합니다.
❷ 추출 결과를 다른 위치에 표시합니다.
❸ 추출할 원본 데이터 목록의 셀 범위를 지정합니다.
❹ 찾을 조건이 입력된 셀 범위를 지정합니다.
❺ [다른 장소에 복사]를 선택한 경우 데이터가 추출될 위치를 지정합니다.
❻ 체크하면 동일한 레코드가 있을 때 하나만 표시합니다.

SECTION 04 데이터 정렬 및 필터링하기 **315**

실무

# 133 함수식을 조건으로 주말 거래 내역 필터링하기

실습 파일 CHAPTER04\133_고급필터.xlsx | 완성 파일 CHAPTER04\133_고급필터_완성.xlsx

수식을 조건으로 필터링해야 할 때도 고급 필터를 사용합니다. 날짜에서 요일 번호를 가져오는 **WEEKDAY 함수를 사용해 거래일이 일요일이거나 토요일인 데이터를 필터링해보겠습니다.**

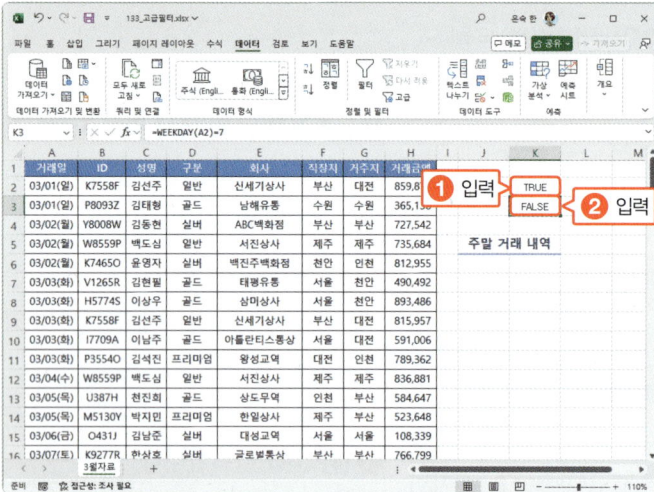

**01 주말 거래 조건 입력하기**

❶ [K2] 셀에 =WEEKDAY(A2)=1 입력

❷ [K3] 셀에 =WEEKDAY(A2)=7을 입력합니다.

**Tip** 수식을 조건으로 지정할 때 기준 셀은 조건 목록의 첫 번째 셀을 지정합니다. 따라서 거래일의 첫 번째 셀 [A2]를 지정했습니다.

**Tip** WEEKDAY 함수의 인수로 날짜 셀을 지정하면 요일 번호를 반환합니다. 1~7의 번호는 각각 일요일~토요일을 의미합니다.

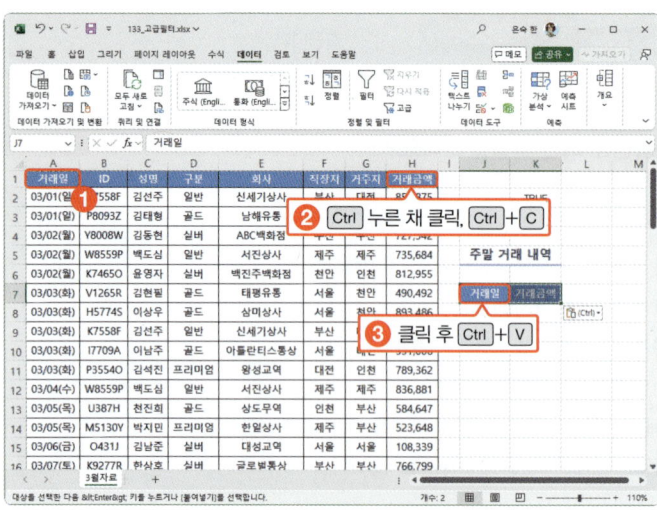

**02 추출할 필드명 복사하기**

❶ [A1] 셀 클릭

❷ Ctrl 누른 채 [H1] 셀 클릭 후 Ctrl + C

❸ [J7] 셀 클릭 후 Ctrl + V 를 눌러 붙여 넣습니다.

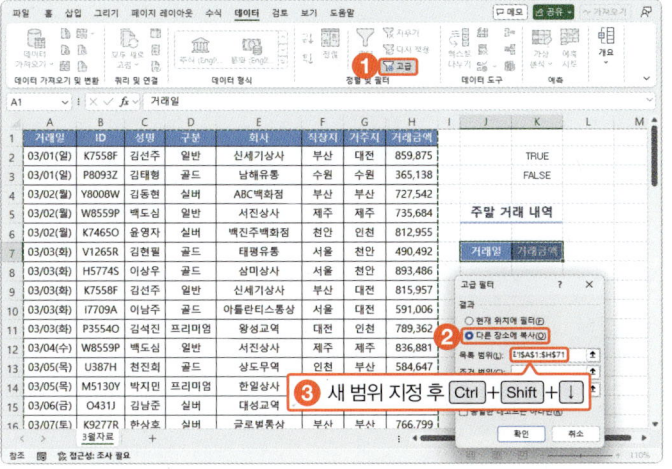

## 03 고급 필터 결과 옵션 및 목록 범위 지정하기

❶ [데이터] 탭-[정렬 및 필터] 그룹-[고급] 클릭

❷ [고급 필터] 대화상자에서 [다른 장소에 복사] 선택

❸ [목록 범위]에서 기존 범위는 삭제하고 [A1:H1] 범위 지정 후 Ctrl + Shift + ↓를 눌러 [A1:H71] 범위를 지정합니다.

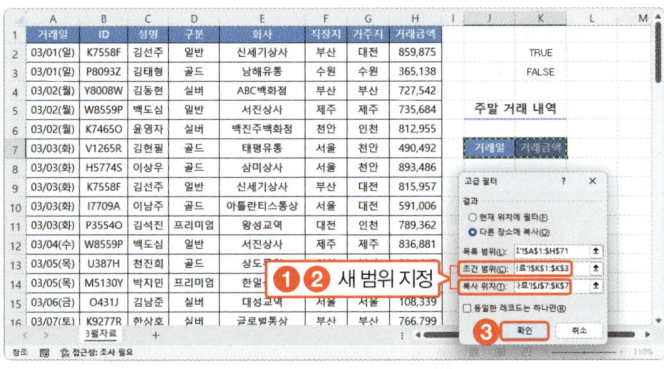

## 04 조건 범위 및 복사 위치 지정하기

❶ [조건 범위] 입력란 클릭 후 [K1:K3] 범위 지정

❷ [복사 위치] 입력란 클릭 후 [J7:K7] 범위 지정

❸ [확인]을 클릭합니다.

**Tip** 거래일이 토요일이거나 일요일인 거래 내역 목록이 추출됩니다.

---

### Note 》 고급 필터의 조건 지정 규칙

자동 필터로 여러 필드에 필터 조건을 지정하면 AND 조건으로 결합되어 필터링되는 데이터 목록이 점점 적어집니다. 조건이 복잡하거나 여러 필드를 OR 조건으로 결합해서 필터링할 때 혹은 결과를 다른 위치에 추출할 때는 고급 필터를 사용하여 필터링할 수 있습니다. 고급 필터를 사용하려면 데이터 목록과 떨어진 위치에 다음과 같은 규칙에 따라 미리 조건을 입력해놓아야 합니다.

❶ 조건을 지정할 범위의 첫 행에는 원본 데이터 목록의 필드명을 입력하고 그 아래 행에 조건을 입력합니다.

❷ 조건을 서로 같은 행에 입력하면 AND 조건으로 추출합니다.

| 회사 | 거주지 |
|---|---|
| *백화점 | 서울 |

▲ 회사가 '백화점'으로 끝나고, 거주지가 서울인 경우를 추출

❸ 조건을 입력할 때 다른 행에 입력하면 OR 조건으로 추출합니다.

| 구분 | 거래금액 |
|---|---|
| 프리미엄 | |
| | >=9000000 |

▲ 구분이 프리미엄이거나 거래금액이 9백만 이상인 경우를 추출

❹ 수식이나 함수식을 조건식으로 할 때는 조건 필드명을 비워둔 채로 빈 셀과 함께 범위를 지정합니다.

▲ [A2] 셀의 요일이 일요일이거나 토요일인 경우를 추출

# SECTION 05

# 데이터 집계 및 분석하기

## 기초

# 134 부분합으로 매출집계 요약하기

실습 파일 CHAPTER04\134_부분합.xlsx | 완성 파일 CHAPTER04\134_부분합_완성.xlsx

**부분합 기능을 사용하여 데이터 목록 중 원하는 필드의 그룹별로 소계를 구할 수 있습니다.** 부분합을 구하려면 먼저 부분합을 구할 필드별로 정렬해야 합니다. 대리점별 매출 데이터 목록을 가지고 대리점과 품목별 수량과 매출금액의 부분합을 구해보겠습니다.

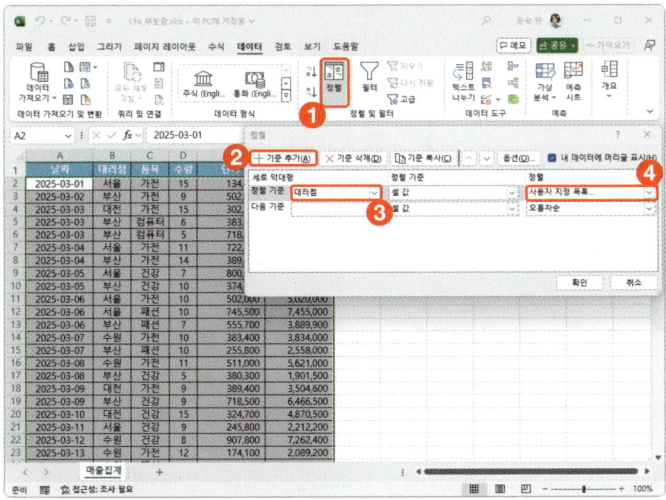

**01 부분합 그룹 필드 정렬하기**

① [데이터] 탭-[정렬 및 필터] 그룹-[정렬] 클릭

② [정렬] 대화상자에서 [기준 추가] 클릭

③ 첫 번째 정렬 기준 [대리점] 선택

④ 정렬에서 [사용자 지정 목록]을 선택합니다.

**Tip** 정렬 명령을 선택할 때는 데이터 목록의 임의의 셀이 선택되어 있어야 합니다.

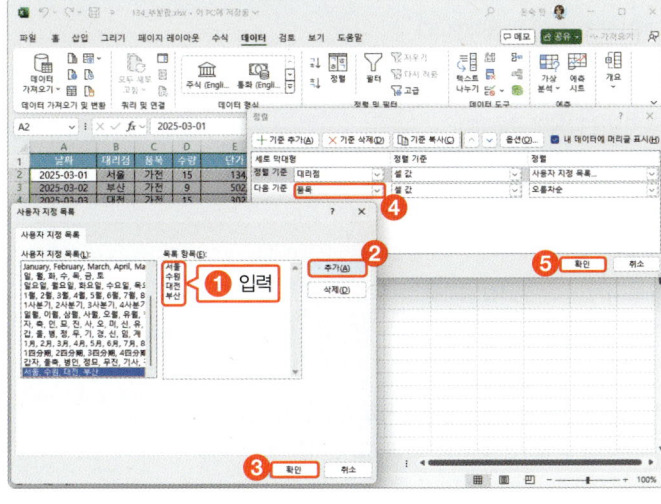

**02 사용자 지정 목록 추가 및 정렬하기**

① [사용자 지정 목록] 대화상자의 [목록 항목]에 **서울, 수원, 대전, 부산** 입력

② [추가] 클릭

③ [확인] 클릭

④ [정렬] 대화상자 두 번째 기준에서 [품목] 선택

⑤ [확인]을 클릭합니다.

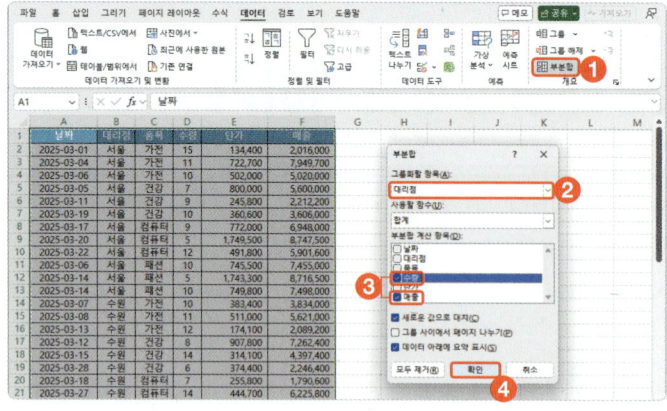

## 03 대리점별 수량과 매출 합계 삽입하기

❶ [데이터] 탭-[개요] 그룹-[부분합] 클릭

❷ [부분합] 대화상자의 [그룹화할 항목]에서 [대리점] 선택

❸ [부분합 계산 항목]에서 [수량]과 [매출] 체크

❹ [확인]을 클릭합니다.

## 04 품목별 매출 합계 추가 삽입하기

❶ [데이터] 탭-[개요] 그룹-[부분합] 클릭

❷ [부분합] 대화상자의 [그룹화할 항목]에서 [품목] 선택

❸ [새로운 값으로 대치] 체크 해제

❹ [확인]을 클릭합니다.

---

**Note** 부분합 작성 순서는 무엇이며 [부분합] 대화상자의 구성 요소는 어떤 역할을 하나요?

부분합을 사용하면 함수를 직접 입력하지 않고도 데이터 목록 사이에 소계를 삽입할 수 있습니다. 부분합을 작성하려면 먼저 부분합의 기준이 되는 필드를 기준으로 정렬한 후 [데이터] 탭-[개요] 그룹-[부분합]을 클릭합니다. [부분합] 대화상자에서 각 구성 요소를 선택한 후 [확인]을 클릭합니다. 부분합을 추가 삽입하려면 다시 [데이터] 탭-[개요] 그룹-[부분합]을 클릭하고 대화상자에서 각 구성 요소를 선택합니다. [새로운 값으로 대치]를 체크 해제한 후 [확인]을 클릭합니다.

부분합에서 사용할 수 있는 함수는 [합계], [개수], [평균], [최대], [최소], [곱], [숫자 개수], [표본 표준 편차], [표준 편차], [표본 분산], [분산]이 있으며, [부분합] 대화상자의 각 구성 요소의 역할은 다음과 같습니다.

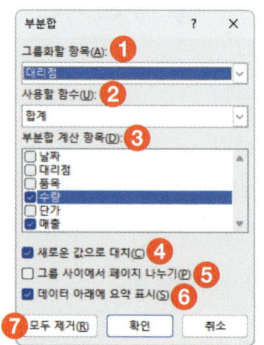

❶ **그룹화할 항목** : 값을 구하는 기준이 되는 정렬된 필드입니다.

❷ **사용할 함수** : 그룹화할 필드에 적용할 함수를 선택합니다.

❸ **부분합 계산 항목** : 함수를 적용해서 계산할 필드를 선택합니다.

❹ **새로운 값으로 대치** : 기존 부분합 결과를 없애고, 현재의 결과로 대치합니다.

❺ **그룹 사이에서 페이지 나누기** : 각 그룹 다음에 페이지가 나눠집니다. 목록이 길 때 사용합니다.

❻ **데이터 아래에 요약 표시** : 부분합 결과를 표시할 위치를 선택합니다.

❼ **모두 제거** : 부분합을 해제하고 원본 데이터 목록을 표시합니다.

# 135 여러 데이터 목록 통합 집계하기

실습 파일 CHAPTER04\135_통합.xlsx | 완성 파일 CHAPTER04\135_통합_완성.xlsx

**통합 기능은 여러 데이터 목록을 통합하여 다른 위치에 필드의 항목별로 집계를 낼 수 있습니다.** 서울 지역과 부산 지역의 판매 현황 데이터 목록에서 제품별, 분류별 날짜별 판매 집계를 작성해보겠습니다.

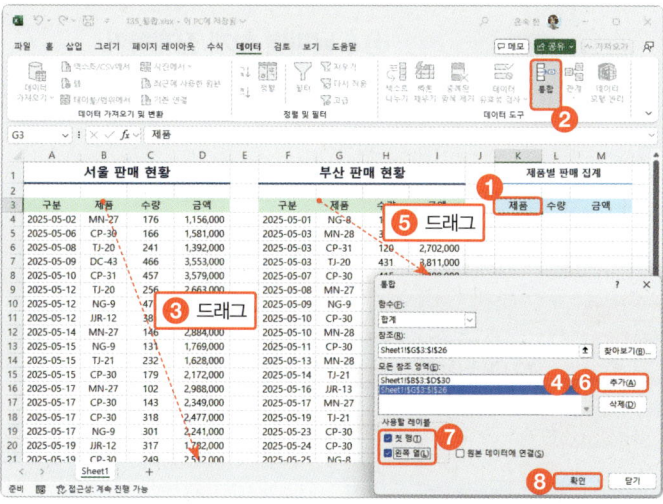

## 01 제품별 합계 집계하기

1. [K3] 셀 클릭
2. [데이터] 탭-[데이터 도구] 그룹-[통합] 클릭
3. [B3:D30] 범위 지정
4. [통합] 대화상자의 [추가] 클릭
5. [G3:I26] 범위 지정
6. [추가] 클릭
7. [첫 행], [왼쪽 열] 체크
8. [확인]을 클릭합니다.

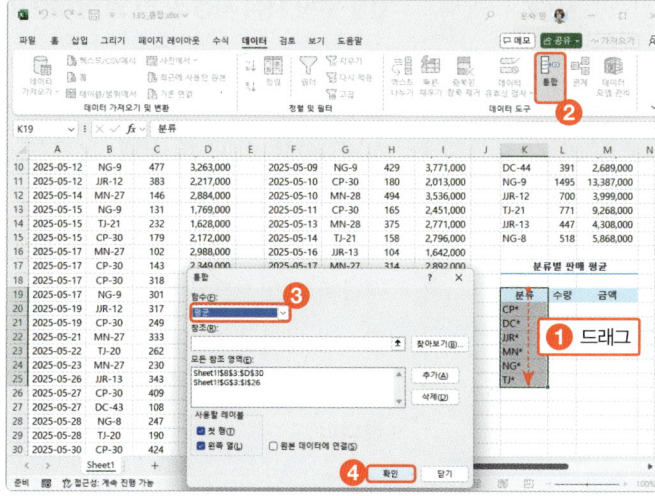

## 02 제품 분류별 평균 집계하기

1. [K19:K25] 범위 지정
2. [데이터] 탭-[데이터 도구] 그룹-[통합] 클릭
3. [통합] 대화상자의 함수에서 [평균] 선택
4. [확인]을 클릭합니다.

**Tip** 분류 범위에 입력한 대표 문자에 따른 제품 항목의 평균 수량과 평균 금액이 집계됩니다.

**Tip** 대상 범위의 첫 열에 미리 집계할 제품명을 입력하고 범위를 지정한 후 통합하면 입력한 제품 항목만 집계합니다. 별표(*) 대표 문자를 사용해 제품 분류 항목을 입력하여 집계할 수도 있습니다. 예를 들어 CP*는 CP로 시작하는 제품입니다.

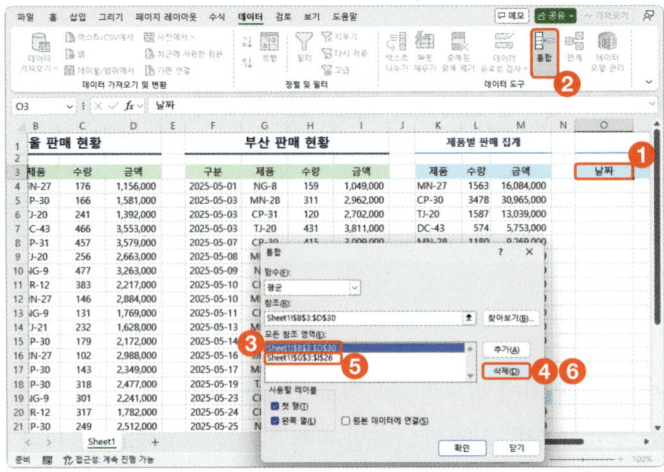

## 03 기존 참조 영역 삭제하기

① [O3] 셀 클릭

② [데이터] 탭-[데이터 도구] 그룹-[통합] 클릭

③ [통합] 대화상자에서 첫 번째 참조 영역 클릭

④ [삭제] 클릭

⑤ 두 번째 참조 영역 클릭

⑥ [삭제]를 클릭합니다.

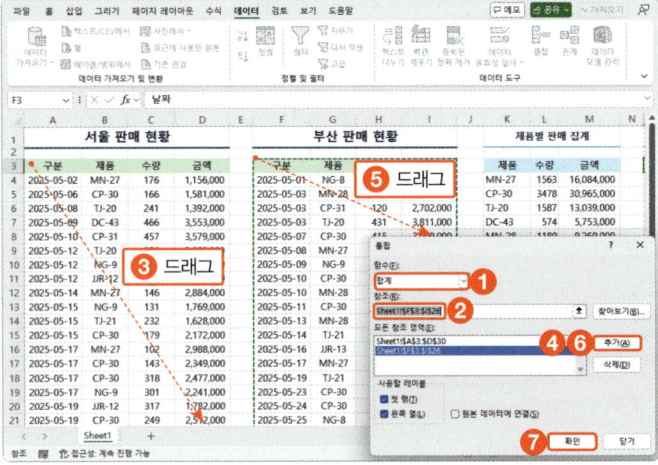

## 04 날짜별 합계 집계하기

① [통합] 대화상자의 함수에서 [합계] 선택

② [참조] 입력란 클릭

③ [A3:D30] 범위 지정

④ [추가] 클릭

⑤ [F3:I26] 범위 지정

⑥ [추가] 클릭

⑦ [확인]을 클릭합니다.

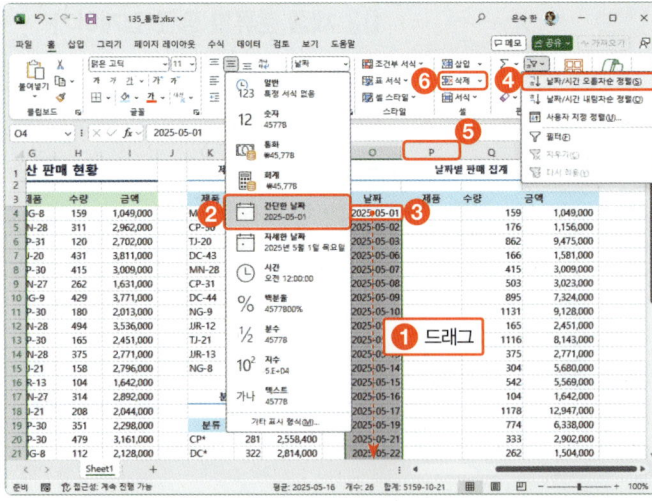

## 05 날짜 서식 지정 및 빈 열 삭제하기

① [O4:O29] 범위 지정

② [홈] 탭-[표시 형식] 그룹-[표시 형식]-[간단한 날짜] 선택

③ [O4] 셀 클릭

④ [홈] 탭-[편집] 그룹-[정렬 및 필터]-[날짜/시간 오름차순 정렬] 선택

⑤ P열 머리글 클릭

⑥ [홈] 탭-[셀] 그룹-[삭제]를 클릭합니다.

**Tip** 통합 기능은 지정한 참조 영역에서 첫 행과 왼쪽 열만을 레이블로 사용하며, 문자 데이터 열은 계산되지 않습니다. 따라서 계산되지 않은 빈 열은 삭제합니다.

실무

# 136 투자비용에 대한 미래가치 목표값 찾기

실습 파일 CHAPTER04\136_목표값찾기.xlsx | 완성 파일 CHAPTER04\136_목표값찾기_완성.xlsx

**목표값 찾기 기능을 사용하면 수식의 결과를 다른 값으로 만들기 위해 수식에 사용된 참조 셀의 값을 변경할 수 있습니다.** 실습 파일에서 12개월 이자율 적용 복리 계산식이 작성되어 있는 [C11] 셀의 결과가 150,000,000이 되려면 기간을 몇 년으로 늘려야 하는지 목표값 찾기를 사용해 구해보겠습니다.

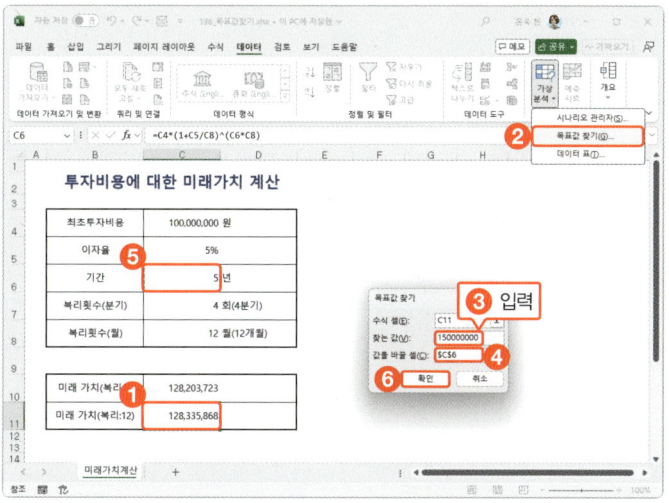

**01 목표값 찾기**

❶ [C11] 셀 클릭

❷ [데이터] 탭-[예측] 그룹-[가상 분석]-[목표값 찾기] 선택

❸ [목표값 찾기] 대화상자의 [찾는 값]에 **150000000** 입력

❹ [값을 바꿀 셀]란 클릭

❺ [C6] 셀 클릭

❻ [확인]을 클릭합니다.

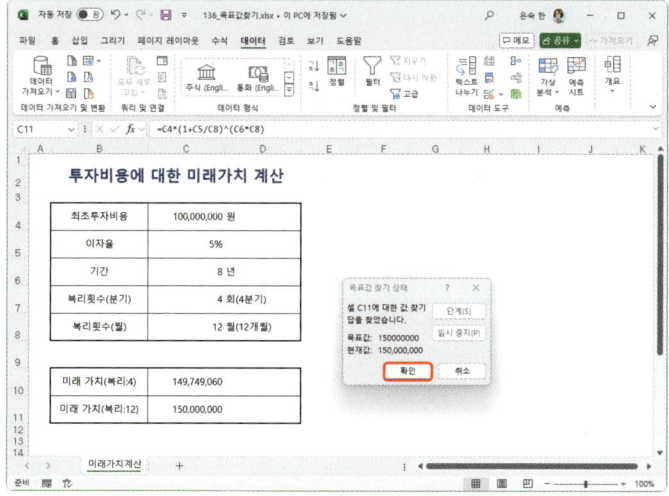

**02 목표값 찾기 상태 확인하기**

[목표값 찾기 상태] 대화상자의 [확인]을 클릭합니다.

**Tip** 목표값이 150,000,000으로 변경되면서 [C6] 셀의 기간이 8년으로 변경됩니다.

> **Note** 목표값 찾기는 어떤 기능을 하나요?

목표값 찾기는 수식을 통해 얻어진 결괏값을 다른 값으로 만들기 위해 그 수식이 참조하는 하나의 셀 값을 변경시키는 기능입니다. 따라서 [목표값 찾기]에서 [수식 셀]에는 당연히 수식이 있어야 하며 이 수식 셀의 결괏값에 대해 목표로 하는 값을 [찾는 값]에 입력하면 됩니다. [값을 바꿀 셀]은 수식 셀과 연관되는 셀이어야 하며 수식이 아닌 값이 있어야 합니다. 즉, [수식 셀]에는 수식이 입력되어 있는 [C10] 셀이나 [C11] 셀을 지정할 수 있으며, [값을 바꿀 셀]은 수식에서 참조된 값이 입력되어 있는 최초투자비용, 이자율, 기간 셀 중에서 선택할 수 있습니다.

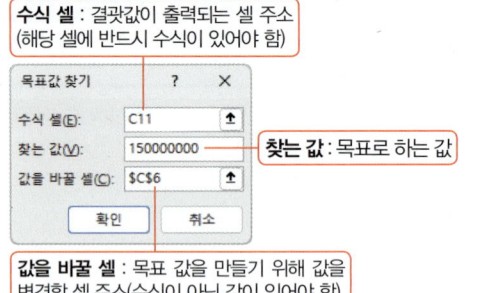

**수식 셀**: 결괏값이 출력되는 셀 주소 (해당 셀에 반드시 수식이 있어야 함)

**찾는 값**: 목표로 하는 값

**값을 바꿀 셀**: 목표 값을 만들기 위해 값을 변경할 셀 주소(수식이 아닌 값이 있어야 함)

실무

# 137 방문고객 수 예측 시트 만들기

실습 파일 CHAPTER04\137_예측시트.xlsx | 완성 파일 CHAPTER04\137_예측시트_완성.xlsx

예측 시트를 사용하면 함수를 따로 작성하지 않고도 예측 값과 예측 차트를 작성할 수 있습니다. 5년간 월별 방문고객 수 데이터를 가지고 이후 2년간의 방문고객 수를 예측하는 워크시트를 작성해보겠습니다.

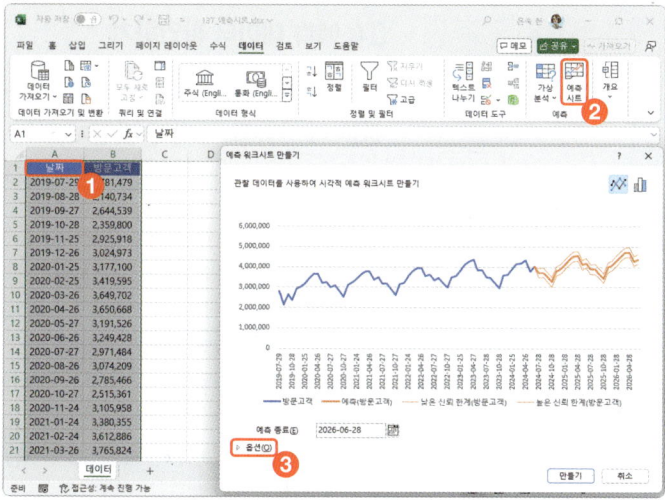

## 01 예측 시트 만들기

❶ [A1] 셀 클릭

❷ [데이터] 탭-[예측] 그룹-[예측 시트] 클릭

❸ [예측 워크시트 만들기] 대화상자의 [옵션]을 클릭합니다.

Tip 오른쪽 상단의 막대 차트 아이콘을 클릭하면 막대 차트가 삽입됩니다.

## 02 누락된 요소를 0으로 처리하기

❶ [누락된 요소 채우기 방법]에서 [영(0)] 선택

❷ [만들기]를 클릭합니다.

Tip 데이터 중 누락된 날짜의 값은 0으로 처리됩니다.

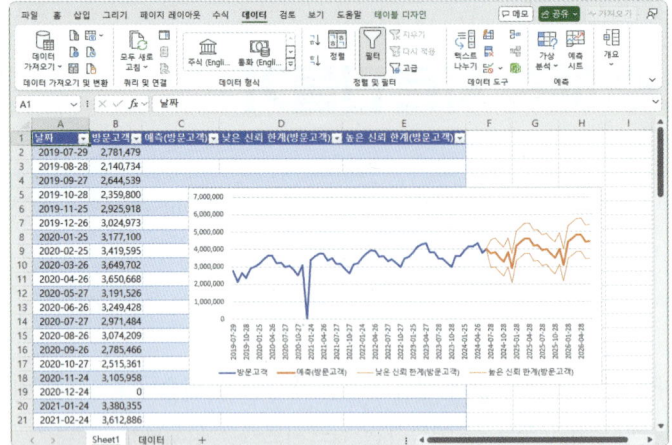

### 03 차트 확인하기

새로운 시트에 기존 데이터가 복사되고 예측 데이터와 예측 차트가 삽입됩니다.

**Tip** [데이터] 시트의 원본 데이터는 2024-06-28까지의 데이터가 있으므로 차트에서 2024-07-28부터는 예측 값입니다.

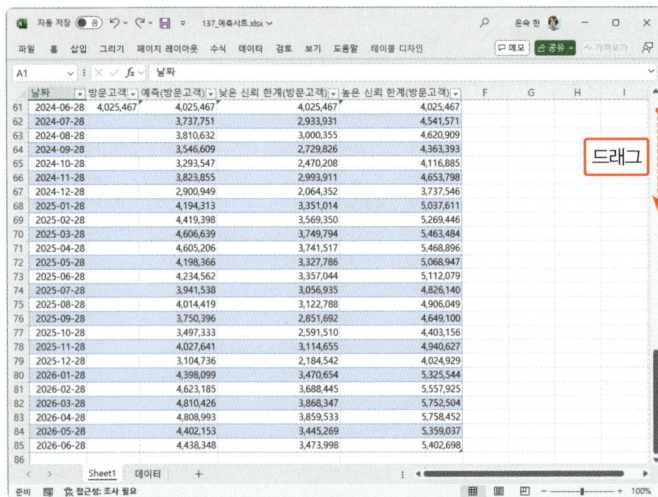

### 04 예측 데이터 확인하기

수직 이동 바를 아래로 드래그하여 원본 데이터의 마지막 값인 2024-06-28부터 표시합니다.

**Tip** 2024-07-28~2026-06-28까지 2년간의 예측 데이터가 생성되었습니다. 예측(방문고객), 낮은 신뢰 한계(방문고객), 높은 신뢰 한계(방문고객) 필드에는 함수식이 작성되어 있습니다. 함수식은 수동으로 편집할 수 있으며 원본 데이터인 [데이터] 시트에서 옵션을 다르게 지정하여 다른 예측 시트를 작성할 수 있습니다.

---

**Note** 예측 값과 신뢰 구간 값을 구하는 함수는 각각 무엇인가요?

[예측(방문고객)]은 예측 값을 구하는 FORECAST.ETS 함수로 구해진 방문고객 예측 값입니다. 즉, 마지막 날짜로부터 한 달 뒤부터 예측되는 방문고객 수입니다. [C62] 셀을 클릭하면 수식 입력줄에 FORECAST.ETS 함수식이 작성되어 있습니다.

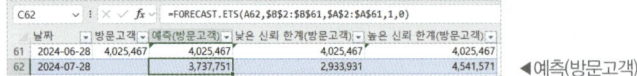
◀예측(방문고객)

정확한 예측 값은 없으므로 예측 값에 대한 오차 범위 즉, 신뢰 구간 값을 구했습니다. 신뢰 구간은 FORECAST.ETS.CONFINT 함수로 구합니다. [낮은 신뢰 한계(방문고객)]은 [예측(방문고객)] 값에서 신뢰 구간 값을 뺀 값입니다. [높은 신뢰 한계(방문고객)]은 [예측(방문고객)] 값에 신뢰 구간 값을 더한 값입니다.

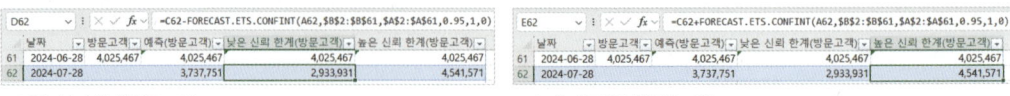

▲ 낮은 신뢰 한계(방문고객)   ▲ 높은 신뢰 한계(방문고객)

즉, 2024-07-28의 예측되는 방문고객은 3,737,751명, 오차 범위 2,933,931명~4,541,571명 사이로 볼 수 있습니다.

### Note  예측 워크시트는 어떻게 만들 수 있나요?

미래의 매출액이나 수요에 대한 예측 값은 제품의 생산량이나 유통 일정, 예산 등을 계획할 때 사용할 수 있습니다. 예측 값을 구하기 위해 FORECAST 함수를 비롯한 다양한 통계 함수를 직접 작성하여 표를 만들거나 예측 값을 시각화하여 보여주는 차트를 작성하기도 합니다. 엑셀 2016 버전 이후부터 추가된 예측 시트를 사용하면 통계 함수를 작성하거나 차트를 별도로 작성하지 않아도 예측 값을 구하고 예측 차트를 만들어줍니다. 예측 시트에서 데이터 예측 값은 지수 평활법(ETS) 알고리즘을 사용하여 미래 값을 예측하는 FORECAST.ETS 함수로 구합니다. 신뢰 구간을 나타내는 한계 값은 FORECAST.ETS.CONFINT 함수를 사용해 구합니다. 예측 표와 차트를 만들려면 날짜나 시간 항목과 그에 따른 수치 값 항목 두 개의 열이 있어야 합니다.

[예측 워크시트 만들기] 대화상자의 각 옵션 항목은 다음과 같습니다.

| 옵션 | 설명 |
| --- | --- |
| 예측 시작 | 예측을 시작할 날짜를 선택합니다. 원본 데이터 범위의 날짜 중 마지막 날짜가 선택되어 있지만, 예측 시작일은 수정할 수 있습니다. 마지막 날짜의 앞에서 예측을 시작하게 하면 마지막 날짜의 앞에서 예측된 값을 실제 데이터와 비교하여 예측 정확도를 추측할 수 있습니다. 그러나 예측은 모든 기록 데이터을 사용하여 얻는 것이 더 정확하기 때문에 마지막 날짜를 사용하는 것이 더 좋습니다. |
| 신뢰 구간 | 신뢰 구간을 표시할 것인지를 선택합니다. |
| 계절성 | 계절성이란 데이터가 변하는 패턴 주기를 말합니다. [자동 검색]을 선택하면 날짜 목록에서 패턴 주기를 자동으로 검색합니다. 예를 들어 월 단위로 변하는 날짜 데이터라면 [계절성]은 12로 설정됩니다. 계절성을 수동으로 설정할 때는 2 미만의 기록 데이터 값은 피하는 것이 좋습니다. 2 미만으로는 엑셀에서 계절 구성 요소를 식별할 수 없기 때문에 정확한 예측 값에서 멀어집니다. 또한 패턴 주기가 불규칙하여 알고리즘이 자동으로 검색할 수 없는 경우 예측이 선형 추세로 되돌아갑니다. |
| 시간 표시줄 범위 | 예측을 위해 선택한 데이터 범위 중 날짜나 시간 범위입니다. |
| 값 범위 | 시간 표시줄 범위에 따른 데이터 값 범위입니다. |
| 누락된 요소 채우기 방법 | 데이터 목록 중 누락된 날짜나 시간이 있는 경우에 대한 처리 옵션입니다. [보간]을 선택하면 누락된 지점에 인접한 요소의 평균으로 연결하며, [영(0)]을 선택하면 누락된 요소 값을 0으로 처리합니다. |
| 중복 집계 방법 | 동일한 날짜나 시간에 해당하는 값이 여러 개 포함되어 있는 경우 중복 값을 어떻게 집계할지 선택합니다. 기본 항목은 [평균]이며 중간 값 등 다른 집계 방법을 목록에서 선택할 수 있습니다. |
| 예측 통계 포함 | 예측 값의 통계 정보를 추가하려면 선택합니다. |

### Note  지수 평활법(Exponential Smoothing)이란?

미래의 매출액, 수요 등을 예측하기 위해 쓰이는 데이터 예측 방법 중 하나입니다. 일정 기간의 데이터 평균을 이용하는 이동 평균법과 달리 모든 시계열 자료를 사용하여 평균을 구하며 시간의 흐름에 따라 최근 데이터에 더 많은 가중치를 부여하여 미래 값을 예측하는 방법입니다. 데이터들이 시간의 지수 함수에 따라 가중치를 가지므로 지수 평활법이라고 합니다. 이 방법은 어떤 추세나 계절적인 패턴을 고려하지 않는 단순한 과거의 판매 실적이나 과거 예측 두 가지를 고려하여 예측합니다. Smoothing이란 단어처럼 급격한 변화에 대해서는 일정 부분 이상은 예외치로 보며 평균값이 서서히 변화하는 모델에 적용 가능합니다.

기초

# 138 피벗 테이블 삽입하고 필드 배치하기

**실습 파일** CHAPTER04\138_피벗테이블.xlsx | **완성 파일** CHAPTER04\138_피벗테이블_완성.xlsx

날짜, 지역, 제품유형, 판매유형, 판매수량 데이터 목록으로 제품유형별, 지역별, 연도별로 판매수량 요약 집계를 표시하는 피벗테이블을 작성해보겠습니다.

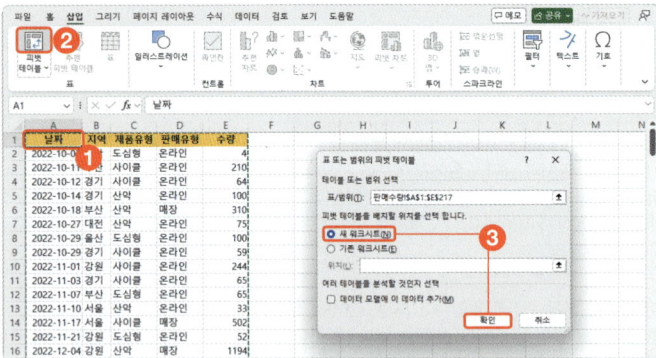

## 01 피벗 테이블 삽입하기

❶ [A1] 셀 클릭
❷ [삽입] 탭-[표] 그룹-[피벗 테이블] 클릭
❸ [표 또는 범위의 피벗 테이블] 대화상자에서 [새 워크시트]가 선택된 상태에서 [확인]을 클릭합니다.

**Tip** 요약 집계할 원본 데이터 목록 내의 셀(A1)이 선택되어 있어서 표/범위 입력란에 데이터 목록 범위가 지정되었습니다. 새로운 시트가 삽입되면서 피벗 테이블이 작성되고 오른쪽에 [피벗 테이블 필드] 창이 표시됩니다.

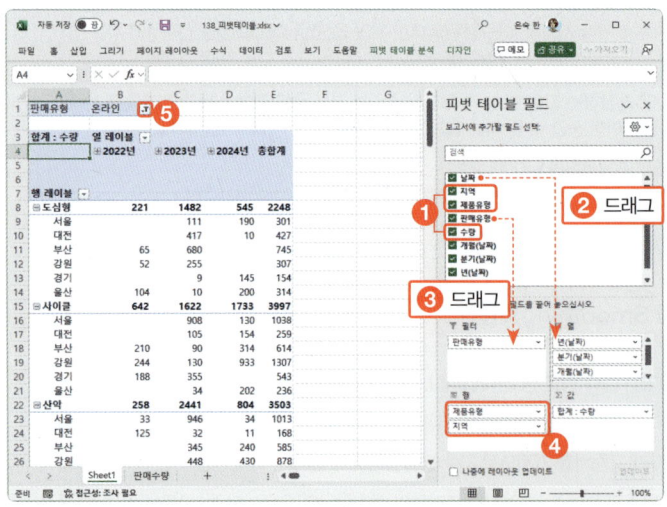

## 02 피벗 테이블 필드 배치하기

❶ [피벗 테이블 필드] 창에서 [지역], [제품유형], [수량] 체크
❷ [날짜]를 [열] 영역에 드래그
❸ [판매유형]을 [필터] 영역에 드래그
❹ [행] 영역의 첫 번째 항목으로 들어간 [지역]을 [제품유형] 아래로 드래그
❺ [B1] 셀의 필터 목록 버튼을 클릭하고 [온라인]을 선택합니다.

**Tip** 판매유형이 온라인인 제품유형, 지역, 연도별, 판매 수량 합계가 집계됩니다.

**Tip** 필드 목록에서 숫자 데이터인 필드를 선택하면 기본적으로 [값] 영역으로 들어가며, 날짜, 문자 데이터인 필드는 [행] 영역으로 들어갑니다. [필터] 영역과 [열] 영역에 넣으려면 필드 목록에서 각 필드 항목을 직접 드래그해 넣어야 합니다.

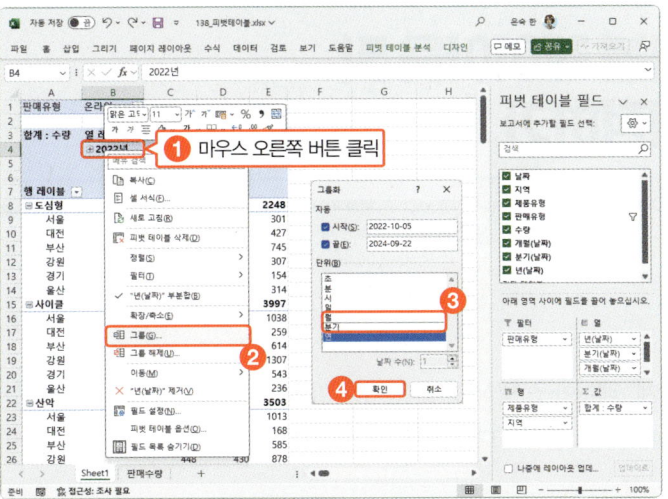

## 03 날짜 그룹화 설정하기

❶ [B4] 셀에서 마우스 오른쪽 버튼 클릭

❷ [그룹] 클릭

❸ [그룹화] 대화상자의 [단위]에서 [월], [분기] 클릭해 선택 해제

❹ [확인]을 클릭합니다.

**Tip** 연도 앞에 확장 버튼[+]이 없어지고 아래쪽에 빈 행도 없어집니다.

---

**Note 날짜 그룹화 항목 확장하기**

날짜 필드를 [행]이나 [열] 영역에 배치하면 기본적으로 [연], [분기], [개월]로 그룹화되고 그룹화된 상태일 때는 연도 항목에 확장 버튼[+]이 표시됩니다. ❶ 연도의 확장 버튼[+]을 클릭하면 아래쪽에 분기가 표시되며 ❷ 분기의 확장 버튼[+]을 클릭하면 아래쪽에 월이 계층적으로 표시됩니다. 날짜 그룹화 항목을 [연] 한 가지만으로 설정하면 확장 버튼이 표시되지 않고 하위 그룹이 표시될 행도 없어집니다. 날짜를 그룹화하지 않고 모든 날짜 항목을 표시하려면 단축 메뉴에서 [그룹 해제]를 선택합니다.

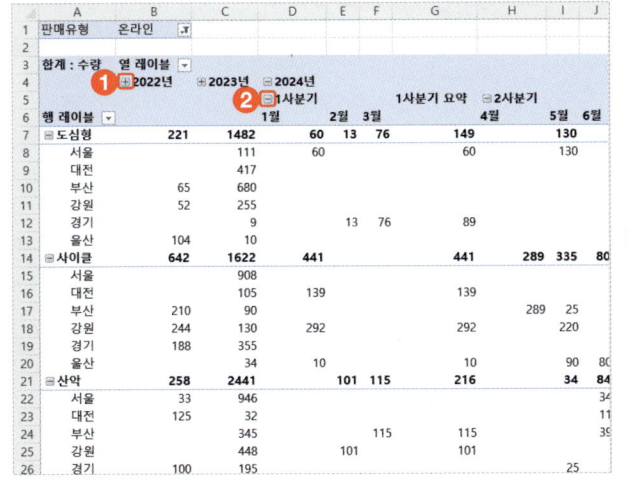

▲ [연], [분기], [월]별로 표시      ▲ [연]으로만 그룹화

## 139 피벗 테이블 레이아웃 및 스타일 지정하기

실습 파일 CHAPTER04\139_피벗테이블.xlsx | 완성 파일 CHAPTER04\139_피벗테이블_완성.xlsx

피벗 테이블 보고서에서 부분합이나 총합계, 레이아웃 형식 등은 행이나 열을 편집하는 것이 아니라 **메뉴**를 통해 선택하거나 해제할 수 있습니다. 피벗 테이블 보고서의 색상과 레이아웃을 변경해보겠습니다.

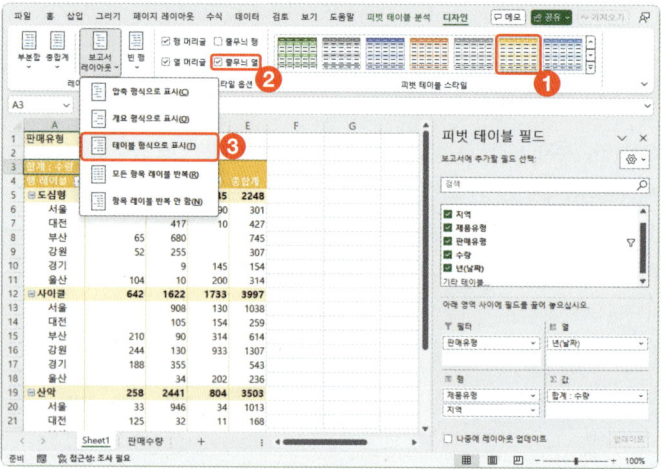

**01 레이아웃 및 스타일 지정하기**

❶ [디자인] 탭-[피벗 테이블 스타일] 그룹의 스타일 갤러리에서 [연한 노랑, 피벗 스타일 보통 12] 선택
❷ [피벗 테이블 스타일 옵션] 그룹의 [줄무늬 열] 체크
❸ [레이아웃] 그룹-[보고서 레이아웃]-테이블 형식으로 표시]를 클릭합니다.

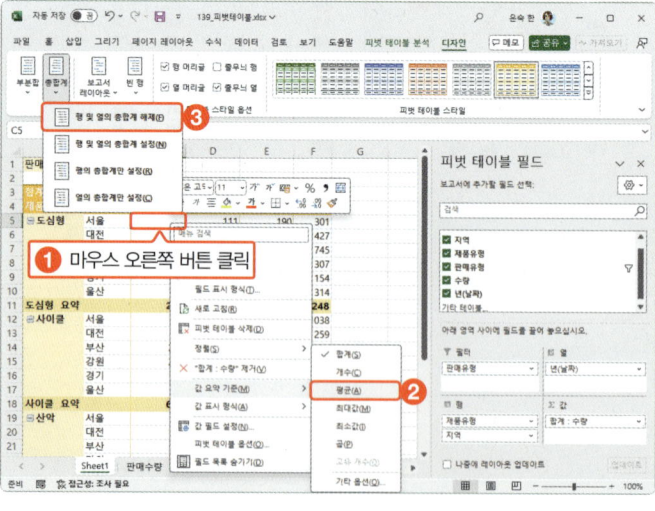

**02 값 요약 기준을 평균으로 변경하고 총합계 해제하기**

❶ [C5] 셀에서 마우스 오른쪽 버튼 클릭
❷ [값 요약 기준]-[평균] 선택
❸ [디자인] 탭-[레이아웃] 그룹-[총합계]-[행 및 열의 총합계 해제]를 선택합니다.

**Tip** 값 영역이 평균값으로 표시됩니다. F열에 있던 행의 총합계와 26행에 있던 열의 총합계가 없어집니다.

**Tip** 값 영역 셀 중 하나에서 마우스 오른쪽 버튼을 클릭하면 단축 메뉴에서 [값 요약 기준] 메뉴가 표시되고 집계 함수를 변경할 수 있습니다.

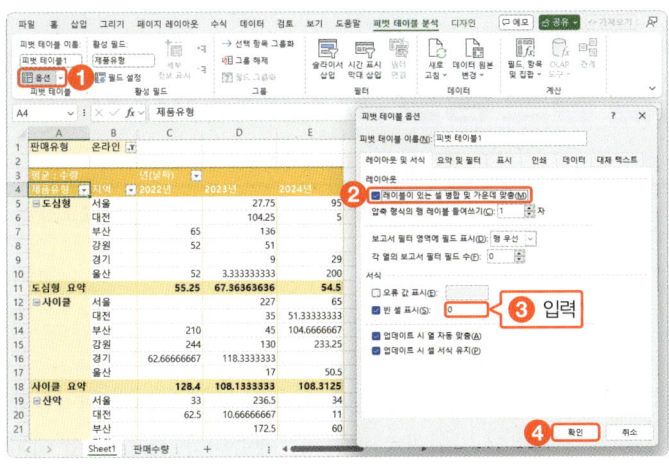

## 03 레이블 셀 병합 및 빈 셀에 0 표시하기

❶ [피벗 테이블 분석] 탭-[피벗 테이블] 그룹-[옵션] 클릭

❷ [피벗 테이블 옵션] 대화상자의 [레이아웃 및 서식] 탭에서 [레이블이 있는 셀 병합 및 가운데 맞춤] 체크

❸ [빈 셀 표시] 입력란에 0 입력

❹ [확인]을 클릭합니다.

**Tip** 피벗 테이블 안에서는 일반적인 셀 병합, 행 삽입, 삭제 등의 작업을 할 수 없습니다. 레이블 셀을 병합하려면 피벗 테이블 옵션을 지정해야 합니다.

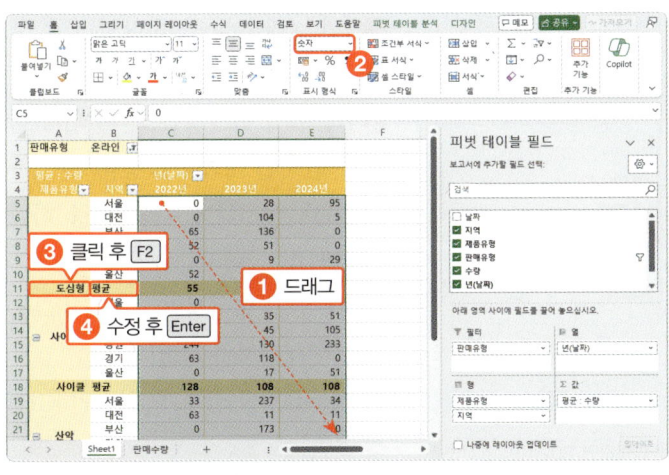

## 04 값 표시 형식 지정 및 부분합 이름 바꾸기

❶ [C5:E25] 범위 지정

❷ [홈] 탭-[표시 형식] 그룹-[표시 형식]-[숫자] 클릭

❸ [A11] 셀 클릭 후 F2

❹ '요약'을 **평균**으로 수정 후 Enter 를 누릅니다.

**Tip** 다른 항목의 부분합 이름도 모두 '평균'으로 바뀝니다.

---

> **Note** 피벗 테이블 보고서의 레이아웃에는 어떤 유형이 있나요?
>
> ❶ **압축 형식** : 여러 필드가 하나의 열에 표시됩니다.
> ❷ **개요 형식** : 하나의 열에 하나의 필드씩 표시되며 부분합은 위에 표시됩니다.
> ❸ **테이블 형식** : 하나의 열에 하나의 필드씩 표시되며 부분합은 아래에 표시됩니다.
> ❹ **모든 항목 레이블 반복** : 여러 필드 중 그룹이 되는 필드명이 반복 표시됩니다(피벗 테이블 옵션에서 셀 병합 해제된 경우).
>
> ▲ 압축 형식    ▲ 개요 형식    ▲ 테이블 형식    ▲ 모든 항목 레이블 반복

## 140 피벗 테이블 필드 정렬 및 필터링하기

실습 파일 CHAPTER04\140_피벗테이블.xlsx | 완성 파일 CHAPTER04\140_피벗테이블_완성.xlsx

피벗 테이블 내에서는 그룹화한 항목별로 정렬 및 필터링할 수 있습니다. 앞에서 작성한 피벗 테이블에서 연도별로 좌우 정렬하고 수량별, 부분합별로 정렬하고 지역별로 필터해보겠습니다. 또한 피벗 테이블에서는 항목을 다중 선택하는 것이 편합니다. 서울 지역만 선택하여 강조 서식을 지정해보겠습니다.

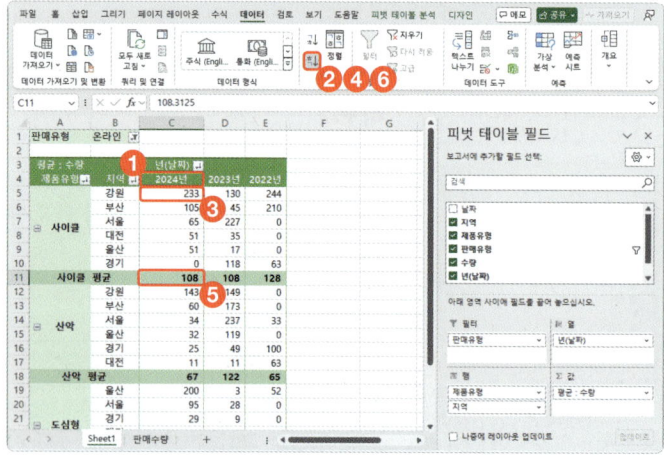

### 01 필드 정렬하기

❶ [년(날짜)] 셀 중 하나인 [C4] 셀 클릭

❷ [데이터] 탭-[정렬 및 필터] 그룹-[날짜/시간 내림차순 정렬] 클릭

❸ 2024년 지역별 수량 셀 중 하나인 [C5] 셀 클릭

❹ [데이터] 탭-[정렬 및 필터] 그룹-[숫자 내림차순 정렬] 클릭

❺ 제품유형별 합계 중 하나인 [C11] 셀 클릭

❻ [데이터] 탭-[정렬 및 필터] 그룹-[숫자 내림차순 정렬]을 클릭합니다.

**Tip** [C4] 셀을 클릭하고 [날짜/시간 내림차순 정렬]을 클릭하면 2024년, 2023년, 2022년 순으로 좌우로 정렬됩니다. [C5] 셀을 클릭하고 [숫자 내림차순 정렬]을 클릭하면 제품유형별 그룹 안에서 2024년 수량별로 내림차순 정렬됩니다. [C11] 셀을 클릭하고 [숫자 내림차순 정렬]을 클릭하면 제품유형 그룹의 부분합 순으로 내림차순 정렬되어 사이클, 산악, 도심형 순으로 순서가 바뀝니다.

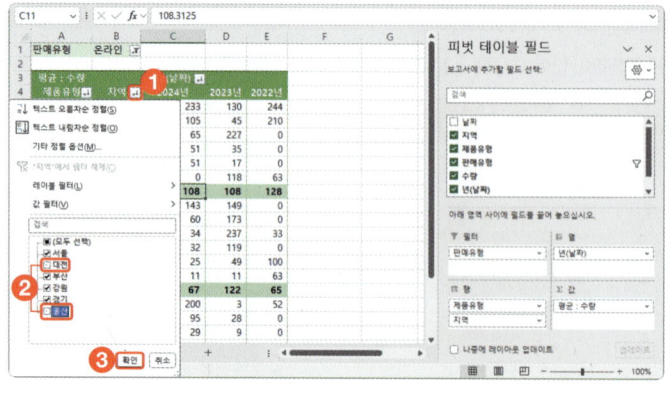

### 02 필드 필터링하기

❶ [지역] 필드의 필터 목록 버튼 클릭

❷ [대전], [울산] 체크 해제

❸ [확인]을 클릭합니다.

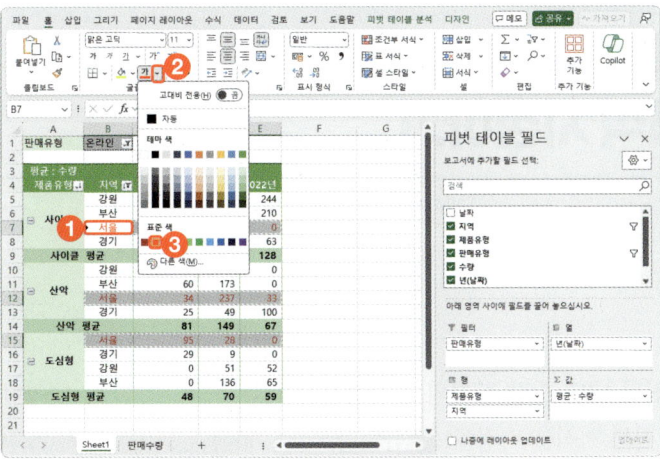

## 03 다중 항목 선택하고 강조하기

❶ 서울 항목이 입력된 셀 중 하나인 [B7] 셀의 안쪽 앞부분에 마우스 포인터를 위치시켜 마우스 포인터가 검정 화살표 모양이 되면 클릭(다른 그룹에서도 서울 항목이 선택)

❷ [홈] 탭-[글꼴] 그룹-[글꼴 색] 목록 버튼 클릭

❸ [표준 색]에서 [빨강]을 선택합니다.

> **Note** 마우스 포인터가 검정 화살표 모양으로 바뀌지 않을 때는 어떻게 해야 하나요?
>
> 다중 선택도 되지 않는 경우에는 [피벗 테이블 분석] 탭-[동작] 그룹-[선택]-[선택 가능]이 선택되어 있는지 확인합니다. [선택 가능] 아이콘에 외곽 테두리가 표시되어 있으면 선택 가능 상태입니다. [선택] 메뉴에서 [전체 피벗 테이블], [레이블 및 값], [값], [레이블]을 선택하여 피벗 테이블 요소를 선택할 수도 있습니다.

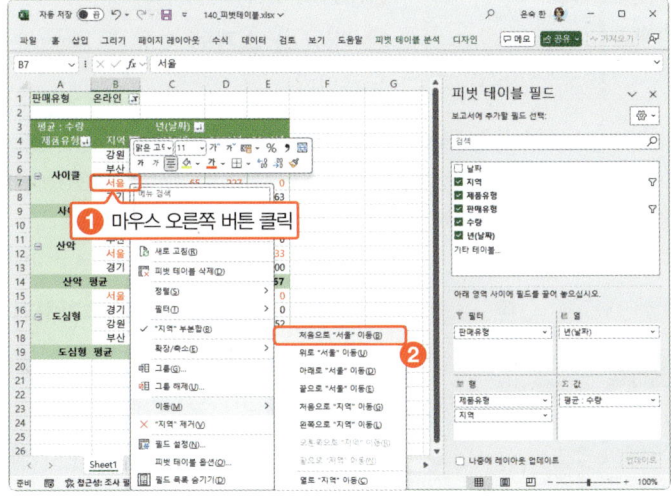

## 04 항목 이동하기

❶ [B7] 셀에서 마우스 오른쪽 버튼 클릭

❷ [이동]-[처음으로 "서울" 이동]을 선택합니다.

## 141 피벗 테이블 값 필드 추가하고 조건부 서식 지정하기

실습 파일 CHAPTER04\141_피벗테이블.xlsx | 완성 파일 CHAPTER04\141_피벗테이블_완성.xlsx

피벗 테이블에 수량 합계를 추가하고, 전년 대비 수량 합계의 증감률을 표시하겠습니다. 또한 데이터 막대를 표시하여 큰 값이 눈에 띄도록 조건부 서식을 지정해보겠습니다.

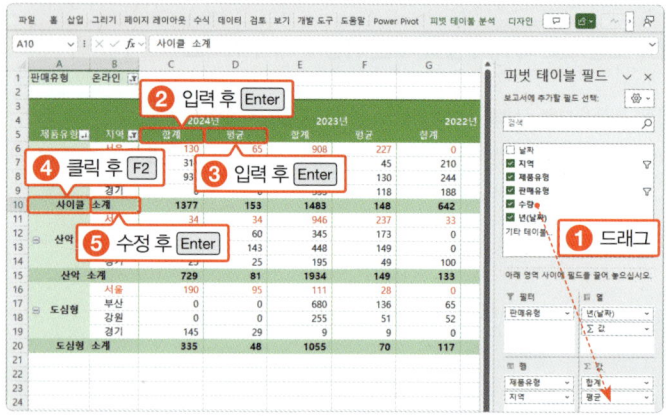

**01 수량 합계 추가하기**

❶ [피벗 테이블 필드] 창에서 [수량]을 [값] 영역의 [평균:수량] 위로 드래그

❷ [C5] 셀에 **합계** 입력 후 Enter

❸ [D5] 셀에 **평균** 입력 후 Enter

❹ [A10] 셀 클릭 후 F2

❺ '평균'을 **소계**로 수정 후 Enter 를 누릅니다.

**Tip** 값 영역에 이미 추가되어 있는 필드를 한 번 더 추가하려면 필드 목록에서 필드 항목을 [값] 영역으로 직접 드래그하면 됩니다. 숫자 데이터 필드를 값 영역에 넣으면 기본적으로 합계가 구해지며, 문자 데이터 필드를 [값] 영역에 넣으면 개수가 구해집니다. 계산 유형을 변경하려면 피벗 테이블의 값 셀에서 마우스 오른쪽 버튼을 클릭하고 [값 요약 기준]에서 선택하면 됩니다.

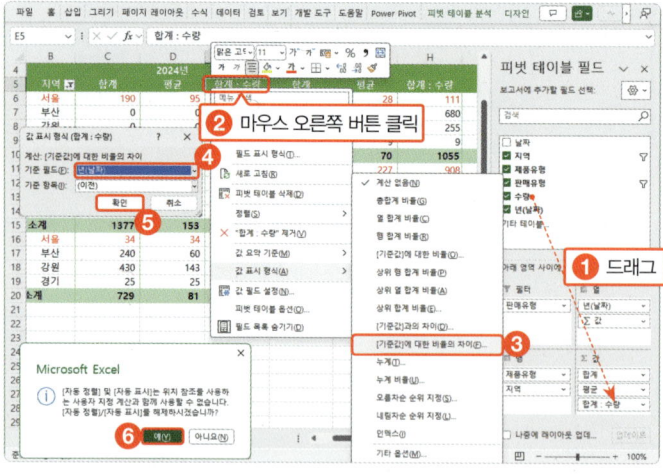

**02 전년 대비 합계 증감율 추가하기**

❶ [피벗 테이블 필드] 창에서 [수량]을 [값] 영역 끝으로 드래그

❷ 추가된 [합계:수량] 셀인 [E5] 셀에서 마우스 오른쪽 버튼 클릭

❸ [값 표시 형식]-[[기준값]에 대한 비율의 차이] 선택

❹ [값 표시 형식] 대화상자의 [기준 필드]에서 [년(날짜)] 선택

❺ [확인] 클릭

❻ 메시지 창에서 [예]를 클릭합니다.

**Tip** 기존 정렬 설정이 되어 있어서 정렬 설정을 해제해야 한다는 메시지가 표시되었습니다. 자동 정렬이 해제되고 증감률이 표시됩니다.

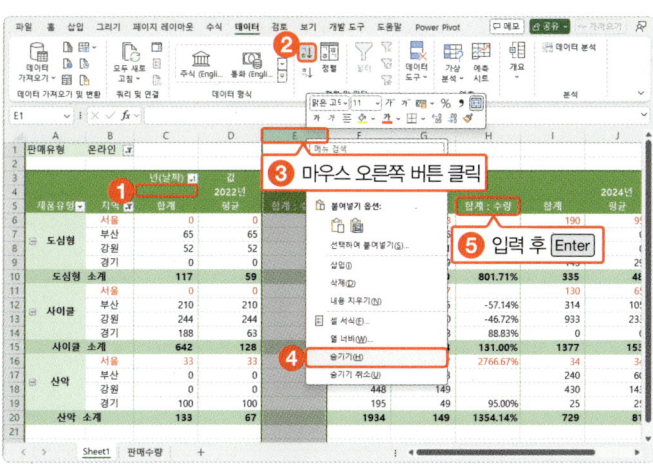

## 03 연도 오름차순 정렬 및 열 숨기기

❶ [C4] 셀 클릭

❷ [데이터] 탭-[정렬 및 필터] 그룹-[날짜/시간 오름차순 정렬] 클릭

❸ E열 머리글에서 마우스 오른쪽 버튼 클릭

❹ [숨기기] 선택

❺ [H5] 셀에 **증감율** 입력 후 Enter 를 누릅니다.

**Tip** 왼쪽 열이 이전 연도여야 증감률이 제대로 표시되므로 연도를 오름차순 정렬했습니다. 2022년 이전 데이터가 없어서 E열에는 증감률이 없습니다.

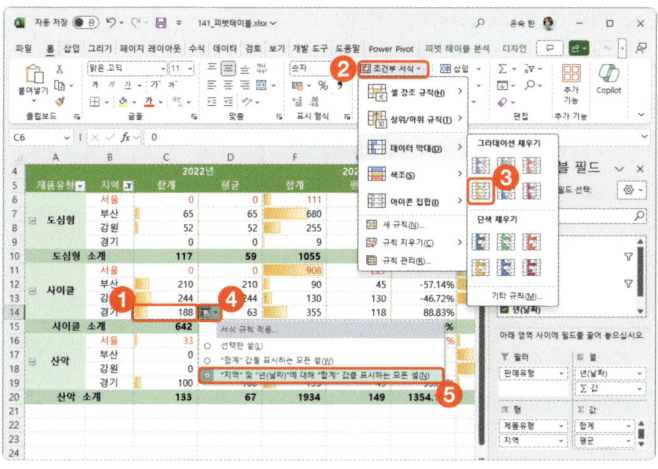

## 04 합계 필드에 조건부 서식 지정하기

❶ 합계 셀 중 하나인 [C14] 셀 클릭

❷ [홈] 탭-[스타일] 그룹-[조건부 서식] 클릭

❸ [데이터 막대]-[그라데이션 채우기]-[주황 데이터 막대] 클릭

❹ 셀에 표시된 [서식 옵션] 🔳 클릭

❺ ["지역" 및 "년(날짜)"에 대해 "합계" 값을 표시하는 모든 셀]을 선택합니다.

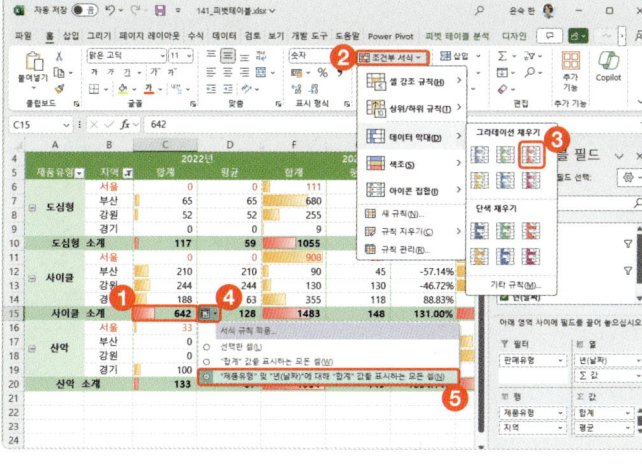

## 05 부분합에 조건부 서식 지정하기

❶ 부분합 셀 중 하나인 [C15] 셀 클릭

❷ [홈] 탭-[스타일] 그룹-[조건부 서식] 클릭

❸ [데이터 막대]-[그라데이션 채우기]-[빨강 데이터 막대] 클릭

❹ 셀에 표시된 [서식 옵션] 🔳 클릭

❺ ["제품유형" 및 "년(날짜)"에 대해 "합계" 값을 표시하는 모든 셀]을 선택합니다.

**Tip** [서식 옵션]에서 ["합계" 값을 표시하는 모든 셀]을 선택하면 부분합뿐 아니라 모든 합계 셀에 조건부 서식이 적용됩니다.

## Note 피벗 테이블의 값 표시 형식이란 무엇인가요?

값 요약 기준으로 계산된 값을 선택한 기준 필드와 항목으로 다시 계산하여 표시해주는 기능입니다. 선택할 수 있는 계산 옵션과 결과는 다음과 같습니다.

| 계산 옵션 | 결과 |
|---|---|
| 계산 없음 | 필드에 입력된 대로 값을 표시합니다. |
| 총합계 비율 | 값을 피벗 테이블의 모든 값이나 데이터 요소의 총합계에 대한 백분율로 표시합니다. |
| 열 합계 비율 | 각 열 또는 계열에 있는 모든 값을 해당 열 또는 계열의 합계에 대한 백분율로 표시합니다. |
| 행 합계 비율 | 각 행 또는 범주에 있는 값을 해당 행 또는 범주의 합계에 대한 백분율로 표시합니다. |
| [기준값]에 대한 비율 | 값을 기준 필드에 있는 기준 항목 값에 대한 백분율로 표시합니다. |
| 상위 행 합계 비율 | 값을 다음과 같이 계산합니다.<br>(항목에 대한 값)/(행의 상위 항목에 대한 값) |
| 상위 열 합계 비율 | 값을 다음과 같이 계산합니다.<br>(항목에 대한 값)/(열의 상위 항목에 대한 값) |
| 상위 합계 비율 | 값을 다음과 같이 계산합니다.<br>(항목에 대한 값)/(선택한 기준 필드의 상위 항목에 대한 값) |
| [기준값]과의 차이 | 값을 기준 필드에 있는 기준 항목 값과의 차이로 표시합니다. |
| [기준값]에 대한 비율의 차이 | 값을 기준 필드에 있는 기준 항목 값과의 백분율 차이로 표시합니다. |
| 누계 | 기준 필드에 있는 연속 항목에 대한 값을 누계로 표시합니다. |
| 누계 비율 | 기준 필드에 있는 누계로 표시되는 연속 항목에 대한 값을 백분율로 계산합니다. |
| 오름차순 순위 지정 | 특정 필드에 있는 선택한 값의 순위를 오름차순으로 표시합니다. 예를 들어 필드의 가장 작은 항목을 1로 표시하고 그보다 큰 값은 각각 더 높은 순위 값을 사용하여 표시합니다. |
| 내림차순 순위 지정 | 특정 필드에 있는 선택한 값의 순위를 내림차순으로 표시합니다. 예를 들어 필드의 가장 큰 항목을 1로 표시하고 그보다 작은 값은 각각 더 높은 순위 값을 사용하여 표시합니다. |
| 인덱스 | 값을 다음과 같이 계산합니다.<br>((셀에 있는 값) x (총합계의 총합)) / ((행 총합계) x (열 총합계)) |

다음은 값 표시 형식을 각각 [열 합계 비율], [행 합계 비율], [기준값]에 대한 비율의 차이를 선택했을 때의 결과 예입니다.
(완성 파일 : CHAPTER04\141_피벗_값표시형식.xlsx)

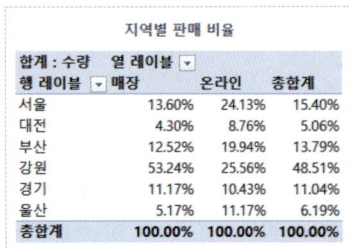

▲ 열 합계 비율    ▲ 행 합계 비율    ▲ [기준값]에 대한 비율의 차이

## 실무
# 142 피벗 테이블 보고서 필터링하기

실습 파일 CHAPTER04\142_피벗테이블.xlsx | 완성 파일 CHAPTER04\142_피벗테이블_완성.xlsx

보고서 필터 영역 셀에서 항목을 선택하면 피벗 테이블이 해당 항목의 데이터로 변경됩니다. [보고서 필터 페이지 표시]를 실행해보고서 **필터 항목의 피벗 테이블들을 다른 시트에 추출**해보겠습니다.

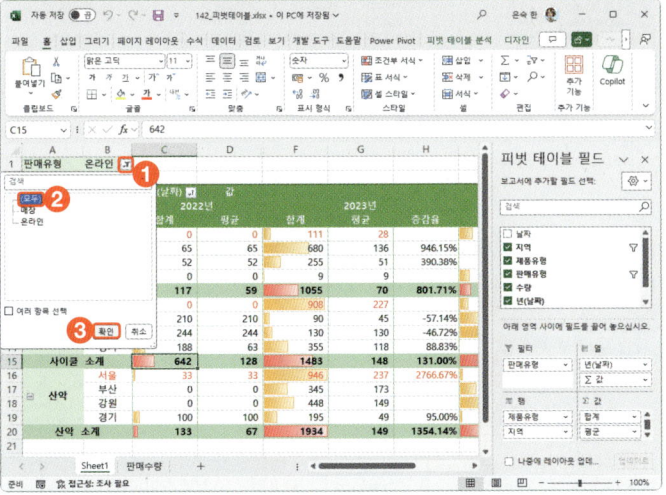

### 01 보고서 필터 선택하기

① [B1] 셀의 필터 목록 버튼 클릭
② [모두] 선택
③ [확인]을 클릭합니다.

**Tip** 보고서 필터에서 [모두]를 선택해야 필터 항목들이 모두 다른 시트에 추출됩니다. 만약 [온라인]이 선택된 상태에서 [보고서 필터 페이지 표시]를 실행하면 나머지 항목인 [매장]만 시트에 추출됩니다.

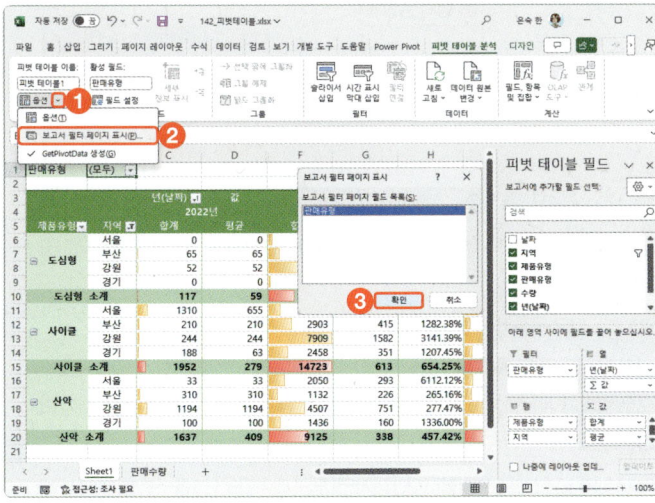

### 02 보고서 필터 페이지 표시하기

① [피벗 테이블 분석] 탭-[피벗 테이블] 그룹-[옵션] 목록 버튼 클릭
② [보고서 필터 페이지 표시] 선택
③ [보고서 필터 페이지 표시] 대화상자에서 [확인]을 클릭합니다.

**Tip** 시트 탭에 보고서 필터 각 항목인 [매장], [온라인] 시트가 생깁니다. 보고서 필터로 생성된 시트에서는 열 숨기기나 조건부 서식은 해제됩니다.

| Note | 피벗 테이블(Pivot Table)이란 무엇인가요? |

회전축 또는 중심점이라는 의미가 있는 피벗(Pivot)이라는 단어에서도 알 수 있듯이 피벗 테이블은 축을 중심으로 회전하듯이 특정 데이터를 중심으로 행과 열의 위치를 변경하여 다양한 형태로 통합, 요약한 표입니다. 데이터를 사용자가 원하는 형태로 가공하여 작성할 수 있기 때문에 피벗 테이블은 역동적인 요약 보고서라고 할 수 있습니다.

▲ 원본 데이터

▲ 행 레이블에 요약된 피벗 테이블

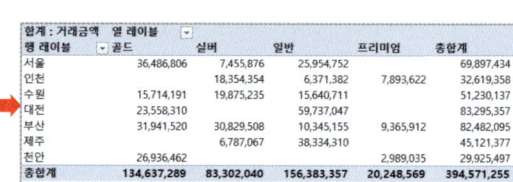

▲ 행 레이블, 열 레이블에 요약된 피벗 테이블

## 피벗 테이블 구성 요소

피벗 테이블은 보고서 필터, 행 레이블, 열 레이블, 값 영역의 네 가지 영역으로 구성되어 있습니다. 보고서 필터, 행 레이블, 열 레이블에는 필터 목록 버튼이 표시되어 값을 정렬하거나 필터링할 수 있습니다.

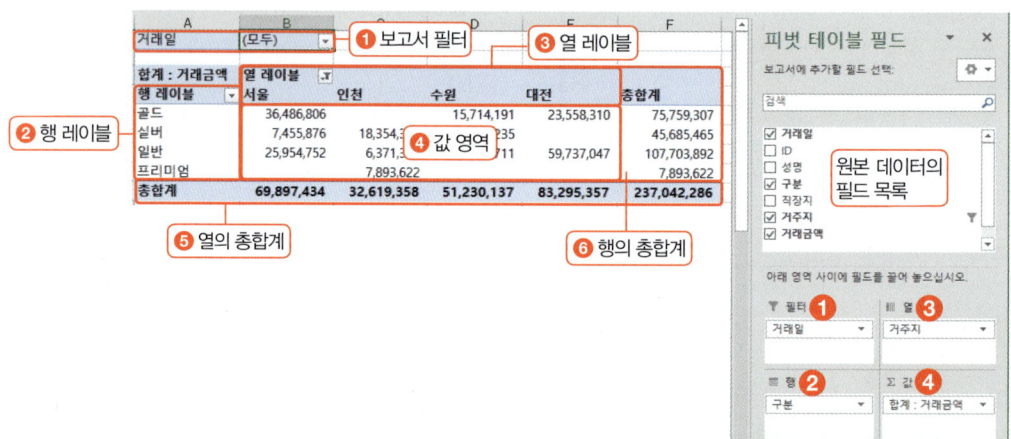

❶ **보고서 필터** : 피벗 테이블의 바깥에 따로 위치하고 보고서 필터 목록 버튼을 클릭하고 목록에서 항목을 선택하면 피벗 테이블이 해당 항목의 요약 내용으로 표시됩니다.

❷ **행 레이블** : 위에서 아래로 항목이 나열되는 부분입니다. 필터 목록 버튼을 클릭하여 일부 항목을 선택/해제할 수 있습니다.

❸ **열 레이블** : 왼쪽에서 오른쪽으로 항목이 나열되는 부분입니다. 필터 목록 버튼을 클릭하여 일부 항목을 선택/해제할 수 있습니다.

❹ **값 영역** : 데이터가 계산되는 부분입니다. 기본적으로 합계가 계산되며, 마우스 오른쪽 버튼을 클릭했을 때 나타나는 단축 메뉴의 [값 요약 기준]에서 다른 계산 함수를 선택할 수 있습니다.

❺ **열의 총합계**, ❻ **행의 총합계** : 열 방향, 행 방향의 데이터 값 합계를 표시합니다. [디자인] 탭-[레이아웃] 그룹-[총합계]에서 해제할 수 있습니다.

## 실무
# 143 피벗 차트 삽입하기

동영상 강의 확인하기

**실습 파일** CHAPTER04\143_대시보드.xlsx | **완성 파일** CHAPTER04\143_대시보드_완성.xlsx

피벗 테이블 데이터를 선택하고 차트를 삽입하면 피벗 차트가 삽입됩니다. 피벗 차트는 피벗 테이블의 레이아웃이 바뀌면 함께 변경됩니다. 미리 작성되어 있는 **두 개의 피벗 테이블 데이터를 바탕으로 두 개의 피벗 차트를 삽입하여 데이터를 시각적으로 표시**해보겠습니다.

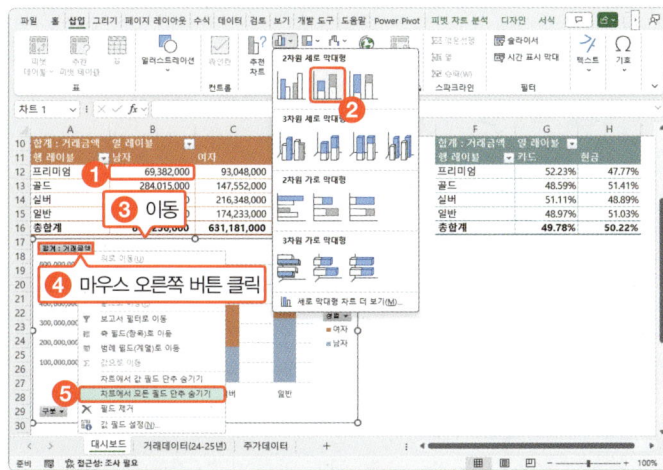

### 01 누적 세로 막대 차트 삽입하기

❶ [B12] 셀 클릭
❷ [삽입] 탭-[차트] 그룹-[막대형 차트]-[누적 세로 막대형] 클릭
❸ 삽입된 차트를 [A17] 셀 위치로 이동
❹ 삽입된 차트의 [합계:거래금액]에서 마우스 오른쪽 버튼 클릭
❺ [차트에서 모든 필드 단추 숨기기]를 클릭합니다.

**Tip** [삽입] 탭-[차트] 그룹-[피벗 차트]를 클릭하고 [차트 삽입] 대화상자에서 차트 종류를 선택해도 됩니다.

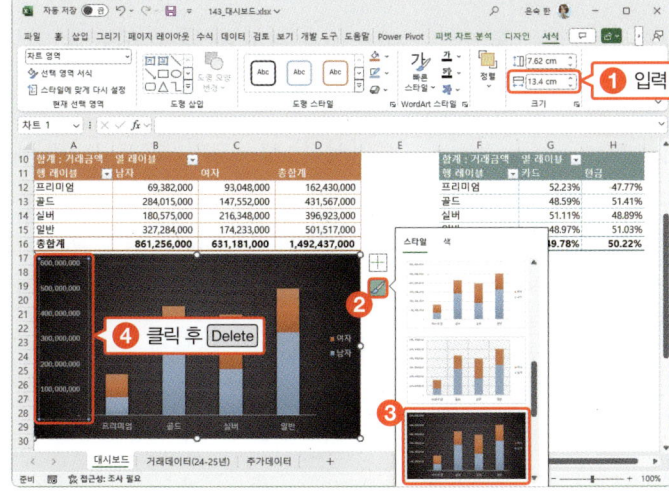

### 02 차트 크기 및 스타일 지정하기

❶ [서식] 탭-[크기] 그룹-[너비]에 **13.4** 입력
❷ 차트 영역 오른쪽의 [차트 스타일] 클릭
❸ [스타일 8] 선택
❹ 차트의 [세로(값) 축] 클릭 후 Delete 를 눌러 삭제합니다.

**Tip** 차트의 세로 축 삭제는 차트 영역 오른쪽의 [차트 요소]를 클릭하고 [축]-[기본 세로]를 체크 해제해도 됩니다.

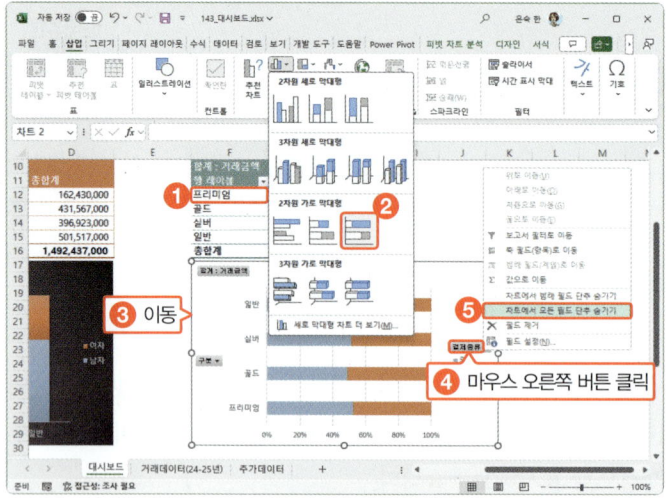

## 03 100% 기준 누적 가로막대형 차트 삽입하기

❶ [F12] 셀 클릭

❷ [삽입] 탭-[차트] 그룹-[막대형 차트]-[100% 기준 누적 가로 막대형] 클릭

❸ 삽입된 차트를 [F17] 셀 위치로 이동

❹ 삽입된 차트의 [결제종류]에서 마우스 오른쪽 버튼 클릭

❺ [차트에서 모든 필드 단추 숨기기]를 클릭합니다.

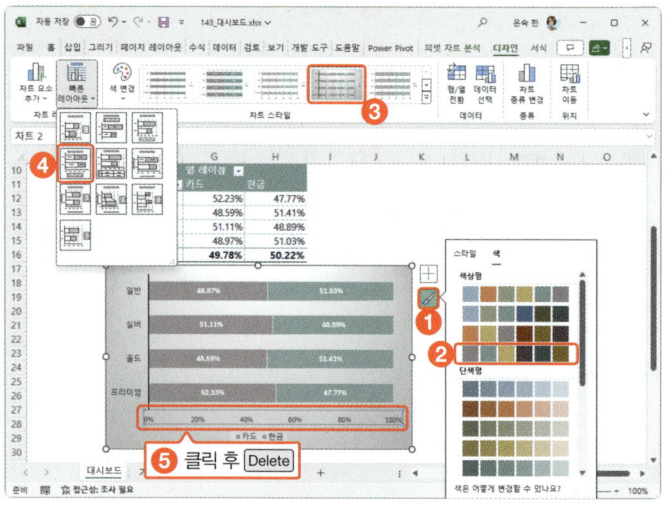

## 04 차트 스타일 지정하기

❶ 차트 영역 오른쪽의 [차트 스타일] 클릭

❷ [색]-[다양한 색상표 4] 선택

❸ [디자인] 탭-[차트 스타일] 그룹에서 [스타일 4] 선택

❹ [차트 레이아웃] 그룹-[빠른 레이아웃]-[레이아웃 4] 클릭

❺ 차트의 [가로(값) 축] 클릭 후 Delete 를 눌러 삭제합니다.

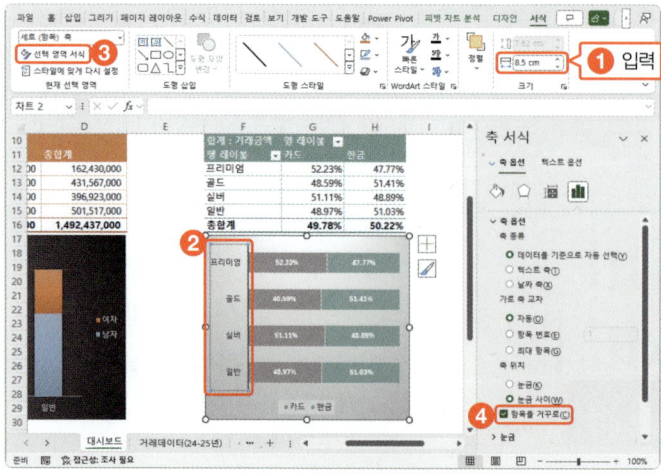

## 05 차트 크기 및 세로(항목) 축 거꾸로 하기

❶ [서식] 탭-[크기] 그룹-[너비]에 8.5 입력

❷ 차트의 [세로(항목) 축] 클릭

❸ [서식] 탭-[현재 선택 영역] 그룹-[선택 영역 서식] 클릭

❹ [축 서식] 창의 축 옵션에서 [항목을 거꾸로]에 체크합니다.

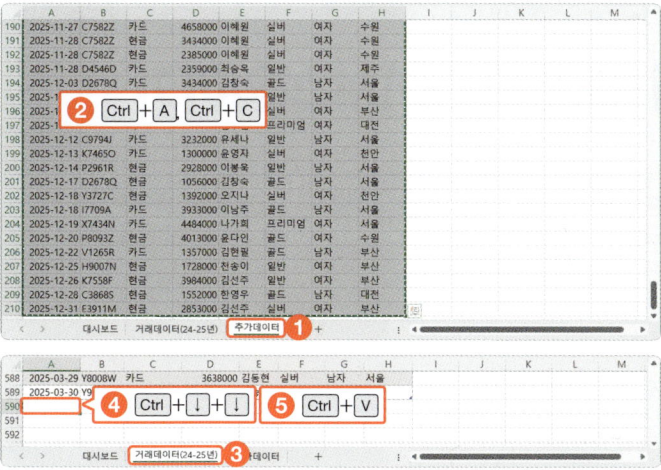

## 06 원본 데이터 추가하기

① [추가데이터] 시트 클릭

② Ctrl + A 누르고 Ctrl + C

③ [거래데이터(24-25년)] 시트 클릭

④ Ctrl + ↓ 누르고 ↓ 눌러 [A590] 셀로 이동

⑤ Ctrl + V 를 눌러 붙여 넣습니다.

**Tip** 원본 데이터가 표 범위였기 때문에 표 범위가 자동으로 확장되면서 표 서식도 자동으로 지정됩니다.

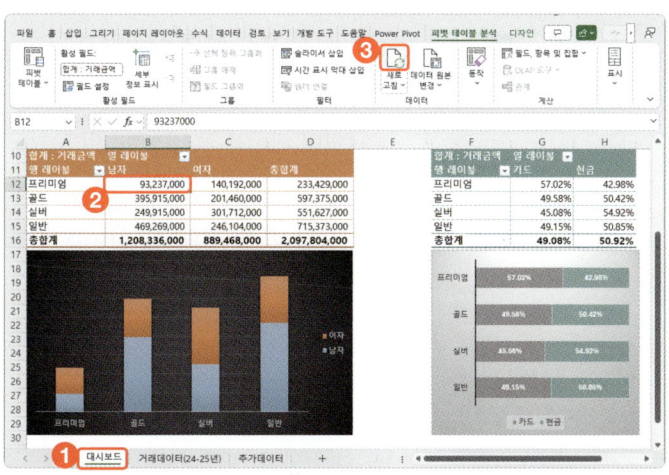

## 07 피벗 테이블 새로 고침하기

① [대시보드] 시트 클릭

② [B12] 셀 클릭

③ [피벗 테이블 분석] 탭-[데이터] 그룹-[새로 고침]을 클릭합니다.

**Tip** 피벗 테이블의 집계 값이 변경되고 차트도 함께 변경됩니다. 일반 범위가 아닌 표 범위나 쿼리 연결을 사용해 만든 피벗 테이블은 원본 데이터를 추가한 후 [새로 고침]을 하면 피벗 테이블과 피벗 차트도 자동으로 업데이트됩니다.

---

### Note   피벗 차트란 무엇인가요?

피벗 차트는 피벗 테이블과 연동되는 차트입니다. 피벗 테이블에서 각 필드의 위치를 바꾸면 피벗 차트도 바뀝니다. 피벗 차트를 선택하면 [피벗 테이블 필드] 작업 창의 [열]은 [범례(계열)], [행]은 [축(범주)]로 바뀌어 표시됩니다. 피벗 차트와 피벗 테이블은 서로 연결되어 각 필드의 항목 위치를 바꾸면 피벗 테이블도 함께 바뀝니다. [피벗 차트 필드] 작업 창 영역에서 필드 단추를 클릭하면 [차트에서 모든 필드 단추 숨기기]를 선택하거나 [차트에서 모든 필드 단추 표시]를 선택할 수 있습니다.

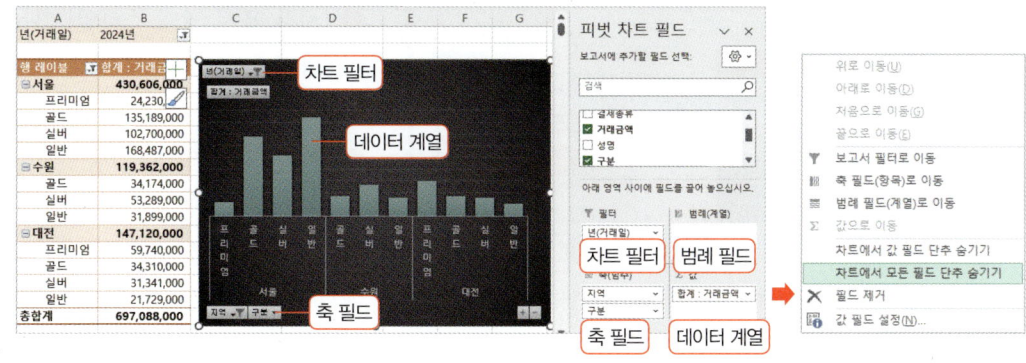

## 실무 144 시간 표시 막대, 슬라이서 삽입하기

실습 파일 CHAPTER04\144_대시보드.xlsx | 완성 파일 CHAPTER04\144_대시보드_완성.xlsx

시간이나 날짜 필드의 경우 시간 표시 막대를 삽입하면 시간이나 날짜 범위를 시각적으로 확인하면서 선택할 수 있고 피벗 테이블과 피벗 차트를 필터링할 수 있습니다. 슬라이서와 시간 표시 막대를 삽입하고 피벗 테이블과 연결하면 **대화형 피벗 테이블과 피벗 차트를 표시하는 대시보드를 만들 수 있습니다.**

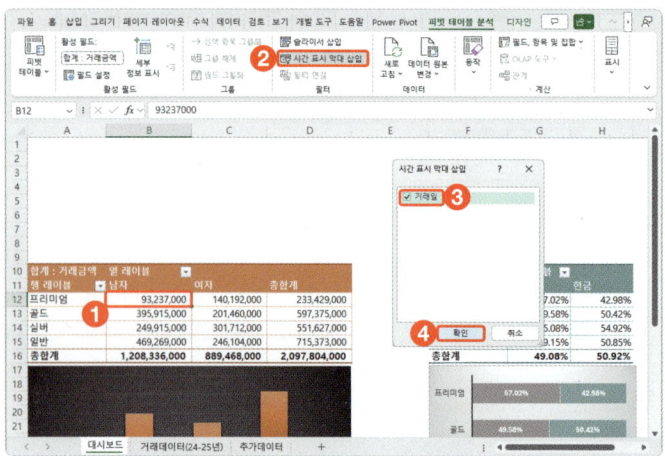

### 01 시간 표시 막대 삽입하기

❶ [B12] 셀 클릭
❷ [피벗 테이블 분석] 탭-[필터] 그룹-[시간 표시 막대 삽입] 클릭
❸ [시간 표시 막대 삽입] 대화상자에서 [거래일] 체크
❹ [확인]을 클릭합니다.

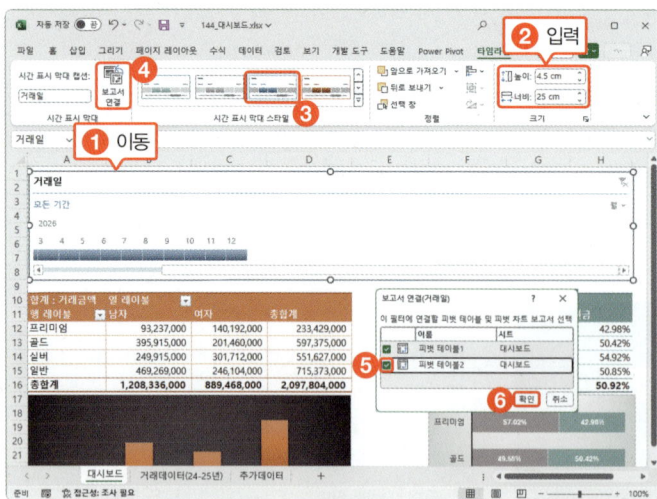

### 02 스타일 지정 및 보고서 연결하기

❶ 삽입된 시간 표시 막대를 [A1] 셀 위치로 이동
❷ [타임라인] 탭-[크기] 그룹에서 [높이]에 **4.5**, [너비]에 **25** 입력
❸ [시간 표시 막대 스타일] 그룹에서 [담청색, 시간 표시 막대 스타일 어둡게 1] 선택
❹ [시간 표시 막대] 그룹-[보고서 연결] 클릭
❺ [보고서 연결(거래일)] 대화상자에서 [피벗 테이블 2] 체크
❻ [확인]을 클릭합니다.

**Tip** [보고서 연결]을 하지 않으면 시간 표시 막대에서 날짜 범위 변경 시 시간 표시 막대를 삽입할 때 선택했던 왼쪽 피벗 테이블과 피벗 차트만 바뀌게 됩니다.

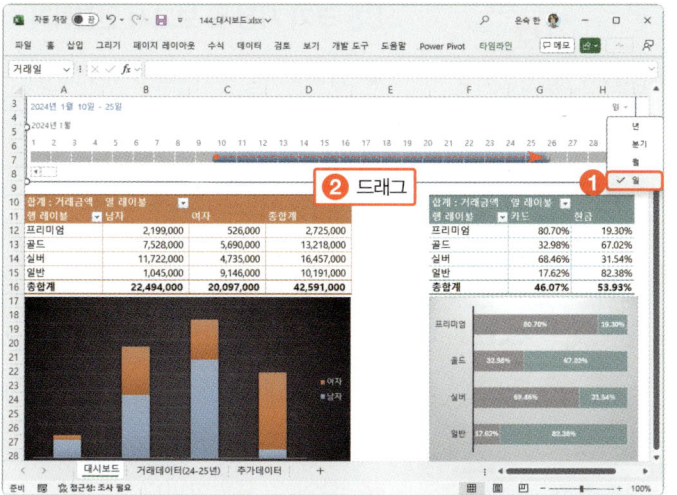

## 03 시간 범위 선택하기

① 시간 표시 막대의 오른쪽 끝에 [월]로 표시된 시간 수준 항목 클릭 후 [일] 클릭

② 일자별로 표시된 막대에서 2024년 1월 10일부터 25일까지 드래그해 날짜 범위를 지정합니다.

**Tip** 시간 표시 막대에서 선택할 첫 번째 일자를 클릭하고 Shift 를 누른 채 마지막 일자를 클릭하여 범위를 지정할 수 있습니다. 또한 첫 번째 일자에서 마지막 일자까지 드래그로 선택해도 됩니다. 연속된 일자만 선택할 수 있으며 떨어져 있는 일자를 다중 선택할 수는 없습니다.

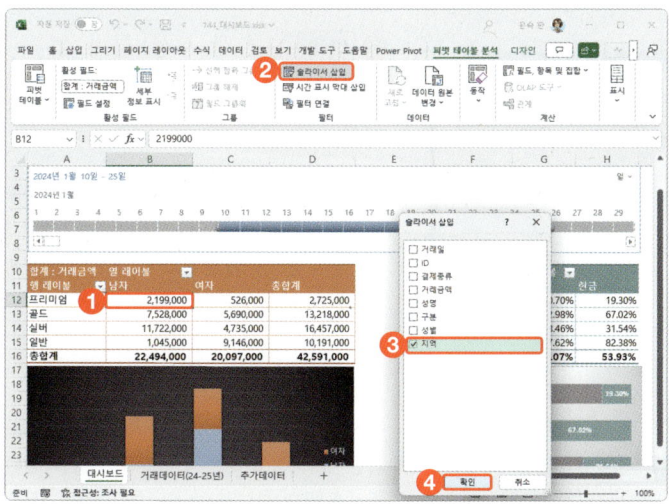

## 04 슬라이서 삽입하기

① [B12] 셀 클릭

② [피벗 테이블 분석] 탭-[필터] 그룹-[슬라이서 삽입] 클릭

③ [슬라이서 삽입] 대화상자의 필드 목록에서 [지역] 체크

④ [확인]을 클릭합니다.

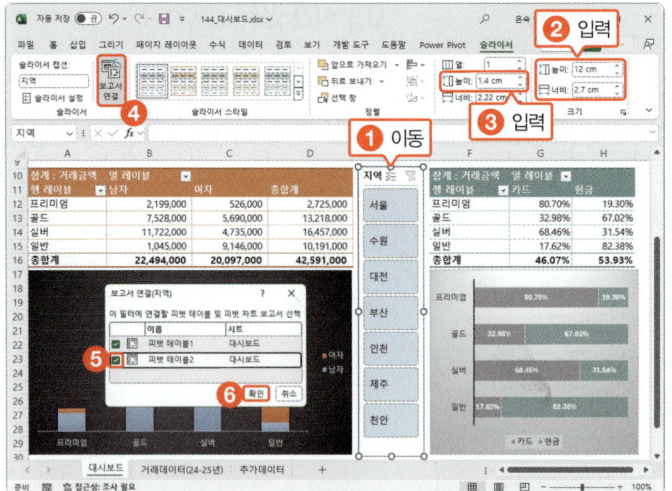

## 05 크기 지정 및 보고서 연결하기

❶ 삽입된 슬라이서를 [E10] 셀 위치로 이동

❷ [슬라이서] 탭-[크기] 그룹의 [높이]에 **12**, [너비]에 **2.7** 입력

❸ [단추] 그룹의 [높이]에 **1.4** 입력

❹ [슬라이서] 그룹-[보고서 연결] 클릭

❺ [보고서 연결(지역)] 대화상자에서 [피벗 테이블 2] 체크

❻ [확인]을 클릭합니다.

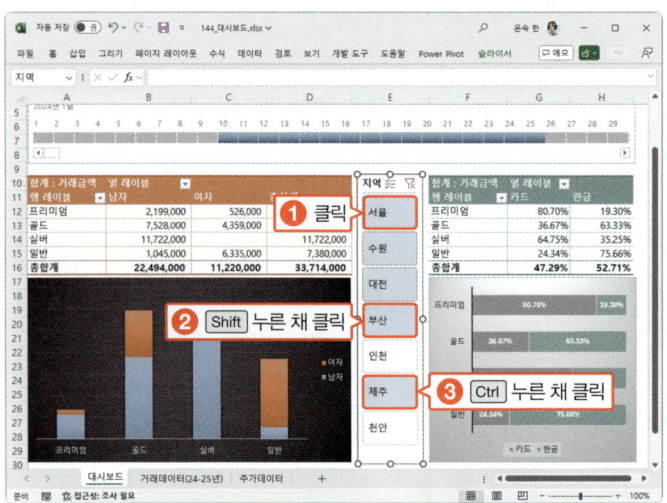

## 06 슬라이서에서 필터링하기

❶ 슬라이서에서 [서울] 클릭

❷ Shift 누른 채 [부산] 클릭

❸ Ctrl 을 누른 채 [제주]를 클릭합니다.

**Tip** 슬라이서에서 항목 선택에 따라 피벗 테이블과 피벗 차트가 바뀝니다. 시간 표시 막대에서 날짜 범위를, 슬라이서에서 지역을 다양하게 선택해봅니다.

**Tip** 슬라이서에 지역 목록 순서는 엑셀 사용자 지정 목록에 지역 목록이 등록되어 있는 경우 그 순서에 따라 표시됩니다. 따라 하기 실습과 같이 '서울, 수원, 대전, 부산, 인천, 제주, 천안' 순서가 아닌 경우에는 Alt + F + T 를 눌러 [Excel 옵션] 대화상자를 엽니다. [고급] 탭의 [사용자 지정 목록 편집]을 클릭하고 목록 항목에 '서울, 수원, 대전, 부산, 인천, 제주, 천안' 목록을 추가한 후 다시 슬라이서를 삽입하면 됩니다.

## Note > 엑셀 대시보드와 구축 시 유의할 점

핵심 지표(KPI)를 한눈에 파악할 수 있도록 차트, 표, 슬라이서 등 시각 요소를 한 시트에 모아놓은 보고서를 대시보드라고 합니다. 경영 진단, 실적 모니터링, 의사결정 지원을 빠르고 직관적으로 하기 위한 목적으로 사용합니다.

### 대시보드 구축 시 유의할 점

1. **핵심 지표 선정**
   - 너무 많은 지표를 넣으면 오히려 가독성이 떨어집니다.
   - '매출, 이익률, 재고 회전율' 등 의사결정에 직접 활용할 3~5가지 KPI에 집중합니다.

2. **비주얼 계층(Visual Hierarchy) 유지**
   - 제목 → 주요 차트 → 보조 차트 → 필터(슬라이서) 순으로 배치합니다.
   - 중요한 차트는 크기를 키우고 왼쪽 상단에 배치해 시선 흐름을 유도합니다.

3. **인터랙티브 필터 활용**
   - 슬라이서 : 제품군·지역별 등의 항목 필터링
   - 타임라인 : 날짜 기간별 추이 비교
   - 단일 시트에 여러 피벗 차트, 테이블을 연결하여 한 번의 클릭으로 전체가 업데이트되도록 설정합니다.

4. **일관된 시각 스타일 적용**
   - 폰트 : '맑은 고딕' 등 읽기 쉬운 글꼴
   - 색상 : 조직 CI에 맞춘 2~3가지 메인 컬러 활용
   - 축, 눈금선 : 불필요한 요소는 숨겨 깔끔하게 정리

5. **동적 차트 제목 및 설명**
   - 셀 값(예: 선택된 기간)을 차트 제목에 연결(="기간: "&TEXT(H1,"yyyy-mm"))
   - 보고서 상단에 간단한 작성 일자·작성자 안내 문구 추가

6. **스파크라인과 KPI 카드 활용**
   - 스파크라인으로 지표 추세를 작은 공간에 효과적으로 표시합니다.
   - 셀 스타일·아이콘 집합(조건부 서식)으로 KPI 달성 여부를 '한눈에' 표시합니다.

### 대시보드 작성 예시

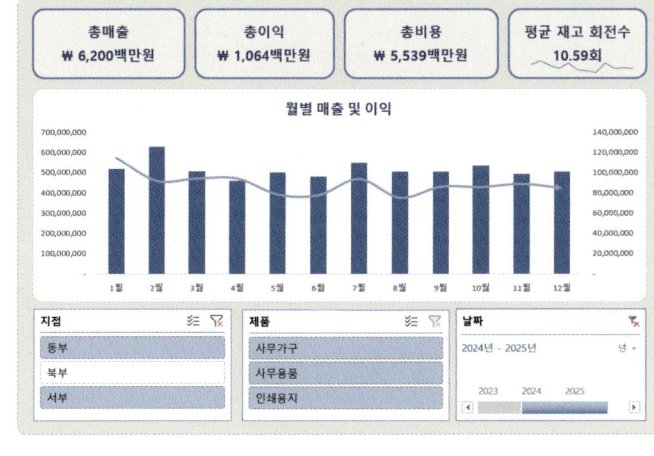

- 핵심 지표 4개 : 매출, 이익, 비용, 재고 회전율
- 시각적 계층 : 상단 KPI 카드 → 중앙 차트 → 하단 필터 순 배치
- 인터랙티브 필터 : 지점, 제품 슬라이서, 날짜 타임라인
- 일관된 스타일 : 블루&그레이 톤, 깔끔한 레이아웃
- 동적 요소 : 재고 회전율 카드에 스파크라인 추가

# CHAPTER 05

## 반복 작업 자동화하는 매크로 & VBA

회사에서 바로 통하는 실무 엑셀

반복할 작업이 많을 때 매크로와 VBA를 작성하면 명령 버튼이나 단축키로 여러 가지 작업을 한 번에 실행할 수 있습니다. 엑셀의 리본 메뉴에서 제공하지 않는 기능을 만들고 싶을 때도 매크로와 VBA를 사용합니다. 매크로와 VBA를 배우는 데는 많은 시간과 노력이 필요하지만, 배워둘 가치가 있는 엑셀의 고급 기능입니다. 매크로와 VBA를 배울 때 기본이 되는 몇 가지 개념들을 배워보겠습니다.

# SECTION 01

# 작업을 자동으로 코딩해주는 매크로 기록

## 실무
# 145 고급 필터 데이터 추출 매크로 기록하기

실습 파일 CHAPTER05\145_판매목록.xlsx | 완성 파일 CHAPTER05\145_판매목록_완성.xlsm

'판매목록' 이름으로 정의되어 있는 연판매목록 시트의 원본 데이터에서 조회 시트에 작성된 **조건에 맞는 데이터를 추출**하는 **고급 필터** 과정을 매크로로 기록해보겠습니다.

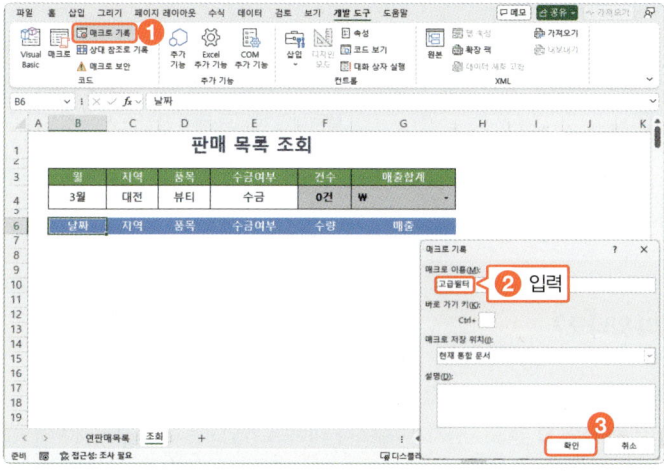

### 01 고급 필터 매크로로 기록하기

❶ [개발 도구] 탭-[코드] 그룹-[매크로 기록] 클릭
❷ [매크로 기록] 대화상자에서 [매크로 이름]에 **고급 필터** 입력
❸ [확인]을 클릭합니다.

**Tip** [매크로 기록] 대화상자에서 [확인]을 클릭하는 순간부터는 [기록 중지]를 클릭하기 전까지 모든 마우스와 키보드 작업이 기록되므로 기록할 작업 이외의 불필요한 작업은 하지 않도록 주의해야 합니다.

**Tip** 리본 메뉴에 [개발 도구] 탭 추가는 CHAPTER 03_091을 참고합니다. 매크로 기록은 상태 표시줄의 [매크로 기록]을 클릭해도 됩니다.

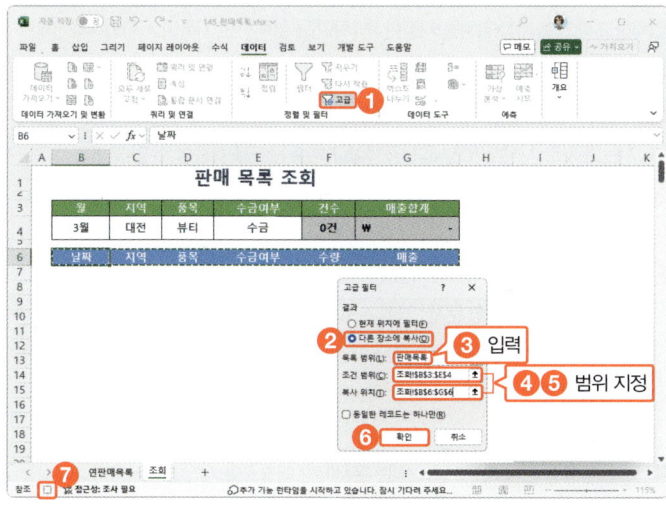

### 02 고급 필터 실행 후 매크로 기록 중지하기

❶ [데이터] 탭-[정렬 및 필터] 그룹-[고급] 클릭
❷ [고급 필터] 대화상자에서 [결과]는 [다른 장소에 복사] 선택
❸ [목록 범위]에 **판매목록** 입력
❹ [조건 범위]에 [B3:E4] 범위 지정
❺ [복사 위치]에 [B6:G6] 범위 지정
❻ [확인] 클릭
❼ 상태 표시줄의 [기록 중지]를 클릭합니다.

**Tip**
- 원본 데이터와 다른 위치에 필터 결과를 가져오는 경우는 결과 옵션을 [다른 장소에 복사]로 해야 합니다.
- [연판매목록] 시트의 [A1:H4984] 범위 이름인 **판매목록**을 목록 범위로 지정했습니다. 조건 범위 [B3:E4]에 있는 조건의 데이터가 필터링되며, 복사 위치 [B6:G6]에 있는 필드만 추출됩니다.
- 고급 필터 기능은 필터 조건을 변경할 때마다 다시 [고급 필터] 대화상자를 열고 옵션들을 선택해줘야 합니다. 고급 필터 기능을 매크로로 기록해두면 조건을 변경하고 데이터 추출 시 매크로 실행으로 [고급 필터] 대화상자 과정을 생략할 수 있습니다.

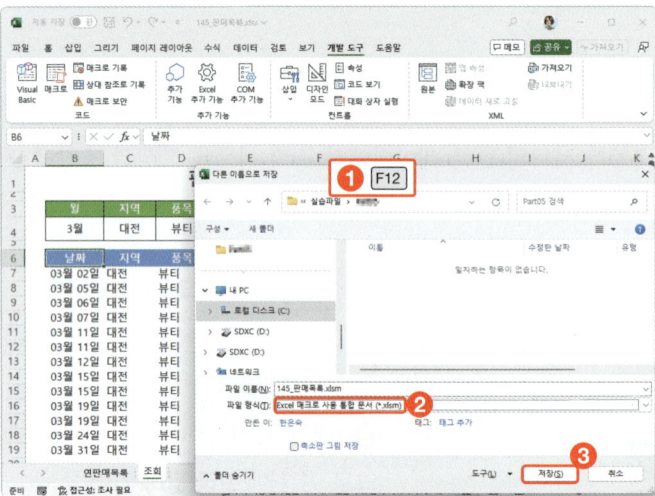

## 03 매크로 사용 통합 문서 저장하기

① `F12`

② [다른 이름으로 저장] 대화상자의 파일 형식에서 [Excel 매크로 사용 통합 문서(*.xlsm)] 선택

③ [저장]을 클릭합니다.

**Tip** `F12` 는 [다른 이름으로 저장] 대화상자 단축키입니다. 빠른 실행 도구 모음에서 [저장]을 클릭하면 매크로 제외 통합 문서에 저장할 수 없다는 안내 메시지가 표시됩니다.

---

### Note  매크로 작성에는 어떤 방식이 있나요?

자주 반복하는 작업을 매크로로 기록해두면 한 번의 매크로 명령으로 반복 작업을 실행할 수 있습니다. 매크로를 작성하는 방식에는 동작 방식과 코딩 방식이 있는데, 동작 방식은 캠코더로 동영상을 촬영하듯 사용자가 마우스나 키보드로 작업하는 과정을 기록하여 엑셀에서 코드 값으로 자동 변환하는 것입니다. 코딩 방식은 비주얼 베이식 편집기를 사용해서 사용자가 직접 코딩하는 방식입니다. 매크로 기록이 동작 방식이며 프로그래밍 언어에 대한 지식이 없는 사용자도 쉽게 사용할 수 있다는 장점이 있습니다.

**[매크로 기록] 대화상자 알아보기**

[매크로 기록] 대화상자에서 기록할 매크로 이름을 입력하고 매크로 저장 위치를 지정한 후 [확인]을 클릭하면 기록이 시작됩니다. [바로 가기 키]와 [설명]은 생략해도 됩니다.

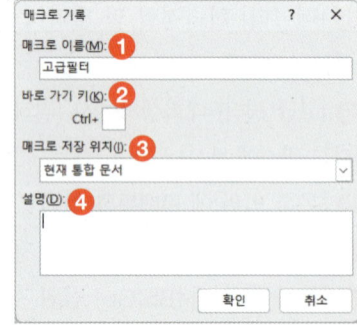

① **매크로 이름** : 매크로의 내용과 관련된 이름으로 지정하는 것이 좋으며, 첫 글자는 문자로 시작해야 합니다. 공백이나 특수 문자를 사용할 수 없습니다.

② **바로 가기 키** : 바로 가기 키를 사용하여 매크로를 실행하려면 지정합니다. 대소문자를 구별합니다.

③ **매크로 저장 위치** : 세 개의 저장 위치가 있습니다.
  - **개인용 매크로 통합 문서** : 엑셀 프로그램에 매크로를 저장합니다. 여기에 매크로를 저장하면 모든 파일에서 매크로를 사용할 수 있습니다.
  - **새 통합 문서** : 새 통합 문서를 작성한 후 해당 문서에 대해서만 매크로를 사용합니다.
  - **현재 통합 문서** : 현재 열려 있는 문서에만 매크로를 저장하고 사용합니다.

④ **설명** : 매크로에 대한 설명을 입력하는 부분입니다.

## 실무 146 개인용 매크로 통합 문서에 빈 셀 선택 매크로 기록하기

실습 파일 CHAPTER05\146_판매목록.xlsx | 완성 파일 없음

선택한 셀 기준 전체 데이터 범위를 지정한 후 범위 중 **빈 셀만 선택하는 매크로**를 기록하겠습니다. 그리고 모든 엑셀 파일에서 실행할 수 있도록 **개인용 매크로 통합 문서에 기록**해보겠습니다.

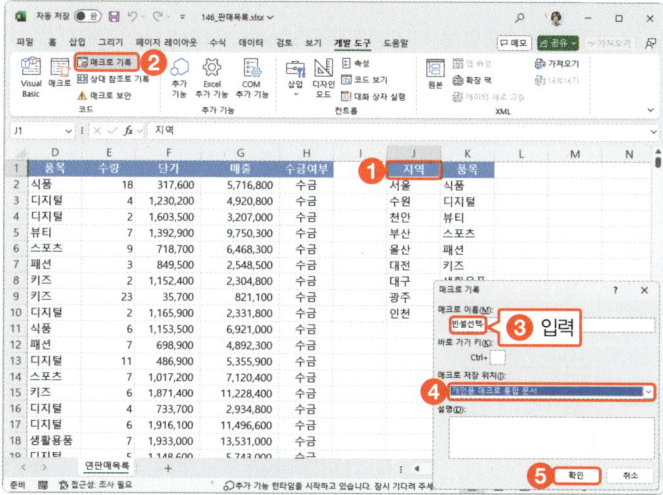

**01 빈 셀 선택 매크로로 기록하기**

① [J1] 셀 클릭

② [개발 도구] 탭-[코드] 그룹-[매크로 기록] 클릭

③ [매크로 기록] 대화상자의 [매크로 이름]에 **빈셀선택** 입력

④ [매크로 저장 위치]에서 [개인용 매크로 통합 문서] 선택

⑤ [확인]을 클릭합니다.

Tip [개인용 매크로 통합 문서]에 저장한 매크로는 모든 엑셀 파일에서 실행할 수 있습니다.

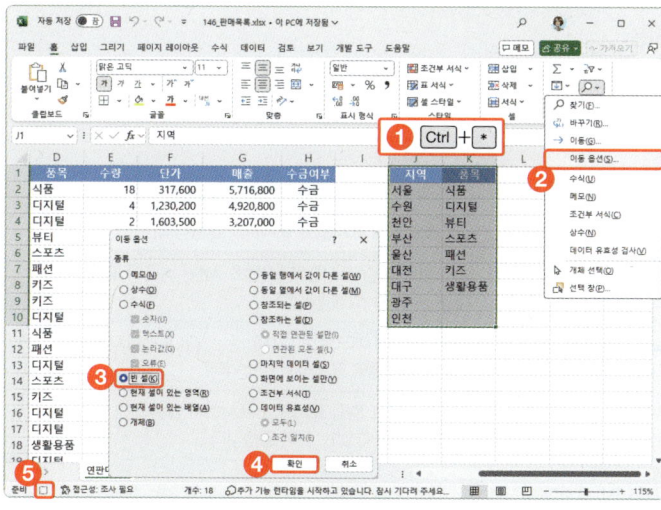

**02 빈 셀 선택 및 매크로 기록 중지하기**

① Ctrl + * 눌러 현재 셀의 표 전체 범위 선택

② [홈] 탭-[편집] 그룹-[찾기 및 선택]-[이동 옵션] 클릭

③ [이동 옵션] 대화상자의 [빈 셀] 선택

④ [확인] 클릭

⑤ 상태 표시줄의 [기록 중지] □를 클릭합니다.

Tip 표 전체 범위를 선택할 때 Ctrl + * 또는 Ctrl + Shift + 8 을 누릅니다. 현재 선택 셀 주변 전체 데이터 범위를 지정하도록 매크로 코드가 기록됩니다.

## 03 개인용 매크로 통합 문서 저장하기

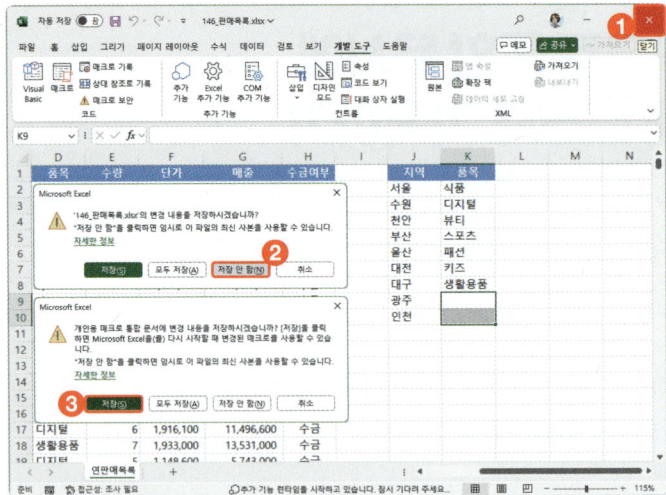

① 엑셀 프로그램 창의 [닫기] 클릭
② 파일 저장 여부를 묻는 메시지 창에서 [저장 안 함] 클릭
③ 개인용 매크로 통합 문서의 저장 여부를 묻는 메시지 창에서 [저장]을 클릭합니다.

**Tip** 개인용 매크로 통합 문서가 저장되고 엑셀이 종료됩니다. 개인용 매크로 통합 문서의 이름은 PERSONAL.XLSB로 [XLSTART] 폴더에 저장되어 엑셀을 실행할 때마다 숨겨진 상태로 열립니다.

### Note 매크로 보안 설정은 어디서 확인할 수 있나요?

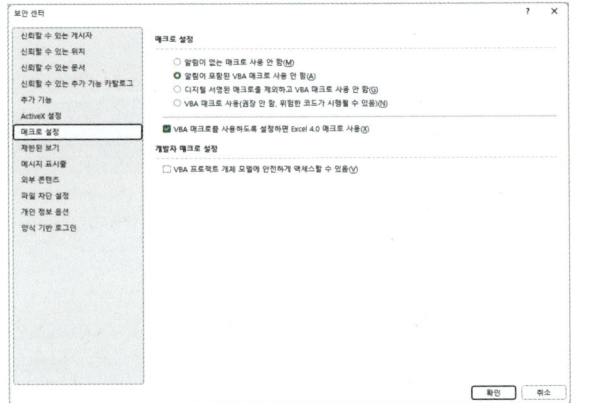

Excel 매크로 사용 통합 문서(*.xlsm) 파일을 처음 열면 엑셀 매크로 보안 설정에 따라 알림 메시지 표시줄이 표시됩니다. [콘텐츠 사용]을 클릭해야 파일에 포함된 매크로를 사용할 수 있습니다. 엑셀 매크로 보안 설정이 어떻게 설정되어 있는지 확인하려면, [개발 도구] 탭-[코드] 그룹-[매크로 보안]을 클릭하면 표시되는 [보안 센터] 대화상자에서 확인할 수 있습니다. 기본적으로 두 번째 옵션인 [알림이 포함된 VBA 매크로 사용 안 함]이 선택되어 있습니다.

매크로 설정 옵션별 매크로 사용 가능 여부는 다음과 같습니다.

| 매크로 설정 옵션 | 매크로 사용 통합 문서를 열었을 때 매크로 사용 가능 여부 |
|---|---|
| 알림이 없는 매크로 사용 안 함 | 매크로를 사용할 수 없습니다. 보안 경고 알림 표시줄도 표시하지 않습니다. |
| 알림이 포함된 VBA 매크로 사용 안 함 | 매크로를 사용할 수 없습니다. 보안 경고 알림 표시줄에 [콘텐츠 사용] 버튼이 표시되며 [콘텐츠 사용]을 클릭하면 매크로를 사용할 수 있게 됩니다. |
| 디지털 서명된 매크로를 제외하고 VBA 매크로 사용 안 함 | 매크로를 사용할 수 없습니다. 디지털 서명된 매크로는 실행할 수 있습니다. 디지털 서명된 매크로가 아닌 경우 보안 경고 알림 표시줄도 표시하지 않습니다. |
| VBA 매크로 사용<br>(권장 안 함, 위험한 코드가 시행될 수 있음) | 모든 매크로를 사용할 수 있습니다. 보안 경고 알림 표시줄도 표시하지 않습니다.<br>(매크로 바이러스 예방과 보안을 위해 선택하지 않는 것이 좋습니다.) |
| 개발자 매크로 설정<br>'VBA 프로젝트 개체 모델에 안전하게 액세스할 수 있음' | 개발자가 VBA를 이용해 VBAProject 개체 모델에 접근할 수 있도록 하는 옵션입니다. 개발자가 아닌 경우 선택하지 않는 것이 좋습니다. |

## 실무 147 매크로를 실행하는 네 가지 방법

동영상 강의 확인하기

실습 파일 CHAPTER05\147_판매목록.xlsm | 완성 파일 CHAPTER05\147_판매목록_완성.xlsm

매크로를 실행하는 방법은 다양합니다. 가장 많이 사용하는 **매크로 대화상자, 바로 가기 키, 양식 단추, 빠른 실행 도구 모음**을 사용하는 방법을 알아보겠습니다.

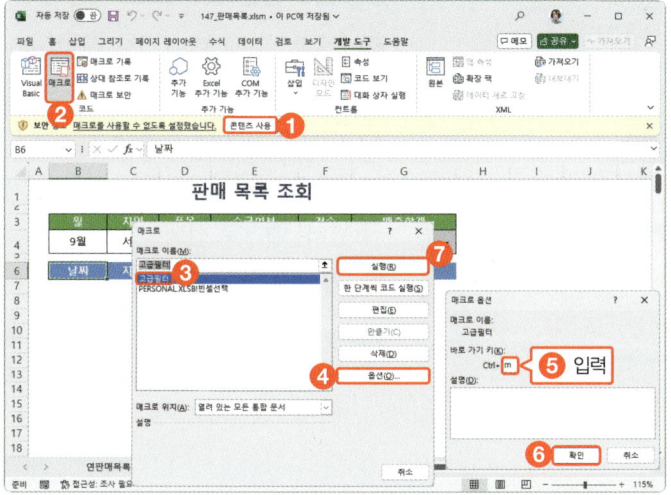

**Tip** 조건 범위에 있는 9월, 서울, 미수금 조건의 데이터가 추출됩니다.

**01 매크로 바로 가기 키 설정 및 대화상자에서 실행하기**

❶ 보안 경고 알림 표시줄에서 [콘텐츠 사용] 클릭

❷ [개발 도구] 탭-[코드] 그룹-[매크로] 클릭

❸ [매크로] 대화상자에서 [고급 필터] 매크로 선택

❹ [옵션] 클릭

❺ [매크로 옵션] 대화상자의 [바로 가기 키]에 **m** 입력

❻ [확인] 클릭

❼ [매크로] 대화상자의 [실행]을 클릭합니다.

> **Note** 신뢰할 수 있는 문서
>
> 보안 경고 메시지 표시줄에서 [콘텐츠 사용]을 한 번 클릭했던 문서는 [신뢰할 수 있는 문서] 목록에 추가되어 이후부터는 보안 경고 메시지 표시줄이 표시되지 않고 매크로를 사용할 수 있게 열립니다. 다시 문서를 열었을 때 보안 경고 메시지 표시줄을 나타나게 하려면 [개발 도구] 탭-[코드] 그룹-[매크로 보안]을 클릭하고 [보안 센터] 대화상자의 [신뢰할 수 있는 문서] 탭에서 [지우기]를 클릭하여 [신뢰할 수 있는 문서] 목록을 지우면 됩니다.

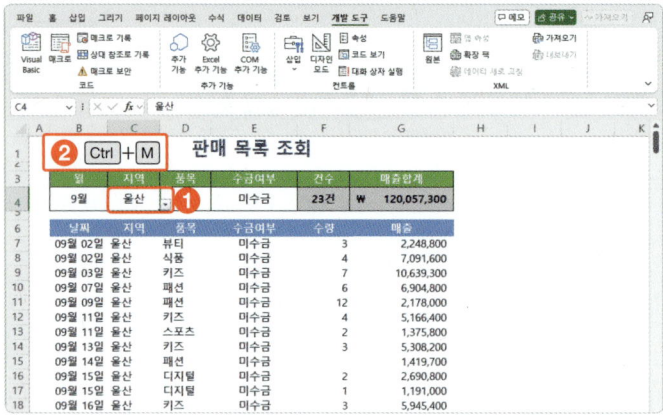

## 02 조건 변경 후 바로 가기 키로 실행하기

❶ [C4] 셀 클릭 후 목록 버튼에서 [울산] 선택

❷ Ctrl + M 을 누릅니다.

**Tip** 9월, 울산, 미수금 데이터가 추출됩니다. Ctrl + M 은 앞 단계에서 매크로 대화상자의 옵션에서 설정한 바로 가기 키입니다.

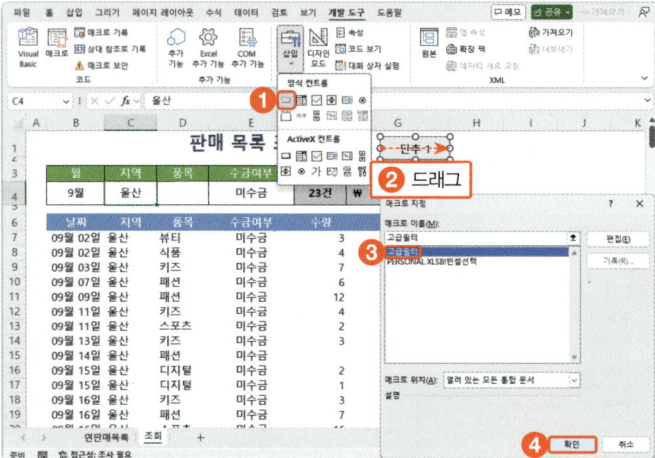

## 03 단추 삽입하고 매크로 지정하기

❶ [개발 도구] 탭-[컨트롤] 그룹-[삽입]-[단추(양식 컨트롤)] 클릭

❷ [G1] 셀 위치에 드래그

❸ [매크로 지정] 대화상자에서 [고급 필터] 매크로 선택

❹ [확인]을 클릭합니다.

**Tip** 양식 컨트롤은 매크로 기록을 통해 작성한 매크로를 적용할 때 사용합니다. ActiveX 컨트롤은 주로 VBA로 프로그래밍할 때 사용합니다.

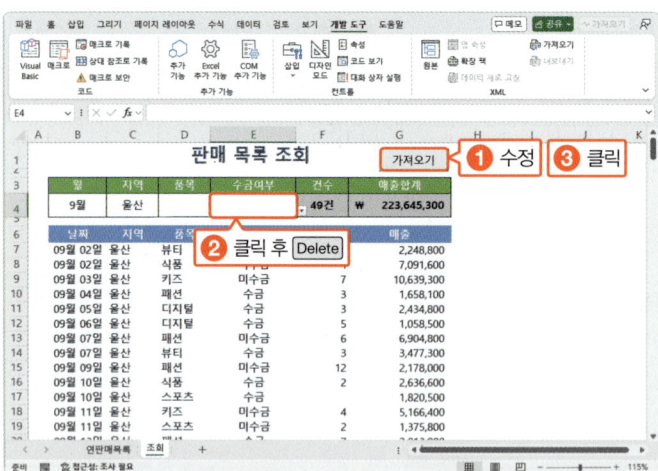

## 04 조건 변경 후 단추로 실행하기

❶ 단추 안의 텍스트를 **가져오기**로 수정

❷ [E4] 셀 클릭 후 Delete

❸ [가져오기] 단추를 클릭합니다.

**Tip** 고급 필터 시 조건 범위에서 필드명 아래 값을 지우면 해당 필드의 조건은 전체 값이 됩니다. 9월, 울산 전체 데이터가 추출됩니다.

**Tip** 양식 단추에 조절점이 있을 때는 단추의 텍스트를 선택할 수 있지만 셀을 선택한 후 단추를 누르면 매크로가 실행됩니다. 단추의 텍스트를 다시 수정하고 싶으면 단추에서 마우스 오른쪽 버튼을 클릭한 후 [텍스트 편집] 메뉴를 선택하면 됩니다. 양식 단추 외에 도형이나 그림 개체에도 매크로를 지정할 수 있습니다. 도형이나 그림을 삽입한 후 마우스 오른쪽 버튼을 클릭하면 [매크로 지정] 메뉴를 선택하면 됩니다.

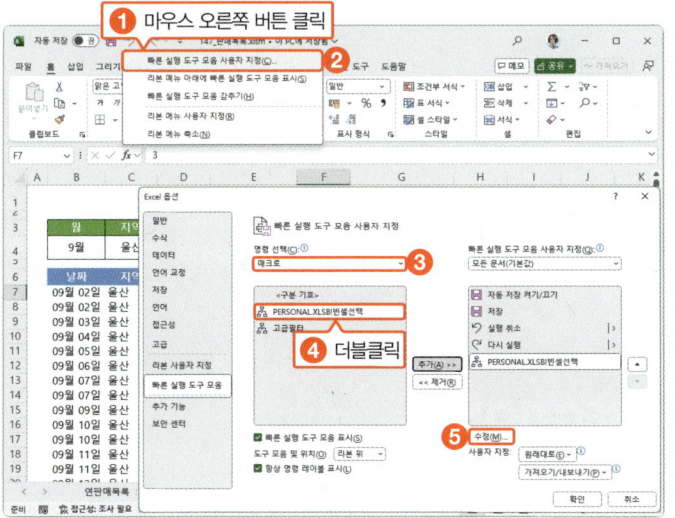

## 05 빠른 실행 도구 모음에 매크로 실행 도구 추가하기

❶ 빠른 실행 도구 모음에서 마우스 오른쪽 버튼 클릭

❷ [빠른 실행 도구 모음 사용자 지정] 선택

❸ [Excel 옵션] 대화상자의 [명령 선택]에서 [매크로] 선택

❹ 목록에서 [PERSONAL.XLSB!빈셀선택] 더블클릭

❺ [수정]을 클릭합니다.

## 06 단추 수정하기

❶ [단추 수정] 대화상자의 [기호]에서 적당한 모양의 단추 선택

❷ [표시 이름]에 **빈셀 선택** 입력

❸ [확인] 클릭

❹ [Excel 옵션] 대화상자에서 [확인]을 클릭합니다.

> **Tip** 개인용 매크로 통합 문서에 저장한 매크로는 모든 엑셀 파일에서 사용할 수 있어야 하므로 워크시트에 매크로 실행 버튼을 만드는 것보다 빠른 실행 도구 모음에 단추를 만들어두어야 합니다.

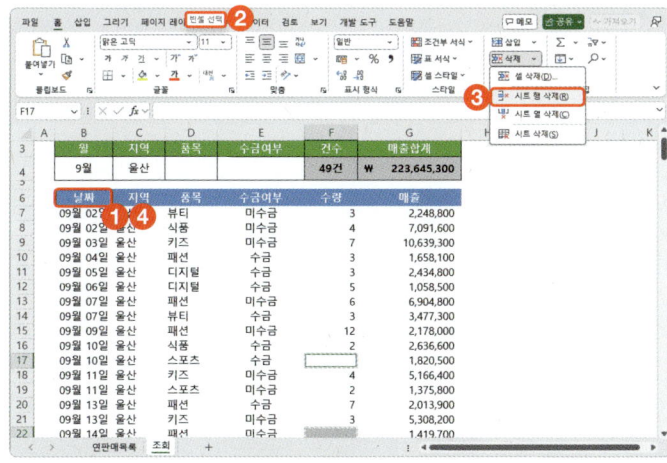

## 07 [빈셀 선택] 매크로 실행 후 행 삭제하기

❶ 데이터 목록에서 임의로 [B6] 셀 클릭

❷ 빠른 실행 도구 모음의 [빈셀 선택] 클릭

❸ [홈] 탭-[셀] 그룹-[삭제]-[시트 행 삭제] 클릭

❹ [B6] 셀을 클릭하여 빈 셀 범위 지정을 해제합니다.

> **Tip** 빈 셀들이 선택된 후 해당 행들이 삭제됩니다. 매크로 실행을 통해 빈 셀만 선택한 후 선택된 빈 셀들에 채우기 색을 설정하여 강조하거나 데이터를 추가로 입력하는 등 필요한 작업을 편리하게 진행할 수 있습니다.

# SECTION 02

# 매크로 편집하기

## 실무 148 데이터 재배치 매크로 기록 후 Do While 반복문 추가하기

실습 파일 CHAPTER05\148_제품목록.xlsx | 완성 파일 CHAPTER05\148_제품목록_완성.xlsm

실습 파일에는 제품코드와 단가들이 A열에 모두 입력되어 있습니다. 첫 번째 단가를 B열로 이동하는 매크로를 상대 참조로 기록한 후, **기록된 매크로 코드에 반복문을 추가하여 한 번에 단가들을 이동**해보 겠습니다.

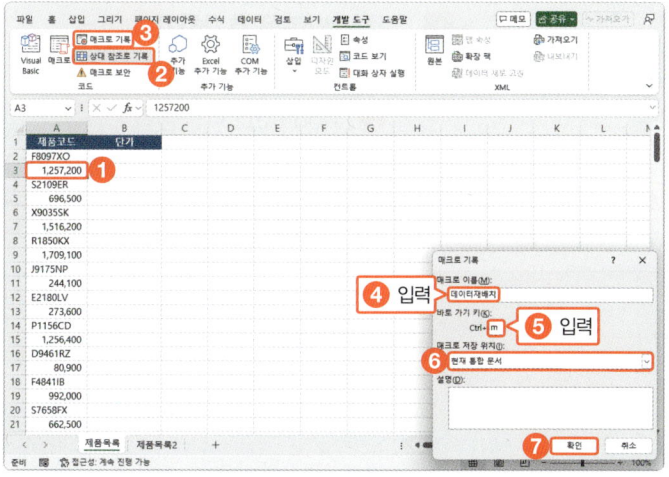

Tip [상대 참조로 기록] 상태에서 기록한 매크로는 어느 셀이든 매크로 실행 시에 선택 하는 셀에 대해서 매크로가 실행됩니다.

### 01 상대 참조로 매크로 기록하기

① [A3] 셀 클릭
② [개발 도구] 탭-[코드] 그룹-[상대 참조로 기록] 클릭
③ [개발 도구] 탭-[코드] 그룹-[매 크로 기록] 클릭
④ [매크로 기록] 대화상자의 [매크로 이름]에 **데이터재배치** 입력
⑤ [바로 가기 키] 입력란에 **m** 입력
⑥ [매크로 저장 위치]에서 [현재 통합 문서] 선택
⑦ [확인]을 클릭합니다.

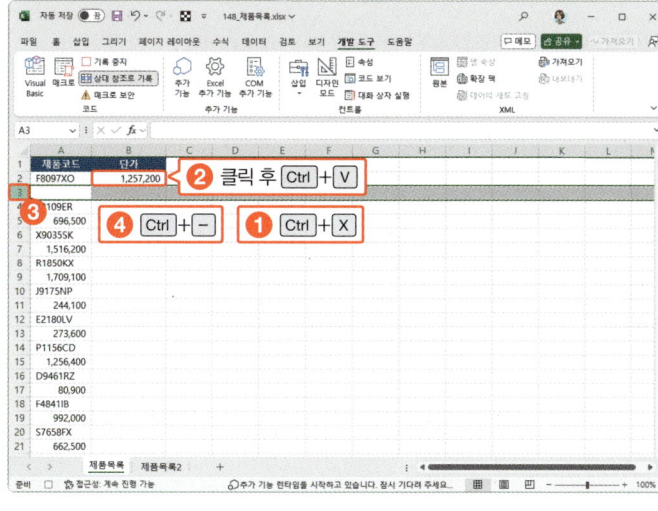

### 02 단가 이동하고 빈 행 삭제하기

① Ctrl + X
② [B2] 셀 클릭 후 Ctrl + V
③ 3행 머리글 클릭
④ Ctrl + - 를 눌러 빈 행을 삭제합 니다.

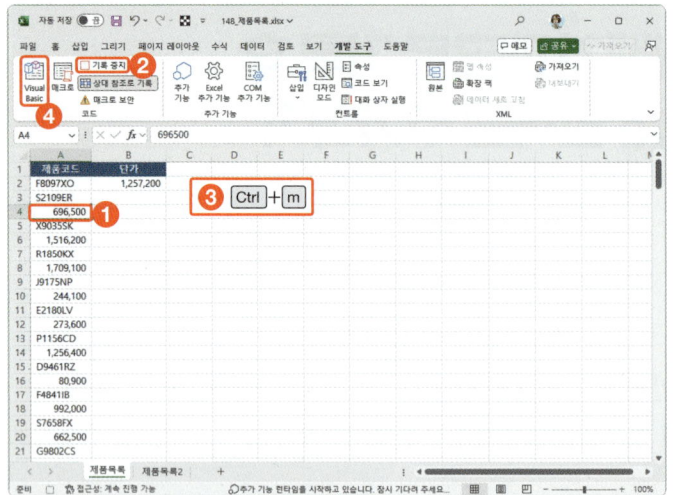

## 03 기록 중지 및 매크로 실행하기

❶ [A4] 셀 클릭

❷ [개발 도구] 탭-[코드] 그룹-[기록 중지] 클릭

❸ Ctrl + m 을 눌러 매크로 실행

❹ [개발 도구] 탭-[코드] 그룹-[Visual Basic]을 클릭합니다.

**Tip** 다음 실행 위치 셀인 [A4] 셀을 선택하고 기록을 중지해야 매크로 실행 시 순차적으로 다음 단가가 이동될 수 있습니다. 설정한 단축키 Ctrl + m 을 계속 누르면 단가가 한 개씩 재배치됩니다.

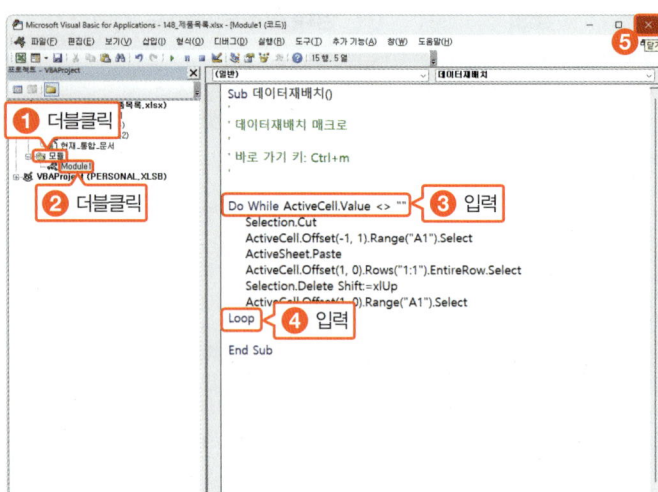

## 04 반복문 추가하기

❶ 프로젝트 창에서 [모듈] 더블클릭

❷ [Module1] 더블클릭

❸ 코드 창의 Selection.Cut 위에 **Do While ActiveCell.Value <> ""** 입력

❹ End Sub 위에 **Loop** 입력

❺ 비주얼 베이직 편집기 창을 닫습니다.

---

### Note  Do While~Loop 문

Do While 반복문은 조건이 참인 동안 코드를 반복해서 실행하는 루프 구조입니다. 기본 구조는 다음과 같습니다.

```
Do While 조건
    실행할 코드
Loop
```

**ActiveCell.Value <> ""** 은 현재 셀 값이 빈 셀이 아닌 조건입니다. 즉, 선택 셀이 빈 셀이 아닌 경우 코드를 반복해서 실행하게 됩니다.

Do While 문은 조건이 절대 거짓이 되지 않는 상황이 되면 무한 루프에 빠질 수 있습니다. 매크로 실행 시 무한 루프에 빠진 경우에는 ESC 를 눌러 매크로를 중지할 수 있습니다.

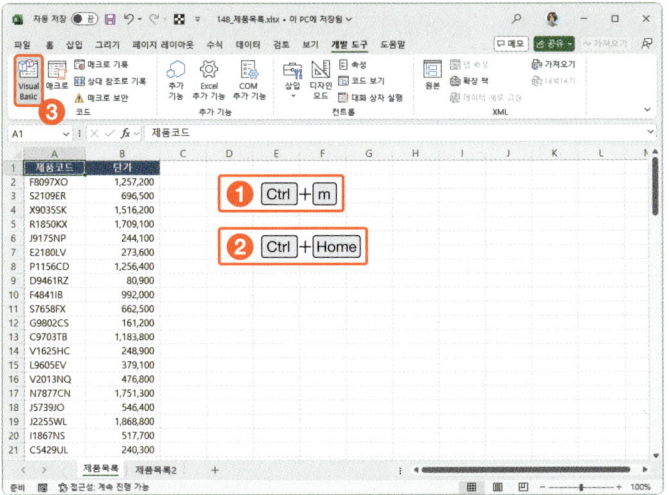

## 05 수정된 매크로 실행하기

① Ctrl+m을 눌러 매크로 실행

② Ctrl+Home

③ [개발 도구] 탭-[코드] 그룹-[Visual Basic]을 클릭합니다.

**Tip** 매크로를 실행하면 빈 셀이 선택될 때까지 단가 이동과 빈 행 삭제가 반복 실행되고 [A103] 셀이 선택된 상태에서 매크로 실행이 종료됩니다. 반복문 종료 후 [A1] 셀을 선택하는 구문과 매크로 실행 시 화면 깜빡임을 없애는 구문을 추가하기 위해 비주얼 베이직 편집기를 실행합니다.

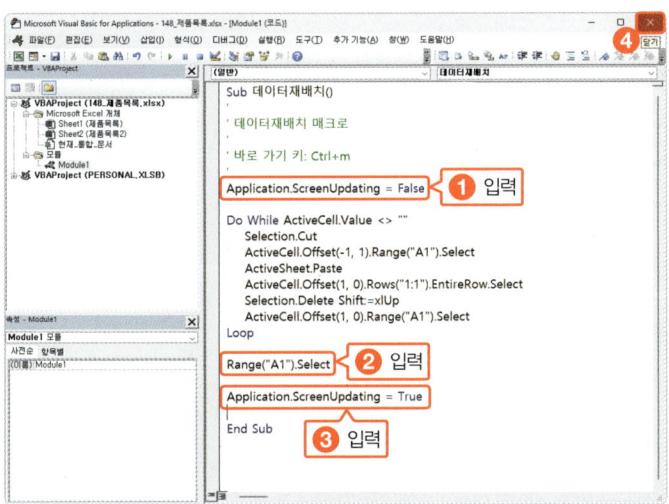

## 06 매크로 실행 시 화면 업데이트 해제하기

① Do While 구문 위에 **Application.ScreenUpdating = False** 입력

② Loop 아래에 **Range("A1").Select** 입력

③ End Sub 위에 **Application.ScreenUpdating = True** 입력

④ 비주얼 베이직 편집기 창을 닫습니다.

**Tip** 코드 창이 표시되지 않으면 [Module1]을 더블클릭합니다.

**Tip** Application.ScreenUpdating은 매크로가 실행될 때 화면 업데이트 속성을 설정하는 구문입니다. False는 화면 업데이트 해제, True는 화면 업데이트 설정입니다. 이 설정을 해제하면 매크로 실행 중에 화면 깜빡임을 없애고 매크로 실행 속도도 높아집니다. 매크로 시작 시 화면 업데이트 속성을 해제한 후에 다시 매크로 종료 전에 설정하는 구문을 입력합니다.

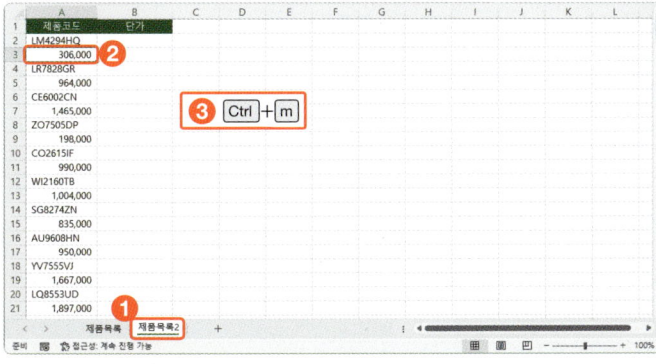

## 07 수정된 매크로 실행하기

① [제품목록2] 시트 클릭

② [A3] 셀 클릭

③ Ctrl+m을 눌러 매크로를 실행합니다.

**Tip** 이제 화면 깜빡임 없이 매크로가 실행되고 [A1] 셀이 선택된 상태로 매크로가 종료됩니다.

> **Note** 비주얼 베이직 편집기(Visual Basic Editor)는 어떻게 구성되고 각 역할은 무엇인가요?

비주얼 베이직 편집기를 실행하려면 [매크로] 대화상자에서 매크로명을 선택하고 [편집] 버튼을 클릭 또는 [개발 도구] 탭-[코드] 그룹-[Visual Basic]을 클릭합니다. Alt + F11 을 눌러도 됩니다.

비주얼 베이직 편집기 창의 각 구성 요소는 다음과 같으며 각 구성 요소를 숨기거나 표시하려면 [보기] 메뉴에서 선택합니다.

매크로를 기록하면 코드 창에 Sub로 시작해서 End Sub로 끝나는 코드가 작성됩니다. 즉, Sub~End Sub 구문은 하나의 매크로 또는 프로시저입니다. Sub는 매크로의 시작을 나타내며 Sub 뒤에는 매크로의 이름이 옵니다. End Sub는 매크로의 끝을 나타냅니다. 매크로 코드 중 '(어포스트로피)로 시작하는 줄은 전체 매크로에 대한 설명이나 중간 코드를 설명하는 주석문으로 매크로 실행에는 영향을 주지 않습니다.

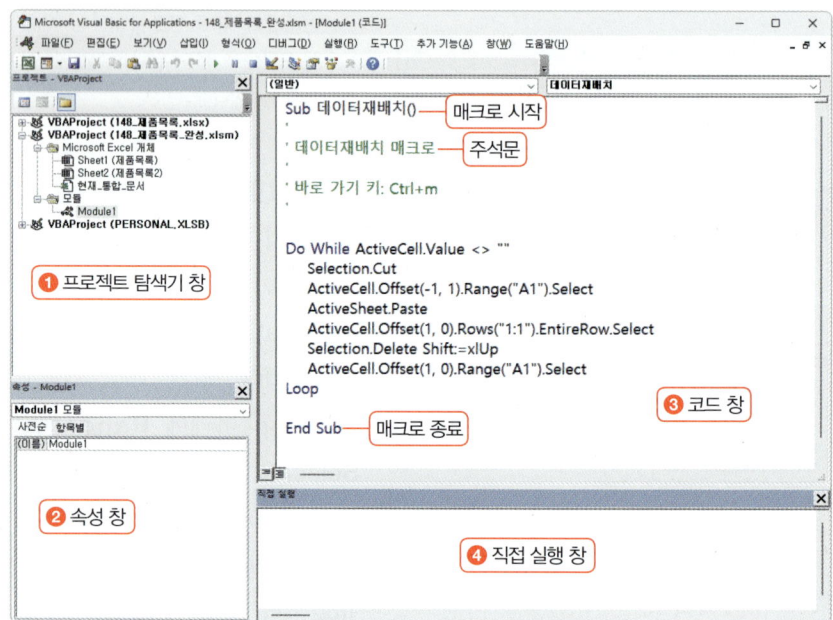

❶ **프로젝트 탐색기 창** : 현재 열려 있는 모든 통합 문서의 시트와 삽입된 모듈, 삽입된 사용자 정의 폼 등이 표시되어 있습니다. 속성이나 코드를 작성할 개체를 선택합니다.

❷ **속성 창** : 프로젝트 탐색기 창에서 특정 개체를 선택하면 현재 선택한 개체에 대한 속성이 표시되며 이를 이용하여 각종 속성을 설정합니다.

❸ **코드 창** : 비주얼 베이식(Visual Basic) 코드를 기록, 표시, 편집할 수 있는 공간으로 하나의 모듈 시트에 여러 개의 프로시저를 표시할 수 있습니다.

❹ **직접 실행 창** : 코드 창에 작성한 프로시저의 실행 결과를 미리 확인할 수 있습니다.

실무

## 149 셀 병합 매크로 기록 후 For 반복문 추가하기

실습 파일 CHAPTER05\149_제품라인.xlsx | 완성 파일 CHAPTER05\149_제품라인_완성.xlsm

실습 파일의 데이터 목록은 제품 라인별로 정렬되어 있습니다. 제품 라인은 20가지이고, 라인별로 제품이 다섯 개씩입니다. 첫 번째 라인명이 입력되어 있는 셀들을 병합하는 매크로를 기록한 후 반복 횟수를 지정할 수 있는 For 문을 추가하여 나머지 19가지 제품 라인 셀들을 한 번에 병합해보겠습니다.

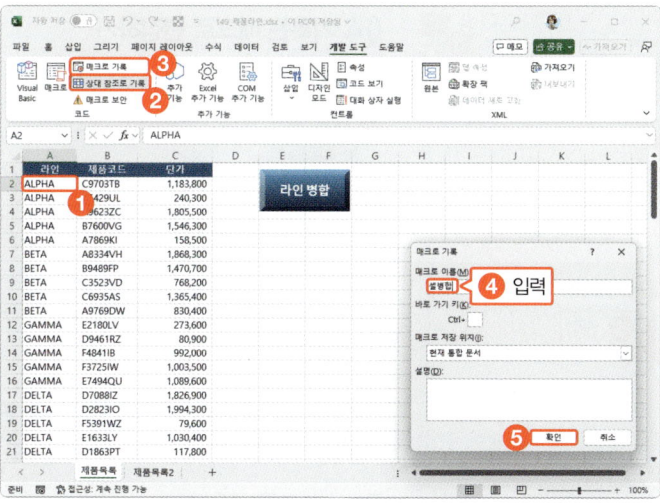

**01 셀 병합 매크로 기록하기**

① [A2] 셀 클릭
② [개발 도구] 탭-[코드] 그룹-[상대 참조로 기록] 클릭
③ [매크로 기록] 클릭
④ [매크로 이름]에 **셀병합** 입력
⑤ [확인]을 클릭합니다.

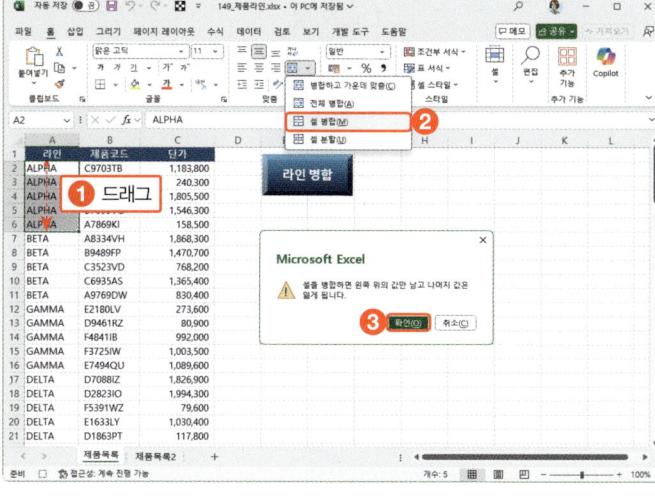

**02 셀 병합하기**

① [A2:A6] 범위 지정
② [홈] 탭-[맞춤] 그룹-[병합하고 가운데 맞춤]-[셀 병합] 클릭
③ 메시지 창에서 [확인]을 클릭합니다.

**Tip** [병합하고 가운데 맞춤]은 병합하면서 가운데 맞춤 설정까지 하기 때문에 매크로 코드가 더 길게 기록됩니다. 더 단순하게 병합 코드를 기록하기 위해 [셀 병합]을 선택했습니다.

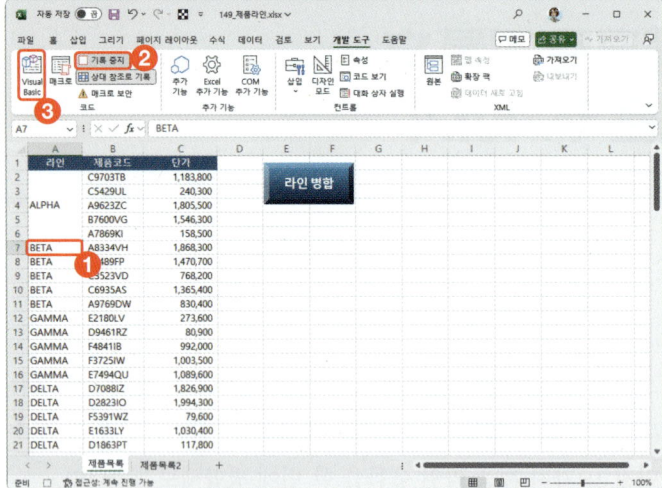

## 03 다음 실행 셀 선택 후 기록 중지하기

❶ [A7] 셀 클릭

❷ [개발 도구] 탭-[코드] 그룹-[기록 중지] 클릭

❸ [Visual Basic]을 클릭합니다.

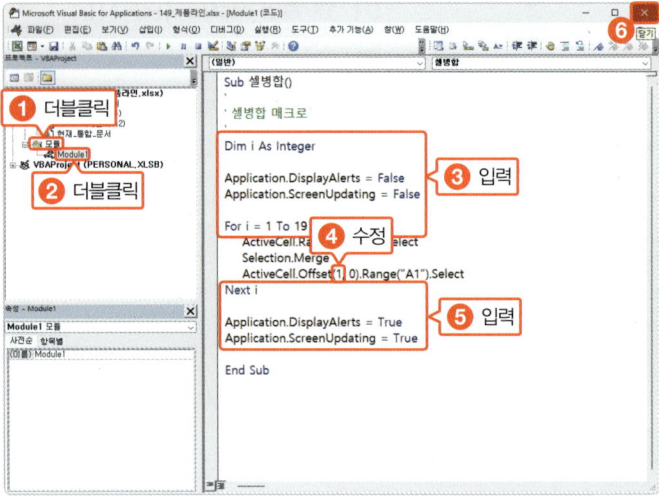

## 04 기록된 매크로 편집하기

❶ 프로젝트 창에서 [모듈] 더블클릭

❷ [Module1] 더블클릭

❸ 코드 창에 기록된 매크로 코드 첫 번째 줄 위에 다음 코드 입력

**Dim i As Integer**

**Application.DisplayAlerts = False**

**Application.ScreenUpdating = False**

**For i = 1 To 19**

❹ ActiveCell.Offset(5,0)에서 5를 1로 수정

❺ End Sub 위에 다음 코드 입력

**Next i**

**Application.DisplayAlerts = True**

**Application.ScreenUpdating = True**

❻ 비주얼 베이직 편집기 창을 닫습니다.

## Note 추가/수정한 코드 설명

- **Dim i As Integer** : 변수 i를 정수형으로 선언합니다. 변수 i는 For 문에서 반복하는 횟수를 기록하는 역할을 합니다.
- **For i = 1 To 19** : For~Next 반복문은 지정된 횟수만큼 코드를 반복 실행합니다. 기본 구조는 다음과 같습니다.

```
For 변수=시작할 값 To 종료할 값
    실행할 코드
Next 변수
```

- **ActiveCell.Offset(1,0)** : ActiveCell.Offset은 현재 셀 기준 지정한 행, 열 수만큼 이동한 셀을 참조하게 합니다. 괄호 안에는 (행 수, 열 수)가 들어갑니다. 매크로 기록 시 다섯 개의 셀을 병합한 후 아래 셀을 선택했기 때문에 5행 아래로 이동하도록 기록이 되었지만 원래는 1행만 이동해야 하기 때문에 1로 수정해야 합니다.
- **Application.DisplayAlerts** : 매크로 실행 시 나타나는 알림창 표시를 설정하는 구문입니다. 셀 병합 실행을 반복할 때마다 알림창이 표시되는 것을 막기 위해 값을 False로 지정했다가 반복문 종료 후에 다시 True로 설정했습니다.
- **Application.ScreenUpdating** : 매크로 실행 시 반복 작업 때문에 화면 깜빡임이 생기는 것을 막기 위해 False로 지정했다가 반복문 종료 후 다시 True로 설정했습니다.

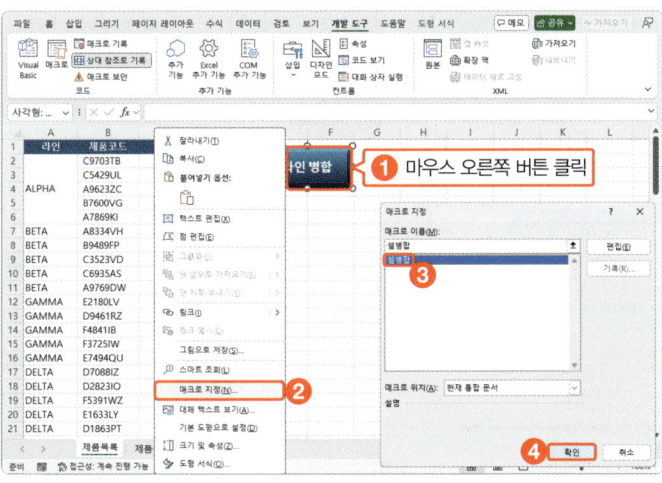

### 05 도형에 매크로 지정하기

❶ 라인 병합 도형에서 마우스 오른쪽 버튼 클릭
❷ [매크로 지정] 선택
❸ [매크로 지정] 대화상자에서 [셀병합] 선택
❹ [확인]을 클릭합니다.

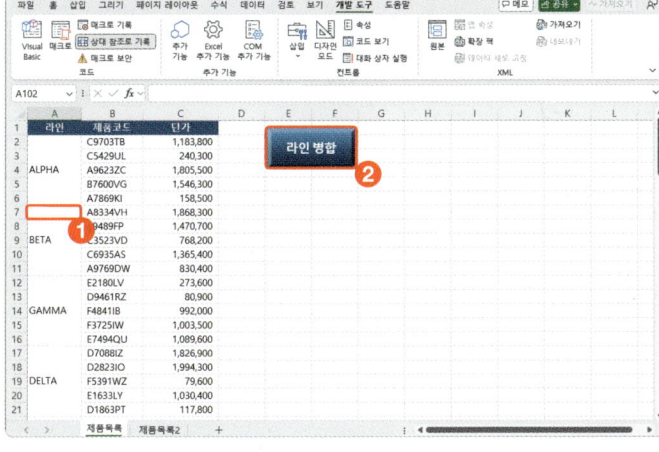

### 06 매크로 실행하기

❶ [A7] 셀 클릭
❷ [라인 병합] 도형을 클릭합니다.

**Tip** [제품목록2] 시트에도 20가지 제품이 라인별로 정렬되어 있고 라인별로 제품이 다섯 개씩입니다. [제품목록2] 시트의 데이터 목록에서 매크로를 실행하려면 20번 반복 실행해야 하므로 비주얼 베이직 편집기를 열고 **For i = 1 To 20**으로 수정한 후 [라인 병합] 도형에 셀 병합 매크로를 지정한 후 실행해봅니다.

## 150 매크로 오류 디버그하기

**실습 파일** CHAPTER05\150_판매목록.xlsm | **완성 파일** CHAPTER05\150_판매목록_완성.xlsm

실습 파일에는 고급 필터 매크로와 필터 지우기 매크로가 기록되어 있습니다. 고급 필터는 [현재 위치에 필터] 옵션으로 기록했기 때문에 원본 위치에 바로 필터링되고, [모두 보기]를 클릭하면 필터 지우기 매크로가 실행되면서 모든 데이터가 표시됩니다. **매크로 오류를 수정하는 것을 디버그라고 합니다.** 이미 모든 데이터가 표시된 상태에서 [모두 보기]를 클릭하면 오류 메시지가 표시됩니다. 오류 메시지를 무시하는 구문을 추가해보겠습니다.

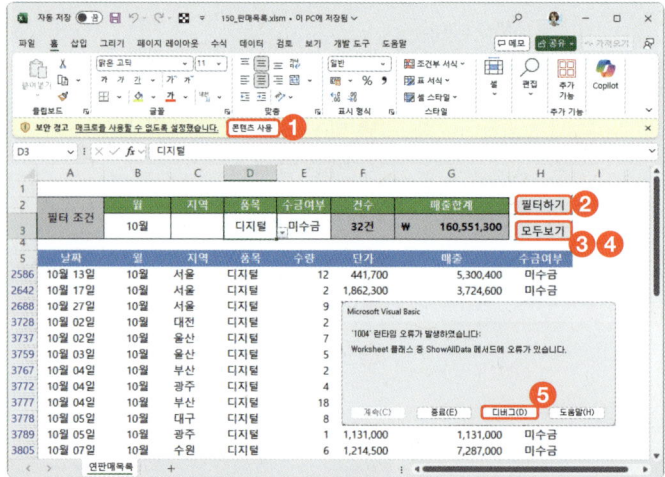

### 01 매크로 오류 디버그하기

❶ [보안 경고] 알림 표시줄의 [콘텐츠 사용] 클릭
❷ [필터하기] 단추 클릭
❸ [모두보기] 단추 클릭
❹ [모두보기] 단추 다시 클릭
❺ 오류 메시지 창의 [디버그]를 클릭합니다.

**Tip** 이미 모든 데이터가 표시된 상태에서 다시 [모두보기]를 클릭했기 때문에 오류 메시지가 표시되었습니다.

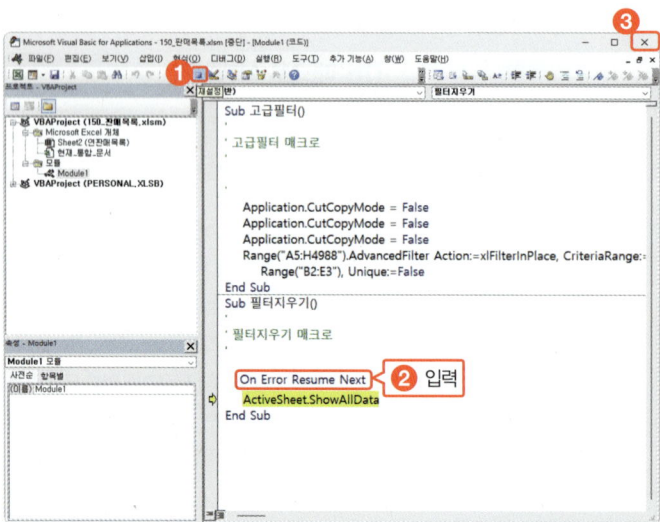

### 02 오류 무시 코드 추가하기

❶ 비주얼 베이직 편집기 도구 모음의 [재설정] ■ 클릭
❷ 필터 지우기 매크로의 코드 ActiveSheet.ShowAllData 위에 **On Error Resume Next** 입력
❸ 비주얼 베이직 편집기 창을 닫습니다.

**Tip** 이제 모든 데이터가 표시된 상태에서 [모두보기]를 클릭해도 오류 메시지가 표시되지 않습니다.

**Tip** 매크로 코드 위에 **On Error Resume Next**라는 구문을 입력해놓으면 오류 메시지가 표시되지 않습니다. 이 구문은 오류를 무시해도 프로그램 전체 진행에 큰 문제가 없는 경우 나머지 작업을 진행하도록 하기 위해 주로 사용합니다.

---

> **Note** 개인용 매크로 통합 문서에 있는 매크로는 어떻게 삭제하나요?
>
> 앞의 146 실습을 한 경우 PERSONAL.XLSB 파일이 생성되었습니다. 이 파일은 엑셀이 실행될 때마다 숨겨진 상태로 실행됩니다. 개인용 매크로 통합 문서에 기록된 여러 개의 매크로 중 하나를 삭제하려면 비주얼 베이직 편집기의 모듈 창에서 해당 매크로가 코딩된 부분만 지정한 후 Delete 를 누릅니다. 개인용 매크로 통합 문서에 있는 매크로가 모두 필요 없다면 아예 개인용 매크로 통합 문서인 PERSONAL.XLSB 파일 자체를 삭제하는 것이 좋습니다. 개인용 매크로 통합 문서를 삭제하려면 다음의 절차를 따릅니다.

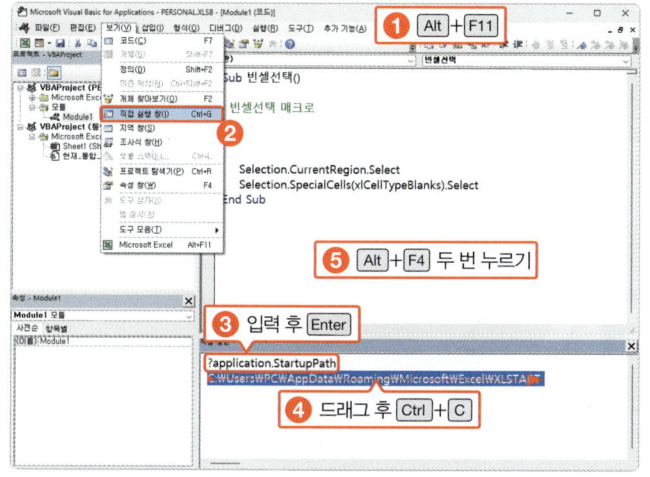

**01 개인용 매크로 통합 문서 위치 확인**

❶ 엑셀 실행 후 Alt + F11 을 눌러 비주얼 베이직 편집기 실행

❷ 비주얼 베이직 편집기의 [보기]-[직접 실행 창] 선택

❸ [직접 실행] 창에 **?application.StartupPath** 입력 후 Enter

❹ 아래줄에 나타난 경로를 드래그한 후 Ctrl + C 를 눌러 복사

❺ Alt + F4 를 두 번 눌러 엑셀을 종료합니다.

**Tip** Alt + F4 는 윈도우에서 현재 선택 중인 프로그램 창을 닫는 단축키입니다. 비주얼 베이직 편집기와 엑셀 프로그램을 종료하기 위해 두 번 눌렀습니다.

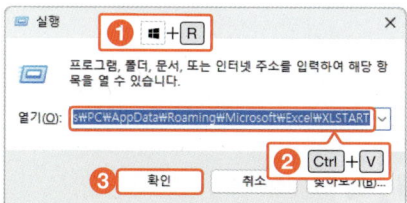

**02 폴더 열기**

❶ ⊞ + R 을 눌러 [실행] 대화상자 표시

❷ [열기] 입력란을 클릭하고 Ctrl + V 를 눌러 경로 붙이기

❸ [확인]을 클릭합니다.

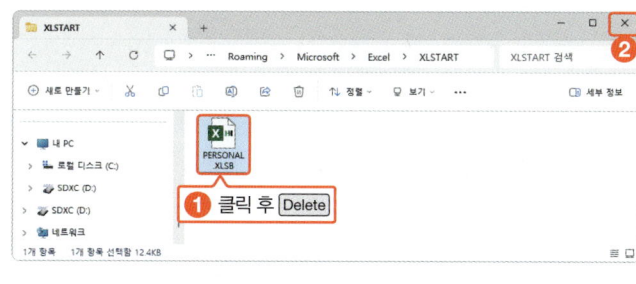

**03 개인용 매크로 통합 문서 삭제**

❶ 폴더 대화상자가 열리면 PERSONAL.XLSB 파일 클릭 후 Delete 눌러 삭제

❷ 폴더 대화상자를 닫습니다.

# SPECIAL CHAPTER

## AI와 함께하는 엑셀 실무
(with ChatGPT, Copilot)

회 사 에 서    바 로    통 하 는    실 무    엑 셀

요즘 다양한 AI 도구들이 빠르게 등장하고 기능이 계속해서 업데이트되고 있습니다. 이번 스페셜 챕터에서는 OpenAI의 ChatGPT와 Microsoft의 Copilot을 활용해 엑셀 작업을 쉽고 효율적으로 수행하는 방법을 배워보겠습니다.

복잡한 함수식, 매크로 코딩, 데이터 분석 등 엑셀의 다양한 기능을 AI와 결합해 실무에서 어떻게 활용할 수 있는지 실습을 통해 익혀보겠습니다.

책에서는 두 가지 도구를 비교해보겠습니다. 예제를 함께 실습해보고 여러분의 작업에 적합한 한 가지 AI를 선택해서 활용해봅니다.

## ChatGPT 살펴보기

ChatGPT를 사용하려면 계정이 필요합니다. chatgpt.com 사이트로 이동한 후, 회원 가입을 하면 무료 버전인 GPT-4o mini 화면이 나옵니다. [플랜 업그레이드]를 통해 유료 계정으로 전환하면 GPT-4.1 이상 모델을 사용할 수 있습니다. ChatGPT는 무료, 유료 계정의 화면 구성 차이는 크게 없습니다.

### 화면 구성

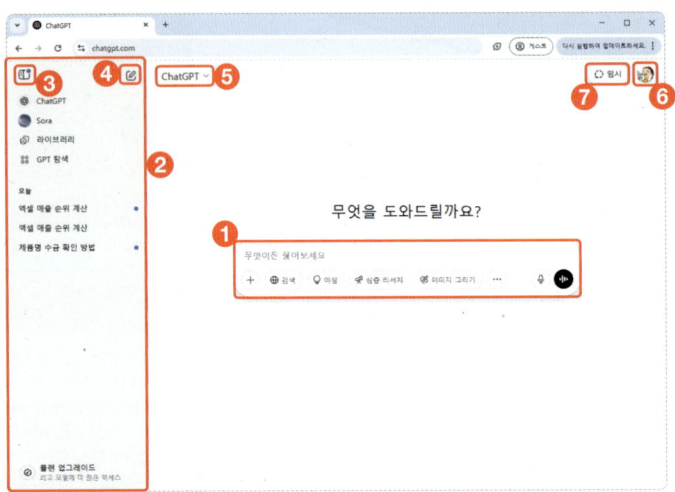

❶ **입력 창** : 질문이나 요청을 입력하면 ChatGPT가 답변을 제공합니다.

❷ **사이드 바** : 이전의 대화를 확인할 수 있는 대화 히스토리가 있습니다. 대화의 이름은 자동으로 지정되고 대화명에 마우스 포인터를 올리면 표시되는 옵션 단추를 클릭합니다. 이름을 바꾸거나 삭제할 수 있습니다.

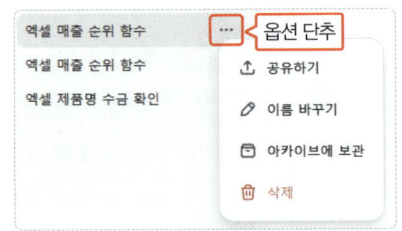

❸ **사이드 바 닫기/열기** : 사이드 바를 닫거나 다시 엽니다.

❹ **새 채팅** : 새 채팅 화면을 표시합니다.

❺ **GPT 모델 선택** : 다른 GPT 모델을 선택합니다.

❻ **환경 설정** : 다크 모드, 언어 설정, 대화 기록 관리 등을 조정할 수 있습니다.

❼ **임시** : 임시 채팅입니다. 기록에 표시되지 않고, ChatGPT의 메모리도 업데이트되지 않습니다. 최대 30일 동안 사본이 보관됩니다.

## Microsoft Copilot 살펴보기

Microsoft Copilot도 ChatGPT와 같은 생성형 AI입니다. Microsoft 계정이 있어야 하며, copilot.microsoft.com 사이트 또는 윈도우에 설치된 Copilot 앱을 실행하여 사용할 수 있습니다.

비즈니스 구독 계정인 경우 copilot.cloud.microsoft 사이트에서 사용할 수 있으며 파일 업로드 기능이 있으며 화면 구성이 좀 다릅니다. 또한 Microsoft 365 구독 계정인 경우 엑셀, 파워포인트, 워드와 같은 프로그램 내에서 직접 사용할 수 있습니다. 기본 월 60개 AI 크레딧 사용 가능, Copilot Pro 유료 구독하면 더 광범위하게 사용 가능합니다. AI 크레딧은 엑셀, 파워포인트 워드와 같은 오피스 앱에서 Copilot에 프롬프트를 입력하여 AI 기능을 사용할 때마다 한 개씩 차감됩니다.

다음 사이트에서 Copilot의 종류별 가이드를 확인할 수 있습니다.

https://microsoft.com/ko-kr/microsoft-copilot/learn

## Copilot 종류별 화면

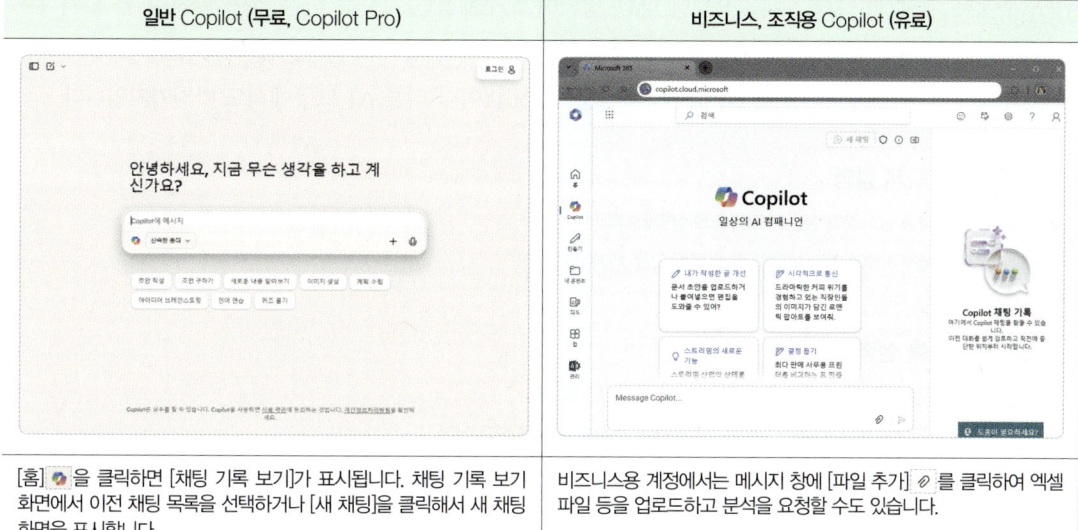

| 일반 Copilot (무료, Copilot Pro) | 비즈니스, 조직용 Copilot (유료) |
|---|---|
| [홈] 을 클릭하면 [채팅 기록 보기]가 표시됩니다. 채팅 기록 보기 화면에서 이전 채팅 목록을 선택하거나 [새 채팅]을 클릭해서 새 채팅 화면을 표시합니다. | 비즈니스용 계정에서는 메시지 창에 [파일 추가] 를 클릭하여 엑셀 파일 등을 업로드하고 분석을 요청할 수도 있습니다. |

### 엑셀 Copilot

엑셀의 [홈] 탭-[Copilot]을 클릭하면 [Copilot] 작업 창이 표시됩니다. 프롬프트 창에 요청 사항을 입력하고 결과를 바로 문서에 적용할 수 있습니다.

엑셀 Copilot은 Microsoft 365 구독 계정인 경우 월 60개 AI 크레딧을 사용할 수 있습니다(프롬프트 입력 작업 시 한 개의 AI 크레딧 차감). 별도로 개인용이나 비즈니스용 Copilot을 추가로 구독하면 더 광범위하게 많이 사용할 수 있습니다. 잔여 AI 크레딧을 확인하려면 [파일]-[계정]-[계정 관리]를 클릭하여 구독 관리 페이지로 이동하면 됩니다.

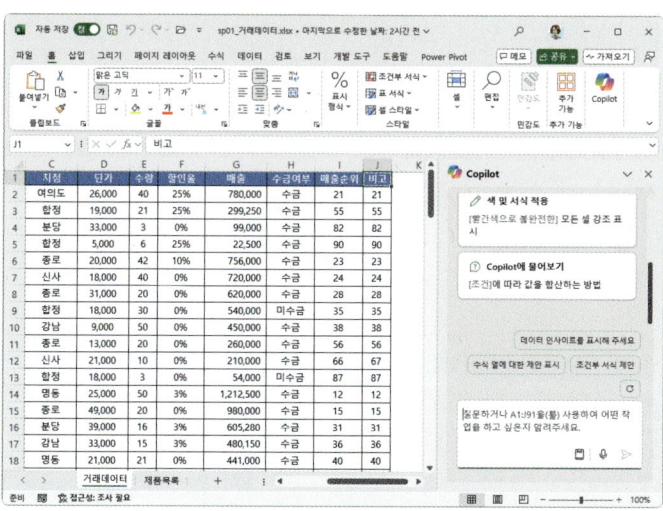

## 메시지(프롬프트) 작성 요령

AI 도구에서 메시지(프롬프트)를 작성할 때는 명확하고 구체적인 지시를 하는 것이 좋습니다. AI가 무엇을 해야 하는지 명확히 이해할 수 있도록 작업에 대한 상황을 설명하고 원하는 결과를 구체적으로 요청하는 것이 중요합니다. 아래의 프롬프트 작성 요령은 Copilot이나 다른 AI 도구에서도 마찬가지입니다.

### ❶ 목표를 명확하게 설명
- 엑셀에서 무엇을 달성하고 싶은지 명확하게 설명합니다.
- 예시 : "엑셀에서 A열에 있는 데이터 중 중복된 값을 제거하고 싶어."

### ❷ 데이터 구조를 설명
- 데이터가 어떻게 구성되어 있는지 설명하거나 예시를 제공합니다.
- 예시 : "A1부터 A10까지의 셀에 이름이 들어 있고, 중복된 이름을 찾고 싶어."

### ❸ 구체적인 함수나 작업 지시
- 엑셀에서 사용하려는 특정 함수나 명령을 알려주면 더 구체적으로 도움을 받을 수 있습니다.
- 예시 : "VLOOKUP을 사용해서 두 개의 시트에서 일치하는 데이터를 찾고 싶어."

### ❹ 단계적 설명 요청
- 작업이 복잡할 경우, 단계별 설명을 요청하면 더 나은 지원을 받을 수 있습니다.
- 예시 : "데이터 정리하는 방법을 단계별로 알려줘. 중복 제거 후, 남은 데이터를 정렬하고 싶어."

### ❺ 특정 포맷이나 조건 추가
- 결과물이 특정한 형식이나 조건을 만족해야 하는 경우 이를 추가로 설명합니다.
- 예시 : "A열에서 중복을 제거한 후, 나머지 데이터를 알파벳 순으로 정렬해줘."

### ❻ 피드백 요청
- 제공한 답변이 원하는 결과에 맞지 않을 경우, 추가 정보를 제공해 더 나은 답변을 받습니다.
- 예시 : "이 방법으로 시도해봤는데, 오류가 발생했어. 오류 메시지는 'OOOOO'야."

# 001 ChatGPT, Copilot에게 복잡한 함수식 작성 요청하기

동영상 강의 확인하기

실습 파일 Special\sp01_거래데이터.xlsx | 완성 파일 Special\sp01_거래데이터_완성.xlsx

실습 파일의 [거래데이터] 시트의 수금 여부와 매출 순위를 구하는 함수식을 요청해보겠습니다. 수금 여부는 제품명이 [제품목록] 시트의 제품명 목록에 있는 제품명이면 수금, 없으면 미수금이라고 입력해야 합니다. **수금 여부는 ChatGPT에게, 매출 순위는 Copilot에게 요청해보겠습니다.**

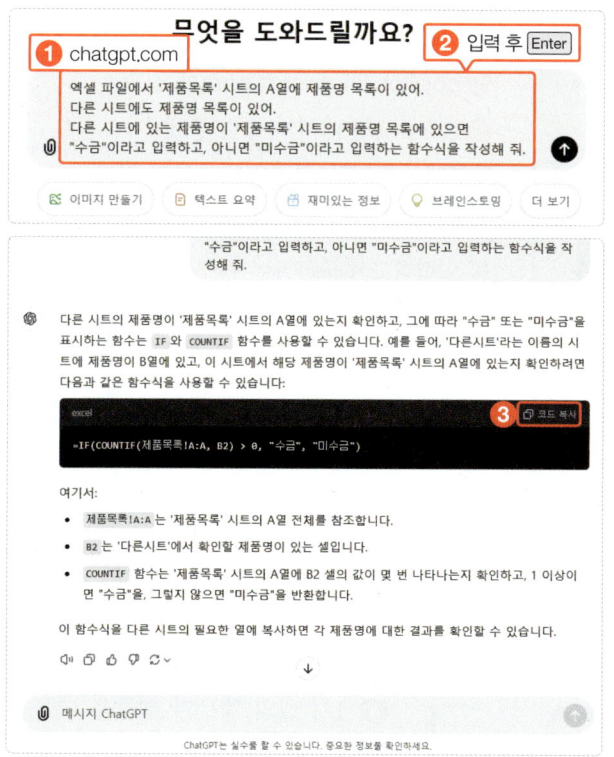

**01 ChatGPT에게 수금 여부 함수식 요청하기**

❶ **chatgpt.com**에 접속
❷ ChatGPT의 메시지 입력 창에
엑셀 파일에서 '제품목록' 시트의 A열에 제품명 목록이 있어. 다른 시트에도 제품명 목록이 있어. 다른 시트에 있는 제품명이 '제품목록' 시트의 제품명 목록에 있으면 "수금"이라고 입력하고, 아니면 "미수금"이라고 입력하는 함수식을 작성해줘.
를 입력하고 Enter 또는 [메시지 보내기] ⬆ 클릭
❸ ChatGPT의 답변과 함께 표시된 코드 창의 [코드 복사], 또는 [복사]를 클릭합니다.

**Tip** 메시지 입력 창 안에서 줄을 바꿀 때는 Shift + Enter 를 누릅니다.

---

**Note** 생성형 AI는 같은 질문에도 답변이 다르게 나올 수 있나요?

생성형 AI는 답변을 생성할 때 무작위성을 사용하는 딥러닝 모델에 속하기 때문에 동일한 메시지를 입력해도 답변이 조금씩 다르게 나올 수 있습니다. 또한 질문의 맥락이나 대화의 흐름에 따라 답변이 달라질 수도 있습니다. 함수 또한 다른 함수를 사용한 함수식으로 결과가 표시될 수도 있습니다.

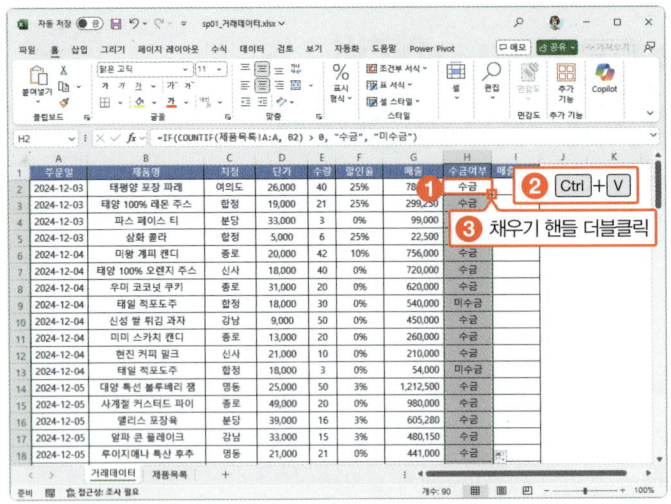

### 02 엑셀에 함수식 붙여넣기

① 실습 파일의 [H2] 셀 클릭

② Ctrl + V

③ [H2] 셀의 채우기 핸들을 더블클릭합니다.

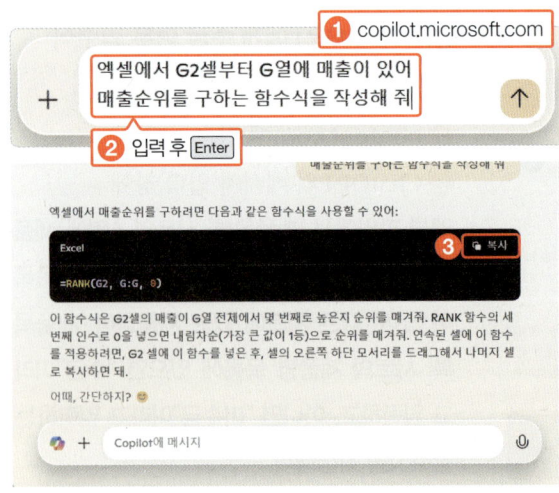

### 03 Copilot에게 매출 순위 함수식 요청하기

① copilot.microsoft.com에 접속

② Copilot의 메시지 입력 창에
**엑셀에서 G2셀부터 G열에 매출이 있어 매출순위를 구하는 함수식을 작성해줘**
를 입력하고 Enter 또는 [메시지 제출] ↑ 클릭

③ 답변과 함께 표시된 코드 창의 [복사]를 클릭합니다.

**Tip** ChatGPT와 마찬가지로 입력 창에서 줄바꿈할 때 Shift + Enter 를 누릅니다.

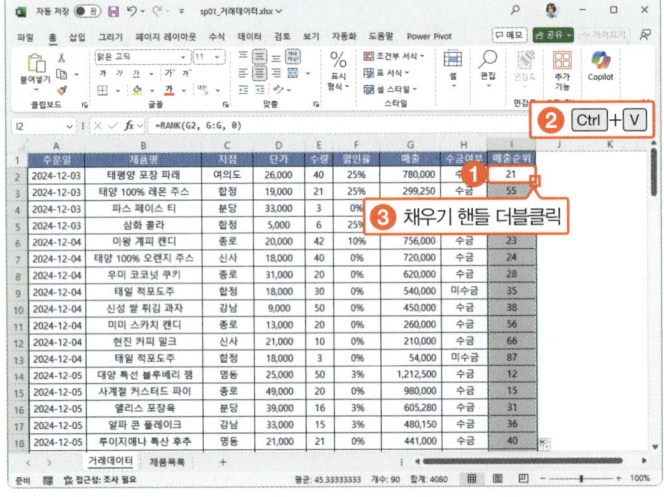

### 04 엑셀에 함수식 붙여넣기

① 실습 파일의 [I2] 셀 클릭

② Ctrl + V

③ [I2] 셀의 채우기 핸들을 더블클릭합니다.

# 002 엑셀 Copilot에게 함수식 작성 요청하기

실습 파일 Special\sp02_거래데이터.xlsx | 완성 파일 Special\sp02_거래데이터_완성.xlsx

**엑셀 Copilot은 요청 사항을 엑셀 문서에 바로 적용**시켜줍니다. 매출 값이 같은 경우에는 수량이 많은 항목이 더 높은 순위, 수량까지 같은 경우 날짜가 더 빠른 항목이 높은 순위가 되도록 비고란에 우선 순위를 구하는 함수식을 엑셀 Copilot에 요청해보겠습니다.

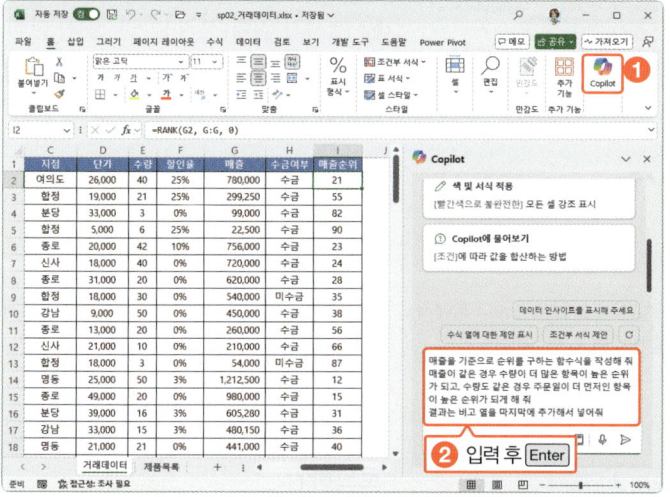

**01 동순위 처리 함수식 요청하기**

① [홈] 탭-[Copilot] 클릭

② 프롬프트 입력 창에

**매출을 기준으로 순위를 구하는 함수식을 작성해줘. 매출이 같은 경우 수량이 더 많은 항목이 높은 순위가 되고, 수량도 같은 경우 주문일이 더 먼저인 항목이 높은 순위가 되게 해줘. 결과는 비고 열을 마지막에 추가해서 넣어줘.**

를 입력하고 Enter 또는 [전송] ▷ 을 클릭합니다.

**Tip** 엑셀 Copilot에 요청하려면 엑셀 문서를 OneDrive에 저장하고 빠른 실행 도구 모음의 [자동 저장]을 켜야 합니다. 엑셀 Copilot에서는 데이터 범위 첫 번째 행의 필드명을 인식하기 때문에 셀 범위가 아니라 데이터 목록의 필드명으로 요청 사항을 입력해도 됩니다. ChatGPT나 Microsoft Copilot의 입력 창에 요청할 때는 다음과 같이 셀 범위를 구체적으로 작성해야 합니다.
엑셀에서 G2:G91 범위에 매출이 있고, E2:E91 범위에 수량이 있고, A2:A91 범위에 주문일이 있어.
매출 순위를 구하되 매출이 같으면 수량이 더 많은 항목이 높은 순위, 수량까지 같으면 주문일이 더 빠른 항목이 높은 순위가 되는 함수식을 작성해줘.

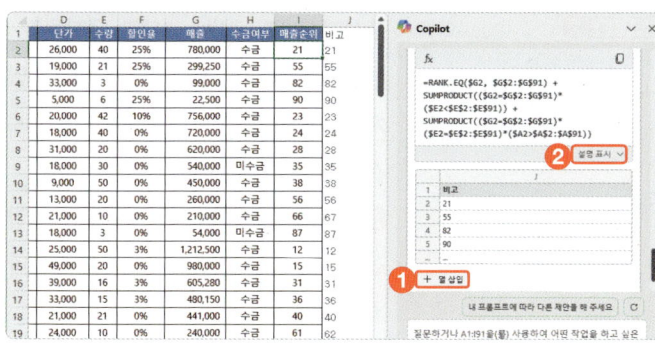

**02 결과 열 삽입하기**

① 진행 결과가 표시되면 [열 삽입]을 클릭

② Copilot의 수식창의 [설명 표시]를 클릭하여 수식 설명을 확인합니다.

SPECIAL CHAPTER AI와 함께하는 엑셀 실무(with ChatGPT, Copilot) **373**

# 003 ChatGPT에게 엑셀 문서 서식 변경 요청하기

실습 파일 Special\sp03_거래데이터.xlsx | 완성 파일 Special\sp03_거래데이터_완성.xlsx

ChatGPT에 엑셀 파일을 직접 업로드하고 서식 변경을 요청할 수도 있습니다.

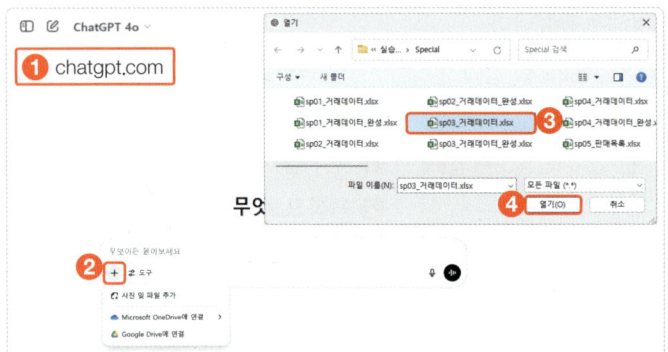

**01 ChatGPT에 파일 업로드하기**

❶ chatgpt.com에 접속
❷ 메시지 입력 창의 [파일 첨부] 클릭
❸ [열기] 대화상자에서 sp03_거래데이터.xlsx 파일 선택
❹ [열기]를 클릭합니다.

**Tip** ChatGPT의 [파일 첨부]를 클릭하지 않고 실습 파일이 있는 탐색기 폴더 창에서 ChatGPT 창으로 파일을 바로 드래그해도 업로드됩니다. 버전에 따라 [파일 첨부] 아이콘 모양이 다르게 보일 수 있습니다.

**02 서식 지정 요청하고 파일 다운로드하기**

❶ 업로드된 파일 아래에 A2:A91 범위의 날짜를 월/일(한글요일 한글자) 형식으로 바꿔줘. A2:J91 범위에 대해 A열 날짜의 요일이 월요일인 행의 색을 연한 회색으로 채워줘. 이 문서에 기존에 있던 셀 색이나 테두리, 표시형식, 열 너비는 그대로 유지해줘. 변경된 엑셀 파일을 다운로드할 수 있게 해줘.를 입력하고 Enter 또는 [메시지 보내기] ❶ 클릭

❷ ChatGPT의 답변 [여기에서 파일을 다운로드하세요]를 클릭하여 파일을 다운로드합니다.

**Tip** 메시지 입력 창 안에서 줄을 바꿀 때는 Shift + Enter 를 누릅니다.

# 004 엑셀 Copilot에게 조건부 서식 요청하기

실습 파일 Special\sp04_거래데이터.xlsx | 완성 파일 Special\sp04_거래데이터_완성.xlsx

엑셀 Copilot은 엑셀 문서에서 원하는 서식을 요청하고 바로 서식을 지정할 수 있습니다. **엑셀 Copilot은 원드라이브에 저장된 파일에 대해서만 실행이 가능**합니다. 실습 파일을 원드라이브 폴더에 저장한 후에 실습해야 합니다. **조건부 서식을 요청하고 바로 적용**해보겠습니다.

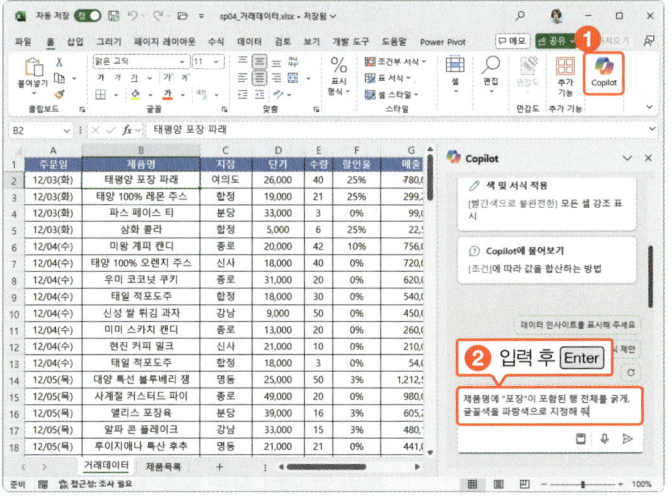

**01 제품명에 "포장"이 포함된 행에 서식 지정 요청하기**

① [홈] 탭-[Copilot] 클릭
② 프롬프트 입력 창에
**제품명에 "포장"이 포함된 행 전체를 굵게, 글꼴색을 파랑색으로 지정해줘.**
를 입력하고 Enter 또는 [전송] ▷ 을 클릭합니다.

**02 조건부 서식 결과 적용하기**

진행 결과가 표시되면 [적용]을 클릭합니다.

**Tip** 제품명에 "포장"이 포함된 행에 서식을 지정하기 위한 사용자 지정 수식으로 **=ISNUMBER(SEARCH("포장",$B2))** 가 조건부 서식의 규칙으로 적용됩니다. [홈] 탭-[스타일] 그룹-[조건부 서식]-[규칙 관리]를 클릭하면 지정된 조건부 서식 규칙을 확인하고 편집할 수 있습니다.

# 005 ChatGPT에게 매크로 코드 요청하기

동영상 강의 확인하기

실습 파일 Special\sp05_판매목록.xlsx | 완성 파일 Special\sp05_판매목록_완성.xlsm

---

실습 파일에는 1년간의 판매 목록 데이터가 있습니다. 데이터 목록 옆에 작성되어 있는 **고급 필터 조건에 따라 새 시트에 필터 결과가 추출되는 매크로를 ChatGPT에게 요청**해서 작업해보겠습니다.

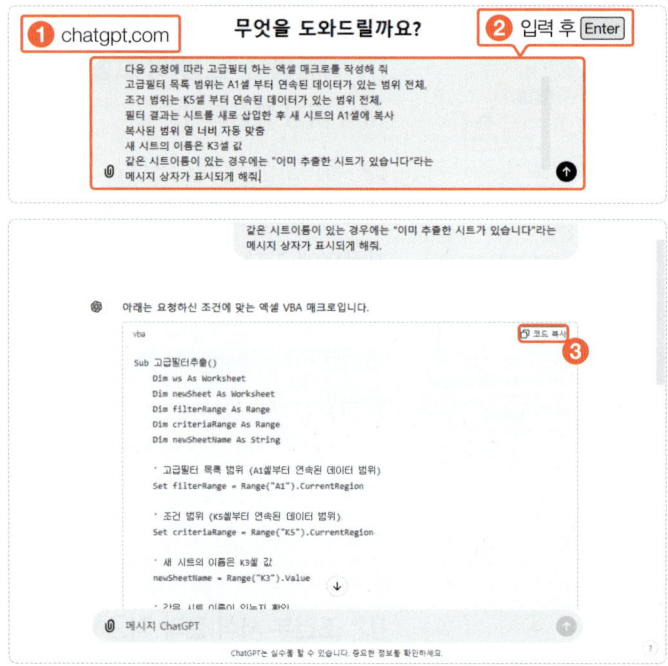

## 01 ChatGPT에게 고급 필터 매크로 코드 요청하기

❶ **chatgpt.com**에 접속

❷ ChatGPT의 메시지 입력 창에 다음 요청에 따라 고급 필터 하는 엑셀 매크로를 작성해줘. 고급 필터 목록 범위는 현재 시트의 A1 셀부터 연속된 데이터가 있는 범위 전체, 조건 범위는 현재 시트의 K5 셀부터 연속된 데이터가 있는 범위 전체, 필터 결과는 시트를 새로 삽입한 후 새 시트의 A1 셀에 복사. 복사된 범위 열 너비 자동 맞춤. 새 시트의 이름은 현재 시트의 K3 셀 값. 같은 시트 이름이 있는 경우에는 "이미 추출한 시트가 있습니다"라는 메시지 상자가 표시되게 해줘.를 입력하고 Enter 또는 [메시지 보내기] 클릭

❸ ChatGPT의 답변과 함께 표시된 코드 창의 [코드 복사], 또는 [복사]를 클릭합니다.

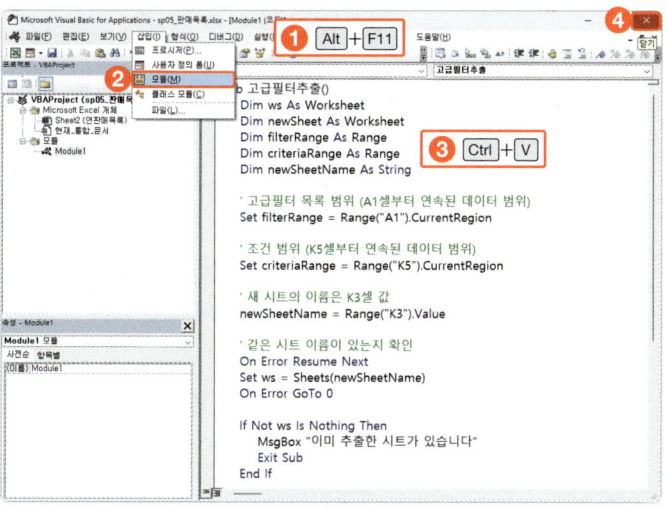

## 02 엑셀 파일에 매크로 코드 넣기

❶ 실습 파일을 열고 Alt + F11 을 눌러 Visual Basic 편집기 실행

❷ [삽입]-[모듈] 메뉴 클릭

❸ Ctrl + V

❹ Visual Basic 편집기를 닫습니다.

**Tip** 생성형 AI의 특성상 매크로명이나 매크로 코드가 다르게 생성됩니다.

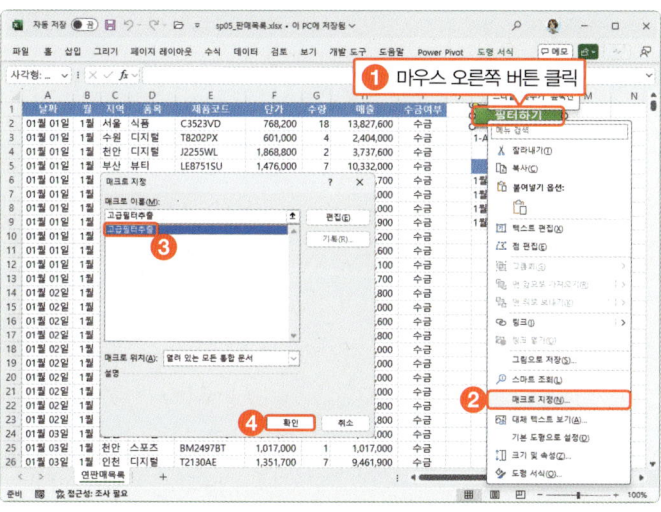

## 03 도형에 매크로 지정하기

❶ 미리 작성된 [필터하기] 도형에서 마우스 오른쪽 버튼 클릭

❷ [매크로 지정] 선택

❸ [매크로 지정] 대화상자에서 [고급필터추출] 선택

❹ [확인]을 클릭합니다.

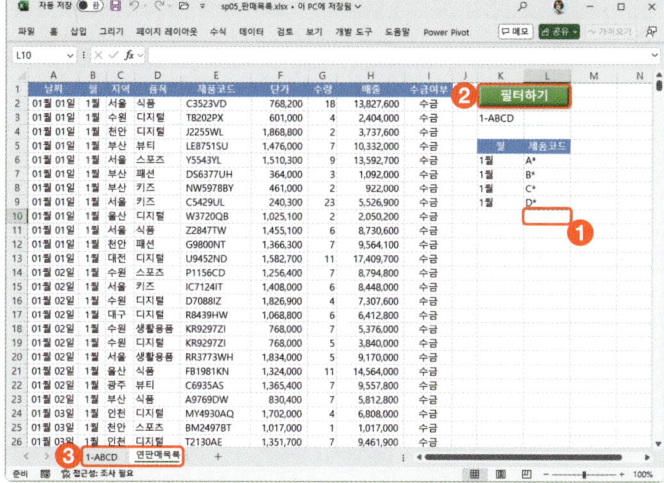

## 04 매크로 실행하기

❶ 임의의 셀 클릭

❷ [필터하기] 도형 클릭

❸ [1-ABCD] 시트가 삽입되며 1월의 제품코드 A,B,C,D로 시작하는 데이터 목록이 추출되면 [연판매목록] 시트를 클릭합니다.

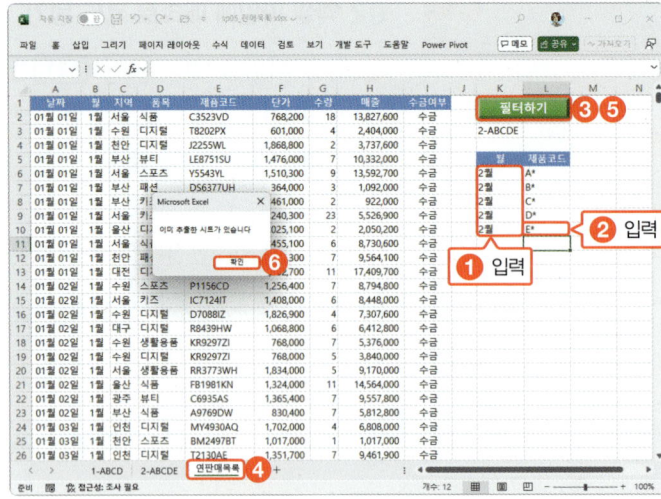

## 05 조건 수정 후 매크로 실행하기

❶ [K6:K10] 범위에 모두 **2월** 입력

❷ [L10] 셀에 **E\*** 입력

❸ [필터하기] 도형 클릭

❹ [2-ABCDE] 시트가 삽입되며 2월의 제품코드 A,B,C,D,E로 시작하는 데이터 목록이 추출되면 [연판매목록] 시트 클릭

❺ [필터하기] 도형 클릭

❻ 메시지 창이 표시되면 [확인]을 클릭합니다.

# 006 ChatGPT에게 데이터 분석 요청하기

실습 파일 Special\sp06_판매목록.xlsx | 완성 파일 Special\sp06_판매목록_완성.xlsx

ChatGPT 무료 버전에서도 **데이터 분석 요청을 수행**해주지만, **데이터 분석 관련한 작업은 유료 버전에서 더 다양한 업무를 제약 없이 수행**할 수 있습니다. 데이터 분석 업무를 특히 많이 해야 한다면 유료 버전을 사용해보는 것을 추천합니다.

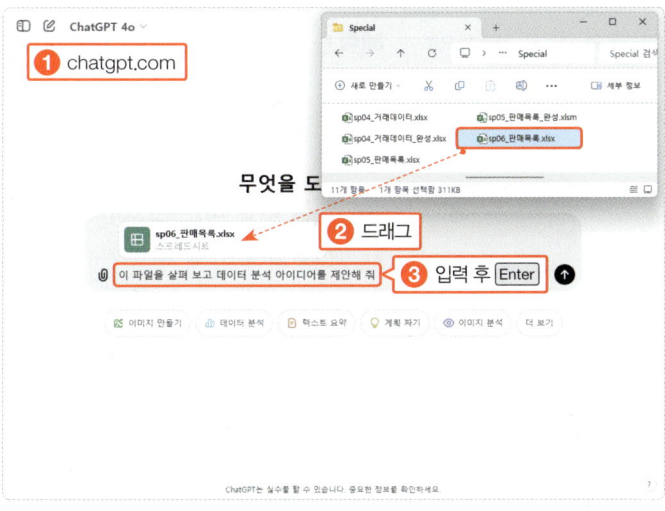

**01 파일 업로드 후 분석 아이디어 요청하기**

❶ chatgpt.com에 접속
❷ 실습 파일이 있는 탐색기 폴더 창에서 sp06_판매목록.xlsx 파일을 ChatGPT 창으로 드래그
❸ 입력 창에 업로드된 파일 아래에 **이 파일을 살펴 보고 데이터 분석 아이디어를 제안해줘.**를 입력하고 Enter 를 누릅니다.

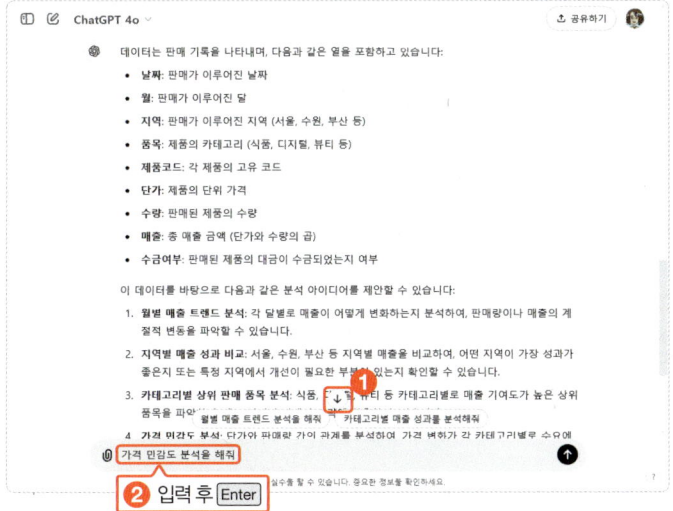

**02 가격 민감도 분석 요청하기**

❶ 데이터의 각 열에 대해 설명과 분석 아이디어를 확인하고 [더 보기] ↓ 클릭
❷ 메시지 입력 창에 **가격 민감도 분석을 해줘.**를 입력하고 Enter 를 누릅니다.

Tip [더 보기] 아래에 ChatGPT가 제안하는 프롬프트 메시지 단축 중에 분석하고 싶은 항목이 있으면 클릭해도 됩니다.

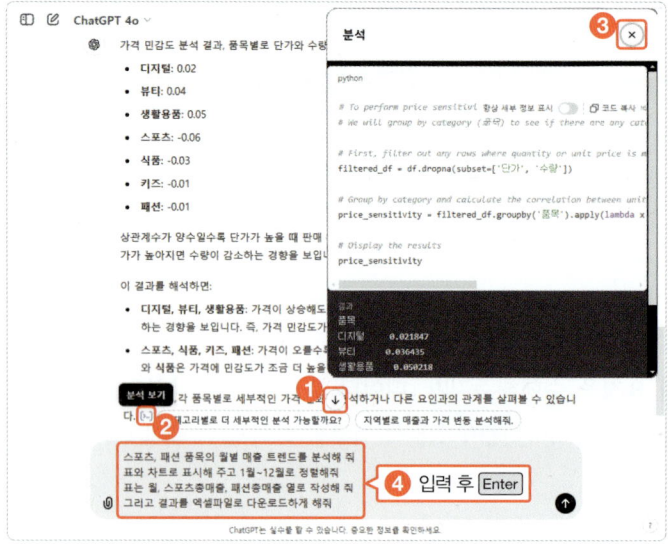

## 03 분석 결과 확인 및 분석 보기

❶ 가격 민감도 분석 결과와 결과 해석을 확인하고 [더 보기] ⬇ 클릭

❷ 메시지 끝에 [분석 보기] [>_] 클릭

❸ [분석] 창에서 코드를 확인하고 창 닫기

❹ 메시지 입력 창에 다음 분석 요청 **스포츠, 패션 품목의 월별 매출 트렌드를 분석해줘. 표와 차트로 표시해주고 1월~12월로 정렬해줘. 표는 월, 스포츠총매출, 패션총매출 열로 작성해줘. 그리고 결과를 엑셀파일로 다운로드하게 해줘.** 를 입력하고 Enter 를 누릅니다.

**Tip** ChatGPT는 데이터 분석을 파이썬으로 코딩하고 결과를 텍스트, 표, 차트 등으로 보여줍니다. [분석 보기]를 클릭하면 파이썬 코드를 볼 수 있으며 분석 창 안의 [코드 복사]를 클릭하면 파이썬 코드를 복사할 수 있습니다.

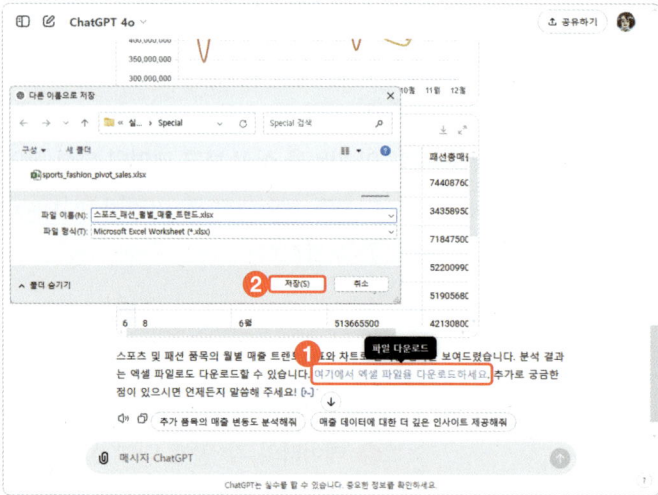

## 04 엑셀 파일 다운로드하기

❶ 분석 결과 끝에 있는 [파일 다운로드] 링크 클릭

❷ 저장 대화상자에서 [저장]을 클릭합니다.

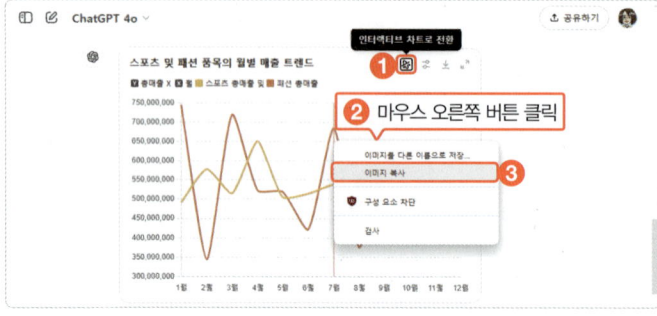

## 05 인터렉티브 차트로 전환 및 차트 이미지 복사하기

❶ 분석 결과 차트에 있는 [인터렉티브 차트로 전환] 클릭

❷ 차트 영역에서 마우스 오른쪽 버튼 클릭

❸ [이미지 복사]를 선택합니다.

**Tip** GPT 버전에 따라 인터렉티브 차트 전환이 비활성일 수 있습니다.

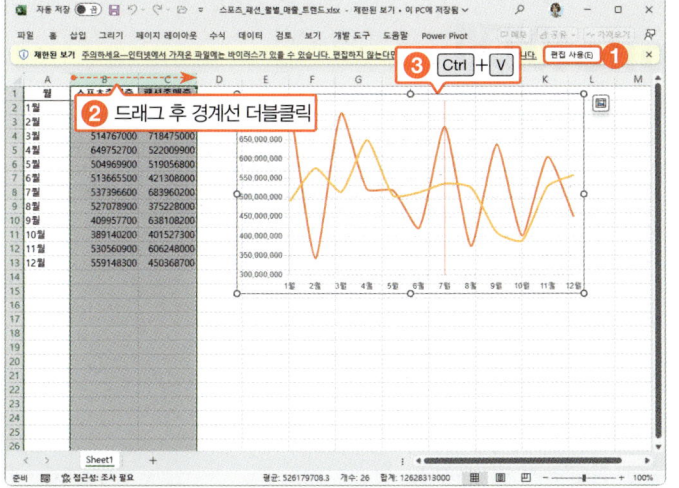

## 06 엑셀 파일 확인 및 차트 이미지 붙여넣기

① 다운로드한 엑셀 파일을 열고 메시지 표시줄의 [편집 사용] 클릭

② [B:C] 열 범위 지정 후 열 경계선 더블클릭하여 열 너비 자동 맞춤

③ [E2] 셀 클릭 후 Ctrl + V 를 눌러 차트 이미지를 붙여 넣습니다.

**Tip** 인터렉티브 차트의 차트 제목이나 범례는 포함되지 않은 상태로 차트 이미지가 복사됩니다. 표와 차트도 서로 연결되어 있지 않습니다.

## 07 분석 결과 해석 요청하기

① ChatGPT의 메시지 입력 창에 **분석 결과를 해석해줘.**를 입력하고 Enter

② 스포츠와 패션 품목의 월별 매출 분석 결과 패턴에 대한 해석도 제공해주는 것을 확인합니다.

# 007 엑셀 Copilot에게 데이터 분석 요청하기

실습 파일 Special\sp07_판매목록.xlsx | 완성 파일 Special\sp07_판매목록_완성.xlsx

앞에서 ChatGPT에게 요청했던 것과 같은 분석을 엑셀 Copilot에게 요청해보고 어떻게 결과를 수행하는지 확인해보겠습니다. 엑셀 Copilot은 원드라이브에 저장된 파일에 대해서만 실행이 가능합니다. 실습 파일을 원드라이브 폴더에 저장한 후에 실습하기 바랍니다.

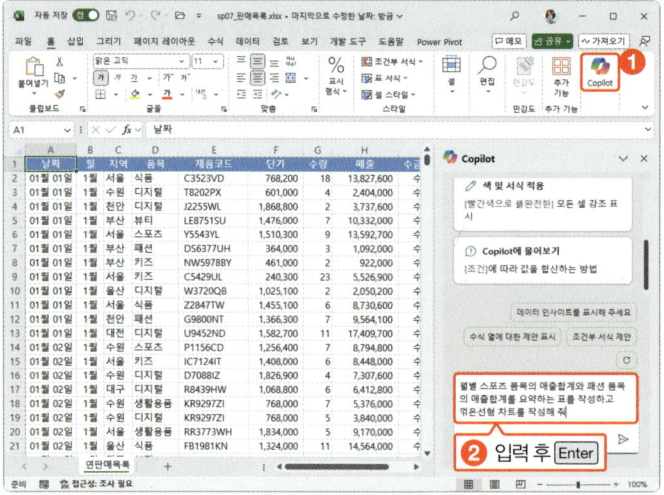

**01 데이터 분석 요청하기**

❶ [홈] 탭-[Copilot] 클릭
❷ 프롬프트 입력 창에
**월별 스포츠 품목의 매출합계와 패션 품목의 매출합계를 요약하는 표를 작성하고 꺾은선형 차트를 작성해줘.**
를 입력하고 Enter 를 누릅니다.

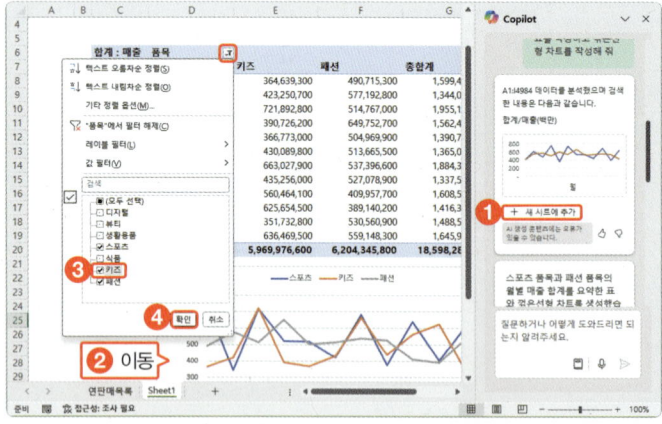

**02 분석 결과 시트 추가하기**

❶ 분석 결과가 표시되면 [새 시트에 추가] 클릭
❷ 추가된 시트의 차트를 표 아래로 이동
❸ 피벗 테이블의 [품목] 필터 목록 버튼 클릭 후 [키즈]에 체크
❹ [확인]을 클릭하여 키즈 항목도 분석 결과에 추가합니다.

**Tip** 엑셀 Copilot은 피벗 테이블과 연결된 차트 형태로 분석 결과를 새 시트에 바로 삽입합니다. 피벗 테이블 형태로 삽입하기 때문에 항목 추가와 변경이 가능합니다.

# 찾아보기

## ㄱ

| | |
|---|---|
| 개발 도구 | 215 |
| 개요 | 320 |
| 개인용 매크로 통합 문서 | 351, 365 |
| 고급 필터 | 311, 313, 314, 345 |
| 규칙 편집 | 207, 217 |
| 그룹화 | 308, 329 |

## ㄴ

| | |
|---|---|
| 나란히 보기 | 121 |
| 날짜 서식 | 276, 322 |
| 날짜 표시 형식 | 108 |
| 날짜/시간 데이터 | 157 |

## ㄷ

| | |
|---|---|
| 데이터 막대 | 225, 227, 334 |
| 데이터 유효성 검사 | 035, 278 |
| 데이터베이스 작성 규칙 | 268 |
| 동일한 레코드는 하나만 | 313 |

## ㅁ

| | |
|---|---|
| 매크로 기록 | 349 |
| 매크로 실행 | 353 |
| 매크로 실행 단추 | 354 |
| 매크로 중지 | 351 |
| 메모 | 034, 083 |
| 문자 데이터 | 249, 328 |

## ㅂ

| | |
|---|---|
| 배경 그림 삽입 | 124 |
| 배열 수식 | 062 |
| 백분율 스타일 | 045, 109 |
| 범례 | 235 |
| 부분합 | 319 |
| 비주얼 베이식 편집기 | 350 |
| 빈 셀 | 032, 143 |

| | |
|---|---|
| 빠른 레이아웃 | 237, 243 |
| 빠른 분석 | 231 |
| 빠른 실행 도구 모음 사용자 지정 | 019, 355 |
| 빠른 채우기 | 040, 188, 290 |

## ㅅ

| | |
|---|---|
| 사용자 지정 목록 | 039, 302 |
| 사용자 지정 서식 | 203 |
| 상대 참조 | 048, 052, 217 |
| 상위/하위 규칙 | 211 |
| 새 규칙 | 174, 222 |
| 색조 | 219, 225 |
| 서식 복사 | 074, 211 |
| 서식 없이 채우기 | 043 |
| 서식 코드 | 111, 115 |
| 선택 영역에서 이름 만들기 | 054 |
| 선택하여 붙여넣기 옵션 | 083 |
| 세로 쓰기 | 102 |
| 셀 내용을 자동 완성 | 029 |
| 셀 참조 | 046, 052 |
| 숨기기 | 041, 069 |
| 숫자 데이터 | 030, 081, 236 |
| 스마트 태그 | 049 |
| 스파크라인 | 250 |
| 스파크라인 도구 | 254 |
| 슬라이서 | 309, 342 |
| 시간 서식 코드 | 111 |
| 시간 표시 막대 | 342 |

## ㅇ

| | |
|---|---|
| 아이콘 순서 변경 | 020 |
| 연결된 그림 | 078, 083 |
| 연결하여 붙여넣기 | 080, 094 |
| 연산자 | 043, 046 |
| 오류 메시지 | 279, 364 |

| | |
|---|---|
| 오류 표시 | 049, 152 |
| 요약 행 | 099, 269 |
| 용지 방향 | 129 |
| 워크시트 | 022, 064 |
| 위로 이동 | 020 |
| 이동 옵션 | 033, 035 |
| 이름 상자 | 053, 140 |
| 이름 정의 | 053, 140 |
| 인쇄 미리 보기 | 126 |

## ㅈ

| | |
|---|---|
| 자동 채우기 옵션 | 036, 041 |
| 자동 필터 | 178, 304 |
| 자동 합계 | 058 |
| 절대 참조 | 048, 052 |
| 조건부 서식 | 035, 083 |
| 중복된 항목 제거 | 273 |

## ㅊ

| | |
|---|---|
| 차트 구성 요소 | 237 |
| 차트 요소 | 230, 237 |
| 차트 종류 변경 | 236, 240 |
| 차트 필터 | 237, 341 |
| 창 나누기 | 120 |
| 창 정렬 | 121 |
| 찾기 및 바꾸기 | 084, 087 |
| 채우기 핸들 | 036, 041 |
| 추천 차트 | 231 |

## ㅋ - ㅌ

| | |
|---|---|
| 코드 복사, 복사 | 371 |
| 테두리 | 019, 083 |
| 테마 글꼴 | 096 |
| 테마 색 | 096 |
| 텍스트 나누기 | 274, 283 |
| 텍스트 표시 형식 | 110 |

# 찾아보기

| | |
|---|---|
| 통합 문서 보호 | 092 |
| 통화 표시 형식 | 108 |
| 특수 문자 | 027 |
| 틀 고정 | 119 |

### ㅍ - ㅎ

| | |
|---|---|
| 페이지 나누기 모두 원래대로 | 129 |
| 페이지 나누기 미리 보기 | 128 |
| 페이지 레이아웃 보기 | 021 |
| 페이지 번호 | 125 |
| 페이지 수 | 125 |
| 표식이 있는 꺾은선형 | 236 |
| 표 서식 | 266 |
| 피벗 차트 | 294, 339 |
| 피벗 테이블 | 266, 294 |
| 피벗 테이블 레이아웃 | 330 |
| 피벗 테이블 보고서 | 294, 330 |
| 피벗 테이블 스타일 | 330 |
| 혼합 참조 | 050 |
| 화면에 표시된 대로 | 079 |
| 회계 표시 형식 | 109 |

### A - D

| | |
|---|---|
| AND | 150 |
| AVERAGE | 140 |
| AVERAGEIF | 140 |
| COLUMN | 163 |
| COUNT | 143, 185 |
| COUNTA | 143 |
| COUNTBLANK | 143, 185 |
| COUNTIF | 144, 185 |
| DATE | 191 |
| DATEDIF | 159 |
| DAY | 191 |

### F - I

| | |
|---|---|
| FILTER | 178 |
| FIND | 156 |
| HLOOKUP | 049, 165 |
| HOUR | 161 |
| IF | 133, 134, 148 |
| IFERROR | 152 |
| IFS | 149, 154 |
| INDEX | 168, 195 |

### L - M

| | |
|---|---|
| LEFT | 154 |
| LEN | 156 |
| MATCH | 168, 194 |
| MID | 154 |
| MOD | 174 |
| MONTH | 178, 191 |

### O - Q

| | |
|---|---|
| Office 테마 | 098 |
| OFFSET | 363 |
| OR | 134, 150, 161 |
| PRODUCT | 171, 197 |
| QUOTIENT | 174 |

### R

| | |
|---|---|
| RANK.AVG | 182 |
| RANK.EQ | 136, 182 |
| RIGHT | 156 |
| ROUND | 138 |
| ROUNDDOWN | 138 |
| ROUNDUP | 138 |
| ROW | 163, 197 |

### S

| | |
|---|---|
| SORT | 178 |
| SUM | 058 |
| SUMIF | 141 |
| SUMIFS | 170 |
| SUMPRODUCT | 171, 177 |

### T - Y

| | |
|---|---|
| TEXT | 156 |
| TEXTJOIN | 156 |
| TODAY | 157, 204 |
| UNIQUE | 181 |
| VLOOKUP | 049, 165 |
| WEEKDAY | 160, 193 |
| XOR | 150, 187 |
| YEAR | 191 |